LA CHAMBRE DE COMMERCE ET D'INDUSTRIE DE CÔTE D'IVOIRE

Pouvoir économique et instrument politique (1908-2008)

Collection « Études africaines »

dirigée par Denis Pryen et son équipe

Forte de plus de mille titres publiés à ce jour, la collection « Études africaines » fait peau neuve. Elle présentera toujours les essais généraux qui ont fait son succès, mais se déclinera désormais également par séries thématiques : droit, économie, politique, sociologie, etc.

Dernières parutions

PASCAL Lionel, *République CentrAfricaine : Douanes et corruption, causes de la déliquescence du pays,* 2015.

WINTER (Philip), *Une cause sacrée, Le dialogue intercongolais, 2000-2003*, 2015.

KOUNGOU (Léon), *Culture stratégique et concept de défense au Cameroun*, 2015.

EBALE (Raymond), *La relation ACP (Afrique - Caraïbes - Pacifique) / UE (Union européenne) : la fin de l'illusion ?, Quel avenir à l'échéance 2020 ?,* 2015.

LOADA (Augustin) et WHEATLEY (Jonathan) (dir.), *Transitions démocratiques en Afrique de l'Ouest. Processus constitutionnels, société civile et institutions démocratiques*, 2014.

SIAD (Arnaud), *L'intervention en Libye : un consensus en Relations Internationales ?*, 2014.

KOUASSI (Yao-Edmond), *Colonisations et société civile en Afrique*, 2014.

YOUGBARÉ (Sébastien), *Attachement et délinquance des mineurs : déterminants psychosociaux au Burkina Faso*, 2014.

ANIGNIKIN (Sylvain Coovi), *Les origines du mouvement national au Dahomey. 1900-1939*, 2014.

BONKENA BOKOMBOLA (Papy), *Routes rurales et développement socio-économique de la région de Mayombé (Ouest-RDC)*, 2014.

MAKENGO NKUTU (Alphonse), *L'essentiel de droit public. Le cas de la République démocratique du Congo*, 2014.

VILLASANTE CERVELLO (Mariella), *Le passé colonial et les héritages actuels en Mauritanie. État des lieux de recherches nouvelles en histoire et en anthropologie sociale*, 2014.

LAMINE SYLLA (Mamadou), *Pour mieux amarrer l'Afrique noire à l'économie mondialisée,* 2015.

PODA (Baimanai Angelain), *La mise sur le marché et la distribution du médicament en Afrique noire francophone, Réflexions à partir des exemples du Burkina Faso et du Sénégal,* 2015.

MAKALA NZENGU (Patrick), *Le conseil agricole rural de gestion et développement à la base en RDC,* 2015.

Tanoh Raphaël BEKOIN

LA CHAMBRE DE COMMERCE ET D'INDUSTRIE DE CÔTE D'IVOIRE

Pouvoir économique et instrument politique
(1908-2008)

L'Harmattan

5-7, rue de l'École-Polytechnique ; 75005 Paris

http://www.editions-harmattan.fr

ISBN : 978-2-343-14008-7
EAN : 9782343140087

REMERCIEMENTS

Un travail de recherche est certes un acte solitaire, mais pour son aboutissement, on ne peut se passer d'apport extérieur. Ce travail a eu besoin de la contribution de plusieurs personnes dont l'énumération complète serait difficile. Néanmoins, je voudrais remercier certains membres de ma famille, en particulier Mme Traoré Magloire, à la SODEFOR de Cocody, et M. Kouadio Kouassi Constantin, enseignant au Collège moderne du Plateau, dont les conseils et l'aide sous des formes diverses ont été déterminants dans l'achèvement de ce travail de recherche.

Au niveau de la Chambre de commerce et d'industrie, mes remerciements vont en particulier à l'endroit de Mme Aka Christine et M. Gore François, de la Chambre de commerce et d'industrie qui, au moment où j'entamais mes premières recherches sur cette institution, ont compris la portée de cette étude et ont facilité l'accès à ses archives. J'adresse aussi des remerciements à M. Anzouma Diabakaté, du Service de la communication de la Chambre de commerce et d'industrie, pour son intérêt pour l'histoire de cette institution, qui m'a permis d'avoir une certaine documentation pour prolonger l'étude au centenaire de l'institution.

Un remerciement particulier doit être adressé à mon directeur de recherche, le professeur Simon Pierre Ekanza, pour ses encouragements et ses conseils avisés. Tous ces appuis ont permis au travail d'arriver à son terme. J'associe mes remerciements à certains enseignants du Département d'histoire de Cocody, notamment aux professeurs Jean Derou et Kouassi Yao, dont l'orientation a été décisive dans le choix d'un tel sujet.

Ma gratitude infinie à mon ami Alain Dodo, qui a bien voulu prendre de son temps et de son énergie pour saisir d'un bout à l'autre ce travail. J'associe à ces remerciements Mme Amon Viviane, secrétaire à la SODEFOR, qui m'a aussi donné du temps et de la passion malgré les contraintes du travail, pour en parfaire la saisie. À cet hommage, j'associe mon épouse, Bekoin Anastasie, qui m'a accompagné tout au long de ce travail de recherche0.

INTRODUCTION

La colonisation française en Afrique, en particulier en Côte d'Ivoire, a introduit beaucoup d'éléments nouveaux et étrangers dans la vie des colonisés. Il y a eu l'école, l'Église et de nouvelles pratiques administratives. Cette présence française a aussi contribué à transposer dans la colonie d'autres institutions que la période d'indépendance n'a pas réussi à faire disparaître totalement. Il s'agit du cas de la Chambre de commerce.

À l'origine, l'expression « Chambre de commerce » désignait le lieu de réunion du Bureau de commerce de Marseille. En effet, ce bureau siégeait toujours à l'hôtel de ville et le procès-verbal de sa première réunion indique qu'elle s'est tenue dans la « Chambre du commerce de l'Hôtel de ville ». C'est donc le local réservé aux réunions des représentants du commerce de Marseille au début du XVIe siècle qui a donné à leur assemblée son nom traditionnel, à savoir celui de Chambre de commerce[1].

La Chambre de commerce peut être aussi désignée par l'expression « compagnies consulaires ». Pour certains auteurs, cette expression tire son origine de « consuls de la ville »[2]. On veut entendre par là les personnes chargées par le roi Henri IV de redresser la situation économique du royaume. Pour d'autres auteurs, le qualificatif « consulaire » donné à l'institution provient lui-même soit de la création en 1593 de juges « consuls » pour rendre la justice commerciale, soit du fait que les premiers membres du Bureau de commerce de Marseille aient été désignés par les consuls de cette ville[3]. Toutefois, par extension, cette expression « compagnie consulaire » peut aussi se rapporter à la Chambre d'agriculture ou d'industrie ou à toute autre institution de cette nature.

---

1 Claude LEFEVRE, *Les chambres de commerce et d'industrie en France*, Paris, Sirey, 1977, p. 1.

2 Bruno MAGLIULO, *La Chambre de commerce et d'industrie*, Paris, PUF, 1980, p. 19.

3 Claude LEFEVRE, *op. cit.*, p. 1.

Dans l'ensemble, l'on peut retenir que la Chambre de commerce a un passé très lointain. Cette institution, dont l'origine remonte depuis le XVIe siècle, a réussi à s'intégrer dans l'histoire de la Côte d'Ivoire. Il importe aussi de souligner que partout où la colonisation française s'est imposée, les chambres de commerce ont suivi. L'omniprésence de cette institution dans la stratégie du colonisateur français a semblé donner le sentiment que sans cette institution consulaire, le colonisateur aurait peut-être manqué son objectif.

Au moment de l'indépendance de la Côte d'Ivoire, cet instrument du colonisateur français aurait pu être abandonné et le nouvel État choisir ses propres outils de développement ; mais c'est loin d'en être le cas, la Chambre de commerce, au contraire, s'est trouvée valorisée, et les périodes d'élections ont souvent été des moments de luttes acharnées. Aujourd'hui encore, sous une autre forme, la Chambre de commerce et d'industrie est présente dans le paysage économique et parfois impliquée dans la vie politique de la Côte d'Ivoire.

Malheureusement, si le nom de cette institution est familier, force est de reconnaître que les tâches dont elle a l'attribution sont inconnues, même pour ceux concernés, à savoir les acteurs économiques. Parfois, pour le commun des mortels, elle est auréolée d'un mythe, considérée comme une sorte de lieu fermé tant elle fait peu de publicité sur elle et ses membres. On peut parfois la confondre avec un club service comme le Rotary ou le Lions, dont l'accès est réservé à une certaine élite. Plus grave encore, les décideurs politiques ne savent sous quel angle tirer profit de cette institution, car ils n'arrivent pas à cerner son statut et son rôle, pour une institution qui fonctionne depuis l'époque coloniale.

Une telle ignorance sur la Chambre de commerce et d'industrie qui fait corps avec la Côte d'Ivoire depuis la période coloniale mérite qu'on s'intéresse à son histoire. En effet, sans la connaître, cette institution suscite certaines interrogations. Que se cache-t-il derrière la Chambre de commerce et d'industrie ? Que fait-elle dans la vie d'une nation ? Comment y adhère-t-on et qui sont ses membres ?

Toutes ces interrogations, souvent sans réponse, même de la part chercheur en sciences sociales, montrent donc que la question mérite d'être étudiée. À ce facteur s'ajoute le fait qu'en dépit de l'importance d'un tel sujet, l'histoire de la Chambre de commerce de la Côte d'Ivoire n'a pas fait l'objet de beaucoup d'écrits (cf. bibliographie). Pourtant, on ne peut aborder l'histoire économique, et dans une moindre mesure, l'histoire politique et sociale de la Côte d'Ivoire, sans citer au passage la Chambre de commerce. Outre cela, l'on ne peut comprendre les motivations et les agissements des intérêts coloniaux et post-coloniaux sans cette institution, qui se trouve être leur représentante officielle auprès de l'Administration.

Dans l'ensemble, une institution intégrée à la vie de la Côte d'Ivoire mérite qu'on s'intéresse à son histoire et à ses acteurs. Pour mieux comprendre l'histoire de cette institution, nous nous sommes proposé de l'étudier de 1908 à 2008. La date de 1908 marque la naissance de la Chambre de commerce de Côte d'Ivoire. De plus, c'est à cette date que les textes qui vont régir la vie de cette compagnie consulaire sont clairement édictés par l'arrêté du 23 décembre 1908. Quant à l'année 2008, elle représente un tournant majeur dans l'histoire de cette institution, car elle marque le centenaire de cette compagnie consulaire.

Beaucoup d'institutions coloniales n'ont pas de durée de vie tel la Chambre de commerce. Mais dans le cas espèce, rien ne présageait un tel avenir pour cette institution, car les intérêts économiques regroupés au sein de cette organisation étaient importants et nombreux, de même que les obstacles ; ils pouvaient représenter une menace pour la survie de l'administration coloniale et de l'État post-colonial. Ou encore, le poids des intérêts pouvait être un frein à l'éclosion des activités de cette compagnie à cause des différentes suspicions dont celle-ci pouvait être l'objet au moment des grandes crises politiques ou sociales.

Malgré cela, la Chambre de commerce connut une certaine stabilité au point d'atteindre les 100 ans d'existence. On peut se demander comment, après un siècle d'existence, la Chambre de commerce et d'industrie de Côte d'Ivoire, instrument du pouvoir colonial et utilisée plus tard comme un outil par l'État post-colonial, a pu tenir sa place et jouer son rôle en tant que représentant des intérêts commerciaux et économiques. Quels sont les défis et les difficultés qu'elle a dû affronter et surmonter à une période où l'administration coloniale était toute puissante et à une autre période où l'État moderne voulait liquider l'héritage économique et politique du colonisateur ?

L'ensemble de toutes ces questions permet de réfléchir sur la marche de la Chambre de commerce, organe officiel des intérêts économiques à travers ses actions, ses difficultés et aussi examiner ses rapports avec le régime colonial et l'État moderne en termes de collaboration et d'opposition, et de voir aussi comment le contexte de crises politiques, économiques et sociales a influencé ses positions.

Pour mieux comprendre ce que furent les cent ans d'existence de la Chambre de commerce et d'industrie de Côte d'Ivoire de 1908 à 2008, nous avons divisé notre travail en quatre grands centres d'intérêt.

La première partie du travail porte sur les premiers pas de la Chambre de commerce de 1908 à 1923. Dans le premier chapitre, l'étude analyse le contexte et les étapes qui conduisent à la mise en place de la Chambre de commerce en Côte d'Ivoire. Mais bien avant, il évoque d'abord le cas du Sénégal, première colonie française à avoir expérimenté les chambres de commerce en Afrique de l'Ouest. Quant au deuxième chapitre, il est consacré à l'étude du démarrage des activités de cette compagnie. Il montre un début timide de ces activités liées à une application difficile de ses textes, au manque de moyens et à l'incompréhension avec l'administration coloniale. En dépit de ces obstacles, l'étude éclaire également sur les premières initiatives de la Chambre de commerce.

La deuxième partie de ce travail, qui se décompose en trois chapitres, met en lumière une autre étape de la vie de la Chambre de commerce, à savoir : sa stabilité et son dynamisme de 1923 à 1939. Dans le premier chapitre, l'étude montre l'élargissement des limites de la Chambre de commerce notamment par l'extension de ces activités en Haute-Volta, avec la dissolution de la Chambre de commerce de cette colonie. En outre, dans ce même chapitre, l'étude explique comment, face à la crise des années 1930 qui a frappé ses membres, la Chambre de commerce a entrevu des solutions. Dans le deuxième chapitre, l'étude présente les progrès dans les échanges commerciaux et dans l'amélioration des infrastructures obtenues sous les pressions de la Chambre de commerce. Les points évoqués sont entre autres la protection du commerce local, l'organisation de foires à Abidjan, la question des wharfs, des routes, du chemin de fer et des télécommunications. Le troisième chapitre est consacré aux grandes actions sociales de la Chambre de commerce, notamment son projet d'une école de commerce, son action en faveur de l'encadrement sanitaire et son soutien aux associations indigènes et sportives. Bien avant ces points, l'étude consacre une partie à la naissance de la Chambre d'agriculture et d'industrie en 1925, dont l'avènement ne fut pas sans poser problème à la Chambre de commerce.

La troisième partie du travail, qui traite de la période 1939-1960, présente la situation d'une Chambre de commerce qui amorce une phase de déclin, mais aussi une période de métamorphose. C'est le chapitre premier qui explique ce léger déclin lié à la situation de guerre, aux attitudes réactionnaires de la Chambre de commerce, et notamment aux États généraux de la colonisation, aux tentatives politiques locales de restreindre ces privilèges. En dépit de ce fléchissement, la Chambre de commerce est associée à la réorganisation économique de la colonie en temps de guerre. Son action connaît un rayonnement plus grand dans le contexte de l'après-guerre. Ce second aspect est analysé dans le second chapitre, où l'on met en lumière comment la Chambre de commerce est impliquée dans la réalisation des grands projets d'infrastructures (ports d'Abidjan, canaux, aéroport…) et dans l'organisation du marché local et comment elle accroît son influence dans la vie de la colonie. Mais après l'indépendance de la Côte d'Ivoire en 1960, la situation devient différente.

La quatrième partie, portant sur l'analyse d'une marche difficile de la Chambre de commerce à une dissolution inévitable (1960-1992), traite du déclin de cette institution en deux chapitres. Dans le premier chapitre, il est d'abord examiné la réforme de l'institution consulaire par l'État post-colonial et les objectifs que cet État lui assigne. Dans ce même chapitre, il est aussi mis en lumière les grandes actions de la Chambre de commerce qui se trouvent en deçà de celles de la période coloniale. Les éléments qui expliquent cette décadence sont analysés dans le second chapitre. Les raisons de cette situation sont expliquées par la mise en place de l'État moderne, les faux pas au moment de la réforme consulaire et le dysfonctionnement interne de cette compagnie, élément qui précipite sa fin. Le troisième chapitre aborde le renouveau de la vie consulaire en Côte d'Ivoire, de 1992 à 2008. Cette dernière date marque le centenaire de la création de la Chambre de commerce et d'industrie de Côte d'Ivoire.

PREMIÈRE PARTIE

LES PREMIERS PAS DE LA CHAMBRE DE COMMERCE DE CÔTE D'IVOIRE (1908 – 1923)

La Chambre de commerce de Côte d'Ivoire est née dans les premiers moments de la colonisation française. Elle a pour modèles les chambres de commerce métropolitaines. En effet, c'est en France que ces institutions ont vu le jour. Ayant fait leurs preuves pendant plusieurs siècles, le colonisateur français décida de les installer dans les territoires conquis. En Afrique de l'Ouest, la Chambre de commerce s'implanta très tôt avec succès au Sénégal. Par la suite, les autres pays de l'AOF, dont la Côte d'Ivoire, en furent pourvus. Dans le cas de la Côte d'Ivoire, la création de la Chambre de commerce s'est faite en plusieurs étapes. Mais sa véritable naissance date de 1908, avec des textes clairs précisant son rôle à jouer dans la vie coloniale. Munie d'un tel arsenal, la Chambre de commerce a démarré alors ses activités avec timidité et des difficultés de tous genres, mais aussi avec quelques résultats positifs. Jusqu'en 1923, date marquant la fin de l'instabilité dans la colonie, la Chambre de commerce est loin d'avoir atteint ses objectifs.

CHAPITRE PREMIER

LA MISE EN PLACE D'UNE CHAMBRE DE COMMERCE EN CÔTE D'IVOIRE

En dehors du cadre métropolitain, le phénomène des Chambres de commerce a accompagné le processus de colonisation française partout dans le monde. Dans le contexte de l'Afrique de l'Ouest, là où la France s'est imposée très tôt, ce type d'organisation fut également installé. Si l'on prend le cas du Sénégal par rapport à la Côte d'Ivoire, la mise en place de ces institutions ne s'est pas faite au même rythme. Cela est lié à plusieurs facteurs.

I- LES CHAMBRES DE COMMERCE EN AFRIQUE DE L'OUEST, SITUATION CONTRASTÉE DE DEUX TERRITOIRES : LES CAS DU SÉNÉGAL ET DE LA CÔTE D'IVOIRE

En France, les chambres de commerce sont des auxiliaires très importants pour les pouvoirs publics. Elles sont nées dans un contexte de désordre économique et de guerre. Lorsque Henri IV décide, par la promulgation de l'édit de Nantes en 1598, de restaurer la paix dans le royaume, la situation économique est déjà désastreuse. L'insécurité sur la mer et sur la terre a fait baisser de façon considérable les activités commerciales. Marseille, principale place commerciale de la France méditerranéenne, voit ses affaires péricliter. D'autres villes maritimes connaissent le même sort. Face à cette situation catastrophique qui affecte l'ensemble de l'économie française, Henri IV prend d'abord la décision de vendre les offices royaux à la bourgeoisie. Ensuite, il crée des charges municipales, à savoir « les consuls de la ville », qui ont pour rôle de redresser la situation économique[4]. Mais avant que de telles mesures ne s'appliquent à Marseille, on réfléchissait, dans cette ville, aux moyens de restaurer et de remettre en état la splendeur de son commerce maritime en ruine.

[4] Bruno MAGLIULO, *op. cit.*, p. 18.

Dans ce sens, il est mis en place, en avril 1600, un bureau de commerce composé de grands commerçants. Ce bureau, chargé de résoudre les difficultés économiques, est aussi appelé Chambre de commerce. Le succès de cette institution finit par s'étendre dans tout le royaume de France. Aucune ville française n'échappe à l'expansion des chambres de commerce.

Dans la conception française, le but des chambres de commerce est de présenter les moyens d'accroître la prospérité du commerce et d'indiquer les éléments qui empêchent son progrès. Jusqu'au début du XIXe siècle, elles devaient surveiller l'exécution des travaux publics relatifs au commerce tels que le curage des ports, la navigation sur les rivières et l'exécution des lois et arrêts concernant la contrebande[5]. Usant de leurs différentes prérogatives, ces chambres de commerce françaises entreprennent plusieurs actions. En 1858, elles mettent sur pied un bureau de conditionnement et de titrage de soie et d'essai de cocon. En plus, en 1881, ces compagnies consulaires créent des cours professionnels de mécanique. En 1881 à Marseille, la Chambre de commerce locale a la concession de l'outillage.

Les chambres de commerce créées par la France dans ses colonies étaient appelées à jouer ce même rôle. Leur but principal est de faire prospérer les intérêts métropolitains. Dans le cas de l'Afrique de l'Ouest, la naissance de telles institutions suppose l'existence de potentialités économiques et d'échanges commerciaux fructueux. À ce niveau, le Sénégal présente un visage différent de celui de la Côte d'Ivoire, au point d'être le premier à expérimenter ce type d'organisation.

A- L'avance du Sénégal liée à un contexte très favorable

Au Sénégal, l'autorité française s'affirme très tôt tant sur le plan politique qu'économique. Pour cela, les autorités administratives françaises cherchent à canaliser et à contrôler les richesses du territoire. C'est au XVe siècle que les premiers navigateurs portugais explorent l'embouchure du fleuve Sénégal. En 1624, les commerçants dieppois et rouennais fondent la Compagnie du Sénégal et de la Gambie. La création de cette compagnie s'explique par le fait que la région est une zone de ponction importante d'esclaves. Les Français s'établissent au Sénégal en créant Saint-Louis, en 1659. Ils s'installent

[5] *Idem*, pp. 31-32.

également à Gorée. L'importance stratégique que représente le Sénégal conduit les Français à rechercher sa prospérité en favorisant certaines initiatives. C'est ainsi qu'en 1817, après la reprise du Sénégal par la France, le colonel Schmaltz met sur pied un vaste projet de développement agricole. Il s'agit par cette action de mettre en valeur des terres[6]. Tout cela fut un échec, mais cela n'arrête pas la volonté des Français de faire valoir leurs intérêts dans une région non entièrement conquise. En dehors de cette initiative, la France favorise le développement de la culture de l'arachide. Cette action entraîne, avec le développement de la navigation à vapeur, l'arrivée dans les années 1850 des maisons commerciales de Bordeaux et de Marseille. Celles-ci réussissent même à se passer des caboteurs et des traitants sénégalais et eurafricains, dont le rôle avait été décisif dans le lancement de l'économie arachidière. Ces derniers furent réduits à l'état de salariés[7].

Parmi les compagnies à exercer un tel monopole, on peut citer la Société commerciale de l'Ouest africain (SCOA), la Compagnie française de l'Afrique de l'Ouest (CFAO) et les maisons Maurel. Ces maisons françaises sont concurrencées par les maisons anglaises telles qu'Unilever. Se sentant menacées, les compagnies françaises cherchent alors à évincer toute concurrence étrangère. C'est ainsi que, avant même l'installation des chambres de commerce au Sénégal, et au moment où les intérêts commerciaux français et anglais rivalisent entre eux, les autorités coloniales françaises vont chercher à organiser le commerce. En effet, le baron Roger, gouverneur du Sénégal, pressé par le ministre de la Marine, décide par l'arrêté du 7 novembre 1825, de créer un comité de commerce à Saint-Louis. Il est au départ formé de 7 membres choisis par l'Administration[8].

Ce comité de commerce a le mérite d'être le canal d'expression des milieux commerciaux français. Cependant, il ne semble pas donner satisfaction entière au commerce à cause de la trop forte implication de l'Administration, qui lui ôte toute indépendance. Il connaît une marche en dents de scie et ses rencontres sont moins régulières. Cette situation durera toute une décennie. La tentative du gouverneur Protet de réorganiser par un arrêté du 7 août 1854 les attributions de ce

---

6 Elikia M'BOKOLO, *Afrique noire, histoire et civilisations*, t. 2 : *XIX*^e^*–XX*^e^ *siècles*, Paris, Hatier-Aupelf, 1992, pp. 126-127.

7 Elikia M'BOKOLO, *op. cit.*, p. 149.

8 Saliou MBAYE, *Histoire des institutions coloniales françaises en Afrique de l'Ouest (1816-1960)*, Dakar (s.n.), 1991, p. 245.

comité, ne mobilise guère les commerçants. Face à l'existence de différents blocages, il met fin aux activités du comité de commerce le 24 novembre 1854[9]. Ce comité était aussi accusé de s'immiscer dans les questions ne relevant pas de sa compétence.

Dans l'ensemble, l'intérêt de ce comité de commerce était de chercher à rassembler les intérêts commerciaux français. Mais, né dans un contexte où les Français n'étaient pas entièrement maîtres des territoires qu'ils voulaient posséder, ce comité ne pouvait répondre à l'attente des commerçants désireux de voir aboutir leurs doléances. Cependant, l'existence de ce comité a fait prendre conscience aux commerçants français de la nécessité de s'unir pour défendre leurs intérêts. En effet, depuis sa dissolution en 1854, les commerçants français du Sénégal se sont sentis privés d'organes représentatifs pour exprimer à l'administration locale les vœux et les besoins de la colonie. Conscients de ce vide qui les pénalise, ils envoient une pétition au ministre de la Marine demandant la création d'une Chambre de commerce à Saint-Louis et à Gorée[10]. Cette demande connaît une suite favorable puisque le 22 décembre 1869, on voit la naissance de deux chambres de commerce : l'une à Saint-Louis et l'autre à Gorée. L'année suivante, c'est-à-dire le 31 mars 1870, ont lieu les élections consulaires avec une trentaine d'électeurs. À la tête de chaque chambre de commerce est élu un président, avec un bureau de 7 membres.

À l'image des chambres de commerce métropolitaines, celles du Sénégal sont appelées à jouer un rôle semblable. C'est pourquoi leurs attributions sont les mêmes. Ainsi, elles ont pour fonction de répondre aux demandes de renseignements sur l'état du commerce et de l'industrie. En outre, elles doivent donner leur avis sur les moyens d'accroître la prospérité du pays et d'améliorer la législation commerciale[11]. Au Sénégal, où les maisons de commerce françaises sont très actives grâce à l'arachide et d'autres produits, la création des chambres de commerce est donc l'occasion de consolider leur position et leurs intérêts. Ainsi, avec le développement intense des activités économiques en dehors de Saint-Louis et Gorée, d'autres chambres de commerce voient le jour. Il s'agit des chambres de commerce de Rufisque, Dakar, Ziguinchor et Kaolack, créées respectivement le

[9] Saliou MBAYE, *op. cit.*, p. 246.
[10] *Idem*, p. 247.
[11] Saliou MBAYE, *op. cit.*, p. 247.

9 janvier 1887, le 14 décembre 1887, le 3 octobre 1908 et le 21 juin 1911. Le 31 novembre 1906, la Chambre de commerce de Gorée est supprimée. Ses activités sont absorbées par celles de Dakar et de Rufisque[12].

Cette dispersion des chambres de commerce en diverses localités est le reflet du regain d'activité des maisons de commerce. En effet, l'installation d'une chambre de commerce dans une localité suppose l'existence d'intérêts économiques qu'il est nécessaire de regrouper afin de relever leurs avis pour améliorer la situation économique de la ville ou du pays. C'est ce facteur qui est, en partie, à l'origine de la prolifération des chambres de commerce en France. À partir de l'exemple sénégalais, on constate qu'avant que les autres territoires africains, notamment la Côte d'Ivoire, la Haute-Volta et le Soudan, ne soient sous domination française, les chambres de commerce étaient déjà actives. Cela s'explique en partie par le fait qu'en dehors de l'Algérie, le Sénégal est le territoire dans lequel l'administration française s'est très tôt affirmée. Ainsi, dès la première décennie de 1850, il a eu à sa tête des gouverneurs tels que Protet et Faidherbe. En outre, dès 1879, les originaires des quatre communes du Sénégal, à savoir Dakar, Saint-Louis, Gorée et Rufisque, ont le droit d'élire un Conseil général et un député au parlement français. Tous ces éléments favorisent de ce fait les conditions d'installation des chambres de commerce. En effet, les commerçants réunis au sein de cette institution peuvent avoir un interlocuteur devant qui exprimer leurs doléances, à savoir, l'Administration. Dans le cas de la Côte d'Ivoire et avant 1893, il n'existe pas de véritable administration pouvant être à l'écoute des commerçants français. En effet, les intérêts français se sont installés lentement.

B- Difficile implantation du colonisateur français sur le plan économique : le cas de la Côte d'Ivoire (XVIIIe siècle – 1893)

Contrairement au Sénégal, l'apparition des chambres de commerce en Côte d'Ivoire est tardive. Cela est lié à plusieurs raisons. En effet, au XVIIIe siècle, la présence française en Côte d'Ivoire était insignifiante sur le plan économique. C'est suite à la randonnée des lieutenants de vaisseaux Édouard Bouët, en 1838, et de Paul-Antoine

12 *Idem.*

Fleuriot de Langle, de 1842 à 1843, que les Français prennent un réel contact avec les habitants de la côte ivoirienne pour tisser des liens commerciaux par la signature de traités.

Concernant l'exploration d'Édouard Bouët, qui devient plus tard Bouët-Willaumez, celle-ci est rendue possible grâce à Victor Calvé, directeur de la compagnie de Galam, et surtout grâce à la Chambre de commerce de Bordeaux. L'influence de cette dernière a été déterminante dans l'aboutissement de cette expérience dont le but était certes humanitaire (chasse aux négriers), mais surtout commercial. Compte tenu de l'enjeu de la mission, une place est réservée à bord de la Malouine pour le capitaine au long cours Broquant. Ce dernier est chargé par la Chambre de commerce de Bordeaux d'une enquête économique. Il a pour mission de s'informer sur les denrées tropicales qui pourraient être achetées sur les points de la côte et sur les marchandises européennes les plus demandées et d'étudier également les usages commerciaux. L'autre aspect de la mission du représentant de la Chambre de commerce est de repérer les lieux propices à l'établissement de comptoirs fortifiés[13].

Partie de Gorée le 3 novembre 1838, la Malouine revient de son expédition de la côte africaine dès le début de mai 1839. Suite à cette aventure, Bouët-Willaumez et Broquant rédigent un rapport intitulé *Esquisse commerciale de la côte occidentale de l'Afrique*[14]. Dans ce rapport, ils montrent que le commerce français est en retard par rapport au commerce étranger, surtout anglais. Broquant dresse comme liste de produits tropicaux exportables : l'or, l'ivoire, le bois, le poivre et l'huile de palme[15]. Pour mieux exploiter les zones explorées, Broquant souhaite l'installation de factoreries fortifiées. Les lieux indiqués comme étant favorables au commerce sont Garroway, à cause de l'approvisionnement facile en eau et ses mouillages, Ouidah, le Dahomey, la Côte de l'or, Lahou, Assinie, pour leurs ressources commerciales, et le Gabon, pour sa rade[16].

L'expédition de Bouët-Willaumez et de Broquant fut rendue possible grâce à la Chambre de commerce de Bordeaux. Il importe

---

[13] Paul ATGER, « Les comptoirs fortifiés de la Côte d'Ivoire (1843-1871) », in *Revue Française d'histoire d'Outre-Mer*, t. 47, n° 168-169, 1960, p. 428.

[14] Bernard SCHNAPPER, *La politique et le commerce français dans le golfe de Guinée de 1838 à 1871*, Paris, Mouton et Co, 1961, p. 19.

[15] *Idem.*, p. 20.

[16] *Idem*, p. 21.

donc de souligner que cette compagnie regroupe, comme d'autres en France, de puissants intérêts commerciaux, en particulier les maisons d'import-export. Les membres de cette institution économique dont la préoccupation est le profit tiré du commerce trouvent dans cette expédition le moyen de faire fructifier leurs activités. C'est pourquoi il n'est pas étonnant de voir à quel point le rapport de Broquant est précis sur le plan commercial.

Pour mieux faire participer les intérêts commerciaux français à une mainmise sur les richesses des pays visités, le rapport de Broquant et de Bouët est notamment adressé aux chambres de commerce de Rouen, du Havre, de Bordeaux et de Marseille. Celles-ci avaient à réfléchir sur les moyens de vaincre la domination commerciale anglaise et à organiser le commerce sur la côte africaine[17]. Mais il existait quelques divergences entre les chambres de commerce françaises[18].

En effet, à l'exception de la Chambre de commerce de Bordeaux, les autres chambres de commerce ont marqué leur préférence pour la libre concurrence et non pour le monopole, dont Bordeaux se faisait le défenseur. En dépit de cette situation et sous l'impulsion de la Chambre de commerce de Bordeaux, dès juin 1841, est adopté le principe de fonder trois comptoirs, à Garroway (Liberia), à Grand-Bassam et au Gabon[19].

Dans l'ensemble, l'intérêt que suscite la Côte d'Ivoire résulte de l'initiative des chambres de commerce, notamment celle de Bordeaux, qui perçoit l'intérêt économique de certains endroits de la côte de ce territoire. Guidés à la fois par des considérations stratégiques mais surtout économiques, les Français deviennent très actifs sur la côte ivoirienne. Il est à souligner qu'au cours de l'exploration d'Édouard Bouët, qui l'amène de Gallinas au cap Lopez, ce dernier est assisté par un représentant de la Chambre de commerce de Bordeaux. Pour celle-ci, l'exploration doit permettre de découvrir les zones d'échanges fructueux et les potentialités économiques dont elles regorgent. L'objectif étant atteint, il faut désormais imposer le commerce français dans ces lieux explorés.

Dans le cas de la Côte d'Ivoire, pour affirmer la présence française, des traités furent signés au cours de ces voyages d'exploration. Le

---

[17] *Idem*, p. 21.

[18] *Idem*, pp. 22-23.

[19] *Idem*, p. 24.

contenu de ces traités affirme la domination politique et commerciale française sur les régions explorées. Cependant, cette présence ne s'affirme réellement que lorsque les Français construisent, en 1843, les premiers postes d'Assinie, de Grand-Bassam et de Dabou, en 1853.

C'est dans ces localités que les commerçants français ouvrent des comptoirs. C'est le cas de Victor Régis, qui installe une factorerie à Assinie et une autre à Grand-Bassam, en 1843. Il en crée une autre à Dabou. Toutes ces factoreries sont des constructions modestes. À Grand-Bassam, d'autres commerçants français viennent rejoindre Victor Régis. C'est le cas de Renard et de L'Heureux, qui s'établissent en 1850, de Marchand frères et Huyssen, qui viennent entre 1862 et 1864. Quant à Arthur Verdier, il arrive en 1862[20]. Ce dernier, après quelques échecs, notamment en 1863, réussit en 1864 à ouvrir une factorerie à Bassam et une autre à Assinie. Après 1868, il est propriétaire d'un grand nombre de sous-factoreries, notamment à Toupah, Dabou, Bouboury et Tiagba. Ces sous-factoreries étaient soit des chalands ancrés au fond d'une baie soit une case louée dans un village lagunaire[21].

Au total, la présence commerciale française est d'abord insignifiante, car elle ne se réduit qu'à quelques commerçants installés sur la côte. En outre, ceux-ci ne réussissent pas à s'imposer comme des partenaires commerciaux incontournables pour les populations autochtones. Dès 1857, Victor Régis se retire de Grand-Bassam, d'Assinie et de Dabou pour Ouidah, au Dahomey. En plus, suite à la défaite de la France en 1871, les Français évacuent les comptoirs. Seul Arthur Verdier reste pour défendre ses intérêts, mais en prenant le titre officiel de « résident de France » en 1878. Mais que peut-il faire face aux commerçants anglais qui entretiennent déjà des relations étroites avec les populations locales ?

En effet, les Alladians, habitués à commercer avec les bateaux et les traitants britanniques, ne rompent pas leurs anciennes relations. Dans la région d'Ébrié et autour de Bassam-Assinie, la plupart des traitants africains se retrouvent de façon permanente avec des commerçants anglais. Jusqu'en 1878, les commerçants anglais tels que Swanzy et ses agents sont les principaux créanciers des chefs Agni et

---

[20] Pierre KIPRÉ, *Villes de Côte d'Ivoire (1893-1940)*, t. 1 : *Fondation des villes coloniales en Côte d'Ivoire*, Abidjan, Dakar, Lomé, NEA, 1985, p. 84.

[21] *Idem*, p. 84

Abouré. Sa maison contrôle l'essentiel du commerce de l'huile de palme et celui des palmistes exportés d'Assinie et de Grand-Bassam[22]. Au niveau de la côte Ouest de la Côte d'Ivoire, et ce avant la création de la Chambre de commerce, les commerçants anglais exerçaient un monopole. Leurs maisons se livraient au commerce de l'huile de palme, des amandes de palmistes, du caoutchouc et de l'acajou. En dehors des maisons R. et W. King de Bristol et Woodin, d'autres maisons anglaises y étaient fortement installées. La maison Lucas, sise à Bristol, possédait des comptoirs à Grand-Bassam et à Kotrohou. Quant à la maison Riderson and Andrew, elle a des comptoirs à Sassandra et à Drewin. L'Impérial West African Company, dont le siège est à Liverpool, contrôlait des factoreries à l'est de Sassandra. En dehors des maisons de commerce anglaises, d'autres s'occupent presque exclusivement du commerce à l'ouest de Drewin et sur la côte Krou. Il s'agit notamment de l'Ambas Bay Trading, de la maison Williamson et de la maison Julio[23]. Au total, avant 1893, l'influence commerciale française était presque nulle sur le littoral Ouest. De plus, les commerçants anglais, établis depuis fort longtemps sur la côte, ont habitué les autochtones à leurs marchandises, mieux adaptées à leur goût. Cette influence anglaise sur les côtes ivoiriennes se traduit par la présence de maisons de commerce dont les plus importantes sont : la maison R. et W. King de Bristol, Woodin and Cie de Liverpool. Dans le cas de la première maison, celle-ci réussit à étendre son influence de Grand-Bassam jusqu'à Drewin, à l'ouest de Sassandra. La seconde maison a des comptoirs à Grand-Lahou et à Monrovia.

Cette domination commerciale anglaise sur les côtes ivoiriennes n'est pas du goût des commerçants français, en particulier Arthur Verdier, qui cherche par tous les moyens à s'opposer à leur présence. Usant de son titre officiel de « résident », Arthur Verdier empêche l'installation de certains concurrents anglais. Il s'agit des maisons de commerce Gilbros, en 1879, et New Somerset and Chalton, en 1883. Verdier a même l'audace de chasser les commerçants venus des colonies anglaises[24]. Il est le premier à refuser l'échange territorial de la Côte d'Ivoire contre la Gambie. En outre, en acceptant le titre de

---

22 *Idem*, p. 85.

23 Christophe WONDJI, « La Côte d'Ivoire occidentale : pénétration pacifique (1890-1908) », in *Revue Française d'Histoire d'Outre-Mer*, tome 50, n° 180-181, 1963, pp. 370-371.

24 Pierre KIPRÉ, *op. cit.*, p. 85.

« résident officiel de la Côte de l'or », il entend maintenir la présence française contre toute influence étrangère. Cependant, cela ne suffit pas à contrecarrer l'agressivité commerciale des Anglais. Il en est ainsi jusqu'en 1885, date à laquelle la France décide de passer à l'offensive afin d'affirmer son autorité sur un territoire qu'elle est censée contrôler.

En somme, depuis la création des premiers comptoirs sur les côtes ivoiriennes jusqu'en 1885, la présence commerciale française est très faible. La politique d'hésitation des maisons de commerce françaises en Côte d'Ivoire par rapport au Sénégal a fait l'affaire des maisons de commerce anglaises. En outre, l'abandon provisoire de cette colonie et surtout la tentative des autorités françaises de vouloir échanger la Côte d'Ivoire contre la Gambie n'étaient pas de nature à sécuriser et à attirer les commerçants français. N'eussent été la vigilance d'Arthur Verdier et la détermination de Marcel Treich-Laplène à sauvegarder les intérêts français, la Côte d'Ivoire aurait pu échapper à l'influence française.

Dans l'ensemble, tous ces facteurs n'ont pas concouru à favoriser l'émergence de maisons de commerce françaises très actives comme dans le cas du Sénégal. Ainsi, l'instabilité des intérêts économiques français, leur insignifiance et leur fragilité face aux Anglais n'étaient pas de nature à favoriser la création d'une Chambre de commerce. En effet, quand on examine le cas du Sénégal, les maisons de commerce ont été très dynamiques au point de contrôler la commercialisation de l'arachide. Elles ont su évincer toute concurrence étrangère, notamment anglaise, et solliciter très tôt la protection de l'autorité coloniale. Dans le cas de la Côte d'Ivoire avant 1885, ces éléments ne sont pas perceptibles. En effet, parce que la Côte d'Ivoire était faiblement structurée sur le plan économique, il était de ce fait difficile d'y voir apparaître une Chambre de commerce. Mais à partir de 1885, avec l'engagement français, les différentes missions qui sont suscitées çà et là[25] ainsi que la création de la Côte d'Ivoire comme colonie en 1893, on voit apparaître une mainmise française sur ce territoire. Les conséquences de ces initiatives sont très importantes dans la structuration du commerce français dans cette colonie.

---

[25] Cf. tableau des principales missions d'explorations françaises en Côte d'Ivoire de la fin du XIXe siècle (1887-1902). Pierre KIPRE, Henriette DIABATE et Jean Noël LOUCOU, (dir.) *Mémorial de la Côte d'Ivoire T2 : la Côte d'Ivoire coloniale*, Abidjan, Ami, 1987, p.31

II- DES PREMIERS REGROUPEMENTS DE COMMERÇANTS FRANÇAIS À LA NAISSANCE D'UNE CHAMBRE DE COMMERCE EN CÔTE D'IVOIRE (1903 – 1908)

Après la conférence de Berlin de 1884-1885, la France passe à l'offensive sur les plans politique et commercial. Sur ce second point, grâce à des initiatives audacieuses, elle favorise l'extension et le regroupement des maisons de commerce. Ces regroupements ayant montré leur efficacité, l'administration coloniale crée une Chambre de commerce.

A- Les étapes ayant précédé l'avènement d'une Chambre de commerce en Côte d'Ivoire

La création d'une Chambre de commerce en Côte d'Ivoire s'est faite en plusieurs étapes. On note d'abord l'expansion du commerce français. De là, l'Administration met en place de petites organisations à caractère économique dont le but est de regrouper les intérêts les plus représentatifs.

1- Extension timide du commerce français

Bien avant 1885, la présence française sur le plan commercial est incarnée par Arthur Verdier. Ce dernier se pare du titre de « résident de France sur la côte de l'or » en novembre 1878. Par ce moyen, il entend défendre ses intérêts économiques et ceux de la France. C'est ainsi que face aux menées des Britanniques qui multiplient les contacts commerciaux dans l'est du pays au détriment des intérêts français, il demande la mise sur pied d'une commission de délimitation de la frontière orientale. Cette commission, créée début juillet 1883, comprend Bretignère, agent de Verdier, et Pullen, représentant les Anglais. Cependant, les travaux de cette commission, qui doivent aplanir les difficultés, sont un échec[26]. En dehors de cette volonté de protéger la France, Verdier possède des intérêts dans le territoire. Il a des factoreries à Assinie, Grand-Bassam, Dabou, Alepé et Bétié. Il y vend des marchandises de gros et de détail. Sur le plan agricole, Verdier obtient des terres de cultures à Elima. Tous ces privilèges de Verdier sont remis en cause après 1885. En effet, suite à la conférence de Berlin de 1884-1885, qui a insisté sur la nécessité du

[26] Pierre KIPRÉ (dir.), *op. cit.*, pp. 16-17.

principe de la notification des terres occupées, la France inaugure une nouvelle politique en s'engageant de façon active dans la politique coloniale. Dans ce sens, les établissements français de la Côte de l'or présentent un nouvel intérêt dans la perspective d'une jonction avec le Soudan. En effet, ceux-ci pourraient assurer un débouché sur le golfe de Guinée.

Sur le plan politique, la France affirme sa présence en février 1885 en nommant Charles Bour, fonctionnaire du bureau des affaires politiques, comme « Commandant particulier des possessions françaises de la Côte de l'or ». Il a pour mission de renouveler les traités antérieurs, de respecter la liberté du commerce et de créer un service de douane et une milice. Tous ces objectifs assignés à Charles Bour échouent à cause de son manque d'initiative, sa faible résistance physique et ses rapports difficiles avec les agents de Verdier. Il quitte Grand-Bassam en avril 1896[27]. À la suite de cela, la France entreprend d'autres actions.

Cette volonté française de dominer le territoire est manifestée par l'envoi de diverses missions d'exploration. Les missions, quelle que soit la manière dont elles se déroulent, ont un but politique et commercial. En effet, en affirmant sa présence par la signature de traités avec les chefs locaux, la France crée de ce fait les conditions favorables à l'installation de ses commerçants. Dans les termes des traités, les chefs locaux perdent leur indépendance puisque selon les textes, ils acceptent de se placer sous le protectorat français. En outre, ils ne doivent pas faire obstacle à la liberté du commerce, au contraire, ils doivent favoriser les échanges avec la France et assurer la sécurité des personnes et des biens des agents de commerce surtout français[28].

De toutes les missions qui ont lieu, les plus significatives sont celles de Treich-Laplène et de Binger. S'agissant de Treich-Laplène, il conduit deux importantes missions d'exploration. La première a lieu d'avril à juillet 1887, où il visite le Sanwi et l'Indénié. Il signe des traités avec des chefs Agni ; la seconde exploration s'étend d'octobre 1888 à mars 1889 et a pour cadre le pays Agni oriental, le Gyaman et Kong. Quant à la mission de Gustave Binger, elle débute de septembre 1887 à mars 1889. Il part de Bamako à Kong et visite

---

[27] *Idem*, pp. 19-20.

[28] Jean DEROU, « Notes sur les traités entre la France et les entités politiques de la Côte d'Ivoire précoloniale (1884-1893) », in *Annales de l'Université d'Abidjan*, série I, tome XIII, Histoire, 1984, p. 166.

ensuite le Gyaman (Bondoukou). Dans les lieux visités, il signe des traités. Le mérite de ces différentes missions, c'est qu'elles étendent l'influence française dans les zones jusque-là inaccessibles aux commerçants français. Pour le courage dont il a fait montre au cours de ses différentes explorations, Treich-Laplène est nommé « résident de France » le 28 septembre 1889.

Après cette nomination, il introduit un élément nouveau pour consolider la présence française. En effet, il installe des postes de douane à Assinie et à Grand-Bassam (le 23 octobre 1889) où l'activité commerciale est très développée. De plus, un autre poste de douane est installé le 25 octobre 1889 à Jacqueville. Même si ces postes provoquent le mécontentement des populations autochtones, en particulier les Alladians, ils sont tenus de les accepter. L'installation de ces postes vise, d'une part, à fournir à l'administration française un minimum de moyens financiers, et d'autre part, elle assure le contrôle des échanges extérieurs des populations côtières[29]. En dehors des trois premiers postes, d'autres voient le jour à Grand-Lahou (le 15 février 1890), Petit-Lahou (le 20 novembre 1891) et Fresco (le 21 novembre 1891).

Au total, la consolidation de la présence française suite aux missions d'exploration et la fondation des postes douaniers, marque une étape importante dans l'histoire de la Côte de l'or. Elle a pour conséquence la création, le 7 mars 1893, de la colonie de Côte d'Ivoire. La France choisit comme gouverneur Gustave Binger. Il s'érige en défenseur des intérêts commerciaux. En effet, au cours de sa mission d'exploration de septembre 1887 à mars 1889, il a toujours cherché à barrer la route aux Anglais afin d'intégrer dans l'aire d'influence française les carrefours commerciaux importants que constituent Bondoukou et le pays de Kong. La défense des intérêts français amène Binger au cours de son gouvernorat à poursuivre l'œuvre de Treich-Laplène en consolidant la présence française. Sa politique vise à contrôler les échanges sur le littoral de la colonie. C'est ainsi qu'il choisit des villages où il décide d'installer des bureaux de douane. Il s'agit de Sassandra, Grand-Drewin et Petit-Drewin, Grand-Bereby et Petit-Bereby, Tabou et Blieron.

L'autre aspect du programme de Binger a pour but d'inventorier systématiquement les possibilités économiques de l'arrière-pays par de nombreuses missions d'exploration. Avec la création de la nouvelle

---

[29] Pierre KIPRÉ, *op. cit.*, p. 90.

colonie de Côte d'Ivoire, un tel programme a toutes les chances de voir le jour. Ainsi, pour mettre en place un réseau de postes français, Binger favorise l'installation des commerçants et industriels français. En outre, l'arrêté du 10 septembre 1893 définit les conditions dans lesquelles les concessions de terres doivent se faire. Ceux qui installent factoreries, comptoirs, docks, maisons d'habitation, ont droit à des concessions urbaines octroyées gratuitement[30]. Par ailleurs, dans le cadre de cette politique, pour évincer le monopole anglais sur la côte Ouest, l'arrêté du 23 décembre 1896 accorde une subvention aux commerçants français qui installeront des factoreries à Bliéron à partir du 1er janvier 1897. Cette subvention serait égale à la moitié des droits perçus sur les marchandises importées[31]. Cette initiative, qui exige d'ailleurs des fonds, ne put évincer la prépondérance anglaise sur cette côte Ouest. Néanmoins, certaines entreprises françaises tenteront de s'y installer. À Sassandra, l'Omnium colonial français participe au trafic commercial. Sur le Cavally, Adrien Freissinet et Charles Bordes allient la culture du café aux affaires commerciales. Quant à la Société Française de Côte d'Ivoire, elle s'occupe de l'exploitation forestière à Sassandra. En 1898, la CFAO entretient des succursales à Sassandra, à Tabou et Bliéron[32]. Cette politique engagée par Binger, qui tend à favoriser l'implantation de commerçants, particulièrement les Français, est d'une importance capitale. Elle sera à l'origine des regroupements commerciaux.

2- Installation des premiers groupements à caractère économique (1903 à 1908)

La création de la Côte d'Ivoire en tant que colonie est une étape importante pour l'expansion du commerce français. La politique menée par Treich-Laplène et Binger favorise une telle orientation parce qu'elle encourage l'installation des maisons de commerce françaises. Leurs actes ont pour conséquence d'entraîner aussi les conditions de leur regroupement. Un pas important est franchi lorsque, par un arrêté de 1903, l'administration coloniale crée des chambres consultatives de commerce et de mines à Grand-Bassam et à Grand-Lahou.

---

30 Pierre KIPRÉ, *op. cit.*, p. 94.

31 Christophe WONDJI, *op. cit.*, p. 372.

32 *Idem*, p. 372.

Les raisons qui motivent cette décision sont liées au fait que :

Les entreprises commerciales de la Côte d'Ivoire ont pris de jour en jour plus d'importance et que les sociétés minières d'autre part, ont des tendances à se développer, qu'il est du devoir de l'administration locale d'en surveiller les progrès et de s'y intéresser.

Mais que le gouvernement de la colonie ne peut favoriser lesdites entreprises, s'inspirer de leurs besoins et s'efforcer d'y donner satisfaction que s'il est exactement informé qu'il ne peut agir efficacement et prendre des arrêtés utiles à l'accroissement des transactions commerciales qu'à la condition de connaître tous les desiderata et tous les vœux exprimés dans ce but par les colons ; que seules des Chambres consultatives de commerce et des mines pourront donner de sûres indications à l'administration supérieure de la colonie.[33]

À travers ces objectifs se dégage la volonté de développer le commerce en tenant compte des avis des commerçants. Pour mieux exprimer ses doléances, une chambre consultative de commerce et des mines demeure donc ce cadre approprié. La création d'une telle institution présente plusieurs avantages pour le colonisateur français. Tout d'abord, cette chambre consultative participe au regroupement de tous les intérêts commerciaux français qui jusque-là, doivent faire face, souvent de façon impuissante, à la concurrence des maisons de commerce anglaises. Ensuite, par le moyen de cette institution, l'administration coloniale peut être mieux informée des réalités économiques de la colonie et prendre des décisions dans le sens des intérêts français. En effet, c'est à la suite des renseignements commerciaux recueillis par un représentant de la Chambre de commerce de Bordeaux au cours de l'exploration de Bouët-Willaumez, en 1838, qu'il fut décidé de créer des factoreries, notamment à Grand-Bassam[34]. Tous ces éléments montrent à quel point cette Chambre consultative de commerce et des mines est appelée à jouer un grand rôle.

Enfin, l'autre avantage de cette institution, c'est qu'elle assure la suprématie des intérêts commerciaux français dans la colonie face aux maisons anglaises. Désormais, ces intérêts parleront d'une seule voix. Comme cela se fait au moyen d'une institution dont les Français sont les maîtres, les commerçants anglais ne peuvent avoir qu'une place

---

[33] *Bulletin officiel de Côte d'Ivoire (BOCI)*, 1903, p. 577.

[34] Bernard SCHNAPPER, *op. cit.*, p. 24.

marginale. Au total, la création de cette institution suit la logique qui a toujours présidé à la naissance des chambres de commerce en France. Il s'agit, d'une part, de regrouper les intérêts économiques, et d'autre part, de leur permettre de formuler des doléances pour le progrès du commerce. Il s'agit aussi, dans ce contexte colonial, de créer un moyen institutionnel dans le but d'exploiter rationnellement le territoire de Côte d'Ivoire.

Dans le cas de la création des chambres consultatives de commerce et des mines en Côte d'Ivoire, deux zones sont choisies. Il s'agit de Grand-Bassam et Grand-Lahou. Le choix de ces localités n'est pas fortuit. Grand-Bassam est la capitale de la colonie. C'est le siège de l'Administration et c'est là que sont installées la plupart des maisons de commerce françaises et étrangères. En ce qui concerne Grand-Lahou, c'est un poste très actif sur le plan commercial. Dès 1892, cinq maisons de commerce européennes dont deux françaises dominent le marché de Grand-Lahou : Verdier et Vivarelli. Mais en 1903, on en dénombre neuf : Dutheil de la Rochère, CFAO, la Compagnie française de Kong (CFK), Lemenant, SMAD, R.W. King, Lucas, Woodin, Riderson et Cie. Les cinq premières sont françaises[35]. À ces compagnies, il faut ajouter les traitants sénégalais, appoloniens et fanti. Une telle activité en pleine expansion motive alors le choix de cette localité.

Que ce soit à Grand-Bassam ou à Grand-Lahou, l'article 2 de l'arrêté de 1903 créant ces chambres consultatives stipule que ces membres doivent être « obligatoirement composés des principaux représentants de diverses sociétés françaises, commerciales ou minières »[36]. Ils sont nommés par le lieutenant-gouverneur sur proposition des commandants de cercle. Ils élisent un président. La durée de leur mandat est de 2 ans renouvelable. L'assemblée de cette chambre consulaire se réunit au début de chaque mois sur convocation de son président. Elle examine diverses questions touchant au commerce de la colonie, à l'industrie, aux mines, à la navigation et aux travaux d'utilité publique. Toutes ces propositions doivent être mentionnées dans des procès-verbaux. De plus, cette assemblée peut être consultée par le lieutenant-gouverneur pour émettre des avis[37]. À travers ces différentes attributions, il ressort que les chambres

35 Pierre KIPRÉ, *op. cit.*, p. 193.

36 *BOCI*, 1903, p. 578.

37 *Idem*, p. 578.

consultatives doivent réfléchir sur un certain nombre de questions économiques qui aideront à éclairer le choix de l'administration coloniale. Les maisons de commerce, préoccupées à faire prospérer leur commerce, ne se font pas prier pour intégrer une telle institution.

Dans l'arrêté de 1903 nommant les membres de la chambre consultative de commerce et de mines de Grand-Bassam, on relève différents intérêts. Il y a un industriel ancien délégué du Dahomey, cinq agents généraux de différentes maisons de commerce, deux négociants, le sous-directeur du wharf et les membres suppléants. Quant à Grand-Lahou, parmi les membres nommés, cinq proviennent des compagnies commerciales tandis qu'il y a un seul négociant (cf. tableaux 1 et 2).

Dans l'ensemble, à Grand-Bassam ou à Grand-Lahou, la nomination des membres de cette chambre consultative de commerce et de mines reflète les différents intérêts en jeu. Ce sont les grandes maisons de commerce qui en sont membres. Il importe cependant de retenir que celle de Grand-Bassam compte treize membres alors que celle de Grand-Lahou en possède cinq. Cela s'explique par la place importante des intérêts commerciaux français dans cette première localité qui est d'ailleurs la capitale de la colonie et où les premiers comptoirs ont été installés.

Si ces chambres consultatives ont pour objectif d'œuvrer pour la prospérité du commerce, il est difficile d'apprécier leur efficacité faute de documents d'archives. On peut néanmoins supposer qu'elles ont été utiles et ont joué un rôle important. En effet, deux ans plus tard, c'est-à-dire en 1905, en remplacement de ces chambres consultatives, le colonisateur crée un Comité consultatif de l'agriculture, du commerce et de l'industrie[38]. En dehors du commerce et de l'industrie dont s'occupe ce comité, il y a également l'agriculture. Cet élément indique probablement que toutes les questions agricoles doivent faire aussi l'objet de réflexions dans la mesure où les maisons de commerce exportent les produits de l'agriculture. Il s'agit donc de voir à travers les réflexions de ce comité consultatif comment lever les obstacles qui entravent leur développement. À ce sujet, on peut penser aux produits tels que le coton, le palmier à huile, le caoutchouc et autres.

Un autre aspect frappant dans ce comité est le fait que la nomination de ses membres n'est pas limitée au cercle de Grand-

[38] *BOCI*, 1905, p. 301.

Bassam et de Grand-Lahou. En effet, en dehors de ces deux localités, les membres proviennent des cercles d'Assinie, des Lagunes, du Baoulé, de Bondoukou, de Kong, de Sassandra, du Cavally et de l'Indénié[39].

Il s'agit ici de tenir compte de l'avis des commerçants français disséminés un peu partout sur l'ensemble du territoire. À cette époque, la conquête coloniale est à peine achevée. On ne peut parler d'une présence significative des intérêts français dans certains cercles de la colonie, notamment dans le cercle de Kong. Cependant, on peut supposer que le colonisateur voulait tenir compte de l'élément indigène, à savoir, les Diolas, très actifs dans le commerce. À l'instar des chambres consultatives, le comité consultatif comprend les représentants des grands intérêts coloniaux. Ce sont les représentants des compagnies commerciales, « des industriels » et les chefs des exploitations agricoles.

---

[39] *Idem*, p. 438.

Tableau 1
Chambre consultative de commerce et des mines de Grand-Bassam, 1903

Membres	**Compagnies ou activités fonction**
Palazot	Industriel, ancien délégué du Dahomey au conseil supérieur des colonies
Marcel Plantey	Agent général de la Compagnie Française de l'Afrique Occidentale (CFAO)
Barthe	Agent principal de la Compagnie Française de l'Afrique Occidentale (CFAO)
Erbe	Agent général de la maison A. Daudy
Abrial	Agent général de la Compagnie française de Kong.
Schneider	Négociant
Curral	Négociant
Lené	Sous-directeur du wharf
Dreyfus	Agent général de la Consolidated Goldfield of Ivory Coast
Joseph Plantey (membre suppléant)	Non précisé
Deleuze (membre suppléant)	Non précisé
Chesneau et Dallet	Non précisé

Source : *BOCI*, 1903, p. 578.

Tableau 2
Chambre consultative de commerce et des mines de Grand-Lahou, 1903

Membres	Compagnies ou activités fonction
Philastre	Agent principal de la Compagnie française de l'Afrique Occidentale (CFAO)
Gauvin	Agent général de la Compagnie française de Kong
Aubert	Représentant de la Société de la Rochère, La fournière et compagnie
Hubert	Ingénieur, représentant de la Société minière de l'Afrique Occidentale
Lemenant	Négociant

Source : *BOCI*, 1903, p. 579.

Ce comité consultatif de l'agriculture, du commerce et de l'industrie présente dans sa composition de réelles innovations par rapport à la précédente chambre consultative. Le président du comité est le secrétaire général du gouvernement ; les autres personnalités sont des membres fonctionnaires (le directeur du chemin de fer et du port, les chefs du service des douanes et des travaux publics) et des membres non fonctionnaires. Dans le dernier cas, il s'agit de représentants des compagnies commerciales et des chefs des exploitations agricoles. Au nombre de quatre, ceux-ci sont désignés par cercle par le lieutenant-gouverneur sur présentation d'une liste de huit noms dressée par chaque administrateur[40] (cf. tableau 3).

Ces quatre membres choisis par cercle doivent être pris parmi les patentés de toutes les classes. Soulignons que la majorité de ces membres est composée de commerçants français. On note cependant la présence de quelques indigènes tels que Timité dans le cercle de Bondoukou, ou Bénié Quamé, Cacou, Adom et Amoikon dans le cercle de l'Indénié. Leur présence illustre la place qu'ils occupent dans le commerce local[41]. Benié Quamé, le chef de Bettié, est de ceux qui ont accueilli avec empressement la présence française, car ne

[40] *BOCI*, 1905, p. 301.
[41] *Idem.*

pouvant supporter la concurrence des N'zima en relation étroite avec la Gold Coast. C'est pourquoi, lorsque le Français Poulle reçoit mission de créer un poste français à Bettié, Benié Quamé lui fournit la main-d'œuvre nécessaire. Il est d'ailleurs rétribué par le colonisateur au début de 1894 avec une coutume fixe de 1 000 francs[42].

À l'image des groupements précédents, les membres du comité consultatif ont pour rôle de donner des avis à l'Administration chaque fois qu'elle en fera la demande. L'ensemble de ces avis est centralisé dans un rapport tenu par le secrétaire général qui l'envoie au chef de la colonie[43]. Ces doléances traduisent les préoccupations des commerçants. Elles visent donc à proposer des solutions pour faciliter les relations commerciales à une période où le territoire ivoirien n'est pas entièrement conquis. Dans l'ensemble, la création des chambres consultatives de commerce et des mines ainsi que du Comité du commerce, de l'industrie et de l'agriculture est décisive pour le développement des intérêts commerciaux de la France. Ils sont non seulement des organes consultatifs, mais ils peuvent aussi prendre des initiatives. Connaissant mieux les problèmes du commerce parce que vivant les réalités, ils sont plus qualifiés pour éclairer l'Administration dans ses choix et dans l'élaboration de sa politique économique. Il ne peut en être autrement quand on observe la composition de ces institutions. Les membres sont à la tête des grandes maisons de commerce qui jouent un rôle indéniable dans la vie économique de la colonie. Ils sont mieux informés des attentes et des besoins du commerce français. S'il est difficile d'apprécier, à sa juste valeur, les actes accomplis par ces organes consultatifs par manque de procès-verbaux, on peut dire que leur bilan est positif. C'est à leur suite que l'administration coloniale décide de créer une Chambre de commerce de Côte d'Ivoire qui s'étend sur tout le territoire et non à quelques cercles seulement.

[42] Pierre KIPRÉ, *op. cit.*, pp. 116-117.
[43] *Idem.*

Tableau 3

Tableau des membres par cercle du comité consultatif de l'agriculture, du commerce et de l'industrie de Côte d'Ivoire, 1905

CERCLES	LES MEMBRES CHOISIS
Cercle d'Assinie	Deleuze, Lovy, Severin, Dubreuil
Cercle de Grand-Bassam	Schneider, Barthe, Plantey, Abrial
Cercle des Lagunes	Boursault, Duplan, Betz, d'Hubert
Cercle de G. Lahou	Gauvin, Gourdon, Higgins, Lemenant
Cercle du Baoulé	Denise, Lemoine, Wetzer, Rider
Cercle de Bondoukou	Varheit, Gauthier, Silafa, Timité
Cercle de Kong	de Brauer, Rochette, de Teissières, Beauté
Cercle de Sassandra	Gilbert, Brossat, Calvezen, Twose
Cercle du Cavally	Matrat, Bordes, Lombard, Albert, Amblard
Cercle de l'Indenié	Bénié Quamé, Sahon, Cacou, Adom, Amoikon

Source : *BOCI*, 1905, pp. 437-438.

b- Naissance et mode d'organisation de la Chambre de commerce de Côte d'Ivoire (1908)

L'avènement d'une chambre de commerce en Côte d'Ivoire est un événement important pour des intérêts commerciaux. Mais la création de cette institution a nécessité d'abord que des points importants soient clarifiés. En effet, le gouverneur de l'AOF et le gouverneur de la Côte d'Ivoire étaient en désaccord sur un certain nombre d'éléments concernant cette institution. C'est après que leurs divergences eurent été aplanies que naquit la Chambre de commerce de Côte d'Ivoire. Ensuite, il est précisé ses attributions et son mode d'organisation.

1- Projet de création et naissance de la Chambre de commerce (1908)

À la suite du Comité consultatif de l'agriculture, du commerce et de l'industrie, l'administration coloniale décide de créer une chambre de commerce, c'est-à-dire un organisme regroupant tous ceux qui ont des intérêts économiques sur le territoire. Si la création d'une telle institution ne pose aucun problème, il en est autrement lorsqu'il est question du nombre de chambres de commerce à créer. Dans une longue lettre, en réponse à celle envoyée par le lieutenant-gouverneur le 12 juin 1908, le gouverneur général par intérim de l'AOF émet des réserves quant au projet de création et d'organisation d'une chambre de commerce unique en Côte d'Ivoire. Selon les arguments du lieutenant-gouverneur, mis en relief dans cette lettre du gouverneur général par intérim, le choix d'une seule chambre de commerce se justifierait par le fait qu'il y a une dispersion des affaires entre un grand nombre de localités sans relation entre elles et ayant des intérêts souvent opposés[44]. Mais ce point de vue ne semble pas convaincre Victor Liotard, le gouverneur général par intérim, qui estime que :

La création d'une seule chambre pour toute la colonie ne répondrait que très imparfaitement au but poursuivi par l'Administration. En créant des chambres de commerce, nous voulons permettre au commerce de formuler des desiderata, le seconder dans son action et aider au développement économique de la colonie.[45]

Il donne d'autres arguments pour s'opposer à la création d'une chambre unique. Il soutient que l'étendue de la colonie et le peu de moyens de communication rendraient difficile la réunion d'une chambre de commerce unique. En effet, le projet de création d'une seule chambre de commerce prévoit pour les convocations un intervalle de 15 jours et des membres suppléants pour remplacer les titulaires empêchés. Cependant, pour le gouverneur général par intérim, toutes ces mesures ne peuvent remédier aux difficultés signalées[46]. À ces objections, ce dernier en ajoute d'autres, qui

---

[44] Lettre du gouverneur général par intérim au lieutenant-gouverneur de la Côte d'Ivoire au sujet de la création d'une chambre de commerce en Côte d'Ivoire, Dakar le 28 août 1908, p. 1, Archives Nationales de Côte d'Ivoire (ANCI) : dossier 1 QQ 26.

[45] *Idem.*

[46] Il faut souligner que nous n'avons pas pu avoir trace de cette lettre du lieutenant-gouverneur de la colonie de Côte d'Ivoire. Cependant, la réponse du gouverneur

s'appuient sur des considérations géographiques et économiques. En analysant les tableaux que le lieutenant-gouverneur de la Côte d'Ivoire lui a communiqués, il fait remarquer, s'appuyant sur ceux-ci, que le commerce de la colonie n'est pas centralisé en un seul point comme en Guinée. D'après ce tableau, les échanges pour les cinq dernières années à Grand-Bassam s'élèvent à 47 934 000 francs, à 34 567 000 francs à Assinie et à 31 493 000 francs à Grand-Lahou[47].

Dans ces trois localités, en s'appuyant sur le même tableau, la première ville possède 28 maisons de commerce de première classe (française, indigène, étrangère), la deuxième en possède 34, et la troisième 26[48]. Ces données statistiques indiquent bien l'importance de ces localités au niveau commercial. Partant de ce constat, le gouverneur général par intérim estime que :

Chacun de ces points est le débouché d'une région. Son avenir est subordonné au développement de cette région, ainsi qu'aux facilités de transport et d'accès à la Côte d'Ivoire qui pourront lui être données. En tout cas, l'intérêt de chaque centre est bien distinct de celui des autres points ; parfois même il peut être opposé. Il importe donc que dans la mesure du possible, ces divers centres commerciaux puissent être effectivement représentés auprès de l'Administration par une Chambre de commerce.[49]

Cependant, il reconnaît que s'il n'est pas possible de songer à organiser des chambres de commerce dans les centres tels que Tabou, Bereby, San-Pedro, parce que le développement n'est pas suffisant, on peut envisager de réunir Assinie et Grand-Bassam à cause de la proximité des deux régions pour une chambre de commerce commune[50].

Quant à Grand-Lahou, le gouverneur général par intérim :

estime, et c'est la pensée de M. le Gouverneur général Ponty, qu'il conviendrait d'établir une autre Chambre de commerce à Grand-

---

général par intérim de l'AOF fait le rappel des points évoqués dans cette lettre qui aurait été écrite le 17 juin 1908, suivie d'un télégramme le 17 août 1908. Cette lettre est relative au projet de création de la Chambre de commerce de Côte d'Ivoire.

47 Lettre du gouverneur général par intérim au lieutenant-gouverneur de la Côte d'Ivoire au sujet de la création d'une chambre de commerce en Côte d'Ivoire, Dakar, le 28 août 1908, p. 3, ANCI : dossier 1 QQ 26.

48 *Idem.*

49 *Idem.*

50 *Idem*, p. 4.

Lahou. Ce centre très actif qui est mis en relation directe, par la rivière Bandama, avec la région du Baoulé, ainsi qu'avec l'important marché de Tiassalé, paraît appelé à un grand avenir (...). La création d'une Chambre de commerce dans cette ville est donc des plus justifiées. La circonscription de cette deuxième chambre comprendrait toute la région ouest de la colonie.[51]

En somme, on peut soutenir que le gouverneur général par intérim envisageait la création de deux chambres de commerce ; l'une regroupant Assinie et Grand-Bassam, et l'autre à Grand-Lahou. Le choix de ces localités se justifie par le développement du commerce local. Il convient de faire remarquer que la Côte d'Ivoire ne fait pas exception en ce qui concerne la volonté de l'administration coloniale d'avoir plusieurs chambres de commerce. Bien avant 1908, il en existait quatre au Sénégal. Il s'agit de celles de Saint-Louis et Gorée, créées en 1869, celle de Rufisque (le 9 janvier 1883) et de Dakar (le 14 décembre 1887). On peut supposer que le cas du Sénégal n'est pas étranger à la volonté du gouverneur général d'avoir plusieurs chambres de commerce en Côte d'Ivoire.

À l'image du Sénégal, où les chambres de commerce se sont installées à certains endroits en fonction du dynamisme des intérêts français, le colonisateur voulait transposer ce modèle en Côte d'Ivoire. C'est pourquoi il indique bien les zones qui peuvent être favorables aux chambres de commerce. D'ailleurs, en 1903, la création des chambres consultatives du commerce et des mines à Grand-Bassam et à Grand-Lahou a répondu à des impératifs économiques. C'est le même schéma que l'administration coloniale veut voir reproduire quand elle propose, d'une part, la création d'une Chambre de commerce comprenant Assinie et Grand-Bassam, et une autre à Grand-Lahou, d'autre part.

Dans sa lettre du 28 août 1908, au-delà de la question du nombre de chambres de commerce à envisager en Côte d'Ivoire, le gouverneur général émet aussi certaines réserves quant au mode d'organisation d'une chambre de commerce unique tel que voulu par le chef de la colonie de Côte d'Ivoire. S'il partage le fait que pour être électeur, le commerçant doit payer une patente de 100 francs, il donne néanmoins un avis nuancé sur l'article 9 du projet de l'arrêté concernant la

[51] Lettre du gouverneur général par intérim au lieutenant-gouverneur de la Côte d'Ivoire au sujet de la création d'une chambre de commerce en Côte d'Ivoire, Dakar, le 28 août 1908, p. 4, ANCI : dossier 1 QQ 26.

résidence de l'électeur dans la colonie. Cet article exige de l'électeur qu'il réside dans la colonie pendant trois ans en plus du paiement de la patente[52].

À propos de cet article 9, le chef de la colonie soulève trois objections relatives à l'interprétation qu'on pourrait lui donner :

1. Lorsqu'une maison possède un certain nombre de succursales, payant chacune plus de 100 francs de patente, chaque gérant de succursales peut-il être électeur ?

2. Le délai de résidence de 3 ans imposé pour l'éligibilité se rapporte-t-il au temps écoulé depuis l'installation de la maison ou celui pendant lequel le gérant a habité le pays ?

3. Y a-t-il lieu d'exiger une procuration générale de l'agent pour l'admettre au vote ?[53]

Avant de répondre à ces différentes interrogations soulevées par le chef de la colonie, Liotard estime qu'en ce qui concerne la qualité d'électeur :

Chaque établissement commercial doit donner à son directeur qualité d'électorat, sans qu'il y ait à considérer si l'établissement est ou non autonome. Une maison puissante aura évidemment par ce moyen une action plus grande grâce au nombre de ses électeurs qu'une maison secondaire, mais en matière d'intérêts, cette supériorité n'est que strictement équitable.[54]

Ici donc, la qualité d'électorat dépend du volume d'affaires investi dans la colonie. Ainsi, plus les investissements sont considérables, plus la place occupée au sein de la chambre de commerce doit être grande. Tout cela a pour but d'empêcher que ceux qui consentent de grands sacrifices dans la colonie ne soient noyés par une multitude de maisons de commerce à faible investissement.

Concernant le problème délicat de la résidence de trois ans, la question qui se pose est de savoir s'il faut l'appliquer à la maison de commerce ou bien à l'agent. La réponse du gouverneur général par intérim est nuancée. Pour lui, cette résidence :

devrait être exigée de l'agent si l'on veut que les électeurs, lesquels peuvent être membres de la Chambre de commerce, aient une

---

52 *Idem*, p. 5.
53 *Idem*, p. 5.
54 *Idem*, p. 6.

expérience suffisante des hommes et des choses du pays, des besoins de la colonie.[55]

Par ailleurs, il reconnaît que :

exiger cette résidence alors que les nécessités du commerce, les fatigues du climat imposent aux maisons de commerce des mutations fréquentes parmi les agents ainsi que des congés répétés, ce serait mettre ces maisons dans l'impossibilité d'être représentées dans la proportion ou l'importance de leurs affaires.[56]

En dépit de ce dilemme, il estime que la condition de résidence doit s'appliquer aux maisons.

Dans l'ensemble, cette longue lettre du gouverneur général par intérim au lieutenant-gouverneur de la Côte d'Ivoire met en relief la préoccupation de la France sur ce que doit être une chambre de commerce. Elle doit être là où les intérêts économiques et les échanges commerciaux sont intenses. Ensuite, elle doit être représentative de tous les intérêts en jeu afin d'y inclure tout le monde. Cette volonté d'associer tous les acteurs économiques explique les hésitations du colonisateur sur le nombre de chambres de commerce à créer ou sur la question de la résidence pour celui qui veut être électeur. C'est après une clarification de tous ces éléments que l'on décide, dans le cas de la Côte d'Ivoire, de créer une seule chambre de commerce. Ainsi, par l'arrêté du 23 décembre 1908, le colonisateur crée une chambre de commerce à Grand-Bassam[57]. L'article premier de cet arrêté stipule que la Chambre de commerce créée à Grand-Bassam couvre toute la colonie de Côte d'Ivoire. Il définit aussi les attributions et le mode d'organisation de celle-ci.

2- Attributions et mode d'organisation de la Chambre de commerce de Côte d'Ivoire

L'arrêté du 23 décembre 1908 instituant la Chambre de commerce fixe son mode de fonctionnement et ses attributions. La Chambre de commerce se compose de 14 membres titulaires et 11 suppléants. La répartition des membres est établie selon trois catégories. La proportion des Français parmi les membres de cette institution économique est de 9 membres titulaires et de 6 membres suppléants.

---

[55] *Idem*, p. 5.

[56] *Idem*, p. 5.

[57] *Journal officiel de la Côte d'Ivoire (JOCI)*, 1908, p. 500.

Un tel nombre est logique dans la mesure où cette organisation créée par l'autorité coloniale doit privilégier les intérêts français.

L'autre catégorie de membres concerne ceux de nationalité européenne ou assimilée. En leur sein, il est pris 3 membres titulaires et 3 membres suppléants. Cependant, pour mériter cette qualité, ils doivent posséder « une connaissance suffisante de la langue française »[58]. Il est à souligner que l'intégration d'Européens dans cette nouvelle compagnie consulaire peut s'expliquer par le fait que certains Européens, notamment les Anglais, dont les maisons commerciales étaient installées depuis longtemps dans le pays, exerçaient une activité débordante sur les côtes ivoiriennes. Au nombre de celles-ci, il y a les maisons R. et W. King et Woodin and Cie.

La dernière catégorie est celle des indigènes, sujets français. Parmi eux, il est choisi 2 membres titulaires et 2 membres suppléants « lisant et écrivant le français ». Ceux parmi les indigènes qui veulent être membres de la Chambre de commerce doivent, à l'instar des catégories précédentes, jouir de leurs droits civiques, être âgés de 25 ans au moins et se trouver inscrits au rôle de la patente depuis deux ans[59]. En dehors de ces conditions, sont aussi intégrés au collège électoral les anciens membres de la Chambre de commerce, les directeurs des compagnies anonymes de commerce, de finance, d'industrie et d'exploitation agricole. À cette liste, il faut ajouter les agents de change, les capitaines au long cours et les maîtres au cabotage ayant commandé des navires. Ces électeurs devront aussi remplir les conditions d'âge et de séjour.

Au total, dans la constitution de la nouvelle chambre de commerce, tous les intérêts sont représentés. Les intérêts français ne pouvant se suffire à eux seuls, il est fait appel aux Anglais et aux indigènes. Mais pour conserver la primauté de leurs intérêts, plus de la moitié des membres de la Chambre de commerce sont Français. Ces nationalités et ces compétences associées sont appelées à jouer un rôle spécifique dans la colonie. Cependant, pour ne pas limiter l'action des chambres de commerce aux seuls membres, d'autres dispositions sont prises pour tenir compte des régions où il n'existerait pas de membres titulaires ou de suppléants. C'est ainsi qu'en dehors des membres de la Chambre de commerce, il est prévu des membres correspondants de

58 *JOCI*, 1908, p. 500.
59 *Idem*, p. 500.

toute nationalité vivant dans la colonie[60]. En fait, ces derniers établis dans la colonie doivent fournir des renseignements économiques et commerciaux dans les régions où ils sont installés. En général, ils résident dans des localités où il n'existe aucun membre de la Chambre de commerce.

Au sujet du mode d'élection, la Chambre de commerce nomme, après l'élection de la totalité de ses membres parmi les élus, un président, un vice-président et un secrétaire trésorier. Les deux premiers doivent être choisis exclusivement parmi les citoyens français. La durée du mandat des membres titulaires et suppléants est fixée à 3 ans. Cependant, tous les ans, il est procédé à un renouvellement des membres, citoyens français et les autres, au tiers[61]. Les commerçants, pour être électeurs, doivent être âgés de 21 ans, payer une patente annuelle de 150 francs, résider dans la colonie depuis plus de trois ans. En plus, ils doivent être inscrits dans le registre de la patente depuis plus d'un an en leur propre nom ou comme représentants de maisons de commerce dans la colonie et ayant une procuration.

Concernant le mode d'élection, on note une réelle innovation par rapport aux premières tentatives de création des chambres de commerce. Dans le cas précédent, à savoir, les chambres consultatives de commerce et des mines et le Comité consultatif de l'agriculture, du commerce et de l'industrie, les membres étaient nommés par l'administration coloniale. Or, ici, le président, le vice-président et le secrétaire trésorier, personnages importants de la Chambre de commerce, sont élus par des électeurs remplissant des conditions bien déterminées. L'élection, fruit d'une certaine démocratie, assure les conditions de l'indépendance de la Chambre de commerce par rapport au pouvoir politique. Cette indépendance explique en partie pourquoi la Chambre de commerce de Côte d'Ivoire a tenu bien souvent tête au pouvoir colonial.

S'agissant de la géographie des élections, la colonie est divisée en cinq arrondissements consulaires. Quel que soit le nombre d'arrondissements, les catégories assignées à chaque groupe sont respectées (voir tableau 4). Ainsi, les Français ont 9 membres titulaires et 6 membres suppléants selon l'article 12 de l'arrêté du 23 décembre 1908, les étrangers européens 3 membres titulaires et

---

60 *Idem*, p. 500.
61 *Idem*, p. 500.

3 membres suppléants, et les indigènes ont 2 membres titulaires et 2 membres suppléants. Pour ne pas perdre la qualité d'électeur, les prétendants ne doivent pas être trouvés dans l'un des cas d'exclusion prévus par l'article 619 du Code de commerce[62]. Il s'agit des cas d'individus condamnés à des peines graves pour délit de vol, d'escroquerie, de contravention aux lois sur les maisons de jeux, de loteries. De même, les faillis non réhabilités ne peuvent pas participer aux élections.

Dans le cas du déroulement des élections, l'arrêté du 23 décembre 1908, en ses articles 13 à 24, précise la procédure, la voie à suivre pour les réclamations et la composition de la commission électorale. Dans le même arrêté, il est aussi indiqué les attributions de la Chambre de commerce de Côte d'Ivoire. Elles sont consultatives, administratives et financières. Dans le premier cas, la Chambre de commerce peut présenter au lieutenant-gouverneur, par voie d'initiative, ses points de vue sur les moyens d'accroître la prospérité de la colonie. De ce fait, elle peut demander des modifications à introduire dans toutes les branches de la législation commerciale, fiscale ou douanière. De plus, la Chambre de commerce peut donner son point de vue sur l'exécution des travaux et l'organisation des services publics pouvant intéresser le commerce et l'industrie[63]. Elle doit être aussi consultée sur les règlements relatifs au commerce, les créations de chambres et bureaux de commerce, banques et autres institutions.

---

[62] *Idem*, p. 501.
[63] *Idem*, p. 502.

Tableau 4

Répartition des membres de la chambre de commerce par arrondissements et par catégories en 1908

1. Commerçants citoyens français

ARRONDISSEMENTS	TITULAIRES	SUPPLÉANTS
1er Cercles de Grand-Bassam, N'Zi Comoé	3	2
2e Cercles Assinie, Indenié, Bondoukou	2	1
3e Cercles Lahou, Baoulé Nord, Baoulé Sud, Kong, Korhogo	2	1
4e Cercles Haut Sassandra, Pays Gouro, Bas Sassandra, Mankono	1	1
5e Cercles du Cavally, Touba	1	1
TOTAL	**9**	**6**

2. Commerçants étrangers européens ou assimilés

ARRONDISSEMENTS	TITULAIRES	SUPPLÉANTS
1er arrondissement	1	1
2e arrondissement	1	1
3e, 4e, 5e arrondissements	1	1
TOTAL	**3**	**3**

3. Commerçants indigènes sujets français

ARRONDISSEMENTS	TITULAIRES	SUPPLÉANTS
1er et 2e arrondissements	1	1
3e, 4e et 5e arrondissements	1	1
TOTAL	**2**	**2**

Source : JOCI, 1908, p. 501.

Les attributions consultatives donnent, de ce fait, pleins pouvoirs à la Chambre de commerce d'examiner tous les éléments de la vie économique de la colonie. Certes, ces attributions consultatives sont en partie inspirées des chambres de commerce métropolitaines, mais leur transposition dans la colonie met en lumière le rôle que doit jouer cette chambre de commerce. En effet, elle a toute latitude pour intervenir sur tous les leviers de la vie économique coloniale. Munie d'un tel arsenal juridique, la Chambre de commerce ne va pas se priver d'exercer son devoir comme le prévoient les textes. Composée de puissants intérêts économiques, la Chambre de commerce va se saisir de ces textes dans l'intérêt de ses membres, préoccupés plutôt à exploiter la colonie qu'à se soucier de sa prospérité.

Sur le plan administratif, la Chambre de commerce possède une personnalité administrative. Pour cette raison, elle peut administrer des établissements créés à usage de commerce, de magasins, de docks et d'entrepôts. En outre, sous l'autorisation du lieutenant-gouverneur, elle peut recevoir des legs ou dotations afin d'acquérir ou d'aliéner des immeubles ou du matériel. Elle peut également gérer, exploiter, entreprendre des travaux et créer des établissements dans l'intérêt du commerce[64].

Sur le plan financier, les revenus de la Chambre de commerce sont constitués d'une allocation prélevée sur les patentes, les produits d'exploitation des magasins, des grues, des mats de charge ou apparaux divers installés ou à installer sur fonds propres. En plus, elle peut recevoir des dons, legs et subventions dévolus à la Chambre de commerce soit par les pouvoirs publics soit par des particuliers. Dans ce cas, les dons peuvent être acceptés après autorisation du lieutenant-gouverneur. Ce dernier, par un arrêté spécial, peut autoriser la Chambre de commerce à emprunter ou à percevoir des taxes pour assurer l'entretien, le fonctionnement et le renouvellement des établissements qu'elle administre[65]. Au-delà des aspects consultatif, administratif et financier, pour empêcher la Chambre de commerce d'avoir plus d'influence, toute discussion politique est interdite pendant ses délibérations. Elle prend rang dans les cérémonies publiques immédiatement après le Conseil d'administration[66].

---

[64] *Idem*, p. 502.
[65] *Idem*, p. 508.
[66] *Idem*.

En somme, l'arrêté du 23 décembre 1908 créant la Chambre de commerce tend à assurer la domination de l'élément français. Le mode d'élection illustre parfaitement cela. En outre, la division des circonscriptions électorales vise à faire en sorte que tous les intérêts éparpillés sur l'ensemble de la colonie soient représentés à la Chambre de commerce. En plus, les différentes attributions que lui confèrent les textes font de cette chambre de commerce une institution particulière. Elle est donc appelée à suivre l'exemple des chambres de commerce métropolitaines dont elle tire son essence. Ce type d'institutions, notamment celles nées dans le contexte africain comme au Sénégal, a joué un grand rôle dans le développement des intérêts français. C'est pourquoi le colonisateur français et les grands intérêts économiques qui sont des alliés des chambres métropolitaines ont contribué à l'installation de telles institutions dans toutes les colonies françaises. La Côte d'Ivoire n'est qu'un maillon parmi tant d'autres dans la stratégie du colonisateur. En dépit de quelques péripéties, la Chambre de commerce prend réellement forme avec l'arrêté du 23 décembre 1908. Cependant, l'application de cet arrêté, à l'image de la nouvelle Chambre de commerce, connaît un départ très lent.

CHAPITRE II

DÉBUT TIMIDE DES ACTIVITÉS DE LA CHAMBRE DE COMMERCE DE CÔTE D'IVOIRE (1908 – 1923)

La Chambre de commerce de Côte d'Ivoire, après sa création en décembre 1908, débute officiellement ses activités le 6 mars 1911. Depuis cette date jusqu'au début des années 1920, la marche de la Chambre de commerce est faite de tâtonnements. Des obstacles aussi bien internes qu'externes ralentissent son fonctionnement. Cependant, dans la mesure de ses possibilités, elle prend des initiatives sur le plan économique.

I- OBSTACLES DANS LE FONCTIONNEMENT DE LA CHAMBRE DE COMMERCE

La situation que vit la Chambre de commerce de Côte d'Ivoire au moment de sa création est le résultat de certains facteurs. Tout cela contribue à rendre son démarrage ainsi que le fonctionnement normal de ses structures difficiles.

A- Difficile démarrage et lente mise en place des structures de la Chambre de commerce

À ses débuts, et pendant les premières années de son fonctionnement, la Chambre de commerce fait face à un certain nombre de crises. La plus sérieuse, nous semble-t-il, est l'instabilité de son fonctionnement interne.

1- Instabilité des premiers bureaux de la Chambre de commerce de Côte d'Ivoire

La crise qui secoue la Chambre de commerce à ses premiers moments est liée à plusieurs facteurs. Il y a d'abord la difficulté d'appliquer ses textes, ce qui rend pénible son bon départ. Ensuite, d'autres problèmes surgissent au moment des premières élections.

Enfin, le contexte de la guerre de 1914-1918 n'est pas fait pour arranger les choses.

a- La difficulté de la mise en application des textes dès les premiers moments de la Chambre de commerce

La Chambre de commerce de Côte d'Ivoire connaît un démarrage lent bien que l'arrêté du 23 décembre 1908 indique clairement son mode d'organisation et ses différentes attributions. C'est le 6 mars 1911 que le gouverneur général de l'AOF, William Ponty, inaugure de façon solennelle la Chambre de commerce à Grand-Bassam. De 1908 à 1911, la Chambre de commerce connaît un passage à vide. En effet, au moment de l'application des textes de cette compagnie, il semble se dresser des obstacles. Dès le début de 1909, elle n'avait aucune activité puisqu'elle n'avait ni bureau, ni comité ad hoc pour assurer sa gestion en attendant que les choses s'améliorent. C'est ce qui explique qu'à cette date, le lieutenant-gouverneur Gabriel-Louis Angoulvant ait laissé subsister le Comité consultatif de l'agriculture, du commerce et de l'industrie qui, logiquement, devrait disparaître avec la naissance de la Chambre de commerce. Cependant, celui-ci ne continue pas moins ses activités puisque ses membres fonctionnaires et non fonctionnaires sont à nouveau nommés par le chef de la colonie[67].

L'autre difficulté qui semble retarder le démarrage des activités de cette institution consulaire est l'identification des commerçants. En effet, le 26 mai 1909, le lieutenant-gouverneur Angoulvant avait informé les commerçants qu'en raison des problèmes présentés dans l'établissement de la liste électorale et de l'absence, à cette période de l'année, de nombreux négociants, les élections de la Chambre de commerce étaient reportées en novembre de la même année[68]. Cependant, cette date n'est pas respectée, car il faut dresser la liste électorale. C'est après cette étape que le collège électoral de la Chambre de commerce est convoqué par l'arrêté le 20 mars 1910 à Grand-Bassam. Le 15 mai 1910, l'Administration organise un second tour. C'est à la suite de tout ce processus électoral que le bureau de la Chambre de commerce est élu le 25 juillet 1910. Au cours de cette élection, Lucien Jean Porge, commerçant français, est élu président de

---

[67] *JOCI*, 1909, p. 89 et p. 184.

[68] *JOCI*, 1909, p. 319.

l'institution, avec de Rochette comme vice-président et Charles Cousin en qualité de secrétaire trésorier[69].

Mais à peine élu, Lucien Jean Porge se décharge de ses responsabilités. Dans une correspondance du 15 avril 1911, il donne sa démission et celle de son bureau au chef de la colonie[70]. Dans la réalité, cette démission semble antérieure à cette date. Lors de l'inauguration solennelle de la Chambre de commerce le 6 mars 1911 en présence du gouverneur général de l'AOF, Maurice Goudard est le porte-parole en qualité de président de la Chambre de commerce[71]. Cette démission était difficile à comprendre dans la mesure où son mandat avait duré moins d'un an. Faute d'éléments pour éclairer les réelles motivations des auteurs de cette action, on peut supposer que l'atmosphère régnant entre cette nouvelle chambre consulaire et l'administration coloniale ainsi que les difficultés de démarrage de cette institution y sont pour quelque chose. Comment comprendre qu'une institution à peine installée soit en pleine crise au point d'entraîner la démission de tout son bureau ? Les attitudes autoritaires du lieutenant-gouverneur Angoulvant, le manque de compréhension dont ce bureau a pu être l'objet peuvent être les raisons de cette démission collective.

Si le mandat de Lucien Jean Porge fut bref, il a été l'occasion de discuter de certains problèmes. La première préoccupation de Louis Jean Porge après son élection fut de doter la Chambre de commerce d'une administration. C'est pourquoi, dès le mois de janvier 1911, il demande au lieutenant-gouverneur que la Chambre de commerce puisse disposer d'une somme de 5 000 francs[72]. Cette somme avait pour but d'installer le secrétariat de la Chambre de commerce et de faire face aux frais de bureau et d'organisation.

La première séance de la Chambre de commerce de Côte d'Ivoire a eu lieu le 13 février 1911 sur convocation de son président Louis Jean Porge, à l'hôtel du gouvernement, en présence du lieutenant-

69 Procès-verbaux des séances de la Chambre de commerce, 1911-1912, ANCI : dossier 1 QQ 30.

70 *Idem.*

71 Zan SEMI-BI, « La Chambre de commerce en Côte d'Ivoire : 1908-1940 », *Godo Godo*, no 3, janvier 1977, p. 80.

72 Lettre du président de la Chambre de commerce au lieutenant-gouverneur, Grand-Bassam, le 10 janvier 1911, ANCI : dossier 1 QQ 27.

gouverneur[73]. Au cours de cette séance, plusieurs problèmes sont évoqués. Sur le plan financier, si le lieutenant-gouverneur accorde 5 000 francs pour le budget de l'année de la Chambre de commerce, il n'est pas dans son intention de continuer cette subvention[74].

En dehors de cet aspect financier, plusieurs problèmes furent soumis à l'attention du gouverneur. Il s'agit par exemple de la jonction des routes du Haut-Cavally à la côte et la réfection de la route Dimbokro–Toumodi. Dans ce dernier cas, le gouverneur estima le trafic trop faible pour répondre à l'attente des membres de la Chambre de commerce[75]. Au cours de cette même séance, d'autres problèmes furent évoqués, notamment l'effet de la répression sur le commerce, la main-d'œuvre, la diminution de l'impôt de capitation, l'unification de l'heure dans tous les services et la question de la fraude. Sur ce dernier point, l'inquiétude de la Chambre de commerce était grande. Elle fait le constat que tous les villages fraudent. Tandis que certains ajoutent à l'huile à exporter de l'eau, d'autres y ajoutent des bananes[76]. Tout cela a pour résultat de donner une moins-value au produit.

Face à cette situation périlleuse pour le commerce, le lieutenant-gouverneur propose la création d'experts jurés. Ainsi, si au moment de la vente ou de la récolte, l'expert constate des fraudes après analyse des produits, alors des sanctions pourraient être infligées aux fraudeurs. Pour d'autres membres de la Chambre de commerce, comme Rochette, la lutte contre la fraude suppose une pénalité sévère au récolteur, au colporteur et à l'exportateur[77]. En France, un syndicat de Bordeaux défendant les intérêts coloniaux, saisi de la question, a émis le vœu qu'un arrêté soit pris pour interdire la récolte, le transport et l'exportation des produits n'ayant pas la qualité requise[78].

Au total, le lieutenant-gouverneur souscrit à toutes ces préoccupations, et sous l'impulsion de la Chambre de commerce, il

---

73 À cette séance étaient présents Rochette, vice-président, Barthe, Goudard, Salmon, Butin, Sega, comme membres ; C. Goux, membre suppléant, était absent ; Jones, Severin (en congé), Bordes, Beynis, Cousin (excusés). Procès-verbal de la 1re séance de la Chambre de commerce de Côte d'Ivoire du 13 février 1911, p. 1, ANCI : dossier 1 QQ 27.

74 *Idem*, pp. 4-5.

75 *Ibid*, p. 6.

76 *Ibid*, p. 10.

77 Procès-verbal de la 1re séance de la Chambre de commerce de Côte d'Ivoire du 13 février 1911, p. 10, ANCI : dossier 1 QQ 27.

78 *Idem*.

s'engage à sévir contre les indigènes dans ce sens. Après cette séance du 13 février 1911 présidée par Louis Jean Porge, pendant les autres séances de la Chambre de commerce, ce dernier n'apparaît plus comme président ni même comme membre du bureau de la Chambre de commerce. C'est à la suite de cette brève présidence à la Chambre de commerce qu'apparaît Albert Maurice Goudard. Il est choisi suite à la démission du précédent bureau comme président de l'institution. Son choix est encore confirmé en 1912 au moment où l'administration coloniale organise à nouveau des élections consulaires. À la suite de celles-ci, Albert Maurice Goudard, agent de la Compagnie française de Kong (CFK), est élu à nouveau président de la Chambre de commerce. Cette élection ne résout pas l'instabilité au sein de cette institution. En effet, le 4 mai 1912, Goudard adresse à son tour, aux membres de la Chambre de commerce, sa démission du poste de président de la Chambre de commerce. Le mobile principal de sa démission est la difficulté à la fois de remplir ses fonctions à la Compagnie Française de Kong et d'assumer ses obligations à l'égard de cette nouvelle compagnie consulaire[79].

Cet argument est difficilement compréhensible dans la mesure où Goudard donne l'impression de n'avoir pas mesuré toute l'étendue de ses futures responsabilités avant de se porter candidat à la présidence de la Chambre de commerce. Peut-être que, faute de candidat, il s'était présenté à la présidence de cette institution sans mesurer les conséquences que cela pouvait entraîner sur ses fonctions à la Compagnie Française de Kong. En effet, être président de la Chambre de commerce, à un moment où cette institution n'a pas encore d'assise véritable, requiert beaucoup de disponibilité. Les difficultés des affaires, dans un contexte de pacification, ne sont pas faites pour arranger les choses. Par la suite, Albert Maurice Goudard se rétracte, puisque dans une lettre qu'il reçoit du lieutenant-gouverneur le 30 mai 1912, ce dernier semble soupçonner dans cette démission des divisions au sein de la Chambre de commerce. Pour dissiper toutes ses inquiétudes, Goudard revient sur sa décision. En effet, il ne veut pas que sa démission donne l'impression que leur assemblée se trouve

[79] Lettre d'Albert Maurice Goudard, président de la Chambre de commerce, aux membres de la Chambre de commerce, annonçant sa démission, Grand-Bassam, le 4 mai 1912. Copie de cette lettre est envoyée le 24 mai 1912 au lieutenant-gouverneur de la Côte d'Ivoire, ANCI : dossier 1 QQ 27.

divisée[80]. Il décide par conséquent de rester à son poste jusqu'au prochain renouvellement du bureau. Néanmoins, si la reprise de la présidence de la Chambre de commerce par Goudard semble annoncer la fin de l'orage, celle-ci est de courte durée. D'autres problèmes viennent ralentir la marche de cette compagnie.

b- La transparence des élections contestée

L'annulation des élections à la Chambre de commerce des membres européens, étrangers et indigènes du 8 février 1914, entraîne une grande secousse au sein de cette compagnie. Ces membres indigènes et étrangers remplissaient les conditions pour être des électeurs. Mais selon le rapport fait par le conseil d'administration en sa séance du 27 février 1914, il y avait des irrégularités concernant l'élection de ces derniers. Le bureau n'a été composé que de trois assesseurs sous la présidence de l'Administration, alors que l'article 19 de l'arrêté organique déclare qu'il doit être composé de l'administrateur, du président assisté des deux plus jeunes et des deux plus âgés présents dans la salle au moment de l'ouverture du scrutin[81].

L'annulation de cette élection déstabilise à nouveau la Chambre de commerce. Elle la prive des avis d'autres personnes compétentes, notamment les commerçants anglais qui ont toujours été associés à la vie de cette institution. Le problème est porté à la connaissance de Jean Clément, avocat défenseur de cette compagnie à Grand-Bassam. Le 6 mars 1914, Jean Clément donne son avis sur l'annulation des opérations électorales du 8 février 1914. Il fait d'abord remarquer que la nullité pour irrégularité n'est pas prévue par l'arrêté du 23 décembre 1908. Par conséquent, cette affaire, selon lui, devrait être résolue par analogie suivant le principe général en matière d'élection législative et municipale. Selon ce principe, la formation d'un bureau n'entraîne aucune nullité : si d'abord elle n'a pas soulevé de protestation, si ensuite elle n'a pas constitué une manœuvre et si enfin elle n'a pas altéré la sincérité du vote.

En appliquant ce principe à l'annulation des opérations électorales du 8 février 1914, l'avocat souligne que d'après les renseignements

---

[80] Lettre d'Albert Maurice Goudard au lieutenant-gouverneur au sujet de sa démission du poste de président de la Chambre de commerce, Grand-Bassam, le 31 mai 1912, ANCI : dossier 1 QQ 30.

[81] Rapport en Conseil d'administration au sujet de l'irrégularité constatée dans le procès-verbal des membres étrangers et indigènes à la Chambre de commerce (séance du 27 février 1914), pp. 1-2, ANCI : dossier 1 QQ 35.

donnés, le bureau n'a eu trois assesseurs qu'à la suite d'une interprétation erronée des textes. Il n'y a, d'une part, aucune présomption de nature à permettre de soutenir que la formation illégale du bureau en constitue une manœuvre visant à altérer les opérations électorales, d'autre part, il n'a été constaté aucune fraude dans le procès-verbal ni de réaction formulée par les électeurs présents contre la formation du bureau[82]. Partant de ces faits, pour l'avocat Jean Clément, l'irrégularité de la composition du bureau n'entraîne pas la nullité des opérations électorales du 8 février 1914. C'est en s'appuyant sur cet avis que la Chambre de commerce, qui ne veut ni porter l'affaire devant le tribunal du contentieux administratif ni devant le Conseil d'État, fait appel au gouverneur général de l'AOF.

Devant l'imbroglio dans lequel semble se trouver cette compagnie, le gouverneur général, dans une lettre adressée au chef de la colonie, le 20 avril 1914, demande à connaître les raisons de l'annulation de cette élection. En effet, puisque les opérations électorales n'ont soulevé aucune protestation et qu'il n'y a eu aucune manœuvre pour altérer la sincérité du scrutin, il comprend difficilement cette annulation. C'est pourquoi le gouverneur général demande des comptes au chef de la colonie[83].

Comme on le constate, une simple affaire d'élection qui aurait pu être résolue en s'appuyant sur les textes organiques de la Chambre de commerce est portée à la connaissance du gouverneur général. Dans l'ordre des choses, celui-ci devrait être informé en principe par le lieutenant-gouverneur. Mais la Chambre de commerce préfère se passer du chef de la colonie. Il est à souligner que pendant cette période, l'intérim du lieutenant-gouverneur est assuré par Gustave Julien. C'est ce dernier qui, le 23 avril 1914, adresse une lettre confidentielle au gouverneur général au sujet de la confusion résultant de l'annulation de l'élection du 8 février 1914 des étrangers et des indigènes.

Indépendamment des raisons juridiques, il met en cause la qualité des membres du bureau de vote dont la signature figure au procès-

[82] Consultation sur l'annulation des opérations électorales du 8 février 1914 tendant à l'élection des membres étrangers et indigènes, avis de l'avocat défenseur Jean Clément, p. 1, ANCI : dossier, 1 QQ 35.

[83] Lettre du gouverneur général de l'AOF au lieutenant-gouverneur de la Côte d'Ivoire au sujet de l'annulation de ces élections, Grand-Bassam, le 14 avril 1914, ANCI : dossier 1 QQ 35.

verbal. Parmi ceux-ci, il y avait un certain Netelet, agent de CFAO de passage à Grand-Bassam. De plus, on comptait la présence de Loyrette, agent de la CFAO à Grand-Bassam, et Rolland, ancien agent de la CFAO devenu agent général de la SCOA. Selon le lieutenant-gouverneur par intérim, puisque deux de ces membres sont membres de la même compagnie et que cette élection concerne les membres européens ou assimilés et indigènes, il ne peut valider cette élection[84]. Il souligne également que sur 27 électeurs étrangers dont la majorité réside à Grand-Bassam, 3 seulement venant de l'intérieur ont exprimé leur vote. Pour lui, cette abstention massive manifeste donc « de suffisantes présomptions d'un concert établi à l'avance pour altérer les opérations du scrutin » et il ajoute : « si l'arrêté d'annulation n'a pas fait mention de ces présomptions c'est afin de ne pas étaler au grand jour des turpitudes pouvant nuire au bon renom de la colonie française de Côte d'Ivoire »[85].

Cette annulation précipitée des élections de 1914 par l'administrateur Gustave Julien s'explique aussi par le fait que la Chambre de commerce, dans une réunion supposée secrète, non reconnue officiellement, a tenté de constituer son bureau. En effet, avant que le lieutenant-gouverneur ne se soit prononcé sur cette affaire en Conseil d'administration, le bureau non encore entièrement constitué de la Chambre de commerce à cause de l'absence des membres étrangers dont l'affaire était en suspens, commençait à tenir des réunions en ignorant l'Administration. Son premier acte aurait été l'envoi au ministre des Colonies et au gouverneur Angoulvant d'un câblogramme pour démentir avoir connaissance d'un emprunt pour la Côte d'Ivoire[86].

Ce démenti du nouveau bureau est pour Gustave Julien un outrage au gouverneur et un blâme de la précédente Chambre de commerce dirigée par Albert Maurice Goudard. Pourtant, ce dernier avait, dans un télégramme, remercié le gouverneur Angoulvant pour avoir fait une part large à la Côte d'Ivoire dans le nouvel emprunt de l'AOF[87].

---

[84] Lettre confidentielle du lieutenant-gouverneur par intérim de la Côte d'Ivoire au gouverneur général de l'AOF, Grand-Bassam, le 23 avril 1914, p. 1, ANCI : dossier 1 QQ 35.

[85] *Idem*, p. 1.

[86] Lettre confidentielle du lieutenant-gouverneur par intérim de la Côte d'Ivoire au gouverneur général de l'AOF, Grand-Bassam, le 23 avril 1914, p. 4, ANCI : dossier 1 QQ 35.

[87] *Idem*, p. 4.

Cette façon de procéder du nouveau bureau de la Chambre de commerce non reconnu par l'administration coloniale est vécue non seulement comme une atteinte à l'autorité de l'Administration, mais aussi comme un acte de rébellion. Pour Gustave Julien, assurant l'intérim du gouverneur de la colonie, cette attitude de la Chambre de commerce est un « véritable outrage », une « déclaration de guerre » et une « injure » à ces deux personnalités. Il ajoute également que durant la période des élections, la Chambre de commerce a fait circuler à Grand-Bassam un projet de pétition. Les termes jugés injurieux de cette pétition contre le gouverneur titulaire contraignaient les petits commerçants et boutiquiers à signer leur allégeance à ce bureau de la Chambre de commerce sous la menace de se voir couper de tout crédit, d'être acculés à faillite par les bailleurs de fonds ou bien d'être simplement coulés[88] par de puissants concurrents largement aidés. Cette situation aurait provoqué, à cause du caractère intimant du chantage, affolement chez les petits commerçants et écœurement chez les autres ne souffrant pas de telles menaces.

Dans l'ensemble, en suivant le point de vue du lieutenant-gouverneur par intérim, l'annulation des élections du 8 février 1914 semble résulter de raisons politiques. Cette conception des choses présente des limites dans la mesure où la Chambre de commerce est de par sa nature apolitique. Elle doit avant tout s'occuper de commerce, d'agriculture et d'industrie. Si la politique semble faire intrusion dans la Chambre de commerce, c'est parce que l'administration coloniale n'arbitre pas clairement les élections. En effet, si l'on prend le cas de l'annulation de l'élection de février 1914, les motivations liées à cette décision sont moins pertinentes, car elles ne sont pas appuyées sur des éléments juridiques. C'est las d'attendre que les choses fonctionnent comme le veut l'autorité coloniale que ce bureau incomplet de la Chambre de commerce s'est senti obligé de se rebeller.

En outre, la Chambre de commerce, comprenant de puissants intérêts coloniaux, ne pouvait accepter de se voir diriger par l'administration coloniale. C'est pourquoi elle utilisa toutes les voies de recours en sa possession pour se voir rétablie dans ses droits. Ainsi, une simple élection, qui ne concerne d'ailleurs que les Européens assimilés et indigènes, parvient même au ministre de la Colonie. Tout cela représentait un affront et une défiance contre l'administration

---

88 *Idem*, p. 1.

coloniale, qui voyait son autorité bafouée par un lobby de commerçants regroupés au sein de la Chambre de commerce. Mais l'Administration, ne pouvant accepter cette attitude hostile des commerçants, fut obligée de réagir afin de faire respecter son autorité. Les propos de l'intérimaire d'Angoulvant au chef de la fédération de l'AOF à propos de cette élection en sont une illustration :

À ce moment, M. le Gouverneur général, je compris toute l'étendue de mon pouvoir. Ratifier les élections, c'était faire le jeu d'une fraction égarée de la colonie française et cela eût signifié aux yeux des autres que le lieutenant-gouverneur intérimaire approuvait sinon par ses encouragements du moins son indifférence une campagne violente contre Angoulvant, gouverneur titulaire.

Or, les chambres de commerce sont nées pour tous autres travaux que des campagnes politiques, c'est explicitement dit dans les textes organiques et il n'est point douteux qu'elles nuisent à leurs prérogatives chaque fois que leurs efforts tendent à saper l'autorité dont elle relève.[89]

Dans cette décision, Gustave Julien affirme aussi avoir eu l'approbation du Conseil d'administration de la colonie parce qu'elle avait agréé sa façon de voir. Certains de ces membres souhaitaient même des poursuites judiciaires pour menaces et chantages exercés sur des citoyens par « des comparses d'une moralité douteuse ». Quant au procureur de la République, il soutient même avoir été témoin de toutes ces manœuvres et se tenait prêt à donner plus de renseignements[90].

Dans l'ensemble, la persistance d'une atmosphère de trouble dans la colonie et surtout entre commerçants et l'administration coloniale agit sur l'efficacité de la Chambre de commerce. Elle passe plus de temps à résoudre des problèmes internes qu'à se préoccuper des vrais enjeux de la colonie. Mais cette situation de crise qui aurait pu être passagère se complique sous d'autres formes.

c- Dissidence, conflit et désorganisation au sein de la Chambre de commerce pendant la période de la Première Guerre mondiale

Les conflits entre l'administration coloniale et la Chambre de commerce de Côte d'Ivoire, bien que préoccupants, ne fragilisent pas

---

89 Idem, p. 6.

90 Lettre confidentielle de G. Julien au gouverneur général de l'AOF, Grand-Bassam, le 23 avril 1914, p. 7, ANCI : dossier 1 QQ 35.

pour autant sa cohésion. Cependant, dans cette situation de trouble, à la surprise générale, certains membres décident de se retirer du bureau de cette compagnie.

c.1 Le retrait des Anglais des activités de la Chambre de commerce

Suite à l'annulation des élections du 8 février 1914, la Chambre de commerce est affaiblie. Elle n'est cependant pas au bout de ses peines, puisque les Anglais qui, d'ordinaire, sont membres de cette institution, décident de se retirer. C'est dans ce sens que le 26 mai 1914, Wilfried Tizzard, agent de la maison Woodin, ayant appris son élection comme membre de la Chambre de commerce, fait connaître au lieutenant-gouverneur qu'il refuse de faire partie de ce bureau. Mais plus encore, il exige qu'on ne le considère plus comme un membre élu[91].

Le retrait des Anglais est très préoccupant aussi bien pour l'Administration que pour les membres de la Chambre de commerce. En effet, les Anglais, sur le plan économique, ont une présence remarquable sur les côtes ivoiriennes avec de grandes maisons de commerce. Leur activité commerciale débordante est connue de tous. En plus, depuis le début de la Chambre de commerce, à partir de 1908, ils sont présents dans les bureaux successifs de cette assemblée consulaire. C'est pourquoi leur départ est un coup dur pour la Chambre de commerce de Côte d'Ivoire. Conscient du vide que leur absence laisse, Gustave Julien, gouverneur par intérim, écrit une lettre le 26 septembre 1914 à Jones, de nationalité anglaise et membre titulaire de la Chambre commerce précédente. Dans sa correspondance, il souligne que :

Des divergences d'opinions et des rivalités regrettables qui ne sont rien à côté des grandes préoccupations actuelles et du désir d'harmonie qui assaillent tous, ont pu, à un moment donné, diviser Anglais et Français en deux camps.[92]

Cette préoccupation de l'unité entre Anglais et Français est aussi le souci de certains membres importants de cette compagnie consulaire, comme Julien Vizioz. Dans sa lettre du 26 septembre 1914, qu'il

[91] Lettre de Wilfried Tizzard, agent de la Maison Woodin, au lieutenant-gouverneur de Côte d'Ivoire, Grand-Bassam, le 26 mai 1914, ANCI : dossier 1 QQ 35.

[92] Lettre de l'administrateur G. Julien à Jones, commerçant anglais, Grand-Bassam, le 28 septembre 1914, p. 1, ANCI : dossier, 1 QQ 35.

adresse au lieutenant-gouverneur Angoulvant pour présider la nouvelle Chambre de commerce, il formule le vœu suivant :

Je voudrais que les Anglais reviennent, que vous remettiez leur main dans la nôtre. Leurs frères se font tuer en France pour nous, nous ne pouvons nous bouder plus longtemps. Nous ne ferons pas de bruit, les circonstances nous commandent d'être braves.[93]

Ainsi, à une période où l'Europe est en guerre, les querelles entre Anglais et Français pourtant alliés dans cette bataille ne pouvaient continuer. C'est pourquoi M. Vizioz veut que la paix revienne et que les Anglais et les Français soient unis autant qu'ils le sont en Europe face à l'ennemi allemand.

Au total, ces crises au sein de la Chambre de commerce mettent en relief les rapports conflictuels entre cette compagnie et l'Administration. Déjà en 1913, dans ses correspondances adressées au président de la Chambre de commerce, le chef de la colonie dénonçait certaines impolitesses, pratiques et agissements de cette organisation économique. Dans sa lettre du 12 avril 1913, le lieutenant-gouverneur Angoulvant s'indignait du fait que le président de la Chambre de commerce employait invariablement des formules telles qu'« agréer » ou « recevoir », « l'assurance de votre parfaite considération », selon les jours. Pour Angoulvant, bien que peu soucieux des protocoles, il ne peut s'empêcher :

de remarquer qu'à l'époque où les formules de salutations étaient réglementaires, le Ministre n'aurait pas employé vis-à-vis d'un chef de colonie une formule réservée pour la correspondance avec les fournisseurs.[94]

Cette rivalité entre la Chambre de commerce et l'Administration pèse lourdement sur cette compagnie consulaire. Elle ne peut entreprendre d'initiative sérieuse si celle-ci n'a pas l'aval de l'autorité coloniale, avec qui elle est souvent en désaccord. Cette dernière l'accuse de faire plus de politique qu'elle ne s'occupe des questions économiques. Toutes ces querelles de personnes et cette susceptibilité bloquent le progrès de cette institution durant l'année 1914. Le

---

93 Lettre de Vizioz, membre du bureau de la Chambre de commerce, au lieutenant-gouverneur Angoulvant, Grand-Bassam, le 26 septembre 1914, ANCI : dossier 1 QQ 8.

94 Lettre du lieutenant-gouverneur au président de la Chambre de commerce, Grand-Bassam, le 12 avril 1913, ANCI : dossier 1 QQ 8.

déclenchement de la Première Guerre mondiale rend encore plus difficile la vie de la Chambre de commerce.

c.2 L'impact de la Première Guerre mondiale sur l'organisation de la Chambre de commerce

Même après l'orage de 1914, la situation de la Chambre de commerce demeure instable. En effet, suite à la mobilisation résultant de la situation de guerre en Europe et au départ de certains membres, la Chambre de commerce se trouve privée d'une grande partie de ses membres. Cette situation est d'autant plus grave que l'assemblée n'a pas pu atteindre, lors de sa séance du 29 mai 1915[95], le quorum fixé par l'arrêté du 23 décembre 1908. En effet, selon l'article 7 de cet arrêté, la Chambre de commerce ne peut valablement délibérer que lorsque cinq membres, dont trois Français ou sujets français, assistent à la séance. Les délibérations doivent être prises à la majorité des membres présents[96]. En outre, à cause de l'absence d'une grande partie des électeurs qui sont mobilisés, il n'est pas possible d'élire de nouveaux membres. Il faut trouver une solution intermédiaire pour remédier à cette situation puisque l'arrêté organique de cette compagnie consulaire n'avait rien prévu en cas de guerre.

Pour éviter que la Chambre de commerce soit paralysée dans son fonctionnement, Lacombe, son vice-président, fait, dès le 30 août 1915, des propositions au lieutenant-gouverneur. Il préconise la nomination d'un certain nombre de membres ad hoc qui assisteraient aux séances de la Chambre de commerce en qualité de consultants. Par ce moyen, l'assemblée deviendrait une assemblée consultative où les décisions prises seraient valables du fait de la présence des membres ad hoc dont le nombre permettrait d'atteindre le quorum[97]. Cette proposition du vice-président est acceptée par le chef de la colonie qui, par un arrêté datant du 29 septembre 1915, nomme les membres ad hoc. Il s'agit de Birfbent, représentant de la

---

95 Lettre de Lacombe, vice-président de la Chambre de commerce par intérim, au lieutenant-gouverneur, Grand-Bassam, le 31 août 1915, p. 1, ANCI : dossier 1 QQ 35.

96 *JOCI*, 1908, p. 500.

97 Lettre de Lacombe, vice-président de la Chambre de commerce par intérim, au lieutenant-gouverneur, Grand-Bassam, le 31 août 1915, p. 1, ANCI : dossier 1 QQ 35.

maison Guiffard, Duvernet, de la maison CFAO, Carde et Goudard, agents de la Compagnie Française de Kong[98].

Cette stabilité apparente est de courte durée, car deux ans plus tard, une nouvelle crise surgit. En effet, porté à la présidence de la Chambre de commerce en 1917, le mandat de Julien Vizioz dure moins d'un an. Tout en acceptant d'être toujours membre de la compagnie consulaire, il se décharge de ses responsabilités. La raison de sa démission s'explique par le fait qu'il craint que ses affaires ne l'empêchent d'être à la hauteur de sa fonction[99]. Il a d'importantes responsabilités en zone forestière, étant à la tête d'importantes scieries fortement implantées à Grand-Bassam.

Pour éviter un vide à la tête de la Chambre de commerce, Vizioz propose, lors du renouvellement du bureau de l'institution, Donnefort, membre de la Chambre de commerce, comme président. Ce dernier est accepté à l'unanimité[100]. Il préside aux destinées de la Chambre de commerce jusqu'à l'élection de Louis Barthe en 1921. Ce dernier est d'ailleurs élu pendant son absence de la colonie. Élire une personne comme Louis Barthe dans de pareilles conditions traduit la confiance dont il jouit dans le milieu des commerçants. Venu en 1898 en Côte d'Ivoire pour le compte de la CFAO, il est un homme très respecté dans le milieu colonial. Il s'est toujours fait le défenseur des intérêts coloniaux. Il est aussi un homme courageux. Pendant la période de la fièvre jaune à Grand-Bassam, il a fait preuve d'une si grande bravoure qu'il a obtenu la croix de la Légion d'honneur[101]. Louis Barthe a souvent donné des frayeurs à Angoulvant et au gouverneur général de l'AOF, William Ponty, à cause des fréquents rapports adressés au ministre des Colonies. En 1910, ces derniers se sont indignés de la campagne menée par Louis Barthe en Côte d'Ivoire en vue de recueillir des témoignages sur des exactions commises par l'administration coloniale. Par ce moyen, Louis Barthe se proposait de dénoncer auprès des autorités métropolitaines la conduite répréhensible des autorités coloniales[102]. Dans ses actions, il se faisait

---

98 *Idem*, p. 1.

99 Chambre de commerce de la Côte d'Ivoire, séance du 17 octobre 1918, pp. 1-2, ANCI : dossier 1 QQ 35.

100 *Idem*, p. 2.

101 Archives de la Chambre de commerce de Côte d'Ivoire (*ACCCI*), dossier 11.3, Les membres, dossiers individuels.

102 Henriette DIABATÉ et Léonard KODJO, *Notre Abidjan, toujours haut*, Mairie d'Abidjan, Ivoire Media, 1991, p. 11.

le farouche défenseur du transfert de la capitale de Grand-Bassam à Abidjan. Son courage lui vaut de se porter volontaire pendant la Première Guerre mondiale.

En somme, les premiers moments de la Chambre de commerce sont pénibles. D'abord, elle connaît un retard dans son installation. Ensuite, ses rapports avec l'Administration sont souvent conflictuels. Cette atmosphère de trouble est encore plus grande avec les différentes crises qui naissent en son sein. Pourtant, selon l'arrêté organique du 23 décembre 1908, la Chambre de commerce est appelée à faire de grandes réalisations. Cela est aussi difficilement réalisable, car ses moyens sont modestes par rapport à ses ambitions.

2- De modestes moyens pour les débuts de la Chambre de commerce

Pour fonctionner, la Chambre de commerce dispose d'un certain nombre de moyens. Mais le contexte de crise rend ses ressources peu disponibles pour une compagnie consulaire qui se veut ambitieuse. En dépit de quelques problèmes de gestion, elle prend certaines initiatives.

a- Les premières ressources octroyées à la Chambre de commerce

Dès sa création le 23 décembre 1908, le rôle assigné à la Chambre de commerce est très important. Elle doit par exemple créer des magasins et même gérer des entrepôts. Pour faire face à ces engagements importants, les ressources de la Chambre de commerce peuvent être recouvrées de plusieurs manières. Dans ses attributions financières, selon l'arrêté du 23 décembre 1908, les revenus de cette institution sont constitués d'une allocation prélevée sur les patentes, du produit de l'exploitation des magasins ainsi que de dons, de legs et de subventions. En outre, la Chambre de commerce peut être autorisée, par un arrêté spécial du chef de la colonie, à emprunter ou à percevoir des taxes pour assurer l'entretien ou le renouvellement des établissements qu'elle administre[103].

C'est pourquoi, chaque année, la Chambre de commerce établit son budget, qui ne devient exécutoire qu'après l'approbation du lieutenant-gouverneur. Mais dans le contexte où se trouve la colonie et du fait que le pays n'est pas entièrement pacifié et manque d'infrastructures minimales, il est quasiment impossible pour la

---

[103] *JOCI*, 1908, pp. 501-502.

Chambre de commerce d'avoir des ressources pour entreprendre ses activités. Par ailleurs, l'administration coloniale cherche elle-même à s'autofinancer puisque selon un arrêté pris en 1900, chaque colonie doit vivre de ses propres moyens. Durant la période d'instabilité de la colonie, la Chambre de commerce est obligée d'être dépendante de l'administration coloniale puisqu'elle est incapable de se financer. C'est ainsi que dans une circulaire adressée aux commandants de cercle, le lieutenant-gouverneur fixa le chiffre des centimes additionnels à percevoir par la Chambre de commerce à dix centimes par franc[104].

Il est à noter que l'origine des centimes additionnels remonte au rétablissement des chambres de commerce dans les villes de France en 1802. En instituant cet impôt, les pouvoirs publics n'ont pas voulu faire supporter la charge de ces institutions par le budget de l'État. Le principe est qu'il fallait imposer les commerçants et industriels puisqu'il s'agit de financer des organismes servant leurs intérêts. Pour cela, on a inventé ce moyen qui permet d'imposer chaque assujetti selon son importance économique. Or, puisqu'il existe un impôt direct professionnel frappant les commerçants et industriels en fonction de leur importance, l'on « décida donc de recourir à un impôt proportionnel à la patente payée sous forme de centimes additionnels au principal de cette contribution »[105]. Tel est l'objet du décret du 23 septembre 1806, organisé par les lois françaises du 23 juillet 1820, du 14 juillet 1838 et du 15 juillet 1850.

Dès son entrée en vigueur dans la métropole, ce mode de financement des chambres de commerce est élargi aux colonies françaises. Dans le cas de la Côte d'Ivoire, le lieutenant-gouverneur, dans une circulaire en vue de pourvoir aux dépenses de la Chambre de commerce, a fixé le chiffre des centimes additionnels de 1911 à dix centimes par franc. Ainsi, cette taxe devait figurer sur les patentes et les licences en sorte qu'avant le calcul des centimes ou décimes supplémentaires, il en ressortait trois sommes distinctes. Il s'agit du principal des patentes et des licences, les centimes additionnels pour les patentes uniquement, le total représenterait ainsi le chiffre définitif à verser par le contribuable[106]. Au cours de cette même année, le lieutenant-gouverneur autorise une allocation de 5 000 francs, qui

---

104 *JOCI*, 1911, p. 311.
105 Bruno MAGLIULO, *op. cit*, p. 99.
106 *JOCI*, 1911, p. 311.

représente une part des patentes de la ville de Grand-Bassam. Mais la Chambre de commerce devrait justifier le mode d'emploi de cette somme. Pendant ces premiers moments, cela est rendu difficile à cause de l'instabilité de la compagnie consulaire.

b- Les difficultés de la Chambre de commerce à justifier l'utilisation de ses fonds

C'est au cours de l'année 1914 qu'il est demandé des comptes à la Chambre de commerce sur sa situation financière de 1912, 1913 et 1914. Il faut souligner que cette demande se situe dans un contexte de crise non seulement au sein de la Chambre de commerce, mais aussi avec l'administration coloniale. Pour établir son budget de 1914, dans une lettre du 17 février 1914, le vice-président de la Chambre de commerce a souhaité savoir s'il y avait un reliquat sur les 10 % prélevés sur les patentes de 1913. Cette demande ne trouva pas d'écho favorable du côté de l'Administration. Au contraire, dès le 16 mars 1914, celle-ci demanda que la compagnie consulaire fournisse toutes les pièces comptables pour juger de la gestion écoulée. Plus grave encore, il est signifié à la Chambre de commerce que ses comptes pour l'exercice 1912 et 1913 n'ont pas été fournis. Tout cela était jugé nécessaire pour un bon fonctionnement de la prochaine Chambre de commerce qui devait se mettre en place[107].

Acculée, la Chambre de commerce doit justifier sa comptabilité par des factures, des bons, des reçus et des archives comptables. La difficulté pour la compagnie consulaire à constituer les dossiers a fait dire à l'administrateur Gustave Julien, dans une correspondance adressée le 12 septembre 1914 au président de cette institution, que la compagnie prend le risque de se voir supprimer les centimes additionnels[108]. Cette menace s'explique aussi par le fait que la Chambre de commerce ne produit qu'un relevé succinct de ses comptes, qui ne sauraient être acceptés comme des pièces de compte administratif, selon l'Administration. À cette menace du gouverneur par intérim, la Chambre de commerce de Côte d'Ivoire réagit par l'intermédiaire de Julien Vizioz, dans sa lettre du 12 septembre 1914.

---

[107] Lettre de G. Julien, administrateur, au vice-président de la Chambre de commerce, Grand-Bassam, le 16 mars 1914, ANCI : dossier 1QQ 37.

[108] Lettre de G. Julien au président de la Chambre de commerce, Grand-Bassam, le 12 septembre 1914, ANCI : dossier 1 QQ 37.

Dans son adresse à Gustave Julien, il écrit ceci au sujet des exigences de ce dernier :

Si ces comptes n'ont été ni approuvés ni délibérés en 1914 et si votre lettre du 17 mars est sans réponse, c'est que vous avez déclaré à diverses reprises, depuis 6 mois que la Chambre de commerce n'existait pas et qu'elle ne pouvait recevoir aucune communication en tant Chambre de commerce.

Le 24 mai dernier, les élections contestées ont été refaites. Nous avons attendu vainement jusqu'à présent que le résultat en fut publié à l'officiel, lorsqu'en juillet, Rolland, Buttin et moi, nous avons fait une démarche auprès de vous pour obtenir cette publication qui nous aurait permis de nous réunir et de discuter et de vous soumettre les questions pendantes, vous nous avez fait connaître qu'à votre avis les élections du 24 mai n'étaient pas meilleures que les précédentes.

Vous nous avez répété à plusieurs reprises que vous aviez soumis le cas à Dakar et tant que M. le Gouverneur ne vous aurait pas indiqué que vous pouvez approuver les élections, vous considériez qu'il n'y avait pas de Chambre de commerce, mais que chacun pouvait, cependant en particulier, vous soumettre ses desiderata et ses vues.[109]

Toute cette situation d'illégalité dans laquelle semblait se trouver la Chambre de commerce a rendu tous ses actes caducs devant l'administration coloniale. Néanmoins, le gouverneur par intérim ne pouvait ignorer cette Chambre de commerce qui s'obstinait, malgré tout, à tenir des réunions. C'est pourquoi, en dépit de sa situation qu'elle juge illégale, le gouverneur par intérim demande des comptes de la gestion passée de l'institution consulaire.

Suite aux interpellations constantes du gouverneur par intérim, l'exposé de la situation financière de la Chambre de commerce de la Côte d'Ivoire fait un rappel de la gestion passée. Ainsi, l'exercice 1912 approuvé par le lieutenant-gouverneur se présente comme suit : en ce qui concerne les recettes ordinaires, le solde créditeur au 31 décembre 1911 est de 2 644,70 francs et les centimes additionnels sur les patentes de 15 000,00. Au total, la recette en matière de budget prévoyait 17 644,70 francs[110]. Quant aux dépenses, elles sont chiffrées à 17 644,70 francs. Ces dépenses comprennent les

---

[109] Lettre de Vizioz, de la Chambre de commerce, au gouverneur de la colonie, Grand-Bassam, le 20 septembre 1914, ANCI : dossier 1 QQ 37.

[110] Budget et compte de la Chambre de commerce en Côte d'Ivoire en 1914, ANCI : dossier 1 QQ 37.

dépenses extraordinaires. Dans les dépenses ordinaires, il y avait l'indemnité due à un secrétaire adjoint (1 800,00), la location d'une pièce à la BAO (75 francs par mois, sur 11 mois = 825 00), les frais de bureaux, de câbles, de timbres, de périodiques, de dépenses imprévues et autres. La dépense extraordinaire, qui est de 10 000,00 francs, était mise au fonds de réserve pour l'édification d'un immeuble[111].

Dans le recouvrement des recettes pour l'exercice 1912, en dehors du solde créditeur de 1911 qui reste inchangé, les centimes additionnels perçus sur patentes sont de 16 645,75 francs et d'une somme remboursée par l'Union coloniale qui est de 200,80 francs[112]. Au total, les recettes recouvrées ont été de 19 306,45 francs et les dépenses de 17 158,77 francs (y compris la dépense de 10 000 francs pour l'immeuble à construire). L'exercice de 1912 s'est donc clôturé sur un excédent de 2 147,68 francs.

Pour l'exercice 1913, les circonstances n'ont pas permis à la Chambre de commerce d'établir son budget. Cependant, dans l'exposé fait de la situation financière de cette année, il ressort que les recettes recouvrées sont de 17 348,18 francs, comprenant d'une part, l'excédent de l'exercice de 1912, qui est de 2 147,68 francs, et d'autre part, le produit des centimes additionnels, qui est de 15 200,50 francs. Quant aux dépenses effectuées pour l'exercice 1913, elles se chiffrent à 6 018,30 francs pour les dépenses de fonctionnement et de documentation[113]. En ce qui concerne l'exercice 1914, le budget n'a pu être établi également. Néanmoins, les recettes recouvrées pour l'exercice 1914 comprennent le reliquat de l'exercice 1913 (11 328,88 francs) et les recettes diverses (44,67 francs). Au total, les recettes se chiffrent à 11 374,55 francs[114]. Quant aux dépenses, elles sont évaluées à 1 084,65 francs. L'exercice de 1913 fait ressortir un solde disponible de 10 289,90 francs dans la mesure où les recettes sont de 11 374,55 francs et les dépenses 1 084,65 francs[115].

Dans l'ensemble, le bilan que la Chambre de commerce fait de sa situation financière au 30 septembre 1914 est le suivant : les ressources déposées à la Banque de l'Afrique de l'Ouest sont de

---

[111] *Idem.*

[112] *Idem.*

[113] Budget et compte de la Chambre de commerce en Côte d'Ivoire en 1914, ANCI : dossier 1 QQ 37.

[114] *Idem.*

[115] *Idem.*

20 289,90 francs, comprenant, d'une part, un fonds de réserve de 10 000 francs pour l'édification d'un immeuble, et d'autre part, la somme de 10 289,90 francs pour solde non spécialement affecté[116]. De tout ce qui précède, on note qu'au cours des exercices 1913-1914, la Chambre de commerce n'a pu établir un budget cohérent. Il a fallu attendre l'injonction du gouverneur par intérim pour qu'elle se sente obligée de produire un relevé des dépenses passées que le gouverneur par intérim ne pouvait accepter faute de pièces administratives. D'ailleurs, la Chambre de commerce reconnaissait qu'elle n'avait pu produire et établir son budget pendant ces deux années. Cette difficulté de la Chambre de commerce face à l'exigence de transparence dans sa gestion montre à quel point l'équilibre financier de cette compagnie était précaire. Cela éclaire aussi sur les tâtonnements d'une chambre consulaire qui a des difficultés à justifier l'utilisation des sommes mises à sa disposition.

Mais si l'administration coloniale et la Chambre de commerce semblent aussi opposées, c'est à cause de la situation conflictuelle qui existait entre elles. En effet, la compagnie consulaire communiquait difficilement les informations demandées par l'autorité coloniale. Cela s'explique aussi par le fait que l'Administration refusait de reconnaître les délibérations d'une chambre de commerce qu'elle juge illégale suite aux élections de 1914. En dépit de cette situation fâcheuse, la Chambre de commerce rendit compte de sa situation financière. Avec ses maigres ressources, elle a entrepris néanmoins certaines actions.

c- L'utilisation des premières ressources de la Chambre de commerce

En considérant les exercices de 1912, 1913 et 1914 de la Chambre de commerce de Côte d'Ivoire, il ressort certains faits : les revenus de cette compagnie sont modestes. La Chambre de commerce vit des recettes des centimes additionnels et du reliquat des comptes précédents. Toutes ses ressources sont englouties dans les frais d'administration, de location du siège et de documentation. Son véritable projet est l'édification d'un immeuble comme siège pour lequel elle réserve 10 000,00 francs chaque année.

Tous ces faits montrent que la Chambre de commerce est dans une phase d'adolescence du fait de la faiblesse et de la précarité de ses ressources, qui n'arrivent pas à satisfaire ses besoins quotidiens. Mais

---

[116] *Idem.*

cette situation change sensiblement à partir de 1915. En effet, en août 1915, le budget approuvé par le Conseil d'administration se chiffre à 30 479,24 francs pour les recettes et 30 479,24 francs pour les dépenses, soit dans une certaine proportion le double des précédents[117]. Cette augmentation sensible est due à plusieurs facteurs. Sur le chapitre des recettes, en plus des centimes additionnels sur les patentes, qui se chiffrent à 15 000 francs, il est prélevé une taxe de 3 francs par tonne sur l'huile et les palmistes pour les besoins de la Chambre de commerce. Si pour les dépenses ordinaires, le paiement de factures, du loyer, des mobiliers et autres, celles-ci restent inchangées, cela est différent quand il s'agit de recettes extraordinaires. Ainsi, sur le fonds de réserve pour la construction du siège, on ajoute des subventions à des œuvres diverses, des primes, et l'organisation de concours agricoles[118].

C'est sur ce budget sensiblement en augmentation que le lieutenant-gouverneur, dans un télégramme datant du 28 juin 1915, demande 3 000 francs de participation à la Chambre de commerce pour la réfection ou la création de routes dans le cercle d'Aboisso[119]. Ces dépenses, indépendamment des réels besoins de la compagnie, ont pour conséquence d'accroître le budget de la Chambre de commerce en 1916. Ce budget se chiffre en recettes et en dépenses à 36 001,61 francs. Des éléments nouveaux sont intégrés à ce budget pour le compte des dépenses extraordinaires. Il s'agit d'abord des dépenses prévues pour l'achèvement d'un immeuble à Grand-Bassam, dont le montant est chiffré à 3 000 francs[120]. Il faut souligner que ce bâtiment est un immeuble administratif dont trois pièces avaient été mises à la disposition de la Chambre de commerce pour son siège. Pour le gouverneur, la dépense de 3 000 francs avait donc pour but de procéder à des réfections, l'autre dépense prévue dans les dépenses

[117] Arrêté approuvant le budget de la Chambre de commerce, Grand-Bassam, le 14 août 1915, ANCI : dossier 1 QQ 37.
[118] *Idem.*
[119] Lettre du président de la Chambre de commerce au gouverneur de la Côte d'Ivoire au sujet de la réfection ou de la création des routes dans le cercle d'Aboisso, Grand-Bassam, le 28 juin 1915, ANCI : dossier 1 QQ 37.
[120] Chambre de commerce et budget en 1916, ANCI : dossier 1 QQ 37.

extraordinaires concernait la prévision d'une somme de 3 000 francs pour les routes dans le cercle d'Aboisso[121].

Sur demande du gouverneur, la Chambre de commerce a dû aussi faire des commandes de charrettes, au cours d'une mission d'un de ses membres en Amérique, en 1917. Ces outils, destinés aux indigènes de la colonie, devaient faciliter le transport depuis les lieux de production vers la voie ferrée[122]. Il importe de souligner que la nécessité d'acheter des charrettes date de 1915. Suite aux essais de tractions sur les routes en Côte d'Ivoire, l'Administration avait déterminé les types de charrettes dont elle avait besoin. Elle souhaitait avoir des charrettes légères, robustes et facilement réparables[123].

Pour faire face à ses mêmes besoins, la colonie avait déjà fait la commande de ce type de charrettes à la maison Peugeot. À ces commandes, il faut ajouter 120 roues en fer, 120 écrous et chapeaux, 60 essieux avec rondelles, 120 ressorts avec mains y compris des boulons[124]. Malheureusement, Peugeot n'a pu honorer son engagement. Cette situation dommageable pour les intérêts coloniaux était liée en grande partie au contexte de la Première Guerre mondiale. En effet, cela a entraîné un ralentissement des importations, car les usines françaises étaient utilisées pour faire face aux nécessités de la guerre. En outre, l'insuffisance du fret maritime rendait l'importation et l'exportation difficiles. Devant cette situation, la colonie se trouvait étouffée dans ses relations avec l'extérieur.

Conscient du péril qui guette la colonie, le lieutenant-gouverneur demande à Julien Vizioz, vice-président de la Chambre de commerce, dont le maintien a été possible grâce à l'activité économique de la colonie, de s'absenter, sous réserve de l'assentiment de la hiérarchie militaire, entre deux paquebots pour visiter les marchés américains. En outre, il doit y effectuer des démarches pour des relations commerciales[125]. Par ce moyen, les produits tels que le bois, le

---

121 Lettre du président de la Chambre de commerce de Côte d'Ivoire au lieutenant-gouverneur au sujet de la réfection ou de la création de routes dans le cercle d'Aboisso, Grand-Bassam, le 28 juin 1915, ANCI : dossier 1 QQ 37.

122 Rapport du conseil d'administration, séance du 18 février 1918, ANCI : dossier 1 QQ 37.

123 Lettre du gouverneur à Vizioz, vice-président de la Chambre de commerce, Grand-Bassam, le 1er août 1915, ANCI : dossier 1 QQ 8.

124 *Idem.*

125 Lettre du lieutenant-gouverneur à Vizioz, vice-président de la Chambre de commerce, Grand-Bassam, le 3 juillet 1915, ANCI : dossier 1 QQ 38.

palmiste et l'huile pourraient avoir des débouchés en Amérique en remplacement de Marseille et de Liverpool. En contrepartie, la colonie avait la possibilité de recevoir des États-Unis ce que la France et l'Angleterre n'étaient plus en mesure de lui fournir en raison de la guerre[126]. C'est dans un tel contexte et suite au fait que l'entreprise Peugeot n'a pu tenir ses engagements qu'il est demandé au président de la Chambre de commerce, au cours de son voyage en Amérique, de rechercher un type de charrette à deux roues répondant aux conditions indiquées. Pour l'achat de ces charrettes, la Chambre de commerce, au cours de l'année 1917, a engagé d'importantes dépenses. Sur le budget de cette année, l'avance du gouvernement local pour le marché des charrettes s'élevait à 40 000 francs sur un budget de 68 600 francs[127]. De façon générale, l'ensemble de ces éléments contribue à l'accroissement du budget de la Chambre de commerce.

En se stabilisant financièrement, la Chambre de commerce a cherché à diversifier son rôle en essayant d'entreprendre certaines actions. C'est ainsi qu'en 1922, au titre des dépenses extraordinaires, elle envisagea plusieurs réalisations. En dehors des subventions à diverses œuvres (secours aux indigènes, subventions TSF), la compagnie prévoyait une subvention de 5 000,00 francs pour l'achèvement des routes et la jonction des lagunes. De plus, au titre de ses dépenses, elle a même envisagé la jonction de la gare d'Abidjan aux maisons de commerce et la construction d'un magasin à Assagnie[128].

Dans l'ensemble, de 1908 à 1923, la Chambre de commerce a des revenus modestes par rapport à tout ce qu'elle est censée réaliser selon l'article 31 de l'arrêté du 23 décembre 1908. Les aides qu'elle reçoit de l'administration coloniale servent dans la majeure partie des cas, à la documentation et au frais de fonctionnement des bureaux. La situation est aussi rendue difficile à cause des différents soubresauts au sein de la compagnie. Durant cette période de tâtonnements, il paraît indispensable de modifier les structures de cette institution. La réalité du terrain rend nécessaire ce changement afin de rendre la compagnie efficace.

---

126 *Idem.*

127 Chambre de commerce : budget, compte et administratif, 1915-1922, ANCI : dossier 1 QQ 37.

128 *Idem.*

B- La nécessité d'adapter les structures de la Chambre de commerce aux réalités économiques

La loi du 23 décembre 1908 régissant la Chambre de commerce ne résiste pas, sous certains aspects, à l'épreuve des difficultés. Si à ses débuts, on s'efforçait d'appliquer les textes, certains changements se révélèrent nécessaires.

1- Les premières modifications des textes organiques de la Chambre de commerce

Les premières modifications sont le résultat d'un arrêté du gouverneur général de l'AOF en date du 22 juin 1911 modifiant diverses dispositions de l'arrêté du 23 décembre 1908 instituant une Chambre de commerce à Grand-Bassam[129]. C'est pour tenir compte de ces modifications que, lors des prochaines élections de la Chambre de commerce, le lieutenant-gouverneur par intérim adressa aux administrateurs et commandants de cercle une circulaire au sujet de l'application de l'arrêté du 22 juin 1911[130]. Cette circulaire précise les articles qui doivent être modifiés. C'est le cas de l'article 9 de l'arrêté du 23 décembre 1908. Selon cet article, le collège électoral de la Chambre de commerce se compose de Français, d'étrangers et de sujets indigènes payant une patente annuelle de 150 francs[131]. Or, selon la circulaire du lieutenant-gouverneur par intérim, sous l'emprise de l'arrêté du 22 février 1904 sur les patentes, la participation des sous-traitants indigènes au corps électoral était possible dans la mesure où ils étaient soumis à une taxe de 300 francs[132]. Mais il se trouve que suite à l'arrêté du 27 juin 1909, les sous-traitants indigènes ne sont assujettis qu'au paiement d'une contribution de 100 francs[133].

Ce nouveau classement a pour conséquence d'exclure les indigènes de l'électorat de la Chambre de commerce dans la mesure où le type de patente auquel ils sont assujettis n'atteint pas les 150 francs, comme le prévoit l'article 9 de l'arrêté du 23 décembre 1908. C'est pourquoi, pour le gouverneur par intérim, s'en tenir à cet article 9 reviendrait à exclure du collège électoral les petits commerçants qu'il

---

129 *JOCI*, 1911, p. 636.
130 *Idem*, p. 636.
131 *JOCI*, 1908, p. 501.
132 *JOCI*, 1911, p. 637.
133 *Idem*.

juge importants[134]. Dans ce sens, cet article 9 fut modifié pour tenir compte de la réglementation des patentes du 27 juin 1909. Dans la pensée du gouverneur, tous les intérêts doivent se retrouver dans la Chambre de commerce, même ceux qu'on peut juger insignifiants tels ceux des petits commerçants.

Un autre fait important, c'est que le gouverneur par intérim fait part de la décision du gouverneur général d'abroger l'article 10 de l'arrêté du 23 décembre 1908 qui divisait la colonie en cinq arrondissements consulaires. Le mérite de cette ancienne division réside dans le fait qu'à chaque point de la colonie, la Chambre de commerce avait au moins un représentant[135]. Pour le chef de la fédération de l'AOF, l'abrogation de cet article se justifie par le fait que cette division du corps électoral ne s'adapterait pas aux différentes réformes que la colonie doit subir sur le plan économique. Ainsi, l'avancement du rail et les projets à l'étude (routes, ponts, développement agricole...) auraient pour conséquence de modifier davantage l'équilibre des régions. Certaines seraient plus développées que d'autres. C'est pourquoi le gouverneur général estime préférable, dans ces conditions, de laisser au commerce le soin de choisir ses représentants là où ses intérêts le nécessiteraient[136].

Dans ces conditions, aux zones du Nord, où il est difficile de trouver des électeurs de la Chambre de commerce, il est préféré les zones les plus prospères sur le commercial, pour les maisons de commerce. Cet abandon est d'autant plus compréhensible que lorsqu'on examine la liste électorale de la Chambre de commerce en date du 5 novembre 1911, pour le cercle de Kong, il y a un seul électeur. Ce dernier est un commerçant français du nom de Paul Roland résidant à Dabakala[137]. Cette situation du cercle de Kong n'est pas différente de celle du Haut-Cavally. Dans ce dernier cas, aucun électeur ne remplit les conditions pour faire partie du collège électoral de la compagnie. Mais dans les autres cercles, en l'occurrence ceux des Lagunes, du Baoulé Sud, de Bondoukou et d'Assinie, on trouve la majorité des électeurs de la Chambre de commerce, qu'il s'agisse de Français, d'Européens ou d'indigènes sujets français.

---

[134] *Idem.*

[135] Cf. à ce sujet le tableau de la division de la colonie en arrondissement consulaire, p. 47.

[136] *JOCI*, 1911, p. 637.

[137] Cercle de Kong, liste électorale de la Chambre de commerce du 15/11/1911, ANCI : dossier 1 QQ 28.

Ce sont ces zones-là que le gouverneur de l'AOF entend privilégier au détriment des zones peu représentatives pour les intérêts des maisons de commerce. D'ailleurs, ce sont des zones très actives sur le plan commercial. C'est dans ces régions que les différentes maisons de commerce ont prospéré avant d'évoluer vers les autres cercles. Les retouches qui sont nécessaires à cette chambre de commerce locale sont étendues à un niveau supérieur : le niveau fédéral. Mais cette fois-ci, elles sont plus restrictives.

1- Des adaptations plus restrictives au profit des intérêts français

Au niveau fédéral, le gouverneur général intervient par des réformes successives. Il tente, par des arrêtés, de modifier la structure des différentes chambres de commerce de l'AOF. Le changement le plus significatif est celui introduit le 20 décembre 1920[138]. Pour le chef de la fédération, ces changements sont nécessaires parce que les chambres de commerce des colonies de l'AOF ont été créées par une série de textes dont certains ont été copiés quasi littéralement sur les autres. D'autres comportent des dispositions assez dissemblables. Ainsi, non seulement, la composition du collège électoral, les conditions d'éligibilité des membres, la durée de leur mandat, le mode d'établissement des listes électorales, la manière de procéder au vote, les attributions des chambres de commerce et la forme des réunions diffèrent d'une colonie à une autre, mais ils diffèrent également dans une même colonie, là où il existe plusieurs chambres de commerce, comme au Sénégal[139]. C'est toutes ces différentes chambres de commerce, avec des dispositions variables, que le gouverneur général veut uniformiser par l'arrêté du 20 décembre 1920.

Concernant des chambres de commerce de l'AOF, l'article 1 précise qu'elles sont instituées sur proposition du lieutenant-gouverneur. Le gouverneur général ne peut exercer ce droit que lui confère le décret du 15 mars 1917 que s'il est saisi de démarches formelles. Pour les nouvelles chambres de commerce à créer, les anciennes doivent obligatoirement donner leur avis. En dehors de l'article 1, le gouverneur général modifie l'article 3 concernant le mode de nomination des membres suppléants. Ces derniers, dans

---

[138] *Journal Officiel de l'Afrique Occidentale Française* (*JOAOF*), 1920, pp. 52-56.

[139] Circulaire du gouverneur général de l'AOF aux lieutenants-gouverneurs du Sénégal, Guinée, Côte d'Ivoire, Soudan français, Dahomey, au sujet de la réorganisation des chambres de commerce, Dakar, le 14 mars 1921, pp. 2-3, ANCI : dossier 1 QQ 38.

certaines colonies, sont nommés après élection tandis que dans d'autres, ils sont désignés par le lieutenant-gouverneur. Le chef de la fédération trouve inadmissible que des membres titulaires et des suppléants ne soient pas élus dans les mêmes conditions, puisque ces derniers en cas d'absence, remplacent les titulaires[140].

L'autre fait majeur de cette réforme concerne les étrangers européens ou assimilés. En effet, dans le cas de la Côte d'Ivoire, au cours des différentes élections consulaires, les Européens ou assimilés ont eu leur catégorie à part. Ils sont associés à la vie de la Chambre de commerce. C'est le cas notamment des Anglais. Par moment, leur retrait provisoire, comme ce fut le cas en 1914, a suscité de l'inquiétude chez les Français. Cette fois-ci, les choses ne sont plus les mêmes. En effet, selon l'article 10 de l'arrêté de 1920 portant réorganisation des chambres de commerce en Afrique occidentale française, les membres titulaires et suppléants de chaque chambre de commerce sont élus par un collège électoral comprenant tous les commerçants, les citoyens ou sujets français[141].

Cet article exclut d'emblée les étrangers. Or, cela n'était pas le cas auparavant. En effet, l'article 9 du 23 décembre 1908 portant création d'une chambre de commerce en Côte d'Ivoire incluait les étrangers dans le collège électoral[142]. Ces derniers sont, avec cet arrêté de 1920, relégués à une position très marginale au sein de la Chambre de commerce. Le gouverneur général se montre très catégorique sur ce point quand il affirme que :

Les commerçants étrangers ne sont admis à faire partie de ces assemblées qu'à titre de membres correspondants ainsi qu'il est exposé plus loin. Les Chambres de commerce de l'AOF devront du fait des attributions, de la gestion analogue à celles des Chambres de la métropole, qui leur sont conférées par l'arrêté du 20 décembre 1920 [.....] seule la présence de l'élément Français (métropolitain ou citoyen ou sujet) se justifie désormais au sein de ces commerçants.[143]

140 *Idem*, p. 4.

141 *JOAOF*, 1920, p. 53.

142 *JOCI*, 1908, p. 501.

143 Circulaire du gouverneur général de l'AOF aux lieutenants-gouverneurs au sujet de la réorganisation des chambres de commerce, Dakar, le 14 mars 1921, p. 5, *ANCI* : dossier 1 QQ 38.

Dès l'application de cet arrêté, les commerçants étrangers, en particulier les Libanais et Syriens, vont en faire les frais. C'est le cas d'un certain Mansour Assad, pour qui son directeur, Lambert, administrateur de société, plaidait pour qu'il soit inscrit sur la liste électorale de la Chambre de commerce, arguant la très ancienne influence française sur le Liban. Pour la commission de l'élection de 1921 à Grand-Bassam, les Libanais ne sont ni sujets ni citoyens français, mais simplement des protégés. Par conséquent, son inscription fut rejetée[144].

Dans cette réforme de 1920, le gouverneur général s'attaque aussi à l'organisation des chambres de commerce. Au niveau du collège électoral, l'article 9 élargit le corps électoral à des non-patentés. Il s'agit par cet acte d'intégrer certaines catégories de personnes qui ont des ressources importantes pour investir et des compétences spéciales, mais qui ne sont pas membres de la Chambre de commerce, alors qu'elles peuvent être électrices. Certes, quelques-uns sont membres de l'institution, mais un grand nombre semble être négligé. Pour bénéficier de l'apport de ces différentes compétences et de leur expérience, ces non-patentés, qui sont soit des anciens membres de la Chambre de commerce, des directeurs, des agents généraux, soit des gérants de sociétés commerciales, financières et industrielles, sont investis du droit de vote[145].

Dans les nouvelles conditions d'élection à la Chambre de commerce, et ce à partir de 1920, on privilégie désormais la qualité au grand nombre. C'est ainsi que selon l'article 9 de l'arrêté du 20 décembre 1920, pour être électeurs, les commerçants citoyens ou sujets français doivent être inscrits au principal de la patente de l'année en cours pour une patente d'au moins 250 francs en droit fixe[146]. L'on doit faire remarquer que dans l'arrêté du 23 décembre 1908, la patente annuelle pour être électeur est fixée à 150 francs. Cette augmentation n'est pas sans poser problème dans la mesure où elle exclut les petits commerçants au profit de ceux qui ont une assise commerciale suffisante. Pour le gouverneur général, cette augmentation est justifiée, car selon lui :

---

[144] Note adressée au gouverneur de la colonie en 1921 au sujet des cas litigieux sur les listes électorales. Dans cette même note, il est aussi souligné la non-inscription du Syro-Libanais Habib Chouker, gérant de la S.C.A. Cela faisait suite à l'arrêté du 20 décembre 1920, *ANCI* : dossier 1 QQ 38.

[145] *JOAOF*, 1920, p. 120.

[146] *Idem.*

Il ne faut pas perdre de vue, en effet, qu'il s'agit en l'espèce moins de la mise en œuvre du principe démocratique universel que de l'organisation de la ***REPRÉSENTATION DES INTÉRÊTS***[147] *au sein des Chambres de commerce. Il est donc légitime que l'Administration soit inspirée plutôt de la préoccupation d'étendre le collège électoral, du souci de faire de ces assemblées l'expression exacte des forces économiques.*[148]

L'autre aspect majeur de cette réforme de l'arrêté du 20 décembre 1920 a trait aux attributions des chambres de commerce. Celles-ci sont davantage élargies[149]. Selon le gouverneur général de l'AOF, cette modification est nécessaire, car :

Il a paru, en effet logique et normal, en présence du développement croissant des intérêts commerciaux dans nos possessions de l'Ouest africain, de concevoir une organisation de Chambre de commerce s'inspirant davantage de l'esprit de la loi métropolitaine, de telle sorte que ces Conseils, au lieu de rester confinés dans un rôle surtout consultatif, deviennent des organes vivants capables de tenir une place dans la vie économique de l'AOF.[150]

Le réajustement de ces textes est rendu nécessaire par l'évolution économique de la colonie. Ainsi, ces réformes, en excluant les étrangers et les commerçants à faible revenu, créent les conditions de l'émergence de puissants intérêts français incarnés par la Chambre de commerce. Dans le cas de la Côte d'Ivoire, celle-ci, en dépit des crises et des faibles moyens, parvient dans une certaine mesure à créer les conditions d'une organisation et d'une exploitation économique de la colonie.

---

[147] Groupes de mots en majuscule, en gras et souligné dans le texte.

[148] Circulaire du gouverneur général de l'AOF aux lieutenant-gouverneurs au sujet de la réorganisation des chambres de commerce, Dakar, le 14 mars 1921, p. 6, ANCI : dossier 1 QQ 38.

[149] Selon l'article 24 de cet arrêté, l'avis des Chambres doit être demandé sur :
1 – les règlements relatifs aux usages commerciaux ;
2 – la création dans leur circonscription de nouvelles chambres de commerce, de bourses, de commerce, charge d'agents de change et courtiers maritimes, de tribunaux de commerce…
Selon l'article 25, la Chambre de commerce peut émettre de sa propre initiative des avis sur les changements projetés dans la législation commerciale, douanière et commerciale, in *JOAOF*, 1920, p. 54.

[150] Circulaire du gouverneur général de l'AOF aux lieutenants-gouverneurs au sujet de la réorganisation des chambres de commerce, Dakar, le 14 mars 1921, p. 9, ANCI : dossier 1 QQ 38.

II- LES TENTATIVES DE RÉFORMES ÉCONOMIQUES INSPIRÉES PAR LA CHAMBRE DE COMMERCE

Dès son installation officielle en 1911, la Chambre de commerce de Côte d'Ivoire, consciente de son rôle à jouer, se montra très tôt active. Elle lutte pour que les intérêts des milieux économiques soient mieux compris ; elle plaide pour des solutions audacieuses dans les domaines de l'agriculture et des infrastructures. Jouant un rôle stratégique dans la politique coloniale, la Chambre de commerce était à ses débuts un moyen de liaison et de renseignements très utile pour les intérêts économiques en métropole et dans d'autres colonies.

A- La Chambre de commerce, instrument et structure de renseignement des intérêts coloniaux de la métropole

Pour aider utilement ses membres, la Chambre de commerce s'est toujours proposé de porter la voie des colons. Elle est aussi le lieu où s'établissent facilement les contacts entre les différents milieux d'affaires. Grâce à elle, la colonie se trouve ouverte sur l'extérieur. Depuis sa création jusqu'en 1923, période de ses balbutiements, la Chambre de commerce regroupe en son sein tous les acteurs économiques de la colonie. Parmi ses électeurs, il y a les représentants des maisons de commerce, des exploitants forestiers, des agriculteurs et de petites entreprises industrielles.

Il est à souligner qu'à cette période, il n'existait pas d'associations ou de groupements économiques rassemblant des personnes aux intérêts économiques divergents. La Chambre de commerce est la seule organisation à pouvoir les réunir. C'est pourquoi prendre contact avec la Chambre de commerce, c'est aussi atteindre tous les intérêts économiques de la colonie. C'est cela que les entreprises coloniales, les hommes d'affaires de la métropole, et certaines institutions, ont très vite compris. Pour cela, la Chambre de commerce est même l'objet de sollicitations pour des emplois à trouver pour les jeunes Français dans les maisons de commerce installées dans les colonies. Il s'agit de ceux qui sont fournis par l'Office colonial. Le 5 décembre 1911, le gouverneur par intérim adressa dans ce sens une correspondance au président de la Chambre de commerce pour trouver du travail à des jeunes gens[151]. Mais cette compagnie se montre

---

[151] Lettre du lieutenant-gouverneur par intérim au président de la Chambre de commerce, Bingerville, le 5 décembre 1911, ANCI : dossier 1 QQ 31.

réservée face à une telle demande. Elle voit mal un commerçant travaillant pour son propre compte accepter de faire venir un employé de France, en assurant ses frais de transport sur demande d'emploi. Seules les grandes compagnies commerciales peuvent prendre de telles initiatives[152].

Au-delà de ce refus, il ressort donc que depuis la métropole, on considère la Chambre de commerce comme pourvoyeuse d'emplois. Cela se comprend dans la mesure où cette institution a en son sein des maisons de commerce qui ont nécessairement besoin d'un personnel qualifié. Et comme en métropole, l'Office colonial est assailli par de fortes demandes de renseignements sur les besoins des entreprises dans les colonies, il paraît donc normal de prendre attache avec la Chambre de commerce, représentante officielle de ces intérêts. Mais agir ainsi revient dans une certaine mesure à méconnaître le rôle d'une chambre de commerce. C'est ce que certains, depuis la métropole, ont compris en ce sens qu'ils sollicitent cette institution pour leur fournir des renseignements très utiles. La rencontre du 6 janvier 1922 entre les députés français Proust et Valude et le nouveau bureau de la Chambre de commerce est très instructive à ce sujet. Le but de cette mission parlementaire était de fournir à la commission coloniale du parlement français tous les renseignements utiles pour la mise en valeur des colonies de l'Afrique de l'Ouest[153].

La Chambre de commerce est donc ce partenaire indispensable. En effet, ces différents membres, vivant les réalités de la colonie et connaissant ses réels besoins, sont en mesure de donner de précieux renseignements pour une meilleure exploitation du territoire. Avec ces différents avis, ces parlementaires pourraient mieux éclairer les milieux économiques et coloniaux de la métropole, comme le comité de l'Afrique française et l'Union coloniale, qui cherchaient à attirer des hommes d'affaires sur le continent.

En ce qui concerne l'Union coloniale, créée en 1893, elle est une sorte de syndicat des principales maisons ayant des intérêts dans les colonies. À sa création, le comité directeur comprenait 40 membres dits sociétaires sous la présidence d'Émile Mercet, de la Banque Perier, et du comptoir d'escompte. Les vice-présidents sont Ulysse, de

---

[152] Lettre de la Chambre de commerce au lieutenant-gouverneur, Grand-Bassam, le 2 mars 1912, ANCI : dossier 1 QQ 31.

[153] *Bulletin de la Chambre de commerce de Côte d'Ivoire (BCCCI)*, procès-verbal de la séance du 6 janvier 1922, p. 1.

Lyon, qui avait de gros intérêts en Indochine, et Maurel, de Bordeaux, qui avait les siens au Sénégal et dans les rivières du Sud. Les autres membres représentaient une douzaine de banques et de grosses entreprises de transport, de commerce ou d'extraction minière. Cette union avait déjà, en 1883 et 1899, respectivement 243 et 1 219 adhérents.[154]

Cette puissante organisation, regroupant un grand nombre d'intérêts économiques, était constamment à la recherche d'opportunités d'affaires. Elle a donc besoin de partenaires extérieurs pour s'étendre. Par ses attributions, la Chambre de commerce représente ce moyen indiqué. À l'image de l'Union coloniale, d'autres organisations métropolitaines manifestent un grand désir de connaître les possibilités dont regorge la colonie de Côte d'Ivoire. C'est le cas de l'Institut colonial français de Paris. Il se proposait de rapprocher le producteur colonial du consommateur métropolitain et vice versa. Mais pour que cet objectif soit réalisable, dès le 22 janvier 1922, le secrétaire de cet institut, Alcide Delmont, dans une correspondance adressée au lieutenant-gouverneur, demande les informations suivantes :

1. Quels sont les différents produits agricoles, forestiers (nature des articles, s'il y a lieu leurs caractéristiques, quantités moyennes susceptibles d'être écoulés en France) ?

2. Conditions de livraison (prix, mode d'emploi, etc.)

3. Adresse des principaux fournisseurs de chaque catégorie de marchandises, en ce qui concerne les exportations éventuelles. C'est donc une véritable nomenclature que nous venons vous demander.[155]

Cet institut souhaite aussi obtenir quelques échantillons dont il se chargerait d'assurer l'exposition permanente à son siège social. Que ferait l'institut colonial français avec de tels renseignements reçus ? Pour son secrétaire général, Alcide Delmont :

Une fois en possession de renseignements désirables, nous interviendrons auprès des groupements économiques métropolitains pour que ceux-ci recherchent la possibilité d'approvisionner le marché colonial des produits que nous leur aurons signalés et nous

---

[154] Jean MEYER *et al.*, *Histoire de la France coloniale des origines à 1914*, Paris, Armand Colin, 1991, p. 646.

[155] Lettre d'Alcide Delmont, secrétaire général de l'Institut colonial français au lieutenant-gouverneur de la Côte d'Ivoire, Paris, le 12 janvier 1922, p. 1, ANCI : dossier 1 QQ 30.

tiennent par ailleurs régulièrement au courant à l'avenir des besoins du marché métropolitain en ce qui concerne les articles produits dans votre colonie (...).

Nous prierons également ces organismes de nous renseigner sur les produits que nos principales maisons seraient en mesure d'écouler dans nos possessions d'outre-mer (...).

Si vous pouviez dès maintenant nous indiquer les marchandises que vos agriculteurs, vos commerçants, vos industriels souhaiteraient recevoir, nous en aviserons immédiatement les firmes susceptibles de recevoir les commandes intéressées.[156]

À travers ces différents renseignements, on remarque la nécessité pour les intérêts économiques de la métropole d'établir des liens étroits avec la colonie. C'est pourquoi les demandes de renseignements sont précises et mettent en relief l'intérêt vital que représente le marché colonial. Les différents renseignements vont parfois jusqu'au type d'outillage utilisé par l'indigène. Toutes ces différentes demandes arrivent à la Chambre de commerce qui se charge de faire les recherches nécessaires. Ainsi, dans le cas de l'outillage de l'indigène, la Chambre de commerce a eu à indiquer le type de houe apprécié par l'indigène. Il s'agit de la houe de 600 à 700 grammes. En plus, elle souligne que celle-ci provient de l'Angleterre et de l'Allemagne. Pour les machettes, les plus vendues viennent d'Allemagne, et dans une faible proportion, d'Angleterre. Les importations se chiffrent selon elle à plusieurs centaines de milliers. L'autre instrument utilisé est la hache. Celle employée dans la colonie est de fabrication américaine ; la plus réputée des marques est Collins & Co[157].

Avec de telles informations détaillées, l'institut colonial français est mieux renseigné sur les produits étrangers qui circulent dans la colonie au détriment de ceux de la métropole. Il peut donc relayer l'information aux regroupements coloniaux comme l'Union coloniale, le Comité de l'Afrique française et d'autres intérêts métropolitains à la recherche de marchés en Afrique, surtout en Côte d'Ivoire. Ces renseignements donnent à ces derniers l'occasion de faire pression sur le ministre des Colonies pour protéger l'une de ses possessions, où certains produits étrangers semblent faire la loi. Il s'agit par exemple

---

[156] *Idem*, pp. 1-2.

[157] Lettre du président de la Chambre de commerce au lieutenant-gouverneur de la Côte d'Ivoire, Grand-Bassam, le 9 août 1922, ANCI : dossier 1 QQ 30.

de l'inciter à augmenter le droit de douane ou même d'interdire la circulation des produits étrangers dans le domaine français.

La démarche de l'Institut colonial français de Paris n'est pas une démarche isolée, d'autres entreprises empruntent la même voie. C'est le cas de la Manufacture des Tabacs de Cigarettes d'Algérie. Par le biais de son directeur, Albert Stora, elle écrit en février 1923 au gouverneur de la colonie afin d'avoir un représentant et une bonne maison de commerce d'importation pour entrer en relation d'affaires[158]. Grâce à l'aide de la Chambre de commerce, le gouverneur Antonetti fournit à cette entreprise une liste des principales sociétés. La Chambre de commerce va plus loin. Le 24 mars 1923, dans une lettre de son président au chef de la colonie, la compagnie consulaire indique qu'elle a fait imprimer à Bingerville 500 listes de maisons faisant du commerce, de l'industrie et de l'agriculture en Côte d'Ivoire. Selon elles, ces listes sont destinées à être expédiées aux commerçants et aux industriels de la métropole qui désirent entrer en contact d'affaires avec les maisons de commerce de Côte d'Ivoire[159].

Au total, dans la mise en contact des milieux d'affaires coloniaux, la Chambre de commerce demeure un instrument incontournable quand il s'agit de relier les différents acteurs économiques entre eux. Certes, il existe au sein de l'administration coloniale un service économique, mais il n'est pas toujours capable de mobiliser et de fournir de telles informations économiques comme l'a fait la Chambre de commerce. En effet, la Chambre de commerce étant la seule représentante officielle des divers intérêts économiques, elle peut mobiliser facilement les informations dans la mesure où ces renseignements profitent à ses membres et à la colonie. Pour toutes ces raisons et conformément à ses attributions, l'administration coloniale se sent obligée de solliciter les avis de la Chambre de commerce sur tout ce qui concerne ces domaines. En dehors de ce rôle de renseignement, la Chambre de commerce se soucie des différents problèmes de ses membres à une période où la conquête coloniale est loin d'être terminée. En dépit de cette situation, la Chambre de commerce est active dans la défense des intérêts coloniaux.

---

[158] Lettre d'Albert Stora au lieutenant-gouverneur, Bône (Algérie), le 6 février 1923, ANCI : dossier 1 QQ 30.

[159] Lettre du président de la Chambre de commerce au lieutenant-gouverneur de la Côte d'Ivoire, Abidjan, le 24 mars 1923, ANCI : dossier 1 QQ 30.

A- Préoccupation et défense des intérêts commerciaux

Dans les premiers moments de la Chambre de commerce de Côte d'Ivoire, les sujets préoccupants ne manquaient pas. En dépit de quelques difficultés inhérentes à tout début, la Chambre de commerce a pu tenir des séances de travail. Bien que la période allant de 1908 à 1923 ait été assez mouvementée, cette compagnie a réussi tout de même à accomplir des actes pour l'amélioration des infrastructures, de l'agriculture et par conséquent pour favoriser les conditions d'une meilleure exploitation économique de la colonie de Côte d'Ivoire.

1- Les premières actions de la Chambre de commerce pour un mieux-être des milieux économiques et pour de meilleures infrastructures

Pour favoriser la prospérité des différents intérêts économiques, la Chambre de commerce avait un souci constant au sujet de l'état des infrastructures. En effet, si l'on prend le cas des routes, elles se présentaient sous forme de pistes dotées d'ouvrages rudimentaires et carrossables seulement en saison sèche. En outre, la densité de la forêt tropicale humide présentait pour l'ouverture des routes d'énormes difficultés, parce que l'abattage d'énormes troncs d'arbres exigeait un très rude labeur[160]. Pourtant, au cours de la première décennie du XXe siècle, les routes étaient indispensables pour favoriser l'expansion commerciale. Face à cet enjeu et aussi du fait que leur bon état peut favoriser une activité économique prospère, la Chambre de commerce se fait le devoir d'attirer l'attention de l'administration coloniale. Les griefs de la Chambre de commerce contre l'insuffisance de ces infrastructures étant nombreux, il n'est pas étonnant dans ces conditions que l'une de ses préoccupations essentielles autour des années 1910 fût la création ou l'amélioration des infrastructures routières, ferroviaires, portuaires, fluviales et lagunaires, nécessaires au déplacement des hommes et des biens. Elle avait aussi le souci d'une circulation rapide de l'information par le téléphone sans fil[161]. Pour cela, lors de son installation solennelle du 6 mars 1911 en présence de William Ponty, gouverneur général de l'AOF, la Chambre

[160] Zan SEMI-BI, « La politique coloniale de travaux publics en Côte d'Ivoire (1900-1940) », in *Annales de l'Université d'Abidjan*, série I, t. II, 1973-1974, p. 141.

[161] Zan SEMI-BI, « La Chambre de commerce en Côte d'Ivoire : 1908-1940 », *op. cit.*, pp. 79-80.

de commerce a demandé la construction ou l'amélioration d'un plus grand nombre de routes carrossables pour relier les factoreries de Dabou, Tiassalé, Man et Sinfra, afin de les désenclaver et y faire affluer les produits locaux.

De même, en 1912, la Chambre de commerce insiste pour l'amélioration de la piste reliant Bouaké à Bondoukou pour détourner les caravanes de leur route habituelle vers la Gold Coast[162]. En effet, la Chambre de commerce fait le constat que lorsque les caravanes viennent à Bondoukou, leur objectif est de passer en Gold Coast pour y vendre leurs produits, leur bétail et effectuer en retour des achats[163]. Cette situation a pour conséquence de faire de Bondoukou un lieu de trafic de marchandises anglaises qui entraient en contrebande, au grand dam des intérêts français. Pour la Chambre de commerce, face à cette situation, il fallait exercer la surveillance de cette frontière et saisir les marchandises de la Gold Coast[164]. Puisque cette solution ne saurait suffire pour détourner ces caravanes, il fallait améliorer la piste reliant Bondoukou à Bouaké et s'efforcer de faire de celle-ci un marché de kola[165]. Par ce moyen, pensait-on, les caravanes se détourneraient de leur voie habituelle au profit des factoreries et des marchés suscités par l'administration coloniale.

Sur ce point, la Chambre de commerce a toujours soutenu l'administration coloniale. Ainsi, au cours de sa séance du 16 juin 1912, l'assemblée tout entière de la Chambre de commerce a approuvé les termes d'une circulaire communiquée par le lieutenant-gouverneur enjoignant aux commandants de cercle d'exiger que l'impôt soit porté à la résidence. Par ce moyen, il s'agissait d'habituer les indigènes à fréquenter les factoreries et à se mettre directement en rapport avec le commerce européen[166]. Au cours de cette même période, c'est-à-dire en 1912, le président de la Chambre de commerce a demandé que le chemin de fer soit prolongé vers Bobo-Dioulasso et la région Mossi. Par cette prolongation, il serait ouvert de nouvelles régions densément peuplées d'une population d'agriculteurs. Cela créerait ainsi de nombreux centres commerciaux, assurerait au rail un

---

162 *Idem*, p. 80.

163 Bulletin mensuel de la Chambre de commerce. Compte-rendu de la séance du 16 juin 1912, p. 7, ANCI : dossier 1 QQ 35.

164 *Idem*, pp. 8-9.

165 *Idem*, p. 7.

166 *Bulletin mensuel de la Chambre de commerce*, Compte-rendu de la séance du 16 juin 1912, p. 5, ANCI : dossier 1 QQ 35.

meilleur trafic tant pour l'accroissement des marchandises importées que pour les produits exportés. Cet espoir est réaffirmé lors de l'inauguration de la gare de Bouaké, le 15 mars 1913. Ce vœu connaît un début d'exaucement puisque le décret du 18 mars 1914 autorise le prolongement du chemin de fer au-delà de Bouaké. Les travaux, interrompus par la guerre, reprennent en 1916[167].

Dans d'autres domaines comme la question du wharf et celle des télécommunications, la Chambre de commerce intervient de façon insistante auprès de l'autorité coloniale. L'état de ces infrastructures, à cause de leur faible rendement, de l'insuffisance du personnel et du manque de qualification de certains agents, inquiétait les milieux commerçants, qui subissaient parfois de lourds préjudices. En dehors de tous ces aspects liés aux infrastructures, avant la Première Guerre mondiale, la Chambre de commerce porta son attention sur d'autres points nécessaires à la vie des commerçants. Ainsi, dans le cas de la monnaie divisionnaire, lorsqu'elle fut interpellée par l'un de ses membres du nom de Heitz, à Mankono, sur la nécessité d'envoyer une quantité de cette monnaie dans cette région ainsi qu'à Touba et à Korhogo, du fait de la suppression des monnaies locales, la Chambre de commerce ne tarda pas à réagir[168]. En effet, elle demanda à l'administration coloniale d'envoyer 25 000 francs en pièce de 50 centimes et de 1 franc à Mankono, à Touba et à Korhogo[169].

La Chambre de commerce se préoccupait aussi de l'insuffisance de géomètres. Comme l'a constaté Maurice Goudard, le président de cette compagnie, cette situation a rendu le cadastre inexistant. Même les demandes d'immatriculation formulées depuis des années restaient sans réponse[170]. Pour remédier à cette situation, la Chambre de commerce demanda une meilleure revalorisation du traitement des géomètres. Concernant les concessions de terrains urbains, la Chambre de commerce a toujours plaidé pour des prix acceptables lorsqu'il s'agissait des commerçants. Au-delà de cette action, elle s'attaqua à l'emploi de certaines unités de mesure en circulation dans la colonie. C'est ainsi qu'elle s'éleva contre l'utilisation de jauges, unité de mesure anglaise. Soupçonnée d'être des mesures plus ou

---

167 Zan SEMI-BI, « La Chambre de commerce en Côte d'Ivoire : 1908-1940 », *op. cit.*, p. 80.

168 *Bulletin mensuel de la Chambre de commerce*, Compte-rendu de la 7e séance du 16 juin 1912, p. 4, ANCI : dossier 1 QQ 35.

169 *Idem*, p. 4.

170 *Idem*, p. 12.

moins truquées pour l'achat de l'huile et du palmiste, la Chambre de commerce préconisa que seuls les mesures et les poids français seraient admis dans toute la colonie[171].

Dans l'ensemble, la Chambre de commerce avait donc le souci permanent de voir se développer les infrastructures et une bonne organisation de la vie économique afin de faciliter les opérations commerciales. À chaque séance du bureau de la Chambre de commerce, ces mêmes doléances étaient à l'ordre du jour dans le but d'interpeller l'administration coloniale sur les difficultés des commerçants français. Une telle préoccupation amena tout naturellement cette compagnie à soutenir l'action d'Albert Sarraut qui, déjà en 1920, avait soumis au parlement français un programme de grands travaux publics et d'outillage pour les colonies françaises.

Le plan d'Albert Sarraut fait suite à l'effort de guerre de 1914-1918, période où les colonies françaises ont participé au relèvement de la France. À la fin de cette crise, il apparut nécessaire de mettre en place une politique coloniale des grands travaux susceptibles d'accroître la production coloniale indispensable à la consommation française. Ce plan comportait entre autres l'aménagement des infrastructures portuaires, ferroviaires et routières. Ce plan n'avait rien d'innovant dans la mesure où le Service des travaux publics de l'AOF s'occupait en partie de ces questions. Cependant, le seul mérite du plan Sarraut fut d'imprimer au colonialisme une dimension économique. Les colonies françaises devaient être un marché privilégié pour la métropole[172].

Un tel plan, si audacieux soit-il, ne pouvait avoir que l'approbation de la Chambre de commerce. Elle avait même souhaité rencontrer l'initiateur de ce programme ambitieux. Ce dernier, en tant que ministre des Colonies, au cours d'une tournée qu'il a effectuée en AOF, aurait dû d'ailleurs venir en Côte d'Ivoire, mais il n'a pu le faire. Au cours de sa séance du 4 décembre 1921, la Chambre de commerce, tout en regrettant son absence, lui apporta son soutien au sujet de ce projet de loi qu'il a déposé le 12 avril 1921. Pour le président de la Chambre de commerce, c'est Albert Sarraut qui :

---

[171] *Bulletin mensuel de la Chambre de commerce de Côte d'Ivoire*. Compte-rendu de la 10e séance du 2 mars 1913, p. 2, ANCI : dossier 1 QQ 8.

[172] Zan SEMI-BI, « La politique coloniale de travaux publics en Côte d'Ivoire (1900-1940) », *op. cit.*, p. 52.

a tracé une doctrine digne de l'esprit généreux de la France, mais reposant aussi sur une exacte appréciation des faits et devoirs de tutelles morales et matérielles que nous avons envers les populations primitives placées sous l'autorité de la France. La Chambre de commerce est pleinement d'accord avec M. Sarraut en ce qui concerne le programme de grands travaux qui, en favorisant l'outillage économique qui manque à notre colonie, lui permettra d'apporter au relèvement de la France la même aide qu'elle lui a apportée au cours de la guerre.[173]

En donnant son approbation pour le programme de mise en valeur de Sarraut, la Chambre de commerce préconisa qu'une large porte de sortie soit ouverte quand le rail atteindrait Sikasso, Bobo-Dioulasso, Mopti et Ouagadougou. En plus, cette compagnie suggéra que certains éléments soient inscrits à ce projet. Il s'agit entre autres de l'installation d'un TSF en AOF. Celui-ci, de grande puissance, devrait être installé à Bamako afin de correspondre directement avec le TSF de France[174]. Ce poste servirait aussi de relais aux postes à établir dans les colonies comme la Guinée française, la Côte d'Ivoire, le Togo, le Dahomey, le Cameroun et l'AEF. L'autre proposition de la Chambre de commerce concernait le remplacement du câble Dakar–Conakry. La compagnie consulaire mettait en cause la vieillesse de ce câble dont les fréquentes interruptions étaient préjudiciables au commerce[175].

Ce souci constant de voir l'amélioration ou la création d'équipements dans la colonie n'est que le reflet des difficultés que les commerçants, les agriculteurs et les forestiers de la colonie éprouvaient devant l'incapacité ou la lenteur de l'administration coloniale à agir efficacement. L'opportunité que le plan Sarraut représentait pour eux était une occasion à ne pas manquer à un moment où le pouvoir colonial ne pouvait faire face à leurs besoins urgents. C'est pourquoi la Chambre de commerce souhaitait voir insérer ses propositions dans le plan Sarraut. Concernant la poste, les télégrammes et le téléphone, les commerçants se plaignaient de fréquents dysfonctionnements. Ainsi, lors de la séance du 25 février 1922, la Chambre de commerce se fit l'écho des plaintes relatives à l'état lamentable des PTT et du non-fonctionnement des

---

[173] *BCCCI*, procès-verbal de la séance du 4 décembre 1921, p. 7.

[174] *BCCCI*, procès-verbal de la séance du 6 janvier 1922, p. 3.

[175] *Idem*, p. 3.

lignes. En prenant l'exemple de la côte Ouest de la colonie, elle soulignait que les télégrammes mettaient 8 jours et parfois plus[176].

En ce qui concerne le chemin de fer et le wharf, leur fonctionnement est jugé déplorable. Il y avait de fréquentes pertes de produits, les prix du transport et de la manutention étaient jugés élevés. Ces différentes difficultés amenèrent souvent la Chambre de commerce à faire des propositions. Déjà en 1911, le président de la Chambre de commerce, Maurice Goudard, demanda au gouverneur général de l'AOF la mise à l'étude d'un projet de port lagunaire en eau profonde à l'embouchure du fleuve Comoé. Si les résultats de l'étude lui sont défavorables, la Chambre de commerce n'en persista pas moins à réclamer ce port. Ainsi en 1922, le président de la Chambre de commerce, Louis Barthe, se déclara contre le projet du wharf de Vridi prévu par le projet Sarraut au profit d'un port. En effet, lors des discussions au sein du bureau de la Chambre de commerce, Louis Barthe fit connaître au député français Barthélemy, en visite dans la colonie, qu'un port en Côte d'Ivoire aurait un grand avenir grâce son immense hinterland. Celui-ci comprendrait le Soudan et la Haute-Volta, où l'on était supposé trouver 5 à 6 millions de travailleurs indigènes. C'est pourquoi Louis Barthe demanda que le député Barthélemy fasse inscrire de première urgence l'étude d'un port, et de seconde urgence sa construction[177].

Ces différentes préoccupations, bien que légitimes, n'aboutissaient qu'à de faibles résultats. Cependant, certaines de ces revendications ne pouvaient s'obtenir que dans la durée, avec des moyens importants. Même si toutes les conditions nécessaires au développement de la colonie n'étaient pas entièrement réunies, la Chambre de commerce de Côte d'Ivoire contribua néanmoins à accomplir des actes en faveur de l'agriculture et de l'organisation des échanges.

2- Les premières actions en faveur de l'agriculture

La Chambre de commerce, bien que ne devant être composée que de commerçants, avait en son sein des exploitants forestiers et agricoles. La diversité des intérêts l'amena donc à s'intéresser à tous ces aspects de la vie coloniale. En outre, comme ces principaux membres, c'est-à-dire les maisons de commerce, exportaient en

[176] *BCCCI*, procès-verbal de la séance du 19 janvier 1922, p. 12.
[177] BCCCI, procès-verbal de la séance du 19 janvier 1922, p. 12.

grande partie les produits agricoles, il était du devoir de cette institution consulaire de s'y intéresser. Dans le domaine agricole, elle s'impliqua activement ; elle encourageait le développement des cultures telles que le cotonnier, le palmier à huile, le caféier et la culture intense de kolatier ; elle tenta aussi d'imposer certaines cultures qu'elle estimait adaptées à la colonie. C'est dans ce sens qu'elle alla jusqu'à proposer à l'administration coloniale que seuls le maïs blanc et le maïs jaune soient plantés par les indigènes afin d'éviter l'hybridation. Pour la Chambre de commerce, le maïs de types violet, rouge et noir était difficilement vendu en Europe[178]. Elle fit cette même observation en ce qui concerne le piment. Elle recommanda à l'intention des administrateurs coloniaux et aux commerçants d'exiger que les populations indigènes n'apportent que du piment rouge bien débarrassé de son pédoncule. En effet, le piment dit *capsicum* était refusé sur le marché français. En outre, le piment de type jaune avec pédoncule connaissait le même sort[179].

Il ressort de ces faits que la Chambre de commerce encourageait et imposait le choix des cultures en fonction du profit à tirer. Le besoin impérieux d'avoir des bénéfices amenait bien souvent cette chambre consulaire à se faire non seulement le défenseur des producteurs, mais aussi celui d'une meilleure qualité de produit. Ainsi, lorsqu'en 1912, 1 000 récolteurs de caoutchouc d'origine ashanti, accusés de ravager les arbres à caoutchouc dans le Haut-Cavally et le Haut-Sassandra, furent expulsés du territoire ivoirien, la Chambre de commerce adressa une protestation au lieutenant-gouverneur de Côte d'Ivoire. Pour la Chambre de commerce de Côte d'Ivoire, si l'on trouvait une certaine qualité de caoutchouc dans la colonie, c'était grâce aux Ashantis. Il s'agit notamment de caoutchouc connu sous le nom de *manohtwist*, qui était hautement apprécié sur le marché international[180]. C'est pourquoi dans sa défense à l'égard de ces derniers, elle souligna que :

Non seulement c'est une faute de vouloir chasser de la colonie ceux qui y sont déjà, mais on devrait par tous les moyens essayer d'en attirer d'autres et les fixer dans le pays.

Que manque-t-il à la forêt pour être riche ? Sinon des bras pour exploiter. Or, la Côte d'Ivoire a eu la bonne fortune d'en trouver dans

---

178 *BCCCI*, procès-verbal de la séance du 25 février 1922, p. 10.
179 *BCCCI*, procès-verbal de la séance du 16 janvier 1923, pp. 26-27.
180 *Idem.*

les Ashanti qui constituent une main-d'œuvre intelligente, suffisamment laborieuse et que l'on pourrait retenir facilement et définitivement en cessant les brimades.[181]

Cette défense des Ashantis était intéressée, car elle ne s'exerçait que parce que les intérêts économiques des maisons de commerce se trouvaient menacés. Ainsi, chaque fois que les brimades, les réquisitions, les recrutements forcés d'indigènes avaient une incidence sur la vie économique, la Chambre de commerce ne tardait pas à réagir. En dehors de ces aspects, le sort des populations indigènes lui paraissait moins important.

Dans l'ensemble, la période allant de 1908 à 1923, en dépit de certaines réussites, la Chambre de commerce fut marquée par l'instabilité. Les conflits incessants avec l'administration coloniale et l'impact indirect de la Première Guerre mondiale ont beaucoup déteint sur l'efficacité de cette institution consulaire de Côte d'Ivoire. Tous ces faits se situaient dans un contexte colonial instable dans la mesure où la conquête coloniale était loin d'être achevée. Mais à partir du début des années 1920, fin de la conquête, la Chambre de commerce aborda une nouvelle phase de son histoire. Elle était non seulement stable dans son fonctionnement, mais ses initiatives furent plus importantes. Cette phase se situe entre 1923 et 1939.

---

[181] Rapport de *Bulletin à la Chambre de commerce* sur la question des récolteurs étrangers suite à l'arrêté forestier du 23 août 1913, ACCCI : dossier 10, caoutchouc, glu, gomme.

DEUXIÈME PARTIE

STABILITÉ ET DYNAMISME DE LA CHAMBRE DE COMMERCE 1923 – 1939

Après la fin de la Première Guerre mondiale, les années qui suivent sont des périodes plus stables pour la Chambre de commerce de Côte d'Ivoire. Elle ne vit plus les difficultés des périodes précédentes pleines de rebondissements. Au début des années 1920, cette compagnie consulaire se montre très entreprenante. C'est à cette période que démarrent la plupart de ses grandes actions. Sur le plan économique, elle exerce une grande influence dans la défense des milieux coloniaux. La création de la Chambre d'agriculture et d'industrie n'a pas pour autant affecté sa position.

CHAPITRE PREMIER

DE NOUVELLES RESPONSABILITÉS ET LES SOLUTIONS DE LA CHAMBRE DE COMMERCE FACE À LA CRISE DE 1930

Le début des années 1920 marqua une nouvelle ère pour la Chambre de commerce. Son champ d'activités est élargi au-delà des frontières de la Côte d'Ivoire avec la dissolution de la Haute-Volta. Elle acquiert de ce fait de nouvelles responsabilités. Cependant, au cours de cette période, elle fait face à de nouveaux défis, avec la création de la Chambre d'agriculture et d'industrie. Pendant la grave crise des années 1930, la Chambre de commerce s'est associée à l'effort de l'administration coloniale en proposant des solutions.

I- LE RATTACHEMENT DE LA CHAMBRE DE COMMERCE DE HAUTE-VOLTA À CELLE DE LA CÔTE D'IVOIRE

Avant la naissance de la Chambre de commerce de la Haute-Volta, il existait, par arrêté du 17 mars 1926, le Comité consultatif du commerce, de l'agriculture et de l'industrie. C'est à la suite de ce comité que la Chambre de commerce de Haute-Volta vit le jour en juillet 1929[182]. C'est une institution jeune par rapport à celle de la Côte d'Ivoire. Mais avec le partage de la Haute-Volta entre plusieurs colonies en 1932, cette compagnie consulaire fit les frais de la situation.

A- La dissolution de la Chambre de commerce de Haute-Volta

La dissolution de la Chambre de commerce de la Haute-Volta est liée à plusieurs facteurs. Cette situation a aussi créé un certain nombre

---

182 Saliou MBAYE, *op. cit.*, p. 51.

de problèmes qu'il fallait résoudre. Il s'agit entre autres de la gestion du patrimoine de cette chambre de commerce.

1- Les raisons de la dissolution

La colonie de Côte d'Ivoire et celle de la Haute-Volta ont, sur le plan de la coopération, des échanges fructueux. La perspective d'un marché porteur et la possibilité d'une main-d'œuvre ont conduit la Chambre de commerce de Côte d'Ivoire à réclamer le prolongement du rail jusqu'à Bobo-Dioulasso, cercle de la Haute-Volta. Ce lien étroit fut davantage resserré lorsque, par le décret du 5 septembre 1932, une grande partie de la Haute-Volta est rattachée à la Côte d'Ivoire. Il s'agit des cercles de Tenkodogo, Kaya, Ouagadougou, Koudougou, Gaoua, Batié, Bobo-Dioulasso, et une partie du cercle de Dédougou. Une autre partie de cette même colonie est rattachée à la colonie du Niger et du Soudan. Si le partage de la Haute-Volta se fit sans problème, il fallait cependant résoudre l'équation relative à la place qu'il convenait d'accorder aux différents organes de représentations économiques telle la Chambre de commerce.

Déjà, bien avant que le rattachement de la Haute-Volta ne soit effectif, le gouverneur par intérim de la Côte d'Ivoire s'était préoccupé de la fusion des deux assemblées consulaires de ces colonies. Il a d'ailleurs exprimé cette préoccupation dans une correspondance adressée au président de la Chambre de commerce de Côte d'Ivoire, le 3 août 1932. Pour lui, il paraissait plus logique d'avoir une Chambre de commerce unique qui soit à même de défendre les intérêts dont elle avait la charge plutôt que de maintenir, pour les nouveaux cercles rattachés à la Côte d'Ivoire, une deuxième chambre de commerce[183]. Cette solution s'imposait d'autant plus que l'assemblée consulaire de la Haute-Volta était inexistante dans la réalité, à cause du décès et de la démission de la plupart de ses membres. Ce problème avait même conduit le gouverneur de la colonie de la Haute-Volta à nommer une commission chargée de gérer provisoirement les intérêts financiers de cette compagnie. Cette commission comprenait le commandant de cercle de Bobo-Dioulasso,

[183] Lettre du lieutenant-gouverneur par intérim au président de la Chambre de commerce, Bingerville, le 3 août 1932, p. 1, Archives de la Chambre de commerce de la Côte d'Ivoire (ACCCI) : dossier 13, Chambre de commerce coloniale.

le payeur de Bobo-Dioulasso, et un commerçant du nom de Donnefort. Son but était d'assurer la garde des archives, du matériel et des fonds de la Chambre de commerce de la Haute-Volta jusqu'au renouvellement de cette assemblée ou jusqu'à son rattachement à la Chambre de commerce de la Côte d'Ivoire[184].

Pour éviter un manque de représentation des commerçants de la Haute-Volta, il a été décidé d'adjoindre à la compagnie consulaire de Côte d'Ivoire trois membres titulaires et deux membres suppléants provenant de cette colonie. Ainsi, la Chambre de commerce de la Côte d'Ivoire, qui comptait 15 membres titulaires et 15 membres suppléants suite à l'arrêté général du 1er septembre 1928, comprenait désormais 18 titulaires et 17 suppléants. Pour le chef de la colonie de la Côte d'Ivoire, le problème de la fusion des assemblées consulaires et la représentativité des commerçants de la Haute-Volta au sein de la Chambre de commerce de Côte d'Ivoire ne se posait pas. Cependant, il fallait le consentement des commerçants de la colonie. Pour les membres de cette institution de la colonie de Côte d'Ivoire, puisque la plupart des maisons de commerce qui y étaient installées étaient présentes en Haute-Volta, il était donc logique qu'après le rattachement des nouveaux territoires, il n'existât qu'une seule Chambre de commerce pour l'ensemble de la colonie[185].

Pour que cette fusion n'entraîne pas de changements immédiats, la Chambre de commerce de la Côte d'Ivoire a refusé le principe d'élection partielle dans le territoire de la Haute-Volta, comme l'avait souhaité, dans sa lettre du 3 août 1932, le gouverneur de la colonie de Côte d'Ivoire[186]. En effet, si cette proposition était prise en compte, elle impliquerait probablement des élections consulaires partielles en Côte d'Ivoire. Cette possibilité était à éviter pour la partie ivoirienne. Mais dans l'attente d'une élection plus générale, la Chambre de commerce de Côte d'Ivoire proposa la nomination d'un membre titulaire et de membres correspondants suppléants dans l'ancienne

---

184 *Idem.*

185 Lettre du président de la Chambre de commerce de la Côte d'Ivoire au lieutenant-gouverneur par intérim, Abidjan, le 27 août 1932, ACCCI : dossier 13, Chambre de commerce coloniale.

186 Lettre du lieutenant-gouverneur par intérim au président de la Chambre de commerce de la Côte d'Ivoire, Bingerville, le 3 août 1932, ACCCI : dossier 13, Chambre de commerce coloniale.

Haute-Volta[187]. Ces derniers devaient avoir auparavant l'approbation de la Chambre de commerce de Côte d'Ivoire. Dans la perspective de ces élections consulaires fusionnées, le gouverneur de la Côte d'Ivoire demanda au gouverneur général de la fédération de l'AOF la révision des listes électorales pour la seconde quinzaine de janvier 1933, au lieu de la seconde quinzaine d'octobre 1932 ; date fixée par l'article 13 de l'arrêté organique du 31 mai 1930[188].

Dans l'ensemble, avec la dissolution de la Haute-Volta, la Chambre de commerce de Côte d'Ivoire accepta d'absorber celle de la colonie de Haute-Volta. Cela ne pouvait que réjouir certains membres influents de la Chambre de commerce, comme son président, Louis Barthe. En effet, ce dernier, dans le cadre du développement futur du port de la Côte d'Ivoire, considérait cette partie de l'hinterland comme un marché potentiel de millions d'indigènes qu'on ne saurait négliger. C'était aussi une source importante de main-d'œuvre, notamment pour les exploitants forestiers. Avec cette absorption, la Chambre de commerce de Côte d'Ivoire avait donc les mains libres pour la défense des intérêts économiques de cette région. Si du point de vue administratif il ne se posait plus de problèmes, il fallait néanmoins régler la répartition du patrimoine de l'ex-Chambre de commerce de Haute-Volta.

2- La répartition du patrimoine de la Chambre de commerce de la Haute-Volta

L'état des finances de la Chambre de commerce de la Haute-Volta laissa apparaître, au titre de l'exercice de 1930, un excédent de 45 684,85 francs. Celui de 1931, établi par la commission chargée d'assurer sa gestion, mit en lumière un excédent en recette de 16 520,25 francs. Les excédents de recettes au titre des exercices 1930 et 1931 s'élevaient à 62 205,10 francs. Si l'on en déduit les dépenses chiffrées à 3 645,10 francs, il devrait y avoir un reliquat de 58 560,00 francs. Or, une somme de 11 500 francs fut seulement trouvée au domicile de Piquet, président de la Chambre de

[187] Lettre du président de la Chambre de commerce de Côte d'Ivoire au lieutenant-gouverneur par intérim, Abidjan, le 27 août 1932, ACCCI : dossier 13, Chambre de commerce coloniale.

[188] Lettre du lieutenant-gouverneur au président de la Chambre de commerce, Bingerville, le 11 octobre 1932, ACCCI : dossier 13, Chambre de commerce coloniale.

commerce de la Haute-Volta[189]. Cela mit en lumière un déficit de 47 060 francs. La somme restante, c'est-à-dire, les 11 500 francs, fut déposée à titre de consignation, le 27 avril 1932, à la Caisse de Dépôt et de Consignation. Il est à souligner que selon le décret du 28 septembre 1932 portant suppression de la compagnie consulaire de la Haute-Volta, les fonds de cette institution devaient être distribués entre la Chambre de commerce de Côte d'Ivoire et celle de Bamako. Les 4/5 devaient revenir à la Côte d'Ivoire et le 1/5 restant au Soudan. En définitive, la Chambre de commerce de Côte d'Ivoire reçut en 1934, de la part de l'administrateur en chef des colonies commandant le cercle de Bobo-Dioulasso, une somme de 48 549,75 francs[190].

En dehors de l'aspect financier, la Chambre de commerce de Haute-Volta a laissé comme bien un coffre-fort estimé à 2 550 francs. La Chambre de commerce du Soudan refusa cet objet, car pour elle, il n'était d'aucune utilité. Elle s'en dessaisit donc au profit de la Chambre de commerce de Côte d'Ivoire. Celle-ci le vendit à la Société de Prévoyance de Bobo-Dioulasso qui s'en porta acquéreur et l'acheta à 1 000 francs[191].

Au total, l'institution consulaire de la Haute-Volta avait des ressources et un patrimoine très limités. Avec sa disparition, la compétence de celle de la Côte d'Ivoire se trouvait élargie. Elle se devait de soutenir et d'aider les commerçants de ce territoire. Ce fut une nouvelle responsabilité qu'elle s'efforça d'assumer au mieux, dans l'intérêt de ses adhérents.

B- L'action de la Chambre de commerce de la Côte d'Ivoire en faveur de commerçants de l'ex-Haute-Volta

Avec le partage de la Haute-Volta, la majorité des commerçants de cette zone eurent pour interlocutrice principale la Chambre de commerce de Côte d'Ivoire. Ce fut par son intermédiaire qu'ils faisaient connaître les différentes doléances pour que celle-ci

[189] Lettre du gouverneur par intérim au président de la Chambre de commerce, Bobo-Dioulasso, le 18 novembre 1932, ACCCI : dossier 13, Chambre de commerce coloniale.

[190] Lettre du commandant de cercle de Bobo-Dioulasso au président de la Chambre de commerce de Côte d'Ivoire, Bobo-Dioulasso, le 12 juin 1934, ACCCI : dossier 13, Chambre de commerce coloniale.

[191] Lettre du commandant de cercle de Bobo-Dioulasso au président de la Chambre de commerce de Côte d'Ivoire, Bobo-Dioulasso, le 26 mars 1935, ACCCI : dossier 13, Chambre de commerce coloniale.

intervienne auprès du gouverneur de la Côte d'Ivoire. Dans ce cadre, ces commerçants ne tardèrent pas à demander le soutien de la Chambre de commerce de Côte d'Ivoire, dès 1936. En effet, dans une pétition adressée au gouverneur, ils réclamèrent des routes et la mise en chantier de ponts jugés urgents pour la haute Côte d'Ivoire[192]. Parmi les travaux considérés de première importance, il y a les ponts du Koumi (km 14), de la Volta (km 44), d'Orodora (km 76) et de Kolo (km 120). Tous ces ponts à construire sont localisés sur la route Bobo-Dioulasso–Sikasso. Pour les autres ouvrages comme ceux de Saccabi (km 6) et Kari (km 160), ils étaient situés sur l'axe Bobo-Dioulasso–Dédougou[193]. Pour les commerçants de la haute Côte d'Ivoire, à défaut de financer tous ces ouvrages au cours de l'année 1936, ils exigeaient des ponts provisoires. L'institution consulaire de Côte d'Ivoire apporta son soutien à cette cause et se proposa d'écrire au gouverneur de la colonie.

Dans la défense de ces commerçants, elle contribua avec efficacité à la reconnaissance officielle du Groupement des Intérêts Commerciaux de la haute Côte d'Ivoire (GICHCI) le 19 mars 1937[194]. En l'absence de tout organe représentatif de l'ex-Haute-Volta, ce groupement coordonnait les différentes doléances des commerçants de la haute Côte d'Ivoire, qu'il transmettait à la Chambre de commerce de Côte d'Ivoire. Dans son combat pour les intérêts des commerçants de cette zone, cette compagnie s'occupait également du règlement de certaines questions importantes. Ainsi, au sujet de l'approvisionnement en jetons et en petites coupures, elle résolut ce problème en envoyant 15 millions de coupures et en expédiant 150 000 francs de jetons par les soins du Trésor[195]. La Chambre de commerce se préoccupa aussi de la nécessité d'entretenir les voies principales d'évacuation des produits du territoire voltaïque.

Sur le chapitre de l'organisation du commerce dans cette zone, la Chambre de commerce de Côte d'Ivoire demanda au gouverneur de laisser les acheteurs arbitrer les prix. En effet, pour cette compagnie, puisque ces acheteurs étaient assez nombreux, l'on devait favoriser une large concurrence afin qu'il y ait une juste rémunération pour les indigènes. En prenant le cas de l'incident qui eut lieu lors du dernier

---

[192] *BCCCI*, procès-verbal de la séance du 23 février 1936, p. 13.
[193] *Idem.*
[194] *BCCCI*, procès-verbal de la séance du 7 mars 1937, p. 37.
[195] *BCCCI*, procès-verbal de la séance du 7 mars 1934, p. 10.

marché de Kindia, dans le cercle de Koudougou, elle souligna que si la libre concurrence avait été respectée, les producteurs, ayant vendu librement leurs produits, auraient bénéficié de la hausse des cours sur les arachides[196]. Mais ce ne fut pas le cas. Une mainmise de l'Administration gênait considérablement la liberté d'échange. C'est pourquoi, lors de la campagne de l'arachide pour l'année 1938-1939, le Groupement des Intérêts Commerciaux de la haute Côte d'Ivoire saisit la Chambre de commerce de Côte d'Ivoire pour exprimer ses inquiétudes à propos des mesures envisagées par l'administration coloniale dans cette zone. En effet, pour la campagne de 1938-1939, la récolte d'arachide fut très mauvaise à cause de la sécheresse et des aléas climatiques, notamment le manque de pluies. En outre, les difficultés d'évacuation dues à l'insuffisance du chemin de fer avaient aussi gêné considérablement les opérations. Face à cette situation, les solutions envisagées par l'administration coloniale soulevaient quelques réserves de la part du Groupement des Intérêts de la haute Côte d'Ivoire. Pour la culture de l'arachide par exemple, l'Administration projeta le renforcement de l'action des Sociétés Indigènes de Prévoyance. Elle décida aussi d'accorder à celles-ci des stocks de semence[197].

Face à ces problèmes, la Chambre de commerce de Côte d'Ivoire intervint afin d'alléger les difficultés des commerçants. Tout en plaidant leur cause, elle leur apporta une aide financière. Ainsi, sur proposition d'un membre titulaire du bureau de la Chambre de commerce de Côte d'Ivoire, la compagnie fit inscrire, après acceptation du gouverneur, une somme de 10 000 francs au budget additionnel de la compagnie en faveur de cette zone. Elle accorda également des subventions aux commerçants de la haute Côte d'Ivoire. Ce fut le cas lorsque le Groupement des Intérêts Commerciaux de la haute Côte d'Ivoire se proposa d'organiser une exposition-foire à Bobo-Dioulasso. La Chambre de commerce donna en 1938 une contribution spéciale de 5 000 francs, destinée à récompenser les meilleurs exposants[198].

En somme, avec le partage de la colonie de Haute-Volta, l'action de la Chambre de commerce de Côte d'Ivoire se trouva étendue. Elle eut la responsabilité d'étendre ses activités dans cette zone. Elle

---

[196] *Idem.*
[197] *BCCCI*, procès-verbal de la séance du 24 avril 1938, p. 6.
[198] *BCCCI*, procès-verbal de la séance du 5 juin 1938, p. 68.

entreprit pour cela diverses initiatives pour que la cause de ses commerçants triomphe. Pendant que la Chambre de commerce voyait son champ de compétence s'élargir, elle devait faire face à une situation nouvelle qui remettait en cause son organisation interne. Ces problèmes surgirent avec la mise en place de la Chambre d'agriculture et d'industrie de Côte d'Ivoire. Néanmoins, elle s'illustra par ses actions audacieuses dans le secteur agricole.

II- SOUTIEN ET CONTRÔLE DU SECTEUR AGRICOLE PAR DES INITIATIVES AUDACIEUSES ET ORIGINALES

Lorsque la Chambre de commerce fut créée en 1908, elle porta un intérêt particulier au secteur agricole, car les commerçants voulaient s'assurer d'avoir en leur possession des produits de meilleure qualité. En outre, la présence au sein de cette institution consulaire de sociétés agricoles et d'exploitants forestiers ne fit qu'accroître le souci pour la question agricole. La Chambre de commerce renforça les moyens mis au service des commerçants et des agriculteurs. Face à la crise des années 1930 qui secoua le monde agricole, elle joua un rôle assez important.

A- Renforcement des moyens mis au service des commerçants et des agriculteurs

Bien avant la fin de la conquête coloniale, la Chambre de commerce entreprit un certain nombre d'actions pour améliorer la qualité des produits agricoles. Cela eut pour résultat la création d'une inspection des produits agricoles. En dehors de cela, elle porta une attention assez particulière sur la question de la main-d'œuvre.

1. Organisation et renforcement du rôle de l'inspection des produits

La Chambre de commerce de Côte d'Ivoire s'est engagée très tôt dans la bataille contre la médiocrité des produits agricoles. Déjà en 1913, elle avait demandé que deux inspecteurs nommés par elle et agréés par le gouverneur local soient chargés de la vérification de la qualité de l'huile et des palmistes[199]. Elle intensifia ses demandes pour

---

[199] Simon-Pierre M'BRA EKANZA, « Mutation d'une société rurale. Les Agni du Moronou, XVIIIe siècle–1939 », thèse de doctorat d'État, Université d'Aix-en-Provence, 1983, p. 83.

que le gouverneur de la colonie prenne un arrêté créant un service d'inspection des produits du cru. Les premiers produits visés par cette inspection, dès 1922, étaient les palmistes, l'huile de palme, les amandes et le cacao, autour desquels la Chambre de commerce avait soupçonné de grandes fraudes. En effet, pour ce qui est de l'huile de palme et des palmistes, il fut souvent trouvé des sacs contenant des matières étrangères telles des coques, de la terre et des pierres. L'huile était aussi impure. Quant au cacao, la fermentation était mal faite avec l'emploi de vieilles caisses et de tines en fer. Cela donna comme résultat des fèves noires ou grisâtres avec moisissure.

Par le moyen de cette inspection des produits, il s'agissait de contraindre le colonisé à produire beaucoup et de meilleure qualité. C'est pourquoi le projet d'arrêté relatif au produit du cru de 1922 soulignait que le service d'inspection avait le droit de visite sur les marchés reconnus ou non, sur les chemins et les sentiers, sur les pirogues ou les embarcations de toutes sortes. En d'autres termes, ce service d'inspection devait opérer dans tous les endroits où avaient lieu des transactions commerciales[200]. Le refus de se soumettre à la vérification et aux procédés de triage prescrits par les agents du service d'inspection pouvait entraîner, pour les contrevenants indigènes, une amende de 1 à 100 francs ou une peine d'emprisonnement allant de 1 à 15 jours[201]. Les populations locales pouvaient difficilement échapper à de telles peines tant les conditions exigées pour la qualité des produits admis à circuler semblaient être au-dessus de leur possibilité, avec des éléments de travail archaïques. Ainsi, pour être de qualité, l'huile de palme devait être fluide à 30° centigrades, être d'une couleur allant du rougeâtre au jaune orangé et ne pas renfermer d'impureté.

Comme on le constate, la Chambre de commerce faisait peser la qualité des produits sur les producteurs majoritairement indigènes par ces moyens de contrainte. Dispensées ainsi de tout effort, les maisons de commerce pouvaient exporter, sans problème, des produits de qualité. La création de ce service de l'inspection, qui faisait l'affaire des commerçants européens et non des intérêts des producteurs locaux, fut soutenue par le roi Boa Kouassi, de l'Indénié. Ce dernier cautionna ce projet de l'inspection des produits, qu'il considérait comme le seul remède à la mauvaise qualité du cacao souvent livré

[200] *BCCCI*, procès-verbal de la séance du 18 juin 1922, p. 18.
[201] *Idem.*, p. 19.

par les indigènes. Pour lui, seuls « les paresseux, les négligents, les planteurs peu scrupuleux, peu soucieux de l'avenir économique » de la colonie trouveraient des objections à cet arrêté[202].

Soutenue par une telle autorité morale et surtout sous la pression des partenaires extérieurs qui voulaient des produits de qualité[203], la Chambre de commerce intervenait avec insistance auprès de l'administration coloniale à chacune de ses séances pour que ce service voie le jour. Son vœu fut exaucé puisque le 11 mars 1924. Le gouverneur de la colonie signa l'arrêté instituant ce service d'inspection. Aux premiers produits tels que l'huile de palme, le palmiste et le cacao, dont le Service d'inspection devait vérifier la qualité, il en fut ajouté d'autres, tels que le coton et le caoutchouc. Ces produits représentaient, dans les années 1920, les produits les plus rentables pour les commerçants. Dans le cas du cacao, de 4 299 tonnes en 1924, la colonie exporta 9 752 tonnes en 1927 et 16 314 tonnes en 1929[204]. Pour les oléagineux, il fut produit 10 000 tonnes de palmistes entre 1923 et 1938, tandis que l'huile de palme donna 5 600 tonnes pour la même période. S'il est vrai que les oléagineux et le caoutchouc connaissaient déjà un déclin, le cacao et le coton étaient pour leur part toujours demandés.

Ce service d'inspection, pour être efficace, avait besoin des moyens financiers pour rétribuer ceux qui étaient chargés de ce travail. Avec l'accord du gouverneur de la colonie et sous la direction du président Barthe, la Chambre de commerce établit un ensemble de taxes à percevoir. En 1924, ces taxes variaient de 3 à 10 francs la tonne, selon les produits à inspecter. Par la suite, ces taxes évoluaient en fonction des nouveaux produits et surtout de certaines exigences de la Chambre d'agriculture et d'industrie. Pour mener à bien l'inspection des

---

[202] Lettre du roi de l'Indénié, Boa Kouassi, au président de la Chambre de commerce, Abengourou, le 10 août 1922, in *BCCCI*, procès-verbal de la séance du 15 septembre 1922, p. 20.

[203] Leleu, délégué du syndicat des chocolatiers de France, fait connaître aux membres de la Chambre de commerce que les industriels français veulent le cacao de la Côte d'Ivoire à condition qu'il soit bien soigné. Il condamne les procédés de traitement de cacao dans la colonie tels que fumer ou laver le cacao, in *BCCCI*, procès-verbal de la séance du 16 février 1923, p. 13.

[204] Pierre KIPRÉ, *La Côte d'Ivoire coloniale* (1890-1940), *op. cit.*, p. 176.

produits, la Chambre de commerce nomma un inspecteur européen et plusieurs moniteurs indigènes[205].

Dans l'ensemble, le Service de l'inspection apporta des résultats qui furent très appréciés de la Chambre de commerce. De nombreuses saisies de produits défectueux furent faites. Cependant, si l'amélioration des produits fit la joie des maisons de commerce, il n'en demeurait pas moins que cette inspection suscita des oppositions. La première force qui se dressa contre cette inspection fut la Chambre d'agriculture et d'industrie créée en 1925. Acceptant difficilement de laisser le monopole de cette inspection aux mains des commerçants, elle en revendiqua le contrôle total. Pour cette institution, ce service devait être placé sous la direction des agriculteurs. Cela fut d'ailleurs l'objet de vives discussions entre les deux chambres consulaires.

La seconde opposition venait des populations locales. Elles le firent savoir par l'intermédiaire du Comité indigène du cercle de l'Indénié, qui écrivit en 1937 une lettre au ministre des Colonies, de passage dans la colonie. Pour ce groupe, les contrôleurs de produits que recrutait la Chambre de commerce étaient de grands maux pour le planteur indigène. En effet, indiqua ce comité, l'inspection des produits servait à satisfaire des rancunes personnelles et à favoriser les maisons de commerce. Recrutés parmi les indigènes de la Mauritanie, du Soudan et du Niger, le comité émettait des doutes sur la capacité de ces indigènes à inspecter objectivement ce qu'ils ne produisaient pas chez eux[206]. Si l'on peut émettre des réserves sur l'origine étrangère de tous les contrôleurs indigènes, l'on doit cependant convenir avec le Comité indigène du cercle de l'Indénié que ces derniers manquaient de formation agricole suffisante. C'est donc pour combler un tel déficit de formation que la Chambre de commerce, après la Seconde Guerre mondiale, créa une section de contrôleurs indigènes dans ses cours de commerce. La création de ce service d'inspection permettait aux commerçants de tirer un profit de la colonie. En effet, en améliorant la qualité des produits, ils se réservaient le marché métropolitain, qui ne réclamait que de la qualité pour les produits agricoles.

---

[205] Moniteurs indigènes : Aboisso, Assinie (1) ; Bassam (1) ; Agboville (1) ; Indénié (2) ; Dimbokro (4) ; Bouaké (1) ; Lahou (1) ; Sassandra (1) ; Tabou (1), in *BCCCI*, procès-verbal de la séance du 24 mars 1924, p. 8.

[206] Lettre adressée au ministre des Colonies, de passage, par le Comité indigène du cercle de l'Indénié, in Jean-Noël LOUCOU, « La vie politique en Côte d'Ivoire. 1932-1952 », thèse de 3e cycle, Université d'Aix-en-Provence, 1976, p. 465.

Dans l'ensemble, grâce au travail du Service d'inspection, les commerçants furent satisfaits. En dehors de cela, la Chambre de commerce prit d'autres initiatives au niveau agricole pour aider ses membres. C'est ainsi qu'elle s'engagea activement dans la question de la main-d'œuvre.

2. La question de la main-d'œuvre

De par sa nature et ses activités, la question de la main-d'œuvre ne devait pas être une préoccupation de la Chambre de commerce de Côte d'Ivoire. En effet, les intérêts des commerçants l'amènent à se soucier davantage des moyens de vendre plutôt que de se préoccuper des conditions de la production. Cependant, ayant en son sein des sociétés agricoles et des exploitants forestiers, la Chambre de commerce se voyait obligée de prendre en main la question de la main-d'œuvre. Dans son approche du problème, la Chambre de commerce a adopté deux attitudes contradictoires. Pendant la première phase de la colonisation, qui s'était achevée approximativement vers 1921, la Chambre de commerce a épousé la cause du producteur ivoirien, contre l'administration coloniale. Cette période fut celle du démarrage des cultures spéculatives, où point n'est besoin d'une main-d'œuvre nombreuse pour répondre aux exigences du commerce et des autres entreprises coloniales. C'est pourquoi, jusqu'en 1921, la Chambre de commerce avait pris fait et cause pour les récolteurs de caoutchouc ashanti, menacés d'expulsion en 1912. En outre, elle s'éleva contre les différentes réquisitions opérées par l'Administration au profit de quelques exploitants soucieux de réaliser de grands profits[207]. Afin de mettre fin à ses abus, Louis Barthe, président de la Chambre de commerce, invitait en 1922 l'administration coloniale à réglementer le travail de l'indigène par l'institution d'un service pour contrôler cette main-d'œuvre. Tout cela avait pour but, si l'on s'en tient aux propos de Barthe, de permettre à l'indigène d'avoir « une vie matérielle plus confortable que par le passé »[208].

Ce noble souci, de la part du président de la Chambre de commerce, de favoriser une meilleure condition de travail de la main-d'œuvre indigène, ne résista pas à la nécessité impérieuse d'exploiter

[207] Simon-Pierre M'BRA EKANZA, *op. cit.*, p. 475.

[208] Discours du président de la Chambre de commerce, Louis Barthe, à l'occasion du banquet offert aux députés Proust et Valude et au gouverneur Antonetti à Grand-Bassam, le 6 janvier 1922, in *BCCCI*, procès-verbal de la séance du 6 janvier 1922, p. 1.

la colonie. Il fallait pour cela une main-d'œuvre suffisante et nombreuse. En effet, les exploitants forestiers et les sociétés agricoles, même en petit nombre, avaient besoin d'une main-d'œuvre nombreuse. La rudesse du climat, difficilement supportable pour les Européens, faisait donc des indigènes une main-d'œuvre appropriée pour des travaux pénibles. La Chambre de commerce se fait la défenseuse de la cause des colons.

Déjà en 1922, elle s'est trouvée, par la force des choses, entraînée à prendre une part active dans l'organisation de la main-d'œuvre. Dans une lettre adressée le 23 février 1922 au président de la Chambre de commerce, le chef de la colonie fit état des préoccupations du gouverneur de la Haute-Volta. Celui-ci demanda que les requêtes au sujet de la main-d'œuvre soient gérées par l'administration coloniale de Côte d'Ivoire afin d'éviter les fréquentes demandes individuelles. Pour résoudre ce problème, cette dernière se proposa de travailler avec la Chambre de commerce[209]. Il est à souligner que la colonie de la Haute-Volta était une zone de ponction importante pour la main-d'œuvre en direction de la colonie de Côte d'Ivoire.

Face à cette question délicate, le président de la Chambre de commerce de Côte d'Ivoire, en réponse au gouverneur de la colonie, le 25 février 1922, se proposait de fixer des quotas de main-d'œuvre à chaque demandeur afin d'épargner les critiques contre son institution. En outre, elle demanda même qu'on étende le recrutement de la main-d'œuvre au Haut Sénégal, au Niger et en Côte d'Ivoire. Quant aux problèmes liés au mode de recrutement (le contrat d'engagement, les avances à payer et les frais de chemin de fer), la Chambre de commerce envisageait d'en discuter avec les forestiers[210].

Toutes ces préoccupations exprimées furent soumises aux différents membres de la Chambre de commerce de Côte d'Ivoire. Le président Louis Barthe ne reçut que deux réponses. La première lettre, en date du 15 mars 1922, venait de Joselin, directeur de la Société des importations du bois exotique (SIBE). Il souhaitait que dans l'adoption de la réglementation de la main-d'œuvre l'on prît en compte la durée du contrat[211]. Dans la seconde correspondance en date du 22 mars 1922, Gaston Bandez, directeur de la Société d'huilerie africaine de Drewin, souhaitait que l'accent fût mis sur le recrutement

---

[209] *BCCCI*, procès-verbal du 25 janvier 1922, p. 16.
[210] *BCCCI*, procès-verbal du 25 janvier 1922, p. 16.
[211] *BCCCI*, procès-verbal du 4 mai 1922, p. 11.

de la main-d'œuvre spécialisée, à savoir les tonneurs, les ouvreurs, les tonneliers, les électriciens et les grimpeurs. Il alla plus loin en préconisant que l'on tienne compte de l'indication de la « race »[212].

À l'analyse, la Chambre de commerce constata avec regret le nombre dérisoire de réponses alors que les demandeurs de main-d'œuvre étaient assez nombreux. Quand on considère le poids des exploitants forestiers dans la colonie, l'on comprend difficilement ce lourd silence de leur part. En 1910, la colonie comptait 31 exploitations forestières, dont 26 européennes. Cette exploitation se faisait d'ailleurs de façon intense puisqu'en 1920, on n'était pas loin d'atteindre les tonnages exportés de 1913 (41 302 tonnes contre 42 651 tonnes)[213]. Ces éléments montrent que si l'on s'en tenait aux forestiers, la demande de main-d'œuvre aurait dû être considérable. En dépit de ce silence relatif, les exploitants forestiers ne tardèrent pas à faire parler d'eux dès 1925, sur la question de la main-d'œuvre. Cela souleva de vives discussions avec l'administration coloniale. La Chambre de commerce, sous l'impulsion du président Barthe, s'investit personnellement dans cette cause lorsque, le 4 avril 1925, les délégués des exploitants forestiers Bouyssou et Oddos, membres du bureau de l'institution, lui envoyèrent une lettre contre les agissements de l'administration coloniale.

Ces délégués avaient engagé une controverse sur les dispositions de la circulaire du 18 janvier 1925 prise par le lieutenant-gouverneur Brunot. Cette circulaire mettait en avant la prise en compte de la dimension humaine du problème de la main-d'œuvre. Mais pour les forestiers, cette note était contraire à leurs intérêts, car cela entraînerait le manque de travailleurs pour tirer les billes de bois qui s'exposaient au risque de détérioration dans la brousse. Pour sauvegarder les intérêts de la profession, les exploitants demandèrent, de première urgence, de la main-d'œuvre. Ils proposèrent pour cela 100 personnes au minimum par exploitant. En outre, ils exigèrent la révision des tarifs de transport par voie ferrée et le droit d'utiliser les routes au même titre que les autres usagers[214].

---

212 *Idem*, p. 12.

213 Pierre KIPRÉ, *La Côte d'Ivoire coloniale (1890-1940)*, t. 2, *op. cit.*, p. 184.

214 Lettre des délégués des exploitants forestiers au président de la Chambre de commerce de Côte d'Ivoire, Abidjan, le 4 avril 1925, in *BCCCI*, procès-verbal de la séance 05 avril 1925, p. 34.

Ces différentes revendications furent soutenues par le président de la Chambre de commerce. Il s'éleva contre cette circulaire du 18 janvier 1925 par laquelle le gouverneur de la colonie, sans prévenir les intéressés de ses intentions, interdit de façon absolue aux administrateurs d'apporter un quelconque appui au recrutement de la main-d'œuvre nécessaire aux exploitants forestiers, au commerce et à l'agriculture. Pour le président Barthe, cette décision du chef de la colonie a fragilisé l'industrie forestière et arrêté l'essor commercial et agricole de la colonie. À cause de cette circulaire, affirma le président de la Chambre de commerce :

Dans toute la colonie, il souffle un vent de mécontentement et de fainéantise qui risque, si l'on n'y met bon ordre et à bref délai, d'avoir des conséquences désastreuses pour l'avenir de la colonie.[215]

Une telle situation était difficile à supporter pour les colons, dans la mesure où le manque de main-d'œuvre pouvait freiner toute activité économique. Ils avaient toujours vu l'autochtone comme une bête de somme qu'il fallait à tout prix utiliser pour des travaux que seuls les moyens mécaniques pouvaient rendre faciles. En dépit du sort tragique des indigènes exploités, ces colons attendaient de l'administration coloniale qu'elle prenne des mesures en leur faveur, faute de quoi ils ne tarderaient à réagir. C'est ce qui explique la virulente lettre du président de la Chambre de commerce à l'endroit du lieutenant-gouverneur Brunot. Le président de cette compagnie alla plus loin. En effet, sans attendre la réponse du gouverneur de la colonie, le 23 avril 1925, le président de la Chambre de commerce adressa une correspondance au gouverneur général de l'AOF au sujet de la question de la main-d'œuvre. Pour lui, sans entente entre l'administration coloniale et les capitaux engagés, il n'était pas possible d'intensifier l'exploitation de la colonie[216]. Mais pour qu'une telle exploitation soit possible, cela suppose que l'administration coloniale ne fasse pas obstacle aux actions des « investisseurs » de la colonie, comme cela semblait se présenter avec la circulaire du lieutenant-gouverneur Brunot.

---

[215] Lettre du président de la Chambre de commerce au lieutenant-gouverneur par intérim Brunot, Abidjan, le 23 avril 1925, in *BCCCI*, procès-verbal de la séance du 5 avril 1925, pp. 14-16

[215] *Idem*, p. 16.

[216] Lettre du président de la Chambre de commerce au gouverneur général de l'AOF, Abidjan le 23 avril 1925, in *BCCCI*, procès-verbal du 5 avril 1925, p. 25.

Face à cette situation considérée comme dramatique, la Chambre de commerce demanda au gouverneur général de l'AOF d'examiner le problème de la main-d'œuvre avec Maurice Lapalud, le gouverneur titulaire de Côte d'Ivoire, pour que, souligne son président :

Nous sachions tous enfin ici à quoi nous tenir sur les intentions de l'Administration.[217]

Cela signifie en clair que la Chambre de commerce était prête à se rebeller contre l'autorité du lieutenant-gouverneur Brunot si Dakar lui apportait son soutien. Elle le fit d'ailleurs lorsque le président de l'institution reçut de Richard Brunot, lieutenant-gouverneur par intérim, une lettre à la date du 5 mai 1925 en réponse à toutes les accusations de la Chambre de commerce[218].

Pour cet administrateur, les solutions envisagées par les exploitants forestiers devaient être le tirage mécanique des billes. En outre, le recrutement devait se faire par le moyen d'un office de travail et suivant les mesures de préservation envisagées par le ministre des Colonies. Pour lui, toutes ces mesures prises en faveur des indigènes avaient pour but de faire d'eux des hommes heureux et non des bêtes de somme. C'est pourquoi, en conclusion de sa lettre au président de la Chambre de commerce, il soutint ceci :

Mais je tiens à vous dire que je ne changerai rien à ma ligne de conduite, que je ne fournirai pas des hommes de force et qu'à mon retour je signerai l'arrêté nécessité par les mesures de préservation de la main-d'œuvre ordonnées par le Ministre.[219]

Une telle initiative accompagnée de fermeté de la part du gouverneur par intérim de la colonie ne pouvait que heurter les intérêts en présence, qui n'avaient pour seul souci que d'exploiter un territoire au prix des vies humaines. Pour les exploitants forestiers, rien ne devait justifier une entrave à l'utilisation de la main-d'œuvre indigène. Leurs motivations étaient d'abord liées à la perception qu'ils avaient de l'Africain. Ainsi, pour justifier son inclination à avoir

---

217 *Idem*, p. 16.

218 Lettre du lieutenant-gouverneur Brunot au président de la Chambre de commerce, Abidjan, le 5 mai 1925, in *BCCCI*, procès-verbal de la séance du 7 juin 1925, p. 37.

219 Lettre du lieutenant-gouverneur par intérim Brunot au président de la Chambre de commerce, Abidjan, le 5 mai 1925, in *BCCCI*, procès-verbal de la séance du 7 juin 1925, pp. 37-40.

facilement de la main-d'œuvre indigène, l'un des délégués des exploitants forestiers témoigna ceci :

J'ai, sur le territoire d'un chantier, un gros village qui a plus de 100 hommes valides. Plutôt que de travailler chez moi où ils seraient bien traités, où on n'exécute aucun tirage au chariot, ils organisent journellement de vastes chasses. Ils creusent des centaines de mètres de tranchées, dévastent tout par incendie, font des kilomètres à la course et ont en fin de journée un tableau de 10 à 15 rats pesant sensiblement 2 à 3 kilos.[220]

Tous ces propos ont pour but de montrer que l'autochtone n'aimait pas le travail et qu'il utilisait son temps à des choses futiles.

Animés d'une telle mentalité, les exploitants forestiers ne comprenaient pas que Brunot, le lieutenant-gouverneur par intérim, l'un des leurs, puisse agir autrement au sujet des populations locales. Leur colère était grande, d'autant plus que les actes de Brunot semblaient contribuer à ralentir le recrutement de la main-d'œuvre. Selon l'un des délégués des exploitants :

Avant le 25 décembre, j'ai eu jusqu'à 130 hommes sur les chantiers et, au moment où je pensais à intensifier les productions par une augmentation des moyens d'enlèvement et par un recrutement facile [...], tout le travail de persuasion que j'ai fait accomplir est devenu sans objet après le passage du gouverneur à Bouaké. Depuis, l'effectif a continuellement diminué. Je le répète, la crise n'existe pas. Elle est l'œuvre de l'Administration locale.[221]

Mettre en péril ainsi la survie des exploitants forestiers était inacceptable, de surcroît si cela devait provenir du gouverneur. Ce dernier devait au contraire travailler à la conciliation avec des intérêts coloniaux pour aider les forestiers dans leur tâche. Les arguments de M. Brunot paraissaient, de ce fait, très graves et très étranges pour la Chambre de commerce de Côte d'Ivoire. C'est pourquoi à sa séance du 18 mai 1925, bien que le quorum n'ait pas été atteint le matin, elle se réunit de nouveau l'après-midi. L'objet de cet échange était la situation « critique » dans laquelle semblaient se trouver le commerce,

---

[220] Lettre des délégués des exploitants forestiers à Monsieur le Président de la Chambre de commerce, Abidjan, le 4 avril 1925, in *BCCCI*, procès-verbal de la séance du 5 avril 1925, p. 31.

[221] Lettre des délégués des exploitants forestiers au président de la Chambre de commerce, Abidjan, le 4 avril 1925, in *BCCCI,* procès-verbal de la séance du 5 avril 1925, p. 31.

l'industrie et l'agriculture. Cela faisait suite à la politique inaugurée par le lieutenant-gouverneur Brunot, que la Chambre de commerce jugeait néfaste pour les intérêts de la colonie. Au cours de cette séance du 18 mai 1925, la Chambre de commerce adressa un câble au ministre des Colonies et un télégramme au gouverneur général de l'AOF. Dans les deux correspondances, elle déclarait être opposée aux conceptions politiques et économiques du gouverneur Brunot, jugées dangereuses pour la stabilité de l'autorité coloniale. Pour cela, elle insista pour que Lapalud, le gouverneur titulaire, regagne Bingerville sans délai avant que la situation ne s'aggrave[222].

En somme, cette crise entre la Chambre de commerce et le gouverneur par intérim Brunot illustre où pouvaient aller les colons lorsque leurs intérêts étaient en jeu. Sans aucun respect de la hiérarchie, ils alertaient le gouverneur général, le ministre des Colonies au sujet d'un lieutenant-gouverneur auquel ils devaient soumission. Cette situation met aussi en relief la force de pression que représentait la Chambre de commerce de Côte d'Ivoire.

Suite à cette crise, la Chambre de commerce réclamait, au cours de ses différentes séances, de la main-d'œuvre pour les plantations et les exploitations forestières. Pour cela, elle encourageait même que l'on attire en grand nombre les Mossis vers la Basse Côte d'Ivoire. Pour les retenir dans la colonie, elle proposait qu'on les nourrisse bien afin qu'à leur retour en Haute-Volta, ceux-ci fassent une bonne réclame. Par moment, elle s'insurgeait contre le fait que l'entretien des routes consommait de la main-d'œuvre au détriment des travaux agricoles. Elle proposait comme solution à cette situation l'utilisation des camions benne et des rouleaux compresseurs[223]. Ainsi, la Chambre de commerce disputait l'utilisation de la main-d'œuvre à l'administration coloniale. Le sort de l'indigène lui paraissait moins préoccupant. Sa personne, de ce fait, devait être soumise à l'asservissement physique. C'est pourquoi elle suivait avec un intérêt particulier, pendant la période précédant la Seconde Guerre mondiale, les problèmes liés à l'approvisionnement de la main-d'œuvre.

En dehors de ce problème, elle participa activement à trouver des solutions aux problèmes du monde agricole.

---

[222] *BCCCI*, procès-verbal de la séance du 18 mai 1925, pp. 1-2.
[223] *BCCCI*, procès-verbal de la séance du 11 décembre 1927, p. 9.

B- Les solutions de la Chambre de commerce face aux difficultés du monde agricole

Dans les années 1930, la colonie de Côte d'Ivoire connut une grave crise économique. Cette crise a entraîné plusieurs conséquences et suscité diverses réactions. Dans cette atmosphère morose, la Chambre de commerce défendit ses intérêts au détriment des producteurs indigènes. Cependant, elle entreprit des actions pour faciliter les conditions de stockage et d'évacuation des produits agricoles.

1. Les difficultés du monde agricole dans les années 1930 et la réaction de la Chambre de commerce

La crise des années 1930 par ses ramifications a eu un impact sur le monde des commerçants et des agriculteurs. Pour sortir de cette crise, la Chambre de commerce a apporté un appui ferme au programme du gouverneur Reste, qui se voulait un moyen de sortie de crise.

a- L'impact de la crise sur le monde des commerçants

La crise qui a frappé la colonie de Côte d'Ivoire dans les années 1930 était en partie d'origine extérieure. En effet, l'effondrement du marché boursier aux États-Unis en 1929 a entraîné une série de difficultés qui se sont répercutées dans les pays européens, en particulier en France. Cette dernière avait établi déjà un courant d'affaires très important avec la colonie de Côte d'Ivoire grâce à l'économie de traite basée sur l'évacuation des produits de cueillette vers la métropole. Le profit des colons fondé jusque-là sur la fixation des cours à l'extérieur s'est effondré avec l'avènement de cette crise. Ainsi, en décembre 1931, le prix moyen de chaque produit ivoirien oscillait entre 63 et 75 % par rapport à celui de janvier 1930, à Grand-Bassam. Le cacao, les produits du palmier, le bois et le coton étaient en baisse dans tous les centres de traite de la colonie. À Dimbokro par exemple, les palmistes ont perdu 23 % de leur valeur entre le 17 mai et le 17 août 1930, puis 17 % entre septembre et décembre de la même année, soit en tout 40 % en une année[224]. À Bouaké, à Abengourou, à Grand-Lahou ou à Agboville, la situation n'était guère meilleure.

[224] Pierre KIPRÉ, *La Côte d'Ivoire coloniale (1890-1940)*, t. 2, *op. cit.*, p. 207.

Cette crise s'étendit également aux maisons de commerce et aux traitants individuels. Dans la plupart des cas, leurs affaires ne survécurent pas aux effets de cette crise. Certaines grandes maisons de commerce comme la SCOA et la CFAO se réorganisèrent en diminuant le nombre de factoreries et de sous-factoreries. Ainsi, dans le cas de la SCOA, elles passèrent de 24 en 1929 à 16 en 1933. La CFAO n'en posséda que 12 contre 25 en 1929[225], d'autres maisons de commerce moins grandes subirent durement cette crise. Certaines, comme la Nouvelle Compagnie Française de Kong (NCKP), firent faillite. L'effet de cette crise se ressentait sur l'électorat de la Chambre de commerce. Dans cette institution, sur les 437 électeurs de 1928, 23 % furent rayés de la liste entre 1928 et 1931 et 40 % en 1932. La catégorie la plus touchée était celle des petits électeurs de la troisième catégorie, éliminés parce que ne remplissant plus les conditions de la patente[226].

L'autre aspect de la crise fut l'opposition qu'elle entraînait entre les commerçants réunis au sein de la Chambre de commerce et les producteurs indigènes. Ces derniers furent obligés de s'organiser, car ils devaient faire face aux maisons de commerce qui répercutaient à chaque fois les baisses sur les prix d'achat aux producteurs. Par ce procédé, les paysans se trouvaient de plus en plus démunis. La situation était rendue d'autant plus difficile que les planteurs locaux devaient faire face à une coalition de puissantes maisons de commerce comme la CFAO, la CFCI, la SCOA et la CICA. Face à cette situation, le gouverneur de la colonie adressa le 4 septembre 1931 une lettre au président de la Chambre de commerce. Dans celle-ci, il lui relata la correspondance du chef du premier bureau de Grand-Bassam au sujet de l'attitude des maisons de commerce. Dans cette note, le gouverneur souligna que les principales firmes de la Côte d'Ivoire « se sont liguées pour vendre suivant un barème uniforme les marchandises de vente courante ». En outre, ajoute-t-il, certaines maisons de commerce ont congédié des employés indigènes pour n'avoir pas observé cette règle par inadvertance, c'est-à-dire qu'ils ont vendu des marchandises au mépris des décisions de « l'Entente »[227].

---

[225] Pierre KIPRÉ, *Villes de Côte d'Ivoire (1893-1940)*, t. 2 : *Économie et société urbaine*, Abidjan, NEA, 1986, p. 65.

[226] *Idem.*

[227] Lettre du gouverneur par intérim au président de la Chambre de commerce, Bingerville, le 4 septembre 1931, ACCCI : dossier 8.2. Cacao (achat et vente).

Mais la Chambre de commerce de Côte d'Ivoire s'est toujours refusée à reconnaître la réalité de « l'Entente » des grandes maisons de commerce. En effet, dans une correspondance adressée le 3 décembre 1932 au gouverneur de la colonie, probablement face aux graves accusations contre le commerce, le président de la Chambre de commerce répondait ceci :

Je dois ajouter qu'une entente du commerce et j'entends par là une action commune de toutes les maisons sans exception est pratiquement impossible. Le commerce est en effet assez divers à la colonie pour permettre à la concurrence de jouer sans qu'il soit possible à qui que ce soit de la discipliner et de la limiter. Cette concurrence s'ajoute au fait qu'il est impossible de concilier des intérêts diamétralement opposés.[228]

Pourtant, dès 1929, les producteurs africains avaient commencé à sentir les effets de cette « Entente ». Les paysans préférèrent repartir avec les produits à Abengourou, à Agboville et à Aboisso que de vendre à un prix inférieur à celui de 1928. Craignant la mauvaise rentrée d'impôt, l'Administration appuya les plaintes des paysans. Le 20 février 1930, dans la lettre adressée au président de la Chambre de commerce, le gouverneur Lapalud insistait sur les dangers d'une entente trop rigoureuse et d'un prix d'achat trop bas. Le chef de la colonie demanda le relèvement du prix d'achat[229]. Dans la réalité, cet appel était loin d'être entendu par les maisons de commerce, soucieuses de garder leurs profits.

Cette pratique des maisons de commerce fut aussi vivement combattue par les producteurs indigènes. Ceux-ci se sont organisés pour faire face aux maisons de commerce. Dans l'Agnéby, la lutte fut menée par Obodji Soboa, chef Abbey ; à Grand-Lahou, par Aka Lambert, planteur ; et dans l'Indénié, par le roi Boa Kouassi, en 1930. Il faut souligner que toutes ces zones de contestation étaient de grandes localités de production de cacao. Dans le cas spécifique de l'Indénié, dans un rapport daté du 21 août 1930, l'administrateur de cercle Bell faisait savoir qu'une délégation de producteurs de cacao conduite par Boa Kouassi était venue lui signifier le mécontentement

---

[228] Lettre du président par intérim de la Chambre de commerce au lieutenant-gouverneur, Bingerville, le 4 décembre 1932, p. 2, ACCCI : dossier 8.2. Cacao (prix de revient).

[229] Pierre KIPRÉ (dir.), *La Côte d'Ivoire coloniale (1890-1940)*, t. 2, *op. cit.*, p. 208-209.

de tous les planteurs du cercle[230]. Les agissements et les propositions de l'administrateur Bell n'ont pas réussi à étouffer le mécontentement des planteurs de l'Indenié.

Excédé par cette crise qui n'avait que trop duré, le roi Boa Kouassi, avant son départ pour Dakar pour assister au conseil d'administration, donna l'ordre aux indigènes de sa région de cesser la vente de cacao. Jamais un ordre venant de la part de cette autorité royale n'eut une si grande portée. En effet, selon le rapport adressé à la Chambre de commerce par le contrôleur de l'inspection des produits, le 30 novembre 1932, quelques jours après son arrivée à Yakassé, les habitants avaient cessé de vendre leurs produits, obéissant ainsi à l'ordre de leur roi. Mais après l'arrivée de Boa Kouassi, le 6 décembre, les indigènes auraient commencé à vendre leur production[231].

Une telle attitude d'affront venant de la part des indigènes irrita Reboul, le président par intérim de la Chambre de commerce. Ce dernier adressa en novembre 1932 un télégramme au gouverneur de la colonie. Selon lui, les commerçants voulaient signaler ces faits au gouverneur général et le cas échéant, porter plainte en justice pour entrave au jeu de l'offre et de la demande. Le vice-président demanda, de ce fait, l'intervention du gouverneur, car il trouvait inadmissible qu'un chef indigène puisse arrêter la vie économique d'une région[232]. L'attitude des producteurs locaux, qui traduisait un mécontentement face aux pratiques des grandes maisons de commerce, n'amena pas cependant ces derniers à changer. Au contraire, elles persistaient dans cette voie, encouragées par la Chambre de commerce qui refusait de reconnaître la réalité de cette entente des grandes maisons de commerce, aussi bien pour l'achat des produits que pour la vente des marchandises.

Dans l'ensemble, la crise des années 1930 secoua deux mondes : celui des commerçants et celui des producteurs. Si les premiers gagnaient, ils demeurèrent cependant exposés à de gros risques à long terme tant que les problèmes que soulevait la crise n'étaient pas pris

---

[230] Pierre KIPRÉ, *La Côte d'Ivoire coloniale (1890-1940)*, t. 2, *op. cit.*, pp. 208-209.

[231] Inspection des produits, rapport de Amah Fréderic, contrôleur à la Chambre de commerce, Abengourou, le 30 novembre 1932, ACCCI : dossier 8.2. Cacao (prix de revient).

[232] Télégramme du président par intérim de la Chambre de commerce, Reboul, au gouverneur, Abidjan, le 24 novembre 1932, ACCCI : dossier 8.2. Cacao (prix de revient).

en compte. Pour cela, il fallait proposer des approches de solutions pour juguler cette crise économique qui, par ses effets, mettait en péril l'économie tout entière de la colonie.

b. Les solutions préconisées par la Chambre de commerce et son appui au programme du gouverneur Reste

La crise de 1930 mit aussi en lumière les difficultés d'évacuation des produits agricoles et perturbait la stratégie des maisons de commerce en quête de gros profits. C'est pourquoi leur porte-parole, la Chambre de commerce, se faisait l'écho de ce souci par l'intermédiaire du nouveau président de l'institution, Laurent-Jean Lasserre. Celui-ci fut élu président de la Chambre de commerce au cours de la séance du 8 juin 1930[233] en remplacement de Louis Barthe, qui prenait sa retraite. Laurent-Jean Lasserre est né le 29 octobre 1887 en Gironde, en France. Il arrive en Côte d'Ivoire comme agent de factorerie en novembre 1910. En 1914, il est mobilisé dans l'infanterie coloniale. De retour en Côte d'Ivoire en mai 1919, il devint agent général et fonde, avec A. de Tessière, la maison d'A. de Tessière & L. Lasserre. Il était membre de la Chambre de commerce depuis 1922[234].

Succédant à Louis Barthe, qui fut président de cette institution consulaire de 1920 à 1928 et choisi après son départ comme premier président honoraire de la Chambre de commerce de Côte d'Ivoire, Lasserre entama son mandat dans un contexte de crise économique. Au cours de la séance du 15 juin 1930, dans le discours qu'il tint en présence du gouverneur Lapalud, il souhaitait collaborer étroitement avec l'administration locale en écartant a priori toute idée belliqueuse. En d'autres termes, l'Administration et le Commerce devaient travailler de concert. Dans ce contexte de crise, Lasserre reconnaissait l'effort du gouverneur dans la diminution des taxes de circulation sur le cacao, qui passaient de 400 à 250 francs, et l'abaissement des tarifs du wharf de Grand-Bassam. Néanmoins, il estimait que d'autres efforts étaient encore nécessaires. Il souhaitait que l'on s'attaque à la caisse de réserve de la colonie, qui faisait des excédents alors que les fonds de réserve de l'industrie et de commerce étaient à peine

---

233 Élection et installation du bureau de la nouvelle Chambre de commerce le dimanche 8 juin 1930 à son siège, in *BCCCI*, procès-verbal de la séance du 8 juin 1930, p. 12.

234 ACCCI : dossier 11.3, Chambre de commerce : dossiers individuels des membres.

suffisants pour certaines firmes[235]. En outre, avec l'appui du gouverneur local, le nouveau président de la Chambre de commerce souhaitait obtenir du gouverneur général un abaissement des tarifs du chemin de fer dont il juge les excédents trop importants[236].

Face à toutes ces revendications légitimes de la Chambre de commerce, le gouverneur Lapalud, dans son discours, se montra compréhensif mais réservé sur certains points. Au sujet de la caisse de réserve, il en voyait un usage différent de celui que voulait en faire la Chambre de commerce, à savoir, relever financièrement l'industrie et le commerce en pleine faillite. À l'arrivée du gouverneur Lapalud dans la colonie en 1924, la caisse de réserve avait un fonds de 8 millions de francs environ. Au moment où celui-ci s'adressa, le 15 juin 1930, au nouveau bureau de la Chambre de commerce dirigé par Jean Lasserre, il estima la caisse de réserve à 80 millions environ[237].

Il importe de souligner que la caisse de réserve ou fonds de réserve existait dans chaque colonie de l'AOF. Son but était de subvenir aux besoins courants, à l'insuffisance des recettes annuelles et aux dépenses extraordinaires nécessitées par les événements imprévus (tremblement de terre, épidémie, etc.). Le fonds était alimenté par l'excédent des recettes sur les dépenses. La caisse de réserve était à la fois le banquier, le régulateur du budget, le recours et le témoin de la situation financière de la colonie[238]. En plus, la caisse de réserve remplissait le rôle de régulateur du budget dans deux conditions opposées. Si des insuffisances de recettes apparaissaient à un moment donné, un prélèvement sur la caisse de réserve permettait d'y faire face. Ainsi, en 1927 et en 1931, l'Administration préleva 8 068 francs et 8 972 francs sur la caisse de réserve de la colonie pour les verser au budget ordinaire. Si au contraire, à la clôture de l'exercice, il

---

[235] Discours de Laurent Lasserre, président de la Chambre de commerce en présence du gouverneur Lapalud, lors de la séance inaugurale du nouveau bureau le 15 juin 1930, in *BCCCI*, séance du 15 juin 1930, p. 17.

[236] *Idem*, p. 18.

[237] Discours du gouverneur Lapalud lors de la séance inaugurale du nouveau bureau de la Chambre de commerce le 15 juin 1930, in *BCCCI*, séance du 15 juin 1930, p. 20.

[238] Zan SEMI-BI, « La politique coloniale de travaux publics en Côte d'Ivoire (1900-1940) », *op. cit.*, p. 72.

apparaissait un excédent de recettes, celui-ci alimentait ladite caisse[239].

La caisse de réserve était d'un grand recours pour la colonie. On comprend aussi pourquoi, en ces périodes de crises aiguës, la Chambre de commerce demandait son utilisation au profit du commerce et de l'industrie. Mais en ces temps de péril économique, le gouverneur Lapalud voulait en faire un autre usage. Il s'agissait prioritairement d'entreprendre le canal de jonction de la lagune d'Assinie. En effet, n'ayant pu obtenir du gouverneur général le bénéfice du fonds emprunté pour ces travaux, il décida d'avoir recours à la caisse de réserve. En plus de ces travaux, le gouverneur voulait utiliser une partie des fonds de cette caisse pour l'adduction d'eau, l'éclairage électrique, le transfert du gouvernement et du Trésor. Un peu plus tard, il envisageait la construction du tribunal, les logements des magistrats, la prison et les nombreux logements des fonctionnaires du chef-lieu[240]. Un tel programme d'action ne pouvait contenter la Chambre de commerce, qui voyait d'un autre œil l'usage de cette caisse de réserve en ces circonstances difficiles. Dans l'ensemble, le gouverneur Lapalud ne prit pas des initiatives audacieuses, car les projets avancés étaient loin d'être de première urgence par rapport à l'état du commerce et de l'industrie. Mais sous le gouvernorat de Dieudonné Reste, le sort du commerce fut meilleur.

Ce dernier est nommé gouverneur de la Côte d'Ivoire le 30 octobre 1930, en remplacement de son collègue Jules Brevié. C'est avec lui que la Chambre de commerce se fit plus insistante sur les solutions à trouver pour combattre la crise. En effet, au cours de la séance du 12 avril 1931, le président de la Chambre de commerce dépeignit en présence du gouverneur titulaire Reste et de son intérimaire Bourgine, la situation économique de la colonie de façon très sombre. Pour le président Lasserre :

L'heure a sonné de rompre avec des méthodes périmées qui consistent à faire seulement ce qui avait été prévu plusieurs mois à l'avance et surtout, à subordonner tous les actes au souci de ne pas rompre l'équilibre du budget. Il faut mettre de l'argent dans le pays coûte que coûte et agir très vite, car à attendre toujours les planteurs

---

[239] *Idem.*

[240] Discours du gouverneur Lapalud lors de la séance inaugurale du nouveau bureau de la Chambre de commerce le 15 juin 1930, in *BCCCI*, séance du 15 juin 1930, p. 20

européens sont à bout de souffle, les industriels doivent réduire le rendement de leurs usines tout en conservant leur personnel technique, les commerçants voient leur chiffre d'affaires baisser de jour en jour et leurs fonds de roulement disparaître. C'est le glissement rapide vers une situation catastrophique.[241]

Face à la gravité de la crise, la Chambre de commerce exigea l'allègement de la fiscalité et l'utilisation du fonds de réserve. Sur ce dernier point, Lasserre interpella Dieudonné Reste en ces termes :

Vous ne voudriez pas, Monsieur le Gouverneur, vous rendre esclave d'un principe qui acheminerait sûrement le pays vers une anémie plus profonde ; alors que le sang neuf est à votre disposition sous la forme des millions de caisse de réserve. Rendre au pays ce qu'il a donné et au moment où il en a le plus besoin serait un acte sage et de bonne administration.[242]

Comme solution à cette situation catastrophique, Lasserre préconisait que le principe de l'équilibre du budget cède le pas aux nécessités économiques. En effet, par le prétexte d'équilibre, il constatait que l'on cherchait à réduire et à limiter les grands travaux qui avaient un caractère productif. Pour la Chambre de commerce, il s'agit avant tout de se soucier des moyens d'évacuation des produits agricoles en améliorant les routes, les ponts, le chemin de fer et les conditions d'exploitation du wharf, qui étaient dans un état de délabrement. Mais la crise a rendu leur entretien et leur réalisation plus difficiles, faute de ressources. Les gouverneurs présents aux séances de la Chambre de commerce en dépit de leurs propos rassurants n'ont pu apaiser les attentes des commerçants à ces périodes difficiles.

Cependant, de tous les gouverneurs ayant assisté aux séances de la Chambre de commerce au moment de la crise, le gouverneur Dieudonné François Reste fut le plus attentif et se voulait l'homme d'action face aux différentes doléances. Ainsi, au cours de la séance du 12 avril 1931, il traça devant l'assemblée des commerçants les grands axes de sa politique. Pour lui :

La crise que traverse le monde entier et qui a affecté si durement le marché des matières premières a ouvert bien des yeux [...].

---

[241] *BCCCI*, procès-verbal du 28 avril 1931, p. 16.

[242] Discours du président Lasserre en présence de M. Reste, gouverneur titulaire et M. Bourgine, gouverneur intérimaire, lors de la séance du 12 avril 1931 à son siège, in *BCCCI*, procès-verbal de la séance du 12 avril 1931, p. 16.

Notre devoir est d'apporter à la métropole des matières premières de plus en plus abondantes et des denrées de consommation dont elle a besoin (café, cacao, bananes). Loin de restreindre la production, la crise actuelle nous commande, au contraire, de l'accroître le plus possible. Nous sommes pleinement d'accord sur ce point, M. le Président [Chambre de commerce].

La baisse des prix doit être compensée par un apport sans cesse accru des produits.

C'est une vérité essentielle.

La crise que nous subissons n'est pas une crise de surproduction, c'est une crise de réajustement des prix. Pour atténuer les effets, nous devons produire de plus en plus, notamment en ce qui concerne le cacao, le café, les palmistes, l'huile de palme, le riz.[243]

Après ce constat qu'il fit de la crise, le gouverneur Reste, devant les membres du bureau de la Chambre de commerce, se proposa de s'attaquer à deux problèmes fondamentaux. Il s'agissait du problème de la production et celui de la circulation des produits[244]. Mais pour atteindre un tel objectif, l'Administration avait sa partition à jouer. En effet, pour le gouverneur Reste, l'administration coloniale ne travaillait pas pour un idéal abstrait, mais pour des buts précis et tangibles. Aussi, dans la vision de Reste, l'Administration devait-elle jouer un rôle d'arbitre, donner de l'impulsion à toutes les activités, fournir la sécurité du travail et enfin, pousser les commerçants, les colons et même les indigènes à s'enrichir[245].

Le programme d'actions du gouverneur Reste, qui se voulait aussi celui de la Chambre de commerce, embrassait plusieurs domaines. Il envisageait une production plus considérable et plus rationnelle. En outre, il préconisait l'amélioration des cultures et des méthodes culturales, l'extension et la mise en état du réseau routier, l'extension du bassin économique de chacun des ports et une exportation plus considérable des produits[246]. Mais dans tout ce vaste programme, le

[243] Discours du gouverneur Reste devant le bureau de la Chambre de commerce en réponse au président Lasserre le 12 avril 1931, in *BCCCI*, procès-verbal de la séance du 12 avril 1931, p. 17

[244] *Idem.*, p. 17.

[245] *Idem.*

[246] À ces éléments, il faut ajouter l'amélioration des communications entre les divers centres de la colonie et des colonies voisines, extension du réseau ferroviaire (ligne de l'Agnéby, ligne de Sassandra), la création d'un service de l'hydraulique agricole, le développement des services de l'assistance médicale

premier devoir que le gouverneur Reste imposa à tout le monde fut l'augmentation de la production. Devant le bureau de la Chambre de commerce, il s'attachait à citer le cacao, dont certaines prévisions pessimistes tendaient à décourager la production :

Pour le cacao, je vous mets en garde contre certaines opinions qui se font jour. On dit que la consommation du cacao a atteint son maximum. Qu'en sait-on ? Interrogeons les statistiques. Nous constatons (sans aucun doute possible) une consommation sans cesse croissante. Voulez-vous des chiffres ?[247]

Devant les membres du bureau de la Chambre de commerce, le gouverneur Reste entrevoyait pour la colonie de Côte d'Ivoire un territoire prospère. Il se montra résolu à appliquer son programme d'action. Se sentant lié au sort des intérêts coloniaux, le gouverneur Reste rassura ces derniers sur certains grands projets que la Chambre de commerce n'osait évoquer en ces moments de crise. Ainsi, promit le gouverneur Reste :

Il faut d'abord que nous ayons un grand port (ce port se fera). Soyez sans crainte. Les crédits sont votés, les études sont sur le point de s'achever, et d'ici 7 à 8 ans, la sirène des paquebots fera retentir les échos d'Abidjan et sera pour la Côte d'Ivoire le point de départ d'une ère de prospérité nouvelle.

Il faut aussi que la Côte d'Ivoire ait une capitale digne d'elle. Déjà, Abidjan prend figure de grande ville. D'ici quelques années ce sera une cité magnifique. Loin de restreindre les travaux, je les pousserai le plus rapidement possible.[248]

Ces promesses du gouverneur Reste ne furent pas suivies d'effet immédiat, car quelques mois après son discours, il quitta son poste pour y revenir le 28 décembre 1932. C'est avec une vive satisfaction et beaucoup d'émotion que le bureau de la Chambre de commerce retrouvait le gouverneur Reste à sa séance du 22 janvier 1933. L'arrivée de cet homme d'action fut l'occasion pour le président Lasserre de l'interpeller au sujet des problèmes urgents de l'heure. En

---

indigène, le développement de l'enseignement primaire et surtout de l'enseignement professionnel, in *BCCCI*, procès-verbal de la séance du 12 avril 1931 p. 18.

[247] *Idem.*

[248] Discours du gouverneur Reste devant le bureau de la Chambre de commerce lors de la séance du 12 avril 1931, in *BCCCI*, procès-verbal de la séance du 12 avril 1931, p. 19.

effet, le souhait de la délégation de la Côte d'Ivoire au dernier Conseil de gouvernement de l'AOF à Dakar, et les insistances des assemblées consulaires de la Côte d'Ivoire auprès du gouverneur général Brevié lors de son passage dans la colonie, n'ont pu infléchir ce dernier sur la nécessité d'utiliser des crédits sur fond d'emprunt pour développer l'outillage économique, notamment l'aménagement du réseau routier[249]. Plus grave encore, sur le fonds d'emprunt, rien n'avait été accordé à la Côte d'Ivoire et la date du début des travaux du creusement du port en eau profonde à Abidjan était seulement prévue pour 1936.

En dehors de ces problèmes, le président de la Chambre de commerce était peiné de faire savoir au gouverneur Reste que la question si importante de l'adduction d'eau à Abidjan avait été ajournée. La conséquence de tous ces blocages était la réduction des activités des entreprises et des usines. C'est pourquoi Laurent Lasserre interpella le gouverneur Reste en ces termes :

Il nous faudrait donc déployer toute votre influence et toute votre autorité pour que notre colonie ne soit plus longtemps la grande sacrifiée par les autres de la Fédération ; car partout ailleurs les travaux d'emprunts sont commencés.[250]

Face à ces craintes, le gouverneur Reste apporta son appui au Commerce, car dans sa philosophie, l'Administration devait pousser les commerçants, les colons et les indigènes à s'enrichir. Dans sa réponse au bureau de la Chambre de commerce, le gouverneur Reste se montra pragmatique. À la séance du 22 janvier 1933, il donna quelques détails sur les dispositions qu'il avait déjà prises et les moyens financiers qui permettraient l'exécution de certains travaux de première urgence. Au sujet des routes, le gouverneur Reste donna l'assurance que la route Abidjan–Adzopé serait terminée au cours de l'année 1933. En outre, la largeur du pont sur le Mafou, qui n'était que de trois mètres, serait portée à six mètres, tout comme la largeur de la route. Quant au tracé de la route Sassandra–Gagnoa, Reste promit son amélioration ainsi que la mise en état du tronçon conduisant à Soubré[251]. L'action du gouverneur Reste se portait aussi sur les ponts. Il entendit mettre à l'étude des ponts permettant de franchir le

---

[249] *BCCCI*, procès-verbal de la séance du 22 janvier 1933, p. 2.
[250] *BCCCI*, procès-verbal de la séance du 22 janvier 1933, p. 2.
[251] *Idem*.

Bandama du côté de Tiassalé et le N'Zi du côté de Dimbokro[252]. Pour ce faire, le gouverneur avait à cœur de faire démarrer immédiatement l'édification d'un deuxième magasin d'exploitation à Abidjan pour le service maritime[253].

Toutes ces actions à entreprendre dans l'immédiat donnaient satisfaction à la Chambre de commerce, qui ne demandait pas mieux. Mais ces travaux demandaient d'énormes financements. Sur ce point, le gouverneur Reste se montra très rassurant. Pour les effectuer, il envisageait trouver les fonds dans un réaménagement des crédits prévus dans le budget. Il s'agissait notamment de la somme de 1 500 000 francs, qui était prévue pour le paiement de charpentes métalliques à l'ancienne Haute-Volta. Le gouverneur Reste comptait réduire cette dépense à 200 000 francs et régler le reste en huit annuités. Également dans le cadre de ces travaux, le gouverneur comptait faire un prélèvement de 1 500 000 francs dans la caisse de réserve de la colonie[254].

Sur d'autres aspects des inquiétudes de la Chambre de commerce, le gouverneur Reste apporta des assurances. En ce qui concerne les travaux du port en eau profonde, il envisageait de faire « des démarches très pressantes pour que des travaux soient commencés dans les délais les plus courts ». Pour l'adduction d'eau à Abidjan pour laquelle la Chambre de commerce n'avait pu obtenir satisfaction, Reste comptait la réaliser en faisant appel à l'industrie privée[255].

De façon générale, à l'égard des souhaits de la Chambre de commerce, le gouverneur Reste se montra pragmatique. Tout au long de son gouvernorat, la compagnie ne fut pas déçue de sa collaboration. Au contraire, elle obtint satisfaction sur de nombreux points. Ainsi, lors de l'élection du nouveau bureau de la Chambre de commerce, le 3 juin 1934, qui a vu de nouveau l'élection à l'unanimité de Jean Laurent Lasserre, candidat unique au poste de président, le vice-président de cette institution Reboul disait du gouverneur Reste :

L'homme qui par son inlassable activité, sa grande compréhension des besoins de la colonie (...) sut galvaniser toutes les énergies, rendre confiance à tous et même pousser au développement des

---

252 *BCCCI*, procès-verbal de la séance du 22 janvier 1933, pp. 4-5.

253 *Idem*, p. 5.

254 *Idem*.

255 *Idem*.

oléagineux, augmenter la semence des arachides, lancer la culture de la banane.[256]

Un hommage au gouverneur Reste ne fut que mérité. En effet, la politique du gouverneur Reste ainsi que l'action du délégué de la colonie, Delmont, fortement appuyées par l'Union coloniale, ont donné au premier mandat de Lasserre, de 1930 à 1934, un bilan élogieux. Certains points essentiels ont été obtenus. Il s'agit de la réduction du taux d'intérêts des traites de douane, l'augmentation du matériel roulant du chemin de fer Abidjan–Niger, le contingentement du cacao et la suppression des droits de sortie sur les oléagineux. À cette liste, il faut ajouter la réduction des taxes de circulation sur le cacao, le palmiste, le caoutchouc, la glu et la réduction des tarifs du wharf sur les oléagineux[257].

Ce bilan positif sous le gouvernorat de Reste conduisit la Chambre de commerce à rendre un hommage solennel à cet homme d'action à la Maison du combattant, le 28 avril 1935, avant son départ définitif de la colonie. Dans son discours, Lasserre affirma ceci à l'endroit de Reste :

Nous nous sommes rassemblés nombreux autour de vous pour que vous emportiez l'impression bien nette que vous avez acquis des droits à notre reconnaissance et conquis notre estime.[258]

Cet acte de reconnaissance se traduisit par le don d'un objet d'art en ivoire offert par la Chambre de commerce au gouverneur Reste en hommage à l'œuvre accomplie et pour les services rendus à tous[259]. Avant le gouverneur Reste, et même après lui, aucun gouverneur ne reçut autant d'estime et de considération de la part de cette organisation consulaire, souvent en conflit avec les gouverneurs. Mais le cas du gouverneur Reste est un exemple exceptionnel. Il fut un homme d'action au service des intérêts coloniaux. Sa politique porta ses fruits dans la mesure où elle contribua à faire sortir la colonie de Côte d'Ivoire d'une crise vécue difficilement par les milieux coloniaux.

---

256 *BCCCI*, procès-verbal de la séance du 3 juin 1934, p. 22.

257 *Idem*.

258 Discours de M. Lasserre, président de la Chambre de commerce lors de la réception du gouverneur Reste le 28 avril 1935 à la Maison du combattant, in *BCCCI*, procès-verbal de la séance du 28 avril 1935, p. 32.

259 *Idem*, p. 10.

Les premiers signes de cette reprise sont davantage manifestes à partir de 1936. On note une augmentation du capital social des entreprises, ce qui traduit l'intérêt des milieux d'affaires, en particulier des détenteurs des capitaux privés, pour la colonie. Ainsi, 54 % des sociétés en 1936 (contre 45 % en 1934) et 58 % en 1938 avaient plus d'un million de capital social. Ces nouveaux investissements s'orientaient massivement dans les activités agricoles et forestières, puisqu'en 1935, et surtout en 1936, 60 % des entreprises immatriculées s'occupaient de ce secteur, 26 % étaient dans le commerce, et 6 % dans le transport et le transit[260].

Cette crise a mis à nu les faiblesses de l'exploitation coloniale parce que beaucoup d'entreprises et de producteurs ont fait faillite. L'Administration, en accord avec la Chambre de commerce, avait tenté tant bien que mal de faire sortir la colonie de cette impasse. La détermination du gouverneur Reste, avec un programme d'action hardi, soutenu par la Chambre de commerce, a contribué aussi au relèvement du commerce, de l'industrie et de l'agriculture. Dans la consolidation de ses actions, la Chambre de commerce va prendre d'autres initiatives pour créer des lieux de stockage et favoriser un meilleur conditionnement des produits.

2. La création de magasins et d'usines de conditionnement des produits

Dans le cadre de ses fonctions administratives, la Chambre de commerce fut appelée à prendre des initiatives dans l'intérêt du commerce. Elle pouvait par exemple créer des magasins, des entrepôts et exploiter des immeubles. Dans ses premiers moments, l'institution n'avait pas les moyens de ses ambitions. Elle avait le souci constant de veiller à la qualité des produits que ses membres exportaient. Le premier pas fut franchi avec la création de l'inspection des produits en 1924, qui avait à charge le contrôle du cacao, de l'huile de palme et du palmiste. Les bons résultats de ce service amenaient la Chambre de commerce à s'intéresser à d'autres produits afin de donner un avis éclairé à l'administration coloniale. Ainsi, dans un projet relatif au conditionnement de l'arachide, au cours de sa séance du 11 février 1934, elle émit un avis favorable pour que ce service soit assuré par les agents qu'elle agrée.

---

260 Pierre KIPRÉ, *Villes de Côte d'Ivoire (1893-1940)*, t. 2, *op. cit.*, p. 64.

L'action de la Chambre de commerce se fit plus originale au sujet de la banane et du café. Ces deux produits n'étaient pas inscrits au début dans les compétences du Service de l'inspection des produits. En effet, ces produits étaient des cultures marginales à cause de leur faible production et du peu d'engouement des producteurs. Le cas du café s'explique en partie pour des raisons pédologiques. Il était exporté moins de 20 tonnes en 1920. C'est sous la pression du gouverneur Reste et avec ses mesures incitatives des années 1931 et 1932 que l'on a réussi à exporter en 1932 près de 1 328 tonnes. À la veille de la Seconde Guerre mondiale, l'exportation passa à 18 000 tonnes, concurrençant de près le cacao[261].

Quant à la banane, elle constituait une nouvelle culture d'exportation pendant l'entre-deux-guerres. En 1930, la production était de moins de deux tonnes[262]. En dépit de sa faible proportion dans les cultures d'exportation, la Chambre de commerce portait un regard attentif sur ce produit. C'était une culture d'avenir. À ce sujet, le gouverneur Reste avait attiré l'attention du bureau de la Chambre de commerce au cours de sa séance du 22 janvier 1933 sur le fait que s'engager dans l'établissement de bananeraie ne pouvait présenter de risques majeurs. En effet, il constatait qu'au cours de l'année 1932, la France avait consommé 220 000 tonnes de bananes. Elle n'a reçu de ses colonies que 20 000 tonnes[263]. Tous ces chiffres montrent que l'effort des colonies françaises devait être plus soutenu si elles voulaient se réserver le marché de la métropole, accaparé par d'autres colonies non françaises.

Dans sa politique d'incitation à la production, le gouverneur Reste entendait développer la culture de la banane. À sa demande, on fit venir M. Nical, directeur général des Chargeurs Réunis, pour examiner principalement la question du transport des bananes[264]. Dans la colonie, bien que la production de banane fût faible, il existait déjà un comité de la banane, qui se réunissait régulièrement dans les locaux de la Chambre de commerce. Au cours d'une réunion tenue le 9 juin 1933 à la Chambre de commerce, le Comité de la banane, à l'unanimité de ses membres, prit des décisions importantes. Il s'agissait de la création à Abidjan d'un magasin unique de

---

[261] Pierre KIPRÉ, *La Côte d'Ivoire coloniale (1890-1940)*, t. 2, *op. cit.*, p. 179.
[262] *Idem*, p. 182.
[263] *BCCCI*, procès-verbal de la séance du 22 janvier 1933, p. 27.
[264] *BCCCI*, procès-verbal de la séance du 22 janvier 1933, p. 27.

conditionnement, d'emballage et d'exportation de bananes. Le Comité confia le monopole du conditionnement à la Chambre de commerce. Elle devait édifier les installations nécessaires pour l'emballage et l'exportation par Port-Bouët. En outre, la Chambre de commerce pouvait avoir aussi des installations annexes dans les autres centres de production et d'exportation[265]. Ces décisions du Comité de bananes furent appuyées par l'administration coloniale qui, par une convention, accordait à la Chambre de commerce le conditionnement et l'emballage en vue de l'exportation[266]. Elle mit d'ailleurs à exécution ce projet, puisqu'elle construisit un hangar à Agboville, zone de culture intensive de la banane, pour l'emmagasinage et le chargement des bananes.

En dehors de la banane, la Chambre consulaire porta une attention particulière sur le café. Cette culture, en pleine progression à l'ouest, au centre-ouest et au sud, commençait à poser des problèmes au niveau de l'exportation. La médiocrité gagnait de plus en plus de terrain. C'est pourquoi, le 24 février 1935, en accord avec le gouverneur de la colonie, la Chambre de commerce décida d'empêcher l'exportation de tout café qui pouvait déprécier la qualité « Côte d'Ivoire » sur les marchés métropolitains[267]. Face à l'état lamentable du café, le président Lasserre revint à la charge. En effet, la situation était rendue grave à cause du mélange de genres de café (indenié et robusta). Ce manquement à la qualité incita le président de la Chambre de commerce à proposer la surveillance, de façon particulière, de l'exportation du café indenié[268]. Une telle solution ne pouvait être que provisoire. C'est pourquoi Lasserre proposa comme solution le conditionnement mécanique. Il s'agissait de faire usage de séchoirs mécaniques, de polisseuses et de trieuses par densité[269].

L'assemblée de la Chambre de commerce approuva ces idées. Un an plus tard, la Chambre de commerce chercha à les exécuter. Elle envisageait, en 1936, la création d'une usine pour reconditionner le café. Une telle initiative pouvait paraître « révolutionnaire » dans un contexte où la métropole n'incitait pas à la création d'usines dans la colonie, pour ne pas la concurrencer. Mais la volonté de ne pas réduire la qualité des produits exportés ne fit pas reculer la Chambre de

---

265 *BCCCI*, procès-verbal de la séance du 11 juin 1933, p. 27.
266 *BCCCI*, procès-verbal de la séance du 27 août 1933, p. 4.
267 *BCCCI*, procès-verbal de la séance du 24 février 1935, p. 5.
268 *BCCCI*, procès-verbal de la séance du 21 août 1935, p. 8.
269 *Idem*, p. 27

commerce, qui se donna d'ailleurs les moyens de ses ambitions. Dans le plan de la Chambre de commerce, cette usine devait fournir 1 000 tonnes de café indénié et liberia, et 1 000 tonnes de café robusta-kouilou par an. Les machines utilisées devaient pouvoir, avec ventilation, éliminer la poussière et les grains détruits par les insectes. En outre, ces machines devaient non seulement faire le triage des grains noirs, mais favoriser aussi le classement du café par grosseur et par longueur[270]. Une autre condition, non la moindre, était que les matériaux et les machines à utiliser devaient être de fabrication française. Ils devaient aussi avoir voyagé sous pavillon français.

C'est sous réserve de l'exécution de ces conditions que les travaux de construction des installations mécaniques pour le reconditionnement du café à Abidjan furent mis en adjudication, en 1936. La commission nommée par le gouverneur pour apprécier la validité des candidatures avait pour président Code, chef du Service de l'agriculture. Comme membres, il y avait Prunet, ingénieur des travaux publics, Tellier, directeur de la Société de plantation d'Elima, et Vrezil, de l'inspection des produits du cru[271]. C'est le 31 août 1936 qu'eut lieu, à la Chambre de commerce, l'ouverture des plis de l'adjudication pour l'installation de l'usine de café. Suite au dépouillement des plis, quatre maisons de commerce furent admises à concourir. Il s'agit des maisons Charles Perinaud, CCGAF, CFAO et CCA. Au cours de la séance de la Chambre de commerce du 31 août 1936, le projet des établissements Charles Perinaud fut accepté.

Cet établissement s'était proposé de mettre en place une usine capable de traiter 2 000 tonnes de café en 5 mois, c'est-à-dire pendant tout le temps de la récolte. Dans son projet, il prévoyait le traitement de 500 tonnes de café liberia, 500 tonnes de café indénié et 1 000 tonnes de café robusta-kouilou[272]. Les machines à utiliser à cette fin seraient construites par les établissements Billoud et Durand. Sur le plan technique, les machines se présentent de façon suivante : un

---

270 Mise au concours des travaux de construction et des installations mécaniques pour le conditionnement du café, 1936, *ACCCI*, dossier 11.7, centre de reconditionnement (concours pour l'installation d'une usine).

271 Composition de la commission chargée par le gouverneur pour juger de la candidature à l'installation de l'usine de café, Abidjan, 1936, *ACCCI*, dossier 11.7, centre de conditionnement.

272 Procès-verbal de l'ouverture des plis de l'adjudication du 31 août 1936 à la Chambre de commerce, *ACCCI*, dossier 11.7, centre de conditionnement.

densi-tireur-cribleur, une table de triage à toile sans fin pour 6 manœuvres, un élévateur de café alimentant le tireur-diviseur à alvéole à double effet[273].

Avec un tel projet, la Chambre de commerce innovait. Sans compter sur le budget de la colonie, elle prit en charge les frais d'installation de l'usine. Ce fut ce même engagement qu'elle manifesta en ce qui concerne la culture du coton. Elle soutint ce secteur en recherchant un rendement meilleur. Ainsi, elle créa et géra la première usine cotonnière de Bouaké. Plus tard, elle assura aussi la marche de celle de Korhogo. Ce même acharnement fut adopté par la Chambre de commerce pour les autres produits que l'on pouvait juger de faible poids comme le kapock, le sisal, le piment et autres. Elle veillait à ce qu'ils fussent de qualité meilleure. Ainsi, en construisant des magasins et une usine, la Chambre de commerce traduisait ainsi dans les actes l'une de ses fonctions administratives. Tous ces faits ne firent que renforcer son poids dans la vie de la colonie. En outre, les membres de la Chambre de commerce, connaissant mieux la réalité de la situation économique de la colonie, réussissaient à imposer leurs points de vue au gouverneur de la colonie. Dans le domaine des échanges et des infrastructures, par leur dynamisme, elle apporta aussi des changements.

---

[273] Lettre des Établissements Ch. Perinaud aux membres de la commission de concours, Abidjan, 1936, *ACCCI*, dossier 11.7, centre de conditionnement.

CHAPITRE II

L'IMPULSION DE LA CHAMBRE DE COMMERCE DANS LA VIE COMMERCIALE ET L'AMÉLIORATION DES INFRASTRUCTURES

Pendant l'entre-deux-guerres, plusieurs défis se sont posés à l'administration coloniale face aux exigences des intérêts coloniaux. Si l'administration coloniale se montrait, dans une certaine mesure, incapable d'être à la hauteur de son rôle, la Chambre de commerce, quant à elle, se montrait très entreprenante. Elle agissait soit pour régenter la vie économique de la colonie, soit pour prendre des initiatives audacieuses afin qu'il y ait de réelles innovations en matière d'infrastructures. Dans tous les cas, la Chambre de commerce de Côte d'Ivoire veillait au bon ordre dans la vie économique de la colonie.

I- LE « GENDARME » DE LA VIE ÉCONOMIQUE

Dans un contexte colonial où le poids du commerce était déterminant, la Chambre de commerce se montrait attentive et exigeante dans la défense de ses intérêts. Elle donnait très souvent ses ordres pour réguler la vie économique. Elle avait le souci de protéger le commerce local.

A- Protéger le commerce local

Pendant l'entre-deux-guerres, la Chambre de commerce fut très entreprenante. Elle se présentait comme le porte-parole incontournable des intérêts locaux. Toute position qui s'écartait de ses directives était vivement combattue. Certains intérêts économiques firent les frais de cette situation.

1- L'hostilité de la Chambre de commerce à tout groupement économique concurrent

L'arrêté de décembre 1908 créant la Chambre de commerce de Côte d'Ivoire et les autres modifications qui ont été ajoutées plus tard conféraient à cette institution une série d'attributions qui faisaient d'elle une partenaire incontournable de la vie économique de la colonie. Vu son importance et sa position dans la colonie, elle se donnait le droit de s'opposer à toute pratique économique qui semblait contraire à l'intérêt de ses membres, même si cela devait contrarier d'autres intérêts économiques. Ainsi, pendant l'entre-deux-guerres, la Chambre de commerce s'est souvent opposée à certains groupes qui, pour des raisons économiques, ont voulu changer de site pour un autre, faisant ainsi perdre des privilèges à d'autres maisons de commerce. Soutenue en cela par l'administration coloniale, la Chambre de commerce a réussi à mettre ses établissements au pas. C'est dans ce cadre que des établissements comme Bata, fabricant de chaussures, firent les frais de cette situation.

En 1938, cet établissement adressa une requête au gouverneur local pour installer une succursale à Bobo-Dioulasso. Mais pour la Chambre de commerce, une dérogation à la loi sur la protection de la chaussure ne saurait être donnée à BATA[274]. À cause du refus de cette compagnie, l'initiative de cette entreprise fut freinée. En agissant ainsi, la Chambre de commerce mettait en lumière sa capacité à bloquer l'action de certains intérêts économiques quand ces derniers ne bénéficiaient pas de son appui. L'Administration, au mépris de l'intérêt de ces établissements, ne faisait rien. Elle subissait au contraire le diktat de la Chambre de commerce. Une telle attitude passive a également empêché, en 1939, le transfert de l'usine ACC de Séguéla à Kourou-Kourouga parce que, pour la Chambre de commerce, cela portait atteinte aux profits de ses membres. En effet, comme motifs du refus de ce transfert, les commerçants évoquaient l'obligation de créer de nouveaux magasins, l'augmentation des frais, la difficulté de surveiller les camions et une organisation coûteuse[275].

Cette même attitude de la Chambre de commerce se manifesta dans d'autres domaines. Elle refusait d'avoir en face d'elle d'autres groupements économiques qui tendraient à jouer le même rôle que le

---

[274] *BCCCI*, procès-verbal de la séance du 6 novembre 1938, p. 20.
[275] *BCCCI*, procès-verbal de la séance du 2 avril 1939, p. 16.

sien. Ainsi, au cours de sa séance du 5 juin 1938, elle a rejeté un projet de décret tendant à instituer des groupements locaux de producteurs qui, réunis en fédération, seraient chargés de renseigner les acheteurs éventuels sur les différents produits[276]. En outre, pour la Chambre de commerce, le fait que les syndicats, l'Union coloniale et les instituts coloniaux faisaient leur preuve pour l'écoulement des produits coloniaux, elle ne saurait accepter d'autres concurrents.

La méfiance de la Chambre de commerce s'explique aussi par la crainte de voir ces institutions se substituer à elle. C'est pourquoi elle a toujours vu d'un mauvais œil l'institution des Sociétés Indigènes de Prévoyance (SIP). Les SIP ont été créées en AOF par le décret du 29 juin 1910. Mais dans le cas de la Côte d'Ivoire, le texte qui organisait les SIP de la colonie est l'arrêté du 12 juillet 1926. Si la première SIP est créée à Dabou, le mouvement prendra son essor à partir des débuts de l'année 1930. L'objectif des SIP est de permettre à ses membres de conjuguer leurs efforts et leurs moyens en vue de l'amélioration de la production agricole et l'achat des produits nécessaires aux exploitations agricoles. Les SIP s'intéressaient également à la production, à la transformation, à la conservation des produits, à la construction des bâtiments et des magasins agricoles[277]. Ce champ d'activités des SIP n'est pas exhaustif, mais il traduit l'étendue des pouvoirs de ces institutions.

D'autres décrets viendront élargir les attributions des SIP, notamment celui du 9 novembre 1933 sur les SIP en AOF. Ce décret suscita une vive réaction des chambres de commerce du Sénégal. Ce combat eut son prolongement en Côte d'Ivoire car il fut soutenu par la Chambre de commerce de la colonie. Il importe de souligner que l'une des innovations que ce décret du 9 novembre 1933 apportait aux Sociétés Indigènes de Prévoyance est le fait que grâce à son article 2, les SIP pouvaient organiser la vente des produits de leurs adhérents. Pour les présidents et les délégués des chambres de commerce du Sénégal, réunis à Dakar en novembre 1933, l'application de ce texte « aboutirait sûrement et simplement à la disparition du commerce tant de détail que de gros »[278]. Pour la Chambre de commerce de Rufisque,

---

[276] *BCCCI*, procès-verbal de la séance du 5 juin 1938, pp. 60-61.

[277] René-Pierre ANOUMA, « Les Sociétés indigènes de prévoyance, la caisse centrale de crédit agricole mutuel : organisation, fonctionnement et rôle en Côte d'Ivoire jusqu'à la veille de la Deuxième Guerre mondiale », in *Annales de l'Université d'Abidjan*, série I (Histoire), tome 5, 1975, p. 36.

[278] *BCCCI*, procès-verbal de la séance du 15 février 1934, p. 5.

si les SIP peuvent organiser la vente de produits, en particulier le mil, elle s'interrogeait dans ces conditions sur le rôle du commerce[279].

L'autre écueil de ce décret du 9 novembre 1933 concernait l'article 9. Il stipule que : « les immeubles privés nécessaires au fonctionnement des Sociétés Indigènes de Prévoyance et qui n'auront pas pu être acquis pourront être expropriés »[280]. Cet article fut interprété comme un abus dans la mesure où les SIP pouvaient recourir à des expropriations alors qu'elles n'étaient pas des organismes administratifs. Pour les chambres de commerce du Sénégal, si les dispositions de cet article et surtout celles relatives au droit accordé aux SIP d'organiser la vente des produits de leurs adhérents ne sont pas abrogées, cela représenterait des dangers pour le commerce[281]. Pour cela, ces compagnies exigeaient que les SIP se limitent à leur rôle antérieur. Quant à la Chambre de commerce de Côte d'Ivoire, alertée du péril que pouvait susciter l'application du décret du 9 novembre 1933, elle se montra solidaire des inquiétudes et des vœux émis par les chambres de commerce du Sénégal. Elle chargea même l'un de ses membres, L. Chavanel, de porter la question devant le Conseil de gouvernement de l'AOF[282].

Dans l'ensemble, par sa réaction, la Chambre de commerce de Côte d'Ivoire entendait s'opposer à tout ce qui pouvait mettre en danger les intérêts économiques de ses membres. Si elle a toujours le souci de sauvegarder la liberté du commerce, elle acceptait néanmoins difficilement de se voir contrarier, dans la mesure où son rôle visait avant tout à sauvegarder l'intérêt général. C'est pourquoi certaines entreprises coloniales, des groupements économiques et même plus tard des communautés, firent les frais de cette hégémonie. Sur ce dernier point, on peut citer l'exemple de la communauté syro-libanaise, contre laquelle la Chambre de commerce a suscité l'hostilité de l'administration coloniale.

2- Les tentatives de réduction du rôle économique des Syro-Libanais

Dans le milieu colonial ivoirien, les noms « libanais », « syraks », « levantins » et « asiatiques » sont des expressions attribuées aux

---

[279] *Idem*.
[280] *Idem*, p. 6.
[281] *Ibid.*, p. 6.
[282] *Ibid.*, pp. 6-7.

Libanais et aux Syriens. En très faible nombre, la présence des Libanais et Syriens en Côte d'Ivoire peut être liée au succès de leurs compatriotes en Guinée et au Sénégal. En effet, ces pays avaient accueilli un grand nombre d'immigrants[283]. La société coloniale française voyait d'un mauvais œil ces Syro-Libanais. Ils furent l'objet d'actes et de propos racistes. Traités de « hordes de parasites », d'« envahisseurs », d'« accapareurs », ces Asiatiques étaient toujours considérés comme un danger et une menace par les Français de toute condition sociale, malgré leur faible nombre.

Jusqu'en 1939, le nombre des Syro-Libanais s'élevait à 678. Leur implantation véritable dans la colonie commence dès les années 1920. De deux Libanais en 1921, leur nombre passe successivement à 20 en 1923 et de 71 à 83 entre 1926 et 1929[284]. En dépit de leur nombre relativement faible par rapport à la communauté européenne, notamment française, ils ont réussi à s'intégrer facilement dans la vie économique de la colonie. Ces Syro-Libanais sont en majorité des commerçants. S'approvisionnant auprès des grandes compagnies européennes telles la CFAO, la SCOA, l'Africaine française et d'autres maisons de commerce, les commerçants syro-libanais sont des sous-détaillants. C'est par leur biais que les indigènes sont très souvent approvisionnés en marchandises.

L'autre force des Syro-Libanais, c'est qu'ils sont les intermédiaires entre les paysans ivoiriens et les grandes compagnies européennes. Ils revendaient à celles-ci les produits d'exportation tels que le café, le cacao et la cola, qu'ils achetaient aux paysans. Les maisons de commerce préféraient d'ailleurs s'attacher leurs services. Souvent, pour réserver les produits auprès des paysans, ils s'acquittaient des impôts de ces derniers. Ceux-ci, en retour, leur gardaient leurs produits. Par de telles pratiques, ils évincèrent du circuit commercial les commerçants africains et mirent en difficulté certaines maisons de commerce. En outre, dans les années 1930, ces Levantins empiétaient parfois sur les commerçants et les traitants européens ou même sur des factoreries. En effet, ils n'hésitaient pas à entrer directement en contact avec les villages pour y acheter tous les produits d'exportation, y compris la cola ou le beurre de karité. Par ailleurs, le

---

283 Alain TIREFORT, « Le bon temps, approche de la société coloniale, étude de cas : la communauté française pendant l'entre-deux-guerres (1920-1940) », thèse de doctorat 3e cycle, EHESS, Paris, 1979, p. 199.

284 Salma KOJOK, « L'immigration libanaise », Université de Cocody, Abidjan, mémoire de maîtrise, 1992, p. 47.

réseau de solidarité entre les marchands levantins permettait d'aider ceux d'entre eux qui pouvaient être défaillants à l'égard des grandes compagnies[285].

En réussissant à s'intégrer facilement dans le tissu économique et en établissant un réseau commercial incontrôlable par les Français, la communauté syro-libanaise se présentait comme une force économique très puissante et concurrente. Un tel dynamisme représenta de ce fait un danger pour les intérêts des commerçants français. D'ailleurs, cela n'échappa pas à la Chambre de commerce de Côte d'Ivoire qui, au cours de certaines séances, réclamait de la part de l'autorité coloniale des sanctions contre cette communauté qu'elle accusait de tous les maux. À certains moments, les Syro-Libanais furent même accusés de fraudes des patentes. Ainsi, au cours de sa séance du 24 mars 1924, le président de la Chambre de commerce, Louis Barthe, attirait l'attention du gouverneur Antonetti sur le fait que les Syriens exportaient de la cola par l'intermédiaire de transitaires sans payer la patente. Pour la Chambre de commerce, par son action :

Elle n'entend nullement viser les traitants sénégalais, travailleurs modestes et acharnés, payant patente, mais uniquement les Syriens dont personne ne veut plus, mais qui foisonnent comme jamais ils n'ont foisonné.[286]

La solution approuvée par la Chambre de commerce face à ce problème était d'obliger le transitaire à indiquer à l'avenir pour qui il exportait.

En dépit de cette solution, les mêmes accusations revenaient lorsque la question des Levantins était abordée aux différentes réunions de la Chambre de commerce. En mars 1932, Balet, un membre du bureau de la Chambre de commerce, accusait certains traitants, surtout les Syriens de la région d'Abengourou, de soustraire leurs produits à la vérification du Service de l'inspection. Leur méthode consisterait à charger leurs camions pendant la nuit et filer à Agboville[287]. De telles affirmations auraient pu être véridiques si les préjugés des membres de la Chambre de commerce à l'égard des Syro-Libanais n'étaient pas aussi forts. Cela explique en grande partie l'absence de ces derniers parmi les électeurs de la Chambre de

---

285 Pierre KIPRÉ, *Villes de Côte d'Ivoire (1893-1940)*, t. 2, *op. cit.*, p. 90.

286 *BCCCI*, procès-verbal de la séance du 24 mars 1924, p. 24.

287 *BCCCI*, procès-verbal de la séance du 20 mars 1932, p. 19.

commerce. En 1921, lorsqu'une tentative fut initiée par Lambert, administrateur de société, pour leur insertion sur la liste électorale, sa demande fut rejetée. Pour la commission électorale de l'élection à la Chambre de commerce de 1921, les Libanais ne sont ni sujets ni citoyens français, mais simplement des protégés[288].

Cette mauvaise image du Libanais amena la Chambre de commerce à soutenir des actions de propagande contre cette communauté en finançant des articles dans des publications. Cette action fut renforcée par le prétexte selon lequel, pour la Chambre de commerce, la migration syrienne en Côte d'Ivoire « menace de devenir aussi angoissante qu'au Sénégal »[289]. Flairant « le danger » à l'horizon, le bureau de la Chambre de commerce approuva à l'unanimité la proposition de son président d'appuyer la campagne entreprise par la revue *France-Afrique-Noire* contre la migration syrienne. Cette campagne bénéficia d'une subvention de 1 000 francs[290].

Au cours de la séance du 24 novembre 1935, où la question syrienne fut l'objet d'inquiétude générale, la Chambre de commerce de Côte d'Ivoire apporta son soutien aux chambres de commerce du Sénégal, qui étaient en avance dans ce combat. En effet, ces assemblées consulaires avaient demandé au gouverneur général de bien vouloir faire étudier, par ses services, l'opportunité d'envisager pour l'AOF, l'application d'une loi qui a été votée le 27 juin 1935 par la Chambre des députés français, mais en instance au Sénat. Cette loi tendait à instituer une réglementation pour la protection du commerce français et l'inscription au registre du commerce[291]. Ces dispositions avaient pour champ d'application la métropole. Si elles devaient s'appliquer en AOF, les Syro-Libanais en seraient les premières victimes. Cela exigerait des papiers administratifs qu'ils auraient de la peine à fournir. Autrement dit, à cause de leur nationalité, beaucoup de faveurs leur seraient refusées. C'est ce but que les chambres de commerce du Sénégal soutenues par celles de la Côte d'Ivoire voulaient probablement atteindre en réclamant l'application de la loi du 27 juin 1935 en AOF.

---

[288] Note adressée au gouverneur de la colonie de Côte d'Ivoire en 1921 au sujet des cas litigieux sur les listes électorales de la Chambre de commerce, *ANCI* : dossier 1 QQ 28.

[289] *BCCCI*, procès-verbal de la séance du 24 novembre 1935, p. 29.

[290] *BCCCI,* procès-verbal de la séance du 15 février 1934, p. 5.

[291] *Idem*, p. 29.

Au cours de sa séance du 24 novembre 1935, la Chambre de commerce fut réconfortée dans sa position suite à la lecture d'un extrait des *Annales coloniales* paru le 24 octobre 1935 sur la question syrienne. En effet, après la rencontre entre Boisson, gouverneur général par intérim, et les membres du comité syrien, ainsi que le bureau du Syndicat corporatif et économique du Sénégal, plusieurs mesures avaient été arrêtées. Ainsi, le Comité syrien avait convenu de la nécessité d'expulser ceux de ses compatriotes dont la conduite les aurait rendus indésirables. En plus, une caution serait versée par tous les nouveaux immigrants sans exception[292]. La Chambre de commerce de Côte d'Ivoire enregistra avec satisfaction ces informations. Au cours de sa séance du 24 novembre 1935, elle formula, d'ailleurs, le vœu que les mesures d'expulsion prises par le gouvernement soient réellement suivies d'effets.

Probablement peu satisfaite des mesures prises par l'administration coloniale, la Chambre de commerce de Côte d'Ivoire revint à la charge contre les Levantins. Ils étaient surtout vus comme un danger pour le commerce et l'avenir des jeunes Français. Face à ce problème qui obsédait les colons français, la Chambre de commerce de Côte d'Ivoire, au cours de sa séance du 25 août 1936, émit un vœu en 12 points, pour freiner l'admission des Syro-Libanais en AOF[293]. Ces dispositions étaient très contraignantes. Elles avaient pour but d'assurer la sécurité des transactions ainsi que la défense du commerce français face au « péril » asiatique. Ces vœux mettaient l'accent sur la nécessité d'appliquer rigoureusement le décret du 9 janvier 1932 réglementant les conditions d'admission des étrangers en AOF, le versement de la caution de rapatriement et les expulsions immédiates sans sursis. En outre, ces vœux recommandaient la tenue de livres comptables, la fermeture du commerce la nuit et les jours de fête et l'imposition des lois sociales aux étrangers[294].

Indexant de façon spécifique les Syro-Libanais dans les 11e et 12e points de ces vœux, la Chambre de commerce de Côte d'Ivoire préconisa :

Que les étrangers levantins soient astreints aux mêmes règles d'hygiène en pays tropicaux que les Français. Propreté de locaux et conditions d'habitation :

---

292 *BCCCI*, procès-verbal du 24 novembre 1935, p. 29.
293 *BCCCI*, procès-verbal de la séance du 25 août 1936, p. 15.
294 *Idem.*

Qu'enfin, pour donner du travail à la jeunesse française un pourcentage maximum soit imposé aux éléments Libano-Syriens travaillant dans les diverses branches de l'activité économique de l'AOF.[295]

Sans avoir posé d'actes hostiles ou de défiance à l'égard de l'autorité coloniale, les Syro-Libanais étaient une communauté mal vue. Leur dynamisme dans la vie économique effrayait les commerçants français, qui se servaient de la Chambre de commerce pour les ramener à l'ordre et étouffer leur réussite économique. En effet, rien ne justifiait que ces Levantins soient vus comme un danger dans la mesure où ils étaient en faible nombre et étrangers sur un territoire dont les Français étaient les maîtres. En dépit de leur statut fragile, leur présence était moins tolérée par la Chambre de commerce.

Cette hostilité à l'égard des Syro-Libanais s'accentue quand on s'approche de la Seconde Guerre mondiale. On s'inquiète dans le cercle des colons français de la survie de la position et du privilège économique des Français quand ils seraient tous mobilisés. Un tel souci conduit la Chambre de commerce au cours de ses différentes séances de 1939, à demander la promulgation en AOF de lois et de décrets sur les étrangers. L'objectif est d'empêcher que les Libanais contrôlent l'économie de la colonie au détriment des colons.

Dans l'ensemble, pour la Chambre de commerce, la facilité avec laquelle les Syriens et les Libanais réussissent dans les affaires est un véritable défi. En effet, leur dynamisme et leur courage, qui les amènent à aller là où les commerçants européens n'osent pas se rendre, sont étonnants. Ils vont en brousse, parlent les langues des indigènes et s'adaptent à leurs conditions de vie. Ils établissent aussi facilement un réseau de confiance avec les indigènes. De tels liens d'amitié sont difficiles à établir avec les Européens, car ceux-ci ont pour habitude de dominer et de commander. Mais avec les Syro-Libanais, les choses sont différentes. Ces derniers, par leur sens des affaires, en brisant le monopole économique des Français, ont sans le savoir fait un affront à la Chambre de commerce.

Incapable de contenir l'influence de cette communauté, bien qu'elle soit insignifiante du point de vue du nombre, la Chambre de commerce usait de toutes les astuces pour la condamner et inciter l'autorité coloniale à prendre contre elle des mesures restrictives afin

---

[295] *Idem.*

de limiter l'accroissement de ses activités, et mieux, sa présence dans la colonie. Tout cela avait uniquement pour but de maintenir le profit des maisons de commerce françaises. Dans le souci de préserver ses intérêts, la Chambre de commerce ne limita pas son action à la lutte contre certains groupements économiques ou les Libanais. Au contraire, elle avait aussi le souci d'étendre et de diversifier les échanges commerciaux de la Côte d'Ivoire avec l'extérieur.

B- Étendre et diversifier les échanges de la colonie de Côte d'Ivoire avec l'extérieur

La Chambre de commerce, par l'origine des intérêts importants de ses membres, avait le souci de les aider dans leurs échanges avec l'extérieur, notamment avec la France. Il s'agit, par ses actes, d'accroître et de se réserver des marchés. Cela est d'autant plus compréhensible que les produits de la colonie trouvaient leurs débouchés naturels à l'extérieur. Dans ce contexte de 1920 à 1939, la Chambre de commerce noua un certain nombre de liens par des représentations à l'extérieur.

1- Renforcement des liens économiques à l'extérieur

La plupart des produits encouragés tels que l'huile de palme, le café, le cacao et d'autres, moins importants, devaient d'abord satisfaire la métropole. C'est cela d'ailleurs qui a motivé l'arrivée de grandes maisons de commerce, dont les plus importantes étaient entre autres la CFAO, la SCOA et la CFCI. Celles-ci et bien d'autres intérêts regroupés au sein de la Chambre de commerce s'efforçaient de maintenir et d'amplifier ces échanges avec l'extérieur. En effet, c'est de cela que dépendait leur survie dans la colonie. Si avant 1920, ces échanges furent faibles à cause des difficultés liées à la conquête militaire de la colonie, elles s'accrurent après cette date. La Chambre de commerce favorisa d'ailleurs ce mouvement en entreprenant plusieurs initiatives. Ensuite, pour mieux suivre l'évolution du commerce local, elle s'intéressait de façon particulière aux statistiques douanières. Ainsi, au cours de la séance du 7 juillet 1922, le président de l'institution, Louis Barthe, demanda que l'on communiquât à sa compagnie les données statistiques de la colonie. Elles devaient concerner le tonnage exporté pour chacun des produits et pour chacun des ports d'évacuation durant les 15 dernières années. Il s'agissait, à travers ces données, de constater le progrès ou le recul de la production indigène[296].

Ensuite, la nécessité d'avoir des statistiques douanières s'expliquait aussi par le fait que la Chambre de commerce de Côte d'Ivoire estimait que le *Bulletin économique de l'AOF* apportait des données qui lui paraissaient insuffisantes. Cette situation posait des problèmes au commerce local et métropolitain en quête d'informations économiques. Conscient de ce déficit et des faiblesses statistiques du *Bulletin économique de l'AOF*, le président de la Chambre de commerce demanda au gouverneur de la colonie l'autorisation de faire figurer dans son bulletin les différentes statistiques douanières[297]. À partir de ce moment, il n'est pas étonnant de voir l'abondance de ces données dans les différents bulletins de la Chambre de commerce.

Ces statistiques avaient pour but d'avoir une idée réelle de l'évolution économique de la colonie ; elles étaient aussi très utiles pour déterminer la politique économique à suivre. Ainsi, lorsque le tonnage produit était faible par rapport aux fortes demandes de l'extérieur, la Chambre de commerce était en droit de faire pression sur l'administration coloniale afin d'amener les populations locales à intensifier la production. L'autre avantage des statistiques, c'est qu'elles donnaient la possibilité aux maisons de commerce à la recherche de produits de mieux connaître leur importance dans la colonie par rapport aux opportunités du marché extérieur. Toutes ces raisons expliquent dans une certaine mesure l'abondance des statistiques de tout genre dans les bulletins de la Chambre de commerce.

En somme, par ces renseignements statistiques, on cherchait à créer un courant d'information avec l'extérieur, notamment la métropole. Grâce à la Chambre de commerce, les maisons de commerce voyaient leurs difficultés aplanies. Cette compagnie contribua aussi par ses actions à renforcer les liens économiques entre la France et la Côte d'Ivoire. En effet, elle était la seule organisation à faire le lien entre les intérêts économiques et l'administration coloniale.

En dehors de ce cadre, la Chambre de commerce fut un partenaire économique précieux pour tous ceux qui voulaient avoir des relations économiques privilégiées avec la colonie. En effet, c'est elle qui recevait les différentes missions commerciales en provenance de

[296] *BCCCI*, procès-verbal de la séance du 7 juillet 1922, p. 10.
[297] *BCCCI*, procès-verbal de la séance du 16 février 1923, pp. 21-22.

l'extérieur et qui les informait des opportunités d'affaires dans la colonie. En janvier 1936, elle reçut à son siège une mission commerciale venant d'Algérie. Le but de cette visite était d'envisager une propagande réciproque en matière économique. Pour renforcer ce lien, la Chambre de commerce d'Alger accepta d'ouvrir dans son local une exposition de produits de l'AOF pendant le séjour de sa mission commerciale en Côte d'Ivoire. Quant à la Chambre de commerce de Côte d'Ivoire, elle a mis en bonne place dans son stand les produits algériens et de nombreuses brochures de promotion commerciale lors de la troisième foire-exposition d'Abidjan[298]. En 1938, une fois encore, dans le but de maintenir des relations fructueuses avec ce territoire, la Chambre de commerce accorda une subvention de 2 000 francs au comptoir de l'AOF à Alger qui devait servir de canal pour les échanges entre l'Algérie et la Côte d'Ivoire[299].

En dehors de l'Algérie, les intérêts de la Chambre de commerce se portaient aussi sur le Maroc. Ici, les demandes des intérêts coloniaux français de la Côte d'Ivoire portaient sur le sucre, l'engrais, les primeurs et les vins. En 1935 et en 1938, les importations en valeur du Maroc étaient respectivement de 354 000 francs et 2 416 571 francs. Dans le cas de la Côte d'Ivoire, ces exportations pendant ces mêmes dates étaient de 71 000 francs et 54 000 francs[300]. De ce constat, il ressort qu'au chapitre des échanges, la Côte d'Ivoire était déficitaire. Cette situation est liée à plusieurs facteurs. Lors d'un retour de mission du Maroc, l'administrateur Pouvreau, chef du cabinet du gouverneur de la colonie de Côte d'Ivoire, fit état de la méconnaissance de la Chambre de commerce de Casablanca sur les possibilités de l'AOF et notamment celles de la Côte d'Ivoire[301]. Ce constat signifie donc que le Maroc n'entretenait pas de relations commerciales soutenues avec les autres colonies françaises de l'Afrique. C'est au regard de cette situation que le vice-président de la Chambre de commerce de Côte d'Ivoire, François Massieye, exprima le désir de voir sa compagnie soutenir les efforts du Comité Maroc-AOEF (Afrique occidentale et équatoriale française)[302]. Par le moyen du comité, la Côte d'Ivoire pouvait notamment tirer profit dans

[298] *BCCCI*, procès-verbal de la séance du 23 février 1936, p. 6.
[299] *BCCCI*, procès-verbal de la séance du 24 avril 1938, p. 16.
[300] *BCCCI*, procès-verbal de la séance du 16 juillet 1939, p. 38.
[301] *Idem*, p. 40.
[302] *Idem*.

l'exportation vers le Maroc des produits tels que la banane, le bois, le café, le cacao, etc.

Le rôle que la Chambre de commerce pouvait jouer dans cette situation était celui de faciliter les courants d'échanges entre les deux colonies. En dehors du Maroc, la Chambre de commerce entra en contact avec d'autres partenaires lointains comme l'Afrique du Sud. En 1935, elle expédia des échantillons d'huile, de cacao, à l'attaché commercial de la France à l'Union sud-africaine[303]. L'intérêt de tous ces échanges fut l'accroissement du volume d'affaires des commerçants et l'extension des débouchés des produits coloniaux. En diversifiant ses partenaires, la Chambre de commerce intégra l'économie de la colonie dans le jeu des intérêts commerciaux extérieurs. Pour être donc plus efficace et avoir ses intérêts valablement défendus, la Chambre de commerce de Côte d'Ivoire avait des représentations à l'extérieur, notamment dans la métropole.

2- Les représentations de la Chambre de commerce à l'extérieur

La Chambre de commerce, sur le plan de ses intérêts locaux pendant l'entre-deux-guerres, n'avait rien à craindre. En effet, les attributions que lui conférait son statut faisaient d'elle non seulement un partenaire obligé de l'autorité coloniale, mais en plus de cela, elle siégeait au Conseil d'administration de la colonie depuis sa création. Sur le plan fédéral, elle n'avait pas de soucis à se faire car le gouverneur général de l'AOF avait l'obligation de créer les conditions d'une meilleure exploitation de la colonie. C'est donc de l'extérieur que le danger pouvait venir, soit pour empêcher l'entrée des produits de ses membres, soit pour imposer des normes que les commerçants français ne sauraient respecter faute d'information. Ce fut le cas pour la question du terrage du cacao en 1933. Condamné par l'Institut colonial du Havre et le Syndicat du commerce du cacao, le terrage était néanmoins encouragé par la Chambre d'agriculture et d'industrie de Côte d'Ivoire. Si la Chambre de commerce s'était obstinée à suivre les agriculteurs, elle aurait perdu le marché de la métropole parce que ses produits auraient été jugés inacceptables.

Cet exemple illustre à quel point il était nécessaire pour la Chambre de commerce d'avoir des partenaires extérieurs pour écouler facilement ses produits. Elle s'engagea très tôt dans cette action. Dans les années 1920 et 1930, la Chambre de commerce multiplia les

[303] *BCCCI,* procès-verbal de la séance du 21 juillet 1936, p. 13.

contacts et les représentations à l'extérieur. C'est dans ce sens qu'elle adhéra à plusieurs organisations, qui avaient toutes en commun la défense des intérêts coloniaux. Parmi celles-ci, on peut citer les Instituts coloniaux de Marseille et du Havre ainsi que l'Union coloniale, le Syndicat de défense des intérêts de l'Afrique occidentale, l'Institut colonial français et d'autres, moins connues. Ces instituts donnaient des avis techniques sur la qualité des produits et déterminaient les caractéristiques que ces produits devaient avoir pour être facilement écoulés sur le marché métropolitain[304]. Ils étaient prêts à recevoir toutes les demandes d'information. Dans ce sens, en mars 1925, le secrétaire général de l'Institut colonial de Marseille, dans une correspondance adressée au président de la Chambre de commerce, faisait connaître à ce dernier sa disponibilité à répondre à toute demande de renseignement. Ainsi, du point de vue technique, il s'agissait de donner, par des éclairages, des informations sur la délicate question de la détermination des caractéristiques des rhums et autres boissons alcooliques[305].

Compte tenu de la qualité de leur expertise, la Chambre de commerce de Côte d'Ivoire n'hésitait pas à leur envoyer des échantillons de produits pour l'analyse et la sélection des semences. Que ce soit sur le café, le coton, le cacao ou d'autres produits, ces instituts fournissaient des données à la Chambre de commerce, qui cherchait à les appliquer au monde des producteurs. Cela explique les incessantes querelles entre la Chambre de commerce et la Chambre d'agriculture et d'industrie de Côte d'Ivoire. En outre, en France, ces organisations défendaient pour la Chambre de commerce certains dossiers difficiles. Ce fut ainsi en septembre 1931, quand Lasserre, le président de la Chambre de commerce de Côte d'Ivoire, demanda au président de l'Union coloniale à Paris de représenter son institution dans les pourparlers qui étaient engagés entre la société des ports coloniaux et le gouverneur général Brevié de l'AOF, au sujet de l'exploitation des wharfs de Côte d'Ivoire[306].

---

[304] Lettre du secrétaire de l'Institut colonial de Marseille au président de la chambre de commerce, Marseille, le 2 mars 1925, in *BCCCI*, procès-verbal de la séance du 5 avril 1925, p. 24

[305] *Idem.*

[306] Lettre du président de la Chambre de commerce au président de l'Union coloniale à Paris, Abidjan, le 8 septembre 1931, in *BCCCI*, procès-verbal de la séance du 28 novembre 1931, p. 1031.

À ces instituts coloniaux, il faut ajouter des sociétés géographiques ou coloniales et d'autres œuvres de propagande auxquelles la Chambre de commerce apportait des subventions. Ils avaient le mérite d'amplifier, en France, les opportunités d'affaires pour les colonies et appuyer les initiatives de la Chambre de commerce. Pour soutenir davantage son action, la Chambre de commerce de Côte d'Ivoire a participé à une série de conférences dont l'enjeu tournait autour de la défense des intérêts coloniaux. Elle était présente à la Conférence impériale de 1935. Par rapport à cette conférence, une commission fut créée, composée des membres de la Chambre de commerce et de la Chambre d'agriculture, au cours d'une réunion qui eut lieu le 6 mars 1935 au siège de l'institution[307]. La naissance de cette commission avait pour but d'étudier la formule à présenter à la Conférence impériale, par Laurent, président du syndicat des planteurs de cacao, sur la revalorisation de ce produit. La commission accepta la formule de ce dernier, qui souhaita que les importateurs de cacao soient admis au comité de gérance des fonds de propagande au même titre que les planteurs et les chocolatiers.

Par le canal de cette conférence, la Chambre de commerce de Côte d'Ivoire entendait défendre les intérêts de ses membres et influencer les décisions de ceux qui s'approvisionnaient dans la colonie. De même, elle était présente au IIIe congrès du Comité permanent des chambres de commerce et d'agriculture d'outre-mer, qui eut lieu du 20 au 24 septembre 1937 en France. Au cours de cette rencontre, les organisations consulaires émettaient le vœu que soient revus le système des Sociétés Indigènes de Prévoyance (SIP), le fonctionnement du crédit colonial ainsi que l'amélioration à apporter aux voies de communication[308].

En somme, toutes ces représentations diverses étaient des précieux atouts pour la Chambre de commerce de Côte d'Ivoire. Appuyée par ses organisations métropolitaines et son représentant, Alcide Delmont, délégué de la Côte d'Ivoire au Conseil supérieur des colonies, la Chambre de commerce réussit à faire bouger bien des dossiers délicats. Ainsi, le fléchissement des autorités françaises en ce qui

---

[307] Compte-rendu de la réunion entre les assemblées consulaires de Côte d'Ivoire, le 6 mars 1935, in *BCCCI*, procès-verbal de la séance du 25 février 1935, p. 14.

[308] Vœux émis par le 3e Congrès des chambres de commerce, des chambres d'agriculture et des chambres d'Intérêts miniers de la France d'outre-Mer, tenu du 20 au 24 septembre 1937 à Paris, in *BCCCI*, procès-verbal de la séance du 5 décembre 1937, pp. 33-37.

concerne la création d'un port à Abidjan, l'équipement du chemin de fer, la revalorisation des produits et l'amélioration des infrastructures, trouvait des solutions heureuses grâce à ses intermédiaires. C'est grâce à ces derniers que l'autorité coloniale a changé bien souvent des décisions en faveur de la Chambre de commerce. Sur ce point, on peut insister sur les actions fructueuses d'Alcide Delmont. Au cours d'une réception offerte en son honneur en novembre 1933, le président de la Chambre de commerce, Lassere, a mis au crédit de M. Delmont la suppression des droits de sortie, la réduction de la taxe de circulation sur les oléagineux ainsi que la question du contingentement du cacao[309]. Alcide Delmont réussit le même exploit avec l'aide du gouverneur Reste. Il fit obtenir pour la colonie de Côte d'Ivoire une commande de deux locotracteurs, 40 wagons de 20 tonnes et 24 tombereaux[310]. En dehors de ces faits, Alcide Delmont avait entrepris, de sa propre initiative ou sous l'interpellation de la Chambre de commerce, d'autres actions. Ses entrées auprès des milieux politiques et économiques en France ont facilité le dénouement de bien des problèmes au profit de la Chambre de commerce. Avec une telle influence, la Chambre de commerce contrôlait et animait facilement les échanges locaux.

C- Contrôle et animation des échanges locaux

Pendant l'entre-deux-guerres, la Chambre de commerce de Côte d'Ivoire eut une grande emprise sur la vie économique de la colonie. Quelle que soit la nature du problème, elle était présente tantôt pour réguler les questions monétaires tantôt pour donner des directives au sujet des plans de lotissement. En outre, elle s'impliqua de façon particulière dans la question des foires.

1- L'organisation des foires

L'organisation des foires était, avant 1939, l'une des préoccupations de l'administration coloniale. En effet, au moyen des foires, il fut envisagé la possibilité de vendre, de proposer des produits et d'attirer différents acheteurs. Avant même que des foires ne fussent organisées dans la colonie de Côte d'Ivoire, la Chambre de commerce se contentait de se faire représenter ou de présenter les échantillons de ses produits à l'extérieur de la colonie. Dans ce sens, la colonie

---

[309] *BCCCI*, procès-verbal de la séance du 21 novembre 1933, p. 14.
[310] *BCCC*I, procès-verbal de la séance du 11 février 1934, p. 2.

participa activement aux différentes foires qui avaient lieu en métropole et même en dehors de la métropole. Il faut aussi souligner que dans les années 1920, au cours des foires qui avaient lieu à Bordeaux en 1920, à Bruxelles en 1921 et à Londres en 1921, le Service de l'agriculture de la colonie a joué un grand rôle dans l'envoi des échantillons de produits. C'est par l'intermédiaire de l'Agence économique du gouvernement général de l'AOF que les échantillons des produits coloniaux étaient expédiés pour être exposés. En dehors de ces échantillons, l'administration coloniale chercha à fournir au cours de ces expositions une véritable carte postale de la colonie de Côte d'Ivoire. Il s'agissait entre autres de la présentation des documents statistiques d'ordre commercial (douane, transport), géographique (cartes, plans de travaux) et des informations d'ordre démographique (mouvement des populations).

Au cours de ces foires et expositions, un intérêt particulier est mis sur la documentation par image. Il s'agit, par des photos, des films sur le pittoresque, l'exotisme, de présenter les aspects quotidiens de la vie agricole et industrielle de l'Africain. Au-delà de tous ces aspects, pendant ces foires, l'élément important était la production agricole. Les différents cercles, par l'intermédiaire de leurs administrateurs, étaient tenus d'envoyer des échantillons de leur production locale au gouverneur. Ainsi, au moment de la foire de Bordeaux en 1920, les fèves de cacao provenaient de l'Indenié, de l'Agnéby et d'Assinie et les cafés liberia et robusta venaient d'Assinie[311]. À la foire de Bordeaux, d'autres échantillons de produits furent expédiés. Il s'agissait entre autres de la cola, du caoutchouc, du bois, du ricin, du piment, du maïs blanc et du coprah. À cette liste, il faut ajouter l'arachide, les palmistes, le coton, l'huile de palme et le kapock[312]. En dehors de Bordeaux, des échantillons semblables furent expédiés vers d'autres capitales européennes comme Bruxelles (en 1921) et Londres (en 1921) lors des grandes expositions.

L'exposition des produits coloniaux dans ces rencontres avait pour but de susciter l'attrait des intérêts coloniaux pour la Côte d'Ivoire. Elle donnait aussi l'occasion aux productions locales de trouver un débouché à l'extérieur. C'est pourquoi le gouvernement de l'AOF, par

---

[311] Note du secrétaire général Beurnier au sujet de la participation de la colonie Côte d'Ivoire à la foire de Bordeaux, Bingerville, le 21 mars 1920, p. 8, *ANCI* : dossier 1 QQ 71, foire de Bordeaux 1920.

[312] *Idem.*

l'intermédiaire de l'Agence économique des colonies, se chargeait de recueillir ces échantillons afin de les présenter dans toutes les expositions où les richesses de la production coloniale pourraient être valorisées. Mais les sollicitations sans cesse fréquentes de la colonie pour ce type d'exposition ne furent pas sans problèmes. En effet, il fallait connaître le goût du public, les préférences du monde commercial et industriel européen. À ces difficultés, il faut ajouter la nécessité de renouveler les échantillons et surtout le besoin d'avoir un personnel bien formé à cette tâche. Conscient de ces handicaps, Beurnier, le secrétaire général de la colonie, dans une note datée du 21 mars 1920, proposait que soit créé :

un organe permanent chargé de tenir toujours prêtes, constamment à jour, d'enrichir sans cesse, les collections et la documentation commerciale et économique où il conviendrait de puiser, à chaque foire ou exposition nouvelle qui s'ouvrira.[313]

Cet organe permanent serait un musée commercial avec un personnel restreint qui travaillerait en collaboration avec les services techniques de l'administration coloniale (agriculture, mines, travaux publics, forêts...). Il fut même envisagé de le placer sous le patronage de la Chambre de commerce[314]. Ce dernier aspect était très important dans la mesure où cette compagnie était représentative des intérêts coloniaux, mais elle était aussi capable de fournir tout renseignement utile. Jusqu'en 1930, la colonie de Côte d'Ivoire, avec l'aide de la Chambre de commerce, a contribué à faire expédier des échantillons. Mais à partir de cette date, l'administration coloniale, en association avec la Chambre de commerce, décida d'organiser pour la première fois une grande foire dans la colonie. Certes, elle ne renonçait pas à l'envoi d'échantillons à l'extérieur, mais elle voulait tenter cette expérience qui, à bien des égards, pouvait paraître avantageuse sur le plan économique. En effet, à travers cette manifestation, il était donné aux commerçants de la colonie, aux techniciens des services administratifs et aux services de l'agriculture, l'occasion d'une propagande active et utile. C'est partant de ces considérations que le gouverneur Reste signa le 21 avril 1931 un arrêté créant une foire-exposition annuelle en Côte d'Ivoire. Cette manifestation avait pour

[313] Note du secrétaire général Beurnier au sujet de la participation de la colonie à la foire de Bordeaux, Bingerville, le 21 mars 1920, p. 4, *ANCI* : dossier 1 QQ 71, foire de Bordeaux 1920.

[314] *Idem.*

but de permettre aux producteurs, aux éleveurs et aux artisans de prendre contact avec les consommateurs et le commerce d'importation et d'exportation.

Selon cet arrêté, l'organisation de cette foire-exposition, c'est-à-dire une manifestation qui devait allier échanges commerciaux et présentation des œuvres artistiques, était prévue chaque année à Abidjan. Elle devait comprendre une section agricole, une section industrielle et une section artistique. Seule une décision du gouverneur fixait la date, la durée de cette manifestation, ainsi que la composition du comité d'organisation. Il était même prévu des prix d'encouragement aux exposants[315]. Avec l'avènement d'une foire-exposition, il s'agissait pour le gouverneur Reste de favoriser un courant d'échanges très dynamique à l'intérieur de la colonie. Le choix d'Abidjan consacrait celle-ci comme ville appelée à remplir une fonction plus grande au détriment de Grand-Bassam et de Bingerville. Cela donnait satisfaction à la Chambre de commerce, qui s'était toujours opposée au transfert de la capitale à Bingerville parce que peu rentable sur le plan économique.

La première foire-exposition dans cette ville en devenir se tint du 21 au 28 janvier 1934. À cette foire, plusieurs sections furent représentées. Il y avait d'abord la section agricole, comprenant l'élevage, le cacao, la cola, le riz, le coprah, le coton et le kapock. Ensuite, il y avait les sections artistique, commerciale et industrielle. À ces sections, il faut ajouter la section enseignement, représentée par l'école primaire supérieure de Bingerville et l'orphelinat de cette localité. L'organisation de cette manifestation dans un contexte de crise était un défi pour la colonie. Le gouverneur Reste, dans son discours à l'inauguration de la foire, le souligna d'ailleurs en soutenant ceci :

La foire-exposition, aux heures très dures que nous vivons ne vous apportera pas le salut. Elle est avant tout un symbole. C'est un acte de foi au milieu de l'inquiétude générale. Elle caractérise un état d'esprit, une façon de concevoir les choses. J'ai voulu par cet acte affirmer notre vitalité, notre désir de progresser et de prospérer. Il est

[315] Arrêté du gouverneur Reste portant organisation d'une foire-exposition chaque année à Abidjan, Bingerville, le 21 avril 1931, *ACCCI*, dossier 32.1 Foires et expositions : foires locales.

de bon ton de se lamenter, de lever les bras au ciel et de gémir. L'heure n'est pas aux lamentations. Elle est à l'action.[316]

C'est partant d'un tel engagement et avec le soutien de la Chambre de commerce que d'autres foires-expositions eurent lieu en janvier 1935 et janvier 1936 à Abidjan. Au cours de ces foires, des diplômes, des prix dans les domaines agricoles, artistiques et commerciaux furent offerts aux participants les plus méritants pour les encourager dans leurs efforts. Ces foires organisées à Abidjan avaient pour but de faire ressortir les richesses de la Côte d'Ivoire sur le plan économique. Elles permettaient d'échanger et donnaient aussi l'occasion de tisser des relations d'affaires. Par ailleurs, l'action de la Chambre de commerce ne se limitait pas aux foires, elle s'intéressait aussi aux questions monétaires et bancaires.

2- La Chambre de commerce et les questions monétaires

De la création de la colonie de Côte d'Ivoire jusqu'en 1920, la monnaie française s'imposa difficilement. En effet, les populations indigènes étaient fortement attachées à leur monnaie faite de cauris, de sombé et de lianes. Pour les amener à changer de signes monétaires, en 1920, dans les régions forestières, l'administration coloniale refusa les monnaies indigènes et obligea les populations à venir échanger leur fonds contre la monnaie divisionnaire. En outre, par l'arrêté du 14 décembre de 1917, il fut exigé le paiement de l'impôt personnel en monnaie française. En 1919, le montant total des sommes en circulation dans la colonie était de 12,8 millions de francs, contre 2,8 millions en 1914[317].

Toutes ces contraintes ainsi que la nécessité de relations entre commerçants européens et africains favorisaient l'écoulement de ces monnaies françaises dans les villages. Une telle politique porta ses fruits puisque les maisons de commerce et les commerçants diolas réclamaient plus de pièces pour les transactions avec les producteurs. Cela aboutit en 1919 à une crise monétaire à cause du manque de monnaie métallique. Ainsi, à Bouaké, les trois quarts de l'encaisse de l'agence spéciale étaient constitués de billets de banque. Les billets de

---

[316] *L'Avenir de Côte d'Ivoire*, supplément numéro spécial du 28 janvier 1934, la foire- exposition d'Abidjan du 21 au 28 janvier 1934, *ACCCI* : dossier 32.1 Foires et expositions : foires locales.

[317] Pierre KIPRÉ, *Villes de Côte d'Ivoire (1893-1940)*, t. 1, *op. cit.*, p. 155.

5 francs furent même refusés par les maisons de commerce s'il n'était pas effectué un achat de 2,5 francs[318].

Cette situation de crise monétaire était l'objet de vives préoccupations de la part de la Chambre de commerce. Ainsi, au cours de sa séance du 4 décembre 1921, le président de la Chambre de commerce fit part au gouverneur Antonetti de la pénurie de monnaie de bronze de 0,05 franc et 0,10 franc. Il signala aussi que dans certaines régions comme Tabou, Sassandra, dans les centres d'Abidjan, de Bassam, de Grand-Lahou et d'Aboisso, il manquait les coupures de 0,50 et de 1 franc[319]. La conséquence d'une telle situation fut l'apparition des monnaies indigènes que l'autorité coloniale s'était toujours évertuée à éliminer de la circulation.

Cette crise monétaire fut aussi une occasion pour la Chambre de commerce d'interpeller l'Administration sur un certain nombre de problèmes. C'est la nécessité par exemple de créer dans la colonie un type d'organisme à l'image de la caisse d'épargne française. Elle justifiait cette proposition par le fait que quand l'Africain avait de la monnaie métallique, il l'enfouissait dans le sol. Avec ce genre de caisse d'épargne, l'indigène pourrait y déposer ses modestes économies et créerait selon le président Barthe chez ce dernier « l'esprit d'économie ». En outre, elle pourrait, souligne-t-il, atténuer la crise aiguë dont a souffert l'économie coloniale en 1920, 1921 et 1922[320]. En effet, avant ces dates, les populations locales avaient des monnaies métalliques en réserve et ils avaient pris l'habitude de les enfouir dans le sol. Avec le retrait de ces monnaies par l'Administration et la Banque de l'Afrique de l'Ouest (BAO) pendant la guerre, au profit des billets, cela a causé de sérieux problèmes.

Cette plaidoirie en faveur des populations locales traduisait le souci de la Chambre de commerce de ne pas faire perdre aux maisons de commerce leur principale clientèle. En effet, si le colonisé faisait des économies, c'était au profit des maisons de commerce qu'il dépenserait son épargne. Et pour faciliter une bonne circulation de la monnaie entre les maisons de commerce et l'Africain, la Chambre de commerce exigeait très souvent le remplacement des billets et des

---

318 *Idem*, p. 156.

319 *BCCCI*, procès-verbal du 4 décembre 1921, p. 3.

320 Discours de Barthe, président de la Chambre de commerce, adressé aux députés français Valude et Proust en présence du gouverneur Antonetti au cours d'un banquet le 6 janvier 1922, in *BCCCI*, procès-verbal du 6 janvier 1922, p. 3.

coupures par des pièces de monnaie. Les raisons en étaient multiples. En effet, les billets de banque pouvaient être détruits par les rats, les cancrelats, l'incendie et l'eau de paillote. En plus, les indigènes étaient très souvent accusés de conserver moins bien les billets. Le président Louis Barthe renouvelait cette accusation à Carde, le gouverneur général de l'AOF, au cours d'un banquet offert le 24 janvier 1924. Selon Barthe :

L'indigène aime par-dessus tout la monnaie métallique qu'il peut enterrer ; c'est le seul coffre-fort dans lequel il ait confiance.

La suppression de ces monnaies métalliques et la mise en circulation des coupures de 5 francs de la BAO et 1 franc et 0,50 franc par l'Administration, gênent considérablement les indigènes.[321]

Dans un contexte colonial où la monnaie du colonisateur devait prévaloir, il importait de voir l'administration coloniale réagir. En effet, le commerce et les exploitants forestiers ressentaient difficilement le déficit de ces monnaies métalliques. Au cours de ce banquet du 24 janvier 1924, le président Barthe estima ne pas exagérer lorsqu'il évaluait le besoin de la colonie à 50 millions de pièces de 5 francs[322]. Dans l'ensemble, à cause de la mauvaise manipulation des billets par les autochtones de la colonie, la Chambre de commerce a constamment lutté pour la circulation massive de monnaie métallique. Cela montrait à quel point, dans les échanges, les populations locales étaient une clientèle précieuse à ne pas négliger. À cause d'eux, la Chambre de commerce réclamait une masse considérable de monnaie.

En dehors du problème des monnaies métalliques, la Chambre de commerce se donnait également le droit d'intervenir dans les questions liées aux devises étrangères. En mars 1924, dans une correspondance, elle s'opposa à une décision du gouverneur général de l'AOF de n'autoriser que l'exportation en Côte d'Ivoire de 50 000 livres sterling par an venant de la Gold Coast[323]. Pour la Chambre de commerce, cette monnaie devait être libre. Deux raisons

---

[321] Discours prononcé par M. Barthe, président de la Chambre de commerce de Côte d'Ivoire au banquet offert à Abidjan le 14 janvier 1924, en honneur de MM. le gouverneur général de l'AOF, Carde, le gouverneur Touzet, chef de cabinet du ministre des Colonies, le gouverneur Antonetti, le général Claudel, commandant supérieur des troupes de l'AOF, in *BCCCI*, procès-verbal de la séance du 24 mars 1924, p. 27.

[322] *Idem*, p. 27.

[323] *BCCCI*, procès-verbal du 24 mars 1924, p. 14.

motivaient cette opposition de la Chambre de commerce. D'abord, la livre sterling entrait en Côte d'Ivoire principalement pour des marchandises dominantes comme l'alcool ou le gin après s'être acquittée d'un droit de douane élevé. Ensuite, les commerçants français vendaient leurs marchandises à bon prix tout en prenant la livre à un taux assez bas. Pour toutes ces raisons, la Chambre de commerce comprenait difficilement que l'on veuille restreindre la circulation de la livre sterling, qui était à l'avantage de ses membres.

En outre, selon Pamart, membre suppléant de la Chambre de commerce, le chiffre d'affaires de la colonie avec la Gold Coast pouvait être évalué à 8 000 000 de francs. La Chambre de commerce décida de faire appel à un groupe de pression comme l'Union coloniale pour appuyer sa demande auprès du ministère des Colonies. En effet, ce problème dépassait les compétences du gouverneur général. Elle souhaitait même que ce lobby fît en sorte qu'elle puisse recevoir au moins 100 000 livres sterling[324].

De ce qui précède, il ressort que la limitation de la devise anglaise fut nuisible aux intérêts du commerce français. La Chambre de commerce s'est toujours opposée aux blocages suscités par le pouvoir colonial. Au cours de sa séance du 19 janvier 1922, le président Barthe faisait connaître au député Barthélemy le souhait de son institution de voir lever le décret du mois de juillet 1921 interdisant la monnaie anglaise en Côte d'Ivoire[325]. En outre, il soutient :

Nous bordons sur 500 km la Gold Coast qui commerce avec nous.[326]

Compte tenu de la résurgence de ce problème, la Chambre de commerce a fait rédiger par Rodier, secrétaire de la compagnie, un rapport sur l'exportation des devises étrangères. Selon ce rapport :

Il y a le plus grand intérêt pour le commerce à faciliter les devises étrangères, car les indigènes de la Côte d'Ivoire et de la Haute-Volta, qui vendent les produits à la Gold Coast tels que poisson fumé, karité, bétail, au lieu de rapporter des espèces en Côte d'Ivoire et les échanger dans nos factoreries seraient forcés de les dépenser à

---

[324] *BCCCI,* procès-verbal de la séance du 4 mai 1924, pp. 14-15.

[325] Discours de Barthe en présence du député Barthélemy et de Clément, représentant de la Côte d'Ivoire, au Conseil supérieur des colonies à Grand-Bassam, le 19 janvier 1922, p. 11, in *BCCCI,* procès-verbal de la séance du 19 janvier 1922.

[326] *Idem.*

Coomassie ou dans les autres villes de la Gold Coast ou conserver leur monnaie pour leurs échanges intérieurs, mais de cette façon, le commerce local n'en verrait plus.[327]

La libre circulation de la livre anglaise était d'un grand intérêt pour le commerce local. Vouloir la restreindre, c'était causer du tort au commerce français. En effet, toute la côte ivoirienne de Grand-Lahou à Tabou entretenait des relations fructueuses avec les maisons de commerce anglaises, sans oublier les échanges entre les populations de part et d'autre de la frontière. Consciente donc de cet enjeu, la Chambre de commerce de Côte d'Ivoire préconisait la libre circulation de la livre sterling.

En dehors de ce problème, la Chambre de commerce avait aussi le souci de voir des banques s'installer dans la colonie. Au cours de sa séance du 8 avril 1926, elle émit le vœu de voir s'installer dans la colonie une caisse ou une agence de la Banque de l'Afrique de l'Ouest[328]. Sa requête fut accueillie favorablement par le Conseil d'administration de cette banque, qui se proposa d'installer une agence à Abidjan[329]. Par la suite, la BAO s'installa à Abidjan.

Le souci constant que la Chambre de commerce de Côte d'Ivoire se faisait au sujet de la monnaie l'a conduite par moments à envisager l'émission de monnaie dans la colonie. Lorsque ce problème fut soulevé pour la première fois, le président de la Chambre de commerce fit connaître au député Barthélemy, en janvier 1922, le manque de monnaie métallique au profit des billets de la BAO et des petites coupures administratives de 0,50 et 1 franc. Pour résoudre cette difficulté, le député français conseilla à la Chambre de commerce de Côte d'Ivoire d'émettre une monnaie métallique comme l'avait fait la Chambre de commerce de Paris[330]. C'est pourquoi en 1922, la Chambre de commerce prit l'initiative d'émettre des jetons métalliques de 1 franc et 0,50 franc bronze du type de ceux émis par la Chambre de commerce de Paris[331].

---

[327] Rapport de M. Rodier, secrétaire de la Chambre de commerce sur l'exportation de devises étrangères, in *BCCCI*, procès-verbal de la séance du 12 mai 1923, p. 12.

[328] *BCCCI*, procès-verbal de la séance du 8 avril 1926, p. 7.

[329] *BCCCI*, procès-verbal de la séance du 16 janvier 1927, p. 13.

[330] *BCCCI*, procès-verbal de la séance du 19 janvier 1922, p. 11.

[331] Lettre du vice-président de la Chambre de commerce au lieutenant-gouverneur de la Côte d'Ivoire au sujet de l'émission de jetons métalliques, Abidjan, le

Si l'émission d'une monnaie est un exercice délicat et onéreux, cela n'entamait pas pour autant la détermination de la Chambre de commerce de Côte d'Ivoire. Dans une correspondance adressée le premier septembre 1922 au gouverneur de la colonie, le vice-président de la Chambre de commerce, Cosandey, renouvelait la disposition de sa compagnie à faire émettre des jetons de 1 franc et 0,50 franc en bronze-aluminium du type émis par la Chambre de commerce de Paris[332]. Sachant qu'elle n'avait pas les moyens de prendre en charge les frais d'émission de cette monnaie, la Chambre de commerce envisagea une approche moins pénible. Il s'agissait pour elle de solliciter d'une banque de la colonie les fonds nécessaires au coût de cette émission. Les jetons, à leur arrivée, seraient déposés dans cette banque au titre d'un compte de dépôts qui rapporterait des intérêts à la Chambre de commerce. Ensuite, cette monnaie serait répartie dans le commerce suivant les besoins contre les billets de la BAO, les bons de Trésor et les bons de la défense nationale. Cette manière d'opérer selon la Chambre de commerce lui permettrait de rentrer dans les avances faites par la banque par le moyen des intérêts produits par le compte de dépôts[333].

Pour éviter que cette émission soit onéreuse et pour permettre à la Chambre de commerce de rentrer dans les frais d'émission, elle demanda un délai de 5 à 10 ans pour la circulation de cette monnaie. Cette proposition de la Chambre de commerce fut acceptée par l'administration coloniale. Cependant, cette dernière exigea que cette émission en jetons métalliques atteigne en deux ans deux millions, somme nécessaire au remplacement de la monnaie en papier en circulation[334]. Dans la pratique, cette émission était très délicate à réaliser, car elle pouvait causer des problèmes insolubles. C'est pourquoi le président de la Chambre de commerce, Louis Barthe, demanda l'avis des membres son institution pour faire un essai d'émission après avoir pris des renseignements auprès de la Chambre de commerce de Paris.

Cette prudence de Louis Barthe s'expliquait par l'expérience malheureuse de la Chambre de commerce de Dakar, qui avait connu

---

1er septembre 1922, in *BCCCI*, procès-verbal de la séance du 15 septembre 1922, p. 18.

[332] *Idem*, pp. 18-19.

[333] *Idem.*, p. 19.

[334] Télégramme de Chapon au président de la Chambre de commerce à Bassam, in *BCCCI*, procès-verbal de la séance du 15 septembre 1922, p. 19.

un grand échec dans l'émission de la monnaie métallique. En effet, cette compagnie avait émis des jetons de 0,25 franc sans garantie du gouvernement. Cette émission a causé beaucoup de problèmes à la Chambre de commerce de Dakar car il y a eu plus de jetons en circulation qu'elle en avait réellement émis[335]. Cela montre qu'il y a eu beaucoup de jetons non contrôlés qui se sont glissés dans cette opération.

Pour finir, tous ces dangers ont contribué à dissuader la Chambre de commerce de Côte d'Ivoire de s'engager dans une telle initiative. Mais son acte met en lumière la hardiesse et le poids de cette compagnie dans la colonie. En effet, en voulant émettre la monnaie, elle voulait jouer le rôle d'une banque centrale, qui est seule en mesure de prendre de telles initiatives. Si la Chambre de commerce favorisa la circulation monétaire, elle étendit aussi son influence dans l'orientation que devaient prendre les plans de lotissement dans l'intérêt de ses membres.

3- Contrôle des plans de lotissement

Dès l'érection de la Côte d'Ivoire en colonie en 1893, diverses mesures ont été prises pour régir les concessions de terrains. Déjà sous le gouvernorat de Binger, celui-ci avait pris un arrêté le 20 septembre 1893 pour favoriser l'acquisition gratuite de concessions pour l'établissement de factoreries, comptoirs, docks, usines et maisons d'habitation pour les citoyens, français ou non, qui en faisaient la demande[336]. D'autres textes viendront par la suite modifier ce régime de concession. Ils précisaient non seulement le prix des terrains, mais indiquaient aussi la place du colonisé dans cette modification. Les Africains devaient vivre à l'écart de l'habitat européen.

Dans l'ensemble, les premiers lotissements furent établis pour les maisons de commerce. Elles s'installaient autour du marché ou le long d'une rue des marchés jusqu'au lotissement. Elles obtenaient un droit de location, se fixaient et s'établissaient où elles pouvaient intercepter les produits agricoles. Mais entre 1908 et 1914, plusieurs plaintes se sont élevées pour obliger toutes les compagnies de commerce à construire dans un même lieu. Ainsi, en 1912, 1913 et 1914, la Chambre de commerce est intervenue à plusieurs reprises auprès du

---

[335] *BCCCI*, procès-verbal de la séance sur le 16 février 1923, p. 20.
[336] Pierre KIPRÉ, *Villes de Côte d'Ivoire (1893-1940)*, t. 1, *op. cit.*, p. 136.

gouverneur Angoulvant pour que celui-ci oblige toutes les maisons de commerce à s'établir dans les villes coloniales. Grâce à cette pression, l'on a réussi à contraindre, en 1912, les factoreries de l'Africaine française et de Devès et Chaumet, alors installées près du village indigène de Bouaké, à venir s'établir dans la « ville européenne » en construction au sud de la gare[337].

Avant 1920, en dehors de Grand-Bassam, Bingerville et Abidjan, seuls quelques centres comme Dabou, Grand-Lahou, Bouaké et Dimbokro étaient lotis. C'est après cette date que s'effectuaient la plupart des plans de lotissement. En effet, l'absence de lotissement provoquait très souvent l'anarchie dans l'occupation des terrains. En mai 1924, Cosandey, vice-président de la Chambre de commerce, déplorait le fait qu'à Sassandra tout le monde fût installé sur le domaine public maritime[338]. Face à cette situation, le gouverneur par intérim Brunot décida d'envoyer des géomètres à Tabou et à Sassandra pour déclasser le domaine public et le bornage des concessions provisoires. Parfois, les choix de l'administration coloniale n'eurent pas les faveurs de la Chambre de commerce, dans la mesure où cela pénalisait les intérêts coloniaux. C'est ainsi qu'en 1922, saisie par le commerce d'Abidjan, la Chambre de commerce se fit l'écho de leur plainte. Ces maisons de commerce déploraient le fait que l'emplacement fixé aux indigènes se trouvait éloigné de plus de 3 kilomètres du terre-plein commercial d'Abidjan[339]. Pour la Chambre de commerce, vouloir créer un centre commercial actif et reléguer les indigènes, c'était abandonner les immeubles bâtis à de grands frais à ne pas être des lieux de vente. La Chambre de commerce s'opposa à cette décision de l'administration coloniale[340]. Consciente du fait que celle-ci pouvait heurter ses intérêts, la Chambre de commerce orienta très souvent les décisions du pouvoir colonial.

Dans les années 1920 et 1930, la Chambre de commerce est intervenue de façon particulière dans l'orientation des plans de lotissement. Ainsi, en 1924, l'administration coloniale accepta la proposition de la Chambre de commerce qui voulait que les lots à Ferkessédougou fussent provisoirement entre la route du Soudan et le Bandama[341]. Quand on sait l'importance de ces voies pour les

337 *Idem*, p. 141.
338 *BCCCI*, procès-verbal de la séance du 4 mai 1924, p. 7.
339 *BCCCI*, procès-verbal de la séance du 15 septembre 1922, p. 2.
340 *Idem*, p. 3.
341 *BCCCI*, procès-verbal de la séance du 24 mars 1924, p. 22.

commerçants diolas, on comprend l'intention de la Chambre de commerce de capter ces échanges au profit de ses membres. Dans le cas du lotissement de Man, la Chambre de commerce, au cours de sa séance du 1er juillet 1927, a estimé qu'il serait de mauvaise politique de déplacer le centre diola, qu'elle considérait comme « l'âme du commerce de Man »[342].

Dans l'ensemble, sur le lotissement des centres urbains, la Chambre de commerce a toujours cherché à donner des avis tant sur l'emplacement que sur le prix des terrains. Elle veillait à ce que les centres urbains fussent lotis et rejetait toute modification de plan contraire à l'intérêt de ses membres. Si son avis n'était pas suivi, elle se refusait à encourager ses membres à s'installer sur un site dont elle ne pouvait agréer le plan. Pour accélérer le lotissement, qui était d'ailleurs profitable aux maisons de commerce, la Chambre de commerce faisait des pressions sur l'administration coloniale en s'offusquant devant le manque de géomètres dans la colonie pour les travaux de délimitation. En effet, l'insuffisance de géomètres provoquait souvent des conflits d'intérêts consécutifs à la délimitation fantaisiste des terrains. Dans une correspondance adressée le 12 janvier 1937 au président de la Chambre de commerce, les géomètres agréés de la colonie firent état de leur inquiétude. Leurs soucis résultaient des conséquences directes d'un décret de 1925 organisant le régime foncier indigène en AOF, qui permettait la délivrance du titre foncier à tout indigène qui en faisait la demande, sans tenir compte de l'exactitude du plan du terrain.

Pour ces géomètres agréés, des :

levés ne reposant sur aucune base immuable, ouvrent la porte à toutes sortes de discussions [tant au point de vue de la situation, qu'à celui de la superficie et même de l'orientation.]

C'est ainsi que lors des délimitations européennes, on se trouve en butte aux prétentions fantaisistes d'indigènes qui affirment avoir des droits sur les terrains, absolument vierges de toute culture, en vertu de la délivrance d'un titre indigène accordé à la légère sans aucune enquête sur le terrain [...].

Certains commis indigènes sachant lire et écrire mais ignorant l'ABC de la géométrie, établissent des croquis où les rectangles ont des côtés non égaux deux à deux, cependant les angles sont droits.

---

342 *BCCCI*, procès-verbal de la séance du 1er juillet 1928, p. 12.

Nous avons même trouvé des reçus signés d'indigènes se qualifiant « géomètres écrivains publics ».[343]

Cette insuffisance de géomètres qualifiés a conduit parfois à des cas d'escroquerie dont les planteurs indigènes sont les plus grandes victimes. Selon les géomètres agréés :

Pour un vague levé avec une boussole (et encore pas toujours) et une mensuration à la liane, il n'est pas rare, pour une seule journée passée en brousse que ces individus demandent des sommes de 1 000 et 1 500 francs et quelques fois plus.[344]

L'activité de ces faux géomètres et surtout l'insuffisance de géomètres agréés dans la colonie ont amené la Chambre de commerce à prendre l'initiative le 22 novembre 1938 d'écrire au directeur de l'École des Travaux publics d'Eyrolles en France au sujet du besoin de la colonie en géomètres. Elle précisa que le nombre de places disponibles dans la colonie était de cinq pour les élèves diplômés[345]. L'action de cette compagnie montre à quel point son souci fut de voir les espaces à occuper bien lotis. Cela donnait plus de garanties aux maisons de commerce qui pourraient jouir d'un titre foncier crédible.

En somme, à travers ces actes, la Chambre de commerce jouait ainsi un rôle important dans le lotissement des villes de Côte d'Ivoire. Ses avis ont permis à bien des égards à l'autorité coloniale de rectifier certains plans. Elle a agi aussi avec la même efficacité lorsqu'il s'agissait d'intervenir au sujet des problèmes liés aux infrastructures et aux télécommunications.

II- Des initiatives en matière d'infrastructures et de télécommunications

Avant 1923, un certain nombre d'initiatives furent prises par la Chambre de commerce de Côte d'Ivoire pour favoriser un meilleur développement des infrastructures. Mais c'est véritablement après cette date que la Chambre de commerce se montre plus audacieuse. Elle exerce des pressions sur l'Administration pour que des

343 Lettre de géomètres soussignés au président de la Chambre de commerce, Abidjan, le 12 janvier 1937, *ACCCI*, dossier 27.2, Urbanisme.

344 *Idem.*

345 Lettre de la Chambre de commerce de Côte d'Ivoire au directeur de l'École des Travaux publics d'Eyrolles (France), Abidjan, le 22 novembre 1938, *ACCCI*, dossier 27.2, Domaine foncier.

améliorations soient apportées au wharf, au chemin de fer, aux routes et aux moyens de télécommunication.

A- L'action de la Chambre de commerce pour l'amélioration et une meilleure organisation des wharfs

L'amélioration des wharfs a toujours été l'une des préoccupations de la Chambre de commerce. En effet, c'est le lieu de stockage, de dépôt des produits tant pour l'importation que pour l'exportation. C'est pourquoi la Chambre de commerce se souciait constamment de la qualité de son service. À ce sujet, le président Barthe, au cours de la séance du 16 février 1923, affirmait :

Le wharf est notre représentant auprès des compagnies de navigation. Il doit défendre nos intérêts qui sont également les siens.[346]

Le premier wharf fut construit à Grand-Bassam et mis en exploitation le 1er juillet 1901. Il est détruit le 19 août 1923 par une série de fortes barres. Mais il est reconstruit de nouveau. Par ailleurs, compte tenu de l'insuffisance du wharf de Grand-Bassam, qui représentait la seule porte de sortie de la colonie par mer, le président de la Chambre de commerce, Barthe, au cours d'un banquet offert le 14 janvier 1924 en présence du gouverneur général de l'AOF, demanda avec insistance la création d'un grand wharf à Vridi. Pour appuyer cette revendication, il affirmait avoir le soutien de l'Union coloniale française et des compagnies de navigation de Paris. Ce wharf pourrait d'abord être, selon Barthe, un ferry-boat. Ensuite, à l'aide d'un pont jeté sur la lagune, il pourrait être relié à la voie normale d'Abidjan[347].

Cette prise de position aussi tranchée de Louis Barthe en faveur d'un wharf à Vridi était le reflet des opinions d'une fraction des intérêts commerciaux. En effet, ces derniers ont vu dans le site de Vridi un débouché naturel du Soudan par la voie ferrée. En outre, son site est supposé être moins étroit par rapport à celui de Grand-

---

346 *BCCCI*, procès-verbal de la séance du 16 février 1923, p. 29.

347 Discours prononcé par Barthe, président de la Chambre de Côte d'Ivoire, au cours d'un banquet offert à Abidjan le 14 janvier 1924, en honneur de MM. le gouverneur général de l'AOF Carde, le gouverneur Touzet, chef du cabinet du ministre des Colonies, le gouverneur Antonetti, le général Claudel, commandant supérieur des troupes de l'AOF, in *BCCCI*, procès-verbal de la séance du 24 mars 1924, p. 27.

Bassam[348]. Contre cette vision optimiste pour le site de Vridi se dressaient les partisans d'un nouveau wharf à Grand-Bassam. Il s'agit ici des représentants des scieries comme Vizioz. Du côté des propriétaires de parcs à bois, nous avons Hamilton et Cie, Erbe et Marguet. Tous étaient installés à Grand-Bassam. Pour eux, envisager l'installation d'un wharf à Vridi, c'était mettre en péril le commerce et l'industrie[349]. D'ailleurs, à ce sujet, la Chambre de commerce prit position en faveur de ces derniers. En effet, Julien Vizioz, vice-président de la Chambre de commerce, déplorait dans une série d'articles dans son journal *L'indépendant de la Côte d'Ivoire*, qu'un petit groupe d'intérêts commerciaux conduit par la CFAO ait appuyé le choix de Vridi, désobéissant ainsi à la Chambre de commerce[350]. Ce vœu de la Chambre de commerce ne fut pas accepté de tous. Après des dissensions entre l'administration coloniale et les commerçants, le second wharf est définitivement installé à Port-Bouët. En dehors de ces deux wharfs, il y en avait un autre à Sassandra. Le premier, construit de 1913 à 1914, a eu pour but de faciliter les opérations d'embarquement et de débarquement en baleinière. Après 1924, quand le trafic prit un développement important, la Chambre de commerce demanda la construction d'un wharf plus important. Il fut construit de 1931 à 1932.

Avant 1914, il a existé d'autres appontements secondaires comme Tabou, Bereby, Grand-Lahou, Toupah, Jacqueville et Assinie. Mais ces centres n'ont pas constitué un enjeu primordial comme le cas des wharfs de Grand-Bassam, Port-Bouët, et dans une certaine mesure, celui de Sassandra[351]. À propos des wharfs, les plaintes de la Chambre de commerce furent permanentes pour décrier aussi bien leur gestion que l'insuffisance de matériel. Elle a protesté bien souvent contre l'augmentation du tarif de manutention alors que le wharf n'arrivait pas à satisfaire entièrement les commerçants. C'est dans ce sens qu'en 1922, au cours de la séance du 25 février, la Chambre de commerce a demandé au chef de la colonie qu'il y ait à bord des navires des pointeurs consciencieux surveillés par un Européen appartenant au wharf de Bassam. Leur rôle était de veiller à ce que les avaries et les

[348] Zan SEMI-BI, « La politique coloniale de travaux publics en Côte d'Ivoire (1900-1940) », *op. cit.*, p. 92.

[349] *Idem*, p. 94.

[350] *Ibid*, p. 96.

[351] Semi BI ZAN, « Équipement public et changement socio-économique en Côte d'Ivoire (1930-1957) », Université de Lille III, doctorat d'État, t. 1, 1981, p. 190.

vols soient inscrits sur le connaissement-chef[352]. De telles exigences de la part de la Chambre de commerce résultaient de plusieurs facteurs. En effet, les compagnies maritimes refusaient de rembourser tous les manquants non constatés à bord du navire et non mentionnés sur le connaissement-chef. Un tel problème entraînait de lourdes pertes pour les maisons de commerce faisant de l'import-export.

Face à cette situation inquiétante qui pénalisait constamment les intérêts du commerce, la solution résidait, pour cette Chambre de commerce, dans la surveillance de l'exploitation du wharf de Grand-Bassam afin d'obtenir un maximum de rendement avec un minimum de dépenses. C'est pourquoi elle proposa, vers la fin de l'année 1923, au gouverneur de la colonie, que le wharf soit administré différemment. Elle demanda de ce fait la mise en place d'un comité consultatif qui comprendrait l'Administration, la douane et les commerçants[353]. Si dans l'immédiat cette proposition ne reçut pas l'avis favorable de l'administration coloniale, elle fut entendue plus tard puisque des comités consultatifs furent mis en place pour les différents wharfs. Mais ils ne jouèrent véritablement leur rôle qu'après 1945.

Dans l'ensemble, au cours des années 1920 et 1930, les différents wharfs furent l'objet de plaintes, d'attention et de soucis pour la Chambre de commerce. Le problème de la manutention, la douane et la façon dont les produits étaient entreposés par le wharf étaient à chaque séance dénoncés par cette institution économique. Au-delà des problèmes du wharf, il en existait un autre lié à ce dernier. Il s'agit des compagnies de navigation. Si la Chambre de commerce se plaignait du wharf, elle avait davantage à se soucier de l'attitude des compagnies de navigation. Souvent, celles-ci ne touchaient pas certaines localités pour insuffisance de tonnage. Cela se faisait au mépris des intérêts des commerçants. En 1923, Assinie, Lahou et Sassandra, zones portuaires secondaires, furent victimes de cette situation. En 1924, la Chambre de commerce exprima d'autres griefs contre certaines compagnies, en particulier les Chargeurs Réunis. En effet, cette compagnie maritime délaissa les ports secondaires (Tabou, Grand-Lahou…) et supprima le courrier sans avertissement préalable.

352 *BCCCI*, procès-verbal de la séance du 25 février 1922, pp. 1-2.
353 *BCCCI*, procès-verbal de la séance du 31 décembre 1924, p. 2.

En outre, la Chambre de commerce dénonça le surnombre dans ces navires et leur incapacité à indiquer le nombre de places à réserver[354].

À ce sujet, le président Louis Barthe, dans une correspondance adressée le 11 mai 1923 au président de la Ligue maritime et coloniale française, faisait cet amer constat :

Les Directions de nos compagnies de navigation ne sont pas suffisamment tenues au courant des difficultés que nous créent les agents locaux et capitaines [...]. Je vous remets aussi sous ce pli copie de la lettre de la compagnie générale de l'Afrique Française signalant le refus par le S/S "Félix Fressinet" de prendre à Bassam quelques tonnes de marchandises pour Sassandra. [...]

Il est pénible de voir le peu d'efforts qui sont faits par les compagnies françaises pour donner satisfaction aux passagers. Ces compagnies ayant le monopole des transports administratifs et militaires ne font rien pour rendre la vie à bord plus agréable.

Les commerçants, eux, prennent les compagnies étrangères quand ils ont trop à se plaindre des vapeurs français.[355]

Cette situation fut énormément préjudiciable au commerce français. En effet, des marchandises à envoyer parfois de façon pressante furent laissées à l'abandon dans les ports secondaires par les compagnies de navigation qui n'honoraient pas leur rendez-vous. Ce type de problème contribuait à alourdir les rapports entre la Chambre de commerce et les compagnies maritimes françaises. En 1926, dans une correspondance adressée au gouverneur de la Côte d'Ivoire par l'agent principal de la compagnie des Chargeurs Réunis, ce dernier s'élevait contre la décision du chef de la colonie de communiquer à la Chambre de commerce pour avis et examen le texte d'une convention entre la colonie et sa compagnie pour le transport du personnel, du courrier et des marchandises sur la lagune Ébrié[356]. La colère de cet agent maritime peut s'expliquer par la crainte de voir la Chambre de commerce le priver d'un marché intéressant. En effet, cette compagnie consulaire n'appréciait guère les services des navires français. Dans le cas d'espèce, en associant la Chambre de commerce, le gouverneur voulait savoir si le mouvement commercial pouvait être gêné par cette convention, qui impliquait la suppression de certains voyages. Dans l'avis émis, la Chambre de commerce préconisa que le service postal

---

354 *BCCCI*, procès-verbal de la séance du 24 mars 1924, p. 21.
355 *BCCCI*, procès-verbal de la séance du 24 mars 1924, p. 6.
356 *BCCCI*, procès-verbal de la séance du 24 mars 1924, p. 7.

quotidien entre Bassam, Bingerville et Abidjan soit assuré par un camion[357]. Les surprises désagréables subies du fait de ces compagnies maritimes ont dû en partie motiver sa décision.

En somme, la situation des wharfs et les agissements des compagnies maritimes étaient l'objet de grandes préoccupations pour la Chambre de commerce. En effet, il ne servait à rien d'accumuler un grand tonnage de produits s'ils étaient mal conservés par les wharfs ou s'ils ne pouvaient être évacués correctement. Et bien souvent, ces wharfs étaient surchargés malgré les modestes extensions dont ils furent l'objet. C'est donc désabusée que la Chambre de commerce plaida pour la création d'un grand port à Abidjan. En dépit des différents arguments tant économiques que démographiques, pour s'opposer à un tel projet jugé difficilement réalisable, la Chambre de commerce réussit à imposer son point de vue. En effet, dès son arrivée en 1931, le gouverneur Reste inscrivit dans son programme la création du port d'Abidjan. À l'image de la situation des wharfs, la Chambre de commerce se montra entreprenante pour que des améliorations soient apportées aussi bien au chemin de fer qu'aux routes.

B- Projet de création, d'extension et d'amélioration du rail et des routes

Dans le but de favoriser une bonne évacuation des produits agricoles, il était nécessaire de veiller à ce que les conditions de transport soient meilleures. Face à de telles exigences, la Chambre de commerce prit des initiatives au sujet du chemin de fer et des routes.

1. Le cas du chemin de fer

Depuis sa création en décembre 1908, la question du chemin de fer était un enjeu majeur pour la Chambre de commerce. Dans un contexte où il existait peu de routes véritables, le chemin de fer était un moyen d'évacuation par excellence. On comprend pourquoi la Chambre de commerce s'en préoccupait. En 1912, elle demanda que le chemin de fer soit prolongé jusqu'à Bobo-Dioulasso et la région Mossi. Par ce prolongement, d'autres centres commerciaux pourraient être ouverts dans cette zone pour l'évacuation des produits agricoles. Elle rappela cette doléance à l'inauguration de la gare de Bouaké le

[357] *Idem.*

15 mars 1913, jusqu'à ce que l'arrêté du 18 mars 1914 autorise le prolongement du chemin de fer au-delà de Bouaké[358].

Le chemin de fer était le meilleur moyen d'écoulement de la production agricole grâce à sa rapidité et au tonnage important qu'il pouvait transporter. En outre, c'est vers le rail que convergeaient nombre d'axes routiers (est-ouest) de la Côte d'Ivoire. On peut citer entre autres Bondoukou–Abengourou–Agboville. Tous ces axes coïncidaient avec les gares importantes du chemin de fer telles qu'Agboville, Dimbokro, Bouaké, Katiola et Ferkessédougou. Ces villes étaient de grands carrefours sur l'axe routier Nord-Sud[359]. Voilà pourquoi le problème du chemin de fer revint à chaque réunion de la Chambre de commerce. Ainsi, au cours de la séance du 15 janvier 1922, le président Louis Barthe, en présence du député Barthélémy et de Clément, délégués au Conseil supérieur, faisait remarquer le prix du chemin de fer jugé élevé. À cause de cela, estima-t-il, les activités commerciales et agricoles se trouvaient plus ou moins paralysées.

Au-delà de la question des prix, la Chambre de commerce se préoccupait également du matériel roulant du chemin de fer. En mai 1924, le président de la Chambre de commerce se plaignit du fait que les wagons expédiés dans la colonie manquaient de couvert. Ce matériel était jugé inadapté par cette compagnie consulaire[360]. En effet, avec ce type de wagons, les produits incompatibles avec l'eau, comme le cacao, pouvaient être facilement détruits. En outre, la Chambre de commerce mena d'autres actions de ce genre pour que les travaux concernant le rail soient promptement exécutés. En 1924, suite au refus du gouverneur général de laisser passer une commande de crédit pour le chemin de fer, la Chambre de commerce s'adressa à l'Union coloniale[361]. Celle-ci était un puissant lobby comprenant des industriels et des banquiers européens ayant des intérêts en Afrique et capables d'influencer en sa faveur toutes les décisions qui étaient prises concernant une colonie.

---

358 Zan SEMI-BI, « La Chambre de commerce en Côte d'Ivoire : 1908-1940 », *op. cit.*, p. 80.

359 Zan SEMI-BI, « La politique coloniale de travaux publics… », *op. cit.*, pp. 145-146.

360 *BCCCI,* procès-verbal de la séance du 24 mai 1924, p. 20.

361 *BCCCI,* procès-verbal de la séance du 24 mai 1924, p. 6.

Malgré ces problèmes d'équipement du rail, la Chambre de commerce s'est toujours souciée du prolongement du chemin de fer. En juin 1927, le président de la Chambre de commerce, Barthe, demanda à l'administration coloniale l'extension du chemin de fer à Ferkessédougou afin de :

permettre aux commerçants d'y créer une belle ville dans le genre et d'y exploiter les richesses agricoles de cette partie si intéressante et si peuplée de la haute Côte d'Ivoire.

Il demanda même que les 70 km de rail qui manquaient pour atteindre cette zone soient expédiés au début de l'année 1928[362]. Ce genre de pression de la part de la Chambre de commerce portait souvent des fruits. En 1933, grâce aux interventions du délégué Alcide Delmont, une commande de deux locomotives, 40 wagons de 20 tonnes, 24 tombereaux, a été expédiée en Côte d'Ivoire[363]. Tous ces vœux et préoccupations de la Chambre de commerce reçurent des réponses favorables puisque le chemin de fer a pu atteindre toutes les localités souhaitées et va même au-delà.

Mais de toutes ces actions de la Chambre de commerce, celle qui peut paraître la plus audacieuse fut sa demande en 1928, avec l'appui d'un collectif de commerçants, au gouverneur général de l'AOF, de création d'un chemin de fer dans l'Indénié[364]. Plusieurs raisons motivèrent une telle demande. La première était le fait que la route ne pouvait suffire pour faire face au trafic intense dans l'Indénié. La seconde s'expliquait par l'insuffisance de camions qui servaient à évacuer tout le cacao de cette région. En effet, la production du cacao de l'Indenié s'élevait à près de 4 500 tonnes. Elle était transportée à la gare d'Agboville par des camions de 2 à 3 tonnes en nombre insuffisant. Mais cette évacuation était rendue aussi difficile à cause de l'état de la route et des nombreux accidents. Plus grave encore, la route était ouverte à midi dans le sens Agboville–Abengourou et l'après-midi dans le sens inverse.[365] Pour les milieux commerciaux, un tel calvaire ne pouvait continuer. Il fallait, de ce fait, envisager la création d'un chemin de fer dans l'Indenié. Selon l'ingénieur Launey,

---

[362] *BCCCI,* procès-verbal de la séance du 11 décembre 1927, p. 15.

[363] *BCCCI,* procès-verbal de la séance du 11 février 1934, p. 2.

[364] *BCCCI,* procès-verbal de la séance du 1er juillet 1928, p. 3.

[365] Zan SEMI-BI, « La politique coloniale de travaux publics en Côte d'Ivoire (1900-1940) », *op. cit.*, p. 197.

cette voie ferrée pouvait permettre d'assurer la sortie de 120 000 tonnes de cacao pendant une période de 12 mois[366].

Ce projet représentait donc un avantage considérable pour l'évacuation des marchandises. C'est pourquoi il était appuyé par le gouverneur local et inscrit dans le programme des travaux de l'AOF en 1931, avec une dotation de 65 millions de francs[367]. Dans la réalisation de ce projet, la Chambre de commerce souhaitait qu'un pont fût construit sur le fleuve Comoé. Ce pont devait comporter une voie ferrée au milieu et des passages pour les camions. En outre, des passages devaient être prévus pour les piétons sur les côtés[368]. Cependant, ce chemin de fer de l'Indénié ne vit pas le jour non du fait de la Chambre de commerce, mais parce que l'administration coloniale ne prêtait pas à cette institution consulaire tout le concours dont elle avait besoin. En effet, le contexte de crise que vivait la colonie n'était pas de nature à favoriser une réalisation aussi coûteuse. En conséquence, le projet de chemin de fer fut retiré du programme de la loi du 7 juillet 1934[369].

Si le chemin de fer de l'Indénié ne pouvait pas voir le jour eu égard à l'attitude de l'autorité coloniale, celui de Sassandra projeté à partir de 1928 fut également un échec à cause du veto de la Chambre de commerce. Selon cette institution, un chemin de fer dans cette région était discutable, car le transport routier pouvait être largement suffisant[370]. La création d'un chemin de fer à partir de Sassandra ne manquait pas d'intérêt. En effet, pour les partisans de ce projet, Sassandra deviendrait un grand port grâce au chemin de fer. Il pourrait desservir l'ouest de la Côte d'Ivoire et capter les produits venant du Soudan et de la Haute-Volta[371]. L'intérêt économique d'un tel projet paraissait donc évident. C'est pourquoi la Chambre de commerce se montrait au début très intéressée. Dans ce sens, en septembre 1928, elle fit un certain nombre de remarques au sujet des concessions

---

[366] *Idem.*

[367] *Idem*, pp. 197-198.

[368] Extrait du procès-verbal de la séance de la Chambre de commerce du 1er juillet 1928, in *ACCCI* : dossier 19.2, Projet du chemin de fer dans l'Indenié.

[369] Zan SEMI-BI, « La politique coloniale... », *op. cit.*, p. 198.

[370] Lettre du vice-président de la Chambre de commerce au lieutenant-gouverneur de la Côte d'Ivoire au sujet du rapport Mounier sur le chemin de fer de Sassandra et la concession forestière de 200 000 hectares, Abidjan, le 29 septembre 1928, *ACCCI* : dossier 19.2, Projet du chemin de fer dans l'Indénié.

[371] Zan SEMI-BI, « La politique coloniale... », *op. cit.*, p. 195.

territoriales à accorder au syndicat d'étude du chemin de fer de Sassandra.

Ainsi, s'il fallait accorder une concession forestière de 200 000 ha avec ce que cela représentait comme profit, il était souhaitable selon cette institution de demander aux concessionnaires la construction de 125 km de voie métrique dans un court délai, c'est-à-dire qui n'excède pas 8 à 10 ans[372]. En plus, dans le rapport de la Chambre de commerce, pour se prémunir contre la négligence du constructeur et l'inciter à l'action, l'avancement du rail devait précéder l'attribution de lots. En dehors de ces aspects, la Chambre de commerce se préoccupait aussi de la nécessité d'économiser la main-d'œuvre indigène. En effet, la construction du chemin de fer de Sassandra ainsi que de celui de l'Indénié pourraient occasionner une main-d'œuvre importante et par conséquent perturber la production du pays. Pour cela, la Chambre de commerce exigea une modernisation de l'outillage pour réduire au minimum l'utilisation de la main-d'œuvre[373].

L'autre l'aspect des souhaits de la Chambre de commerce fut d'exiger la construction d'un wharf dans la rade de Sassandra avant l'attribution de la seconde partie du premier lot de concessions forestières[374]. Cette exigence était motivée par le fait que si le concessionnaire devait se contenter de faire passer son matériel, il serait impossible au commerce de trouver de la main-d'œuvre pour ses propres opérations. De telles conditions posées par la Chambre de commerce présageaient déjà des obstacles que les concessionnaires du chemin de fer de Sassandra devaient lever afin de donner plus de crédit à leur projet.

C'est en 1930 que le projet du chemin de fer de Sassandra fut présenté par M. Girod, ancien directeur du chemin de fer de Côte d'Ivoire de 1924 à 1925. Il avait obtenu pour 60 ans une concession forestière de 200 000 ha. Dans le cahier des charges, il avait l'obligation de construire à ses frais le chemin de fer de Sassandra. Ne pouvant satisfaire le cahier des charges, M. Girod chercha à modifier

---

372 Lettre du vice-président de la Chambre de commerce au lieutenant-gouverneur de la Côte d'Ivoire au sujet du rapport Mounier sur le chemin de fer de Sassandra et la concession forestière de 200 000 hectares, Abidjan, le 29 septembre 1928, *ACCCI* : dossier 19.2, Projet du chemin de fer dans l'Indénié.

373 *Idem.*

374 *Ibid.*

les données de son projet. Mais la Chambre de commerce s'y opposa. Pour elle, c'était l'administration coloniale qui devait construire toute la ligne du chemin de fer et en assurer l'exploitation. Elle pensait aussi que le déboisement d'une grande superficie pouvait influencer le régime des pluies[375].

Faute d'accord et d'appui de la Chambre de commerce de Côte d'Ivoire, le projet de chemin de fer de Sassandra fut un rêve vite oublié. Contrairement au projet du chemin de fer de l'Indénié, celui de Sassandra fut plus une initiative personnelle qui ne répondait pas au souhait des intérêts coloniaux. Sassandra ne représentait pas un intérêt majeur par rapport à l'Indénié. Raison pour laquelle, dans ce projet du chemin de fer, la Chambre de commerce manifestait peu d'enthousiasme. Elle posa plutôt des conditions, car ce projet ne rencontrait pas l'assentiment de ses membres contrairement à celui de l'Indénié. De façon générale, la question du chemin de fer pendant les deux guerres fut l'objet de débats au sein de la Chambre de commerce. Son prolongement et l'amélioration du rail furent rendus possibles grâce en partie à l'action de la Chambre de commerce. Cette assertion est également valable en ce qui concerne la question des routes et des ponts.

2- Les préoccupations au sujet des routes

Au début du siècle dernier, la construction des routes s'est faite sous forme de pistes avec des outils rudimentaires. La réalisation des routes était difficile car il fallait ouvrir les voies, principalement dans les zones forestières. Avant 1920, l'introduction progressive des routes automobilisables se fit souvent sans études préalables avec des déviations importantes, des réfections continuelles et souvent des abandons à cause des accidents de reliefs[376]. Quelles que soient les difficultés pour réaliser ces routes, leur finalité est de servir les intérêts coloniaux en favorisant une meilleure évacuation des produits. Pour cela, la route revêtait un intérêt très important pour la Chambre de commerce. Mandatée pour contribuer à la prospérité de la colonie, la Chambre de commerce se devait de veiller à ce que les routes jouent leur fonction d'évacuation. Dans ce sens, son combat, dans les années 1920 et 1930, se situait à plusieurs niveaux. Il s'agissait, d'une

---

[375] *BCCCI,* procès-verbal de la séance du 23 février 1936, cité par Zan SEMI-BI, « La politique coloniale... », *op. cit.*, p. 196.

[376] Zan SEMI-BI, « La politique coloniale... », *op. cit.*, p. 143.

part, d'améliorer les routes existantes, et d'autre part, d'indiquer celles à créer.

Dans ce contexte colonial, la Chambre de commerce se montrait très exigeante car personne d'autre que les commerçants, en déplacement permanent, ne connaissait mieux les routes à créer ou à améliorer. En 1922, elle demanda l'achèvement de la route Agboville–Abengourou–Bondoukou, jusque-là inachevée. Cet axe était une zone de grande production de cacao et aussi de trafic intense. C'est pourquoi la Chambre de commerce se souciait du soin particulier à lui apporter. Ainsi, au cours de la séance du 4 mai 1922, elle se plaignit des remontées entre la Comoé et Abengourou, obligeant les automobiles à décharger les marchandises afin d'assurer la remontée aux véhicules[377]. Une telle situation causa d'énormes préjudices en produits et en temps d'évacuation. Dans certains cas, la Chambre de commerce se montrait très menaçante. Ainsi, faisant suite aux plaintes des commerçants de Dabou au sujet des préjudices causés par l'état de la route Abidjan–Dabou, le président Barthe enjoignit le gouverneur de la colonie de donner l'ordre à l'administrateur du cercle des lagunes pour que le travail de réparation soit exécuté dans un délai de 2 ou 3 semaines[378].

Ce genre de plainte était permanent dans les différentes séances de la Chambre de commerce. Par moment, elle s'opposait à certains tracés de routes. C'est ainsi qu'au cours de la séance du 7 février 1926, lorsque l'administrateur de Dimbokro faisait état de l'ouverture de la route Kotobi–Akpaoussou–Arrah et son intention de rejoindre le réseau Agboville–Abengourou, la Chambre de commerce s'y opposa. Pour elle, cette route n'avait jamais été demandée ; par conséquent, elle la considéra comme inutile[379]. Bien souvent, ce type de diktat a eu un grand effet parce que la Chambre de commerce était un partenaire incontournable du pouvoir colonial. En effet, la force financière de ses membres, représentants de grandes maisons de commerce métropolitaines, donnait à son avis une autorité telle que l'autorité coloniale était obligée de se soumettre. Regroupant en son sein les maisons de commerce, les entreprises agricoles, les exploitants forestiers et même les commerçants indigènes, la Chambre de commerce était à même d'indiquer le genre de route qui lui

[377] *BCCCI,* procès-verbal de la séance du 4 mai 1922, p. 5.
[378] *BCCCI,* procès-verbal de la séance du 4 mai 1922, p. 5.
[379] *BCCCI,* procès-verbal de la séance du 7 février 1926, p. 8.

convenait. C'est pourquoi il n'était pas étonnant qu'elle se soit vue dans l'obligation de refuser certains tracés de route qu'elle jugeait peu rentables. Pour que les choses soient faites selon sa vision et dans l'intérêt de ses membres, elle cherchait à imposer les routes à créer. Ce fut dans ce sens qu'en décembre 1927, elle attira l'attention du gouverneur par intérim Bourgine sur l'urgence des routes à créer[380]. En plus de cela, en novembre 1930, elle demanda que le tracé de la route Abidjan–Agboville par Anyama–Azaguié soit fait au plus tôt pour rejoindre une route déjà commencée dans le cercle de l'Agneby[381].

En matière d'infrastructure routière, l'action de la Chambre de commerce fut de façon générale assez déterminante. À chaque réunion de ses membres, elle faisait pression sur l'administration coloniale afin que quelque chose fût fait. En effet, sans route, les produits, dans les zones de production, ne pouvaient être évacués. C'est pour cela qu'elle favorisa la remise en état de nombreuses routes comme celle d'Agboville vers l'Indénié, Agboville–Tiassalé et Bassam–Abidjan. Elle fit aussi de nombreuses pressions pour que l'on en créât d'autres. De tels changements produisirent des effets grâce aux pressions de la Chambre de commerce. Cette institution se préoccupa aussi des infrastructures des postes et des télécommunications. Dans le dernier cas, tout dysfonctionnement fut source de graves préjudices pour le commerce.

C- Des pressions constantes pour des changements dans le domaine des postes et des télécommunications

Concernant les postes et les télécommunications, la Chambre de commerce avait plusieurs griefs. Elle se plaignait à chaque fois de l'état lamentable des services des PTT et des lignes défectueuses. Toutes ces plaintes furent constamment exposées à l'autorité coloniale au cours de ses réunions. Pour la Chambre de commerce, les lignes téléphoniques ou télégraphiques devaient profiter prioritairement aux commerçants. Au cours de sa séance du 4 mai 1924, elle insista en présence du lieutenant-gouverneur par intérim Brunot pour qu'il n'y

---

380 Ces routes doivent être construites dans les localités suivantes : Bassam, Bonoua, Adiaké, Aboissso Eboué, Maféré, Affienou, Oumé, Gagnoa, Agboville, Loviguié, Krobou, p. 9, in *BCCCI*, procès-verbal de la séance du 11 décembre 1927.

381 *BCCCI*, procès-verbal de la séance du 16 novembre 1930, p. 15.

ait pas d'encombrement des lignes par des télégrammes officiels, qu'elle jugeait inutiles. Cet encombrement retarderait les télégrammes commerciaux importants. En fait d'encombrement, il s'agissait de télégrammes annonçant les adjudications[382].

Un retard dans la communication par suite de lignes défectueuses était source de grands préjudices financiers. C'est ainsi qu'en 1936, 1 000 régimes de bananes en instance d'embarquement sur le S/S " Canada » n'ont pu partir du fait de l'interruption de la ligne télégraphique. Le bateau n'avait pas pu être avisé du chargement qui lui était destiné[383].

Ce genre de problème et la crainte d'être pris au dépourvu au dernier moment dans ces rendez-vous ont constamment préoccupé les membres de la Chambre de commerce. C'est pourquoi elle se fit l'écho d'un meilleur confort d'écoute des lignes, mais aussi, elle indiquait celles qui devaient être créées. En 1924, elle demanda l'établissement des lignes téléphoniques dans les localités comme Agboville, Dimbokro et Bouaké. Cette proposition en son temps fut d'ailleurs acceptée par le gouverneur Antonetti. Celui-ci promit d'établir la ligne Abidjan–Agboville et de la prolonger jusqu'à Dimbokro dans un premier temps, puis jusqu'à Bouaké si le résultat était bon[384]. En 1927, la Chambre de commerce demanda aussi la création des postes de TSF à ondes courtes à Sassandra, à Grand-Lahou et à Abengourou. Cela avait d'ailleurs pour but de favoriser la communication en tout temps avec les localités très importantes du point de vue commercial. Le choix d'Abengourou, dans ce sens, est très significatif.

Dans l'ensemble, toutes ces revendications de la Chambre de commerce ne restèrent pas lettre morte. Sous sa pression, l'administration coloniale créa des lignes télégraphiques de Sassandra–Gagnoa et Oumé–Gagnoa. Il faut souligner que dans les années 1930, Sassandra fut considéré comme un port promu à un bel avenir. La compagnie de navigation des Chargeurs réunis y faisait une escale par ses paquebots. Quant à la ligne Oumé–Gagnoa, elle

382 *BCCCI*, procès-verbal de la séance du 24 mai 1924, p. 23.
383 *BCCCI*, procès-verbal de la séance du 16 mai 1936, p. 32.
384 *Idem.*

complétait un réseau télégraphique d'une région riche pour ses potentialités économiques[385].

Dans le secteur des services des postes, la Chambre de commerce entreprit également des actions. Elle se préoccupait du courrier postal. Pour une meilleure qualité de service, elle faisait pression sur l'administration coloniale pour que soit augmenté le nombre d'employés des postes. En effet, à cause de leur nombre réduit et du faible niveau de formation de la plupart d'entre eux, le service des PTT laissait à désirer, que ce soit le courrier, le téléphone ou le télégraphe. À cause des problèmes de dysfonctionnement, le commerce subissait de graves préjudices. La Chambre de commerce se sentait même dans l'obligation de se battre pour que même les heures de fermeture et d'ouverture des courriers soient affichées à la poste.

Toutes ces actions de la Chambre de commerce en matière d'infrastructure connurent, dans la plupart des cas, un dénouement heureux. Ainsi, cette institution contribua, grâce à ses pressions, au financement de ces infrastructures. En dehors des problèmes récurrents liés aux infrastructures, pendant la période de 1923-1939, la Chambre de commerce entreprit ses premières grandes actions sociales. C'est dans ce même contexte que naît la Chambre d'agriculture et d'industrie de Côte d'Ivoire.

---

[385] Semi BI ZAN, « Équipement public et changement socio-économique … », *op. cit.*, p. 312.

CHAPITRE III

DE LA NAISSANCE DE LA CHAMBRE D'AGRICULTURE ET D'INDUSTRIE AUX GRANDES ACTIONS SOCIALES DE LA CHAMBRE DE COMMERCE DE CÔTE D'IVOIRE

La mise en place de la Chambre d'agriculture et d'industrie présentait un grand intérêt pour le colonisateur français. Elle devait participer à une exploitation de la colonie. La naissance d'une telle institution fut complémentaire à l'action de la Chambre de commerce. Cependant, cette nouvelle donne a suscité des rivalités et des incompréhensions. La conséquence d'une telle situation fut la désorganisation de la Chambre de commerce.

I- L'AVÈNEMENT DE LA CHAMBRE D'AGRICULTURE ET D'INDUSTRIE DE CÔTE D'IVOIRE : UNE NAISSANCE MAL ACCEPTÉE

Jusqu'au début des années 1920, la Chambre de commerce de Côte d'Ivoire fut la seule organisation consulaire à régenter la vie économique. Pour compléter l'action de cette institution consulaire sur le plan agricole, le gouverneur général de l'AOF promulgua en 1925 un décret instituant des chambres d'agriculture et d'industrie en AOF. Avec la naissance d'une nouvelle chambre consulaire en Côte d'Ivoire, des réorganisations furent nécessaires à l'intérieur de la Chambre de commerce.

A- Désorganisation de la Chambre de commerce de Côte d'Ivoire

La mise en place de la Chambre d'agriculture et d'industrie entraîne des changements dans le fonctionnement de la Chambre de commerce. Celle-ci fut obligée d'adapter ses textes et de perdre une partie de ses membres au profit de la nouvelle compagnie consulaire.

1- Tentatives de modification des textes, démembrement d'une partie de l'électorat de la Chambre de commerce de Côte d'Ivoire

Depuis sa création en décembre 1908, les textes régissant la Chambre de commerce ont été plusieurs fois l'objet de diverses modifications. Il s'agissait soit de préciser les conditions d'éligibilité, soit d'augmenter la patente afin de favoriser les personnes réalisant de gros investissements. Toutes ces transformations n'ont pas entraîné de vives discussions entre la Chambre de commerce de Côte d'Ivoire et l'administration coloniale. Mais dans le cas de la mise en place de la Chambre d'agriculture et d'industrie, on assista à de réelles incompréhensions.

C'est par un arrêté du 28 novembre 1925 que l'administration coloniale institua une Chambre d'agriculture et d'industrie en Côte d'Ivoire. Son siège était à Grand-Bassam mais son activité s'étendait à toute la colonie. Selon l'arrêté du 20 juin 1925 relatif aux chambres d'agriculture, en son article 7, le collège appelé à élire les membres élus des chambres d'agriculture et d'industrie de l'AOF devait comprendre les chefs des exploitations agricoles, d'élevage, des forestiers et des industriels. Selon cet article, devaient être considérées comme exploitations industrielles, les exploitations qui avaient pour objet soit la mise en œuvre de substances animales, végétales ou minérales renfermées dans le sein de la terre, de la mer ou existant à leur surface, soit la transformation des matières et des produits, afin de les approprier aux divers besoins de l'homme et des animaux, lesdites exploitations s'exerçant dans les mines, les carrières, les manufactures et les chantiers[386].

À travers le collège électoral appelé à élire les membres de la Chambre d'agriculture et d'industrie, il se dégage déjà la nécessité de modifier les structures de la Chambre de commerce. En effet, avant la naissance de la Chambre d'agriculture et d'industrie, exploitants agricoles, forestiers et industriels faisaient partie de la Chambre de commerce. Le problème qui se posait maintenant était de savoir comment opérer leur retrait de la Chambre de commerce au profit d'une nouvelle organisation consulaire. Si pour l'administration coloniale, ce transfert d'électeurs ne semblait poser aucun problème, il n'en était pas de même pour la Chambre de commerce.

---

[386] *JOCI*, 1925, p. 324.

Dans un rapport daté du 14 mai 1927, Henri Reboul, secrétaire de la Chambre de commerce et aussi membre de la nouvelle Chambre d'agriculture et d'industrie, mit en relief les graves torts que cette nouvelle institution pourrait causer à l'ancienne. En effet, en intégrant les industries à la Chambre d'agriculture, il se demandait si ces deux secteurs d'activités pouvaient cohabiter. Car, soulignait-il :

Le rattachement des industries à la Chambre d'agriculture est contestable dans son principe. Aux termes de l'article 1 de la loi du 9 avril 1898, relative aux Chambres de Commerce de France, celles-ci sont auprès des pouvoirs publics, les organes des intérêts commerciaux et industriels de leur circonscription.[387]

À partir de l'exemple français et pour des raisons liées à la nature même de cette profession, la Chambre de commerce de Côte d'Ivoire considérait que les industriels ne pouvaient appartenir à une chambre d'agriculture. Mais ce point de vue ne fut pas partagé par l'autorité coloniale, qui maintint tout de même les industriels dans cette nouvelle organisation. Ces derniers, en dépit de cette modification, sont pendant longtemps restés à la Chambre de commerce plus proche de la défense de leurs intérêts.

En dehors de la question des industriels, le rattachement des forestiers à la Chambre d'agriculture et d'industrie ne faisait pas l'unanimité. Le secrétaire de la Chambre de commerce, Henri Reboul, s'y opposa. Pour lui, les exploitants forestiers devaient constituer une catégorie spéciale au sein de la Chambre de commerce. La Chambre d'agriculture serait ainsi composée exclusivement d'agriculteurs. Le retrait des forestiers de la nouvelle compagnie consulaire se justifiait aussi, selon Reboul, dans la mesure où les intérêts des agriculteurs étaient diamétralement opposés à ceux des exploitants forestiers pour des raisons inhérentes au mode de travail de chacune de ces catégories[388]. L'autre raison qui militait en faveur de cette séparation des forestiers au profit de la Chambre de commerce était le fait que les exploitants forestiers étaient loin d'être satisfaits du peu de succès obtenu par la Chambre d'agriculture dans la question du règlement de la main-d'œuvre et surtout de l'élaboration du nouveau règlement

---

[387] Rapport de Reboul, vice-président de la Chambre de commerce, sur l'organisation de la Chambre de commerce, Abidjan, le 14 mai 1927, pp. 1-2, *ACCCI* : dossier 11, Chambre de commerce.

[388] Lettre du vice président de la Chambre de commerce au lieutenant-gouverneur, Abidjan, le 28 juillet 1928, p. 2, *ACCCI* : dossier 11 Chambre de commerce.

forestier. Henri Reboul, qui lui-même était exploitant forestier, proposa pour la représentation des forestiers à la Chambre de commerce un nombre de sièges égal aux 3/5 du nombre de sièges accordés aux commerçants classés en première, deuxième et troisième catégories[389]. En d'autres termes, Reboul préconisait une domination des forestiers au sein de la Chambre de commerce. Cette hégémonie fut rejetée par certains membres de la Chambre de commerce qui préféraient accorder aux exploitants forestiers une quatrième catégorie, comprenant 3 membres titulaires et 3 membres suppléants, contre 9 pour l'un et 6 pour l'autre si l'on devait tenir compte des avis de Henri Reboul.

La création de la Chambre d'agriculture et d'industrie fut donc une source de perturbations pour la Chambre de commerce de la Côte d'Ivoire. La répartition du nombre de sièges par catégories entraînait des recompositions contradictoires. Cependant, un fait se dégageait. Si la possibilité d'une quatrième catégorie semblait admise en faveur des exploitants forestiers, cette perspective fut par la suite abandonnée. Tous ces arrêtés réorganisant la Chambre de commerce de Côte d'Ivoire ne mentionnèrent que trois catégories.

Mais, si avec la naissance de la Chambre d'agriculture et d'industrie, la Chambre de commerce était condamnée à se réformer, il est nécessaire d'examiner le mode d'organisation et les structures de cette nouvelle compagnie consulaire.

2- Organisation et attributions de la Chambre d'agriculture et d'industrie de Côte d'Ivoire

L'organisation de cette nouvelle chambre consulaire fut précisée par l'arrêté du 20 juin 1925. Selon cet arrêté, les chambres d'agriculture et d'industrie en AOF sont instituées par un arrêté du gouverneur général pris en Conseil de gouvernement après avis des lieutenants-gouverneurs. Ils devaient être auprès des pouvoirs publics les organes consultatifs et professionnels des intérêts agricoles et industriels[390]. Les chambres d'agriculture et d'industrie sont composées d'un électorat spécial. Il s'agit des chefs d'exploitations français exerçant dans le domaine agricole, industriel, forestier et de l'élevage. Le capital utilisé pour ces exploitations devait atteindre un maximum fixé par le gouverneur général en Conseil de gouvernement

[389] *JOCI*, 1925, p. 323.
[390] *JOCI*, 1925, p. 323.

sur proposition du lieutenant-gouverneur. En outre, lesdits chefs d'exploitation devaient être soit des propriétaires ou les usufruitiers qui géraient personnellement leur exploitation, soit les agents généraux, les agents chefs de culture, les directeurs ou les gérants d'exploitation ou d'établissement industriel agissant pour le compte d'une société. Ces exploitations devaient appartenir, pour la majorité des capitaux engagés, à des Français. Si elles étaient anonymes, elles devaient être instituées conformément aux lois françaises et avoir leur siège social en France ou dans l'une des colonies françaises[391].

En ce qui concerne les sujets français propriétaires ruraux, ils devaient faire valoir leur bien d'une façon pérenne et justifier d'une mise en culture ou d'une exploitation sur une superficie dont l'étendue serait déterminée par l'autorité coloniale. En dehors des chefs d'exploitation, qui étaient appelés à faire partie du bureau de la nouvelle compagnie consulaire, il faut ajouter également les membres délégués par les Sociétés Indigènes de Prévoyance (SIP) et autres associations agricoles. Cependant, leur nombre ne devait pas excéder la moitié du total des membres de chaque chambre d'agriculture[392].

Dans l'ensemble, les chefs des exploitations ou les indigènes propriétaires ruraux, pour être inscrits sur la liste électorale de la Chambre d'agriculture et d'industrie, devaient être citoyens ou sujets âgés au moins de 21 ans et jouir de leurs droits civiques. La durée d'un mandat à la Chambre d'agriculture et d'industrie était de 4 ans. Les membres sont toujours rééligibles. Le mandat des membres d'une chambre d'agriculture et d'industrie n'est pas compatible avec celui des membres d'une chambre de commerce lorsqu'il est satisfait aux conditions requises pour la validité de chacun d'eux[393]. En d'autres termes, on ne pouvait être à la fois membre de la Chambre d'agriculture et d'industrie et de la Chambre de commerce.

Dans le cas de la colonie de Côte d'Ivoire, la Chambre d'agriculture et d'industrie fut instituée le 28 novembre 1925 selon les conditions prévues par l'arrêté du 20 juin 1925. Son étendue comprenait tout le territoire de la Côte d'Ivoire. Son siège était à Grand-Bassam[394]. Le collège électoral de la Chambre d'agriculture et d'industrie de Côte d'Ivoire devait comprendre les chefs

[391] *JOCI*, 1925, pp. 323-324.
[392] *Idem*.
[393] *Idem*.
[394] *JOCI*, 1926, p. 54.

d'exploitation dont l'investissement permanent dans la colonie en culture, cheptel et construction avoisinait au moins 200 000 francs. Quant aux sujets français, propriétaires ruraux, ils devaient justifier de façon pérenne une mise en culture d'une superficie d'au moins 50 hectares[395]. Les membres devant composer le bureau de cette compagnie devaient comprendre parmi les titulaires 9 membres citoyens français et 3 membres sujets parlant le français. Quant aux membres suppléants, il était envisagé 6 membres citoyens français et 3 membres sujets parlant français[396].

La Chambre d'agriculture et d'industrie de Côte d'Ivoire, à l'image des autres compagnies de l'AOF, avait pour mission de donner des avis et des renseignements sur les questions agricoles et industrielles. En outre, elle devait présenter ses points de vue sur les moyens d'accroître la prospérité de l'agriculture et de l'industrie. Pour atteindre de tels objectifs, la Chambre d'agriculture et d'industrie devait être spécialement appelée par le lieutenant-gouverneur à grouper et à coordonner les coutumes et les usages locaux à caractère agricole qui servaient ordinairement de base aux décisions judiciaires. Leurs avis pouvaient porter aussi sur les programmes des travaux d'amélioration agricoles entrepris par l'Administration ou par les Sociétés Indigènes de Prévoyance[397].

Sur le plan de l'administration financière, comme le prévoyait l'arrêté du 20 juin 1925, les chambres d'agriculture et d'industrie de l'AOF tiraient leurs ressources de plusieurs sources. Il s'agit des revenus et des intérêts des biens, fonds et valeurs leur appartenant, des dons, des taxes, des primes et des subventions de la colonie, des communes ou institutions agricoles. Dans certains cas, si ces ressources ne suffisaient pas, les chambres d'agriculture et d'industrie pouvaient tirer leurs recettes extraordinaires des capitaux provenant de l'aliénation des biens et valeurs, des capitaux provenant des dons, des legs ou des emprunts à contracter[398]. Dans les débuts de ces institutions consulaires, les revenus étant modestes, la majorité des dépenses portait sur les charges d'administration (personnel, matériel, impôt, mission, documentation). Parfois, le budget prenait en compte les subventions, allocations, encouragements aux diverses

---

[395] *Idem*, p. 54

[396] *JOCI*, 1926, p. 54

[397] *JOCI*, 1925, p. 325.

[398] *Idem*.

collectivités, œuvres et institutions ayant pour objet le progrès de l'agriculture et de l'industrie[399].

En définitive, la mission de la Chambre d'agriculture et d'industrie était d'œuvrer pour le progrès de l'industrie et de l'agriculture. Cependant, les attributions de cette nouvelle institution consulaire ont par endroit créé des oppositions et même des conflits avec la Chambre de commerce sur certains aspects de sa mission. En effet, lorsqu'on analyse l'arrêté du 16 août 1923 du gouverneur général réorganisant les chambres de commerce en AOF, en son article 24, les chambres de commerce avaient pour mission de donner des avis et renseignements qui étaient demandés sur les questions industrielles, commerciales et agricoles. L'article 28 du même arrêté, en son alinéa 2, stipulait que les chambres de commerce pouvaient entreprendre des travaux dans l'intérêt de l'agriculture ou de l'élevage et en assurer la gestion[400]. Ces attributions communes aux deux chambres consulaires, aux objectifs différents, contribuèrent, dans le cas de la Côte d'Ivoire, à faire naître des conflits d'intérêts. De telles incompréhensions virent le jour au moment où la Chambre d'agriculture et d'industrie de Côte d'Ivoire prenait réellement forme.

En application des dispositions de l'arrêté général du 28 novembre 1925, le gouverneur Lapalud convoqua, par un arrêté du 26 février 1926, le collège électoral le dimanche 28 mars afin de procéder, à la Résidence de Grand-Bassam, à l'élection des membres de la première Chambre d'agriculture et d'industrie de Côte d'Ivoire. À la suite du vote, la première réunion des membres élus de la Chambre d'agriculture et d'industrie eut lieu dans l'immeuble de la Chambre de commerce de Grand-Bassam. Il fut procédé à l'élection des membres du bureau de cette assemblée le 15 mai 1928. C'est maître Jean Clément, avocat défenseur et propriétaire d'une plantation de cocotiers près de Grand-Bassam, qui fut élu premier président de la Chambre d'agriculture et d'industrie de Côte d'Ivoire[401].

Au renouvellement de l'assemblée de la Chambre d'agriculture et d'industrie du 20 mars 1930 qui, à la suite d'une contestation, fut suivie des élections complémentaires le 21 septembre 1930, Olivier Reinach, planteur, fut élu président. Ayant démissionné en 1930, ce

---

399 *Idem*, p. 325.

400 *JOCI*, 1923, p. 284.

401 *Chambre d'agriculture de Côte d'Ivoire*, Abidjan, Imprimerie commerciale, 1966, p. 9.

dernier est remplacé par Henri Charpentier, planteur à Gagnoa[402]. Par la suite, ce fut Jean Rose, planteur dans l'île de Boulay, forte personnalité française, auteur et animateur principal du syndicat agricole de Côte d'Ivoire qui fut porté à la présidence de la Chambre de l'agriculture et d'industrie en 1934. Sous le mandat de Jean Rose, les membres de la Chambre d'agriculture et d'industrie décidèrent, au cours de la séance plénière du 22 juillet 1934, de la construction d'un immeuble comme siège, avenue Louis Barthe. Le siège fut inauguré lors de l'assemblée générale du 28 septembre 1935[403].

Au cours du renouvellement de l'assemblée en 1938, les élections des membres du bureau de la Chambre d'agriculture et d'industrie portèrent à la présidence de cette institution Albert Pays. Ce dernier possédait d'importantes plantations de café et de cacao dans la région de Gagnoa. Cependant, Albert Pays mourut en 1942. Son successeur fut Roger Dubled, directeur de la Compagnie des cultures de la Côte d'Ivoire. Il présida la Chambre d'agriculture et d'industrie de mai 1942 à juin 1945, date à laquelle il démissionna pour rentrer définitivement en France[404].

Au cours de leurs différents mandats, les présidents de la Chambre d'agriculture et d'industrie ont eu parfois des rapports conflictuels avec la Chambre de commerce. Cela commença dès les premiers pas de la Chambre d'agriculture et d'industrie. Or, celle-ci avait besoin de s'affirmer en tant qu'institution défendant les intérêts agricoles et industriels. Cette situation a suscité des rapports de force au point d'exiger l'arbitrage du gouverneur de la colonie.

B- Deux chambres consulaires aux méthodes antagonistes

Les problèmes entre les deux compagnies consulaires se posaient principalement à deux niveaux. Tandis que la Chambre de commerce accusait les agriculteurs de ne pas faire des efforts au sujet de la qualité des produits agricoles, la Chambre d'agriculture et d'industrie se plaignait de la trop grande hégémonie de son homologue sur la commercialisation. À cette incompréhension s'ajoutent d'autres conflits qui sont nés autour du partage des ressources dont bénéficiaient les deux compagnies consulaires.

---

[402] *Idem.*
[403] *Idem.*
[404] *Ibid.*

2- *Deux conceptions opposées au sujet de la qualité des produits agricoles*

L'une des préoccupations communes aux chambres de commerce et d'agriculture et d'industrie était l'amélioration de la qualité des produits agricoles. D'un côté, la Chambre d'agriculture se préoccupait de la manière d'écouler facilement les produits de ses adhérents à bon prix, de l'autre côté, la Chambre de commerce se souciait du respect de la qualité des produits à exporter. Soucieux de ne pas perdre des marchés à l'extérieur, il était donc dans l'intérêt des commerçants d'écouler des produits de qualité. Déjà, avant même la mise en place de la Chambre d'agriculture et d'industrie, la Chambre de commerce luttait au quotidien pour une meilleure qualité des produits à exporter. Bien souvent, dans ce cadre, elle faisait pression sur l'administration coloniale pour que les indigènes soient contraints à envoyer, dans les ports d'embarquement, des produits de qualité.

Pour être certaine de la qualité des produits que ses membres commercialisaient, la Chambre de commerce a mis depuis longtemps en place un service d'inspection des produits. C'est en 1913 qu'elle demanda que deux inspecteurs européens assermentés, nommés par elle et agréés par le gouverneur local, soient chargés de la vérification de la qualité de l'huile et des palmistes. En 1921, ce service d'inspection étendit sa compétence à d'autres produits tels que la cola, le caoutchouc et le cacao[405]. Cette institution de contrôle, aux mains des commerçants, fut contestée pour manque d'efficacité par la Chambre d'agriculture et d'industrie. En effet, pour le président de cette institution, Olivier Reinach, avec un tel service, une grande quantité de cacao était laissée sans contrôle[406]. Ce fut le cas notamment à Tiassalé où, en dépit de la présence du service de l'inspection des produits, un membre de la Chambre d'agriculture affirmait que le cacao acheté par le commerce était de mauvaise qualité. Un tiers de ce produit serait mal fermenté et moisi[407]. De telles accusations qui mettaient à mal la crédibilité de ce service d'inspection ne tardèrent pas à faire réagir la Chambre de commerce.

---

405 Simon-Pierre M'BRA EKANZA, *op. cit.*, p. 483.

406 Lettre du président de la Chambre d'agriculture au gouverneur de la Côte d'Ivoire, Abidjan, le 15 mars 1932, in *BCCCI*, procès-verbal de la séance du 2 juillet 1932, p. 45.

407 Lettre du président de la Chambre agriculture et d'industrie au président de la Chambre de commerce, Abidjan, 2 juillet 1932, in *BCCCI*, procès-verbal de la séance du 2 juillet 1932, p. 44.

Suite à plusieurs enquêtes auprès des grandes maisons de commerce présentes à Tiassalé comme la SCOA, la CFAO, l'Africaine française, les établissements O. Perinaud et Soucail et Cie, ceux-ci réfutèrent les accusations de la Chambre d'agriculture, qu'ils jugeaient non fondées.

Selon les affirmations de la maison O. Perinaud ;

Le cacao de la région de Tiassalé a marqué cette année une amélioration sensible de sa qualité sur l'année dernière et qu'il faut attribuer ce résultat à l'action efficace de l'inspection des produits...

Tandis que pour la maison Soucail et Cie ;

Nous avons acheté à Tiassalé un certain tonnage de cacao, dont une partie a été expédiée en France ou elle n'a donné lieu à aucune remarque.[408]

En dépit de telles affirmations, la Chambre d'agriculture continua de contester ce service aux mains de la Chambre de commerce. Son président Reinach ne croyait guère aux méthodes de contrôle de ce service d'inspection des produits sous la direction de la Chambre de commerce. Cette méthode consistait principalement à contrôler la production agricole avant toute l'exportation. Cela représentait une véritable contrainte sur le monde agricole, qui n'appréciait d'ailleurs pas ces contrôleurs. En effet, ces derniers étaient une soixantaine d'indigènes travaillant sous la supervision de deux inspecteurs européens incapables de contrôler, à eux seuls, la qualité des produits de la colonie. Ces contrôleurs étaient impuissants face à l'acheteur européen. En outre, les contrôleurs de l'inspection des produits étaient mal vus par les planteurs indigènes. En 1937, dans une pétition adressée par le Comité indigène du cercle de l'Indenié au ministre de la Colonie, de passage en Côte d'Ivoire, ce comité se dressa contre le manque de compétence de ces contrôleurs souvent recrutés hors de la colonie. Il se plaignit du fait que :

L'inspection des produits sert à satisfaire des rancunes personnelles ou à favoriser des maisons de commerce.[409]

Dans cette atmosphère de suspicion, il est évident que ce service d'inspection ne pouvait jouir d'une crédibilité auprès de la Chambre

---

[408] Lettre de la maison O. Perinaud au président de la Chambre de commerce, Abidjan, le 5 février 1932 et lettre de la maison P. Soucail et Cie au président de la Chambre de commerce, Abidjan, le 9 février 1932, in *BCCCI*, procès-verbal de la séance 2 juillet 1932, p. 52.

[409] Jean-Noël LOUCOU, *op. cit.*, p. 465.

d'agriculture. Pour remédier à cette carence qui lui paraissait défavorable, la Chambre d'agriculture préconisa un contrôle à l'exportation. Ainsi, tout lot de cacao à exporter devait subir un test. Il ne devait être expédié qu'avec un certificat de contrôle. Cette compagnie envisagea qu'il soit établi dans les ports d'embarquement comme Bassam, Assinie, Grand-Lahou, Sassandra un contrôleur européen[410]. Quant aux maisons de commerce, leur rôle se limiterait à prendre des dispositions et à donner l'ordre à leurs agents d'acheter des produits de qualité. Pour éviter le monopole des commerçants, la Chambre d'agriculture et d'industrie se proposa d'exercer le contrôle de la qualité des produits ou d'en laisser le soin à l'administration coloniale[411].

Par ces propositions, la Chambre d'agriculture voulait écarter la Chambre de commerce, dont la mainmise sur le contrôle des produits ne paraissait pas claire à ses yeux. En effet, comme l'affirmait le président de la Chambre d'agriculture en mars 1932, un tel contrôle ne pourrait être fait par la Chambre de commerce, car :

Il est en effet impossible que la Chambre de commerce se contrôle elle-même ou plutôt contrôle les exportations de ses ressortissants.[412]

Cette attitude de la Chambre de l'agriculture et d'industrie mettait le lieutenant-gouverneur Bourgine dans une situation embarrassante. En effet, accéder à la demande de la Chambre d'agriculture, ce serait méconnaître le droit reconnu à la Chambre de commerce par l'arrêté organique de 1908 en son article 28 au sujet de sa fonction administrative. Cette fonction lui donnait le droit de créer ou même de gérer des services dans l'intérêt du commerce. Dans le cas de la Chambre d'agriculture, de telles dispositions ne furent pas prévues dans son fonctionnement. De l'autre côté, ignorer les préoccupations de la Chambre d'agriculture, c'était exposer la colonie à la guerre des intérêts entre deux compagnies incontournables dans la survie de l'économie. Dans tous les cas, producteurs et commerçants en souffriraient.

Pour concilier les intérêts en présence, le lieutenant-gouverneur Bourgine souhaitait voir dans le service du contrôle des produits un

---

410 Lettre du président de la Chambre d'agriculture au gouverneur de la Côte d'Ivoire, Abidjan, le 15 mars 1932, in *BCCCI*, procès-verbal de la séance du 2 juillet 1932, p. 45.

411 *Idem.*

412 *Idem.*

organisme ne relevant directement d'aucune assemblée consulaire. Ce nouveau service aurait un budget propre alimenté par des taxes frappant les produits soumis au conditionnement. Avec cet organisme, le contrôle s'exercerait à partir du moment où les produits entreraient en circulation. À la sortie, aucun produit ne devait être embarqué sans l'autorisation du service du contrôle indiquant sa bonne qualité[413]. Mais pour qu'une telle proposition du lieutenant-gouverneur puisse aboutir, il fallait l'assentiment de la Chambre de commerce. Celle-ci s'est toujours opposée aux conceptions de la Chambre d'agriculture au sujet du service du contrôle des produits. Dans sa lettre du 19 mai 1932 au lieutenant-gouverneur, le président de la Chambre de commerce, Lasserre, s'étonna de l'insistance de la Chambre d'agriculture de lui arracher un service du contrôle des produits que sa compagnie a créé et gère. Pour la Chambre de commerce, cette affaire dont l'origine remonte à 1929 du fait de son insistance n'était liée qu'à un besoin de la Chambre d'agriculture d'améliorer son budget[414].

Pour la Chambre de commerce, la question du contrôle des produits ne devait pas se poser dans la mesure où ce n'étaient pas les agriculteurs qui commercialisaient les produits agricoles, mais les commerçants regroupés à la Chambre de commerce. Ceux-ci avaient d'ailleurs intérêt à se préoccuper de la qualité des produits. En effet, avec des produits de faible qualité, il leur serait difficile de trouver des débouchés à l'extérieur, ce qui constituait pour eux une perte considérable. C'est cette loi impitoyable du marché que le président de la Chambre de commerce exprima le 19 mai 1932 dans sa correspondance au chef de la colonie en ces termes :

Le commerçant a lui un contrôleur puissant et inexorable, c'est l'acheteur européen ou américain qui ne manque pas si la qualité n'est pas celle conforme de faire subir une réfaction, soit de refuser le lot. Le commerçant est, à double titre, plus intéressé que le producteur à une bonne préparation de l'ensemble de la production.

1. Parce que si la qualité est inférieure, il court le risque de ne pas être remboursé des sommes qu'il a payées ;

---

[413] Lettre du lieutenant-gouverneur Bourgine au président de la Chambre de commerce, Abidjan, le 26 avril 1932, in *BCCCI*, procès-verbal de la séance du 2 juillet 1932, p. 46.

[414] Lettre du président de la Chambre de commerce au lieutenant-gouverneur de la Côte d'Ivoire, Abidjan, le 19 mai 1932, in *BCCCI*, procès-verbal de la séance du 2 juillet 1932, p. 47.

2. Parce que la meilleure qualité améliore et plus il peut verser l'argent entre les mains des producteurs, plus il peut leur vendre de marchandises.[415]

Toutes ces précisions du président de la Chambre de commerce Lasserre visaient à montrer à quel point son institution se souciait de la qualité des produits à exporter. L'instrument de cette action fut le Service du contrôle des produits contre lequel la Chambre d'agriculture se montrait très critique. En effet, la Chambre d'agriculture ne voyait dans le commerçant en Côte d'Ivoire qu'un intermédiaire. Il achetait et calculait son bénéfice d'après les cours d'Europe. Il résulte de cette situation que même si le produit était déprécié, le commerçant réalisait un bénéfice. Par contre dans le cas du producteur, il subissait les conséquences d'une mauvaise qualité de produit et parfois de la baisse des cours même si son produit était de bonne qualité[416].

Une telle vision du monde des commerçants ne pouvait que rendre difficiles les rapports entre la Chambre d'agriculture et d'industrie et la Chambre de commerce. Un autre élément qui dérangeait la Chambre de commerce dans cette querelle était le fait que les préoccupations de la Chambre d'agriculture ne portaient que sur un seul produit, à savoir, le cacao[417]. Pourtant, le Service de contrôle des produits avait aussi à se soucier de la qualité de l'huile, du palmiste et de la cola. Comme ces produits étaient marginaux par rapport à la place prépondérante qu'occupait le cacao, la Chambre d'agriculture préférait moins s'en soucier. Il importe de souligner que de 4 299 tonnes de cacao exportées en 1924, la production de la colonie de Côte d'Ivoire passa à 22 235 tonnes en 1930[418]. C'était donc un progrès considérable.

Compte tenu de l'enjeu que représentait le cacao pour les producteurs, le rôle du Service de contrôle tel que perçu par la Chambre de commerce n'était pas apprécié de l'autre compagnie. Cela a d'ailleurs suscité d'autres divergences, notamment au sujet du conditionnement du cacao. S'il y avait divergence autour du contrôle

---

415 *Idem*, pp. 47-48.

416 Lettre du président de la Chambre d'agriculture et d'industrie au gouverneur de la Côte d'Ivoire, Bingerville, le 7 juin 1932, in *BCCCI*, procès-verbal de la séance du 2 juillet 1932, p. 50.

417 *Idem*, p. 48.

418 Pierre KIPRÉ, *La Côte d'Ivoire coloniale (1890-1940)*, t. 2, *op. cit.*., p. 177.

du Service de l'inspection des produits, d'autres problèmes survirent à propos du conditionnement du cacao. La Chambre d'agriculture et d'industrie était favorable au terrage de cacao et même à son lavage. La méthode de terrage avait pour but d'améliorer l'aspect extérieur du cacao après dessiccation, c'est-à-dire après avoir ôté l'humidité. Le terrage était pratiqué dans les zones où le cacao a un arôme fin.

Pour les partisans de cette méthode, il s'agissait, d'une part, de donner un arôme au cacao, et d'autre part, de lui conserver une certaine qualité. La Chambre d'agriculture et d'industrie encouragea ses membres dans cette voie. La Chambre de commerce, opposée à de telles méthodes, refusait d'acheter aux producteurs tout cacao ayant subi ce genre de traitement. Cette vue différente au sujet de la conduite à tenir fut l'objet de vives polémiques et même d'accusations mutuelles entre ces deux compagnies consulaires. Cette croisade de la Chambre de commerce contre le terrage du cacao résultait de l'inquiétude des maisons de commerce locales, qui avaient reçu de leur siège en France des observations au sujet du cacao terré. La pratique de cette méthode posait d'énormes problèmes aux exportateurs de ce produit. En effet, le Service de l'agriculture des États-Unis et les acheteurs européens n'admettaient plus l'achat des fèves terrées[419].

Consciente du grave préjudice financier que pourraient subir les maisons de commerce de cette situation, la Chambre de commerce soumit à la Chambre d'agriculture un projet de circulaire à l'intention des inspecteurs et contrôleurs de produits en février 1933. Cette circulaire visait d'une part à faire prendre conscience que le terrage n'augmentait pas la valeur du cacao mais d'autre part, que certains acheteurs européens refusaient l'achat de ce type de cacao[420]. Cette proposition de la Chambre de commerce fut rejetée par le président de la Chambre d'agriculture, qui ne voyait aucun danger dans la pratique du terrage. Il soutint même que le Service d'agriculture américain

---

[419] Lettre du président de la Chambre de commerce au président de la Chambre d'agriculture et d'industrie, Abidjan, le 4 février 1933, in *BCCCI*, procès-verbal de la séance de 11 juin 1933, p. 32.

[420] Chambre de commerce de Côte d'Ivoire, projet de circulaire soumis à la Chambre d'agriculture et d'industrie, Abidjan, le 4 février 1933, in *BCCCI*, procès-verbal de la séance du 11 juin 1933, p. 32.

avait toujours admis les fèves de cacao terrées[421]. C'est pourquoi la Chambre d'agriculture ne pouvait admettre que le Service d'inspection des produits du cru refuse ou même décourage le terrage du cacao et son lavage.

Devant cette confusion entretenue sur la qualité du cacao, la Chambre de commerce de Côte d'Ivoire fit appel à diverses compétences extérieures. Il s'agit entre autres de l'Institut colonial du Havre, du Syndicat du commerce du cacao, des courtiers assermentés près du Tribunal de commerce de Bordeaux. Tous condamnaient la pratique du terrage du cacao. Selon l'Institut colonial du Havre, le terrage n'augmentait pas la qualité du cacao et ne présentait aucun intérêt. Tous ces différents arguments contre le terrage furent aussi soutenus par des courtiers assermentés près du Tribunal de commerce de Bordeaux qui, dans leur verdict, considéraient que « le terrage du cacao de Côte d'Ivoire est une hérésie »[422].

Il est à souligner que le terrage était pratiqué dans certaines zones comme le Venezuela, où le cacao avait un arôme très fin. Il était d'une vente difficile et susceptible de rester longtemps en magasin. Le terrage du cacao avait pour but de conserver l'arôme. Mais le terrage est une opération délicate qui a besoin, pour réussir, d'une terre spéciale et d'une dessiccation complète. C'est un procédé complexe dont les garanties de réussite sont très minces. Certes, cette pratique améliorait l'aspect extérieur du cacao dans la mesure où l'on appliquait une légère couche de terre argileuse ou terre colorée comme au Venezuela, mais cela ne changeait pas la valeur réelle du produit.

Ce conflit d'intérêts mettait donc en lumière la rivalité qui existait entre deux chambres consulaires censées favoriser la prospérité de la colonie. Il mettait surtout à mal l'hégémonie de la Chambre de commerce qui jusque-là se faisait la défenseuse des intérêts coloniaux. Mais compte tenu de la jeunesse et de l'inexpérience de la Chambre d'agriculture et d'industrie, la Chambre de commerce avait toujours les faveurs de l'administration coloniale. C'est pourquoi, dans ce bras de fer, elle sortit triomphante dans la mesure où le Service du contrôle

---

[421] Lettre du président de la Chambre d'agriculture et d'industrie au président de la Chambre de commerce, Abidjan, le 22 mars 1933, in *BCCCI*, procès-verbal de la séance de 11 juin 1933, pp. 32-33.

[422] Lettre de l'Institut colonial du Havre au président de la Chambre de commerce, Le Havre, le 13 avril 1933, in *BCCCI*, procès-verbal de la séance de 11 juin 1933, p. 34.

des produits demeurait à sa place et sous sa responsabilité. En outre, elle a su imposer ses vues en matière de qualité du cacao. Cette victoire apparente de la Chambre de commerce n'éteignit pas pour autant ce conflit d'intérêts avec la Chambre d'agriculture et d'industrie. En effet, cette dernière se plaignait aussi de la répartition des ressources attribuées aux chambres consulaires.

2- Querelle autour du partage des ressources

Depuis sa création, la Chambre de commerce a toujours eu le monopole des centimes additionnels et de toute taxe provenant des services de l'inspection. Mais avec l'avènement de la Chambre d'agriculture et d'industrie, le problème qui se posa fut celui de la répartition des ressources. Ce problème fut d'ailleurs soulevé par Henri Reboul dans son rapport du 14 mars 1927 sur l'organisation de la Chambre d'agriculture et d'industrie. Il souligna que :

Créer une Chambre d'agriculture sans lui donner le moyen de vivre autrement qu'en surtaxant les exploitants forestiers qui paient déjà des taxes additionnelles, c'est la vouer à l'impuissance et ce n'est pas équitable.[423]

Cette difficulté pour la Chambre d'agriculture et d'industrie de s'assumer financièrement, à ses débuts, l'amena donc à réclamer à son profit la perception de la taxe de l'inspection des produits, jusque-là confiée à la Chambre de commerce. Cette exigence fut source de conflits et d'incompréhensions entre les deux chambres consulaires. En effet, la Chambre de commerce concevait ces taxes comme un moyen pour aider au fonctionnement d'un organisme dont le but était de se protéger contre les produits défectueux de l'agriculture.

Sentant un empiétement sur un domaine qui était censé être sous son contrôle, la Chambre d'agriculture n'appréciait pas que les ressources de telles taxes lui échappent. De l'autre côté, la Chambre de commerce n'était pas prête à accéder entièrement à la demande de l'autre compagnie. Cependant, pour éviter des situations conflictuelles et surtout, aider cette nouvelle assemblée consulaire, la Chambre de commerce se proposa de lui allouer une subvention de 2 francs par tonne de cacao exportée. Ainsi, cette taxe par tonne de cacao qui était de 10 francs passerait à 12 francs[424]. Loin d'être satisfaite, la Chambre

---

[423] Rapport de Reboul, vice-président de la Chambre de commerce, du 14 mai 1927, p. 3, *ACCCI* : dossier 13, Chambres de commerce coloniales.

[424] *BCCCI*, procès-verbal de la séance du 1er juillet 1928, p. 6.

d'agriculture réclama les centimes additionnels. Elle demanda que les centimes additionnels prélevés sur les patentes des exportations forestières ainsi que tous ceux Elle demanda que les centimes additionnels prélevés sur les patentes des exportations forestières lui soient attribués[425].

Une telle exigence de la part de cette nouvelle compagnie peut se comprendre dans la mesure où les exploitants forestiers étaient appelés à faire partie de cette institution. Partant de ces faits, leur patente devrait normalement revenir à la Chambre d'agriculture et d'industrie. Mais cette demande des agriculteurs fut rejetée par l'assemblée de la Chambre de commerce. En effet, pour elle, la réglementation des patentes avait prévu que les centimes additionnels soient dus à la Chambre de commerce sans aucune restriction, quelle que soit la matière de la profession imposée à la patente[426].

Dans un souci de conciliation, la Chambre d'agriculture renonça cependant à revendiquer l'inspection des produits du cru. Elle se proposa de laisser l'administration à la Chambre de commerce. Mais pour la Chambre d'agriculture et d'industrie, cette solution n'était possible que si l'autre compagnie lui abandonnait la moitié des sommes restantes comme bénéfice sur le budget particulier de l'inspection des produits du cru. Dans le cas contraire, elle pourrait lui verser une somme forfaitaire et annuelle sur laquelle il faudrait s'entendre[427]. Cette attitude de la Chambre d'agriculture et d'industrie s'explique par le fait qu'elle était en quête de ressources. Son budget, modeste, servait à faire face à ses frais d'administration. En outre, à ses débuts, seuls les exploitants forestiers alimentaient son budget avec les taxes perçues à l'abattage. De telles ressources ne pouvaient suffire puisque cette compagnie consulaire avait encore tout un programme pour l'amélioration des produits agricoles, en quantité et en qualité. Elle ne pouvait le réaliser avec un budget aussi modeste. Du point de vue des commerçants, la Chambre d'agriculture, pour augmenter ses ressources, était libre de demander l'institution d'une taxe qui serait payée par les agriculteurs. Selon le vice-président de la Chambre de commerce, si cette option est envisagée par les

---

425 *BCCCI,* procès-verbal de la séance du 6 septembre 1931, p. 1012.
426 *Idem.*
427 *BCCCI,* procès-verbal de la séance du 2 juillet 1932, p. 50.

agriculteurs, cela ne dispenserait pas ses ressortissants de la nécessité de maintenir une taxe pour contrôler les produits qu'ils achèteraient[428].

En définitive, dès les débuts de la Chambre d'agriculture et d'industrie, la cohabitation ne fut pas facile avec la Chambre de commerce. Cette dernière voulait à tout prix maintenir ses privilèges en faisant difficilement des concessions. Cela est clairement manifeste à travers son refus de concéder des moyens financiers perçus sur les produits des agriculteurs. Les divergences de vues sur la qualité des produits sont un autre aspect de ce désaccord. Mais dans l'ensemble, la Chambre de commerce sort plus forte. Elle avait l'appui non seulement du chef de la colonie, mais des grands exploitants agricoles, de certains forestiers et même des industriels appelés à quitter la Chambre de commerce pour l'autre compagnie. Tous ces éléments contribuaient à affermir la position de la Chambre de commerce dans la colonie. Cette prépondérance, dans cette ère de prospérité qui s'annonçait dès le début des années 1920, permit à la Chambre de commerce de Côte d'Ivoire de jouer un rôle plus actif dans les secteurs productifs et sociaux.

III- Les premières grandes actions sociales de la Chambre de commerce

Avant 1923, la Chambre de commerce de Côte d'Ivoire a posé moins d'action au plan social à cause du manque de moyens. Cependant, c'est au cours de la période de 1923 à 1939 qu'elle accomplit ses premières grandes actions sociales. En effet, plus stable, elle s'implique dans la construction d'infrastructures économiques et maintient un budget en constante augmentation. C'est dans un contexte aussi favorable qu'elle se préoccupe également des questions de santé, de sécurité, des infractions routières et de formation.

A- De la création d'une école de commerce à la lutte pour un meilleur cadre de vie

Pendant l'entre-deux-guerres, la Chambre de commerce de Côte d'Ivoire a entrepris un certain nombre de réalisations, dont la plus significative est la mise en place d'une école de commerce. Elle s'est

[428] *Idem*, p. 50.

aussi investie pour que sur le plan sanitaire, des actions soient entreprises.

1- La mise en place d'une école de commerce

La Chambre de commerce de Côte d'Ivoire, par la nature de ses activités, comprenait en son sein la majorité des maisons de commerce. Celles-ci employaient bien souvent des indigènes pour des tâches pour lesquelles ils n'avaient pas reçu de formation. Elles ne pouvaient leur confier ni des tâches de caissier ou de comptable ni la tenue des livres, parce que la plupart n'avaient aucune formation en matière commerciale. Cela n'était pas sans poser problème puisque les Européens capables d'assumer ce travail n'étaient pas en grand nombre. Leur traitement salarial revenait plus cher par rapport à un employé indigène. C'est en partie face à toutes ces considérations que la Chambre de commerce a pris des initiatives pour encourager l'enseignement commercial.

Au cours de la séance du 5 avril 1925, elle encouragea l'École professionnelle d'Abidjan à étendre ses actions parce qu'il manquait des ouvriers qualifiés et des mécaniciens dans la colonie. Pour combler ce déficit de main-d'œuvre spécialisée, la Chambre de commerce, au cours de cette même séance, décida d'instituer plusieurs bourses, intitulées « Bourse Chambre de commerce de Côte d'Ivoire ». Pour l'École professionnelle d'Abidjan, la Chambre de commerce offrit une bourse de 1 000 francs : une de 500 francs et deux de 250 francs. En ce qui concerne l'école Pinet-Laprade de Dakar, elle octroya une bourse de 2 000 francs. Pour bénéficier de cette dernière bourse, l'élève devait être originaire de la colonie de Côte d'Ivoire. En plus de cela, il devait prendre l'engagement de venir travailler dans la colonie après avoir terminé ses études à Dakar[429]. Il faut souligner que l'école professionnelle Pinet-Laprade a été créée par un arrêté du 4 novembre 1903. Cette école avait pour objectif la formation des maîtres ouvriers qui devaient jouer le rôle de contremaître dans les entreprises coloniales. Elle comptait en son sein trois sections de formations : le bois, le fer et la pierre. Dans l'école professionnelle d'Abidjan, ce sont ces mêmes formations qui furent dispensées[430].

---

[429] *BCCCI*, procès-verbal de la séance du 5 avril 1925, p. 10.

[430] Paul DESALMAND, *Histoire de l'éducation en Côte d'Ivoire : des origines à la conférence de Brazzaville*, Abidjan, CEDA, 1983, p. 164.

De façon générale, les élèves formés dans cette école étaient appelés à travailler principalement dans le chemin de fer, les travaux publics et dans une moindre mesure, dans certaines entreprises privées. Celles-ci avaient un grand besoin d'ouvriers spécialisés et qualifiés. Ce souci relatif à une main-d'œuvre compétente pour les maisons de commerce poussa donc la Chambre de commerce à prendre la décision d'aider ses membres par l'octroi de quelques bourses d'études aux indigènes.

L'engagement de la Chambre de commerce ne s'arrêta pas à ce stade. En mars 1937, suite à l'idée de l'inspecteur de l'enseignement en Côte d'Ivoire de proposer la création d'un cours du soir pour comptabilité commerciale, le président Lasserre adhéra entièrement à cette proposition. Pour le président de cette institution, grâce à ce type de cours, un grand nombre de jeunes indigènes pourraient être formés à la pratique de la tenue des livres. Devant l'urgence d'une telle formation, le président de la Chambre de commerce, en accord avec l'assemblée, décida de prendre en charge les honoraires du professeur chargé d'un tel enseignement[431]. L'idée de l'inspecteur de l'enseignement ne tarda pas à susciter des candidatures pour assurer le cours. C'est ainsi que le 2 mars 1937, Raymond Dupuy, dans une lettre adressée au président de la Chambre de commerce, proposa sa candidature à ce poste. Selon lui :

Les leçons données porteraient sur les connaissances nécessaires à la tenue d'une boutique, d'une factorerie, à l'établissement d'une comptabilité, en un mot à former de bons commis sur le travail desquels les agents de maison ou chefs de service pourraient compter.[432]

En accord avec la Chambre de commerce, les honoraires du professeur furent fixés à 1 200 francs par mois quel que soit le nombre d'élèves ou la durée des cours. Mais suite à cette expérience, cinq mois plus tard, c'est-à-dire en août 1937, la Chambre de commerce demanda l'autorisation de créer dès octobre 1937 un cours d'enseignement commercial pratique. Cette doléance reçut dès le

[431] *BCCCI*, procès-verbal de la séance du 7 mars 1937, p. 24.

[432] Lettre de Raymond Dupuy au président de la Chambre de commerce au sujet des cours de comptabilité, Abidjan, le 2 mars 1937, *ACCCI* : dossier 31, Enseignement commercial.

22 octobre 1937 une réponse favorable, car le gouverneur de la colonie accorda son autorisation[433].

Le schéma des cours élémentaires d'enseignement commercial que la Chambre de commerce se proposa d'organiser en 1937 porte sur quatre grands domaines[434]. Le premier schéma des cours portait sur les marchandises. Il s'agissait par ce cours d'inculquer à l'indigène la tenue des livres (recettes, répertoire du prix, commande, stock, inventaire...), la notion des débits et crédits marchandises, l'établissement des feuilles d'expédition et autres notions utiles. Le deuxième aspect des cours portait sur les produits. Ici, le cours se proposait de montrer à l'indigène la qualité des produits, la tenue des livres d'achat journalier et de stock ainsi que les emballages. En outre, il fallait lui apprendre quelles relations entretenir avec les clients. La comptabilité fut le troisième schéma des cours. L'enseignement portait la notion de comptabilité, la balance des comptes, les chèques postaux et les passations d'écriture d'inventaires. Le dernier aspect des cours était relatif à la correspondance. L'on se proposait ici d'enseigner la rédaction de lettres au comptoir, à des clients et à un service public. Dans l'ensemble, les cours proposés traduisaient les qualifications que les maisons de commerce attendaient de l'indigène. Avec de tels enseignements, elles ambitionnaient de rendre ces derniers mieux équipés pour les servir utilement. Cependant, les débuts des cours d'enseignement commercial furent timides. Au cours de l'année 1937-1939, sur onze candidats à la première année de cours, neuf obtinrent leur diplôme tandis que les trois autres furent ajournés ; les onze candidats étaient pour la plupart des employés de commerce (CCA, CFAO) et les autres venaient du service maritime, du chemin de fer, des travaux publics et de l'Administration[435].

En somme, ce fut une expérience très enrichissante que la Chambre de commerce s'efforça d'améliorer par la suite. Dès janvier 1939, elle créa un cours de douane qui, à ses débuts, fut dispensé par M. Telmon, vérificateur principal et chef de bureau des douanes d'Abidjan. Le but

---

433 Autorisation du gouverneur, après avis du chef de service de l'enseignement, de l'ouverture des cours d'enseignement commercial de la Chambre de commerce, Abidjan, le 22 octobre 1937, *ACCCI* : dossier 31, Enseignement commercial.

434 Contenu du cours élémentaire d'enseignement commercial organisé par la Chambre de commerce, *ACCCI* : dossier 11.10, Enseignement commercial.

435 Procès-verbal de la réunion de la commission d'examen des cours d'enseignement commercial de la première année (année scolaire 1937-1938), Abidjan, le 21 août 1938, *ACCCI* : dossier 11.10, Enseignement commercial.

de cette formation était de former des agents indigènes capables de comprendre et d'assurer toutes les formalités douanières qui pouvaient se présenter[436]. À la suite de tous ces progrès, la Chambre de commerce de Côte d'Ivoire décida de construire sa propre école. Jusque-là, les cours du soir étaient dispensés au sein de l'École professionnelle d'Abidjan. Au cours de la séance du 16 juillet 1939, la Chambre de commerce demanda et obtint la cession gratuite du terrain situé en contrebas de l'hôtel de la Chambre de commerce, en vue d'y construire un immeuble à l'usage d'une école de commerce, d'une salle de conférence et de bureaux[437]. Mais ce projet et d'autres actions plus importantes ne virent le jour qu'après la Seconde Guerre mondiale. En effet, à cause des hostilités, les années scolaires 1942-1943 et 1943-1944 furent interrompues. En définitive, si l'action de la Chambre de commerce fut positive à ses débuts en matière de formation commerciale, la création d'une école propre à la Chambre de commerce de Côte d'Ivoire n'était que la réalisation d'une de ses attributions sur le plan administratif. En effet, selon l'article 33 de l'arrêté de 1908 créant cette institution, la Chambre de commerce pouvait créer des établissements dans l'intérêt du commerce.

Les chambres de commerce en France avaient sur ce point une grande longueur d'avance. Ce sont d'ailleurs ces institutions consulaires françaises qui sont à l'origine de la création des grandes écoles supérieures de commerce qui font aujourd'hui la fierté de la France sur le plan de l'enseignement commercial. La première de ces écoles a vu le jour à Paris en 1820 sous le nom d'École spéciale de commerce et d'industrie. Par la suite, ce type d'école essaima sous l'impulsion des chambres de commerce françaises dans les villes comme Rouen et Le Havre en 1870, Lyon et Marseille en 1872, Bordeaux en 1874 et Lille en 1892[438]. D'autres chambres de commerce comme celle de Marseille ont institué des cours professionnels de mécaniciens en 1887, des cours coloniaux en 1899 et ont même créé un Institut technique supérieur en 1917[439]. La Chambre de commerce de Côte d'Ivoire suit, selon ses moyens, les traces de celles de la France. En dehors des problèmes liés à la

[436] Lettre du président de la Chambre de commerce au chef du Service des douanes, Abidjan, le 16 janvier 1939, *ACCCI* : dossier 11.10, Enseignement commercial.

[437] *BCCCI*, procès-verbal de la séance du 16 juillet 1939, p. 29.

[438] Bruno MAGLIULO, *op. cit.*, p. 91.

[439] Chambre de commerce de Marseille, *Lois et décrets organiques : Règlement intérieur*, Marseille, édition Typographie et Lithographie Berlatier, 1924, p. 5.

formation commerciale, la Chambre de commerce de Côte d'Ivoire se souciait aussi de l'amélioration du cadre de vie de ses membres.

2- Les actions en faveur d'un meilleur encadrement sanitaire

Bien que la surveillance du cadre de vie de la population ne fasse pas partie des compétences de la Chambre de commerce, elle se préoccupait néanmoins de cette question. Il en allait de la santé des indigènes et surtout de celle des Français. Le manque de médecins interpellait donc la Chambre de commerce car l'énorme profit tiré de la colonie dépendait de la santé de ceux qui y étaient engagés. Du côté des indigènes, il s'agissait, par les soins, de maintenir cette population dans une santé plus ou moins parfaite afin qu'elle soit au service des sociétés agricoles et des exploitants forestiers. Ces derniers se sont toujours plaints du manque de main-d'œuvre. Et si par manque de soin, les indigènes qui étaient déjà à la tâche devaient se trouver dans l'incapacité de travailler, les pertes seraient grandes pour ces entreprises. Raison pour laquelle en 1922, la Chambre de commerce se fit de nouveau l'écho de ces plaintes. Au cours de la séance du 6 janvier 1922, en présence des députés Valude et Proust ainsi que du gouverneur Antonetti, le président de la Chambre de commerce Barthe prononça un discours dans lequel il affirma :

Il n'est pas digne de la France de laisser mourir sans soins des Français qui se sont expatriés et des populations qui ont accepté notre protectorat. Nous avons des engagements vis-à-vis des populations primitives et la France ne peut pas seulement exploiter leur richesse sans leur apporter en compensation les bienfaits de notre civilisation, en premier les soins médicaux.[440]

Louis Barthe demanda l'envoi de médecins coloniaux civils et militaires dans la colonie. Il estima que la Côte d'Ivoire n'en possédait que 9 par rapport à Dakar, qui aurait 20 médecins. Ce dernier nombre fut jugé considérable[441]. La Chambre de commerce demanda l'accroissement du nombre de médecins parce qu'elle refusait de voir les colons français laissés sans soins. En outre, épousant la logique coloniale, elle estimait que l'on ne pouvait exploiter les richesses des indigènes sans leur apporter des soins médicaux. Dans ce sens, son nouvel appel adressé en 1927 au gouverneur Lapalud pour que

---

[440] *BCCCI*, procès-verbal de la séance du 6 janvier 1922, p. 2.
[441] *BCCCI*, procès-verbal de la séance du 6 mars 1927, p. 9.

l'Indénié eût au moins un médecin n'était pas dépourvu d'arrière-pensée. En effet, cette localité était grande productrice de cacao.

En dehors de la question des médecins, la Chambre de commerce de Côte d'Ivoire plaida pour l'envoi de vétérinaires dans la colonie. Cette demande était motivée par le fait qu'au cours d'une visite en 1922 au Soudan et en Haute-Volta, on avait constaté qu'une épidémie de peste bovine et de péripneumonie avait décimé le cheptel. Il fallait prendre des mesures urgentes avant que la colonie ne soit atteinte. Au cours de cette même année, la Chambre de commerce a également insisté pour qu'un laboratoire de bactériologie soit installé le plus tôt possible à Grand-Bassam[442]. Sur le plan environnemental, la Chambre de commerce se préoccupa des dépôts d'explosifs et d'essence dans périmètre des villes comme Abidjan et Grand-Bassam. Elle encouragea le gouverneur de la colonie à prendre des décisions afin de réglementer ces dépôts, qui représentaient de réels dangers pour la sécurité publique. Face à la gravité de ce problème et les dangers liés à d'autres types d'incendies, elle émit le vœu au cours de sa séance du 11 février 1934 que soit envisagée, par la ville d'Abidjan, la création d'un service capable d'intervenir en cas d'incendie. Elle constatait avec regret l'insuffisance de personnel spécialisé et de matériel pour combattre un incendie important[443].

Toutes ces préoccupations, dans leur ensemble, ne connurent pas de réponses immédiates, car l'administration coloniale évoquait le manque de moyens. Cependant, elles avaient le mérite de mettre le pouvoir colonial devant ses responsabilités quant à la nécessité d'assurer un meilleur cadre de vie aux populations. Les solutions réelles vinrent dans la plupart des cas après 1945. L'action sociale de la Chambre de commerce ne se limita pas au niveau sanitaire. Avec les ressources dont elle disposait, elle apporta un grand nombre de subventions à ceux qui demandaient son aide.

B- Les subventions de la Chambre de commerce

L'un des faits frappants des actions de la Chambre de commerce fut l'octroi de subventions à divers organismes. Les œuvres sociales, les organisations de propagande, les groupements sportifs et les associations bénéficiaient de l'appui de cette institution.

---

[442] *BCCCI*, procès-verbal de la séance du 15 septembre 1922, p. 5.
[443] *BCCCI*, procès-verbal de la séance du 11 février 1939, p. 8.

1- La subvention des œuvres sociales

La Chambre de commerce, bien qu'appelée à défendre uniquement les intérêts de ses membres, se montra très sensible à tous les appels venant d'autres horizons. Au niveau des œuvres sociales, son intervention se situait sur deux plans. Tout d'abord, elle répondit favorablement à des appels d'aide venant de la France. En 1922, elle prit l'initiative d'une souscription en faveur des pays envahis. Dans ce sens, la commune de Blairville (Pas-de-Calais) faisant partie de la circonscription du député Barthélémy présent à la séance de la Chambre de commerce du 19 janvier 1922, bénéficia de l'aide de l'institution pour la construction de son village. Ce village avait été bombardé au cours de la Première Guerre mondiale[444]. Il faut souligner qu'il n'était pas dans les attributions de la Chambre de commerce de faire des dons ou d'apporter des aides à des localités autres que les assemblées consulaires. Mais pendant l'entre-deux-guerres, elle se montra sensible à tous les cris de détresse venant de l'extérieur. C'est dans ce contexte qu'en décembre 1928, le président Barthe accepta de faire partie du comité chargé de recueillir des souscriptions pour les victimes de cyclones aux Antilles. La Chambre de commerce s'associa à cette œuvre et apporta une subvention de 1 000 francs[445].

En dehors de cette initiative, elle apporta son appui à d'autres organisations de bienfaisance comme l'Entraide coloniale féminine. Cette œuvre avait pour but de secourir spécialement les femmes et les enfants dans le besoin. De 500 francs que la Chambre de commerce envoya en 1933, cette subvention passa à 1 000 francs en 1937. À l'exemple de cette œuvre, d'autres associations identiques furent l'objet du même soutien. Dans le cas de la colonie de Côte d'Ivoire, la Chambre de commerce répondit favorablement aux différentes sollicitations d'aide.

Dans le domaine des œuvres sociales, elle porta un regard particulier sur les œuvres accomplies par les missions religieuses, singulièrement les missions catholiques. Ce sont ces dernières qui faisaient souvent des appels de pied à cette chambre consulaire. Elle répondit favorablement à des demandes d'aide. En 1924, la Chambre de commerce accorda une aide à Madame la Supérieure de la Mission

---

[444] *BCCCI,* procès-verbal de la séance du 19 janvier 1922, p. 14.
[445] *BCCCI,* procès-verbal de la séance du 16 décembre 1928, p. 946.

de Moossou[446]. Cependant, en 1927, la Chambre de commerce refusa une souscription ouverte par la mission catholique en Côte d'Ivoire pour la construction d'une cathédrale à Abidjan. Pour elle, les fonds dont elle disposait provenaient de tous les commerçants, qui représentaient plusieurs religions. Toutefois, elle accorda 20 000 francs pour l'orphelinat de Moossou, bien qu'appartenant à des catholiques. Pour la Chambre de commerce, cette œuvre était digne d'être encouragée car elle recueillait les enfants abandonnés, quelle que soit leur religion[447]. Cet orphelinat, parce qu'il était d'utilité publique, a toujours bénéficié de ses aides. En 1930, il lui fut accordé une subvention de 9 000 francs.

En dehors de cet orphelinat, la Chambre de commerce accorda son aide au comité de la Croix-Rouge d'Abidjan. En 1938 et en 1939, cette institution reçut une subvention de 2 000 francs. En dépit des réticences exprimées en 1927, les missions religieuses furent à nouveau l'objet de subventions. Ainsi, en 1938, l'Internat des Sœurs d'Abidjan, en 1939 les missions des Sœurs d'Abidjan et de Bobo-Dioulasso reçurent des aides. Le premier a perçu 4 000 francs, tandis que les deux dernières reçurent chacune 2 500 francs. En dehors de ces aides, la Chambre de commerce accorda une subvention de 50 000 francs pour la construction, à Abidjan, de la Maison des anciens combattants, en 1933[448]. Elle renouvela chaque année cette aide. La subvention importante accordée aux anciens combattants s'explique par le passé du président de la Chambre de commerce, Laurent Lasserre. En effet, il était un ancien combattant de la Première Guerre mondiale. Il était même membre de leur association dans la colonie.

En somme, la liste de toutes ces subventions n'est pas exhaustive. Celle-ci traduit l'intérêt que la Chambre de commerce accorda aux œuvres sociales. Cependant, en vue de défendre l'intérêt des commerçants, elle se fit aussi généreuse quand il s'agit d'apporter son appui aux organisations de propagande.

2- Les organisations de propagande

La Chambre de commerce de Côte d'Ivoire regroupait des acteurs économiques dont les intérêts et les profits dépendaient de l'extérieur.

---

[446] *BCCCI*, procès-verbal de la séance du 4 mai 1925, p. 25.
[447] *BCCCI*, procès-verbal de la séance du 15 mai 1927, p. 11.
[448] *BCCCI*, procès-verbal de la séance du 26 octobre 1936, p. 17.

Les produits exportés devaient trouver à l'extérieur des marchés qui leur étaient entièrement acquis. Cela explique la raison pour laquelle la Chambre de commerce de Côte d'Ivoire avait intérêt à avoir à ses côtés des groupes de pression ou de propagande pour défendre les intérêts économiques des colons. Pour soutenir sa propagande, elle octroya des subventions à ces organisations et ces groupements économiques. Ceux-ci étaient en grand nombre et de nature diverse. Mais nous nous efforcerons d'en énumérer quelques-uns.

En avril 1934, le journal *Le Petit Parisien* sollicita l'aide de la Chambre de commerce afin d'intensifier la propagande et de faire connaître dans la page coloniale hebdomadaire les richesses du patrimoine français d'outre-mer[449]. Déjà en 1928, la Chambre de commerce de Côte d'Ivoire fut sollicitée par la Société centrale d'aviculture de France lors d'une exposition à laquelle la société de propagande, La plus grande France, décida de prévoir une section coloniale[450].

Dans l'ensemble, si la Chambre de commerce ne pouvait apporter à tous des subventions aux demandes d'aide, ce n'était pas par désapprobation des objectifs, mais par manque de ressources disponibles. D'ailleurs, en octobre 1936, elle accorda une allocation de 4 000 francs à la revue *France-Afrique noire* pour sa campagne en faveur du commerce français[451]. En 1937, elle accorda des subventions de 500 francs à la Ligue maritime et coloniale, ainsi qu'au Comité de propagande de la Dordogne. Ces organisations métropolitaines s'attelaient à défendre les intérêts des colons et à leur apporter des conseils. Elles étaient des partenaires précieux pour la défense du commerce colonial, dont les profits dépendaient du marché extérieur. Consciente de l'importance de tous ces appuis, la Chambre de commerce de Côte d'Ivoire accorda également des subventions à des syndicats et groupements économiques dans la métropole. Ces derniers étaient le plus souvent des groupements de producteurs. Tous ces lobbys installés dans la métropole avaient besoin d'aide pour appuyer les différentes actions et même pour éditer leurs revues ou ouvrages de propagande.

Ces organisations, qui connaissaient mieux les milieux économiques en métropole, aidaient la Chambre de commerce de Côte

449 *BCCCI,* procès-verbal de la séance du 15 avril 1934, p. 19.
450 *BCCCI,* procès-verbal de la séance du 4 septembre 1928, p. 5.
451 *BCCCI,* procès-verbal de la séance du 26 octobre 1936, p. 17.

d'Ivoire à trouver des appuis extérieurs pour résoudre certaines questions difficiles. C'est dans cette perspective qu'un lobby comme l'Union coloniale apportait constamment son soutien à la Chambre de commerce. Elle s'efforçait de faire fléchir les décisions du gouverneur ou du ministre de la Colonie que la Chambre de commerce estimait défavorables à ses intérêts. L'envoi de matériel pour le chemin de fer et même la décision de créer un port à Abidjan ont pu aboutir grâce à ce genre d'organisation.

Toutes ces puissantes organisations étaient pour la plupart installées en France. Par leur propagande, elles faisaient progresser les intérêts économiques des colons. Mais l'action de la Chambre de commerce ne s'arrêtait pas aux seules organisations de propagande. Bien que raciste à ses débuts à l'égard des indigènes, elle manifesta cependant après la Première Guerre mondiale une disponibilité à apporter des subventions aux associations sportives d'origine diverse.

3- Les associations indigènes et sportives

Après la Première Guerre mondiale, la Chambre de commerce de Côte d'Ivoire porta de l'intérêt pour les associations indigènes. Il s'agissait entre autres des associations sportives dans lesquelles les Africains cherchaient à s'épanouir. Dans ce cadre, ses subventions allèrent vers plusieurs clubs sportifs. En 1934, le Stade d'Abidjan reçut une subvention de 100 francs. Au cours de l'année suivante, ce sont les clubs de S.C Bassamois et Agbo-Sport qui perçurent la même somme[452]. Un tel soutien aux œuvres sportives peut s'expliquer par le fait que ces clubs regroupaient des employés de commerce. Pour favoriser leur épanouissement, la Chambre de commerce apporta donc son appui à ces associations sportives.

En dehors de ces clubs de football, la Chambre de commerce apporta son appui à d'autres associations dirigées par les colons. Il s'agit par exemple de la société hippique d'Abidjan et de l'aéroclub de Bouaké, qui reçurent en 1936 une subvention de 600 francs pour l'un, et 1 000 francs pour l'autre. L'autoclub de Côte d'Ivoire bénéficia d'un soutien de 500 francs en 1937. Le but de ce dernier club était d'aider les pouvoirs publics à faire respecter le Code de la route. Au sujet des aéroclubs, il faut souligner qu'en dehors de Bouaké, un autre fut créé à Abidjan. Ces aéroclubs étaient capables, avec des avions, de faire des recherches forestières et agricoles. Compte tenu de leur rôle

[452] *BCCCI*, procès-verbal de la séance du 28 octobre 1934, p. 11.

et de leur importance, dans une lettre adressée le 14 avril 1939 au gouverneur de la Côte d'Ivoire, la Chambre de commerce en association avec la Chambre d'agriculture demanda que soit créée à Bouaké une section d'avion sanitaire. Selon le président de la Chambre de commerce, ce sont les aéroclubs qui pouvaient s'occuper d'une telle tâche. En effet, en trois ans d'existence (1936-1939), les activités de l'aéroclub se sont déroulées sans incident[453]. Pour cela, en avril 1939 la Chambre de commerce lui octroya une contribution de 5 000 francs.

Concernant les associations indigènes, dont la plupart ne furent pas reconnues avant 1937, l'action de la Chambre de commerce fut modeste. Elle se montrait très réticente à les aider. Au cours de la séance du 4 mai 1924, la Chambre de commerce rejeta l'aide pécuniaire demandée par le président du cercle des Sénégalais. Selon le président de la Chambre de commerce, Louis Barthe, son institution était liée par le vœu émis par l'ancienne Chambre de commerce de ne jamais accorder des subventions à ces cercles indigènes[454]. Cependant, ce vœu auquel le président Barthe était attaché est violé en mai 1936, puisque l'Union fraternelle des originaires de Côte d'Ivoire créée en 1929 et reconnue en 1933 perçut une subvention de 250 francs[455]. Cette association indigène est d'ailleurs la seule et la dernière à pouvoir bénéficier d'une telle aide. En effet, au cours de la même séance, la Chambre de commerce décida de ne plus accorder à l'avenir des subventions aux sociétés et cercles sportifs indigènes[456]. Il faut attendre surtout après la Seconde Guerre mondiale pour que la Chambre de commerce aide à nouveau d'autres œuvres sportives. En dehors de toutes ces actions de portée sociale, la Chambre de commerce s'associa à l'administration coloniale pour le maintien de l'ordre et la sécurité dans la colonie.

[453] Lettre de la Chambre de commerce et de la Chambre d'agriculture et d'industrie au gouverneur de la Côte d'Ivoire, Abidjan, le 14 avril 1939, *ACCCI*: dossier 2, Aéronautique.

[454] *BCCCI*, procès-verbal de la séance du 4 mai 1924, p. 21.

[455] *BCCCI*, procès-verbal de la séance du 17 mai 1936, p. 34.

[456] *Idem*, p. 24.

C- Appui de la Chambre de commerce au maintien de l'ordre colonial

Au cours de la période précédant le déclenchement de la Seconde Guerre mondiale, la colonie de Côte d'Ivoire, bien que stable dans son ensemble, présentait certains traits qui portaient en eux des germes de troubles. Les fraudes et surtout les vols dont furent victimes les Européens, notamment les Français, poussaient ceux-ci à réagir face à l'incapacité de l'administration coloniale. La Chambre de commerce amplifia ses plaintes. En outre, elle porta un regard attentif sur les mesures à prendre en matière de sécurité routière.

1- Action engagée aux côtés de l'Administration contre les fraudes et les vols

La Chambre de commerce, à ses différentes réunions, a très souvent saisi l'administration coloniale au sujet des fraudes et des vols en progression dans la colonie. Les interventions portaient aussi bien sur les préoccupations des citoyens français que sur celles des maisons de commerce. S'agissant des premiers, pour leur propre sécurité, elle se souciait de la moralité des indigènes employés à leur service. En effet, ces derniers furent très souvent accusés de tous les méfaits. Ainsi, au cours de la séance du 18 juin 1922, la Chambre de commerce demanda à tous les employeurs européens d'exiger de tout indigène qui demanderait un emploi, la remise d'un carnet de services effectués dans les diverses maisons[457]. Cette doléance fut à nouveau formulée à la séance de mars 1924 pour que les indigènes ne soient pas embauchés sans livret. Ils étaient accusés, avec l'absence de livret, d'indiquer une rémunération plus élevée par rapport à leur ancien salaire.

Mais de toutes ces actions, la Chambre de commerce se montra davantage déterminée lorsque les maisons de commerce furent victimes de ces méfaits. Ce sont souvent les localités d'Abidjan et Grand-Bassam qui étaient les zones de prédilection des voleurs. En effet, dans ces villes, on retrouvait la plupart des maisons de commerce. Il n'est donc pas surprenant que les vols aient lieu dans les maisons de commerce, les magasins et les entrepôts de ces localités. Face à cette situation qui menaçait les intérêts des acteurs économiques, la Chambre de commerce fit des propositions. Déjà en

---

[457] *BCCCI*, procès-verbal de la séance du 18 juin 1922, p. 12.

1922, elle demanda non seulement l'installation de commissariats de police avec personnel spécialisé, mais proposa que des primes soient accordées à ceux qui dénonceraient les voleurs[458]. En 1927, elle demanda l'installation d'une police de nuit à Abidjan et à Grand-Bassam pour traquer les malfaiteurs. C'est pendant la crise des années 1930 que la Chambre de commerce se montra plus virulente contre cette insécurité. Au cours de la séance du 2 juillet 1932, le président de la Chambre de commerce affirma devant les membres de son bureau :

L'impunité dont bénéficient les commis coupables parfois de détournement ne peut que développer une mentalité qui est très préjudiciable aux employés et à l'ordre dans le pays, surtout en ce moment où le marasme des affaires a obligé de nombreux commerçants à remplacer par des commis des employés européens.[459]

Mais le vrai problème de la Chambre de commerce réside dans le fait que les employeurs hésitaient à porter plainte à cause des frais de voyage et des pertes de temps que nécessitait le voyage depuis Grand-Bassam, pour ceux de l'intérieur. En effet, c'est à Grand Bassam que se trouvait le tribunal de la colonie. Puisque pour les commerçants, le temps c'est de l'argent, et que les différents déplacements leur faisaient perdre de l'argent et du temps, la Chambre de commerce proposa une autre approche de solution. Elle demanda qu'il y ait suffisamment d'administrateurs licenciés en droit qui pourraient remplir la charge de juge de paix à compétence étendue dans les centres de Korhogo, de Bouaké, de Dimbokro, d'Agboville, de Sassandra et d'Aboisso. À défaut de cela, elle préconisait la mise en place d'un tribunal forain qui rendrait des jugements à jours fixes dans les cercles éloignés[460]. Cette dernière proposition reçut d'ailleurs le soutien de Bourgine, gouverneur par intérim de la colonie.

Dans l'ensemble, toutes ces préoccupations de la Chambre de commerce étaient d'autant plus justifiées que si l'on examine l'évolution des délits dans les villes coloniales de 1932 à 1938, en dehors des délits de vagabondage, les vols, les escroqueries et les trafics de tous genres venaient en tête. Ils étaient de 35 % en 1932, 31 % en 1932, et 39 % en 1939[461]. Cependant, la situation était

---

[458] *BCCCI,* procès-verbal de la séance 25 février 1922, p. 6.
[459] *BCCCI,* procès-verbal de la séance 2 juillet 1932, p. 36.
[460] *BCCCI,* procès-verbal de la séance 2 juillet 1932, p. 36.
[461] Pierre KIPRÉ, *Villes de Côte d'Ivoire (1893-1940)*, t. 2, *op. cit.*, p. 201.

inquiétante à Abidjan, qui regroupait la plupart des maisons de commerce après le déclin de Grand-Bassam. Ainsi, de 1932 à 1938, le nombre de délinquants a progressé de 16 % par an en moyenne[462].

Face à une délinquance qui mettait en péril ses intérêts, la Chambre de commerce saisissait à chaque fois l'administration coloniale pour se plaindre du nombre peu élevé des forces de l'ordre. Bien que cela poussât le pouvoir colonial à prendre des mesures contre le vagabondage, cela n'apaisait pas pour autant les craintes de la Chambre de commerce. Pour cela, elle recommanda aux autorités coloniales de prendre davantage de mesures en matière de sécurité. Ces initiatives de la Chambre de commerce ne furent pas vaines. Les audiences foraines réclamées en 1932, ainsi que le transfert en 1935 du Tribunal de Grand-Bassam à Abidjan ne trouvèrent pas de réponse dans l'immédiat. Cependant, ces demandes furent accordées pour l'une en 1950 et pour l'autre en 1954.

Le désir de la Chambre de commerce de moraliser la société ne se limita pas à la question des fraudes ou des vols. Elle engagea aussi des actions en matière de sécurité routière.

2- Actions contre l'insécurité routière

En analysant l'évolution des immatriculations de véhicules en Côte d'Ivoire, il ressort que de 1923 à 1939, le nombre de véhicules utilitaires était de 1 118. C'était une évolution fulgurante par rapport à la période 1919-1923 où l'on ne nota que 56 véhicules utilitaires, soit 1,3 % du total. Mais, c'est dans la période de 1930-1938 que le nombre augmenta de façon particulière avec 3 180 véhicules, soit 73 %[463]. Dans ce pourcentage, les camions venaient en tête. Ils représentaient de 1935 à 1938, 2 280 véhicules, soit 72 % des immatriculations depuis 1930. Il se développait également l'entreprise des transports en commun. 664 autorisations furent accordées de 1935 à 1938 contre une vingtaine de 1930 à 1934. Dans ce transport, la part des Africains était remarquable. En 1929, 25 % des autorisations de transport furent accordées aux Africains. En 1935, ils étaient 89 %, dont un tiers de Sénégalais et de Diolas. Peu d'Européens demandaient des autorisations de transport de camion. C'étaient, avant tout, les Africains qui occupaient la quasi-totalité du secteur[464].

---

462 *Idem*.

463 *Idem*, p. 201, p. 24.

464 *BCCCI*, procès-verbal de la séance du 7 mars 1927, p. 5.

Étant encore peu présents dans les transports en communs, les Européens cherchaient à y intervenir pour contrôler l'action des transporteurs africains. En effet, ces derniers étaient souvent accusés de ne pas respecter le Code de la route et de causer très fréquemment des accidents. Cette situation s'expliquait par le fait que les camions étaient surchargés de passagers, mais aussi de marchandises. Les capots étaient lourdement chargés alors que des sacs de mil, des barils et autres marchandises débordaient de chaque côté du véhicule. Tout cela n'était pas sans danger pour la sécurité du passager.

Face à ces graves dangers, en 1927, au cours des séances du 16 janvier et du 7 mars, la Chambre de commerce, pour lutter contre cette indiscipline, demanda que l'on mette en place de lourdes sanctions. Au cours de la première séance, elle proposa le retrait du permis aux mauvais chauffeurs. Au cours de la seconde séance, le président Barthe demanda que son institution soit habilitée à exercer un contrôle et une surveillance de la circulation automobile en Côte d'Ivoire. Le gouverneur refusa d'accéder à ce désir, car selon lui, la Chambre de commerce était un organisme privé[465]. Si la Chambre de commerce n'obtint pas le droit de surveiller la conduite des chauffeurs, elle réussit néanmoins à obtenir en 1931 du gouverneur par intérim, Bourgine, la promesse de renforcer la surveillance du transport en commun et de lutter contre la surcharge.

En dépit de toutes les pénalités et récriminations dont étaient l'objet les chauffeurs de camion, rien ne semblait apaiser la colère de cette institution contre ces derniers. Au cours de sa séance du 24 avril 1938, plusieurs membres de l'institution estimèrent que les contraventions étaient mal appliquées. Pour cela, ils demandaient que celles-ci soient appliquées à deux niveaux. Alors que le conducteur devait être sanctionné pour excès de vitesse ou doublement de virage, le propriétaire quant à lui devait être puni pour défaut d'éclairage, de plaque de contrôle ou d'identité[466]. Avec de telles exigences, on peut se demander si ce n'est pas la mort du transport en commun contrôlé par les indigènes que la Chambre de commerce cherchait. En effet, les Africains, exclus des avantages offerts aux Européens, n'avaient pas les moyens de prendre soin de façon particulière de l'état de leurs véhicules. En octobre 1933, une société de transit à Grand-Lahou demanda à la Chambre de commerce d'intervenir auprès du

[465] *BCCCI*, procès-verbal de la séance du 7 mars 1927, p. 5.
[466] *BCCCI*, procès-verbal de la séance du 24 avril 1938, p. 17.

gouverneur afin d'obliger les propriétaires de camions et les entrepreneurs à se couvrir d'une police d'assurance tous risques. Le président Lasserre fit savoir que les compagnies se montraient peu disposées à assurer les véhicules appartenant aux indigènes[467].

En somme, en matière routière, la Chambre de commerce se fit la défenseuse du respect du Code de la route. Son acharnement contre l'indiscipline des chauffeurs amena bien souvent l'administration coloniale à porter un regard attentif sur la circulation routière. Celle-ci représenta d'ailleurs pour la Chambre de commerce un grand intérêt, car c'était l'un des moyens primordiaux d'évacuation des produits agricoles. En dehors de la sécurité routière, la Chambre de commerce entreprit d'autres grands projets de 1939 à 1960, même si sa position privilégiée dans la colonie fut mise à mal avec la situation de guerre.

---

467 *BCCCI*, procès-verbal de la séance du 11 février 1934, p. 3

TROISIÈME PARTIE

UNE CHAMBRE DE COMMERCE AFFAIBLIE MAIS TOUJOURS DYNAMIQUE (1939 – 1960)

Dans le contexte mondial, l'année 1939 marque le début de la Seconde Guerre mondiale. Cette période de guerre a désorganisé l'économie de la plupart des puissances coloniales. L'effet de cette situation de crise s'est fortement ressenti en Côte d'Ivoire. Pendant cette période, la Chambre de commerce de Côte d'Ivoire était face à des défis qui ont fragilisé sa position dans la colonie. Mais face aux enjeux de la vie économique coloniale pendant la Seconde Guerre mondiale et après, la Chambre de commerce joua un rôle plus important. Sa voix se fit entendre davantage au moment des grands chantiers initiés dans le cadre du fonds d'investissement et de développement économique et social.

De 1939 à 1960, la Chambre de commerce de Côte d'Ivoire a connu certes une phase difficile, mais c'est aussi au cours de cette période qu'elle s'est montrée plus entreprenante.

CHAPITRE PREMIER

UNE CHAMBRE DE COMMERCE AFFAIBLIE, INCOMPRISE, MAIS EN ÉVOLUTION

Si le déclenchement des hostilités en Europe fut source d'inquiétude en France, il l'était davantage pour la colonie de Côte d'Ivoire. La survie des intérêts coloniaux était l'objet de vives préoccupations pour les membres de la Chambre de commerce de Côte d'Ivoire. Cette inquiétude se justifiait d'autant plus qu'avec le blocage des mers et les réquisitions diverses, la Chambre de commerce devait savoir gérer, de 1939 à 1948, tous les problèmes, dans l'intérêt de ses membres et surtout de la colonie en pleine crise.

I- DIFFICULTÉS ET DÉFIS AFFRONTÉS PAR LA CHAMBRE DE COMMERCE (1939-1948)

La Seconde Guerre mondiale a entraîné de nombreux bouleversements dans la colonie. La survie des intérêts économiques fut menacée. Il était difficile d'exporter. Face à ces problèmes, la Chambre de commerce s'activa pour défendre les intérêts économiques. Sur le plan politique, elle s'adapta à la nouvelle donne avec l'arrivée du gouvernement de Vichy.

A- L'attitude de la Chambre de commerce face aux difficultés de la colonie liées à la Seconde Guerre mondiale (1939-1945)

La durée de la Seconde Guerre mondiale, de 1939 à 1945, a perturbé les activités économiques de la colonie. Craignant que l'économie ne soit abandonnée à des étrangers, elle prit des initiatives pour protéger le commerce français. Dans l'intérêt de la colonie, elle participa à la mise en place de groupements économiques.

1. L'impact de la Seconde Guerre mondiale sur les activités économiques de la colonie

À partir de 1939, les perspectives économiques florissantes de la colonie sont mises en cause. Mais la nouvelle situation de guerre entraîne un blocage de toutes les activités économiques. Cette paralysie de la vie économique se ressent aussi bien dans les rapports de la colonie avec l'extérieur que dans les échanges internes.

a- L'impossibilité d'échanger avec le monde extérieur

La situation de guerre en Europe rend les exportations plus difficiles. Les mers étant occupées, le transport maritime se trouvait, de ce fait, paralysé. Cela mettait à mal l'économie de la colonie car l'essentiel de sa richesse dépendait de l'exportation du bois, du café et du cacao, qui ne pouvaient plus trouver de débouchés en Europe. Cette situation s'aggravait avec les différentes mesures de l'administration coloniale. En effet, avec la situation de conflit, tous les remorqueurs et chalands faisant le cabotage colonial et intercolonial furent réquisitionnés. À ces problèmes, il faut ajouter que l'escale des navires à Grand-Lahou fut supprimée. Cela obligeait les exportateurs de cette région à engager des frais supplémentaires pour transporter leur produit jusqu'à Port-Bouët ou Grand-Bassam. Enfin, les navires affrétés par la Direction des transports maritimes n'étaient tenus de faire escale qu'à Port-Bouët. La conséquence de cette mesure est que les autres wharfs étaient souvent vides et celui de Port-Bouët surchargé[468].

Face à la difficulté d'exporter, en mai 1940, Laurent Lasserre, président de la Chambre de commerce, signala que la Côte d'Ivoire n'arrivait pas à exporter, par manque de fret, 77 445 tonnes de marchandises[469]. Au nombre de ces produits, on trouvait le cacao, les palmistes, l'arachide, l'huile de palme, le café, les amandes de karité et le sisal. À cause de ces problèmes de fret, si l'on prend le cas du cacao, 19 883 tonnes de ce produit étaient encore entreposées dans les différents ports d'embarquement, alors que 21 075 tonnes étaient éparpillées à l'intérieur de la colonie[470]. Pour le bois, alors que des

---

468 Laurent GBAGBO, *Côte d'Ivoire économie et société à la veille de l'indépendance* (1940-1960), Paris, Harmattan 1982, p. 10.

469 La Chambre de commerce de la Côte d'Ivoire, « Compte-rendu de la réunion du 26 mai 1940 », p. 8, cité par Laurent GBAGBO, *op. cit.*, p. 10

470 *Idem.*

contrats furent pris avec des pays de l'Afrique du Nord pour la vente des stocks en souffrance, l'administration coloniale interdisait tout abattage. Elle craignait que soient constitués des stocks qui ne pourraient être vendus[471].

La situation que vivait la colonie de la Côte d'Ivoire était assez grave, car son économie dépendait de l'extérieur. Or, sans exportation, il n'y avait pas d'économie ivoirienne car aucune usine locale ne pouvait utiliser ses produits non évacués. Ce fut donc un véritable désarroi qui s'emparait des tenants de l'économie coloniale quand la guerre porta un coup au fret maritime. Ce désarroi est exprimé de façon éloquente par le nombre de télégrammes que les assemblées consulaires de Côte d'Ivoire adressaient les 7, 8 et 9 mai 1940 à la Direction des transports maritimes à Dakar[472].

Dans le premier télégramme, elles demandaient que la répartition du fret entre cacao, palmiste et café soit faite pour les bateaux. En outre, souligna ce télégramme, 15 000 tonnes de café étaient en stock et les marchandises bloquées à cause du manque de fret. Quant au second télégramme, il évoquait la nécessité d'évacuer rapidement les stocks élevés d'arachides décortiquées ainsi que les amandes de karité. Enfin, le troisième télégramme demandait de répartir les navires non encore affectés afin de faire face aux nécessités locales. Au total, ces cris de détresse montraient à quel point la colonie se trouvait au bord de l'asphyxie. La difficulté d'exporter frappait particulièrement les producteurs, qui ne pouvaient plus vendre. Par exemple, durant le premier semestre de 1940, les planteurs n'avaient réussi à exporter que 50 % de leur production. La plupart d'entre eux furent obligés de mettre leur plantation en veilleuse[473]. Chez les producteurs européens, la situation n'était guère meilleure. Selon la Chambre d'agriculture et d'industrie, du fait de la cessation des achats, plus de 80 % des producteurs devaient plusieurs mois de soldes à leurs manœuvres[474].

En dehors de ces problèmes, la situation de guerre avait réduit les importations de sacs d'emballage ou de toile servant à les confectionner, des véhicules automobiles, des pièces de rechange et

---

471 *Idem*, p. 11.

472 *Idem.*, pp. 8-9.

473 Chambre d'agriculture et d'industrie, « Réunion du 1er septembre 1940 », p. 17, in Laurent GBAGBO, *op. cit.*, p. 13.

474 *Idem.*

surtout u carburant (essence, mazout)[475]. En ce qui concerne les sacs d'emballage, la Côte d'Ivoire importait annuellement, surtout des Indes britanniques, deux millions et demi de sacs vides. La production locale envisagée en 1941 ne pouvait fournir que 300 000 nattes. La situation était tellement grave que les intérêts coloniaux ont demandé à la Direction des transports maritimes, par faute de sacs, l'autorisation de charger en vrac certains produits tels que les palmistes, les arachides et les noix de karité[476]. À tous ces problèmes, il fallait ajouter le prix de l'outillage qui avait augmenté. Ainsi, une machette qui coûtait 5 à 6 francs fin août 1939 coûtait en 1940 trois fois plus cher, soit 15 à 20 francs. Plus grave encore, les exportations vers les pays étrangers étaient subordonnées à une autorisation préalable. Dans l'ensemble, au moment de la guerre, la situation économique de la colonie était intenable. Les échanges avec l'extérieur furent rendus difficiles. La colonie était au bord du péril. Mais cette situation de blocage se compliqua avec les réquisitions de toutes natures.

b. Les répercussions négatives des réquisitions

Avec les difficultés liées à la guerre, la situation interne de la colonie se dégradait progressivement. Sur le plan externe, l'horizon était bouché. Face à ces problèmes, l'administration coloniale aurait pu alléger les peines des intérêts commerciaux. Mais les nécessités de la guerre ont conduit celle-ci à prendre une série de mesures pour permettre à la colonie de supporter les effets de la crise. L'autorité coloniale s'est notamment illustrée par diverses réquisitions difficilement acceptées par les chambres consulaires. L'une de ces mesures fut la restriction apportée à la circulation des véhicules utilisant l'essence comme carburant. D'ailleurs, un arrêté local en date du 27 février 1941 interdisait la circulation de tout véhicule les dimanches et les jours fériés. Les véhicules de touristes quant à eux ne devaient circuler en semaine que de 7 h à 12 h et de 14 h à 19 h. Des dérogations pouvaient être accordées à titre exceptionnel à condition qu'une demande écrite et motivée soit adressée à l'administrateur-maire[477]. Toutes ces décisions montraient que l'essence était un produit précieux. Son utilisation devait se faire avec mesure. Par

---

[475] *Idem, p.* 11.

[476] Chambre d'agriculture et d'industrie, « Réunion du 1er septembre 1940 », p. 17, in Laurent GBAGBO, *op. cit.*, p. 12.

[477] Laurent GBAGBO, *op. cit.*, p. 12.

conséquent, cette difficulté à obtenir du carburant freinait lourdement les activités des commerçants et des producteurs pour qui l'évacuation de la production était primordiale.

Ce problème fut difficilement vécu, car les restrictions à la circulation étaient sévères et la vente d'essence réglementée. La conséquence, c'est que beaucoup de véhicules furent immobilisés. L'économie de la colonie se trouvait donc perturbée. Les assemblées consulaires ressentaient cela péniblement. C'est pourquoi, au cours d'une réception organisée par la Chambre de commerce et la Chambre d'agriculture et d'industrie le 31 janvier 1940 en l'honneur du gouverneur général Cayla, elles rappelaient ces inquiétudes. Les réquisitions de tous genres gênaient considérablement l'activité économique au point de menacer la survie économique des colons. C'est pourquoi ces compagnies plaidaient pour des mesures plus libérales tout en tenant compte des impératifs de la guerre[478].

En dehors des réquisitions de véhicules dont souffraient certains intérêts commerciaux, d'autres devaient faire face à la réquisition de logements. Les plus grandes victimes furent les propriétaires d'hôtels d'Abidjan. En effet, dès le début de la guerre en 1939, les autorités militaires réquisitionnèrent dans la colonie des villas et des hôtels pour les soldats et leur famille. Si cette réquisition n'était pas en soi une mauvaise chose, la manière dont elle se déroulait suscita la colère des propriétaires de ces hôtels. En effet, les militaires et leur famille logés furent établis pour une durée indéterminée. Plus grave encore, le tarif envisagé était fait sur la base d'un décret métropolitain du 2 août 1877 n'ayant rien à voir avec la situation de 1939. Ainsi donc, pour une chambre d'hôtel qui en principe devait revenir à 20 francs, l'officier devait payer 1 franc par jour, et le sous-officier 0,20 franc, selon le décret de 1877[479]. Ce problème, qui complique la gestion financière de ces établissements, amena les propriétaires à réagir. L'Hôtel du parc d'Abidjan, dont la gérance par intérim était assurée par Mme Bardon, adressa le 17 octobre 1939 des plaintes à la Chambre de commerce pour exprimer sa situation dramatique. Cinq jours avant, le Crédit foncier de l'Ouest africain faisait le même constat[480]. Malgré toutes

[478] *BCCCI*, compte-rendu de la réception du gouverneur général Cayla, 31 janvier 1940, p. 48.

[479] Lettre de l'agent principal du Crédit Foncier de l'Ouest Africain au gouverneur de la colonie, Abidjan, le 12 octobre 1939, *ACCCI* : dossier n° 4, armée, (relative aux mesures militaires).

[480] *Idem.*

les démarches de la Chambre de commerce auprès du chef de la colonie, leur situation ne s'améliorait guère.

La Chambre de commerce de Côte d'Ivoire qui jusque-là se faisait le défenseur des intérêts coloniaux passa sous le contrôle du régime de Vichy. Dès l'avènement de ce régime en juin 1940 en France, tous les groupements économiques furent dissous. Les chambres de commerce françaises n'échappèrent pas à cette situation. Selon la loi du 11 avril 1941 modifiant les lois du 9 avril 1898, les décrets contresignés par le secrétaire d'État à la production pouvaient prononcer la suppression des chambres de commerce ou en modifier la circonscription. Selon cette même loi, les décrets contresignés par le secrétaire d'État à la production industrielle pouvaient radier les membres de la Chambre de commerce de la liste de l'assemblée consulaire. Elle pouvait également pourvoir aux vacances des membres titulaires. En outre, la nomination du président et des membres du bureau d'une compagnie consulaire devait être soumise à son agrément[481]. Toutes ces mesures traduisent la mainmise des autorités politiques sur les chambres de commerce françaises alors que ces dernières jouissaient d'une liberté totale dans le choix de leurs membres. Ces différents arrêtés entraînèrent la paralysie des activités des assemblées consulaires de la France.

Dans la colonie de Côte d'Ivoire ainsi que dans les autres colonies françaises, la France transposa également ces mêmes lois. En effet, un décret d'octobre 1941 conféra le pouvoir de dissolution des chambres de commerce au secrétaire d'État aux colonies[482]. La suppression des activités de la Chambre de commerce eut lieu en 1941. Il faut attendre juin 1943 pour que cette assemblée consulaire soit de nouveau rétablie[483]. Cependant, si à cause de cette suppression, il n'y avait plus

---

[481] Extrait de *Jurisprudence* du 3 mai 1941 reprenant la loi 11 avril 1941 modifiant les lois des 9 avril 1898, 13 janvier et 14 juin 1938 sur les chambres de commerce françaises, paru dans le *Journal officiel de la République Française* le 16 avril 1941, *ACCCI* : dossier 11.1, Organisation.

[482] Un décret du 24 octobre 1941 stipule à titre temporaire que les décrets contresignés par le secrétaire d'État aux colonies pourront prononcer la suppression des chambres de commerce coloniales. La nomination du président et membres du bureau des chambres de commerce sera nommé avec l'agrément du ministre des Colonies. Ceux en exercice au moment de la promulgation du présent décret pourront l'être également, *ACCCI* : dossier 11.1, Organisation.

[483] Lettre du gouverneur de la Côte d'Ivoire au président de la Chambre de commerce au sujet de la réinstallation des assemblées consulaires, Abidjan, le 28 juin 1943, *ACCCI* : dossier 11.1, Organisation.

d'élection au sein de cette chambre consulaire de Côte d'Ivoire, ou même de renouvellement du bureau, il n'en demeure pas moins qu'elle bénéficiait d'une attention bienveillante du régime de Vichy. Elle réunissait ses membres au cours de différentes séances sous la présidence effective du chef de la colonie. Les gouverneurs Crocicchia (1939-1941) et Hubert Deschamps (1941-1943) étaient très souvent présents à ces réunions. En plus d'avoir à ses côtés ces hauts représentants de l'administration coloniale, le *Bulletin de la Chambre de commerce* paraissait et se diffusait normalement, alors que l'information était l'objet d'une véritable censure. Dans l'ensemble, la Chambre de commerce faisait partie de l'une des rares organisations à bénéficier des faveurs de l'autorité coloniale.

Bénéficiant d'un tel appui, la Chambre de commerce pouvait exprimer librement ses préoccupations à l'autorité coloniale. Il s'agissait notamment des questions liées à la mobilisation. Sur ce sujet, l'inquiétude des colons était grande. En effet, les Français, aussi bien que les indigènes, indispensables à la survie des intérêts coloniaux, devaient être mobilisés. Sur ces points, les autorités militaires se montraient intraitables, notamment en ce qui concerne les indigènes. Cela provoqua un désarroi au sein de la Chambre de commerce. Cette question de la mobilisation indigène était d'autant plus préoccupante pour le commerce que selon les nécessités militaires, la Côte d'Ivoire devait fournir 25 000 hommes en 1939, 37 000 recrues dans le premier semestre de 1940[484]. Cette situation occasionnait de vives inquiétudes dans les milieux coloniaux. Si une telle mesure devait s'appliquer, la colonie en souffrirait énormément car c'était sur le travail des indigènes que reposait le profit des colons français. Face à ce péril et dans le souci de préserver ses acquis, la Chambre de commerce décida de prendre certaines initiatives.

2. La protection des intérêts du commerce français

La crainte de voir l'économie de la colonie abandonnée au profit d'autres intérêts conduit la Chambre de commerce à s'inquiéter du rôle des étrangers. Elle se soucie aussi de la question des affectations spéciales. Avant le début des hostilités, elle avait toujours plaidé pour un contrôle de l'immigration, en particulier celle des Syro-Libanais. La situation de guerre accentue ses revendications.

[484] Lettre d'Alcide Delmond, délégué de la Côte d'Ivoire, au ministre des Colonies, Paris, le 8 janvier 1940, *ACCCI* : dossier n° 4, Armée (affectation spéciale).

a. Un contrôle strict pour limiter le rôle des étrangers

Le début des hostilités, dès 1939 en Europe, entraîna la mobilisation des nations européennes comme la France, qui devaient prendre part à la bataille pour faire reculer le péril allemand. Comme pendant la Première Guerre mondiale, la France décida à nouveau de faire appel à ses colonies. Il s'agissait en fait d'une mobilisation générale qui concernait aussi bien les colons que les indigènes. Si la mobilisation des seconds ne posait pas de graves problèmes, il n'en était pas de même pour les Européens, en particulier les Français. Ceux-ci avaient d'importants intérêts dans la colonie. En effet, ils étaient à la tête de grandes et petites maisons de commerce, des exploitations agricoles et forestières. En somme, l'économie du territoire était entre leurs mains. Avec de tels avantages, dont on ne voulait se séparer, une question se posait de façon angoissante à chacun d'eux. À qui profiteraient les richesses de la colonie si tous les Européens en particulier les Français étaient mobilisés ?

À l'idée que les richesses de la colonie ne pourraient profiter qu'aux seuls étrangers, notamment les Syro-Libanais, cela faisait rougir la Chambre de commerce de Côte d'Ivoire. Elle ne pouvait accepter que le contrôle de l'économie passe en de telles mains. C'est pourquoi, depuis novembre 1938, quand les risques de guerre se précisaient en Europe, elle se préoccupait de l'importance que les étrangers pourraient prendre dans l'économie en cas de départ massif des Européens pour le front. Cette crainte conduisit la Chambre de commerce de Côte d'Ivoire à s'associer aux vœux émis le 27 décembre 1938 par les présidents des assemblées consulaires de l'AOF au sujet de la protection du commerce français. Cette assemblée souhaitait que les mesures prises à l'égard des étrangers dans la métropole soient appliquées dans la colonie[485].

En France, dès 1938, divers décrets furent été pris pour réglementer les conditions de séjour et d'exercice de profession des étrangers. C'est ainsi qu'un décret en date du 17 juin 1938 stipulait que pour les différentes catégories d'industrie et de commerce, un pourcentage du nombre des étrangers y exerçant leur activité pourrait, s'il y a lieu, être fixé après avis des chambres de commerce et des groupements économiques[486]. Dans un autre décret, comme celui du 12 novembre 1938, il était dit que pour que l'étranger puisse

485 *BCCCI*, procès-verbal de la séance du 2 avril 1939, p. 1726.
486 *Idem*, p. 1727.

bénéficier de la « carte de commerçant », il devait justifier l'acquisition ou l'établissement d'un commerce ou d'une industrie sur le territoire français après une enquête de moralité[487].

Tous ces décrets et bien d'autres, ainsi que les préoccupations émises par la Chambre de commerce de Paris sur les questions des étrangers, reçurent le soutien des assemblées consulaires de l'AOF. Elles demandèrent leur application dans la fédération. En effet, pour ces chambres consulaires de l'Afrique de l'Ouest :

Les commerçants étrangers sont déjà favorisés par l'exemption de charges multiples et certaines par des conditions spéciales de leur approvisionnement auprès des fournisseurs de leur pays. Il serait inouï que la concurrence faite par eux à nos nationaux fût rendue plus profitable par la violation des lois françaises.

La fédération comptait en effet (chiffre qui s'est depuis accru) d'après le recensement de 1936 : 7 150 fonctionnaires et militaires contre 16 396 français. Si l'on déduit le nombre des fonctionnaires et militaires que l'on peut estimer comme représentant les 2/3 de la population nationale, on voit combien l'élément étranger exclusivement est nettement pléthorique.[488]

Les réactions des chambres de commerce ouest-africaines s'inspiraient en partie de l'attitude des chambres de commerce de France. Sur la question des étrangers, la Chambre de commerce de Paris avait pris une position tranchée qui tendait à réduire leur rôle économique. Dans ce contexte de tension, la Chambre de commerce de Paris avait souhaité qu'aucune carte de commerçant et d'artisan ne soit délivrée à un étranger pour une nouvelle installation. En plus de cette mesure, elle émit aussi le vœu :

que les commerçants étrangers bénéficiaires de la carte des commerçants soient obligés d'acheter un fonds de commerce existant sans pouvoir en créer un nouveau ; qu'ils soient soumis à une taxe spéciale en compensation des charges auxquelles ils échappent.[489]

Face à la crainte d'un « surnombre » d'étrangers s'accaparant des activités économiques au détriment des Français, l'association des présidents des chambres consulaires de l'AOF se montrait hostile au rôle éventuel que pourraient jouer des non-Français dans la colonie.

---

487 *Idem.*
488 *BCCCI*, procès-verbal de la séance du 2 avril 1939, p. 15.
489 *Idem*, p. 4.

Pour la Chambre de commerce de Côte d'Ivoire, ces étrangers ne pouvaient être que les Syro-Libanais. C'est pourquoi au cours de sa séance du 16 juillet 1939, elle se montra très virulente contre cette immigration asiatique « dont l'accroissement constant dépasse les possibilités d'absorption de la Côte d'Ivoire »[490]. Pour freiner son expansion, elle préconisait des mesures radicales car pour la Chambre de commerce :

il y a urgence pressante à sauvegarder dans l'intérêt national les situations acquises à la colonie par les commerçants Français.[491]

Devant le « danger » levantin, plusieurs mesures furent proposées par cette compagnie consulaire. Il s'agit des mesures de contingentement et l'application stricte des mesures d'admission et de cautionnement. En dehors de tous ces éléments, tout manquement par les Syro-Libanais aux ordonnances sanitaires ou à la législation commerciale et sociale devait être sanctionné selon la Chambre de commerce de la façon la plus rigoureuse[492]. Dans des cas extrêmes, les Syro-Libanais pouvaient faire l'objet d'expulsion. La Chambre de commerce de Côte d'Ivoire ne se privait pas d'occasion pour rappeler cela à l'administration coloniale. Ainsi, au cours de la séance du 2 avril 1939, Puthod, secrétaire de la Chambre de commerce, signalait au gouverneur Croccichia que le Libanais Bassil Michel, qui avait fait l'objet d'un arrêté d'expulsion à la date du 25 février 1939, n'avait pas encore quitté la colonie[493].

Cette attitude hostile de la Chambre de commerce à l'égard de cette communauté était très souvent à l'ordre du jour de ses réunions depuis les débuts de la mobilisation. Au cours de ses réunions, elle attirait l'attention du gouverneur de la colonie tantôt pour s'inquiéter de la « situation privilégiée » de ces commerçants, tantôt pour exprimer la crainte de voir les intérêts français menacés. Toutes ces frayeurs à l'égard de cette communauté sont motivées par le fait que celle-ci occupait un rôle important dans la vie économique de la colonie. En effet, par son dynamisme, elle approvisionnait les maisons de commerce en produits agricoles comme le café et le cacao achetés auprès des paysans. Elle vendait aussi les marchandises en détail et à crédit aux indigènes. En outre, par ces différents contacts, les Syro-

---

490 *Ibid.*

491 *BCCCI*, procès-verbal du 16 juillet 1939, p 37.

492 *Idem.*

493 *BCCCI*, procès-verbal du 2 avril 1939, p. 16.

Libanais réussissaient à créer un réseau d'échanges commerciaux très efficace, qui concurrençait certaines maisons européennes. À cause de cette communauté, beaucoup d'Africains et d'autochtones de la colonie furent éliminés de bien des circuits commerciaux.

C'est donc ce dynamisme qui suscitait les appréhensions des commerçants français réunis au sein de la Chambre de commerce. Dans un contexte où la mobilisation était à l'ordre du jour au niveau des colons, ces derniers craignaient qu'en cas d'absence, toute la richesse du territoire soit aux mains des Syro-Libanais. Il n'est donc pas étonnant de voir la Chambre de commerce s'acharner à réduire économiquement et numériquement cette communauté. Dans cette situation de guerre, en dehors du problème des étrangers, qui pouvait être résolu par l'application de diverses lois, la situation se présentait autrement au sujet de la pérennité des exploitations européennes en cas de mobilisation de tous les colons. Le souci d'assurer ses arrières poussa la Chambre de commerce à s'engager activement dans la bataille contre les affectations spéciales.

b. La nécessité de limiter les affectations spéciales

Au moment du déclenchement de la Seconde Guerre mondiale en 1939, pour les autorités françaises, le rôle des colonies devait être envisagé sur deux plans. Elles devaient, d'une part, contribuer au coût financier de la guerre, et d'autre part, favoriser l'envoi d'un grand nombre d'hommes sur le champ de bataille en Europe. Ce dernier point était l'objet de préoccupation des autorités militaires. Elles avaient le devoir de susciter une grande mobilisation. Selon les autorités militaires coloniales, la Côte d'Ivoire devrait fournir 25 000 recrues en 1939 et 37 000 dans le premier semestre de 1940[494]. C'est dans ce sens que le chef de la colonie, le 13 septembre 1939, invita M. Puthod, président de la Chambre de commerce par intérim, à se mettre en rapport avec le chef du cabinet militaire pour examiner la question des affectations spéciales. Il s'agissait de discuter des mesures permettant le maintien des hommes absolument indispensables à la vie économique de la colonie à leur poste pendant la durée des hostilités[495]. Les autorités militaires avaient imposé comme priorité pour la mobilisation les hommes du service auxiliaire,

---

494 Lettre d'Alcide Delmont, délégué de la Côte d'Ivoire au ministre des Colonies, Paris, le 8 janvier 1940, *ACCCI* : dossier n° 4, Armée (affectation spéciale).

495 *BCCCI*, procès-verbal du 24 décembre 1939, p. 7.

les hommes du service armé, classe 1919 et les plus anciens. Sur ces bases, 136 affectations spéciales furent prononcées pour les maisons de commerce, excepté les entreprises de grands travaux, les exploitants forestiers, les sociétés minières et les planteurs[496].

Ces mesures, qui devaient satisfaire la Chambre de commerce, posaient plus de problèmes qu'elles n'en résolvaient. En effet, avant le déclenchement du conflit, beaucoup de colons français partis en Europe n'ont pu revenir. Les mois de juillet à octobre sont des périodes d'absence des agents des employés des máisons de commerce de l'AOF. Ajouté à ces absences le faible nombre de colons déjà présents, et l'on comprend les vives inquiétudes de la Chambre de commerce de Côte d'Ivoire. Ces préoccupations étaient rendues compliquées par l'attitude des autorités militaires qui se souciaient avant tout du recrutement des hommes au détriment des problèmes économiques. C'est ainsi que dans le cas des affectations spéciales, il y eut quelques affectations parmi la première réserve, mais il était difficile de faire admettre les sous-officiers. Toutes ces considérations pénalisaient les intérêts commerciaux. Cela motiva le président de la Chambre de commerce à écrire le 14 novembre 1939 à Alcide Delmont, délégué de la Côte d'Ivoire en France. Selon le chef de cette institution consulaire :

Vu l'effectif réduit de la population européenne de la colonie, il est impossible de leur demander de suffire à la fois aux besoins économiques et militaires, chacun sait qu'en temps de paix, les Européens se trouvent déjà en nombre juste suffisant pour obtenir un rendement normal.[497]

Ne voulant pas voir le nombre de commerçants français décroître, l'appui d'Alcide Delmont, qui avait déjà été sous-secrétaire d'État, était nécessaire. Grâce à ses relations dans les milieux politiques français, il plaidait constamment auprès du ministre des Colonies pour des mesures d'assouplissement en faveur de la Chambre de commerce de Côte d'Ivoire. Ces démarches ne furent pas vaines. En novembre 1939, il obtint de Mandel, ministre des Colonies, le principe qu'un plus grand libéralisme serait accordé pour les mobilisables

---

[496] *BCCCI*, procès-verbal du 24 décembre 1939, p. 7.

[497] Lettre du président de la Chambre de commerce à Alcide Delmond, délégué de la Côte d'Ivoire, Abidjan, le 14 novembre 1939, *ACCCI* : dossier nº 4, Armée (affectation spéciale).

ayant des professions commerciales, agricoles et industrielles[498]. Les interventions du délégué de la Côte d'Ivoire ne s'arrêtaient pas à ce niveau. La Chambre de commerce le sollicita également pour intervenir au sujet du cas des indigènes. Selon la circulaire 776 du 1er août 1939, les indigènes exerçant les professions de conducteurs de camions, de tracteurs, de dactylographes, de mécaniciens, d'ajusteurs et d'autres professions semblables devaient avoir fait contrôler leur situation militaire à la section du recrutement indigène d'Abidjan avant le 15 février 1940. Passé ce délai, il serait interdit de conserver et d'embaucher du personnel indigène soumis à l'âge de l'obligation militaire[499]. Pour la Chambre de commerce, cette mesure causait préjudice à tous les colons. Tous ces spécialistes étaient des auxiliaires indispensables du commerce, de l'industrie et de l'agriculture. Le chauffeur, par exemple, était indispensable pour l'évacuation des produits. En ce qui concerne les comptables, la colonie n'en possédait pas suffisamment ; elle était obligée d'en faire venir d'autres colonies.

Au total, pour la Chambre de commerce, si les spécialistes indigènes étaient mobilisés, ainsi que les Français, la colonie courait à une asphyxie économique. Il n'y aurait personne pour assurer les conditions normales de culture, de récolte, d'achat de ces produits et de leur concentration dans les ports d'embarquement. C'est donc consciente d'un tel péril pour les intérêts coloniaux que la Chambre de commerce sollicita, en janvier 1940, une nouvelle intervention d'Alcide Delmont auprès du ministre des Colonies. Les actions d'Alcide Delmont portèrent leurs fruits. Dans une lettre adressée le 26 février 1940 à ce dernier, selon le président de la Chambre de commerce de Côte d'Ivoire, le gouverneur général avait donné des instructions pour que l'on accorde un sursis de six mois pour les spécialistes indigènes, à la demande des entreprises intéressées. Elles pouvaient même bénéficier d'une affectation pouvant aller de six mois à un an[500].

Il faut aussi souligner qu'en ce qui concerne la main-d'œuvre, l'action du délégué de la Côte d'Ivoire a été également efficace. C'est par un télégramme à la date du 8 janvier 1940 que la Chambre de

---

498 *Idem.*

499 *BCCCI*, compte-rendu de la réception de M. le Gouverneur général Cayla, le 31 janvier 1940, pp. 32-33.

500 Lettre de la Chambre de commerce à Alcide Delmont au sujet des affectations spéciales, Abidjan le 26 février 1940, *ACCCI* : dossier n° 4, Armée (affectation spéciale).

commerce de Côte d'Ivoire, en association avec la Chambre d'agriculture, la fédération bananière et le Syndicat des forestiers, avait fait part de ses différents problèmes à Alcide Delmont[501]. En effet, ces organisations craignaient pour la survie des exploitations agricoles ou forestières faute de largesse au niveau des affectations spéciales. Sur ce point, le délégué de la Côte d'Ivoire a réussi à réunir, en janvier 1940, les représentants des grandes associations coloniales, les délégués de l'agriculture, du commerce et de l'industrie de la France d'outre-mer à l'Institut colonial français de Paris. Le lobby colonial avait fait le constat que les cadres essentiels pour la survie de la colonie étaient insuffisants. Ensuite, pour sauvegarder la vie économique du pays, les apports des colons à la métropole tant pour le ravitaillement en matières premières, en alimentation et en chargement d'effectifs qu'en combattants et en travailleurs étaient indispensables. Face à ces données, ce groupe estima que la mobilisation importante du personnel colonial européen pouvait entraîner l'arrêt de la production des colons, ruiner l'économie des colonies, atteindre durablement le franc et la balance commerciale de la France[502]. Afin de prévenir une catastrophe, ce groupe de pression préconisa que les affectations spéciales soient révisées pour permettre l'utilisation des ressources de l'Empire. Pour joindre l'acte à la parole, ce groupe délégua Roux-Freisineng, Armand Josse et Alcide Delmont pour présenter cette motion au président du Conseil et au ministre de la Défense nationale. Dès le 22 janvier 1940, la délégation conduite par Alcide Delmont se rendit chez le ministre des Colonies qui, tout en refusant l'augmentation des affectations spéciales, promit cependant de les renouveler de façon automatique[503].

Dans l'ensemble, toutes ces actions de la Chambre de commerce au sujet des affectations spéciales connurent un dénouement favorable. Grâce au soutien de ces appuis extérieurs, elle réussit à préserver dans la majeure partie des cas, les éléments indispensables à la survie de la colonie de Côte d'Ivoire. C'est avec de telles compétences que cette chambre consulaire participa à la mise en place des groupements économiques pour parer à toute situation de désordre économique entraînée par la guerre.

---

501 *Idem.*

502 Vœu relatif au régime des affectations spéciales dans la colonie de Côte d'Ivoire par les grandes associations coloniales à Paris, janvier 1940, *ACCCI* : dossier n° 4, Armée (affectation spéciale).

503 *Idem.*

3. Participation à la mise en place des groupements économiques dans un contexte de chaos

La situation de guerre a entraîné une désorganisation de la vie économique. Pour atténuer les conséquences de ce désordre économique aussi bien pour la France que pour la colonie, il était nécessaire de regrouper les activités. Dans la colonie, la Chambre de commerce était un partenaire incontournable dans l'élaboration de cette politique. En effet, la situation de guerre en Europe à partir de 1939 supposait non seulement une mobilisation des ressources économiques, mais surtout une meilleure organisation de celles qui existaient. Si les ressources internes de la France devaient être mobilisées, celles des colonies françaises ne pouvaient demeurer en reste. Cependant, pour ne pas que les richesses des colonies soient gaspillées, il fallait donc les diriger de façon à ce qu'elles contribuent au ravitaillement de la France. Déjà, dans ce pays, à cause de l'effort de guerre, il fut substitué au régime d'économie libérale un régime d'économie dirigée où tout était sous le contrôle de l'État. Cette mainmise fut d'ailleurs manifeste avec la loi du 11 juillet 1938 sur l'organisation de la nation en temps de guerre. Cette loi précisait les conditions d'importation et de répartition des marchandises.

En AOF, c'est par un arrêté général du 20 août 1938 paru au *Journal officiel de l'AOF* du 3 septembre 1938 qu'il fut créé un Comité central des échanges commerciaux au sein duquel les groupements de commerçants devaient siéger en période de conflits. Le principe de cet arrêté était de faire en sorte que tous les intérêts, quelle que soit leur importance dans le commerce ou l'industrie, soient pris en compte. C'est pourquoi, dans cette atmosphère de guerre, le Comité central des échanges commerciaux devait tenir compte de toutes les branches d'activité de façon à les utiliser dans un cadre spécial pendant la durée du conflit[504]. Par ce moyen, il s'agissait d'éviter en pleine crise la suppression du petit commerce et de l'industrie privée.

Sur le plan local, l'économie de la colonie ne devait pas échapper à l'administration coloniale. Elle cherchait à contrôler tout mouvement d'échange commercial de façon à orienter ses activités dans l'intérêt de la défense nationale. C'est cela qui explique que par un arrêté du

---

[504] Séance de la Chambre de commerce de Côte d'Ivoire au sujet de la mobilisation économique de l'AOF, Abidjan, le 18 décembre 1939, *ACCCI* : dossier 20.9, Mobilisation économique en AOF (1938, 1939).

6 décembre 1938, il fut mis en place un Comité local des échanges commerciaux de Côte d'Ivoire[505]. Parmi les membres de ce comité, on trouvait le président de la Chambre de commerce. Ce comité local était secondé par une commission d'importation et d'exportation et des organismes d'achat. En septembre 1939, François Massieye, vice-président de la Chambre de commerce, présida cette commission.

Ces organismes d'achat remplissaient les mêmes fonctions en temps de paix que les groupements privés ou publics et les sociétés commerciales qui faisaient l'importation. Cependant, la mise en place des organes d'achat au détriment du circuit habituel était motivée par plusieurs raisons. Selon le gouverneur de la colonie :

Les possibilités offertes par les établissements importants ont, en effet, trop souvent conduit les autorités à les avantager au détriment des petits commerçants qui faute d'être groupés ne pouvaient présenter les mêmes capacités.

Cette situation a abouti, parfois à la remise entre les mains d'un petit nombre de sociétés, d'une part si importante des opérations d'achat, qu'un monopole de fait leur a été en quelque sorte accordé qui pourrait présenter les plus grands inconvénients dans l'éventualité d'un conflit.[506]

Pour éviter cet écueil, c'est-à-dire, le monopole des grandes maisons de commerce, il apparaissait indispensable de grouper, pour le temps de la guerre, les petites entreprises, maisons ou sociétés commerciales de moindre importance, sous réserve qu'elles soient françaises ou que le commerce puisse être autorisé à traiter avec elles si elles étaient étrangères. Par ce moyen, les groupements ainsi formés pouvaient présenter une importance en ce qui concerne la défense nationale. Pour les autorités coloniales, il n'était pas question que ces petites entreprises changent de statut ou d'autonomie. Il s'agissait pour les maisons de commerce de consentir, par un acte écrit, d'associer leurs efforts et de travailler en commun en cas de conflit.

---

505 Décision fixant la composition de la commission d'importation-exportation d'Abidjan, tiré du *JOCI* du 9 septembre 1939, *ACCCI* : dossier 20.9, Mobilisation économique en AOF (1938-1939).

506 Note confidentielle, lettre du gouverneur de la Côte d'Ivoire à l'administrateur supérieur de la Haute Côte d'Ivoire, à tous les cercles, Monsieur le Président de la Chambre de commerce de Côte d'Ivoire et M. le Président de la Chambre d'agriculture et d'industrie, Abidjan, le 15 novembre 1938, p. 2, *ACCCI* : dossier 20.9, Mobilisation économique en AOF (1938-1939).

Cet acte devait désigner de façon explicite le représentant unique et le responsable du groupement. Cependant, il faudrait avoir reçu l'agrément du gouverneur après avis du Comité local des échanges commerciaux[507]. Ces entreprises avaient d'ailleurs intérêt à se regrouper à cause des avantages. Il y avait par exemple le classement du personnel en affectation spéciale ou en appel différé ainsi que la certitude de continuer à fonctionner en temps de guerre.

Tout cela se passait sous l'œil vigilant de la Chambre de commerce, qui regroupait la majorité des intérêts commerciaux et les entreprises les plus représentatives de la colonie. C'était d'ailleurs par le moyen de cette institution consulaire que l'administration coloniale cherchait à mieux contrôler et canaliser la circulation des produits agricoles. Dans ce sens, le 7 septembre 1939, dans une lettre adressée au président de la Chambre de commerce, le gouverneur de la colonie demanda à cette institution d'intervenir auprès des commerçants de la place. Ils devaient continuer d'assurer la livraison des marchandises comme par le passé et réduire d'une manière forte toute demande de denrées qui serait exagérée[508]. Il s'agissait par ce canal d'effectuer un contrôle sur le ravitaillement afin d'empêcher que certaines personnes en profitent de façon exagérée dans les maisons de commerce. Pour éviter tous ces abus, il fut créé, par un arrêté local le 18 juin 1940, un Comité de ravitaillement. Il se chargeait du recensement des denrées de première nécessité, de leur contrôle et de leur répartition. Ce comité comprenait des consommateurs, des anciens combattants et des membres de la Chambre de commerce. Grâce à ce comité, les commerçants indigènes recevaient des bons d'achat pour les denrées telles que le riz, le sucre et autres produits. Cette méthode a eu pour résultat de décongestionner les maisons européennes, qui étaient chaque jour assaillies par diverses demandes en denrées alimentaires[509].

À ce sujet, en décembre 1940, le gouverneur Crocicchia demanda à la Chambre de commerce de Côte d'Ivoire d'amener les maisons de commerce à ouvrir les boutiques de 7 h à 9 h au lieu de 9 h à 11 h afin de permettre aux travailleurs européens de se ravitailler avant d'aller au travail. En outre, pour éviter que les consommateurs se plaignent

---

507 *Idem.*

508 *Idem.*

509 Note sur le comité de ravitaillement, séance de la Chambre de commerce de Côte d'Ivoire du 11 novembre 1940, *ACCCI* : dossier 20.9, Mobilisation économique en AOF (rationnement).

de l'absence de produits tels que le sucre, le sel ou le pétrole, la Chambre de commerce devait œuvrer pour que des avis soient donnés dans le journal *Côte d'Ivoire* sur les maisons qui en possédaient[510]. C'est donc en partenariat avec l'administration coloniale que la Chambre de commerce exerçait son contrôle sur les maisons de commerce pour qu'elles procèdent à un meilleur ravitaillement. Ainsi, l'action de la Chambre de commerce fut décisive lorsque l'Administration décida, à partir de 1940, de mettre en place des groupements professionnels pour faire face aux problèmes économiques causés par la guerre.

Il faut souligner que l'initiative d'une telle organisation était le fait du régime de Vichy. C'est le 6 décembre 1940 que l'on promulgua en AOF la loi relative à l'organisation des groupements professionnels aux colonies. Cette nouvelle loi visait deux objectifs : il s'agissait, d'une part, de mettre sur pied la production et les échanges coloniaux et, d'autre part, d'établir une discipline sévère pour toutes les sociétés commerciales afin qu'elles puissent apporter leur concours entier aux pouvoirs publics et à l'économie générale. L'autre objectif que l'on voulait aussi atteindre par la mise en œuvre des groupements professionnels était d'éviter que certaines sociétés soient tentées de céder à des sollicitations qui, sous forme d'une aide financière, auraient pour effet de faire passer entre des mains étrangères le contrôle de l'empire colonial français[511].

Dans le cadre de cette loi, il était prévu la création d'un groupement pour chaque branche importante de l'activité économique coloniale. Ces groupements étaient au nombre de six : production agricole et forestière, production industrielle, production minière, commerce, transport et le groupement de crédits. Pour une meilleure organisation de ces groupements, il fut envisagé des sections et des sous-sections. Un comité central coiffait tous ces groupements. Cependant, la mise en place des groupements professionnels suscita des interrogations à la Chambre de commerce de Côte d'Ivoire. En effet, leur organisation ne tenait pas compte des réalités de l'économie coloniale. Alors qu'en France, il y avait une spécialisation des

---

[510] Lettre du gouverneur de la Côte d'Ivoire au président de la Chambre de commerce, Abidjan, le 17 décembre 1940, pp. 1-2, *ACCCI* : dossier 20.9, Mobilisation économique en AOF.

[511] Extrait d'un article sur l'activité économique de l'Empire français paru dans *L'Africain* du 31 novembre 1940, *ACCCI* : dossier 20.9, Mobilisation économique en AOF (groupement professionnel colonial).

professions, cela était loin d'être le cas en Côte d'Ivoire, où les maisons de commerce étaient dans toutes les branches d'activité. Elles exportaient les produits, elles avaient des magasins de vente de détail, des services de transport et quelquefois de petites industries. Pour coordonner tous ces intérêts assez divers et les grouper, il fallait un organisme assez souple pouvant être le guide et l'arbitre. C'est ce rôle que revendiquait la Chambre de commerce de Côte d'Ivoire.

De crainte d'être marginalisée avec cette nouvelle organisation économique, la Chambre de commerce sollicita des avis auprès de ses partenaires sur l'attitude qu'elle devait tenir face à cette situation. Dans la réponse qu'elle reçut du 26 août 1941 de la Chambre de commerce de Marseille, le président de cette institution affirma :

Les groupements sont formés en dehors des chambres de commerce et sont pratiquement une émanation des syndicats et associations existant dans le passé et avec l'obligation sinon d'adhérer, du moins de se plier à la discipline professionnelle (...). J'ai même l'impression qu'au point de vue colonial, c'est aux Chambres de Commerce de prendre l'initiative de ces organisations de façon à ce qu'elles soient instituées dans l'esprit de l'intérêt général et non pas pour la défense de tel ou tel intérêt particulier.[512]

C'est en prenant en compte cet avis et d'autres préoccupations liées aux difficultés de l'organisation économique que la Chambre de commerce de Côte d'Ivoire tenta de concilier les intérêts des colons et de la Métropole. C'est d'ailleurs sous sa présidence et en son siège que les compagnies Delmas-Vieiljeux, Transafric et Samet prirent l'initiative, le 9 octobre 1942, de constituer la sous-section des transports lagunaires et fluviaux de la Côte d'Ivoire dans le cadre des groupements professionnels. L'un des objectifs de cette sous-section était d'étudier et de grouper pour l'ensemble des adhérents les besoins en matériaux, en carburant et en lubrifiant, afin d'obtenir les contingentements nécessaires et de les répartir de façon judicieuse en tenant compte de la situation de guerre. Il faut souligner qu'à cette réunion d'octobre, des maisons de commerce comme la CFAO, la CFCI et la SCOA y participaient. Leur présence s'expliquait par le fait qu'elles utilisaient du matériel naval pour leur propre compte. Elles

[512] Lettre du président de la Chambre de commerce de Marseille au président de la Chambre de commerce de Côte d'Ivoire, Marseille, le 26 août 1941, pp. 1-2, *ACCCI* : dossier 20.9, Mobilisation économique en AOF (groupement professionnel colonial).

étaient classées dans la catégorie B de ce groupement[513]. Concernant le groupement des transports routiers coloniaux, sur demande, la Chambre de commerce proposa comme président de la sous-section en juin 1941 monsieur Puthod, membre de cette institution consulaire. Ce dernier résida à Dabou et il était à la fois transporteur et commerçant depuis 1918[514].

De façon générale, dans l'organisation de ces groupements, la Chambre de commerce joua un rôle important dans la mise en place des sous-sections. Il faut néanmoins souligner que les groupements agricoles et forestiers ainsi qu'industriels étaient du ressort de la Chambre d'agriculture et d'industrie. C'est pourquoi donc, la Chambre de commerce n'étendit pas son action dans ce domaine. Elle intervint dans l'organisation des groupements professionnels jusqu'à leur dissolution en 1943, après la libération. Mais avec la nouvelle organisation mise en place par les alliés dans les colonies, la Chambre de commerce de Côte d'Ivoire demeurait encore présente. Après le ralliement de l'AOF à la France libre de Charles de Gaulle, la question des échanges se trouvait de nouveau posée après la disparition des groupements professionnels mis en place par le régime de Vichy. Quant aux alliés, ils mirent en place un Comité du commerce extérieur, organisme semi-administratif qui était seul habilité à passer les commandes à l'étranger. Pendant la période de 1943-1945, la Chambre de commerce avait la charge de répartir entre les ayants droit 470 millions de marchandises diverses. Elle s'occupait également des caisses de péréquation des marchandises pour un montant global de 30 millions[515].

En somme, que ce soit sous le régime de Vichy ou celui des alliés, la Chambre de commerce de Côte d'Ivoire demeure un partenaire indispensable. Étant l'organisation la plus représentative des intérêts coloniaux et commerciaux, il ne pouvait en être autrement. C'est ce poids économique qui la poussa, par crainte de perdre des privilèges, à

---

513 Compte-rendu de la réunion constitutive du groupement des entreprises lagunaires et fluviales de la Côte d'Ivoire, à Abidjan, le 9 octobre 1942, *ACCCI* : dossier 20.9, Mobilisation économique en AOF (groupements professionnels des entreprises coloniales).

514 Lettre du vice-président de la Chambre de commerce de Côte d'Ivoire au président du groupement professionnel des transports routiers coloniaux à Paris, Abidjan, le 30 juin 1941, p. 1, *ACCCI* : dossier 20.9, Mobilisation économique en AOF (groupements professionnels des entreprises coloniales).

515 *BCCCI*, procès-verbal du 6 juillet 1946, pp. 6-7.

soutenir financièrement l'effort de guerre et le régime oppressif de Vichy.

4. L'appui de la Chambre de commerce à l'effort de guerre et au régime de Vichy

Pour soutenir l'effort de guerre, l'administration coloniale demanda la contribution de toute la population. La Chambre de commerce ne demeura pas en reste. Elle contribua par des aides financières. En plus de cet effort, elle s'illustra aussi par sa collaboration avec le régime de Vichy.

a. L'apport financier de la Chambre de commerce à l'effort de guerre

La situation de guerre en Europe exigeait une mobilisation aussi bien des Européens que des indigènes. Les commerçants réunis au sein de la Chambre de commerce, très sensibles à la sirène de la guerre, manifestèrent dès 1938 des signes de patriotisme à l'égard de la France. C'est dans ce sens qu'au cours de la séance du 6 novembre 1938, le président de la Chambre de commerce, Lasserre, félicita Bertholet, citoyen suisse. Ce dernier, agent général d'une maison française à Abidjan, avant les accords de Munich du 30 septembre 1938, manifestait le désir de se mettre à la disposition de l'autorité coloniale. Il voulait être affecté dans une armée combattante française si la mobilisation était proclamée[516]. Par ce geste, on pressentait dans les milieux coloniaux que l'imminence d'une guerre en Europe ne faisait plus aucun doute. L'occupation de l'Autriche par les troupes allemandes, la proclamation de l'Anschluss le 15 mars 1938 et les tentatives d'hégémonie n'étaient pas étrangères à toute cette attitude. Face à la menace à laquelle devait faire face la nation française, les deux chambres consulaires de la Côte d'Ivoire envoyaient, en avril 1939, un câble au président du Conseil, Édouard Daladier. Elles apportaient leur soutien à ses idées politiques sur l'intangibilité de l'empire français[517].

L'action de la Chambre de commerce de Côte d'Ivoire ne se limitait pas à ce seul message de soutien. À l'image des indigènes qui, en dépit de leur misère, étaient tenus de contribuer à l'effort de guerre, la Chambre de commerce ne se fit pas prier pour apporter sa

[516] *BCCCI*, procès-verbal du 6 novembre 1938, p. 23.
[517] *BCCCI*, procès-verbal du 2 avril 1939, pp. 22-23.

contribution et des subventions. Déjà en novembre 1939, elle envoya des dons à certaines organisations françaises ou locales pour venir en aide aux soldats ou à leurs familles. Le Comité d'assistance aux familles des mobilisés civils et militaires et le « Colis du Soldat », œuvre fondée par le Comité de la grande France, reçurent respectivement un don de 5 000 francs et 1 000 francs. Au niveau local, la Chambre de commerce apporta son aide à l'Association fraternelle des anciens combattants, au Foyer du Soldat de la Côte d'Ivoire et au Comité local de la Croix-Rouge. À ce stade, ces aides variaient entre 3 000 et 5 000 francs. Ces dons étaient modestes par rapport à ce que fit cette institution consulaire en décembre 1939.

En effet, suite au discours de Paul Reynaud, ministre des Finances du cabinet Daladier, le 13 décembre 1939, sur la nécessité d'un budget de guerre, la Chambre de commerce, sur proposition de son président, accepta de participer à la souscription du bon d'armement. Elle décida de donner 200 000 francs[518].

Elle accrut ses subventions sous le régime de Vichy. En mai 1940 pour la défense de l'Empire, sa participation tournait autour de 500 000 francs. Elle contribua aussi à l'achat d'ambulances pour les troupes coloniales à hauteur de 15 000 francs et fit d'autres dons[519]. Il s'agit, entre autres de l'assistance apportée aux victimes de « l'attentat » de Dakar en novembre 1940 et à la coopérative de ravitaillement en légumes. Somme toute, les actions de la Chambre de commerce en faveur de l'effort de guerre furent nombreuses. Tout geste de demande d'aide de la part des autorités de Vichy reçut dans la plupart des cas une suite favorable. Tout fut fait sans état d'âme. Il en fut de même de son appui politique à ce régime.

b. Appui politique au régime de Vichy

Le régime de Vichy s'installa en Côte d'Ivoire en 1940. C'est sous ce régime que commença la suppression des libertés les plus élémentaires. Elle concernait la liberté de la presse et la circulation des idées. Les journaux hostiles à Pétain furent frappés de suspension. Pendant ce temps, les autres, proches du régime comme le *Journal officiel*, la *Côte d'Ivoire française* et le *Bulletin de la Chambre de commerce*, circulaient sans aucune restriction dans la colonie.

---

518 *BCCCI*, procès-verbal du 24 décembre 1939, p. 21.

519 *BCCCI*, procès-verbal du 26 mai 1940, p. 14.

Dans le *Bulletin de la Chambre de commerce*, les informations reflétaient les préoccupations des milieux d'affaires. Elles étaient très favorables au régime de Vichy. La Chambre de commerce de Côte d'Ivoire collaborait avec l'administration coloniale pour maintenir une politique raciste et de répression. Il n'est pas étonnant dans ces conditions qu'elle ait été constamment sollicitée par le gouverneur de la colonie pour l'aider dans sa politique. Ainsi, en mai 1941, pour faire échec à l'action des partisans de Charles de Gaulle dans la colonie, le gouverneur Hubert Deschamps informa le président de la Chambre de commerce qu'une action de propagande gaulliste consistait à imprimer au composteur (appareil à lettres ou chiffres interchangeables servant à marquer ou à dater les documents), sur les coupures de la Banque de l'Afrique de l'Ouest (BAO), des avis destinés à frapper les populations indigènes. Pour éviter donc toute « intoxication » par ce genre de procédé, le gouverneur demanda à la Chambre de commerce d'avertir les agents européens des maisons de commerce pour qu'ils exercent un contrôle discret à l'occasion des paiements, des opérations de caisses et le cas échéant, qu'ils retirent de la circulation et qu'ils changent à la BAO les coupures portant inscription en français et en arabe[520].

Cette précaution excessive de l'administration favorable à Vichy s'expliquait en partie par le fait que des cellules gaullistes à Accra, comme l'Union africaine de la France libre et les Forces françaises de la Gold Coast, organisaient des espionnages en Côte d'Ivoire. Cet espionnage se servait de colporteurs diolas et de planteurs agnis près de la frontière Côte d'Ivoire-Gold Coast, et même parfois d'ouvriers agricoles mossi[521]. Souvent, ces gaullistes distribuaient sur les places publiques (marchés, grands carrefours) des tracts anti-vichystes. Au cours de ces missions d'espionnage, plusieurs indigènes firent les frais de leur bravoure. Ils furent arrêtés, torturés, privés de leurs biens et condamnés à mort par le tribunal de Grand-Bassam[522]. Pour l'administration de Vichy, il fallait empêcher par tous les moyens toute idée favorable à de Gaulle de s'infiltrer dans la population ivoirienne.

---

[520] Lettre du gouverneur de la Côte d'Ivoire, H. Deschamps, au président de la Chambre de commerce, Abidjan, le 1er mai 1941, *ACCCI* : dossier nº 4, Armée.

[521] Pierre KIPRÉ, *La Côte d'Ivoire coloniale (1890-1940)*, t. 2, *op. cit.*, p. 271.

[522] *Idem*, p. 272.

Ce contrôle strict que le régime de Vichy exerçait s'étendait également à la radio. Par cette mesure, l'administration coloniale voulait prévenir la propagande de toute nouvelle ou toute interprétation pessimiste de nature à troubler l'opinion publique européenne et indigène. En d'autres termes, il s'agissait de favoriser les informations que l'autorité coloniale jugeait positives, inoffensives et exaltantes pour les vertus de ce régime. C'est pourquoi de graves menaces pesaient lourdement sur tous ceux qui étaient soupçonnés de sympathie gaulliste. Pour éviter à ces derniers de nuire à l'atmosphère que l'Administration voulait paisible, la Chambre de commerce de Côte d'Ivoire était à chaque fois sollicitée pour combattre de telles propagandes. Elle répondait favorablement à chaque appel. C'est ainsi que le 22 mai 1940, en réponse à une lettre que le gouverneur Crocicchia avait adressée le 19 mai 1940 à la Chambre de commerce, le président de cette institution consulaire répond ceci :

Vous pouvez être assurés du concours le plus absolu de notre compagnie pour vous aider de la façon la plus énergique à combattre les alarmistes ou défaitistes et maintenir un moral résolument optimiste dans notre entourage.[523]

Avec de tels propos, on comprend donc la sympathie que la Chambre de commerce éprouvait à l'égard de ce régime dont elle profitait des largesses. Elle exploitait de fait chaque circonstance pour le manifester publiquement. Ainsi, suite à « l'attentat » de Dakar mené en 1940 par les forces gaullistes qui voulaient ramener l'AOF dans leur zone d'influence, la Chambre de commerce de Côte d'Ivoire, en association avec la Chambre d'agriculture, le Syndicat des forestiers et la Fédération bananière, adressa le 26 septembre 1940 un télégramme au maréchal Pétain pour lui assurer de son dévouement. En outre, elle fit un don de 15 000 francs pour les victimes dénombrées[524]. Ces actions de la Chambre de commerce n'étaient pas dépourvues d'arrière-pensées. Ayant en son sein la plupart des intérêts coloniaux, il fallait à tout prix préserver ses intérêts commerciaux et privilèges mis à mal avec la situation de guerre. À cause de tous ces intérêts considérables, elle facilitait l'action des représentants de Vichy dans la colonie. C'est ainsi qu'en mars 1941, sur sollicitation du gouverneur

[523] Lettre de la Chambre de commerce au gouverneur Crocicchia, Abidjan, le 22 mai 1940, *ACCCI* : dossier n° 4, Armée.

[524] Télégramme de la Chambre de commerce de Côte d'Ivoire et de la Chambre d'agriculture et d'industrie au Maréchal Pétain, Abidjan, le 26 septembre 1940, p. 3, in *BCCCI*, compte-rendu de la réunion du 10 novembre 1940.

Hubert Deschamps, elle apporta son aide à certains commerçants français du Gabon qui avaient fui l'Afrique centrale à cause de leur refus de se rallier à la dissidence conduite par le général de Gaulle. Parmi ceux-ci se trouvait le président de la Chambre de commerce de Libreville, des exploitants forestiers et des commerçants[525]. Ces faits montrent que même en Afrique équatoriale française, les chambres de commerce étaient favorables à Vichy.

Mais de tous ces soutiens, l'un des plus marquants fut l'appui de la Chambre de commerce de la colonie à la légion des combattants mise en place par le régime de Vichy. À l'origine, le rôle de la légion était de maintenir le culte des valeurs nationales et de soutenir la « Révolution nationale » prônée par le maréchal Pétain. Elle véhiculait le culte de ce dernier à travers les journaux, la radio et les réunions publiques. C'est dans ce cadre qu'on la retrouvait à certaines réunions de la Chambre de commerce de Côte d'Ivoire. Une telle situation fut rendue facile par le fait que Delannoy, chef de la légion des combattants de Côte d'Ivoire, était membre titulaire de cette institution. La Chambre de commerce lui apportait non seulement son soutien moral, mais aussi financier. À ce sujet, l'adresse du président de la Chambre de commerce à l'endroit de Delannoy au cours de la délibération du 6 avril 1941 est assez évocatrice :

Je veux exprimer à notre collègue Delannoy toute la fierté que chacun de nous a éprouvée lorsque nous avons appris qu'il avait été désigné pour être chef de la légion française des combattants de la Côte d'Ivoire. Je veux l'assurer aussi qu'il pourra continuer de compter sur la sympathie agissante de nous tous pour faciliter sa mission.

L'œuvre de rénovation nationale a besoin du concours de toutes les bonnes volontés et dans cette maison [Chambre de commerce] nous avons toujours tenu en l'honneur la Patrie, la Famille et le Travail, devise de la légion.[526]

La sympathie de la Chambre de commerce pour le régime de Vichy est donc sans ambiguïté. C'est pourquoi elle soutenait aussi financièrement cette légion des combattants de Côte d'Ivoire. À sa séance du 6 avril 1941, le chef de légion fut reçu avec beaucoup

---

525 Lettre du gouverneur de la Côte d'Ivoire, H. Deschamps, au président de la Chambre de commerce, Abidjan, le 1er mai 1941, *ACCCI* : dossier nº 4, Armée.

526 Lettre du président de la Chambre de commerce à Delannoy, Abidjan, le 11 avril 1941, *ACCCI* : dossier 11.3, Membres anciens, membres honoraires.

d'égards. La Chambre de commerce lui apporta une aide de 5 000 francs comme contribution à son œuvre[527].

La collaboration entre la Chambre de commerce et les autorités de Vichy étaient très alors étroits. Son appui fut total et sans ambiguïté. En retour, la Chambre de commerce bénéficiait de Vichy la liberté de se réunir et de revendiquer. Certes, avec l'avènement d'un régime gaulliste, les données changèrent, mais la Chambre de commerce de Côte d'Ivoire réussit à s'adapter à la situation. Néanmoins, à la fin de la Seconde Guerre mondiale, son influence et ses intérêts furent fortement menacés. C'est pourquoi elle se sentit obligée de descendre dans l'arène politique.

B- La Chambre de commerce de Côte d'Ivoire dans l'arène politique

La Seconde Guerre mondiale, en brisant le mythe du « Blanc invincible », annonça aussi la fin de la toute-puissance des colons français qui contrôlaient à eux seuls toutes les richesses de la colonie. Voulant à tout prix préserver leurs privilèges, les chambres de commerce de l'AOF/AEF initiaient les États généraux de la colonisation. La Chambre de commerce de Côte d'Ivoire fut présente à ses États généraux qui eurent lieu en 1945 à Douala et en 1946 à Paris.

1. La Chambre de commerce de Côte d'Ivoire aux États généraux de la colonisation française

Depuis sa création en 1908, la Chambre de commerce de Côte d'Ivoire a toujours été à l'avant-garde de la défense des intérêts coloniaux. Pour cela, elle pressait constamment l'administration coloniale sur la question des infrastructures, de la main-d'œuvre et des conditions d'exercice du commerce local. La diversité et la qualité des intérêts représentés dans cette institution consulaire faisaient d'elle une organisation assez puissante. Toute attaque contre les intérêts coloniaux était vivement combattue ; d'où les querelles très vives entre elle et le gouverneur Brunot en 1925. En outre, pour préserver et défendre ses privilèges, elle était aussi prête à épouser les causes les plus rétrogrades. C'est dans cet esprit qu'elle collabora de 1939 à 1943 en toute intelligence avec le régime de Vichy.

---

527 *BCCCI*, procès-verbal du 6 avril 1941, pp. 1883-1884.

Dans ces conditions, on ne doit pas s'étonner de retrouver cette même chambre de commerce à la première conférence des États généraux de la colonisation française qui s'ouvrit le 5 septembre 1945 à Douala, au Cameroun. Cette conférence était en fait une réaction des puissants intérêts de l'AOF et de l'AEF contre la conférence de Brazzaville qui s'est tenue du 30 janvier au 8 février 1944. Cette rencontre de Brazzaville, dont l'initiative revenait au Comité français de libération nationale, proposait une large représentation des colonies dans la future assemblée constituante. Elle préconisait aussi l'accès des indigènes à tous les emplois. Sur le plan économique, la conférence de Brazzaville recommandait la nécessité de préparer un plan de production et d'industrialisation des colonies. Ces initiatives audacieuses en faveur des colonies françaises inquiétaient les colons rassemblés à Douala, qui pensaient :

La Conférence de Brazzaville marque donc un renversement de la politique coloniale du passé. Elle est antidémocratique ; c'est un composé de fascisme et de démagogie. Elle correspond à un esprit de coup d'État qui sous des apparences humanitaires, vise deux choses seulement :

- la première : utiliser, dès le retour à la paix, les masses indigènes à des fins électorales au profit d'hommes politiques qui pensaient que leurs anciens électeurs allaient les vomir ;

- la deuxième, éliminer progressivement toutes les activités pour étatiser, c'est-à-dire fonctionner, bureaucratiser la colonisation française dans le but de faire de l'Empire une sorte de propriété collective, de ce qu'on appelle en argot politique : un magnifique fromage. De chasse gardée de la haute finance, les colons vont se muer en chasse gardée des hommes politiques et de la haute administration. On voit très bien ce que cela pourra donner.[528]

Toutes ces récriminations contre la Conférence de Brazzaville résultaient du fait que les intérêts coloniaux présents aux États généraux de Douala semblaient avoir été écartés. Ainsi, pour le président de l'Association des colons de l'AEF, Georges Pasques, cette conférence de Brazzaville s'est tenue exclusivement entre les

---

[528] Discours d'ouverture prononcé par Georges Pasques, président de l'Association des colons de l'AEF, le 5 septembre 1945 lors de l'ouverture des États généraux de la colonisation à Douala, in *États généraux de la colonisation française de Douala du 5 au 8 septembre 1945*, p. 7, multigr., *ACCCI* : *dossier* 21, conseils divers.

représentants du gouvernement provisoire, des fonctionnaires, des délégués nommés et des hommes politiques. Selon lui, aucun représentant des activités privées et des colons n'a été invité[529]. C'est pourquoi ces colons s'offusquaient des résolutions de la conférence de Brazzaville.

Une telle ambiance d'hostilité à tout progrès de l'indigène pour le seul souci de garder ses privilèges était entretenue par ceux qui exploitaient les colonies de l'AOF et de l'AEF. Parmi les puissants intérêts présents aux États généraux de la colonisation française, on avait les présidents et délégués des chambres de commerce et d'agriculture, de chambres syndicales des mines et des syndicats agricoles européens. À cette liste, il faut ajouter les représentants des grandes associations coloniales (Association des colons de l'AEF), des fédérations de producteurs, des représentants d'employeurs et d'employés. La délégation de la Côte d'Ivoire présente aux États généraux de la colonisation n'était pas moins importante. Il y avait Leibosis et Romain, délégués de la Chambre de commerce, Goudard, délégué du Groupement des intérêts de la haute Côte d'Ivoire et de la Chambre de commerce. Quant à Jalinaud, il était délégué du Syndicat agricole, de l'Association des colons de Côte d'Ivoire et de l'Union des planteurs de Gagnoa. Modeste fut le représentant du Syndicat des forestiers de Côte d'Ivoire, et Sibert, celui de la Chambre d'agriculture et d'industrie de Côte d'Ivoire[530].

Tous ces délégués de la Côte d'Ivoire ont participé activement à ces États généraux de la colonisation. Par leur nombre, ils écrasaient le Sénégal, qui n'avait qu'un délégué. Il s'agit de Viard, qui représentait les chambres de commerce de Dakar, de Kaolack et l'Union intertropicale d'entreprises et d'industries de l'AOF. À cause de leur forte représentativité, parmi les secrétaires généraux du bureau des États généraux, Jalinaud, un délégué de la Côte d'Ivoire, agissait au nom de l'AOF[531]. Les délégués de la Côte d'Ivoire étaient présents dans la commission des relations financières avec la métropole, la commission de l'organisation du travail, la commission de l'organisation de la production et la commission de la défense des intérêts des colons.

---

[529] *Idem.*

[530] Composition du bureau des États généraux de la colonisation de Douala, *idem.*, pp. 14-15.

[531] *Idem.*

Dans l'ensemble, cette conférence des États généraux de la colonisation n'est pas restée sans conséquence. En effet, c'est sous son influence que la première constitution française, qui comporta un texte audacieux vis-à-vis des Africains en faisant de ceux-ci des citoyens et des électeurs, fut rejetée par le référendum du 5 mai 1946. Ce fut une grande victoire pour les colons. Comme le disait de façon méprisante Georges Pasques à la clôture le 8 septembre 1945 des États généraux de la colonisation de Douala :

Jadis, la carte d'électeur était un certificat d'honorabilité. Que deviendra-t-elle dans la main des Noirs ? Nous rougissons d'y penser, car un bulletin ainsi jeté en pâture est une insulte aux meilleurs éléments, dignes précisément d'être des électeurs. Nos dirigeants apparaissent comme offrant de faire partir un train de luxe avant même d'avoir construit la voie qui seule peut permettre de l'utiliser. Tout ceci est proprement insensé.[532]

Ayant de la peine à accepter l'idée d'un Noir électeur, les intérêts coloniaux tenaient à tout prix à maintenir le statu quo. L'indigène devait être constamment exploité et soumis aux caprices du Blanc. Cependant, toute marche arrière était impossible, car la dynamique du changement en faveur des indigènes était inéluctable. Si avec la conférence de Brazzaville de 1944 un craquement s'opérait en fragilisant la puissance des colons français, ceux-ci ne relâchaient pas pour autant le bras. Ils initiaient de nouveau à Paris, du 30 juillet au 24 août 1946, les États généraux de la colonisation française. Avec une certaine amertume, son président, Jean Rose, initiateur de la conférence de Douala mais absent pour raison de santé, l'exprime en ces termes :

Nous nous sommes séparés à Douala avec quelque espoir au cœur. Nous conservions l'espérance que les pouvoirs publics entendraient le cri d'alarme que nous avions lancé. Il n'en fut rien. Bien au contraire, dans le domaine politique, un pas de géant a été fait. Mais il semble qu'en même temps, un coup de massue ait été donné à l'empire. Ainsi, celui-ci craque-t-il de toutes parts. En Indochine, à Madagascar, en

---

[532] Discours d'ouverture prononcé par Georges Pasques, président de l'Association des colons de l'AEF, le 8 septembre 1945 lors de la clôture des États généraux de la colonisation à Douala, in *États généraux de la colonisation française de Douala*, *op. cit.*, p. 7, *ACCCI* : dossier 21, conseils divers.

Afrique du Nord, en Afrique Noire, de sombres lézards se produisent et vont s'agrandissant chaque jour.[533]

Ces propos de Jean Rose traduisent à eux seuls l'incapacité des colons à freiner les changements inéluctables qui s'opéraient dans les colonies françaises. Le pas est d'ailleurs franchi avec l'élection de députés africains à l'Assemblée nationale française. C'est sous l'impulsion de l'un d'eux, Félix Houphouët-Boigny, que par une loi d'avril 1946, il est mis fin au travail forcé dans les colonies françaises. En outre, les Africains, par le fait qu'ils se regroupaient en syndicat et en partis politiques, furent de plus en plus forts face aux colons. Ce sont donc ces inquiétudes qui motivaient les États généraux de la colonisation à Paris. Le choix de la capitale française n'était pas fortuit. Il s'agissait pour les organisations réunies en ce lieu d'être près des pouvoirs publics, des services d'information et des Français de la métropole pour que la voix des colons retentisse avec plus de force[534]. La Chambre de commerce de Côte d'Ivoire, se joignant à ce concert de revendications, était représentée par certains de ces membres comme Jean Abil Gal, Leibosis et Duvernet, qui participaient aux différentes commissions. Au cours de cette rencontre de Paris, sept commissions de travail furent mises en place. Elles réfléchissaient sur les institutions de l'Union française, le régime représentatif local et fédéral, les problèmes de monnaies, les relations intercoloniales, des questions sociales et diverses. Les réflexions des commissions, malgré leur pertinence, ne réussirent pas à changer l'évolution des colonies françaises en faveur des colons.

La Chambre de commerce de Côte d'Ivoire, en participant aux différents États généraux de la colonisation, dévoilait les causes qu'elle épousait. Certes, dans ses bulletins de septembre 1945 et juillet 1946, elle ne fit pas de commentaires sur ces deux conférences ; cependant, elle se contenta d'y indiquer la présence de ses délégués. Néanmoins, en s'associant aux autres intérêts coloniaux pour des causes rétrogrades, elle répondait bien à cette maxime qui dit que « ceux qui s'assemblent se ressemblent ». En d'autres termes, elle faisait partie de ces organisations qui furent réfractaires à tout progrès des indigènes à cause des considérations économiques. Dans ces

---

[533] Discours d'ouverture prononcé par Jean Rose aux États généraux de la colonisation françaises à Paris le 30 juillet 1946, in *États généraux de la colonisation française tenu à Paris du 30 juillet au 24 août 1946*, p. 5, édité par le Comité d'Action de l'Union française, *ACCCI* : dossier 21, conseils divers.

[534] *Idem*, pp. 4-5.

conditions, il n'était pas surprenant de voir la Chambre de commerce de Côte d'Ivoire s'impliquer dans la politique locale.

2- Implication de la Chambre de commerce dans les affaires locales

La Conférence de Brazzaville a marqué le début d'une nouvelle ère pour l'Afrique française, en particulier pour la colonie de Côte d'Ivoire. C'est à sa suite que l'administration coloniale autorisa, en 1944, la création du Syndicat agricole africain (SAA) et en avril 1946, le Parti démocratique de Côte d'Ivoire (PDCI). L'organisation de la vie politique amena les autochtones de la colonie à participer aux élections de la Constituante du 21 octobre 1945. Pour ces élections, il y avait deux collèges. Le premier désignait les élus des colons, tandis que le second les élus des indigènes.

Au cours du premier tour du scrutin du 21 octobre 1945, le premier collège de la colonie devait choisir entre plusieurs candidats, dont les plus en vue étaient les anciens gouverneurs Reste et Brunot. Comme programme, le premier préconisait moins d'impôt et se prononça contre la suppression du travail forcé ainsi que le vote des citoyens analphabètes. Ces propositions avaient la faveur de l'association des colons et surtout de la Chambre de commerce de Côte d'Ivoire. Le soutien de cette dernière au gouverneur Reste s'expliquait aussi par une sorte de reconnaissance pour un gouverneur qui avait défendu ses intérêts à des moments difficiles. En effet, au cours de la crise des années 1930, c'est grâce à cet homme que l'économie de la colonie s'était relevée. Il avait fait cause commune avec la Chambre de commerce au sujet des conditions d'évacuation des produits agricoles et du projet de la création d'un port à Abidjan. Le gouverneur Reste s'est toujours montré attentif et déterminé à réaliser les vœux des milieux coloniaux pour une meilleure exploitation de la colonie. Il n'est donc pas étonnant que dans un contexte d'élection cette chambre consulaire apporte son appui au gouverneur Reste, dont elle gardait de très bons souvenirs.

À l'opposé, la Chambre de commerce n'appréciait guère le programme du gouverneur Brunot. Celui-ci proposait, sous la bannière de la Section française de l'Internationale ouvrière (SFIO), un programme hardi ayant pour objets la nationalisation des grands moyens de production, la large admission à la citoyenneté et la mise en place d'une assemblée locale votant le budget. Ce projet de société n'eut pas les faveurs de la Chambre de commerce. Il suscita une véritable opposition de la part de l'Association des colons, qui envoya un télégramme au général de Gaulle en lui demandant d'étouffer une telle voix[535].

Si en association avec les colons de la colonie, la Chambre de commerce en voulait au gouverneur Brunot, les récriminations contre ce dernier pouvaient se comprendre aussi par des raisons lointaines. En effet, au cours de l'année 1925, cette compagnie consulaire et le gouverneur Brunot s'étaient affrontés au sujet de la question de la main-d'œuvre. D'un côté, les colons voyaient l'indigène comme une bête de somme, et de l'autre côté, le gouverneur se voulait humaniste en adoptant une attitude qui tenait compte de l'intérêt des autochtones. Cette querelle lointaine et le programme de Brunot, qui avait la faveur des populations locales, expliquent dans une grande mesure l'hostilité de la Chambre de commerce à l'égard de ce gouverneur. C'est pourquoi une escouade dirigée par le vice-président de la Chambre de commerce, Massieye, sabota une de ses réunions publiques pour les élections à la constituante d'octobre 1945[536]. Il fut d'ailleurs battu lors de ces élections par son rival, le gouverneur Reste, qui eut le soutien des colons.

L'élection du gouverneur Reste met en lumière l'influence que la Chambre de commerce exerçait sur la vie politique de la colonie. Pourtant, selon ses textes, elle n'avait pas le droit de se mêler de politique. Mais à cause des intérêts considérables réunis en son sein, elle ne pouvait rester passive. En effet, en laissant la défense des intérêts de la colonie entre les mains d'hommes favorables aux indigènes, cela pouvait lui porter préjudice. Peut-être tirait-elle en cela les leçons de la conférence de Brazzaville contre laquelle les États généraux de la colonisation n'avaient rien pu faire pour freiner, contrairement aux souhaits des colons, les grands changements qu'elle a suscités.

Au-delà de ces problèmes, la Chambre de commerce de Côte d'Ivoire se trouvait souvent par la force des choses au centre de querelles entre les partis politiques ivoiriens. Ainsi, le secrétaire général du Parti progressiste de Côte d'Ivoire, Brou Quoiho, écrivit le 11 juin 1946 au président de la Chambre de commerce pour lui signifier qu'il avait été publié dans *Le Réveil*, organe du PDCI, le

---

535 Jean-Noël LOUCOU, *op. cit.*, p. 351.
536 *Idem*, p. 352.

20 mai 1946, une accusation selon laquelle maître Binzène, l'un des fondateurs du Parti progressiste, aurait reçu de la Chambre de commerce une grosse somme pour combattre l'un des fondateurs du PDCI, Félix Houphouët-Boigny[537]. Face à cette grave accusation qui nuisait à l'honneur de son fondateur, le Parti progressiste voulait connaître le montant de cette somme afin que celle-ci soit remboursée. Pour l'avocat défenseur de la Chambre de commerce, Armand Josse, qui répondit à cette accusation le 16 juin 1946, cette affaire paraissait étrange dans la mesure où il ne voyait pas l'intérêt de la Chambre de commerce de se mêler de ce genre de problème. Néanmoins, pour cet avocat, il devait y avoir une affaire de diffamation dont *Le Réveil* se serait rendu coupable. En outre, soulignait-il en période électorale, tout était permis[538].

Cette querelle montre à quel point, entre partis politiques ivoiriens, il était difficile d'exclure la Chambre de commerce de Côte d'Ivoire du jeu politique. Les colons de la colonie ne furent pas en reste dans l'implication de cette organisation consulaire. En effet, avec la création du Conseil général de la Côte d'Ivoire en octobre 1946, d'aucuns voulant se présenter comme candidats se sont adressées à la Chambre de commerce. Face à cette situation, celle-ci fit connaître, par un télégramme daté du 14 novembre 1946, sa position à ses membres. Elle n'établissait pas les listes des candidats au Conseil général. Ceux qui voulaient se présenter devaient s'adresser aux commandants de cercle et aux chefs de subdivision[539].

Cet appel des colons en direction de la Chambre de commerce se fit aussi dans des circonstances souvent délicates de la vie de la colonie. Dans leur désarroi, ils faisaient appel à cette institution. C'est ainsi qu'en 1947, avec les événements sanglants d'Abengourou, l'on sollicita la Chambre de commerce pour jouer un rôle en dehors de ses attributions. En effet, à cette date, la crise de succession entre le roi Bonzou Essey, déchu du trône par l'administration coloniale en juillet 1945, et son successeur Amoakon Dihyé, fit de nouveau surface. Contestant le choix colonial, des manifestants estimés entre 1 800 et 2 000, favorables au roi Bonzou Essey, organisèrent le

[537] Lettre du Parti progressiste de Côte d'Ivoire au président de la Chambre de commerce, Abidjan, le 16 juin 1946, *ACCCI* : dossier 21, conseils divers.

[538] Lettre d'Armand Josse, avocat, au président de la Chambre de commerce, Abidjan, le 16 juin 1946, *ACCCI* : dossier 21, conseils divers.

[539] Télégramme du président de la Chambre de commerce au gouverneur de la colonie, Abidjan, le 14 novembre 1946, *ACCCI* : dossier 21, conseils divers.

7 février 1947 une action pour réclamer son retour au trône[540]. Cette manifestation, du fait de l'intervention musclée des gardes cercles, conduisit à de graves dérapages. Le bilan serait de 7 morts et 6 blessés, dont un agent de la CFAO atteint par balle à la main[541]. Cette situation jeta l'effroi et la peur parmi les membres de la Chambre de commerce. C'est pourquoi, dans une lettre qu'il adressa au gouverneur de la colonie, le président de la Chambre de commerce fit état d'un télégramme reçu d'Abengourou de la part de M. Brunot, membre de son institution, selon lequel les commerçants européens sollicitaient l'intervention de la Chambre de commerce auprès des pouvoirs publics. Ils voulaient voir arriver dans cette localité une troupe militaire, à défaut de cela, qu'on leur distribue armes et munitions pour assurer leur défense[542]. Cette doléance fut une source de grande inquiétude pour la Chambre de commerce. En effet, ne rien faire dans cette situation, c'était exposer ses membres au péril. De l'autre côté, appuyer l'armement des colons était difficilement acceptable au sein d'une compagnie où les Africains étaient également électeurs. Certains faisaient même partie du bureau de l'assemblée. Face à cette situation, la Chambre de commerce dut solliciter l'intervention de l'administration coloniale.

La nouvelle donne qui se présente après la conférence de Brazzaville en 1944 a entraîné un déséquilibre en faveur des indigènes. La Chambre de commerce de Côte d'Ivoire, jusque-là un bastion des milieux économiques de la colonie, voyant ses intérêts menacés, se mêlait des affaires politiques afin d'établir des gens qui épousaient ses idées. Si dans tout cela, elle réussit à faire avancer sa cause, cependant, de 1946 à 1960, elle présenta les signes d'un réel affaiblissement.

C- Vers un affaiblissement de l'influence de la Chambre de commerce

Jusqu'en 1939, la Chambre de commerce, par ses interventions, était toute puissante. Ni l'autorité coloniale ni la concurrence de la Chambre d'agriculture ne réussirent à lui ôter certains privilèges.

---

540 *Le Progrès colonial*, organe de défense des intérêts économiques de la Côte d'Ivoire, n° 53, 25 février 1947, p. 3.

541 *Idem*, pp. 2-3

542 Télégramme du président de la Chambre de commerce au gouverneur de la colonie, Abidjan le 14 novembre 1946, *ACCCI* : dossier 21, conseils divers.

Malgré la suspension de ses activités et les difficultés liées à la situation de crise, elle était incontournable. Mais les réformes diverses qui suivirent cette guerre amorçaient un début de fléchissement du poids de cette compagnie consulaire. L'administration coloniale concourut aussi à cette situation.

1- Restriction et perte de certains privilèges de la Chambre de commerce

La fin de la Seconde Guerre mondiale marqua une période difficile pour la Chambre de commerce de Côte d'Ivoire. Certaines choses qu'elle croyait acquises lui étaient alors contestées. Parmi celles-ci, il y avait l'inspection des produits. C'est depuis 1911 que cette institution luttait pour la création d'un service chargé de sévir contre les fraudes en matière de produits agricoles. Cet instrument de contrôle donna de bons résultats aux commerçants. Il fut néanmoins mal accepté par la Chambre d'agriculture et d'industrie. Cette dernière engagea de ce fait, dans les années 1930, une querelle avec l'autre institution consulaire pour réclamer ce service en sa faveur. Cependant, la Chambre de commerce gagna ce combat, soutenue par le chef de la colonie.

À la fin de la Grande Guerre, le monopole de ce service entre les mains des commerçants ne résista pas à l'épreuve des changements. Certes, la Chambre de commerce avait réussi pendant huit ans à empêcher le Service de l'inspection de passer sous le contrôle de l'Administration, mais elle capitula en fin de compte devant l'autorité coloniale. C'est le 30 novembre 1946 que le président de cette institution consulaire, Lasserre, annonça que l'Inspection des produits serait sous le contrôle et la gestion de l'administration coloniale à partir du 1er janvier 1947[543]. Effectivement, à partir de cette date, le service changea de mains. Pour pallier l'absence de cet organe, l'Administration et les chambres consulaires tentèrent de rédiger, en juin 1947, un projet de textes organisant le service de contrôle, de conditionnement et d'inspection des produits à l'intérieur du pays. Mais ce projet fut source de désaccords. Tandis que la Chambre de commerce était pour le contrôle des produits en brousse, la Chambre d'agriculture était plutôt pour le conditionnement aux points de sortie de la colonie. Ces querelles ne cesseront d'alimenter les discussions entre ces chambres consulaires, car les commerçants et les producteurs

---

[543] *BCCCI*, procès-verbal de la séance du 30 novembre 1946, p. 46.

avaient des visions différentes sur les moyens de lutter contre la mauvaise qualité des produits agricoles.

Dans l'ensemble, la Chambre de commerce ressentit vivement la perte de l'Inspection des produits. Ses tentatives d'instaurer un service similaire furent vaines. En dehors de l'Inspection des produits que la Chambre de commerce perdit, ses ressources furent également menacées. Selon une décision du gouverneur général du 16 mars 1945, les assemblées consulaires devaient rechercher les moyens qui leur permettraient dorénavant d'assurer leur fonctionnement par des ressources qui leur seraient propres. En fait, par cette décision, l'administration coloniale voulait, à partir de 1946, retirer la quote-part qui était jusque-là allouée aux chambres consulaires sur les taxes de transactions. Les raisons qui fondaient la décision du gouverneur général étaient de deux ordres : l'absence de ces taxes allouées aux chambres consulaires amenuisait le budget général, et ces taxes étaient supportées par l'ensemble des consommateurs et non par les seuls ressortissants des assemblées consulaires[544]. En dépit des protestations de la Chambre de commerce de Côte d'Ivoire, en association avec celles de l'AOF, le chef de la fédération ne modifia rien à sa décision. D'ailleurs, le 2 janvier 1947, il décida de modifier les modalités de l'arrêté du 20 novembre 1943 qui avait permis aux chambres consulaires de percevoir chaque année une quote-part sur les transactions.

Sur le plan des affaires locales, la Chambre de commerce subit d'autres revers. En effet, avec l'avènement des nouvelles institutions, la Chambre de commerce de Côte d'Ivoire fut de plus en plus marginalisée. C'est ainsi qu'en 1948, elle intervint auprès de l'assemblée des présidents des chambres consulaires de l'AOF et celle de la métropole. Elle protesta contre la non-consultation des chambres de commerce sur les questions relevant de leur compétence, notamment en matière fiscale, depuis l'institution des assemblées représentatives territoriales[545]. C'est le cas du Conseil général. C'est d'ailleurs à l'intérieur de ces organes représentatifs que les hommes politiques prirent des initiatives pour tenter de réformer en profondeur les chambres de commerce, en particulier celle de la Côte d'Ivoire.

---

[544] *BCCCI,* procès-verbal du 3 juin 1945, p. 60.

[545] *BCCCI*, procès-verbal du 16 avril au 21 mai 1950, n° 57, p. 7.

2- L'initiative des hommes politiques en faveur d'une réforme en profondeur de la Chambre de commerce

Après la légalisation des partis politiques dans les colonies françaises, l'initiative appartenait désormais aux Africains. Les élus africains à l'Assemblée nationale française entreprirent des actions audacieuses. Ainsi, sous la conduite du député Houphouët-Boigny, élu de la Côte d'Ivoire, le travail forcé fut aboli. Les autres institutions créées, comme le Conseil général, tentèrent également de jouer ce rôle, mais sur le plan local. C'est par une série de décrets pris le 25 octobre 1946 que fut défini le statut des assemblées locales. Pour les conseils généraux, l'on maintint le principe du double collège. Ces assemblées locales avaient différentes attributions. Elles votaient le budget préparé par le chef de la colonie, se prononçaient sur les impôts, les taxes et les contributions de toutes natures perçues au profit du territoire ainsi que des emprunts à contracter. Elles se prononçaient aussi sur la gestion des biens de la colonie. C'est muni de ces attributions et bien d'autres que le Conseil général de la Côte d'Ivoire décida de s'attaquer à la Chambre de commerce de la colonie. Le 15 mars 1947, le vice-président de cette institution, Robert Léon, adressa une lettre au président de la Chambre de commerce dans laquelle il considérait :

la classification des électeurs de la Chambre de commerce en trois catégories nous semble une mesure périmée, antidémocratique et préjudiciable aux véritables intérêts du commerce de la Côte d'Ivoire. En conséquence, il est dans nos intentions d'obtenir dans les meilleurs délais la suppression de ces catégories.[546]

La décision du Conseil général de la Côte d'Ivoire peut être considérée comme une véritable « révolution » que l'on voulait introduire au sein de la Chambre de commerce. Certes, jusque-là, il y eut quelques modifications en ce qui concerne cette compagnie consulaire. Mais l'on se préoccupait de la question des patentes soit pour élargir le nombre d'électeurs, soit pour préciser des modifications structurelles, comme ce fut le cas en 1925 avec la création de la Chambre d'agriculture et d'industrie. Cependant, il ne fut jamais question de supprimer les catégories, encore moins de

---

[546] Lettre de Robert Léon, président du Conseil général de la Côte d'Ivoire, au président de la Chambre de commerce, Abidjan, le 15 mars 1947, *ACCCI* : dossier 11.1., Chambre de commerce, (modification des statuts de la Chambre de commerce).

favoriser leur accès de façon démocratique. En effet, à la Chambre de commerce, les catégories étaient fonction de la patente, du poids des entreprises et du niveau de compétences de l'individu.

Avec de tels critères, beaucoup de commerçants africains et indigènes furent exclus des catégories. Ceux qui réussirent à progresser étaient le plus souvent dans la troisième catégorie. Jusqu'en 1947, rares étaient les indigènes qui occupaient des postes de responsabilités au sein de cette chambre de commerce. Il faut souligner que généralement, c'étaient les membres de la première et deuxième catégorie qui occupaient d'importantes responsabilités au sein de cette institution. Il s'agissait des plus patentés et ils avaient souvent des postes à la direction de leur société. Tandis que ceux de la troisième catégorie, parce qu'ils étaient insignifiants économiquement et de faible poids, ne pouvaient influencer les décisions de la Chambre de commerce.

En voulant rendre plus démocratique la Chambre de commerce par la suppression de ces catégories, le Conseil général de la colonie voulait donc supprimer toutes ces injustices et ce mépris dont les commerçants africains étaient l'objet depuis la création de cette institution. En outre, sa trop grande influence dans le domaine politique et économique colonial pouvait expliquer aussi cette volonté d'en découdre avec elle. Cette décision du Conseil général de la Côte d'Ivoire souleva des remous au sein de la Chambre de commerce. C'est pourquoi, lorsqu'au cours de la session de mars 1947, Léon Robert, vice-président de cette institution, déposa une motion tendant à supprimer ces catégories, il rencontra l'hostilité des membres de la Chambre de commerce présents à la séance. Ainsi, M. Filidori et M. Ferras combattirent cette motion et réussir à convaincre l'assemblée, qui décida de ne pas donner suite au projet de Léon Robert[547].

Ce combat mené par le Conseil général de la Côte d'Ivoire trouva un relais plus haut. En effet, Gueye Nomar Djin, Aldry, Ebebe Albert et les membres du groupe socialiste SFIO et apparentés, conseillers de l'Union française, décidèrent de déposer en 1948, sous le n° 401, à l'assemblée de l'Union française, une proposition tendant à réorganiser les catégories et à modifier la répartition des sièges entre

[547] Note pour de la Chambre de commerce de Côte d'Ivoire de MM. Filidori et Ferras, relative à la motion de Robert Léon, Abidjan, avril 1947, *ACCCI* : dossier 11.1, Chambre de commerce.

les différentes catégories des chambres de Commerce, d'agriculture ou d'industrie en Afrique Occidentale Française, au Cameroun et au Togo[548]. L'objectif de ces conseillers était de faire en sorte que les intérêts des métropolitains ou des autochtones, des petits ou gros commerçants, soient représentés dans un sens paritaire non seulement en fonction de leur importance, mais surtout :

en fonction de la population active, c'est-à-dire de leur valeur humaine, la rente génératrice d'espoir, de justice et peut-être de bonheur pour l'avenir de l'Union française.[549]

Pour ces conseillers de l'AOF, les catégories devaient être supprimées afin d'assurer une répartition équitable de tous les intérêts. Néanmoins, si cette nouvelle répartition des membres en catégories pouvait satisfaire les Africains, il n'en demeurait pas moins que cette formule posait certains problèmes, que les conseillers de l'AOF ne percevaient pas. C'est pourquoi les chambres de commerce de l'AOF s'opposèrent à un tel projet, en raison de la nature même de leur institution. En effet :

Les attributions des chambres de Commerce sont essentiellement d'ordre économique, leur représentation doit de ce fait être différente d'une assemblée politique, s'il en était autrement elle ne tarderait pas à faire double emploi avec ces dernières ce qui entraînerait à bref délai leur paralysie et leur disparition.

C'est dans cet esprit qu'il convient d'aborder les problèmes de la répartition des électeurs en catégories professionnelles. Chaque ordre d'activité doit y avoir une place correspondant à son rôle dans l'économie générale.

Certaines d'entre elles peuvent avoir des intérêts qui dépassent le plan purement local, ceci tenant à leur rôle dans le commerce extérieur et particulièrement dans les relations avec la Métropole et l'étranger ou bien à leurs apports de capitaux et de technicité.

On aperçoit immédiatement le dommage qui pourrait être apporté à l'intérêt général si quelques-unes des tâches incombant aux assemblées consulaires ne pouvaient plus être réglées par les représentants des firmes importantes au cas où elles viendraient à être

---

548 Proposition tendant à réorganiser les catégories et à modifier la répartition des sièges entre les différentes catégories des chambres de Commerce, d'agriculture ou d'industrie en Afrique Occidentale Française, au Cameroun et au Togo, 1948, p. 1, *ACCCI* : dossier 11.1, Chambre de commerce.

549 *Idem*, p. 5.

noyées dans le nombre des commerçants locaux payant la dernière classe des patentes.[550]

Ces arguments furent des explications que la Chambre de commerce de Côte d'Ivoire mettait en avant auprès des différentes autorités coloniales et métropolitaines dans son combat contre cette proposition. Ainsi, pour faire aboutir cette cause, elle demanda l'intervention de la Fédération nationale des syndicats du commerce ouest-africain à Paris. Cette fédération sollicita d'ailleurs en mai 1949 le ministre de la France d'outre-mer. Elle soulignait un certain nombre de problèmes mettant en lumière le danger que pouvaient courir les chambres de commerce si elles étaient « démocratisées ». En effet, elle s'interrogeait si l'on pouvait demander aux petits commerçants, artisans, cultivateurs, en général absorbés par un important travail matériel, de se pencher sur des problèmes auxquels les occupations quotidiennes ne les préparaient pas. C'est par exemple le cas de la gestion des magasins généraux, des ports, de l'établissement des mercuriales et de l'organisation des services techniques[551]. Une telle réserve se comprend dans la mesure où les entreprises commerciales africaines ne pouvaient être comparées à celles des Européens. Leur mode de gestion était empirique et ne répondait à aucun critère d'une entreprise moderne. Elles n'avaient aucun statut, aucun compte bancaire et méconnaissaient les règles de comptabilité et de fiscalité françaises. Comme le souligne Pierre Kipré, pendant la période coloniale, les commerçants africains recouraient peu à l'écriture de l'avocat, du notaire ou du banquier pour les actes essentiels de leur profession. Beaucoup ne savaient pas l'alphabet européen et la législation commerciale fut étrangère à leur univers[552].

Une telle méconnaissance des règles élémentaires de la gestion moderne ne pouvait rendre efficace l'apport des commerçants africains, même en grand nombre, au sein de la Chambre de commerce. En effet, les solutions aux grands enjeux économiques de

[550] Note de la Chambre de commerce de Côte d'Ivoire au sujet de l'organisation des chambres de commerce 31 mars 1949, *ACCCI* : dossier 11.1, Chambre de commerce.

[551] Lettre de la Fédération nationale des syndicats du Commerce ouest-africain au ministre de la France d'outre-mer, Paris, le 19 mai 1948, *ACCCI* : dossier 11.1, Chambre de commerce.

[552] Pierre KIPRÉ, « Commerce et commerçants en Côte d'Ivoire du XVIIe au XXe siècle », p. 41, in Leonhard HARDING et Pierre KIPRÉ (dir.), *Commerce et commerçants en Afrique de l'Ouest, la Côte d'Ivoire*, Paris, Harmattan, 1992.

la colonie dépassaient le niveau de culture commercial de ces commerçants. C'est cette crainte apparemment légitime qui amena, dès avril 1948, le président de la Chambre de commerce de Dakar, Tascher, à écrire à Jacobson, conseiller de l'Union française. Il craignait que la « médiocrité » de la culture commerciale et fiscale de la masse des commerçants indigènes n'amène les assemblées consulaires à perdre leur crédibilité. En outre, pour ce président, le grand nombre d'indigènes dans ces institutions consulaires pouvait compromettre la vie économique de la France d'outre-mer et même bouleverser les cadres venus de la métropole et qui s'étaient installés lentement dans la colonie[553].

Pour les chambres de commerce de l'AOF, apporter la démocratie au sein des chambres consulaires en supprimant les catégories, c'était mettre en péril la vie économique de la colonie. Si, à certains égards, leurs préoccupations étaient justifiées, il n'en demeurait pas moins vrai que leur opposition systématique manifestait une crainte de perdre des privilèges au détriment des indigènes ; d'où leur attitude de demander à chaque fois des interventions extérieures pour appuyer leur cause. Cependant, cette fois-ci, les données avaient changé avec la création de nouvelles institutions locales et fédérales. Ce fut d'ailleurs ce que le ministre de l'Industrie et du Commerce de France signifia aux chambres de Commerce de l'AOF en faisant savoir que la proposition de résolution n° 401 n'était pas du ressort du gouvernement, mais uniquement du gouverneur général et du Grand conseil, et, le cas échéant, des gouverneurs et des conseillers locaux[554]. Avec une telle réponse, on perçoit que tout changement pouvait se produire au niveau de la Chambre de commerce puisque les institutions qui pouvaient décider du sort des assemblées consulaires étaient aux mains des Africains. Néanmoins, ces derniers ne prirent pas de telles résolutions puisque ces catégories continuaient de fonctionner dans le cas de la Côte d'Ivoire jusqu'en 1960 et même au-delà. Dans un contexte où la Chambre de commerce était l'objet de contestations, elle connaissait des mutations sur le plan interne. En dépit de cette situation, elle renforça sa politique sociale.

---

[553] Lettre du président de la Chambre de commerce à Jacobson, conseiller de l'Union française, Abidjan, le 8 avril 1949, *ACCCI* : dossier 11.1, Chambre de commerce.

[554] Lettre du secrétaire d'État au commerce au président de l'Assemblée des chambres de commerce de l'AOF, Paris, le 22 juillet 1949, *ACCCI* : dossier 11.1, Chambre de commerce.

II- L'ÉVOLUTION INTERNE DE LA CHAMBRE DE COMMERCE ET LE DYNAMISME DE SA POLITIQUE SOCIALE

La fin de la Seconde Guerre mondiale et ses conséquences ont entraîné des mutations au sein de la colonie. Le pouvoir des colons se mit à vaciller. La Chambre de commerce, bastion imprenable des colons, n'échappa pas à cette réalité. Les indigènes, jusque-là marginalisés, firent leur entrée en force au sein du bureau de cette assemblée consulaire. De l'autre côté, on nota un accroissement des actions sociales de cette institution.

A- Évolution remarquable du corps électoral de la Chambre de commerce

Depuis sa création en 1908 jusqu'en 1960, et malgré la crise qu'elle a traversée, la Chambre de commerce de Côte d'Ivoire s'est caractérisée par la progression constante de ces électeurs. Mais si jusqu'en 1945, les membres du bureau de cette institution étaient en majorité des Français, cette tendance se renversa avec l'entrée des Africains à des postes de grande responsabilité.

1- Évolution du corps électoral de la Chambre de commerce de Côte d'Ivoire : de l'origine à 1954

Dès les premières années, la Chambre de commerce voulait être le creuset de tous les intérêts économiques. La loi organique de cette chambre consulaire datée du 23 décembre 1908 répartissait les commerçants selon leur statut et leur nationalité. Selon cette répartition, il existait des commerçants citoyens français, des commerçants étrangers européens ou assimilés et les indigènes sujets français. Si la proportion des membres titulaires et suppléants au niveau des Français était de 15, les étrangers européens étaient à 6, tandis que les indigènes étaient à 4. Cette façon de procéder avait le mérite de rassembler tous les intérêts de la colonie, quelle que soit les nationalités. Ce fut sur ces bases qu'eurent lieu les élections du 9 novembre 1913 où étaient inscrits 77 Français, 26 Européens ou assimilés, et 72 sujets indigènes[555].

Au cours de ces élections, en dehors de la première catégorie où le nombre de votants s'élevait à 61, les autres avaient respectivement 7

---

[555] *JOCI*, 1913, p. 584.

et 13 votants. Ce faible chiffre, pour les deux dernières catégories, s'expliquait dans une certaine mesure par l'éloignement du lieu de vote. En effet, le lieu du scrutin était à Grand-Bassam. Il était difficile dans ces conditions, pour ceux qui n'avaient pas compris l'importance que revêtait la Chambre de commerce, d'effectuer de si longs trajets pour accomplir cet acte. Cependant, ils pouvaient exprimer leur vote par l'envoi de leur bulletin au président du bureau sous double enveloppe. Dans ce cas, la première enveloppe devait porter leur signature et la seconde restait sans signature sous peine de nullité. Mais au constat, ce ne fut pas le cas. À la suite des élections de 1913, il fallut attendre 1920 pour que les conditions favorables à une élection se présentent. En effet, de 1913 jusqu'à cette date, certains événements paralysèrent l'action de la Chambre de commerce. Avec la Première Guerre mondiale, les activités de cette institution connurent un ralentissement à cause de la mobilisation d'un certain nombre de membres du bureau. En outre, la nouvelle modification de la répartition du corps électoral par le gouverneur de l'AOF supposait une réelle adaptation des textes de la Chambre de commerce. Cette réforme a exclu du corps électoral les étrangers. En 1920, les élections n'eurent pas lieu peut-être à cause des changements que l'on avait envisagé faire. C'est pourquoi Louis Barthe, membre du bureau de la Chambre de commerce, bien qu'étant absent de la colonie, fut nommé président de cette institution. Son bureau comprenait presque exclusivement des citoyens français, dont un Africain d'origine sénégalaise, Alassane N'dir.

Cette nouvelle forme d'élection avec la modification des catégories a lieu véritablement en 1924. Néanmoins, à ces transformations s'ajoutait la mise en place d'une quatrième catégorie réservée uniquement aux exploitants forestiers. Ces derniers, qui prirent part au vote du 9 mars 1924, étaient au nombre de 41, tandis que la première catégorie comptait 40 inscrits, la deuxième 32, et la troisième dénombrait 123. Le corps électoral de 1924 ne fut pas le même que celui de 1929, car il subit une légère modification. En effet, en 1925, l'administration coloniale avait mis en place la Chambre d'agriculture et d'industrie dans la colonie. La création de cette nouvelle compagnie consulaire entraîna un transfert d'électeurs au profit de la nouvelle compagnie. En effet, selon la loi organique de la Chambre d'agriculture et d'industrie, il fallait être agriculteur, industriel ou forestier pour en faire partie. Or, ceux-ci se trouvaient dans la Chambre de commerce, d'où la nécessité de procéder de nouveau à une retouche des textes. C'est à cause de ces problèmes que l'élection de la Chambre de commerce prévue normalement en 1928 eut finalement lieu en 1929.

Si l'on examine les résultats de l'élection du 7 juillet 1929, on rétablit de nouveau la répartition des électeurs en trois catégories au lieu de quatre. Cela s'explique par le fait que les exploitants forestiers n'ayant pas trouvé satisfaction au sujet du maintien d'une catégorie spéciale en leur faveur avaient opté pour la Chambre d'agriculture et d'industrie. C'est pourquoi en 1929, les résultats des élections de la Chambre de commerce ne révélèrent aucune régression du nombre d'électeurs véritables, sauf au niveau de la première catégorie, où le nombre d'inscrits s'élevait à 35, alors qu'il était de 40 en 1924.

Cette progression se confirme timidement avec les élections du 18 mai 1930, qui amenèrent à la présidence Laurent Lasserre. Pour les scrutins de 1934 et 1938, les choses bougèrent lentement. Tandis que la première catégorie dépassa difficilement la barre de 50 inscrits, les deux autres n'arrivèrent pas à franchir le seuil des 200 inscrits. La faible mobilisation peut avoir pour corollaire la question de la langue. En effet, bien qu'il existe de nombreux commerçants dans la colonie, tous ne pouvaient pas être électeurs. Il fallait savoir parler français et l'écrire ; ce qui excluait d'emblée la majorité des commerçants indigènes, qui étaient souvent analphabètes. Il n'est pas étonnant dans ces conditions que dans les zones d'échanges comme Kong, Daloa et autres, il était difficile de trouver des électeurs indigènes. Néanmoins, pour l'ensemble de la colonie, l'examen des listes électorales montrait une prédominance des commerçants sénégalais. La citoyenneté française de la plupart d'entre eux rendait leur accès facile à cette institution.

En dehors de la question de la langue, il y avait le problème des patentes. Celles-ci étaient délibérément élevées pour que seuls les entreprises ou individus payant des patentes élevées puissent siéger ou même être électeurs de cette compagnie consulaire. On craignait qu'en baissant la patente, l'accroissement des électeurs ne noie les grands investisseurs au détriment d'une multitude de petits électeurs, moins représentatifs des intérêts investis dans la colonie. Ce sont ces réalités qui expliquaient dans une certaine mesure la lente évolution de la Chambre de commerce en 1938. Le statu quo demeure jusqu'en 1946. Avec la période de guerre et l'arrivée du régime de Vichy, la Chambre de commerce fut suspendue de 1941 à 1943. Cela ne rendit pas possible l'élection de 1942.

En plus, faut-il le souligner, le bureau de la Chambre de commerce ne se renouvelait que tous les quatre ans. Après une période de perturbation, c'est finalement en mai 1946 que l'on organisa de nouveau les élections. Celle de 1946 marqua une rupture avec le passé. Si l'on nota 53 inscrits dans la première catégorie, ils étaient 224 dans la deuxième, et 776 dans la dernière. Pour les élections de 1950 et 1954, on nota une évolution fulgurante des électeurs. La deuxième et la troisième catégorie exprimaient mieux cette ascension. Ainsi, pour les élections de 1950, tandis que la seconde catégorie comprenait 234, la dernière catégorie en comptait 809. En 1954, la dernière catégorie avait même atteint les 1 013 électeurs, la seconde, 353, et la première, 70.

Tableau 5

Évolution des électeurs de la chambre de commerce de Côte D'Ivoire, 1924-1954

Année	**Catégories**				**Total**
	1re	**2e**	**3e**	**4e**	
1924	40	32	123	41	236
1929	35	115	265	-- -	415
1930	38	114	265	-- -	417
1934	47	112	142	-- -	301
1938	45	116	161	-- -	322
1946	59	224	776	-- -	1059
1950	71	234	809	-- -	1114
1954	70	353	1013	-- -	1436

Sources : Archives de la Chambre de commerce, dossier n° 11.2 Élection

Dans l'ensemble, le nombre d'électeurs africains et indigènes connut un réel progrès. Ces derniers constituaient la masse de la 3e catégorie. Ils étaient rares dans les autres catégories, car l'entrée dans celles-ci supposait un poids élevé dans la vie économique de la colonie. Seules certaines puissantes maisons de commerce comme la

CFAO, la CFCI, la SCOA et d'autres maisons françaises pouvaient se permettre de satisfaire de telles exigences. D'ailleurs, c'est du sein des grandes maisons ou entreprises que sortaient les personnalités qui occupaient les hautes fonctions à la Chambre de commerce de Côte d'Ivoire. Mais cette hégémonie connut une période de rupture à partir de 1946. Les Africains, en particulier les indigènes, jusque-là exclus des grandes responsabilités, firent leur entrée en occupant des postes élevés.

2- Entrée en force des indigènes au sein du bureau de la Chambre de commerce

Grâce au texte organique de la Chambre de commerce de décembre 1908, qui favorisait l'élection en fonction des nationalités, les Africains entrèrent librement au sein du bureau de cette institution à la faveur de l'élection de 1913. Cependant, la plupart d'entre eux étaient des commerçants sénégalais. Il n'existait aucun indigène de la colonie dans le bureau de la Chambre de commerce, bien que certains soient des électeurs. Suite à une nouvelle forme de répartition des électeurs en 1920, ces derniers eurent difficilement accès au bureau de cette institution. En 1921, on nota dans le bureau de la Chambre de commerce la présence d'un Africain en la personne d'Alassane N'dir, commerçant sénégalais. Il fut choisi comme membre titulaire lors de l'élection de Louis Barthe à la tête de cette compagnie consulaire[556]. Cependant, il n'occupait aucune fonction au sein de ce bureau. Sa seule présence, néanmoins, mettait en lumière le poids de ses intérêts au point d'être accepté dans le cercle fermé des commerçants européens, notamment français. Dans l'ensemble, on peut retenir d'Alassane N'dir qu'il était un grand commerçant car il était enregistré dans la première catégorie des électeurs de la Chambre de commerce. Il résidait à Abidjan, où il avait créé en association avec un Européen un établissement du nom d'Escapit[557].

En dépit de ce privilège d'être membre du bureau de la Chambre de commerce, sa présence fut jugée peu déterminante dans les décisions de cette assemblée. Ainsi, lorsque dans les années 1920, le gouverneur général décida d'entreprendre une série de réformes pour favoriser

---

[556] *BCCCI*, procès-verbal de la séance du 21 octobre 1921, élection du bureau de la Chambre de commerce, p. 1.

[557] Gnato ZIE et Vrih GBAZAH, « Les commerçants sénégalais en Côte d'Ivoire de 1880 à 1970 », in Leonhard HARDING et Pierre KIPRÉ (dir.), *Commerce et commerçants en Afrique de l'Ouest, la Côte d'Ivoire*, *op. cit.*, p. 252.

l'entrée d'un grand nombre d'indigènes, le président Barthe s'opposa à cette idée, car il considérait l'action des Africains peu utile. Il traitait d'ailleurs Alassane N'dir de « poids mort » à la Chambre de commerce. En 1924, on ne trouvait aucun indigène dans le bureau de cette assemblée. Il fallut attendre 1938 pour noter au sein du bureau, en plus d'un Sénégalais du nom de Mamour Diop, l'entrée d'un sujet indigène de la colonie, à savoir, Louis Niamké. Ces personnalités étaient des électeurs de la 3e catégorie. Louis Niamké est né vers 1898 à Grand-Bassam. Il fut agent de factorerie de la SCOA de 1916 à 1932. Il devint commerçant indépendant en 1932. Son entrée à la Chambre de commerce constitua le début progressif de l'arrivée des électeurs indigènes au sein du bureau de la compagnie. Cela est très visible au moment des élections de mai 1946.

Au cours de ces élections de 1946, les postes de membres titulaires et de suppléants de la 3e catégorie furent aux mains des indigènes de la colonie. En plus de Louis Niamké, d'autres commerçants comme Jacques Aka, né en 1908 à Tiébissou, Étienne Assié, né en 1903 dans le cercle de Grand-Bassam et Daniel Panou firent leur entrée au bureau de la Chambre de commerce. À leurs côtés, il faut ajouter la présence d'autres commerçants comme Babacar Wade, un Sénégalais, et Kemoko Keita, de Bobo-Dioulasso. Cette présence significative marquait une certaine « africanisation » de la Chambre de commerce, jusque-là dominée par les Blancs. Elle entraînait aussi un changement de langage. Les propos racistes et méprisants à l'égard des Libanais et des indigènes n'eurent plus court au moment des séances de la Chambre de commerce, comme c'était le cas avant la fin de la Seconde Guerre mondiale. Les Africains étaient très actifs à la Chambre de commerce et occupaient même de hautes responsabilités. Ainsi, Louis Niamké, membre de la Chambre de commerce depuis 1938, occupa en 1946 la fonction de trésorier. Il était aussi membre de la commission des questions sociales. D'autres, comme Jacques Aka, étaient membres de la commission fiscale et financière.

Cette petite « révolution » se poursuivit au cours des élections de 1950 où les Africains occupaient tous les postes électifs de la 3e catégorie. Tandis que Louis Niamké était maintenu à son poste de trésorier, d'autres commerçants indigènes firent leur entrée au bureau de la Chambre de commerce. Il s'agit de Fama Touré, commerçant et transporteur, né le 24 septembre 1914 à Dabakala, et Doudou Thiam, né le 12 avril 1914 à Rufisque, au Sénégal[558]. Dans ce nouveau bureau de la Chambre de commerce, Jacques Aka était le président de la commission des questions sociales et diverses, alors qu'en 1946, il n'était que simple membre d'une commission. C'était donc une réelle progression.

Au cours de l'année 1954, période de nouvelles élections, les Africains avaient leur emprise sur la Chambre de commerce. Bien que Louis Niamké ne soit plus membre du bureau de la nouvelle chambre consulaire issue des élections, il fut honoré par l'institution. À l'image des anciens membres de la Chambre de commerce comme Pierre Balet, Lucien Chabrand, Antoine Filidori ou René Desgranges, il fut choisi comme membre honoraire de cette institution. Le président honoraire fut Louis Barthe, et le vice-président Henri Reboul. Le poste de trésorier resté vacant fut confié à un autre indigène de la colonie, Étienne Assié.

L'élection de 1954 vit l'arrivée d'autres indigènes. Ils étaient soit commerçants, soit transporteurs, ou les deux à la fois. À ce nombre, on avait Lamine Fadiga, né le 18 mars 1918 à Touba, Fama Touré, Bertin Aka, né en 1912 à Tiebissou, frère de Jacques Aka, Sylla Yacouba, né en 1906 dans le Soudan français, et Bakary Diako, né en février 1909 au Sénégal[559]. Si dans l'ensemble, l'élection des autres membres se fit sans heurts, celle de Bakary Diako posa problème. En effet, après l'élection de 1954, Amadou Thiam, membre du bureau de 1950, contesta l'élection de ce dernier. Les protestations portaient sur l'orthographe de son nom qui, sur la liste électorale, était marqué Bakary Diado. Amadou Thiam estima par conséquent qu'il ne pouvait être éligible puisqu'il ne s'agissait pas de la même personne[560]. En dehors de l'action d'Amadou Thiam, dit Doudou, le groupe de Louis Niamké, Babakar Wade, Sorry Kaba, Baby Kaba et Isaac Morrison, adressa aussi une réclamation dont il n'a pas été possible de déterminer l'objet. Ces derniers battus lors de l'élection de 1954, on peut supposer qu'ils avaient porté plainte pour des questions d'irrégularité. Cette plainte n'a pu être recevable car la lettre est arrivée en retard.

Dans l'ensemble, la plainte au sujet de cette élection de 1954 mettait en lumière l'importance que les autochtones attachaient à cette

[558] *ACCCI* : dossier 11.6, Personnel africain.
[559] *ACCCI* : dossier 11.6, Personnel africain.
[560] *ACCCI* : dossier 11.2., Élection à la Chambre de commerce (litige).

assemblée consulaire. Ils se sentaient parties prenantes de la vie de la Chambre de commerce. Ce contexte de liberté n'est peut-être pas étranger à cette volonté. Si les Ivoiriens rivalisaient entre eux ou avec les autres sur le terrain politique, il n'est pas étonnant qu'ils cherchent à s'approprier une institution dont le poids était reconnu dans l'orientation de la colonie. D'ailleurs, le nouveau trésorier élu fut Étienne Assié, un autochtone de la colonie. La Chambre de commerce de Côte d'Ivoire, en dépit de cette période de turbulence (1939-1945), ne fut pas pour autant affaiblie. Bien au contraire, la plupart des grandes œuvres accomplies survinrent après la période de la Seconde Guerre mondiale.

B- Renforcement des actions sociales de la Chambre de commerce

Par sa nature, la Chambre de commerce n'est pas une organisation philanthropique. C'est d'abord une institution dont le but principal était de concourir au progrès du commerce dans l'intérêt de ses membres. Néanmoins, dans le cas de la Chambre de commerce de Côte d'Ivoire, elle se montrait très sensible à toutes les demandes d'aide. Cette action qu'elle avait initiée avant la fin de 1939 fut amplifiée après 1945 dans le domaine de l'éducation, des œuvres culturelles, des actions sportives et dans bien d'autres domaines.

1- De grandes initiatives en matière d'éducation

L'action de la Chambre de commerce commencée en 1937 en matière de formation se poursuivit après la Seconde Guerre mondiale dans deux directions. Sur le plan local, elle fit mieux qu'auparavant. À l'extérieur de la colonie, elle s'impliqua dans d'autres initiatives en matière d'éducation.

a. Accroissement du nombre d'élèves, diversification des filières de formation de l'école de la Chambre de commerce

À cause de l'atmosphère de troubles dans la colonie, résultant de la situation de guerre, les cours organisés par la Chambre de commerce pour les années scolaires 1942-1943 et 1943-1944 furent suspendus. Ce fut en 1944 que reprirent les cours du soir réservés aux employés de commerce. Mais cette fois-ci, l'institution les fit intégrer dans le programme de l'enseignement officiel. L'un des faits majeurs en matière de formation, c'est qu'elle entreprit à partir de 1946 la construction de locaux pour assurer ses propres cours. Ce terrain qu'elle réussit à édifier se trouvait en contrebas du siège de la Chambre de commerce.

Au niveau de l'enseignement, cette institution apporta certaines innovations pour répondre aux préoccupations des maisons de commerce. Aux enseignements de dactylographie, de douane-transit, de comptabilité et de fiscalité-assurance, il fut instauré en 1952-1953 une section d'acheteurs de produits. Ce cours avait pour but d'enseigner aux jeunes commis des notions élémentaires pour reconnaître un produit de qualité, sans impureté, pour les produits tels que le cacao, le café et le palmiste. Ces cours spécialisés étaient assortis d'un enseignement (français et calcul). L'examen d'entrée comprenait une dictée, une courte rédaction et deux problèmes simples.

Les agents formés à la suite de ce cours étaient chargés, dès 1953, d'assurer les cours d'acheteurs de produits de brousse à ceux de l'intérieur. Ces cours devaient durer deux mois. Chaque séance était de deux heures. En dehors d'Abidjan, la Chambre de commerce possédait 15 centres à l'intérieur du pays pour les cours d'achats de produits tels que le café et le cacao[561]. Les cours étaient donnés pendant l'intersaison par les chefs de secteurs agricoles, sous le contrôle du chef du Service de l'agriculture. À la suite des cours, les élèves subissaient un examen. Il comportait un sondage et une analyse de produits tels que le café et le cacao. Les sondages étaient effectués sur les lots de produits par entente avec les maisons de commerce locales. En outre, l'on faisait subir aux candidats une interrogation orale sur la nature des cours[562].

L'introduction d'une section d'acheteurs de produits visait à assurer aux maisons de commerce l'achat de produits de qualité. La création d'un tel cours s'explique en partie par la disparition de l'Inspection des produits qui, jusqu'en 1947, avait assuré à elle seule le contrôle de la qualité des produits. La disparition de ce service laissait un vide pour les commerçants. En plus de cela, les maisons de

---

[561] Il s'agit principalement de localités telles que Grand-Bassam, Agboville, Gagnoa, Oumé, Daloa, Sassandra, Dimbokro, Toumodi, Abengourou, Agnibélékro, Man et Bouaké. À la tête de chaque localité, il y a un représentant de la Chambre de commerce, *ACCCI* : dossier 11.10., Enseignement commercial.

[562] L'organisation de l'année scolaire 1951-1952, *ACCCI* : dossier 11.10., Enseignement commercial.

commerce se plaignaient de la mauvaise qualité des produits depuis sa disparition. La difficulté à rétablir ce service de l'inspection des produits à cause de certaines exigences de la Chambre d'agriculture ne fut pas sans effet dans la décision de la Chambre de commerce d'instaurer un cours d'acheteurs de produits.

En dehors de cet aspect, la Chambre de commerce envisagea dès 1958 de mettre en place un cours de vente. C'est ainsi que dans une lettre adressée le 10 février 1958, le président de la Chambre de commerce fit connaître à certaines maisons de commerce comme J.A.G., l'Africaine française, Peyrissac, Soucail et autres, que les cours de vente étaient à la charge de Mme Pralis, résidant à Abidjan. Celle-ci était jugée compétente car ayant suivi l'enseignement de l'École polytechnique de vente de Paris[563]. À travers ce cours de vente, il s'agissait de donner aux agents des maisons de commerce des notions en matière de commerce. Ainsi, on voulait leur faire apprendre les différents genres de commerce (gros, semi-gros, détail) et les qualités personnelles du vendeur. On voulait aussi les amener à connaître le prix de toutes les marchandises et les rayons. Ces cours étaient rendus indispensables à cause du grand nombre de maisons de commerce qui avaient de plus en plus besoin d'employés qualifiés pour savoir gérer un magasin et assurer une meilleure vente de produits.

Toutes ces innovations introduites par la Chambre de commerce dans le domaine de l'enseignement mettaient en lumière les progrès entamés depuis 1937 au niveau de la qualité de la formation. C'est pourquoi le nombre de candidats qui s'inscrivaient à ses cours ne cessait de s'accroître. De 9 candidats en 1937, le nombre passe à 500 en 1962. Néanmoins, le bilan fait par la Chambre de commerce de 1946 à 1957 sur ces enseignements était mitigé par rapport aux objectifs qu'elle s'était proposé d'atteindre. La plupart des candidats à ces cours étaient d'origine togolaise ou dahoméenne. En outre, ils se présentaient d'eux-mêmes. L'abandon des cours était de l'ordre de 4 % pour la première année. Selon les responsables de la Chambre de commerce :

Le niveau intellectuel des élèves est irrégulier. En général les élèves comptables sont les plus nombreux et les plus intelligents. Les élèves dactylographes par contre sont très faibles en général. Ils sont

[563] Note au sujet de l'organisation des cours de vente, 1957-1958, *ACCCI* : dossier 11.10, Enseignement commercial.

surtout recrutés parmi les plantons et les petits commis. Plus de la moitié des candidats contrôleurs de produits sont partiellement illettrés.[564]

Ce constat indique à lui seul le progrès qui devait être fait pour élever le niveau de connaissance des élèves. Dans l'ensemble, tous les progrès de la Chambre de commerce concernant la formation dispensée furent très appréciés. C'est donc pourquoi elle était l'objet de multiples sollicitations. Ainsi, en avril 1955, le vice-président de la Chambre de commerce, François Massieye, donna un avis favorable pour l'enseignement spécialisé. Au cours de cette même année, il fut sollicité pour l'ouverture à Abidjan d'une école Pigier.

Pour toutes ces préoccupations, l'avis de la Chambre de commerce était jugé nécessaire non seulement à cause de son expérience en matière de formation, mais surtout parce qu'elle possédait en son sein les principales maisons de commerce et entreprises intéressées par la formation technique et commerciale. Elle ne se faisait pas prier pour apporter des avis ou même des aides. Ainsi, pour encourager l'éducation et la formation des jeunes de la colonie, elle faisait des dons de livres et attribuait des prix aux meilleurs élèves du territoire. En 1957, sollicitée, elle remit la somme de 20 000 francs pour récompenser les meilleurs élèves du lycée d'Abidjan à l'occasion de la distribution des prix[565]. Le cas de cet établissement n'est pas unique. Les demandes provenant d'autres établissements reçurent aussi des réponses favorables. C'est cet esprit de générosité qui l'amenait à s'intéresser à la vie des étudiants africains, en particulier ceux de la Côte d'Ivoire.

b- Octroi de bourses et de subventions aux étudiants

Avant 1945, les étudiants africains des colonies de l'AOF étaient peu nombreux. L'intervention de la Chambre de commerce à leur égard était inexistante. C'est dans les années 1950 que la Chambre de commerce fut constamment sollicitée par les étudiants africains de la métropole. Pour les aider, elle prit une part active dans la réalisation de la Maison de la France d'outre-mer à Paris. Le projet de création de

---

[564] Note au sujet de l'organisation des cours de vente, 1957-1958, *ACCCI* : dossier 11.10, Enseignement commercial.

[565] Lettre du vice-président de la Chambre de commerce, François Massieye, au proviseur du lycée d'Abidjan suite à son appel pour récompenser les meilleurs élèves de son établissement, Abidjan, le 28 juin 1957, *ACCCI* : dossier 11.10., Enseignement (bourse scolaire, subvention).

cette cité universitaire résultait d'un décret pris en Conseil d'État le 12 mars 1949. Plusieurs personnalités figuraient parmi les membres du comité d'administration de cette Maison de la France d'outre-mer. On y trouvait Aujoulat, député du Cameroun, Senghor, député du Sénégal, Coppet, président du Conseil d'administration à la BAO et Decron, vice-président du Conseil d'administration de la CFAO.

Pour avoir accès à cette fondation, les jeunes gens devaient avoir des parents qui résidaient dans les territoires relevant du ministre de la France d'outre-mer. Les étudiants venus d'un territoire déterminé étaient logés par priorité dans les chambres, en fonction du capital que ce territoire avait souscrit. Le prix de la construction de l'immeuble fut évalué à 300 millions de francs. Pour avoir les fonds, il fut mis en place un comité ayant pour but de susciter dans la métropole et dans les territoires de l'Union française les moyens de sa réalisation[566]. C'est donc pour participer à cette œuvre de grande portée sociale et dont l'objectif était de favoriser un meilleur cadre de vie pour les étudiants que la Chambre de commerce décida d'apporter sa contribution, par un financement de 150 000 francs.

Ce geste symbolique, bien qu'apparemment insignifiant, conduisit la Chambre de commerce à initier d'autres actions en faveur des étudiants. Ces derniers sollicitaient sa contribution à ses différentes activités. C'est dans ce sens que le 20 juillet 1950, A. M. Mbow, président de l'Association des étudiants africains de Paris, demanda une subvention de 100 000 francs pour la colonie de vacances organisée par son association à Constances (Manches), du 1er au 31 août 1950[567]. Sa lettre exposait aussi la difficile condition des étudiants vivant dans l'indigence à cause du manque de bourse.

Si les préoccupations de cette association ne laissaient pas la Chambre de commerce indifférente, néanmoins, elle se montra peu pressée d'aider cette organisation à cause de la personnalité de son président. Elle mena d'ailleurs des investigations pour connaître la nature de cette association. C'est de Charles Decron, qui était aussi président de la Fédération nationale des syndicats ouest-africains, dont le siège était à Paris, qu'elle reçut la réponse le 3 août 1950 dans une lettre confidentielle. Selon les informations reçues au sujet de cette

566 *BCCCI*, procès-verbal de la séance du 7 janvier 1950, pp. 12-13.

567 Lettre de A. M'Bow, président de l'association des étudiants africains à Paris, au président de la Chambre de commerce, Paris, le 20 juillet 1950, *ACCCI* : dossier 31, Enseignement.

association, il n'y avait aucun membre originaire de la Côte d'Ivoire. En outre, la personnalité du président de l'association était mal appréciée. A. M. Mbow fut accusé d'être « intrigant » et son association taxée d'appuyer Lamine Guèye, député du Sénégal, et Aujoulat, du Cameroun.

Selon Decron, le groupe de Mbow possédait en son sein deux communistes, alors que l'association se disait anticommuniste. En outre, il mettait en relief sa « tendance socialisante »[568]. C'est à partir de ces renseignements que la Chambre de commerce de Côte d'Ivoire se détermina. En août 1950, elle fit connaître son refus d'aider cette association. Pour elle, il n'était pas dans son intention de soutenir des mouvements universitaires particuliers, dont certains avaient trop souvent tendance à mener une activité politique[569].

En dehors de cette association, la Chambre de commerce se montrait plus ouverte aux autres, en particulier celle de la colonie. En 1952, elle accorda une subvention de 20 000 francs CFA au groupe d'Accueil africain. L'Association des étudiants de la Côte d'Ivoire (AECI), dirigée par Amadou Koné, bénéficia également d'une subvention de 50 000 francs CFA. En outre, la Chambre de commerce décida de souscrire pour 5 abonnements à son bulletin *Étudiant de Côte d'Ivoire*, que l'association pouvait facturer à sa convenance[570].

Dans l'ensemble, quelle que soit la nature des associations sollicitant son concours, à l'exception de celle de Mbow, la Chambre de commerce apporta un réel secours aux étudiants. Parallèlement à l'aide apportée dans le domaine éducatif, elle parraina les œuvres sportives et culturelles.

2. Parrainage des œuvres sportives, culturelles et diverses

La Chambre de commerce a toujours porté un regard particulier à tout ce que faisaient les autochtones de la colonie. Même sous le régime de Vichy, elle ne se dérobait pas à cette habitude de porter un regard attentif sur les compétitions sportives. Ainsi, en 1942, elle

---

568 Lettre de la Fédération nationale des syndicats du commerce ouest-africain de M. M'Bow au président de la Chambre de commerce de Côte d'Ivoire, Paris, le 3 août 1950, *ACCCI* : dossier 31, Enseignement.

569 Note de Bonnevay sur le refus d'aider l'Association des étudiants africains de Paris, Paris, août 1950, *ACCCI* : dossier 31, Enseignement.

570 Lettre du vice-président de la Chambre de commerce, François Massieye, à l'Association des étudiants de Côte d'Ivoire à Paris, Abidjan, le 10 février 1955, *ACCCI* : dossier 31, Enseignement.

accepta de patronner une coupe de football indigène avec une subvention de 50 000 francs CFA, à la demande du Comité des sports de Côte d'Ivoire[571]. Si jusqu'à cette date, la Chambre de commerce de Côte d'Ivoire ne faisait qu'apporter des subventions, à partir de 1948, elle s'impliqua aussi de façon significative dans l'animation de la vie sportive. En 1949, il fut mis en compétition une coupe dite Coupe Chambre de commerce[572]. Cette compétition était ouverte à toutes les formations professionnelles, entreprises commerciales ou industrielles, services ou groupements administratifs, à condition que l'équipe représentante de ces établissements professionnels soit licenciée. C'est à partir de ce règlement qu'eurent lieu, en 1949, les premières compétitions dites « coupes Chambre de commerce ». Les premiers vainqueurs furent Massifer, en 1949, et Enseignement, en 1950.

L'intérêt d'une compétition organisée au nom de la Chambre de commerce mettait en lumière l'importance que cette institution attachait aux œuvres sportives. Dans le cadre de ces compétitions, ce furent les entreprises ou sociétés commerciales qui y prirent une part active. Celles-ci étant membres de la Chambre de commerce, cela explique la disponibilité de cette dernière à patronner de telles manifestations en son nom. Elle le fit d'ailleurs de façon spécifique pour l'Amicale sportive des employés de commerce (ASEC). Cette association avait pour but d'améliorer les conditions physiques de ses membres par la culture physique et par le sport, principalement l'athlétisme et le football.

Cette association sportive, officiellement reconnue le 18 novembre 1949, comprenait à ses débuts les seuls employés africains de commerce résidant à Abidjan. Certains venaient de l'UDEC, de la CFCI, d'Unicommer, et de la SCOA, et d'autres de la BAO, de Massieye & Ferras, de Gonfreville, d'A. de Tessière, et de Transafric[573]. Toutes ces maisons faisaient partie de la Chambre de commerce. C'est pourquoi l'ASEC, dont les membres étaient issus de ces sociétés lorsqu'elle fut reconnue par l'administration coloniale, adressa une copie de son récépissé à la Chambre de commerce. Le

---

[571] *BCCCI*, procès-verbal du 7 juin 1942, p. 12.

[572] Note et règlement sur la coupe de la Chambre de commerce de Côte d'Ivoire, *ACCCI :* dossier 36, Groupements coloniaux divers.

[573] Récépissé de déclaration d'association de l'Amicale Sportive des Employés du Commerce (ASEC), Abidjan, le 18 novembre 1948, p. 2, *ACCCI* : dossier 36, Groupements coloniaux divers.

président de cette institution accepta ce qu'elle n'avait jamais fait pour les autres associations sportives, c'est-à-dire de faire partie de son bureau. Mais elle le fit pour l'ASEC. Ainsi, de 1956 à 1957, le président de la Chambre de commerce de Côte d'Ivoire était président d'honneur de l'ASEC. Le deuxième vice-président était André Blohorn[574].

L'estime que cette compagnie consulaire avait pour l'ASEC la conduisit naturellement à aider ce club. Ainsi, en avril 1958, elle apporta son aide à l'ASEC d'Abidjan pour faciliter son déplacement à Dakar en vue de la finale de la coupe AOF pour le 4 novembre 1958. En outre, lorsqu'en 1958, l'ASEC prit l'initiative d'inviter l'Austria de Vienne pour deux rencontres internationales les 3 et 6 juillet 1958, à Abidjan, dont l'une opposait ce club à l'ASEC, et l'autre à l'Africa d'Abidjan, la Chambre de commerce apporta son appui. Elle organisa une réception dans le cadre de cette rencontre de football à la salle de conférences de ses locaux, à l'endroit de ses joueurs étrangers[575]. En dehors de l'ASEC d'Abidjan, la Chambre de commerce apporta son aide à l'équipement sportif des communes et des clubs. Dès 1957, elle aida le Rio-Anyama et la commune de Bouaké pour l'achat de matériel et l'aménagement de terrains de sport.

La Chambre de commerce de Côte d'Ivoire joua un rôle important dans le milieu sportif par les diverses contributions qu'elle apporta. Cette action de la Chambre de commerce s'accompagnait également de l'octroi de subventions à différentes œuvres. Elle aidait un grand nombre d'organisations et d'associations métropolitaines. Dans les années 1950, elle apporta des subventions à des associations d'infirmiers et à des compagnies théâtrales. Elle soutint aussi tout ce qui était lié au tourisme et à la vulgarisation des problèmes économiques et coloniaux. Ces initiatives généreuses prirent cependant fin quand la Chambre de commerce de Côte d'Ivoire passa sous le contrôle de l'État de Côte d'Ivoire. Cette institution, n'ayant plus un budget réellement autonome, vit ses actions se limiter. Mais dans l'ensemble, après 1945, au sortir d'une situation économique difficile, la Chambre de commerce ne perdit pas de sa vigueur. Elle prit au contraire certaines initiatives qui mettaient en lumière son dynamisme et son poids dans le pays.

---

[574] Composition du bureau de l'ASEC, 1956-1957, *ACCCI* : dossier 36, Groupements coloniaux divers.

[575] Lettre de S. Castillon, membre de la Chambre de commerce, au président Lasserre (en vacances à Bordeaux), Abidjan, le 8 août 1958, *ACCCI* : *dossier* 36, groupements coloniaux divers.

CHAPITRE II

RAYONNEMENT DES ACTIONS DE LA CHAMBRE DE COMMERCE DANS LE CONTEXTE DE L'APRÈS-GUERRE

Après 1945, un nouvel horizon s'annonça pour les colonies françaises à cause des programmes de reconstruction et de développement économique. La Chambre de commerce de Côte d'Ivoire a participé activement à la mise en place des plans qui s'appliquèrent à la Côte d'Ivoire. Ce fut l'occasion pour elle de faire avancer sa cause et ses idées. Toute cette atmosphère propice à l'éclosion des activités économiques, soutenue en cela par les autorités coloniales, permit à la Chambre de commerce d'exercer une grande influence sur l'économie locale.

I- L'IMPLICATION DE LA CHAMBRE DE COMMERCE DANS LA RÉALISATION DES GRANDS PROJETS D'INFRASTRUCTURES ÉCONOMIQUES

La France, jusque-là réticente à tout programme d'investissement dans les colonies, décida de changer de politique après 1945. C'est en 1946 qu'elle mit en place un programme de développement économique et social. Les plans premiers décennaux esquissés de 1946-1947 étaient ambitieux et nécessitaient dans leur exécution des moyens colossaux. Le second plan de développement économique et social de la Côte d'Ivoire, élaboré pour 1947-1957, fut fait avec la participation de l'Administration, des chambres consulaires, et des acteurs économiques. Ces projets bénéficièrent du soutien et de la participation active de la Chambre de commerce de Côte d'Ivoire.

A- Le rôle décisif de la Chambre de commerce dans l'achèvement des infrastructures d'évacuation

Le développement de la Côte d'Ivoire en équipement économique et social était une occasion pour la Chambre de commerce de faire avancer des doléances jusque-là difficilement réalisables malgré les appuis extérieurs. Ainsi, la création à Abidjan d'un port en eau profonde, l'une des grandes obsessions des milieux économiques, devint réalité. En outre, par un acharnement constant et un suivi méticuleux des projets d'infrastructures, la Chambre de commerce fit aboutir des projets de routes, de ponts et l'achèvement de grands canaux d'évacuation. Mais de toutes ces réalisations, la création du port d'Abidjan représentait pour la Chambre de commerce l'un des grands projets, attendu depuis longtemps.

1. Le port d'Abidjan : le rêve des commerçants devenu une réalité

Le projet d'un port en eau profonde dans la colonie démarrait avant la création de la Chambre de commerce. Aussi, depuis l'avènement de cette institution, ne cessait-elle de se battre pour que la colonie soit dotée d'un port digne de ce nom.

a- L'histoire d'une longue bataille de la Chambre de commerce

Les premières prospections pour la création d'un port dans la colonie dataient de 1897. En effet, c'est à cette date que le capitaine Houdaille a effectué une mission en vue de choisir un site pour la création d'un port et établir le tracé d'une ligne de chemin de fer vers l'intérieur. Cette mission proposait que l'on construise à Petit-Bassam, le port qui, avec son chenal, pouvait conduire les gros bateaux. Diverses tentatives furent entreprises pour faire aboutir ce projet. Mais les difficultés ne tardèrent pas à survenir à cause de l'inadaptation des matériaux utilisés ; ce qui obligea l'administration coloniale, dès 1907, à abandonner l'idée de construction d'un port. Si ce projet fut différé pour des raisons techniques, il n'en demeurait pas moins qu'avec l'avènement de la Chambre de commerce de Côte d'Ivoire en 1908, il était constamment évoqué par les milieux commerciaux à cause de l'insuffisance du wharf.

Quatre ans à peine, après sa création, c'est-à-dire en 1912, la Chambre de commerce manifestait son souci et son intérêt pour tout ce qui avait trait à un port dans la colonie. C'est ainsi que le

26 décembre 1912, le vice-président de cette assemblée consulaire demanda au gouverneur Angoulvant le rapport de l'ingénieur Renaud au sujet du projet du port afin de le communiquer aux commerçants[576]. Mais l'instabilité au sein de la Chambre de commerce pendant cette période rendit Angoulvant réticent à fournir ces informations jugées confidentielles. Il faut souligner qu'en octobre 1912, le gouverneur Angoulvant avait déjà rédigé une note sur la question des ports en Côte d'Ivoire. Il constatait que le wharf de Grand-Bassam, construit en 1901, était insuffisant et d'un équipement coûteux. Ainsi, lorsqu'en 1907, le wharf laissa la colonie dans un état déplorable, il avait fallu, selon le gouverneur, pour le remettre en état, prélever sur la caisse de réserve une somme de 700 000 à 800 000 francs[577].

Il apparaît donc évident à partir de ce constat qu'il fallait un port en eau profonde dans la colonie. Même si le choix de son site oscillait entre Grand-Bassam, Port-Bouët et Vridi, sa construction était indispensable à cause des intérêts économiques. Cet enjeu n'échappait pas aux puissants intérêts coloniaux regroupés au sein de la Chambre de commerce. Cette assemblée consulaire se faisait constamment l'écho du désir des commerçants et des autres acteurs économiques de la nécessité d'avoir un port dans la colonie. Déjà en janvier 1922, en présence du député Barthélémy et de Clément, délégué de la Côte d'Ivoire au Conseil supérieur des colonies, le président de la Chambre de commerce de Côte d'Ivoire posa ce problème. Il demanda par exemple au député Barthélémy de faire inscrire en première urgence l'étude du port de la Côte d'Ivoire. Pour la Chambre de commerce, ce projet était appelé à un grand développement grâce à son immense hinterland du Soudan et de la Haute-Volta où, estimait-on, il y avait 5 à 6 millions d'indigènes[578]. Bien que ce projet du port ne fût pas inscrit dans le programme du ministre des colonies, Sarraut, dont l'objet était l'équipement des colonies, le député Barthélémy se proposa de faire aboutir ce projet. Pour lui, les 5 millions d'hommes qui se trouvaient dans cette partie de l'hinterland ne devaient pas être laissés isolés du monde sans une ouverture sur la mer[579].

Dans la vision de la Chambre de commerce, la création d'un port en Côte d'Ivoire s'imposait, car il fallait voir au-delà des frontières de

---

576 *ACCCI* : dossier 43, port d'Abidjan (Transport maritime et lagunaire).

577 Notes sur les questions des ports de la Côte d'Ivoire par Angoulvant, Bingerville, le 3 octobre 1912, *ACCCI* : dossier 43, port d'Abidjan.

578 *BCCCI*, procès-verbal de la séance du 19 janvier 1922, p. 12.

579 *Idem.*, p. 12.

la colonie pour saisir les opportunités économiques dont elle se trouvait privée par manque de port. Le wharf de Grand-Bassam était insuffisant. Il était l'objet d'inquiétude et de plaintes des milieux commerçants. Le manque d'outillage (de l'appareil de levage, de chaloupe) et le tarif jugé élevé étaient source de graves préjudices pour les maisons de commerce et les exploitants. La solution qui s'imposait à eux était le port. Au cours de la séance du 13 février 1923, la Chambre de commerce évoqua même ce problème à son siège local de Grand-Bassam, en présence du gouverneur Antonetti. Ce dernier refusa d'adhérer à ce projet à cause de son coût, estimé à 80 millions, et à l'insuffisance du trafic. Cette thèse fut également défendue par Ficatier, inspecteur général des Ponts et Chaussées, présent au cours de la séance. Il venait d'effectuer un voyage à Lagos, au Nigeria. Il estimait que la création d'un port dans la colonie était un luxe qui ne pouvait être supporté que par une colonie riche. Selon lui, le port de Lagos aurait coûté 100 millions de francs aux Anglais, avec une population de 15 millions d'habitants, alors que la Côte d'Ivoire n'en possédait que 2 millions[580].

Ces arguments traduisaient un refus de faire aboutir la cause de la Chambre de commerce, qui était constamment confrontée à la vétusté du wharf existant. En 1920, si l'on cumule tous les produits exportés par la colonie, à savoir café, cuir, coton, cacao, colas, huile de palme, palmiste, bois, on arrivait au chiffre de 52 648 tonnes. Le tonnage était certes faible, mais il surpassait les capacités du wharf de Grand-Bassam. L'autre aspect qui militait contre la Chambre de commerce était le fait que la France n'était pas prête à s'investir dans un tel projet. En effet, pour la métropole, les colonies ne devaient pas être une charge.

Si tous ces blocages étaient assez suffisants pour freiner les ardeurs de la Chambre de commerce, elle n'était pas prête pour autant à lâcher du lest. Les mêmes doléances furent exprimées en janvier 1924 par le président Louis Barthe au gouverneur général de l'AOF, pour qu'une étude approfondie soit faite au sujet de la création d'un port en eau profonde. Il souhaitait même le financement de l'AOF. Les possibilités qu'offrait l'hinterland de la colonie rendaient un tel projet pressant pour la Chambre de commerce. À cela, il faut ajouter l'exemple des Anglais qui avaient réussi à construire un port à

---

[580] *BCCCI*, procès-verbal de la séance du 16 février 1923, p. 3.

Takoradi[581], en Gold Coast. L'urgence d'une telle infrastructure conduisit la Chambre de commerce à appuyer un tel projet en 1927 et en 1928 auprès des autorités coloniales. L'on se plaignait constamment de la capacité du wharf, qui ne pourrait plus à la longue supporter le tonnage croissant des produits de la colonie et de l'hinterland.

Dans l'ensemble, toutes ces requêtes de la Chambre de commerce, malgré la réticence des autorités coloniales, trouvaient un écho timide. C'est en 1933 que le laboratoire hydraulique de Delft, en Hollande, reprit l'étude de ce port et réalisa même un essai de ce projet sur modèle réduit. Cependant, il fallut attendre l'arrivée du gouverneur Reste pour que cette chambre consulaire ait un réel appui en vue de la création d'un port. Il en soutint l'idée. C'est lui qui annonça à la Chambre de commerce que l'idée de la construction du port était admise et que le projet de budget d'emprunt pour 1935 portait la rubrique « Port d'Abidjan ». À ce sujet, un crédit de 9 285 600 francs fut inscrit pour 1935, ainsi qu'une dotation de 4 560 000 francs pour l'achat du matériel[582].

Les travaux du port furent confiés à un consortium de trois sociétés (la Société française d'entreprise de dragages et de travaux publics, la Société nationale des travaux publics, la Société de construction du batignoles). Ils ne commencèrent effectivement qu'en février 1939[583]. La construction du port d'Abidjan, dont l'achèvement était envisagé pour 1942, se trouvait ralentie à cause du manque de carburant et des pièces de rechange. La situation de guerre n'était donc pas faite pour arranger les choses.

Le début des travaux du port d'Abidjan marquait déjà l'aboutissement d'une longue lutte de la Chambre de commerce. Ce port était un moyen d'évacuation par excellence, qui devait favoriser à grande échelle l'écoulement d'un important tonnage, que les wharfs n'arrivent pas à satisfaire. Ce fut à cause de cet enjeu que la Chambre de commerce de Côte d'Ivoire était présente dès les débuts de ce port.

---

581 Discours du président Barthe prononcé au cours d'un banquet en l'honneur du gouverneur général de l'AOF, Carde, à Abidjan, le 14 janvier 1924, in *BCCCI*, procès-verbal de la séance du 24 mars 1924, p. 28.

582 *BCCCI*, procès-verbal de la séance du 25 février 1935, p. 12.

583 Jean-Noël LOUCOU, Zan SEMI-BI, Simon-Pierre M'BRA EKANZA (dir.), *Mémorial de la Côte d'Ivoire* T. 3, *Du nationalisme à la nation*, Abidjan, Ami, 1987, p. 9.

Après la Seconde Guerre mondiale, elle était également présente tant dans l'aménagement que dans l'organisation du port.

b- Une place de choix pour la Chambre de commerce dans l'aménagement et la gestion du port d'Abidjan

À partir de 1946, après la Seconde Guerre mondiale, les travaux du port s'accélérèrent véritablement avec l'arrivée d'un ingénieur des Ponts et Chaussées. Concernant la poursuite des travaux, la Chambre de commerce ne manifestait pas de grandes inquiétudes. C'est pourquoi elle étudiait déjà la structure qui devait prendre en charge ce port. En 1948, la Chambre de commerce présenta au gouverneur de la colonie deux suggestions concernant l'organisation du futur port d'Abidjan. Celui-ci pouvait être exploité commercialement par la Chambre de commerce ou avoir une organisation semblable à celle de Dakar, avec un directeur de port, un conseil et un budget annexe. En d'autres termes, il s'agissait d'envisager la création d'un port autonome qui financerait ses propres activités ou celle d'un port non autonome qui recevrait l'aide de la puissance publique pour financer ses investissements. La Chambre de commerce de Côte d'Ivoire opta pour la deuxième possibilité, car le contexte de crise rendait difficile une gestion autonome du futur port d'Abidjan.

Pour ne pas se laisser devancer par les faits, la Chambre de commerce estima utile de prévoir l'organisation officieuse du conseil du port. Celui-ci pourrait coordonner les vues des services administratifs et des usagers en donnant notamment son avis sur l'emplacement et l'édification des installations portuaires. Il pourrait aussi conseiller l'achat de tel matériel ou outillage de façon à répondre aux besoins des uns et des autres. En outre, il pourrait proposer les solutions d'une organisation pratique et étudier les tarifs pour les différents services (pilotages, quais, outillages)[584]. La Chambre de commerce avait proposé que les membres de ce conseil du port proviennent des services administratifs et d'autres horizons. Ainsi, la Régie Abidjan Niger (RAN), les Travaux publics, le Grand conseil, le conseil municipal, la douane, la Haute-Volta et les chambres consulaires auraient au moins un représentant. Au lieu de créer dans l'immédiat un conseil du port, l'autorité coloniale créa, par décision du 20 décembre 1948, un organisme intermédiaire. Il s'agissait d'une

---

[584] Lettre du président de la Chambre de commerce au gouverneur de la colonie, Abidjan, le 29 juillet 1948, *ACCCI* : dossier 43, Port d'Abidjan.

commission permanente consultative dite Commission du port, dont la présidence fut confiée au président de la Chambre de commerce. Cette commission avait pour but d'étudier les questions relatives à l'organisation et à l'exploitation du futur port d'Abidjan[585]. C'est à elle que se substitua plus tard le conseil du port, dont la Chambre de commerce demandait la mise en place.

Il faut souligner que depuis sa création en 1948, cet organisme tenait ses séances dans les locaux de la Chambre de commerce. Cette commission du port comprenait plusieurs sous-commissions chargées de réfléchir sur les solutions à préconiser pour une meilleure utilisation du port. Ces réflexions portaient sur les quais, les outillages, le ravitaillement des bateaux en carburant, et sur d'autres sujets liés au port. Ces solutions envisagées préparaient les conditions d'une meilleure transition entre les wharfs et le port d'Abidjan. À ce sujet, les choses s'accélèrent. Dès octobre 1950, la commission permanente du Grand Conseil adopta le projet d'organisation du port d'Abidjan avec la mise en place du Conseil du port. Le 11 janvier 1951 se tint le premier conseil du port d'Abidjan, succédant à la Commission du port placée sous l'égide de la Chambre de commerce, qui avait pour but d'assurer la transition entre l'ancienne et la nouvelle organisation. Il faut noter qu'au sein de ce conseil du port, la Chambre de commerce occupait une grande place. Appelée à désigner 7 membres en 1951, la Chambre de commerce en désigne 8 en 1952. Elle était représentée par son président, les représentants des importations et exportations, des compagnies de navigations maritimes, les entreprises d'acconages et de manutention, les transitaires, les consignataires et les entreprises de cabotages coloniales. Au niveau de la Chambre d'agriculture et d'industrie, ses représentants étaient au nombre de 4 au sein de ce conseil du port. En plus du président de cette institution, il y avait le représentant de la Fédération bananière, celui des industries locales et le représentant du Syndicat forestier[586].

Dans l'ensemble, depuis 1946, la Chambre de commerce de Côte d'Ivoire participa activement à la mise en place de toutes les structures devant concourir à une meilleure organisation du port d'Abidjan. Grâce à ces avis éclairés et son suivi attentif des travaux du port, elle

---

585 *BCCCI,* compte-rendu de la séance du 15 décembre 1948, p. 5.

586 Listes des membres du conseil du port et des représentants des assemblées consulaires, 1951. *ACCCI* : dossier 43, port d'Abidjan.

marqua de son empreinte le futur port d'Abidjan. Il n'était pas étonnant dans ces conditions que l'administration coloniale confiât à la Chambre de commerce l'organisation de l'inauguration du port d'Abidjan, en février 1951. Cette cérémonie s'accompagne d'une foire-exposition dont l'initiative revint également à la Chambre de commerce de Côte d'Ivoire.

La Chambre de commerce fut présente dans la gestion du port. Elle s'impliqua davantage lors de la mise en place de certains équipements nécessaires aux différents usagers du port. À la demande de ces derniers, elle créa en 1952 un service de poids public pour les importations et exportations. Elle le fit dans l'enceinte douanière. Ce service comprenait deux ponts-bascules, dont l'un de 30 tonnes et l'autre de 80 tonnes. En dehors de cette action, elle aida financièrement la Fédération bananière à construire son hangar de quai. En 1953, la Chambre de commerce offrit son concours pour l'édification des magasins cales pour l'acconage des navires à Vridi, qu'elle loua aux maisons de commerce.

L'action de cette chambre consulaire de Côte d'Ivoire portait également sur le problème du ravitaillement des navires. Au cours de sa séance du 7 janvier 1950, l'on évoqua cette question, qui divisait d'ailleurs les membres de la Commission du port d'Abidjan. L'ancienne méthode, qui consistait à alimenter en mazout les navires grâce à l'utilisation des chalands externes, ne recueillit pas l'adhésion de tous. En effet, selon ses détracteurs, les bateaux n'auraient aucun intérêt à se ravitailler en produit dans le port s'ils n'y trouvaient pas un gain de temps et d'argent[587]. Quant au vice-président de la Chambre de commerce, Massieye, il appuya l'idée d'une modernisation du port en installations modernes, faute de quoi les autres ports d'Afrique seraient plus compétitifs que le nouveau port d'Abidjan. C'est donc pour allier efficacité et modernisation que le directeur de la douane, à la suite d'une réunion tenue en décembre 1955 avec les usagers d'embarcation dans le port et les compagnies pétrolières, demanda à la Chambre de commerce d'envisager l'installation d'un entrepôt spécial d'hydrocarbure[588]. Le Conseil du port d'Abidjan, qui se réunit le 15 décembre 1955, approuva cette doléance. Il donna son accord pour la construction de

---

[587] *BCCCI*, n° 56, procès-verbal de la réunion de la commission du port tenue à la Chambre de commerce le 7 janvier 1950, p. 16.

[588] *BCCCI*, n° 69, compte-rendu de la séance du 19 février 1956, p. 4.

cet entrepôt. Cependant, sa gestion fut assurée par la structure APT sous la responsabilité de la Chambre de commerce[589]. Cet entrepôt spécial d'hydrocarbure avait pour rôle de ravitailler les engins flottants navigants dans le port.

Tous ces équipements mis en place par la Chambre de commerce mettent en lumière le rôle important joué dans le développement du port d'Abidjan. À cause de l'intérêt économique que représentait cet ouvrage, elle se faisait l'écho de toutes les difficultés liées au port ; tantôt pour se plaindre du retard et du peu de moyens dans l'avancement des travaux, tantôt pour souhaiter la modification du plan. Toutes les actions de cette institution s'inscrivaient dans le cadre normal de ses activités. En effet, la gestion des infrastructures portuaires rentrait dans ses prérogatives. Selon les textes, elle pouvait être autorisée à fonder et à acquérir des établissements à l'usage du commerce, tels que les magasins généraux, docks et entrepôts. C'est pourquoi, en 1948, avant la mise en service du futur port d'Abidjan, la Chambre de commerce avait souhaité être désignée comme gestionnaire des hangars et du matériel (grues, élévateurs) avec l'acconage libre[590]. Sa demande était d'autant plus justifiée que selon elle, la gestion du port de Kaolack au Sénégal ainsi que son exploitation avaient été confiées à la Chambre de commerce de cette localité[591]. Il faut aussi noter qu'en France, jusqu'à la Révolution française et même au-delà, les ports avaient toujours été la propriété exclusive de l'État. Mais les charges énormes que représentaient les ports en matière d'équipement conduisirent l'État français à solliciter l'apport des collectivités locales. C'est ainsi que les chambres de commerce françaises, intéressées par le développement de l'équipement portuaire et du fait de leur importante contribution financière, demandèrent et obtinrent la concession et l'exploitation de nombreux ports maritimes[592].

Dans ce contexte, la Chambre de commerce de Marseille obtint en 1881 la concession de l'outillage public des quais de cette ville. En outre, elle prêta aussi son concours au gouvernement français pour l'exécution des grands travaux publics maritimes tels que le creusement et l'approfondissement des bassins, ou le canal de jonction

---

589 *Idem*.
590 *BCCCI*, procès-verbal de la séance du 20 juin 1947, p. 7.
591 *Idem*.
592 Bruno MAGLIULO, *op. cit.*, p. 86.

au Rhône[593]. Ce rôle joué par les chambres de commerce métropolitaines incita donc la Chambre de commerce de Côte d'Ivoire à faire pression sur l'administration coloniale. Elle souhaitait qu'on lui reconnaisse une place importante dans la gestion de cet instrument de développement. Dans l'ensemble, toutes les revendications aboutirent, car tout ce qui se faisait contre son avis pouvait nuire au port. Le port d'Abidjan fut une réalisation majeure pour la Chambre de commerce. Elle exerça aussi des pressions sur les décideurs de la politique coloniale pour l'ouverture d'autres grandes voies d'évacuation.

2- Appui et pression de la Chambre de commerce pour l'amélioration et l'ouverture de grandes voies d'évacuation

Le début et l'achèvement du port d'Abidjan ont nécessité l'amélioration et la mise en œuvre d'un certain nombre d'infrastructures, dont l'absence pouvait être préjudiciable aux intérêts de ce port. C'était le cas d'un pont d'une certaine envergure pour Abidjan, la création de canaux d'évacuation ainsi que l'amélioration des routes et du chemin de fer. Face à tous ces défis, la Chambre de commerce de Côte d'Ivoire initia de grandes actions.

a- Le pont d'Abidjan, outil indispensable pour le développement du port

L'avancement des travaux du port commencé depuis 1946 et le percement du canal de Vridi rendaient indispensable la mise en place d'un pont solide devant relier la commune de Treichville à celle de Plateau. C'est par ce seul moyen que le port pouvait bénéficier de l'écoulement massif des produits venant de l'hinterland. Mais un approvisionnement pouvait être à chaque fois retardé si le pont flottant reliant ces deux zones continuait de subsister. Cet ouvrage, dont la construction remonte à 1929, avait été mis en place pour pallier les insuffisances du bac qui faisait la traversée de la lagune en reliant les zones de Treichville et du Plateau. C'était un édifice long de 361 mètres avec une chaussée de 8,50 mètres de large. Il recevait au milieu de la chaussée la voie du chemin de fer. La partie flottante du pont était supportée par 12 flotteurs longitudinaux de 33 mètres et deux flotteurs transversaux de 30 mètres[594].

---

[593] Chambre de commerce de Marseille, *op. cit.*, p. 5.

[594] Extrait de *Côte d'Ivoire* (numéro spécial sur le futur port d'Abidjan), n° 689, du 4 août 1954, *ACCCI* : dossier 4.5, Avant canal, pont d'Abidjan.

Cet ouvrage, dont le coût de construction avoisinait les 9 millions de francs, devint vers la fin des années 1940 source de réelles inquiétudes. Les premiers signes alarmistes provenaient des représentants de la Côte d'Ivoire au Grand conseil de l'AOF. Dans le vœu qu'ils émirent le 13 décembre 1947 sur le pont flottant de Treichville, ils soulignaient son état lamentable. Il était constamment en réparation. Tantôt c'était le pilotage, tantôt les flotteurs. Face à la dégradation de cet outil important pour l'évacuation des produits, l'on craignait déjà que ce pont ne cède un jour, à la grande désolation de tout le monde, en particulier des acteurs économiques. Pour éviter une sombre perspective économique pour la colonie à cause d'un pont à bout de souffle, les représentants de la Côte d'Ivoire au Grand conseil de l'AOF demandèrent que des crédits nécessaires soient délégués à la construction d'un ouvrage définitif[595].

Ces préoccupations étaient constamment à l'esprit de cette assemblée consulaire. Pour faire aboutir cette cause en vue de l'édification d'un pont solide à la place du pont flottant, elle effectua des démarches pour voir si les crédits pour ce pont étaient inscrits dans le Fonds d'investissement et développement économique (FIDES). À la suite de ces initiatives, elle reçut dans une correspondance une réponse du sénateur Rucart le 16 juillet 1948. Ce dernier faisait savoir au président de la Chambre de commerce de Côte d'Ivoire que les services du FIDES se déclaraient incompétents pour faire figurer de tels projets. Seul le Haut-commissaire de l'AOF pouvait le faire inscrire dans le plan décennal. Dans ces conditions, le sénateur invita cette assemblée consulaire à montrer l'urgence des travaux à entreprendre afin d'obtenir de Dakar une inscription de crédits au titre du prochain exercice. Après quoi, il se proposait d'entreprendre des actions auprès du comité directeur du FIDES[596].

Toutes ces difficultés montrent que si le pont était urgent pour la colonie, il l'était moins pour Dakar. Devant l'urgence d'un ouvrage, la Chambre de commerce se devait de lutter pour qu'un tel projet aboutisse. Pour cela, elle ne cessait de se battre. Ainsi, suite aux démarches que le sénateur Marc Rucart se proposa de faire auprès du FIDES au sujet de ce pont, le président de la Chambre de commerce

[595] Extrait du bulletin du Grand conseil du 30 janvier 1948. Vœu émis par les représentants de Côte d'Ivoire au Grand conseil sur le pont de Treichville, le 13 décembre 1947, *ACCCI* : dossier 4.5, Avant canal, pont d'Abidjan.

[596] Lettre du sénateur Rucart au président de la Chambre de commerce, le 16 juillet 1948, *ACCCI* : dossier 4.5, Avant canal, pont d'Abidjan.

demanda le 23 juillet 1948 à M. Gavot, son représentant au Comité du Commerce Extérieur (CCE), d'approcher le directeur général des Travaux publics afin de voir si une inscription de principe avait été faite pour ce pont dans le plan décennal des travaux. Pour le président de la Chambre de commerce, il fallait que cet ouvrage soit inscrit sur la liste des travaux à entreprendre pour la tranche 1949-1950[597].

L'urgence d'un nouveau pont pour Abidjan se trouvait renforcée par les différents incidents qui se produisaient sur le pont flottant. Le 19 mars 1949, la Fédération nationale du syndicat du commerce ouest-africain à Paris avait été alertée par son correspondant en Côte d'Ivoire. Dans sa correspondance, il faisait état de la rupture du pont flottant. Bien que cet incident qui se produisit dans la nuit du 16 au 17 mars 1949 fût réparé rapidement, l'on s'inquiétait déjà dans les milieux commerçants métropolitains de la perturbation du trafic et du problème de déchargement des navires[598]. Mais la Chambre de commerce de Côte d'Ivoire, la première avertie de ces incidents, fit connaître au président de la Fédération nationale des syndicats du commerce ouest-africain que qu'ils étaient moins graves qu'on pouvait le craindre. Dans une conférence tenue le 17 mars 1949 chez le gouverneur avec les principaux intéressés (compagnie de navigation, transitaires, importation et exportation), des mesures avaient été prises pour garantir le trafic[599].

À toutes ces difficultés, s'ajoutaient les embouteillages à certaines heures de la journée et les accidents parfois spectaculaires entre trains et camions sur le pont flottant. Quand on sait les conséquences de ces pertes de temps pour les acteurs économiques au moment où le port d'Abidjan n'était pas encore en service, on comprend donc l'acharnement que mettait la Chambre de commerce pour la construction d'un pont solide à la place du pont flottant.

---

[597] Lettre du président de la Chambre de commerce à Gavot, représentant de la Chambre de commerce à CCE, Abidjan, le 23 juillet 1948, *ACCCI* : dossier 4.5, Avant canal, pont d'Abidjan.

[598] Lettre de la Fédération nationale des syndicats du commerce ouest-africain au président de la Chambre de commerce, Paris, le 19 mars 1949, *ACCCI* : dossier 4.5, Avant canal, pont d'Abidjan.

[599] Lettre du président de la Chambre de commerce au président à la Fédération national des syndicats du commerce ouest-africain au sujet de l'accident du pont flottant, Abidjan, le 19 mars 1949, *ACCCI* : dossier 4.5, Avant canal, pont d'Abidjan.

À ce sujet, elle interpella tous ceux dont l'influence pouvait faire aboutir le projet. Ainsi, le 3 septembre 1952, lors du passage de M. Torre, directeur des Affaires économiques au ministère de la France d'outre-mer, cette institution consulaire demanda des éclairages sur le mode de financement du pont. Elle rejetait d'avance tout financement des travaux par les entreprises dont l'amortissement serait fait par l'institution d'un péage. Or, c'est ce système que le ministère s'était proposé d'envisager, faute de crédits suffisants. À ce sujet, reconnaissait le directeur Torre, le pont d'Abidjan restait inscrit au programme, mais compte tenu des opérations importantes demandées par l'AOF, il n'avait pas pu être inséré dans le cadre des crédits disponibles[600].

En d'autres termes, cela signifiait que le financement du pont pouvait attendre jusqu'à ce qu'il y ait des ressources disponibles. Toutes ces difficultés n'entamaient en rien la détermination de la Chambre de commerce. Pour que l'on mette suffisamment de moyens pour l'aboutissement de ce pont, elle mobilisait les hommes politiques et les directeurs des travaux publics de la colonie et de l'AOF. Elle suivait le projet du pont dans ses moindres détails, de l'adjudication à sa conception technique, pour qu'aucun intérêt économique ne soit lésé dans l'orientation du pont d'Abidjan.

C'est dans ce sens que le 13 décembre 1953, les principaux commerçants, installés dans le quartier commercial de l'avenue Nogues, de l'avenue du général de Gaulle et tout le long du quai lagunaire dans la commune du Plateau, se réunirent avec le directeur des Travaux publics pour étudier les solutions préconisées pour le raccordement des artères existantes avec le pont de Treichville[601]. Il s'agissait en fait de trouver des solutions pour faciliter l'accès à ces avenues, afin que l'investissement réalisé dans ce quartier ne soit pas perdu. En effet, l'orientation du pont et de ses artères pouvait entraîner l'abandon d'une partie importante de la commune.

Dans l'ensemble, toutes ces doléances de la Chambre de commerce connurent un dénouement heureux puisque les travaux du pont d'Abidjan ont été réalisés de 1954 à 1957. La réalisation fut le fait de la Société d'Étude et des Travaux pour l'Afrique de l'Ouest (SETAO) avec la participation de la Société Française d'Entreprise de Dragage et de Travaux Publics (SFEDTP). Initialement estimé à 918 millions

---

[600] *BCCCI*, n° 62, réunion d'information du 3 septembre 1952, pp. 1-2.
[601] *BCCCI*, n° 65, compte-rendu de la séance plénière du 4 avril 1954, p. 11.

de francs par le FIDES, le coût de la construction du pont, compte tenu des modifications ultérieures, s'éleva en définitive à 1 950 millions de francs[602].

Le pont d'Abidjan était le lien entre l'île de Petit-Bassam et Abidjan-Plateau. Il devait non seulement supporter ce trafic entre le Plateau, l'agglomération de Treichville, les zones industrielles et l'aéroport, mais également le trafic de tout l'arrière de la Côte d'Ivoire, de la Haute-Volta et d'une partie du Soudan. C'est en mai 1957 que le nouveau pont fut mis en circulation. Inauguré officiellement le 15 mars 1958, on le baptisa Pont Houphouët-Boigny.

En ce qui concerne le pont flottant, depuis le projet d'un pont définitif pour Abidjan, son sort était déjà connu. Il n'était plus utile, car les préjudices causés aux acteurs économiques étaient énormes. Sa destruction, de toute évidence, devait s'imposer. Mais pour la Chambre de commerce, cette solution n'était pas la meilleure. Ce pont devait être employé à un autre usage. En 1954, cette institution consulaire faisait déjà connaître aux autorités coloniales que l'implantation du pont flottant devait trouver sa place dans le prolongement de l'avenue du général de Gaulle du Plateau, faute de quoi, avait menacé cette assemblée, tout projet tendant à placer ce pont à un autre point serait énergiquement combattu par le commerce[603]. Les raisons de cette menace étaient simplement d'ordre économique. Les commerçants pensaient que les investissements importants réalisés dans le quartier de l'avenue du général de Gaulle et ses rues avoisinantes pouvaient être rentabilisés par l'installation d'un tel pont. Vers la fin des années 1950, la Chambre de commerce de Côte d'Ivoire, voyant tout espoir concernant le pont flottant perdu, demanda la construction d'un autre pont, qui devait relier Plateau à la commune de Cocody.

Dans l'ensemble, le pont Houphouët-Boigny d'Abidjan vit le jour grâce aux différentes actions de la Chambre de commerce. Malgré les difficultés liées à la réalisation de cet ouvrage, par sa persévérance, la Chambre de commerce réussit à le faire aboutir. Elle déploya cette même compétence en ce qui concerne les grands canaux d'évacuation.

---

602 Jean-Noël LOUCOU, Zan SEMI-BI et Simon Pierre M'BRA EKANZA (dir.), *Mémorial de la Côte d'Ivoire*, t. 3, *op. cit.*, p. 92.

603 *BCCCI*, n° 65, compte-rendu de la séance plénière du 4 avril 1954, p. 11.

b- Les grands canaux d'évacuation

Parallèlement à la création de certaines infrastructures comme le pont et le port d'Abidjan, les milieux commerçants réclamaient le percement de certains grands canaux d'évacuation comme le canal d'Assinie, si l'on voulait évacuer rapidement les richesses du sud-est de la colonie. À ce sujet, au cours de sa séance du 20 juin 1948, la Chambre de commerce ne manqua pas d'arguments pour exiger la construction d'un canal. Avec un tel ouvrage, les commerçants pensaient être affranchis du bac de Moossou. Ils voulaient également que les produits de cette région soient évacués par ce canal à un prix plus avantageux que le transport routier[604].

Au-delà de tout problème, seules les richesses de cette zone expliquaient l'acharnement de la Chambre de commerce pour la construction de ce canal d'Assinie. Il faut souligner que l'objet du canal d'Assinie était de faire communiquer les lagunes Aby et Ébrié pour acheminer par voie d'eau jusqu'au port d'Abidjan les produits de cette région. Les localités intéressées par ce canal étaient Abengourou, Aboisso et la région frontalière, de la Gold Coast à la Comoé. Cette zone était une source de grandes richesses pour la production coloniale. C'est ce que réussirent à établir Marcel Adam, directeur du port, et Jean Millier, directeur des Travaux publics, dans leur rapport du 16 février 1952. Selon cette note, les possibilités d'évacuation des produits par tonnage pouvaient facilement avoisiner les 122 000 tonnes de bois, 10 000 tonnes de café, 11 000 tonnes de cacao et un tonnage plus ou moins important de produits divers[605].

En possession de toutes ces données, la Chambre de commerce revendiqua l'urgence de l'ouverture du canal d'Assinie. Elle voulait que le canal soit inscrit au FIDES. Constatant une certaine nonchalance dans la réalisation de ce projet, déjà en 1952, par la voix de son vice-président, cette institution consulaire demanda l'intervention de Jean Delafosse, Grand conseiller de l'AOF, pour que ce projet puisse aboutir. L'écho de toutes ces actions, en secret comme en public, porta ses fruits, puisque dans la même année, le gouverneur général demanda un emprunt de 600 millions à la Caisse Centrale de la France d'outre-mer pour les travaux du canal d'Assinie. Mais faute

---

[604] *BCCCI*, compte-rendu de la séance du 20 juin 1948, p. 8.

[605] *BCCCI*, n° 6, réunion d'information du 3 septembre 1952. Rapport sur l'intérêt économique du canal d'Assinie.

de moyens, l'on décida de mettre cet emprunt en discussion en 1953[606].

En dépit de certaines craintes de la Chambre de commerce, le projet du canal d'Assinie vit le jour. Financés par la section Outre-mer du FIDES et confiés à l'entreprise de construction Chaufour et Dumez, en collaboration avec la Compagnie de construction générale en Afrique (CCGAF), les travaux du canal commencèrent en 1955. La longueur totale du canal projeté était de 48,530 km, dont 18,140 km, constitués par la rivière d'Assinie, présentaient des fonds de 4 à 7 mètres. Le canal à creuser n'avait donc que 30,390 km de longueur[607]. Cet ouvrage vital pour les intérêts commerciaux fut achevé en 1957 grâce aux pressions constantes de la Chambre de commerce de Côte d'Ivoire. Les initiatives menées par cette compagnie consulaire se firent sentir également pour les routes et le chemin de fer.

c- La Chambre de commerce accompagne le progrès au niveau des routes et du chemin de fer

La Chambre de commerce manifestait depuis sa création un intérêt particulier pour tout ce qui touchait aux voies de communication, à savoir les routes et le chemin de fer. Avant 1939, la création de routes et le prolongement du chemin de fer étaient en partie son œuvre. La nécessité de joindre toutes les différentes zones de production expliquait l'ouverture de ces voies ou leur allongement. Même pendant la situation de guerre, ces problèmes étaient constamment exposés aux autorités coloniales. Après 1945, les préoccupations de la Chambre de commerce demeuraient les mêmes en matière de routes, car d'énormes difficultés subsistaient encore. Sa devise dans ce domaine était : pouvoir passer en toute saison avec tout véhicule. C'est au nom de cette devise que la Chambre de commerce s'associait et portait une attention particulière au programme routier mis en place par le FIDES depuis 1946.

Pour que les routes soient de qualité et puissent supporter tout trafic intense, la Chambre de commerce fit pression sur l'administration locale. Elle exigeait que celle-ci renonce au travail en régie et confie à des entreprises privées l'exécution des travaux routiers. Ce fut cette

606 *BCCCI*, n° 62, réunion d'information du 3 septembre 1952, p. 2.

607 Jean-Noël LOUCOU, Zan SEMI-BI et Simon-Pierre M'BRA EKANZA (dir.), *op. cit.*, p. 94.

vérité que le président de cette institution exprima le 10 septembre 1947 au gouverneur de la colonie en ces termes :

Nous estimons que pour utiliser au mieux les ressources mises à votre disposition tant par le FIDES que le budget local, il faut faire appel par voie d'adjudication à des entreprises privées.[608]

Il s'agissait par ce moyen de stimuler la concurrence en choisissant les entreprises ayant des références crédibles pour la création et l'entretien des routes. Cela évitait ainsi le monopole de l'administration coloniale qui, dans ce domaine, avait montré des insuffisances réelles en matière de réfection des routes. Pour la Chambre de commerce, l'adjudication était la meilleure formule pour parer à de telles difficultés. Pour faire avancer ces idées en matière routière, la Chambre de commerce siégeait au Comité consultatif du transport, créé le 2 septembre 1949 par un arrêté du Haut-commissaire. Le but du comité était de donner son avis sur les routes, sur les questions économiques et sur les techniques relatives à l'organisation des transports routiers, ferroviaires, aériens et maritimes.

Si l'action et les objectifs de ce Comité étaient à bien des égards louables, ils étaient cependant insuffisants pour la Chambre de commerce. C'est pourquoi cette institution ne cessa d'interpeller l'Administration sur l'état des routes de la colonie. En 1947 et 1948, elle avait même proposé un programme routier qui portait sur trois axes principaux. Il s'agissait d'abord de réparer et d'entretenir les routes permettant le passage de véhicules lourds. Ensuite, la Chambre de commerce préconisait les travaux définitifs de ponts, ponceaux et chaussées avec des matériaux durs. Le dernier axe de son programme était de moderniser le réseau routier dans son ensemble. Mais le problème essentiel étant une question de financement, la Chambre de commerce proposa la création d'un « budget de routes » pour les routes à grande circulation et des « budgets de cercles » pour les routes et les pistes secondaires. L'on songeait à alimenter ces budgets par des recettes intangibles[609].

Dans l'ensemble, toutes les préoccupations furent prises en compte. En plus, à toutes ses séances pour débattre des problèmes d'infrastructures et autres, la Chambre de commerce invitait les personnes ayant en charge ce domaine, comme le directeur des

---

608 *Idem*, p. 86.

609 *BCCCI*, compte-rendu de la séance plénière du 9 décembre 1951, p. 9.

Travaux publics et toute autre compétence technique et politique qui pouvait faire avancer sa cause. C'est ainsi que Jean Delafosse, conseiller au Grand conseil de l'AOF, était très souvent présent à ces différentes réunions. Il prit souvent des initiatives pour débloquer les fonds qui manquaient à l'équipement de la colonie.

Au niveau du financement des routes, la Chambre de commerce donna en 1952 un avis favorable à la création d'un fonds routier malgré l'institution d'une taxe supplémentaire qui en résulta. Elle estimait que la modernisation du réseau routier valait ce sacrifice. Il y avait d'autres fonds plus importants. C'était par exemple le fond routier de l'AOF, appelé également le fonds d'investissement, créé en 1953. Il était alimenté par des taxes perçues sur l'essence (6 francs par litre), et sur le gasoil (5,5 francs par litre)[610]. Ce fond devait servir à l'amélioration et au financement des routes. Son utilisation portait sur les grandes zones d'évacuation des produits et de circulation comme Abidjan, Daloa et d'autres régions.

Tous ces projets étaient suivis de près par la Chambre de commerce. Il en était de même du cas du chemin de fer. Il constituait également un enjeu important compte tenu de sa grande capacité d'évacuation. Le fait qu'il soit inscrit au FIDES était déjà une garantie pour son exécution. Néanmoins, la Chambre de commerce veillait pour que l'exécution des travaux et le renouvellement des wagons se fassent rapidement. En 1950, elle soutint la révision de la voie ferrée Azaguié–Grand Yapo. Elle intervint également pour que des travaux neufs soient confiés à des entreprises spécialisées. À chaque séance, le gouverneur, le directeur de la RAN ou toute personnalité politique de passage à la Chambre de commerce était interpellé à ce sujet. Elle faisait pression pour que l'on débloque des fonds importants pour les grands travaux à réaliser au niveau du chemin de fer. Sa présence au sein du Conseil d'administration de la Régie du chemin de fer Abidjan–Niger donnait plus de poids à ses doléances.

En dehors de toutes ces initiatives, la Chambre de commerce apporta sa contribution pour un rayonnement plus grand du domaine aérien et des infrastructures de télécommunication.

---

[610] Jean-Noël LOUCOU, Zan SEMI-BI et Simon-Pierre M'BRA EKANZA (dir.), *op. cit.*, p. 80.

B- Le soutien de la Chambre de commerce à la politique d'équipement dans le domaine aérien, de l'énergie et des télécommunications

Le mérite du plan de développement (FIDES) fut de favoriser les conditions d'un meilleur décollage de la colonie avec la mise en place de certaines infrastructures. Les instruments nécessaires à cette exploitation tels que les aéroports, l'équipement énergétique et le renouvellement des installations de télécommunications furent vivement soutenus par la Chambre de commerce de Côte d'Ivoire. En effet, par leur mise en place, ils facilitaient la tâche des intérêts coloniaux. Dans ce contexte, ces derniers se sentaient aussi concernés par les questions aériennes.

1- Les questions aériennes : un nouvel enjeu pour la Chambre de commerce de Côte d'Ivoire

L'intérêt que la Chambre de commerce portait sur les problèmes aériens date d'avant la Deuxième Guerre mondiale. Elle posa certaines actions symboliques pour favoriser son développement. Cependant, c'est après 1945 qu'elle suivit de près tout ce qui avait trait à la création et au développement des aéroports dans la colonie. Elle tenta même d'en assurer pour certains la gestion commerciale.

a- L'action de la Chambre de commerce

La Chambre de commerce de Côte d'Ivoire, pour des raisons liées à la rapidité et à l'efficacité de l'avion, porta un regard attentif sur la création des aéroports. Pour cela, cette compagnie consulaire participait souvent ou recevait des documents des conférences traitant des questions aéronautiques en France. En juin 1931 par exemple, il fut même demandé à la Chambre de commerce de donner son avis sur les moyens à mettre en place pour satisfaire les liaisons aéronautiques de la colonie avec la France. Dans ce sens, on lui communiqua les questionnaires qui devaient servir de programme au Congrès national de l'aéronautique coloniale. Cette requête fut bien accueillie par la Chambre de commerce, qui s'empressa de donner les informations nécessaires. Voyant l'urgence d'un tel besoin, en août 1931, elle demanda au lieutenant-gouverneur de la colonie de favoriser la création de liaisons aéropostales qui devaient renforcer les relations entre les colonies et la métropole[611]. Toutes ces démarches étaient certes timides, mais elles mettaient en lumière l'intérêt de la Chambre de commerce pour ce secteur. En effet, son développement pouvait accroître les échanges d'affaires entre les différents intérêts éloignés par de longues distances. En outre, le développement du secteur aérien pouvait aussi permettre l'envoi rapide de courriers postaux par rapport aux navires.

La Chambre de commerce n'attendit pas l'aide extérieure pour s'impliquer dans ce secteur. Elle contribuait déjà au développement des aéroclubs par l'octroi de diverses subventions. Dans les années 1936 et 1937, les aéroclubs de Bouaké et d'Abidjan bénéficiaient de modestes aides. En 1939, la Chambre de commerce décida de s'associer à la Chambre d'agriculture et d'industrie pour demander aux autorités coloniales d'apporter d'importants crédits à l'aéroclub de Bouaké. L'on voulait par cet acte aider cette association pour que l'on assiste à la création d'un avion sanitaire. Ce besoin se justifiait par la nécessité de transporter rapidement des malades graves ou des blessés, des médecins ou des médicaments. En effet, par le moyen d'un avion sanitaire, les localités éloignées par des centaines de kilomètres et reliées par des routes qui étaient souvent coupées en saison de pluies, pouvaient être facilement joignables en cas de détresse[612]. Ce projet, par manque de moyens, car estimé à 300 000 francs, n'aboutit pas dans l'immédiat. Cela, néanmoins, mit en évidence la place que devait occuper l'avion dans la stratégie future de la Chambre de commerce. Cette institution renforça son action dans ce sens après la Seconde Guerre mondiale, avec le développement des aéroports dans la colonie. Le premier aéroport en Côte d'Ivoire fut une hydrobase aménagée à Abidjan en 1936 sur la lagune Ébrié. Cependant, ce fut en mer qu'eut lieu le premier vol d'essai. Jusqu'à la guerre, les hydravions Sikonski de l'aéromaritime exploitaient la ligne Dakar–Abidjan–Pointe-Noire à raison d'un aller-retour par semaine. Quant à l'aéroport d'Abidjan–Port-Bouët, il vit le jour en août 1939. La piste, alors en latérite, de 1 100 mètres de

---

[611] Lettre du président de la Chambre de commerce au lieutenant-gouverneur au sujet de la liaison aéropostale, Abidjan, le 19 août 1931, *ACCCI* : dossier nº 2, Aéronautique.

[612] Vœux de la Chambre de commerce et de la Chambre d'agriculture et d'industrie au sujet des avions sanitaires, avril 1939, *ACCCI* : dossier nº 2, Aéronautique.

longueur, permettait à quelques rares avions commerciaux d'y atterrir[613].

Dans tous les cas, le développement timide du transport aérien ne prit réellement son envol qu'à partir de 1945. La Chambre de commerce y veilla de façon particulière. Les premières préoccupations portaient sur la base aérienne de Port-Bouët, aéroport principal de la colonie. Elle plaida pour son équipement. En 1947, cette compagnie consulaire demanda le transfert de deux hangars de l'ancienne hydrobase de l'aéromaritime pour l'aérodrome de Port-Bouët. Au cours de cette même année, suite à la sollicitation du chef de réseau d'Air France, la Chambre de commerce décida de participer à l'édification d'un pavillon d'escale sur l'aérodrome de Port-Bouët. Elle apporta une participation de 100 000 francs[614]. Au-delà de cette action, elle faisait pression sur l'administration coloniale et les autorités de Dakar afin qu'un réel effort soit fait pour l'équipement de l'aérodrome de Port-Bouët. Elle sollicitait des crédits importants et urgents pour l'agrandissement de l'aéroport d'Abidjan. En 1945, la Chambre de commerce demanda l'extension du parking et la construction de la route d'accès au parc auto de l'aérodrome. En outre, elle réclamait aussi la mise en place du balisage électrique de la piste et d'un service météo[615].

Ne voulant pas se contenter de promesses vagues des autorités coloniales, et pour faire avancer le dossier de l'aéroport, elle sollicita l'appui de certaines personnalités politiques. C'est sur l'insistance de la Chambre de commerce que le sénateur Lagarosse, lui-même ancien membre de cette institution, fit des démarches auprès du ministre des Travaux publics pour obtenir un crédit supplémentaire de 20 millions de francs pour l'aéroport de Port-Bouët. De son côté, Jean Delafosse, Grand conseiller de l'AOF, espérait obtenir du Grand conseil de l'AOF une subvention de 10 à 15 millions pour aider à la construction de cet aéroport[616]. Toutes ces différentes actions de la Chambre de commerce appuyées en cela par des partenaires extérieurs tant politiques que techniques, contribuèrent à faire sortir l'aéroport de Port-Bouët de l'ombre. Ainsi, la longueur de la piste de cet aéroport,

---

613 Jean-Noël LOUCOU, Zan SEMI-BI et Simon-Pierre M'BRA EKANZA (dir.), *op. cit.*, p. 94-95.

614 *BCCCI*, compte-rendu de la séance du 26 octobre 1947. p. 13.

615 *BCCCI*, procès-verbal de la séance du 27 février 1949, p. 6.

616 *BCCCI*, procès-verbal du 8 mai 1949, p. 24.

de 1 500 m en 1946, fut portée à 2 200 m en 1953. Dès 1950, on bituma la piste d'atterrissage et les aires d'embarquement. En effet, la mise en service d'avions de plus en plus lourds, notamment les les avions de type Comet de Union aéromaritime de transport(UAT), nécessita en 1953 l'allongement de la piste pour la porter à 2 200 m[617]. Les autres équipements tels le balisage nocturne, une tour de contrôle provisoire, le poste d'émission radio et des bâtiments de l'aérogare virent le jour avant 1955.

Comme pour le cas du port d'Abidjan, la Chambre de commerce obtint également en février 1953 la création du comité consultatif de l'aéroport de Port-Bouët. Cet organisme avait pour but d'associer aux études et aux problèmes de gestion et d'exploitation de l'aérogare les collectivités et les entreprises intéressées par le bon fonctionnement de l'aérodrome. Grâce à ce comité, l'on suivait de près l'évolution et l'extension de l'aéroport de Port-Bouët, et d'autres qui suivirent par la suite. Il s'agissait de la création des aéroports de l'intérieur du pays, qui connaissaient une réelle expansion.

L'équipement de l'aéroport de Port-Bouët et de ceux des localités de l'intérieur répondait pour la Chambre de commerce à une stratégie de croissance et d'exportation massive des produits coloniaux. C'est pourquoi au moment de l'agrandissement de l'aéroport de Port-Bouët, elle chercha à contrôler la gestion de cet instrument au nom des impératifs commerciaux.

b- Tentative de la Chambre de commerce de Côte d'Ivoire pour contrôler la gestion de l'aéroport d'Abidjan

Comme pour le port d'Abidjan, la Chambre de commerce perçut très tôt l'intérêt majeur que représentait le développement du transport aérien dans les échanges commerciaux. C'est pour cela que l'aéroport d'Abidjan était pour elle un enjeu important. Tout en demandant l'équipement de cet aéroport, elle se préoccupait aussi de sa gestion. Ainsi, au cours de sa séance du 26 octobre 1947, à l'image des chambres de commerce de Bordeaux et de Marseille, elle fit connaître aux responsables d'Air France et au directeur de l'infrastructure son désir de gérer de façon commerciale la base aérienne de Port-Bouët. Elle appuyait son argumentation sur le fait que cela était dans ses

---

[617] Jean-Noël LOUCOU, Zan SEMI-BI et Simon-Pierre M'BRA EKANZA (dir.), *op. cit.*, p. 95.

attributions[618]. Cette exigence était justifiée dans la mesure où selon ses textes, la Chambre de commerce pouvait gérer et exploiter tout équipement à caractère commercial. En France notamment, il était dans les habitudes des pouvoirs publics de confier la gestion des ports aux chambres de commerce. Les aéroports ne faisaient pas exception à cette règle. Ainsi, en 1948, un projet de loi à l'Assemblée nationale française tendait déjà à accorder aux institutions consulaires la gestion des aéroports. Une telle initiative fut vivement appréciée par la Chambre de commerce de Côte d'Ivoire, qui demanda qu'un projet de loi voté en France soit étendu à l'AOF[619]. Toutes ces données la réconfortaient dans l'idée qu'elle devait à tout prix avoir la gestion commerciale du futur aéroport de Port-Bouët.

Pourquoi donc un tel acharnement ? À l'image du port, l'aéroport était un moyen d'évacuation par excellence non seulement par le tonnage qui pouvait être écoulé, mais surtout par sa rapidité. En d'autres termes, les possibilités de fret étaient énormes et avantageuses. C'est ainsi qu'à l'exportation, les objets de valeur (or, diamant, ivoire), les animaux de tout genre, les produits d'exportation et les fruits (oranges, bananes…) pouvaient s'écouler sans problème. À l'opposé, les importations étaient facilitées puisque l'on pouvait avoir dans un délai court les pièces détachées, les livres et les journaux, l'alimentation et des articles de luxe (bijoux, orfèvrerie) venant de Paris[620].

Ce gain de temps et les possibilités énormes étaient de réelles opportunités pour les acteurs économiques. C'est pourquoi par l'intermédiaire de la Chambre de commerce, ils espéraient avoir le contrôle de l'aéroport de Port-Bouët. La Chambre de commerce se fit l'écho de leurs revendications. En janvier 1950, elle rappela d'ailleurs au directeur de l'aéronautique civile de l'AOF la candidature de son institution à l'exploitation de l'outillage et de la gestion des installations à caractère commercial de l'aérodrome de Port-Bouët. Toutes ces démarches aboutirent à des résultats positifs puisque le responsable des Travaux publics donna un avis favorable à la Chambre de commerce. Elle reçut l'autorisation de construire à Port-

[618] *BCCCI*, procès-verbal de la séance du 26 octobre 1947, p. 13.

[619] *BCCCI*, procès-verbal du 20 juin 1947, pp. 10-11.

[620] Note de la Chambre de commerce au sujet du transport aérien en Côte d'Ivoire, Abidjan, le 20 mars 1950, *ACCCI* : dossier n° 2, Aéronautique.

Bouët, dans le cadre du plan de masse, des installations complémentaires[621].

La Chambre de commerce proposa comme mode de gestion de l'aéroport soit la création d'une société d'économie mixte, soit une concession pure et simple à l'institution. Mais tous ces plans de la Chambre de commerce de Côte d'Ivoire ne cadraient pas avec les stratégies des autorités françaises. Il lui fut refusé par conséquent le principe de la gestion de cet aéroport. Le secrétaire général de l'Aviation civile fit connaître en novembre 1951 que le trafic de l'aéroport de Port-Bouët était insuffisant pour permettre une telle concession. Cependant, c'est du ministre des Travaux publics et du Tourisme que le refus fut plus ferme. Il le fit savoir en mars 1952 au sénateur Lagarosse, défenseur acharné de la Chambre de commerce dans cette cause. Une concession commerciale, estimait-il, impliquait une rentabilité. Or, l'activité de l'aérodrome d'Abidjan était encore insuffisante, avec moins de 1 500 tonnes de marchandises en 1952[622]. Ce refus ne désarma pas pour autant la Chambre de commerce, puisqu'en 1954, elle fit connaître aux compagnies aériennes telles qu'UAT (Chargeurs Réunis) et TAI (SNDV) son intention d'édifier une gare de fret à l'aérodrome de Port-Bouët. Son projet consistait à construire une double travée (sous-douane et hors douane) de 5 m et 8 m chacune faisant 40 m², soit un total de 80 m² pour les deux travées. La location envisagée annuellement fut de 250 000 francs. Pour cela, elle inscrivit à son budget, en 1954, 5 millions pour cette gare. Si ce projet était louable, les compagnies aériennes manifestèrent cependant peu d'intérêt pour cette gare, à cause du coût de location jugé élevé[623].

Grâce à la Chambre de commerce, de réelles innovations furent apportées à l'organisation de l'aéroport. Néanmoins, sa tentative d'en contrôler la gestion commerciale fut un échec. Cette initiative ne traduit pas moins la vitalité de cette institution consulaire, pour qui l'administration coloniale devait apprendre à se désister de certains secteurs de l'économie au profit des acteurs privés. Cette lutte, la

---

621 *BCCCI*, compte-rendu de la séance plénière du 17 décembre 1950, pp. 2-3.

622 Lettre du ministre des Travaux publics et du Tourisme de France au sénateur Lagarosse au sujet de l'aéroport d'Abidjan, Paris, le 6 mars 1952, *ACCCI* : dossier n° 2, Aéronautique.

623 Lettre du responsable de la compagnie Air France au président de la Chambre de commerce au sujet du hangar de fret, Abidjan, le 6 septembre 1954, *ACCCI* : dossier n° 2, Aéronautique.

Chambre de commerce la gagna en partie au niveau de la gestion du port par sa forte représentation. Mais tous ces grands moyens d'évacuation comme le port, l'aéroport et même le chemin de fer pouvaient voir leurs activités paralysées s'il y avait des problèmes en ce qui concerne l'équipement énergétique et les télécommunications. La Chambre de commerce déploya ici aussi son poids pour faire avancer les choses dans ces différents secteurs.

2- L'énergie et les télécommunications, enjeux importants pour la Chambre de commerce

Les défis liés à l'énergie et aux télécommunications représentaient pour la Chambre de commerce de Côte d'Ivoire des éléments importants dans la bonne marche de la colonie. En effet, la survie des secteurs stratégiques, comme les industries, en dépendaient. C'est face à ces réalités que la Chambre de commerce se sentit obligée de suivre de près la politique énergétique de la colonie et celle des télécommunications.

a- La nécessité d'accroître l'énergie face aux progrès économiques

Pendant longtemps et même après la Seconde Guerre mondiale, le bois et les combustibles ainsi que les minéraux solides (houille, coke) constituaient les matières premières énergétiques nécessaires au transport ferroviaire et au fonctionnement des premières centrales thermiques. Jusqu'à cette période, tout en s'intéressant à la question de l'énergie, la Chambre de commerce n'en faisait pas une préoccupation importante. Le faible tissu industriel et l'absence de doléance sur cette question pouvaient expliquer ce silence. Ainsi, jusqu'en 1939, les installations nécessaires à l'énergie électrique étaient le fait de particuliers et pour leur propre besoin. Cependant, avec le développement de la ville d'Abidjan et de sa région, on équipa cette localité d'une centrale thermique à gaz d'une puissance de 750 kilowatts[624].

À partir de 1945, cette centrale thermique suscita de vives inquiétudes auprès de la Chambre de commerce. Souvent, ses pannes entraînaient aussi des coupures d'eau. Pour cela, la Chambre de commerce réclamait que la distribution d'eau et d'électricité soit confiée à des entreprises privées. Ces inquiétudes étaient d'autant plus

---

[624] Jean-Noël LOUCOU, Zan SEMI-BI et Simon-Pierre M'BRA EKANZA (dir.), *op. cit.*, p. 98.

préoccupantes que l'on craignait qu'avec l'avènement du port, la création de nombreuses industries à Petit-Bassam ainsi que le développement des agglomérations de Treichville et de sa banlieue, la centrale thermique ne soit largement dépassée. C'est pourquoi lorsqu'au cours de sa séance du 17 décembre 1950, le chef de la colonie annonça à la Chambre de commerce la création d'une société d'économie mixte dénommée Énergie électrique Côte d'Ivoire, cette chambre consulaire ne se fit pas trop prier pour rentrer dans son capital.

L'objet de cette société consistait en la production, le transport, la distribution et l'utilisation de l'énergie en Côte d'Ivoire. Le capital de cette société était de 100 millions francs, dont 30 millions réservés aux collectivités et établissements publics de la colonie. Tandis que le territoire devait souscrire à 24 millions, la Chambre de commerce devait contribuer à 2,5 millions. Celle-ci accepta d'ailleurs avec joie d'y prendre part, car la centrale thermique d'Abidjan ne cessait depuis longtemps de lui procurer des soucis[625]. C'est donc cette société d'économie mixte, Énergie Électrique de Côte d'Ivoire (EECI) qui, dès sa création en 1952, se chargea de l'électrification du territoire. La Chambre de commerce suivait ses travaux de près. Cela était d'ailleurs rendu facile dans la mesure où elle siégeait au conseil d'administration de cette société. Elle participait même à l'augmentation du capital de l'EECI, comme en 1954, où cela fut nécessaire lorsque l'on projeta d'électrifier Bouaké et de faire des achats de divers matériel, comme les poteaux, les fils ou tout autre élément indispensable[626].

Si avec l'EECI, le problème de la distribution de l'électricité était en partie résolu, il n'en demeurait pas moins que la fourniture énergétique était insuffisante. À ce sujet, les membres de la Chambre de commerce, dont la plupart étaient à Abidjan, le signifièrent à leur président. Déjà au mois de juillet 1951, P. Chichet, un responsable du Syndicat des entrepreneurs et des industriels de Côte d'Ivoire, faisait connaître que les industries vivaient dans une situation difficile à

---

[625] *BCCCI*, n° 58, compte-rendu de la séance plénière du 17 décembre 1950, pp. 2-3.

[626] *BCCCI*, n° 65, compte-rendu de la séance extraordinaire du 14 février 1934, p. 1.

cause de l'insuffisance du courant électrique. Il soulignait même que la fourniture de 8 000 kWh prévus suffisait à peine à leurs besoins[627].

En outre, pour certains acteurs économiques, l'insuffisance de la production énergétique provoquait la dégradation des appareils ménagers à cause des écarts de voltage, le ralentissement du travail des ateliers et l'impossibilité de travailler dans les bureaux faute de lumière. Avec la création de l'EECI, le problème était à peine résolu. L'on devait faire vite pour décanter cette situation alarmante. À ce problème s'ajoutait le fait que la consommation électrique, estimée en 1953 à 7,560 millions de kWh annuellement, devait atteindre selon les prévisions 11 millions de kWh annuels en 1954, et par la suite 32 millions de kWh annuels en 1960[628]. Face à ces prévisions, l'extension de la centrale thermique ou l'utilisation d'autres sources d'énergie s'imposaient. Au sujet du renouvellement des sources d'énergie, l'on doit rappeler qu'avant la fin de la Deuxième Guerre mondiale, un ingénieur français eut même l'idée d'utiliser l'énergie thermique des mers pour la production d'énergie électrique. Il fit des essais à Cuba et au Brésil avec des résultats peu convaincants. Cependant, il avait cherché à étendre son expérience en Côte d'Ivoire.

C'est vers 1949 qu'une centrale de ce type fut installée dans l'une des lagunes d'Abidjan. Il s'agissait d'abord de mettre un tube plongé dans la mer, à 450 mètres de profondeur. Ensuite, on prenait l'eau chaude de 28° de la surface de la lagune pour en faire une combinaison avec l'eau froide à 8° en profondeur. Avec cette centrale, on envisageait dès 1950 une fourniture de 3 500 kWh[629]. La Chambre de commerce encouragea l'utilisation de cette source d'énergie car avec le manque d'électricité, toute idée visant à en produire davantage devait être encouragée. Mais elle abandonna cette solution quand surgit l'avant-projet d'aménagement des chutes de la Bia, à Ayamé, établi par l'Électricité de France en 1952. Elle encouragea les autorités coloniales à trouver des moyens pour financer cette centrale hydroélectrique. Jusqu'à ce que cette centrale électrique ne soit confiée à l'EECI par la Côte d'Ivoire aux termes d'une convention en

---

[627] Lettre de Chichet au président de la Chambre de commerce, Abidjan, juillet 1951, *ACCCI* : dossier 21, Conseils divers.

[628] Note sur l'avant-projet de l'aménagement de la chute de la Bia à Ayamé établi pour l'électricité, *ACCCI* : dossier 34, Forces motrices, sources d'énergie.

[629] Extrait de la *Méridionale* du 1er novembre 1949, « énergie électrique des mers, une centrale installée à Abidjan pour produire 3 500 kWh l'an prochain », *ACCCI* : dossier 34, Forces motrices, sources d'énergie.

date du 22 mars 1957, la Chambre de commerce multipliait les contacts et les démarches auprès des autorités coloniales et d'autres personnalités politiques pour accélérer ce dossier. Tous ces contacts ne furent pas vains, puisque ce barrage vit le jour. Achevé en 1959, il fut mis en service au début de l'année 1960.

Par ses avis et ses actions, la Chambre de commerce accompagna positivement l'électrification de la colonie. Elle essaya aussi d'étendre ces mêmes actions au niveau des postes et télécommunications.

b- Des propositions pour amorcer des changements dans les télécommunications

Au cours de la période 1947-1958, d'importantes améliorations furent apportées à l'équipement des services des PTT. Si les changements s'opéraient grâce aux différents plans mis en place, la Chambre de commerce ne demeurait pas en reste pour accélérer ce progrès. À chaque séance, elle faisait entendre ses inquiétudes, bien souvent pour se plaindre du retard dans le financement des travaux. Ce fut le cas lorsqu'elle apprit que les services métropolitains du plan de développement auraient annulé les crédits prévus pour la première tranche des travaux pour la construction du nouvel hôtel des postes[630]. Pour la Chambre de commerce, tout retard apporté à l'édification de cet hôtel ne pouvait que nuire gravement au développement du territoire. En effet, les bâtiments de la première poste à Grand-Bassam, avec l'évolution de la colonie, étaient devenus insuffisants pour permettre au Service des postes de fonctionner normalement. Faute de place dans ces bâtiments, on était obligé de disperser des bureaux dans toute la ville. Cette dispersion provoquait des retards et des erreurs dont les usagers en étaient victimes. En outre, au lendemain de la Seconde Guerre mondiale, le délabrement de l'équipement électrique et du fil était préoccupant. Tout cela engendra la nécessité d'installation d'une centrale téléphonique automatique, mais qui restait subordonnée à la construction de ce nouvel hôtel. À ce sujet d'ailleurs, la Chambre de commerce reçut en 1947 M. Granjean, inspecteur des PTT, et le chef du Service de transmission de l'AOF. Au cours de cette rencontre, on aborda la construction de ce nouvel hôtel des postes à Abidjan et la nécessité d'améliorer le réseau téléphonique[631].

---

[630] *BCCCI*, compte-rendu du 11 mai 1952, p. 19.
[631] *BCCCI,* compte-rendu du 26 octobre 1947, p. 13.

Dans l'ensemble, l'amélioration des postes et des télécommunications était très importante pour les membres de la Chambre de commerce. En effet, le développement du port, de l'aéroport d'Abidjan et l'accroissement des échanges avec l'extérieur exigeaient des liaisons fiables, faute de quoi les acteurs économiques perdraient en temps, en argent et en marchandises. Cette situation avait été bien souvent le cas avant la mise en place d'une politique réelle de rénovation de ces infrastructures de télécommunications. Ainsi, des navires n'avaient pu honorer des rendez-vous à cause d'une liaison défectueuse. Pour éviter de tels désagréments aux acteurs économiques, la Chambre de commerce usa de tous les moyens pour favoriser une meilleure liaison dans les différentes localités du territoire. C'est dans ce sens qu'elle intervint auprès des autorités coloniales afin que des crédits soient octroyés pour des liaisons téléphoniques entre Abidjan et les principaux centres d'évacuation et d'échanges comme Adzopé, Dimbokro, Bouaké, Gagnoa, Daloa et Toumodi.

Tous ces souhaits s'intégraient d'ailleurs dans les projets de l'administration fédérale de l'AOF. Grâce à son deuxième plan quadriennal, elle réussit à étendre non seulement le nombre de bureaux de poste, mais aussi le réseau téléphonique. Ainsi, de 1 919 bureaux de poste en 1950, on passa à 5 462 en 1958. Dans le cas d'Abidjan, le projet de la grande poste vit enfin le jour. En outre, la Chambre de commerce siégeait au Conseil d'administration de l'office des postes et télécommunications.

Après la Seconde Guerre mondiale, la Chambre de commerce appuya d'autres changements qui s'opéraient dans la gestion des postes et télécommunications. Certes, elle n'apporta pas de ressources financières dans ce secteur, mais ses pressions constantes pour le déblocage des fonds contribuèrent à faire avancer les travaux d'équipement. C'est ainsi que des projets importants comme celui du grand hôtel de poste d'Abidjan purent voir enfin le jour. Une telle capacité à influer sur l'orientation de bien des projets de la colonie s'explique en partie à cause de son rôle dominant dans la vie économique et sociale de la colonie de Côte d'Ivoire.

II- UN POIDS TOUJOURS DOMINANT DANS L'ORGANISATION DE LA VIE ÉCONOMIQUE ET SOCIALE

Si les mutations que la colonie connut après la Seconde Guerre mondiale, à certains égards, affectèrent l'autorité de la Chambre de commerce, il n'en était pas moins vrai que cette institution consulaire continuait d'occuper une place privilégiée dans le territoire. Elle était le point central de l'organisation de la vie économique et commerciale. C'est pourquoi ses avis furent très respectés et souvent demandés par l'autorité coloniale, mais aussi par des personnes extérieures à la colonie. Cette crédibilité qu'elle avait acquise, elle la renforça par diverses initiatives.

A- Une présence active de la Chambre de commerce dans la vie économique locale

Après 1945, sur le plan économique, la Chambre de commerce de Côte d'Ivoire mena un combat de plus en plus soutenu pour la qualité et la revalorisation des produits agricoles. En outre, son siège fut constamment le lieu obligé de passage des hommes politiques et des grandes missions d'affaires en quête de nouveaux marchés. Pour faire respecter les règles en matière commerciale, cette compagnie consulaire s'impliqua à une large échelle dans l'organisation de la vie commerciale.

1- Organisation du marché local

L'action de la Chambre de commerce se situait ici à plusieurs niveaux. Tout en cherchant à organiser la profession des commerçants, elle renforçait son action par la création de magasins et veillait à ce que les lotissements tiennent compte de ses intérêts. Comme avant 1939, elle occupait une grande place dans l'organisation des foires et toute autre manifestation commerciale.

a- Les manifestations commerciales sous contrôle de la Chambre de commerce

Les manifestations commerciales étaient l'occasion pour les maisons de commerce d'exposer et de vendre. C'était aussi l'occasion d'attirer une multitude de personnes. Avant le début de la Seconde Guerre mondiale, la colonie a pu organiser trois grandes foires-expositions à Abidjan en 1934, 1935 et 1936. On peut ajouter à cela les comices et les expositions agricoles dans les localités de l'intérieur comme Bouaké, en 1937. À toutes ces manifestations, la Chambre de commerce participait pleinement et elle y jouait d'ailleurs le rôle principal. Elle poursuivit son action à la fin des hostilités.

Il faut souligner que pendant la période de conflits et même quelques années après la cessation des hostilités, l'économie étant désorganisée, il n'était pas possible d'organiser des foires-expositions. En effet, dans ce contexte, il était difficile non seulement d'importer et d'exporter, mais à cause des restrictions imposées aux maisons de commerce et des entreprises coloniales, celles-ci étaient à bout de souffle. Il fallut attendre 1950 pour que, par décision du gouverneur, il soit mis en place un comité d'organisation de la 4e foire-exposition d'Abidjan, dont la présidence fut confiée à la Chambre de commerce. C'est grâce à ce comité que fut organisée la foire-exposition de 1951. On la fit d'ailleurs coïncider avec les manifestations organisées pour l'inauguration du port d'Abidjan, qui eut lieu du 4 au 11 février 1951. Cette fête fut l'occasion de montrer les dernières créations françaises et étrangères dans le domaine de l'équipement et de la consommation. Les différents services de l'Administration, les instituts de recherches et tous les corps de métiers étaient présents.

Cette manifestation de février 1951 marqua le début d'une prolifération des foires dans la colonie. La Chambre de commerce soutenait activement ces foires par des primes accordées aux exposants les plus méritants. Ainsi, le 31 janvier 1953, lorsque l'administration coloniale inaugura la première foire agricole de Gagnoa, elle y contribua avec une subvention de 50 000 francs. Cette prime fut répartie de la façon suivante : 30 000 francs pour les produits d'exportation de meilleure qualité comme le café et le cacao, et 20 000 francs pour les produits vivriers[632]. Cette foire agricole de Gagnoa, inaugurée par le commandant de cercle, le conseiller général et le président par intérim de la Chambre de commerce, Massieye, se fit dans une ambiance de grande fête populaire. On assista à des défilés de garde-cercles, d'anciens combattants, de militaires et un cortège de quelque 1 600 écoliers des écoles publiques et privées de

[632] Lettre de l'administrateur en chef, Guy Nairay, au président de la Chambre de commerce à Abidjan, Gagnoa, le 5 février 1953, *ACCCI*, dossier 32.1, Exposition, foires locales.

Gagnoa[633]. On estima à plus de 1 700 personnes la foule qui visita l'exposition sans arrêt pendant toute la journée. Ce fut aussi l'occasion de montrer aux différents visiteurs les productions agricoles et vivrières du cercle ainsi que les entreprises et les maisons de commerce présentes dans la localité. Ces dernières ont exposé des outils, des équipements et leurs propres créations.

Cette foire de Gagnoa, par son caractère populaire et mobilisateur, eut un grand écho dans la colonie. En effet, le gouverneur de la colonie, à cet effet, dès le 12 février 1953, écrivit au président de la Chambre de commerce pour lui signifier la nécessité d'organiser une foire agricole à Dimbokro pour le samedi 14 mars 1953[634]. Le choix de Dimbokro s'expliquait par le fait qu'il s'agissait du chef-lieu d'un cercle produisant un tonnage important d'une des principales richesses de la colonie, à savoir, le cacao. Mais malheureusement, constatait le gouverneur, on assistait à un fléchissement inquiétant de la qualité du cacao. Pour l'autorité coloniale, la foire agricole de Dimbokro, qui marquerait le point de départ d'une campagne à travers la colonie, devait avoir une vertu pédagogique. Ainsi, au cours de cette foire de Dimbokro, on se proposa de faire comprendre aux planteurs l'intérêt de produire du cacao de bonne qualité et de leur enseigner les procédés propres à obtenir ce résultat. Pour atteindre cet objectif, il était prévu d'éduquer le planteur au moyen de film documentaire sur la culture et la préparation du cacao, des conseils diffusés par haut-parleur et des cartes[635]. Cette foire de Dimbokro, qui se tint du 14 et 15 mars 1953 en présence du gouverneur Bailly, marqua le début d'une lutte nouvelle contre la mauvaise qualité des produits agricoles.

À la suite de Dimbokro, on décida de planifier ces manifestations car les demandes d'organisation de foires venaient d'un grand nombre de cercles. Dans la mise en place de ce calendrier, la Chambre de commerce fut pleinement associée. Son apport était plus que nécessaire pour faciliter une large diffusion de ces foires dans son bulletin quotidien qui s'adressait à des milliers d'acteurs économiques

---

633 *Bulletin quotidien* du service de l'information n° 717 du 12 février 1953, *ACCCI*, dossier 32.1, Exposition, foires locales.

634 Lettre du gouverneur de la Côte d'Ivoire au président de la Chambre de commerce au sujet de la foire agricole de Dimbokro, Abidjan, le 12 février 1953, *ACCCI*, dossier 32.1, Exposition, foires locales.

635 Extrait du *Bulletin quotidien* du Service de l'information du 11 mars 1953. Nouvelles locales : foire agricole de Dimbokro, *ACCCI*, dossier 32.1, Exposition, foires locales.

européens présents dans la colonie. Ce fut cela qu'elle se proposa de faire lorsque le 12 novembre 1953, le chef de la colonie adressa au président de cette institution le calendrier des foires et marchés[636]. Pour la Chambre de commerce, toutes ces foires devaient être un moyen de favoriser la revalorisation des produits agricoles de la colonie. En effet, avec la fin du Service d'inspection des produits en 1947 et les querelles incessantes entre les deux assemblées consulaires de la colonie au sujet des moyens de lutte contre la mauvaise qualité des produits d'exportation, il fallait trouver d'autres moyens pour freiner cette fraude. Ces foires agricoles pouvaient atteindre cet objectif.

Dans l'ensemble, ces foires, par leur attrait commercial, populaire et festif, faisaient l'objet de demandes multiples de la part des cercles. Il fallait imiter les autres. Ainsi, dans le projet de calendrier des foires-marchés pour 1954-1955, les cercles comme Divo et Man voulaient avoir leur quinzaine commerciale pour décembre 1954, tandis que Bondoukou, Agboville et Odienné prévoyaient pour eux les mois de janvier et février 1955. Si ces foires furent l'objet de grandes festivités dans les différentes localités, leur multiplicité et leurs dates posaient néanmoins certains problèmes. Certains membres de la Chambre de commerce commençaient déjà à s'en plaindre. Ainsi, Lallemand, membre de cette institution consulaire, installé à Bouaké, se déclarait, dans une lettre adressée le 31 mai 1954, opposé à une foire-marché à Odienné. Pour lui, cette manifestation était peu intéressante, car le cercle était sans ressources et les moyens pour s'y rendre étaient onéreux à cause de la distance et de l'état des routes[637]. Quant aux établissements Yacouba Sylla de Gagnoa, ils demandèrent que dans le classement du calendrier, Agboville vienne avant Bondoukou, parce que selon eux, la première localité produisait plus de café et de cacao que la seconde[638].

---

[636] Bouaké du 9 au 10 janvier 1954, Abengourou du 17 au 19 décembre 1953, Daloa de la 3e semaine de janvier 1954, Dimbokro du 27 au 28 février 1954, Korhogo du 8 au 15 mars 1954, *ACCCI*, dossier 32.1, Exposition, foires locales.

[637] Lettre de J.-P. Lallemand au président de la Chambre de commerce au sujet des foires-marchés, Bouaké le 31 mai 1954, *ACCCI* : dossier 32.1, Exposition, foires locales.

[638] Lettre des établissements Yacouba Sylla au président de la Chambre de commerce, Gagnoa, le 10 juin 1954, *ACCCI* : dossier 32.1, Exposition, foires locales.

Il fut tenu compte de toutes ces préoccupations. Ainsi, dans le projet de calendrier de foires pour 1955, la Chambre de commerce inscrivit Agboville avant Bondoukou. Quant à la manifestation d'Odienné, elle fut reportée dans le calendrier de 1956-1957. Avec ces remaniements de dates, la Chambre de commerce commença à manifester certaines réticences à l'égard de ces foires, à cause des réserves de certaines maisons de commerce. Ces dernières se plaignaient souvent du rapprochement des foires et de leur coût jugé élevé.

En effet, ces manifestations n'étant pas gratuites à cause de la location de stands, elles devaient faire face aux frais de déplacement des hommes et du matériel. Tout cela désorganisait leurs différentes activités.

Dans la mise en œuvre de ces festivités commerciales, ce furent les administrateurs des cercles qui initiaient ces foires-marchés. Pour garantir leur réussite, on recherchait le soutien de la Chambre de commerce non seulement sur le plan financier, mais aussi pour la promotion de l'événement. Pour l'inauguration de ces foires, le président de la Chambre de commerce était l'objet de vives sollicitations. C'est aux côtés des autorités coloniales que le président de cette institution, ou son représentant, inaugurait ces manifestations. Cependant, à cause de leur grand nombre, elles contribuaient dans une certaine mesure à empêcher la Chambre de commerce d'organiser des foires de grande ampleur, comme en 1951 à Abidjan. Néanmoins, à partir de 1958, le vice-président de la Chambre de commerce, Massieye, prit l'initiative personnelle et de façon confidentielle d'organiser une grande manifestation commerciale à Abidjan. Contrairement aux autres foires que la Chambre de commerce avait organisées, cette fois-ci, la démarche se voulait plus professionnelle. La Chambre de commerce s'attacha, dans la mise en place de ce projet, l'appui d'agences françaises spécialisées dans de telles manifestations. Ainsi, dès avril 1958, l'une de ces agences, le Service de documentation économique (SDE), spécialisé dans la publication des plaquettes d'information, livres de prestiges et autres documents, se proposait d'aider la Chambre de commerce pour des publications sur l'institution[639]. Quant à l'agence Diffusion Information Liaison

---

[639] Lettre de R. J de la S.D.E (Service de Documentation Économique) à Massieye, vice-président de la Chambre de commerce de Côte d'Ivoire, Paris, le 25 avril 1958, *ACCCI* : dossier 32.1, Exposition et foire d'Abidjan.

Outre-mer (Diloutremer), elle se proposait également d'apporter son appui à la Chambre de commerce. Avec cette agence, la Chambre de commerce avait, en 1958, des rapports très soutenus. Créée en 1947, elle avait de l'expérience en matière d'organisation de foires et d'expositions. En effet, en 1955, c'est elle qui avait conçu et réalisé les deux pavillons de France à l'exposition internationale de Phnom Penh. Elle avait même reçu un prix[640].

Avec de telles références, elle apporta son aide à la Chambre de commerce de Côte d'Ivoire pour la préparation de la future foire-exposition à Abidjan. Son appui se limitait à donner des renseignements sur le statut d'une foire-exposition, les démarches légales à faire, les formalités d'assurance en matière de foires, la gestion financière d'une telle manifestation, les éléments du budget et enfin, comment établir les contacts officiels et privés. Toutes ces informations furent des atouts précieux pour le succès des autres foires à venir.

En somme, le succès des foires et des autres manifestations à caractère commercial revint en grande partie à l'action déterminante de la Chambre de commerce de Côte d'Ivoire. Les dons et la participation active des maisons de commerce ont suscité non seulement l'engouement des producteurs, mais ils ont favorisé un courant d'échanges entre commerçants et visiteurs. En dehors des actions déployées pour ces manifestations commerciales, la Chambre de commerce manifestait la même attention pour une meilleure organisation du commerce local.

b- Le poids de La Chambre de commerce dans l'emplacement des concessions à caractère commercial

La Chambre de commerce, pour permettre à tous les acteurs économiques de la colonie d'exercer leurs activités sans problème, œuvrait toujours pour que les règles de jeu en matière commerciale soient clarifiées. Elle portait particulièrement son attention sur les lieux d'échanges ou de transactions. Elle veillait donc à ce que les plans de marchés et les lotissements prennent en compte l'intérêt de ses membres. Ce combat, mené bien avant 1945, la Chambre de commerce le poursuivit avec plus d'acharnement, suscitant parfois des

---

640 Lettre de J. Tozza, gérant de Diloutremer, à Massieye, vice-président de la Chambre de commerce de la Côte d'Ivoire, Paris, le 19 avril 1958, *ACCCI* : dossier 32.1, Exposition et foire d'Abidjan.

conflits avec les populations locales. La Chambre de commerce de Côte d'Ivoire a conduit ses actions dans deux directions, à savoir, l'urbanisation des localités, et l'emplacement des marchés. Au niveau de l'urbanisation, elle se faisait l'écho de l'inquiétude de ses membres auprès des autorités locales. À Sassandra par exemple, les commerçants se plaignaient de ce que les boutiques étaient envahies par la poussière. Dans une correspondance adressée en janvier 1950 par les établissements Charles Perinaud au président de la Chambre de commerce, cette situation désagréable était vécue parce que la rue principale de cette localité, supportant un trafic intense, n'était pas bitumée. La Chambre de commerce était donc priée d'intervenir auprès du gouverneur pour obtenir le goudronnage de la rue[641].

Ce genre de plainte adressée à la Chambre de commerce provenait de toutes les localités où les maisons de commerce étaient fortement représentées. Dans le cas de la ville d'Agboville, où les travaux de bitumage avaient de la peine à avancer à cause de leur coût, en janvier 1953, les commerçants syriens et libanais ouvrirent une souscription pour subventionner le bitumage des rues. Ils remirent 274 000 francs au commandant de cercle de cette localité[642]. Quant aux membres de la Chambre de commerce présents à Agboville, ils organisèrent aussi à titre individuel une collecte pour le bitumage des rues de la ville. Le total de ces dons était modeste. Il se chiffrait à 146 000 francs. Cette cotisation fut le fait des petits commerçants qui souffraient des dégâts causés sur les marchandises par la poussière. La plupart des grandes maisons de commerce s'abstenaient de faire un geste pour des raisons diverses. Certaines maisons comme les établissements Perinaud et la CICA attendaient la réponse de leur siège depuis la métropole, d'autres comme la SCOA ne donnaient aucune suite à cette demande de collecte[643].

Dans tous ces cas, on demanda à la Chambre de commerce d'intervenir en haut lieu pour favoriser la rapidité des travaux de bitumage. Elle s'acquitta d'ailleurs de cette tâche en demandant à

---

641 Lettre des établissements Charles Perinaud au président de la Chambre de commerce, Abidjan, le 20 janvier 1950, *ACCCI* : dossier 27.2., Domaine et régime urbain.

642 Lettre du commandent de cercle d'Agboville, Yves Liacre, aux commerçants d'Agboville, Agboville, le 17 janvier 1953, *ACCCI* : dossier 27.2., Domaine et régime urbain.

643 Collecte pour le bitumage des routes, Agboville, le 12 janvier 1953, *ACCCI* : dossier 27.2, Domaine et régime urbain.

chaque fois aux commandants de cercle des comptes sur l'état des travaux. En dehors des questions d'urbanisme, la Chambre de commerce intervint au niveau des questions touchant les marchés à l'intérieur de la colonie. Il s'agissait pour cette institution de veiller à ce que les emplacements des marchés correspondent aux souhaits des intérêts coloniaux. C'est le cas en 1952 avec le marché de Toulepleu. Dans cette localité, il existait une place de marché choisie depuis de longues années, mais le marché se faisait à Dioulakro. Pour contraindre les commerçants à choisir l'ancien emplacement, la Chambre de commerce exigea que l'on construise dans ce lieu un hangar couvert et des routes d'accès à ce marché[644]. Si cette politique de la Chambre de commerce, à bien des égards, réussit à amener l'administration coloniale à changer de politique, dans bien des cas, elle suscita parfois de vives oppositions chez les populations autochtones. Cette situation fut vécue en 1956 au sujet de l'emplacement du marché de Gagnoa.

À la suite d'une réunion à la date du 27 octobre 1955, la commission municipale de Gagnoa vota le principe du déplacement du marché situé en plein cœur de la ville et son aménagement en dehors du centre commercial. La principale raison qui motivait un tel choix était liée à un problème d'ordre financier. En effet, les travaux de terrassement pour l'ancien marché reviendraient à un coût que la commission municipale ne pouvait supporter. Pour éviter un gouffre financier, la municipalité choisit un site dans le quartier de Dioulabougou, qui venait d'être loti et dont le caractère populeux était perçu comme un avantage pour ce marché[645]. Cependant, la Chambre de commerce, par l'intermédiaire des compagnies présentes dans cette localité, voyait d'un mauvais œil le choix de ce nouveau site. En effet, les maisons de commerce installées depuis des années sur le site de l'ancien marché, à cause d'énormes investissements en capitaux, en terrain et immeubles non encore amortis, ne voulaient accepter l'idée de se déplacer sur un autre site. C'est pourquoi, le 16 janvier 1956, les principales maisons de commerce de Gagnoa, comme la CICA, la CFAO, la CFCI, l'Africaine française et la CITEC, soutenues en cela

[644] Aide-mémoire sur le marché de Toulepleu, Abidjan, le 31 janvier 1952, *ACCCI* : dossier 27.2, Domaine et régime urbain.

[645] Extrait du procès-verbal de la commission municipal en date du 27 octobre 1955, pp. 1-2, *ACCCI* : dossier 27.2, Domaine et régime foncier urbain (marché de Gagnoa).

par les Syro-Libanais, firent connaître à l'administrateur-maire leur réserve au sujet de ce projet[646].

Cette attitude des milieux économiques de Gagnoa était surprenante pour l'administrateur-maire de cette commune mixte, J. Sicurani, car il trouvait leur plainte incompréhensible. En effet, se demanda-t-il :

Ne pensez-vous pas qu'il y ait quelque exagération à parler de « bouleversement » pour qualifier une mesure qui consiste simplement à déplacer le marché de Gagnoa à moins de 150 m de l'emplacement actuel ?[647]

En dépit de cet argument et bien d'autres pour soutenir le bien-fondé de la décision de la commission municipale de Gagnoa, les membres de la Chambre de commerce s'opposèrent à cette initiative. En réponse à l'administrateur-maire, le président Lasserre lui enjoignit de surseoir à la décision de la commission municipale. Il préconisa une nouvelle enquête pour concilier tous les intérêts en cause[648]. Toutes ces interpellations de la Chambre de commerce ne trouvèrent aucun écho favorable. Cependant, pour les intérêts de ses membres, cette compagnie engagea un bras de fer avec l'administrateur-maire. Pour empêcher la réalisation de ce projet, la Chambre de commerce, en juin 1956, saisit le gouverneur de la colonie pour que le marché soit maintenu à son ancien emplacement. En effet, soutenait-elle, une délibération municipale n'était pas exécutoire sans l'approbation du gouverneur[649].

En dehors du gouverneur, la Chambre de commerce interpella tous ceux dont l'influence pouvait peser sur la balance de ses intérêts à Gagnoa. À ce sujet, le 16 août 1956, la lettre d'Agostini, membre de la

---

[646] Requête des commerçants de Gagnoa à l'administrateur-maire de la commune mixte le 16 février 1956, *ACCCI* : dossier 27.2, Domaine et régime foncier urbain (marché de Gagnoa).

[647] Lettre de l'administrateur-maire de la commune mixte de Gagnoa au président de la Chambre de commerce au sujet du déplacement du marché de Gagnoa, Gagnoa, le 15 février 1956, *ACCCI* : dossier 27.2, Domaine et régime foncier urbain (marché de Gagnoa).

[648] Lettre du président de la Chambre de commerce Lasserre à l'administrateur-maire au sujet du marché de Gagnoa, Abidjan, le 15 mars 1956, *ACCCI* : dossier 27.2, Domaine et régime foncier urbain.

[649] Lettre de Castillon, président par intérim de la Chambre de commerce de Côte d'Ivoire, au gouverneur, au sujet du marché de Gagnoa, Abidjan, le 28 juin 1956, p. 2, *ACCCI* : dossier 27.2, Domaine et régime foncier.

Chambre de commerce, au président par intérim de la Chambre de commerce, montrait à quel point le réseau d'influence de la Chambre de commerce était étendu. Agostini écrivait ceci à Castillon, président de la Chambre de commerce par intérim :

Je viens d'apprendre de source officieuse, mais généralement très bien renseignée, que M. Sicurani maintient son point de vue au sujet du marché de Gagnoa et paraît-il, fait l'impossible pour le faire déplacer.

Il serait urgent, mon Castillon, que Ferras et vous-même interveniez énergiquement et rapidement d'une part auprès du gouverneur et d'autre part auprès des membres influents de l'Assemblée territoriale : Denise, Mory Keita, Bocoum, J. Aka. Je crois qu'il serait nécessaire que Ferras mette cette question au point avec le Grand conseiller Delafosse avant d'en parler aux autres.

Faites également intervenir, si nécessaire les autres Agents généraux afin que le point de vue de la Chambre de commerce prévale.[650]

Avec une telle entrée dans les cercles de décision de la colonie, la question du déplacement du marché de Gagnoa paraissait d'avance scellée. Ce fut avec amertume que les membres de la commission municipale se rendirent à l'évidence de l'avis défavorable de la commission permanente de l'Assemblée territoriale de la Côte d'Ivoire, le 22 juin 1956, au sujet du déplacement du marché de Gagnoa. Cette décision était incompréhensible dans la mesure où la décision de déplacer le marché s'était faite à l'unanimité des membres de la commission municipale de Gagnoa, à l'exception d'Albrecht, un représentant de la Chambre de commerce[651]. C'est à la suite des insistances de la Chambre de commerce et de ses réseaux que la commission permanente de l'Assemblée territoriale a reconsidéré le

---

[650] Lettre d'Agostini à Castillon, président par intérim de la Chambre de commerce de Côte d'Ivoire, Paccio, le 16 août 1956, *ACCCI* : dossier 27.2, Domaine et régime foncier urbain.

[651] Lettre des membres de la commission municipale, des chefs de quartiers et des chefs de villages de la commune mixte de Gagnoa au président de l'Assemblée territoriale au marché de Gagnoa, Gagnoa, le 22 juin 1956, p. 2, *ACCCI* : dossier 27.2, Domaine et régime foncier urbain.

projet de transfert du marché de Gagnoa, dans sa séance du 22 juin 1956[652].

Face à cette situation, les membres de la commission municipale, les chefs de quartier et les chefs de villages de la commune mixte de Gagnoa s'étonnèrent que :

Au moment où la loi-cadre vient si heureusement renforcer les pouvoirs de toutes les assemblées locales dans les Territoires d'Outre-mer, au moment où l'application du décret du 20 mai 1950 va permettre la constitution de communaux, au moment enfin où notre commune mixte va être érigée en commune de moyen exercice, nous avons de la peine à penser que le revirement si rapide et si complet de la commission permanente (dont le président est l'Agent général d'une importante maison de commerce) ait été dicté par le souci de l'intérêt général.

Quelles sont les prérogatives des assemblées communales si dans une affaire de caractère purement local, elles n'ont pas de liberté de décider conformément au vœu de la très grande majorité de la population ?[653]

Jusqu'en 1959, le problème de l'emplacement du marché de Gagnoa n'était pas encore résolu.

En somme, cette action de la Chambre de commerce de Côte d'Ivoire met en lumière l'étendue de son influence dans la défense de ses intérêts. Le contexte d'émancipation de la colonie n'altérait nullement son influence dans la vie économique et sociale de la Côte d'Ivoire. Elle représentait de puissants intérêts commerciaux avec lesquels il fallait savoir composer. Il ne faut pas s'étonner dans ces conditions que son siège soit le lieu de passage des grandes missions d'affaires et autres.

---

[652] Lettre de J.-B. Mockey, ministre de l'Intérieur, au président de la Chambre de commerce, au sujet « vieux marché » de Gagnoa, Abidjan, le 15 mai 1959, *ACCCI* : dossier 27.2, Domaine et régime foncier urbain.

[653] Lettre de la commission municipale des chefs de quartiers et des chefs de villages de la commune mixte de Gagnoa au président de l'Assemblée territoriale, Gagnoa le 27 juin 1956, *ACCCI* : dossier 27.2, Domaine et régime foncier urbain.

2- Le siège de la Chambre de commerce, lieu de passage fréquent de délégations politiques et de missions d'affaires

Après la Seconde Guerre mondiale, la Chambre de commerce, malgré son action au service du régime de Vichy, conservait tout de même un rôle assez important dans la colonie. L'agitation politique et syndicale que vivait la colonie n'affecta pas sa crédibilité. Bien au contraire, elle était l'objet de fréquentes visites des hommes politiques, même de ceux qui avaient souvent décrié son rôle. En outre, elle accueillait de grandes missions d'affaires venant de tous horizons.

a- Les délégations politiques

La visite de personnalités politiques à la Chambre de commerce date du début de son existence. Bien souvent, ces hommes, de passage dans la colonie, étaient invités par cette institution à ses différentes séances. Elle profitait de l'occasion pour les interpeller sur les problèmes du commerce et demander leur soutien en Métropole en vue de l'équipement de la colonie en matière d'infrastructures. Si avant 1945, la fréquence de leur visite était modeste, les choses changèrent à partir du moment où la place qu'occupait cette institution dans l'économie du territoire devint importante. Malgré l'existence d'une Chambre d'agriculture et d'industrie, la réception des personnalités politiques avait lieu au siège de la Chambre de commerce. Ces hommes étaient conviés à des séances de travail par les assemblées consulaires. Ce fut le cas le 13 décembre 1953 au siège de la Chambre de commerce, où se tint une séance de travail sous la présidence de Cornut-Gentille, Haut-commissaire de la République de l'AOF. Ce fut l'occasion pour les deux compagnies consulaires d'exposer leurs problèmes et d'avoir de réelles assurances sur les différents projets concernant la colonie. Il s'agissait entre autres de la revalorisation des produits agricoles, des problèmes d'infrastructures et de celui de la main-d'œuvre[654].

Dans tous les cas, ces visites revêtaient une importance particulière pour la Chambre de commerce. Elles permettaient de toucher ceux dont les décisions pouvaient accélérer la mise en place d'infrastructures dans la colonie. En effet, bien souvent, les

---

[654] *BCCCI*, compte-rendu de la séance du 13 décembre 1951 sous la présidence de Cornut-Gentille, haut-commissaire de la République en AOF, pp. 17-18.

gouverneurs étant impuissants face aux doléances des intérêts coloniaux, il fallait profiter de toutes ces visites pour faire aboutir les différentes doléances afin qu'il y ait plus de crédit pour la colonie. C'est ce que la Chambre de commerce ne se privait pas de faire à l'occasion du passage de M. Torre, directeur des Affaires économiques de la France d'Outre-mer, à son siège, le 3 septembre 1952.

Mais de toutes les visites des hommes politiques, la plus significative se déroula le 29 avril 1956 au siège de cette assemblée consulaire. Elle reçut à cette date la visite du ministre Houphouët-Boigny et du Haut-commissaire Cornut-Gentille. À leurs côtés, il y avait le gouverneur de la colonie, celui de la fédération de l'AOF, les parlementaires de la Côte d'Ivoire, le président du Grand conseil, les Grands conseillers de l'AOF, le vice-président de l'Assemblée territoriale et les hauts fonctionnaires. Cette délégation a tenu une séance de travail le même jour avec les assemblées consulaires, les différents syndicats de forestiers, des industriels, ainsi que les représentants de la profession bananière. La visite d'Houphouët-Boigny marquait un changement d'attitude à l'égard de la Chambre de commerce, qu'il avait naguère combattu à cause de son conservatisme et de son opposition à l'évolution des conditions de l'indigène. En effet, dans sa déposition devant la commission d'enquête du 7 juin 1950, ne soulignait-il pas que Louis Barthe, président de la Chambre de commerce, préférait des kilomètres de decauvilles à des lycées pour nègres ?[655] Mais le développement de la colonie primant sur le passé, il paraissait nécessaire de regarder l'avenir. C'est ce que d'ailleurs l'homme politique ivoirien exprima dans le livre d'or de la Chambre de commerce.

Dans l'ensemble, ce premier contact entre les intérêts coloniaux et le ministre Houphouët-Boigny augurait déjà de bonnes relations, que ces assemblées consulaires étaient appelées à avoir avec les nouvelles autorités politiques, après l'indépendance. Le ministre les conforta d'ailleurs dans cette voie puisqu'il invitait commerçants et producteurs à unir leurs efforts pour la prospérité générale de la colonie[656]. En dehors des hommes politiques, la Chambre de

---

[655] *Le Président Houphouët-Boigny et la nation ivoirienne*, Abidjan, Dakar, NEA, p. 95.

[656] *Chambre de commerce de Côte d'Ivoire*, Abidjan, éditions Éloise-ci, 1990, p. 45.

commerce a reçu diverses missions d'affaires en quête de nouveaux marchés dans la colonie.

b- Les missions d'affaires

Depuis sa création en 1908, la Chambre de commerce s'efforçait de fournir à l'extérieur toutes les opportunités d'affaires concernant la Côte d'Ivoire. En effet, par l'envoi d'échantillons aux différentes foires organisées hors de la colonie, elle présentait aux visiteurs de ces lieux les possibilités agricoles et forestières de la colonie. Elle contribuait aussi à favoriser les échanges commerciaux entre différents partenaires. Avant la fin de la Seconde Guerre mondiale, les hommes d'affaires de l'extérieur, de passage dans la colonie, firent quelques visites, mais leur importance était limitée. Il s'agissait de quelques petites délégations dont le poids financier ne pouvait apporter de changements significatifs dans l'élan des affaires.

Néanmoins après la guerre, il y eut un nouveau départ pour la Chambre de commerce. De nombreuses visites de grande importance s'effectuaient à son siège. La première à franchir le pas fut la délégation de la Chambre de commerce de Paris, conduite par son président, Jacques Fougerolles, reçue le 17 novembre 1952. À ce rendez-vous, on nota la présence des assemblées consulaires, des syndicats professionnels et des personnalités du monde des affaires[657]. Le but de cette délégation venue de Paris était de voir, d'entendre et de comprendre les problèmes de la Côte d'Ivoire pour tâcher de les résoudre. Le vice-président de la Chambre de commerce, Massieye, ne se priva pas d'évoquer les problèmes de sous-équipement en dépit des efforts fournis. L'on aborda aussi les échanges avec la métropole pour faire prendre conscience à la Chambre de commerce de Paris de l'étroitesse du marché métropolitain aux produits d'exportation de la Côte d'Ivoire.

Toutes ces doléances formulées à la Chambre de commerce de Paris s'expliquaient par le fait qu'elle était l'une des grandes chambres consulaires de France. Elle regroupait en son sein toutes les grandes maisons de commerce, les industriels et les syndicats d'export et import de Paris. Cette institution avait été créée au XVIIe siècle. Son riche passé et les puissants intérêts qui la composaient suffisaient à eux seuls pour créer un courant d'échanges avec la colonie et les

[657] *BCCCI,* compte-rendu de la visite d'une délégation de la Chambre de commerce de Paris du 17 novembre 1952, p. 10.

intérêts économiques. À la suite de la Chambre de commerce de Paris, d'autres organisations consulaires rendirent visite à leur collègue d'Abidjan. C'est le cas de la délégation de la Chambre de commerce et d'industrie de Casablanca, qui tint une réunion le 21 mars 1955 avec les assemblées consulaires de Côte d'Ivoire. Le président de cette compagnie, M. Croze, définit le but de leur visite en affirmant tout simplement :

Nous désirons accroître nos ventes en AOF et nos achats en AOF.[658]

Contrairement à la rencontre avec la Chambre de commerce de Paris où celle de la Côte d'Ivoire demanda le soutien de la métropole, ici, de véritables discussions s'engagèrent pour que les produits ivoiriens et marocains franchissent leurs frontières respectives. On tentait d'aplanir les obstacles. Ainsi, par exemple, alors que les règles de conditionnement étaient admises pour le café contenant jusqu'à 400 défauts, la réglementation marocaine interdisait l'importation du café contenant plus de 200 défauts. C'est pourquoi les hommes d'affaires de ce pays préféraient se tourner vers le Brésil, délaissant ainsi la Côte d'Ivoire[659].

Dans l'ensemble, la vigueur de ces discussions illustre à quel point le rôle des assemblées consulaires était important pour les relations d'affaires. La Chambre de commerce était donc le passage obligé pour l'acteur économique qui voulait avoir de bons contacts d'affaires avec les milieux coloniaux. C'est pourquoi, face à l'importance économique que prenait la colonie avec la création d'un nouveau port en eau profonde, ces missions d'affaires étrangères rendaient visite à cette organisation consulaire qui était censée avoir tous les renseignements nécessaires pour faire de bonnes affaires. C'est d'ailleurs ce qui motiva la visite de la mission d'information de la Chambre de commerce de Marseille le 29 mars 1955. Le but du voyage de cette mission était de rencontrer les personnalités économiques et administratives locales, de visiter les installations portuaires et industrielles, et de s'informer des problèmes qui se posaient au territoire[660]. Toutes ces relations d'affaires se sont multipliées au fur et à mesure que les activités économiques se

---

658 *BCCCI*, compte-rendu de la séance du 15 janvier 1955, p. 31.

659 *Idem.*

660 *BCCCI*, n° 68, séance de travail du 29 mars 1955. Visite de la mission d'information de la Chambre de commerce de Marseille, p. 43.

développaient dans la colonie. Au début de l'année 1960, des délégations venant de divers horizons rendirent visite à la Chambre de commerce de Côte d'Ivoire. Elles trouvaient en elle un partenaire crédible en matière d'information et d'opportunité des affaires. Il s'agissait des hommes d'affaires polonais, turcs et d'autres nationalités. La Chambre de commerce apparaissait donc comme la porte d'entrée aux investisseurs extérieurs.

Consciente de son rôle et de la nécessité d'accroître les échanges, elle luttait également pour une meilleure revalorisation des produits agricoles.

3- Un combat de plus en plus soutenu pour la revalorisation des produits d'exportation agricoles

Les maisons de commerce dont l'activité principale était l'import-export constituaient la grande partie de l'électorat de la Chambre de commerce. C'est sous leur impulsion que cette compagnie s'activait à obtenir des produits de meilleure qualité, grâce au Service de l'inspection. La fin de ce service posa de nouveau le problème de la qualité des produits. C'est contre cette baisse de qualité que la Chambre de commerce de Côte d'Ivoire engagea un nouveau combat pour la valorisation des produits agricoles sur le plan local ainsi qu'à l'extérieur.

a- Les actions sur le plan local

La fin du Service de l'inspection des produits marqua un recul pour la Chambre de commerce dans son combat contre la mauvaise qualité des produits. Son remplacement par un office de conditionnement sous la tutelle de l'Administration fut difficilement accepté par cette compagnie consulaire. En effet, cette inspection de produits avait pour but d'empêcher dès l'origine la commercialisation des produits mal préparés, avariés ou malpropres, ne correspondant pas aux prescriptions en vigueur pour les produits comme le cacao, le palmiste et le caoutchouc. En dépit de résultats positifs pour la Chambre de commerce, la Chambre d'agriculture et d'industrie ne cessait, depuis 1929, de combattre cette inspection des produits qu'elle considérait « indésirable parce qu'inutile ». Pour elle, c'est à l'achat que les fraudes devaient être pénalisées et non à la production. Cette conception des choses fut d'ailleurs source de réelles divergences entre la Chambre d'agriculture regroupant les planteurs qui estimaient leur travail peu valorisé et la Chambre de commerce regroupant les exportateurs qui accusaient ces derniers de ne pas faire suffisamment d'effort en matière de qualité.

Dans tous les cas, la fin du Service d'inspection en 1947 marqua un déclin de la qualité des principaux produits d'exportation comme le café et le cacao. Les exportateurs le ressentirent vivement. C'est ainsi qu'en août et septembre 1951, de grandes maisons de commerce comme la CFAO et la SCOA alertèrent le président de la Chambre de commerce sur la qualité des produits. Tous marquèrent leur pessimisme pour la prochaine traite. Ils ne comprenaient pas l'incompréhension dont étaient victimes les exportateurs. C'est cela que le responsable de la CFAO exprima au président de la Chambre de commerce :

L'exportateur ou l'intermédiaire (...) ne doit accepter que des produits de belle qualité. Il me semble néanmoins que leur faire supporter la responsabilité de la baisse de qualité comme le dit le compte-rendu de la Chambre d'agriculture du 3 juin 1951 soit un peu exagéré. L'exportateur, qui est un commerçant, n'a aucun moyen de pression ou de contrôle sur le producteur. On ne devrait donc pas l'incriminer en la matière, car en somme, c'est bien à la base que le problème devrait être pris, c'est-à-dire au stade du producteur.[661]

Cette crainte des différents exportateurs fut l'objet de réunions au sein de la Chambre de commerce pour interpeller le chef de la colonie sur la nécessité de réinstaurer l'inspection dans les régions de l'intérieur. Parallèlement à cela, les deux chambres consulaires se rencontraient fréquemment car chacune n'avait pas les mêmes normes de qualité, même si un barème officiel était établi pour le cacao et le café. En effet, le décret du 15 juin 1946 fixait déjà le critère que le cacao devait remplir pour être facilement exporté. Le cacao comprenait trois types : le type supérieur, le type courant et le type limite. Dans le type supérieur, sur un échantillon de 300 grammes, il ne devait avoir que 5 % des fèves défectueuses (moisie, mitée) et 5 % en nombre des fèves non fermentées. Pour le type courant, c'était 10 % et le type limite 15 % en nombre de fèves défectueuses, et 20 % en nombre de fèves non fermentées[662].

Cette classification supposait que l'on paye en fonction de la qualité. Dans la pratique, les intermédiaires ne tenaient pas compte de

---

[661] Lettre de la CFAO au président de la Chambre de commerce, Abidjan, le 1er septembre 1951, *ACCCI* : dossier n° 23.3, Contrôle des produits.

[662] *JOAOF*, 1946, p. 894.

ces critères, puisque le cacao était payé au même prix, quelles que soient les normes. Une telle situation posait de réels problèmes aux maisons de commerce, qui étaient souvent en conflit avec ces intermédiaires. Face à cette situation critique, on réclamait le retour de l'Inspection des produits. Pour appuyer ce besoin urgent, il fut cité l'exemple des autres colonies. Dans le cas de la Gold Coast, il existait un organisme gouvernemental comme le Cacao Marking Board. Par le contrôle qu'il exerçait, il fournissait à cette colonie des produits de meilleure qualité. C'était aussi l'exemple du Nigeria et du Cameroun, qui obtenaient de bons résultats grâce à ce genre de service[663].

Tous ces arguments ne suffisaient pas à convaincre l'administration coloniale sur la nécessité du retour du Service de l'inspection des produits. En outre, avec ce contexte nouveau où les autochtones avaient le Syndicat agricole africain pour les défendre, le retour à l'ancien système était plus qu'impossible. Or, la qualité des principaux produits était en train de baisser. Ce fut d'ailleurs cette situation préjudiciable à l'intérêt des exportateurs qui amena la Chambre de commerce, dès 1953, à envisager des enseignements agricoles dans une quinzaine de centres à l'intérieur du pays. L'objectif de ces cours était de combattre la mauvaise qualité des produits. Cette campagne était intensifiée au cours des foires agricoles qui se déroulaient dans la colonie.

Ces mesures, même si elles étaient efficaces, ne suffisaient pas à freiner la mauvaise qualité des produits agricoles. On notait d'ailleurs des conflits entre les intermédiaires et les maisons de commerce. En effet, chacun accusait l'autre de ne pas respecter les clauses du contrat. Face à cette situation, qui était source de conflits, et parfois difficile à dénouer même devant le tribunal, la Chambre de commerce envisagea dès 1952 la création d'un conseil d'arbitrage. Par l'intermédiaire de cette institution, on voulait éviter les lenteurs et les formes de procédures arbitrales. Les parties pouvaient donner aux arbitres le pouvoir de prononcer leur sentence avec équité. Ceux-ci étaient dispensés de suivre les règles du droit. Les sentences étaient définitives et les parties ne pouvaient en interjeter appel. En France, une loi de 1925 autorisa la création d'une chambre arbitrale qui fonctionnait à côté des tribunaux de commerce pour le règlement des litiges[664]. En s'inspirant de l'exemple français, la Chambre de

---

663 *ACCCI :* dossier nº 23.3, Contrôle des produits.

664 *BCCCI*, compte-rendu de la séance du 11 mai 1952, p. 15.

commerce de Côte d'Ivoire proposa la création d'une chambre arbitrale à Abidjan. Elle aurait pour objet de régler rapidement et économiquement les litiges portant sur les produits du cru et les conflits pouvant survenir entre exportateurs et intermédiaires locaux. Les règlements de cette chambre arbitrale furent approuvés en mai 1955.

En définitive, ces mesures visaient à réduire les marges et les pertes des exportateurs, qui étaient bien souvent désarmés face à la médiocrité du café et surtout du cacao. Cela jeta un discrédit sur le label « Côte d'Ivoire ». La conséquence de cette situation était que les débouchés naturels de ces produits du cru se fermaient au profit de ceux des pays étrangers. Ainsi la France s'ouvrait facilement au café du Brésil alors qu'elle n'arrivait pas à absorber la totalité de celui produit par sa colonie. Ce sentiment d'injustice était insupportable lorsque cela s'accompagnait d'une baisse des coûts. Non seulement la mauvaise qualité diminuait le tonnage des produits, mais elle entraînait aussi une baisse des revenus aussi bien chez le producteur que chez l'exportateur. Pour remédier à cette situation, l'administration coloniale créa par deux décrets du 30 septembre 1955 une caisse de stabilisation des prix du café et une caisse de stabilisation des prix du cacao. Chacune de ces caisses était gérée par un comité de douze membres choisis. Les présidents des assemblées consulaires étaient membres de droit. Les caisses jouaient un rôle de régulation en instaurant un système de compensation de manière à assurer au producteur une rémunération stable. En outre, la caisse payait aux maisons de commerce qui stockaient les produits toute perte si le café par exemple était revendu à un prix inférieur au prix fixé par la caisse. Tandis que le « stocker » payait tout surplus si le prix était supérieur au prix fixé. Dans l'ensemble, seule la caisse de stabilisation du café donnait satisfaction à la Chambre de commerce par rapport à celle du cacao. En effet, ce produit étant de conservation difficile, il était malaisé de faire la rétention en cacao en cas de baisse brutale des cours.

Ces caisses de stabilisation ne firent que prolonger le combat de la Chambre de commerce pour la qualité et pour une meilleure revalorisation des produits d'exportation. Si cette compagnie consulaire sur le plan local a réussi plus ou moins à atteindre certains objectifs, cependant, le marché extérieur représentait le principal souci de cette institution.

b- Sur le plan extérieur

Les produits d'exportation comme le café et le cacao trouvaient leur débouché principal en France. Dans l'esprit des maisons de commerce, toute production d'une colonie française devait avoir un accès primordial sur le marché métropolitain. Cependant, dans la réalité, les choses ne se passaient pas ainsi. C'est pourquoi devant cette difficulté, la Chambre de commerce mobilisait ses partenaires et tous les hommes politiques acquis à sa cause pour que les produits coloniaux trouvent un marché qui leur était d'avance réservé. Mais les contradictions de la politique coloniale suscitaient des ambiguïtés qui pénalisaient l'accès des produits de la colonie au marché métropolitain. C'est cela que dénonça Lagarosse, sénateur de la Côte d'Ivoire, dans une lettre adressée le 15 août 1949 au ministre de la France d'outre-mer au sujet des oléagineux :

Il est totalement inutile de dépenser des sommes considérables en investissement pour la culture mécanique de l'arachide, de construire à grands frais huit (8) usines pilotes en AOF et AEF afin de développer la production d'huile de palme si tous ces efforts n'ont d'autre but que d'acheter des matières grasses à l'étranger et de laisser pour compte les mêmes produits aux territoires d'Outre-mer.[665]

On pouvait également élargir cet amer constat au café et au cacao, qui constituaient 80 % des exportations de la colonie de Côte d'Ivoire. Ainsi, lors du passage de la délégation de la Chambre de commerce de Paris le 17 novembre 1952, la Chambre de commerce de Côte d'Ivoire avait souligné le peu d'efforts que faisaient les chocolatiers français en matière d'équipement. Ainsi, si de réels efforts avaient été faits par ces derniers, la France n'aurait pas absorbé, en 1951, 25 849 tonnes de cacao sur les 56 350 tonnes exportées[666]. Bien souvent, c'est le cas contraire qui se produisait. En effet, au grand dam des exportateurs locaux, le cacao de la colonie était concurrencé par le cacao de la Gold Coast, qui entrait en France sans restriction, empêchant ainsi le cacao ivoirien de bonne qualité de trouver une prime suffisante. Cette situation était dramatique puisque la Chambre de commerce constatait en 1955 une diminution des achats du cacao ivoirien. Contre toute

[665] Lettre du sénateur Lagarosse au ministre de la France d'outre-mer, Paris, le 15 août 1949, *ACCCI* : dossier 21, Conseils divers.

[666] *BCCCI*, compte-rendu de la visite d'une délégation de la Chambre de commerce de Paris, le 17 novembre 1952, p. 11.

attente, la France ne venait qu'au troisième rang des clients de la Côte d'Ivoire pour ces produits, après la Hollande et les États-Unis[667]. Cela est mis en relief quand on examine en 1955 le tableau des exportations de cacao par clients (voir tableau 6).

Ce constat traduit à lui seul les pertes du marché du cacao dans la métropole à cause de l'entrée massive du cacao étranger. Face à cette situation, la Chambre de commerce réclamait la baisse des taxes pour l'entrée de ces produits en France. De l'autre côté, elle exigeait des mesures protectionnistes contre les produits étrangers afin de réserver les marchés métropolitains aux colonies françaises. Pour atteindre ces objectifs, cette institution consulaire interpella les milieux économiques et politiques pour faire avancer ces dossiers. Mais les résultats étaient lents à se manifester car les groupements d'acheteurs métropolitains recherchaient avant tout la qualité. Le cacao ivoirien ayant perdu sa réputation, on se tournait vers l'extérieur. C'est d'ailleurs cette vérité que le président de la Chambre de commerce et d'industrie de Casablanca a exprimée au vice-président Massieye lors de sa visite en mars 1955[668]. Ainsi, le Maroc préférait le café du Brésil à celui de Côte d'Ivoire.

Tableau 6

Exportations de cacao par les clients de la Côte d'Ivoire

PAYS CLIENTS	**QUANTITÉ EN TONNES**		
	1953	**1954**	**1955**
	12 mois	**12 mois**	**12 mois**
France	26.238,6	20.370,3	18.724,9
U.S.A.	6.556,8	10.319,1	19.551,0
Hollande	21.979,1	10.520,7	21.607,5

Sources : *Bulletin de la Chambre de commerce* n° 69. Compte-rendu de la séance du 19 février 1956, p. 33.

667 *BCCCI*, séance de travail des assemblées consulaires le 29 avril 1956 à l'occasion de la visite de Félix Houphouët-Boigny, p. 15.

668 Visite de la délégation de la Chambre de commerce et d'industrie de Casablanca aux assemblées consulaires de la Côte d'Ivoire, réunion du 21 mars 1955, p. 31, *BCCCI*, n° 68, comptes-rendus des séances du 18 février et 7 mai 1955.

Dans l'ensemble, l'effort de la Chambre de commerce visait à trouver un meilleur débouché pour les produits de la colonie sur le marché extérieur, en particulier celui de la France. Bien que la réussite de ses actions soit plus ou moins mitigée, elle demeurait une force incontournable et ses actes étaient reconnus même en dehors de la colonie.

B- Une chambre de commerce aux actions reconnues et sollicitées

Sous l'impulsion de la Chambre de commerce de Côte d'Ivoire, de nombreuses actions sont entreprises dans la colonie. Toutes ces initiatives étaient reconnues sur le plan local, fédéral et même métropolitain. Cela est lié en grande partie à la diversité des rôles joués par la Chambre de commerce de Côte d'Ivoire.

1- Ouverture sur le monde extérieur et diversification du rôle de la Chambre de commerce

La force de la Chambre de commerce résidait dans le fait qu'elle siégeait là où les décisions importantes étaient prises. Après 1945, ses compétences furent sollicitées pour donner soit des avis, soit pour écrire des articles venant de divers horizons.

a- Reconnaissance des actions de la Chambre de commerce de l'extérieur

Depuis sa création en 1908 jusqu'à la fin de la Deuxième Guerre mondiale, la Chambre de commerce mena plusieurs actions sur le plan économique et social. Ce fut le cas notamment avec l'organisation des foires, des cours de commerce et la création d'un nouveau siège. Toutes ces actions, qui s'amplifiaient après la Seconde Guerre mondiale, ne laissaient personne indifférent. Dans ce sens, la démarche de Migan Apithy, député du Dahomey en direction de la Chambre de commerce de Côte d'Ivoire, est significative. De Paris, il envoya le 13 juillet 1949 au président de cette institution, pour observation et suggestion, une proposition de loi portant création d'une Banque Africaine des Coopératives en AOF et au Togo. Il venait de la déposer sur le bureau de l'Assemblée[669]. La Chambre de

[669] Lettre de Migan Apithy, député de Dahomey au président de la Chambre de commerce de Côte d'Ivoire, Paris, le 13 juillet 1949, *ACCCI* : dossier 25.3, Crédit agricole.

commerce donna des conseils à ce parlementaire en lui montrant les obstacles liés à la création d'une telle institution. Il faut souligner que la démarche de cet homme politique était inhabituelle. En effet, même au sein de la colonie, en dehors du gouverneur, les élus ivoiriens suivaient rarement une telle voie.

L'action du député Apithy met en lumière l'écho favorable dont jouissait la Chambre de commerce à l'extérieur de la colonie. À ce sujet, l'amorce et l'achèvement du port d'Abidjan et bien d'autres réalisations suscitaient l'intérêt des journaux de propagande et autres revues d'informations générales. Dans cette perspective, l'on demandait par-ci par-là des articles et des interviews au président de la Chambre de commerce sur le port d'Abidjan, les réalisations de cette chambre consulaire et les potentialités économiques du territoire. Les revues ou journaux s'intéressant à l'action de la Chambre de commerce étaient nombreux, parmi eux, le *Courrier de l'Ouest africain*, *Climats*, *Les Annales coloniales*, *Paris-Dakar*, *Bingo*...[670] À tout cela, il faut ajouter les multiples invitations venant de l'Europe et de l'Amérique pour participer aux manifestations commerciales comme les foires. La Chambre de commerce demeurait aussi présente au niveau de l'AOF. Elle s'illustrait de façon particulière par l'envoi d'aides et de subvention à l'organisation de foires en Haute-Volta.

Concernant cette colonie, depuis le rattachement d'une partie de son territoire à la Côte d'Ivoire en 1933, la Chambre de commerce gérait les intérêts économiques de cette localité à travers le Groupement des Intérêts Commerciaux de la Haute Côte d'Ivoire. En 1947, suite à la reconstitution de la Haute-Volta, il fut créé une Chambre de commerce en remplacement de ce groupement. La Chambre de commerce de Côte d'Ivoire aida celle de la Haute-Volta en lui offrant gracieusement, dès 1950, son terrain de 5 000 m² situé à Bobo-Dioulasso[671].

Toutes ces actions mettent en relief le rôle utile que jouait la Chambre de commerce sur le plan économique. Sur le plan interne, son action de premier plan est reconnue de tous. Son siège était d'ailleurs le lieu d'une intense activité. En effet, ses locaux servaient de lieu de réunion aux syndicats professionnels, à des groupements économiques et aux entreprises. L'on y organisait aussi des projections cinématographiques, des concerts, des conférences, des

[670] *ACCCI*, dossier 11.5, Félicitations, réception, propagande.
[671] *BCCCI*, Compte-rendu de la séance du 7 janvier 1950, p. 3.

expositions et plusieurs manifestations culturelles et artistiques. Tout cela étendait l'écho de la Chambre de commerce puisque son siège favorisait plus aisément la rencontre des autorités politiques et coloniales. Il n'est pas étonnant dans ces conditions que son appui fût réclamé pour des sujets qui étaient étrangers à ses attributions. Tel est le cas de la requête de Sa Majesté Kouao Bilé, roi des Diabès, chef de canton d'Agnibilékro, au président de la Chambre de commerce le 30 décembre 1954. Il demandait son intervention auprès de l'administration coloniale et du gouverneur pour la réouverture de la subdivision d'Agnibilékro, qui avait été supprimée en 1943[672]. Le vice-président de la Chambre de commerce, Massieye, décida d'appuyer cette demande, surtout à cause de l'intérêt économique de cette localité, mis en relief dans sa lettre. Cette action traduit une fois de plus le rôle que cette compagnie consulaire pouvait jouer dans la défense des intérêts particuliers. Sa démarche est plus aisée dans la mesure où elle est présente dans les principaux organes de décision de la colonie.

b- Présence diversifiée dans plusieurs organes de décision de la colonie

La Chambre de commerce de Côte d'Ivoire joua un rôle multiple dans la défense de ses membres. Sa présence dans les institutions locales et fédérales lui permettait de jouer ce rôle efficacement. Ainsi, depuis 1908, on la retrouvait au Conseil d'administration de la colonie et au Conseil supérieur des colonies. À tous les forums, elle ajoutait sa voix à celles des autres assemblées consulaires pour défendre les intérêts coloniaux. Néanmoins, la force de la Chambre de commerce de Côte d'Ivoire résidait dans son organisation interne, ce qui lui permettait d'être de pied sur tous les sujets.

C'est en 1938 qu'elle mit en place différentes commissions. Au début, celles-ci portaient sur les produits, les marchandises, les transports, le travail, les finances et la fiscalité. Par la suite, ces commissions s'améliorèrent et s'étendirent afin d'intégrer certaines questions comme les problèmes sociaux, les ports, les moyens de communication, l'import et l'export. Ces commissions avaient pour but d'éclairer le bureau de l'assemblée sur toutes les questions qui lui

---

[672] Lettre de Kouao Bilé, roi des Diabès, chef d'Agnibilékro, au président de la Chambre de commerce, Agnibilékro, le 30 décembre 1954, *ACCCI* : dossier 21, Conseils divers.

étaient soumises. Leurs conclusions avaient caractère d'information. Il faut souligner que les commissions intégraient toutes les compétences en matière d'affaires. Les non-membres de la Chambre de commerce pouvaient avoir droit à ces commissions à cause de la qualité de leur fonction et la compétence qu'ils exerçaient dans leur domaine. C'est ainsi qu'en 1952, le directeur d'Air France, le représentant de l'aéroclub d'Abidjan, faisait partie de la commission des transports aériens.

Dans l'ensemble, les commissions donnaient un regard neuf sur tout problème soumis à la Chambre de commerce. C'est à cause de cette expertise et de ses différentes compétences qu'on la retrouvait au conseil d'administration du port d'Abidjan, au comité consultatif des transports, au conseil d'administration de l'office des postes et télécommunications et au conseil de l'enseignement technique. Cette liste n'est pas exhaustive, mais elle traduit simplement les ramifications de la Chambre de commerce dans les organismes qui jouaient un rôle important dans la marche de la colonie. C'est à travers ceux-ci qu'elle cherchait à imposer ses avis. Elle le réussissait d'autant plus que tous les grands intérêts économiques étaient membres de l'institution. Les syndicats professionnels ou les groupements économiques se référaient chaque fois à la Chambre de commerce quand les obstacles surgissaient devant eux. La participation de la Chambre de commerce à tous ces différents pôles de décisions favorisait l'avancement des intérêts coloniaux. C'est en leur sein qu'elle pouvait bloquer certains projets. Ce fut le cas notamment de la suspension du transfert du marché de Gagnoa en 1956.

Au-delà de la colonie, la Chambre de commerce de Côte d'Ivoire était présente dans de grandes organisations économiques. Nous avons l'Assemblée des présidents des chambres de commerce de l'Union française et le Comité de l'Afrique-française de la Chambre de commerce internationale. Au cours de la rencontre de ces associations, on abordait les grands problèmes économiques des colonies. C'est vers elles que les compagnies consulaires des colonies se tournaient lorsque l'autorité coloniale semblait ignorer leurs intérêts. Ce fut notamment le cas en 1948 au sujet de la consultation des assemblées consulaires. En effet, avec la mise en place des nouvelles institutions politiques dans les territoires français, comme le conseil général, les autorités coloniales avaient commencé à prendre l'habitude de ne pas consulter les compagnies consulaires comme dans le passé. Pour combattre cette marginalisation, la Chambre de Côte d'Ivoire fit appel à l'Assemblée des présidents de l'Union française des chambres de commerce.

À l'échelle de l'AOF, de telles organisations à caractère fédéral n'étaient pas solidement établies. Mais depuis 1943, des tentatives de création d'une fédération des chambres consulaires de l'AOF furent envisagées. L'objectif était de permettre que les diverses doléances soient exprimées par une seule voix. Mais la Chambre de commerce de Côte d'Ivoire combattit cette idée car elle craignait une centralisation des actions des chambres de commerce. Pour elle, un bureau fédéral installé à Dakar pouvait être éloigné des vraies réalités et être incapable d'exprimer comme il fallait les intérêts divergents de chaque colonie. C'est pourquoi la Chambre de commerce de Côte d'Ivoire refusait de souscrire au projet de la Chambre de commerce de Dakar de créer une fédération des chambres de commerce d'agriculture et d'industrie de l'AOF, qui voulait étudier les problèmes des assemblées consulaires à l'échelle fédérale[673].

En 1955, Émile Poisson, ancien sénateur du Dahomey, relança l'idée de la création d'une délégation permanente des chambres de commerce de l'Afrique noire (AEF, AOF, Togo, Cameroun) à Paris[674]. Le but de cet organisme était de maintenir un contact suivi et efficace avec les organisations métropolitaines. La Chambre de commerce de Côte d'Ivoire combattit de nouveau cette idée. Son action fut suivie par les autres chambres de commerce de l'AOF. Pour elle, les compagnies consulaires ne manquaient pas d'organisations crédibles en France. Cela est vrai dans la mesure où la Chambre de commerce de Côte d'Ivoire avait des contacts étroits avec des instituts coloniaux, les chambres de commerce françaises et des groupements économiques divers.

En somme, à travers tous ces pôles de décision, la Chambre de commerce de Côte d'Ivoire réussit à assurer une meilleure défense de ses intérêts. Son utilité dans la colonie ne faisait donc pas l'objet de contestation. À cause de cette place importante qu'elle occupait dans la vie économique de la colonie, elle portait son attention sur les villes, qui représentaient pour elle un pôle de développement. Ce fut le cas notamment d'Abidjan.

---

673 *BCCCI*, procès-verbal de la séance du 26 avril 1947, p. 13.

674 Lettre d'Émile Poisson au président de la Chambre de commerce de Côte d'Ivoire, Paris, le 24 août 1955, *ACCCI* : dossier II.1, Organisation.

2- Un regard particulier pour Abidjan

À l'approche de l'indépendance, les différentes localités de la colonie présentaient un visage contrasté dans leur évolution. Mais celle dont le développement a été le plus spectaculaire est Abidjan, avec son port, son aéroport et ses différents équipements. À cause de tous ces atouts, les milieux commerçants suivaient avec intérêt son évolution. D'ailleurs, à la suite de l'abandon de Grand-Bassam comme capitale à cause de la fièvre jaune, la Chambre de commerce, soutenue par ses divers intérêts, n'avait cessé de lutter pour qu'Abidjan devienne la capitale de la colonie au détriment de Bingerville. La lutte des commerçants et autres intérêts coloniaux aboutit lorsque l'autorité coloniale érigea Abidjan en capitale, en 1934. Avant 1939, les investissements étaient faibles par rapport aux souhaits des acteurs économiques. C'est après la fin de la guerre que les travaux de grandes infrastructures démarrèrent et que l'on songea véritablement à l'architecture de la ville. La Chambre de commerce veilla sur l'urbanisation de la nouvelle capitale. Elle était même présente au sein de la commission d'urbanisme d'Abidjan. Dans ce cadre, elle proposa, en octobre 1948, au sujet du projet de zone industrielle à Treichville, que l'on vendit des terrains à des prix raisonnables afin de provoquer l'investissement immobilier.

La Chambre de commerce de Côte d'Ivoire contribuait aussi par des critiques pertinentes à donner ses avis sur l'aménagement de la zone résidentielle de Cocody, l'extension de Treichville vers l'est (concession Marcory) et l'agrandissement des zones industrielles de l'île de Petit-Bassam. Dans tous ces plans d'aménagement, la compagnie intégra ses projets. C'est notamment le cas lorsqu'elle demanda 10 hectares dans Treichville pour édifier des maisons à l'usage de son personnel indigène[675]. Ce projet, la Chambre de commerce le mit à exécution puisque dans les années 1950, elle construisit des logements à Treichville et à Marcory pour ses travailleurs africains. Pour le personnel européen, en particulier le secrétaire de la Chambre de commerce, il fut bâti des villas de particuliers dans le quartier Indénié.

Dans le cadre du développement de la ville d'Abidjan, cette institution consulaire collaborait de façon étroite avec le Conseil municipal de la ville. Elle apporta son appui et ses avis éclairés à tout

---

[675] *BCCCI*, procès-verbal du 7 juin 1950, p. 12.

projet reçu. Ce fut le cas en décembre 1950, au sujet de l'arrêté municipal réglementant la circulation sur les voies publiques, et en 1955, au sujet du projet de création d'un service urbain de transport en commun. En dehors de ces questions, la Chambre de commerce apporta son concours à la dénomination des rues d'Abidjan. Son empreinte est toujours visible dans certains quartiers comme Adjamé, Treichville, Marcory et Cocody. L'idée de dénommer les rues d'Abidjan ne date pas des années 1950. En 1931, l'administrateur-maire de la commune mixte d'Abidjan, Rey, avait déjà pris un arrêté dans ce sens. C'est à partir de cet acte administratif que les rues, les boulevards, les avenues et les places de la ville d'Abidjan reçurent des noms. C'est notamment le cas du Plateau, quartier des affaires d'Abidjan où des avenues portent les noms de Treich-Laplène, Noguès, Houdaille, Louis Barthe, Clozet, Franchet d'Esperez, Marchand et autres. Pour les boulevards de ce quartier, on choisit des noms des gouverneurs comme Carde, Angoulvant, Clozel et Antonetti[676]. Ces noms de rues, en hommage à ces grandes personnalités coloniales, sont encore visibles dans la commune du Plateau en dépit de plusieurs décennies d'indépendance.

Contrairement à ces dénominations de rues centrées sur le colon, à la demande de l'administrateur-maire, la Chambre de commerce fit en 1956 des propositions intégrant des personnalités indigènes dont l'action paraissait représentative à ses yeux. Dans la démarche de la Chambre de commerce, il ne fallait exclure personne. Elle proposa des noms de personnalités religieuses comme le père Kirman, ancien évêque de Sassandra, des personnalités administratives et militaires et des anciens présidents des chambres consulaires de la colonie. L'autre aspect de ses propositions concernait les personnalités diverses dont la plupart étaient des autochtones de la colonie. Il s'agit entre autres de Lambert Aka, planteur, le chef ébrié Abrogoua, Kouassi Boa, chef supérieur de l'Indénié, Gbon Coulibaly, chef de province de Korhogo et d'autres indigènes moins connus[677].

Il n'existait pas sur la liste de propositions de la Chambre de commerce le nom de leaders syndicaux ou politiques de la colonie. Peut-être que le souci de ne pas paraître mêlée à la vie politique

---

676 Arrêté de l'administrateur-maire de la commune mixte d'Abidjan, Rey, au sujet de la dénomination des artères de la ville d'Abidjan, Abidjan, le 18 septembre 1931, *ACCCI* : dossier 27.2, Urbanisme.

677 Proposition de la Chambre de commerce pour la dénomination des rues et des banlieues d'Abidjan, *ACCCI* : dossier 27.2, Urbanisme.

explique une telle démarche. Cette idée de donner des noms africains à certaines rues met en lumière l'évolution opérée au sein de la Chambre de commerce. Les Africains commençaient à être maîtres de cette institution consulaire qui, avant la fin de la Seconde Guerre mondiale, avait manifesté très souvent du mépris à l'égard de l'indigène. Dans l'ensemble, il est difficile d'indiquer avec précision quelles rues de Cocody, Plateau, Adjamé, ou Treichville portent le nom des personnalités africaines, cependant, on peut faire remarquer que la voie portant le nom du chef ébrié, Abrogoua, à Adjamé, demeure très célèbre. C'est la voie longeant le grand marché d'Adjamé. Ce nom n'est étranger à aucun Abidjanais.

Tous ces actes symboliques et d'autres réalisations opérées par la Chambre de commerce pour Abidjan sont multiples. Cela est dû à la force des intérêts qui la composaient et aussi à ses ressources, qui lui permettaient dans certaines situations de prendre des initiatives. Néanmoins, l'indépendance de la Côte d'Ivoire en 1960 allait entraîner un certain recul de la Chambre de commerce. Elle fut moins indépendante que par le passé. N'étant plus maîtresse de ses ressources, elle prit moins d'initiatives. C'est le début d'une marche difficile qui conduisit vers une fin inespérée.

De 1945 à 1960, la Chambre de commerce de Côte d'Ivoire a accompagné le progrès de la colonie. Particulièrement pour les sujets à caractère économique, elle a usé de toute son influence pour les faire aboutir. Vers la fin de la colonisation, le bilan sur ce plan est assez éloquent. Mais avec l'indépendance des colonies françaises et surtout celle de la Côte d'Ivoire, à partir de 1960, beaucoup d'institutions coloniales furent soit abandonnées, soit adaptées pour tenir compte du nouveau contexte. Mais dans le cas de la Côte d'Ivoire, c'est le second choix qui est mis en œuvre à partir de 1960. Ce nouveau changement, porteur d'espérance, marquait néanmoins le début d'une marche difficile pour la Chambre de commerce de Côte d'Ivoire.

QUATRIÈME PARTIE

UNE MARCHE DIFFICILE, UNE DISSOLUTION INÉVITABLE ET UNE ÈRE NOUVELLE (1960-2008)

La fin de la colonisation ne mit pas fin de facto à l'existence de la Chambre de commerce de Côte d'Ivoire. Après l'indépendance, cette institution vit son rôle élargi et renforcé avec la réforme de 1963. Cette phase marquait un tournant décisif dans l'histoire post-coloniale de la Chambre de commerce. Mais dans ce nouveau contexte porteur de grande espérance, la Chambre de commerce ne réussit pas à s'intégrer totalement. Nombre d'initiatives intéressantes de sa part n'aboutirent pas. La conséquence de cette marche hésitante fut sa dissolution en 1992. Mais cette date marquait aussi le début du réveil consulaire en Côte d'Ivoire, avec la fusion de deux chambres consulaires en une seule.

CHAPITRE I

UNE CHAMBRE DE COMMERCE AUX GRANDS OBJECTIFS POUR DES RÉALISATIONS MODESTES

De 1908 jusqu'en 1960, date de l'indépendance de la Côte d'Ivoire, la Chambre de commerce a évolué dans un contexte où le colonisateur était le maître. Quelques années après l'indépendance et avec la mise en place de l'État post-colonial, la structure de la Chambre de commerce fut l'objet d'attention de la part des nouvelles autorités. La nécessité d'une réforme semblait s'imposer à cette institution. Certes, les grands principes qui ont toujours guidés les actions de cette compagnie ont été maintenus et reconnus ; néanmoins, force est de reconnaître que les actes de la Chambre de commerce après 1960 n'ont pas eu la même dimension que ceux de la période coloniale.

I- LA MISE EN PLACE DE L'ÉTAT POST-COLONIAL ET LA RÉFORME DE LA CHAMBRE DE COMMERCE

Pendant la période coloniale, la Chambre de commerce de Côte d'Ivoire avait une position dominante dans la vie économique. Même les différents changements sur le plan politique, économique et social après 1946 n'ont pas réussi à ébranler cette position. Mais avec la mise en place de nouvelles institutions après les indépendances, son statut de privilégiée s'est trouvé de ce fait mis en cause.

A- L'installation de certaines institutions étatiques et la nécessité de changement au sein de la Chambre de commerce

Après l'indépendance de la Côte d'Ivoire, plusieurs institutions furent créées dans le but d'asseoir les fondements du nouvel État ivoirien. Certaines de ces institutions, compte tenu de leur spécificité et de leurs attributions, avaient des rôles apparemment semblables à la Chambre de commerce. C'était le cas du Conseil économique et social dont l'importance a contribué à atténuer le poids de la Chambre de commerce.

1- Le Conseil économique et social et la Chambre de commerce : deux organismes aux attributions apparemment similaires

Créé par la loi organique du 2 janvier 1961, le Conseil économique et social de Côte d'Ivoire constituait auprès des pouvoirs publics une assemblée consultative. Il assurait la représentation des principales activités économiques et sociales du pays. Les membres du Conseil économique et social étaient choisis par le président de la République en tenant compte de leur contribution au développement économique et social. Selon ses attributions, le Conseil économique et social pouvait être consulté sur tous les projets de loi, ordonnance ou décret et sur toutes les questions de nature économique et sociale. En outre, il pouvait attirer l'attention du chef de l'État sur les réformes de nature à favoriser le développement économique et social[678]. Dans l'ensemble, il ressort que le Conseil économique et social avait un rôle purement consultatif. Son domaine d'action portait sur la vie économique et sociale du pays. Une compétence pareille ne présentait aucune limite. Pour cela, le Conseil économique et social pouvait intervenir dans le domaine de prédilection de la Chambre de commerce. Il pouvait donc donner des avis, comme la Chambre de commerce, sur les entraves au développement du commerce. Ainsi, dans leur rôle consultatif, la Chambre de commerce et le Conseil économique et social avaient tendance à se confondre. Cependant, seul le président de la République pouvait saisir le Conseil économique et social. Cela montre d'une part la place exceptionnelle de cette institution dans la nation, et d'autre part, qu'elle était le conseil suprême du gouvernement. En outre, le Conseil économique et social agissait dans un cadre purement autonome. Quant à la Chambre de commerce, elle était beaucoup plus dépendante de l'Administration. Celle-ci exerçait sur elle un droit de tutelle en matière administrative et financière[679].

Du point de vue de son statut, le Conseil économique et social occupait une position supérieure dans la mesure où il était placé

---

[678] Jacqueline DUTHEIL DE LA ROCHÈRE, « L'État et le développement économique de la Côte d'Ivoire », *Annales de l'Université d'Abidjan*, 1975, vol. 4, p. 30.

[679] Note sur l'historique de la Chambre de commerce de Côte d'Ivoire, pp. 3-4, *ACCCI* : dossier carton A1, Historique de la Chambre de commerce de Côte d'Ivoire.

comme l'organe par excellence de conseils pour le gouvernement. Il n'est pas étonnant dans ces conditions que cette institution soit saisie des projets de loi et d'ordonnance. C'est ainsi qu'avant que le projet de réforme de la Chambre de commerce de Côte d'Ivoire n'entre dans les faits, en 1963, il fallut avoir l'avis du Conseil économique et social. C'est le 25 mars 1963 que le Conseil économique et social de Côte d'Ivoire adopta le projet de décret soumis par le gouvernement, portant création et organisation des chambres de commerce, d'agriculture et d'industrie en Côte d'Ivoire[680].

En somme, le Conseil économique et social a des attributions plus étendues. Ses représentants désignés par le chef de l'État parmi les différentes couches socio-professionnelles ont une vision plus large des problèmes, tandis que, s'agissant de la Chambre de commerce de Côte d'Ivoire, les travaux s'inspiraient davantage des pratiques courantes des affaires. Ses avis reflétaient donc les préoccupations vécues au quotidien par les acteurs économiques. Avec l'avènement du Conseil économique et social, le gouvernement ivoirien pouvait se priver de certains avis de la Chambre de commerce. En effet, ayant à ses côtés une grande institution capable de lui donner des éclairages sur le plan économique, le gouvernement préférait donc collaborer de façon plus étroite avec celle-ci. Après l'indépendance, la Chambre de commerce de Côte d'Ivoire aurait pu bénéficier de ce privilège, mais elle était toujours vue comme un bastion des puissants intérêts coloniaux ; donc il fallait s'en méfier. Il n'est pas étonnant dans ces conditions que le gouvernement ivoirien ait décidé, après l'indépendance, de réformer cette institution. Cette réforme, envisagée moins d'un an après l'indépendance, présageait déjà une marginalisation de la Chambre de commerce de Côte d'Ivoire.

2- Les raisons des changements internes à la Chambre de commerce de Côte d'Ivoire au début de l'indépendance (1960-1964)

Avant 1960, la Chambre de commerce avait fait l'objet de certaines tentatives de réforme, mais de véritables changements n'avaient pu voir le jour. Avec la fin de la colonisation, les assemblées consulaires comme la Chambre de commerce de Côte d'Ivoire furent une préoccupation pour les nouvelles autorités ivoiriennes. Elles

---

680 *Bulletin mensuel de la Chambre de commerce de Côte d'Ivoire (BMCCCI)*, n° 6, juin 1963, p. 22.

décidèrent d'apporter des réformes à ces institutions, qui étaient demeurées des forteresses des puissants intérêts économiques. Plusieurs raisons ont motivé les décisions des pouvoirs publics.

a- Adapter la Chambre de commerce de Côte d'Ivoire au nouveau contexte politique

Durant la période coloniale, la Chambre de commerce de Côte d'Ivoire a marqué la vie économique du pays. Son poids économique l'avait amenée à se mêler même de la vie politique locale. Ses interventions se sont souvent faites au détriment des intérêts des indigènes. En outre, le fonctionnement interne de cette compagnie n'était pas de nature à favoriser l'émergence en son sein d'Africains et d'Ivoiriens. C'est pourquoi de l'extérieur, la Chambre de commerce était perçue par le peuple et surtout par les leaders ivoiriens comme une forteresse de puissants intérêts coloniaux, réfractaire à tout progrès des indigènes. D'ailleurs, Félix Houphouët-Boigny, au cours de sa déposition en 1952 devant la commission d'enquête, attribuait au président Barthe le propos selon lequel il aurait affirmé préférer des decauvilles à des lycées pour nègres[681]. Ces propos et les actions mêmes de la Chambre de commerce pour saboter toutes réformes en profondeur en son sein illustrent à quel point cette institution ne pouvait demeurer en l'état après l'indépendance. Conscientes de cette situation, les autorités se préoccupaient du statut de cette compagnie après 1960.

Une mesure radicale comme solution aurait pu être la suppression de ces assemblées consulaires. En effet, leurs actions, à contre-courant de l'évolution politique du pays, avaient fait de ces compagnies des obstacles à l'émancipation politique des peuples africains. En 1945, c'est Jean Rose, membre influent de la Chambre d'agriculture de Côte d'Ivoire qui fut d'ailleurs à l'origine des États généraux de la colonisation à Douala. Au cours de cette rencontre, les participants, à savoir les chambres d'agriculture et d'industrie ainsi que les chambres de commerce, se sont dressés contre les réformes hardies en faveur des Africains à la conférence de Brazzaville, en 1944. Ces raisons et bien d'autres auraient pu militer en faveur de la disparition de ces assemblées consulaires au moment de l'indépendance. Mais prendre

---

[681] Extraits de rapport de DAMAS, tome I, déposition faite devant la commission d'enquête le 7 juin 1950, in *Le président Houphouët-Boigny et la Nation Ivoirienne*, *op. cit.*, p. 95.

de telles mesures, c'était désorganiser la vie économique en se privant des avis et des propositions de cette institution utile au développement économique. En outre, la présence de certains hommes clés de la vie politique ivoirienne, notamment Félix Houphouët-Boigny et Gabriel Dadié, au sein de la Chambre d'agriculture a fait peut-être prendre conscience qu'il fallait une autre approche à l'égard de ces institutions. Il fallait donc adapter la Chambre de commerce au contexte de l'après-indépendance. C'est pourquoi deux ans à peine après l'indépendance, c'est-à-dire en 1962, les nouvelles autorités politiques mirent en place une commission gouvernementale au sujet des assemblées consulaires. Le but de cette commission était d'élaborer le texte de décret créant et organisant les chambres de commerce, d'agriculture et d'industrie en Côte d'Ivoire. Un représentant de la Chambre de commerce participait d'ailleurs aux travaux de la commission gouvernementale[682]. C'est à la suite de ces travaux et de son adoption par le Conseil économique et social au cours de la séance plénière du 25 mars 1963 que le gouvernement créa de nouvelles institutions consulaires. Ainsi, dans l'intérêt du commerce, il fut créé, par décret n° 63-248 du 17 mai 1963, la Chambre de commerce de la République de Côte d'Ivoire.

Avec de nouveaux textes, la Chambre de commerce, fruit de la réflexion des Ivoiriens, vit le jour. Au-delà de cette nécessité d'adapter la Chambre de commerce au nouveau contexte politique, les réformes au niveau de cette institution s'imposaient aussi pour d'autres raisons.

b- Apporter des changements au fonctionnement des structures de la Chambre de commerce

Le fonctionnement de la Chambre de commerce reposait sur une assemblée dont les membres étaient élus en fonction de leur catégorie professionnelle. Ainsi, dans sa structure générale, une Chambre de commerce ne fonctionnait ni comme un parti politique ni comme un syndicat. L'élection des membres est donc le reflet des forces économiques en jeu. Seules les maisons de commerce ou les entreprises qui avaient des intérêts considérables sur l'ensemble du territoire pouvaient être sûres de remporter plus de voix. En outre, leurs intérêts étaient davantage consolidés à cause du fait que la Chambre de commerce fonctionnait sur le principe des catégories professionnelles. Cette situation tendait d'ailleurs à favoriser les

---

[682] *BMCCCI*, n° 6, juin 1963, p. 22.

maisons de commerce ayant des capitaux considérables. Ainsi, si l'on prend le cas de l'arrêté du 1er septembre 1928 conférant aux établissements commerciaux le droit électoral, on constate que le nombre de sièges des grandes entreprises était plus élevé (cf. tableau 7). La première catégorie avait 9 membres titulaires, la deuxième catégorie en avait 3, et la troisième catégorie en possédait 3 également. Le total des deux dernières catégories, à savoir 6 membres, ne pouvait l'emporter sur la première catégorie, qui en comprenait 9.

Tous ces faits montrent que dans le cas de la Chambre de commerce, c'est le principe des intérêts qui l'emporte. Il ne peut être question de démocratie. Il n'est pas étonnant, dans ces conditions, que les Africains soient toujours marginalisés, car ils n'avaient aucun poids véritable dans la vie de cette compagnie au cours de la période coloniale. Ils étaient pour la plupart confinés dans la troisième catégorie. Ils faisaient donc de la figuration dans une certaine mesure par rapport aux autres membres. Face à cette marginalisation, des tentatives avaient été faites pour modifier le fonctionnement de la Chambre de commerce fondé sur les catégories. En 1947, Robert Léon, vice-président du Conseil général de Côte d'Ivoire, avait déposé à cet effet une motion tendant à supprimer les catégories au sein de la Chambre de commerce. Mais son initiative audacieuse, farouchement combattue par les membres influents de la Chambre de commerce, avait échoué.

Dans l'ensemble, l'action de Robert Léon montra que ce qui empêchait l'égalité des intérêts à la Chambre de commerce, c'était le principe des catégories. C'est cette situation d'injustice que la réforme de l'après-indépendance essaya de réparer. Aussi, l'arrêté de 1963 créant la Chambre de commerce de Côte d'Ivoire, tout en maintenant le principe des catégories, fixait-il pour chacune d'elles le même nombre de membres. Les trois catégories comprenaient chacune 10 membres, soit 30 au total. Le changement est fondamental dans la mesure où l'on vise à concilier les intérêts des grandes et des petites maisons de commerce. Ce changement important n'est qu'un élément du nouvel habillage de l'arrêté de 1963, dont la Chambre de commerce post-indépendance s'est revêtue.

B - Les « habits neufs » de la Chambre de commerce

L'année 1963 marque une étape importante dans la vie de la Chambre de commerce de Côte d'Ivoire. La mise en place de nouveaux textes s'accompagna de nouvelles élections.

1- De nouveaux textes pour la Chambre de commerce

Dans l'ensemble, le décret du 17 mai 1963 portant organisation de la Chambre de commerce n'innovait pas de façon fondamentale. Néanmoins, il avait le mérite de mettre en relief les attentes des autorités ivoiriennes concernant cette institution. D'emblée, l'article premier du décret de 1963 précisait que la Chambre de commerce était placée sous la tutelle du ministre des Finances, des Affaires économiques et du Plan, ce qui lui ôtait de ce fait une certaine indépendance dont elle avait joui pendant la période coloniale. Pendant cette phase de l'histoire de la Côte d'Ivoire, elle s'est souvent comportée comme un pouvoir parallèle à l'autorité coloniale. L'autre fait majeur, c'est que le décret de 1963 tenait compte des nouvelles données économiques introduites à partir de 1946. Avec la mise en place du FIDES, on assistait à la création de sociétés d'État ou sociétés d'économie mixte. Or, le collège électoral de la Chambre de commerce, jusqu'à l'indépendance, ne tenait pas compte de cette réalité. Il était donc nécessaire d'intégrer tous ces paramètres dans le cadre des activités de la nouvelle Chambre de commerce. Le problème est résolu par l'article 8 du décret de 1963, qui déterminait la qualité d'électeur à la Chambre de commerce.

En dehors de cet aspect, l'un des éléments fondamentaux que nous avons déjà souligné fut la répartition équitable des membres des catégories en dépit du poids des investissements. Le changement va à l'encontre des principes qui régissaient la répartition des membres du bureau de la Chambre de commerce depuis 1908. Cette nouveauté était apparue peut-être nécessaire parce que les auteurs de cette réforme ne percevaient pas la pertinence de la répartition inégale dans les catégories. Concernant les missions de la nouvelle Chambre de commerce de Côte d'Ivoire, elles reprenaient les différentes attributions inhérentes à toute chambre de commerce française. Dans ce cadre, la Chambre de commerce devait présenter ses vues sur les moyens de favoriser le développement économique. Elle pouvait participer à des enquêtes économiques lorsque cela était demandé par le ministre de tutelle. Elle pouvait aussi prêter son concours à certaines manifestations telles que les foires et les expositions. Dans l'ensemble, de l'article 26 à 34, le décret de 1963 énumérait une série d'éléments sur lesquels la Chambre de commerce de Côte d'Ivoire devait et pouvait se prononcer dans l'intérêt du développement économique du pays[683]. Ces textes et bien d'autres articles essayaient de s'adapter au nouveau contexte politique et économique du pays. À la suite de ces nouveaux textes, il apparaissait aussi nécessaire d'aller aux élections pour que les nouveaux responsables de la Chambre de commerce reflètent l'esprit du décret de 1963. Ces élections eurent lieu un an plus tard.

[683] Voir décret du 17 mai 1963 sur la Chambre de commerce de Côte d'Ivoire concernant les attributions.

Tableau 7

Tableau des établissements commerciaux et des entreprises répartis par catégories professionnelles

Catégories	Établissements	Nombre de sièges	
		Membres titulaires	Membres suppléants
1er	- Banque. - Compagnies ou agences de navigation ou de transport en commun. - Compagnies d'assurance. - Maison de commerce effectuant d'une manière permanente l'importation et l'exportation et possédant des établissements pour l'achat et la vente en gros, demi-gros et détail. - Entreprise ayant nécessité l'investissement permanent dans la colonie, en établissement et matériel, d'un capital d'au moins 500 000 f.	9	9
2e	- Maisons de commerce faisant soit l'importation, soit l'exportation, soit à la fois l'importation, l'achat ou la vente en	3	3

	gros. - Maisons faisant seulement l'importation ou l'exportation et vendant ou achetant au détail. - Maison recevant ou non, accidentellement des marchandises de l'extérieur et employant d'une façon permanent plusieurs employés européens ou assimilés. - Agences, succursales des établissements classés en 1ère catégories, sous réserve qu'elles emploient en permanence plusieurs agents européens ou assimilés et constituent lorsqu'elles sont installées dans la même localité que l'établissement principal, des opérations distinctes, logés dans les immeubles différentes. - Hôtels, cafés, restaurants. - Agences en douane, agences de transit, de		

	consignation, de représentation. - Maisons de prêts sur gage. - Entreprises ayant nécessité l'investissement permanent ou matériel d'un capital d'au moins 250 000 francs.		
3e	- Commerçants en détail occupant des employés. - Acheteurs de produits locaux sans établissement permanent dans la colonie, en établissement et matériel, d'un capital d'au moins 80 000 francs.	3	3

Extrait du *Journal officiel de la Côte d'Ivoire* du 30 septembre 1928.

Source : *ACCCI*, dossier 2.1.

2- Le nouveau bureau de la Chambre de commerce issu des élections de 1964

Un an après la réforme de 1963, de nouvelles élections ont eu lieu en mai 1964. Pour ces élections, la liste de la première catégorie était conduite par François Joseph Massieye. On peut rappeler au sujet de ce dernier que depuis 1928, il était membre de la Chambre de commerce de Côte d'Ivoire. Il fut élu secrétaire de l'institution dès 1930. De 1939 jusqu'en 1963, il assuma le poste de vice-président de cette compagnie. C'était donc en homme d'expérience aussi bien dans les affaires qu'au sein de la Chambre de commerce qu'il dirigea tout naturellement la liste de la première catégorie. La liste de cette première catégorie représentait ceux dont le poids et le volume des affaires était significatif dans le territoire. Selon la classification du décret du 17 mai 1963 portant organisation des chambres de commerce en Côte d'Ivoire, faisaient partie de cette catégorie les importateurs-exportateurs effectuant d'une manière permanente l'importation et l'importation et possédant des succursales. On y trouvait aussi les entreprises de transport maritime, ferroviaire, aérien et routier ayant un parc de véhicules d'une capacité égale ou supérieure à 300 tonnes de charges utiles[684]. C'est sur la base de ces critères que les entreprises telles que CFAO, CFCI, SITRAM, Delmas-Vieljeux, SGBCI, ou les établissements Abile Gal, Shac et Shell firent partie de la première catégorie élue (voir tableau 9). À l'exception de la SITRAM, société de l'État ivoirien en gestation, les autres entreprises dont les maisons-mères étaient à l'extérieur dominaient totalement cette catégorie. Cette situation montre que les entreprises ivoiriennes étaient loin d'atteindre le niveau de ces firmes étrangères. Leur absence de cette catégorie importante faisait ainsi le jeu des entreprises étrangères, qui pouvaient imposer, du fait de leur poids économique, leur influence sur la vie de la Chambre de commerce.

Quant à la liste de la deuxième catégorie, pour la première fois, elle était conduite par un Ivoirien du nom de Bertin Aka. Ce dernier est né vers 1912 à Tiébissou. Il exerça la fonction de transporteur et de planteur. Il embrassa par la suite la profession de commerçant. C'est à partir de 1954 qu'il fut membre de la Chambre de commerce de Côte d'Ivoire. La liste de la deuxième catégorie était réservée pour une certaine catégorie d'importateurs et d'exportateurs. On trouvait aussi les agences en douane, les agences de transit, de consignation, les acheteurs de produits, les commerçants de détail et certaines entreprises commerciales dont le montant des investissements était

---

684 À cette liste, on peut ajouter les entreprises d'aconage, les établissements de crédits, les compagnies d'assurance, les établissements de crédits foncier ou immobilier. Pour les entreprises commerciales ou à caractère commercial, le nombre d'employés permanents doit être égal ou supérieur à 100. Pour les autres types d'entreprises, voir en annexe le décret du 17 mai 1963 au sujet des catégories.

égal ou supérieur à 20 millions et inférieur à 80 millions[685]. C'est à partir de ces conditions que les membres de la deuxième catégorie furent élus en 1963. Sur 8 membres élus, on ne trouvait que 3 Ivoiriens. Il s'agit d'Aka Bertin, directeur de la Société africaine de torréfaction, Vaboua Doumbia, président du Syndicat de la petite et moyenne entreprise, et Niacadie Victor, pharmacien (voir tableau 9). Avec un tel nombre, on constate pour cette catégorie que la domination des intérêts étrangers était prépondérante.

La troisième catégorie avait pour tête de liste Lamine Fadiga. Il est né en mars 1918 à Touba, mais il résidait à Bouaké. En 1952 et 1953, il occupait la fonction de conseiller de cercle, conseiller municipal et conseiller général. Il a fait son entrée à la Chambre de commerce de Côte d'Ivoire en qualité de membre en avril 1958. La troisième catégorie regroupait toutes les entreprises commerciales à caractère commercial autres que celles des première ou deuxième catégories, mais figurant au tableau A et B de la contribution de la patente. C'est à ce stade que furent logés la plupart des Ivoiriens. Leurs entreprises étaient donc peu significatives et à l'état embryonnaire, puisqu'on ne devait juger de leur position à la Chambre de commerce qu'à partir de la patente. En somme, le fait que les têtes de liste des deuxième et troisième catégories soient tenues par des Ivoiriens ne devait pas présager d'un quelconque poids au sein de la Chambre de commerce. Leur passé consulaire était moins riche par rapport à certaines personnes de la liste qu'ils dirigeaient. Ainsi, sur la liste électorale de la deuxième catégorie, Jean Trabucato, commerçant à Korhogo, était membre de la Chambre de commerce depuis 1938[686].

Dans l'ensemble, l'on peut soutenir que les listes conduites par les Ivoiriens reflétaient un changement d'époque. Dans la période coloniale, cela était inimaginable. Avec les indépendances, les données avaient changé. Pour éviter que la Chambre de commerce apparaisse comme une « chose de Blancs », il fallait donc choisir des Ivoiriens pour conduire cette liste. Concernant la liste de la première catégorie, le poids de François Massieye et ses affinités avec le monde politique ivoirien rendaient les choses plus faciles dans la conduite de cette liste. Ce furent ces listes sans concurrence qui remportèrent

---

[685] Les critères énumérés pour faire partie de la deuxième catégorie ne sont pas exhaustifs. Pour plus de détail, se rapporter en annexe au décret du 17 mai 1963 sur la Chambre de commerce.

[686] *ACCCI* : dossier 11.3, Membres (dossiers individuels membres en exercice).

naturellement l'élection des membres de la Chambre de commerce le 17 mai 1964 (cf. tableau 8). À la suite de cette élection, au cours de la séance plénière, les membres du nouveau bureau de la Chambre de commerce furent élus.

Avant de procéder au vote, Lamine Fadiga, ayant conduit la liste de la troisième catégorie, proposa à l'assemblée consulaire au nom de ses collègues la composition du nouveau bureau[687]. Il exprimait le souhait que ces propositions soient adoptées par tous les membres dans un souci d'union et d'efficacité. Les membres n'ayant manifesté aucune opposition, Allou Bright et Martin Guy furent désignés comme scrutateurs du vote. Le nombre des membres étant de 29 présents sur 30, la majorité absolue était de 15 voix.

Tableau 8

Résultats des élections à la Chambre de commerce à la suite du scrutin du 17 mai 1964

	1re Catégorie	2e Catégorie	3e Catégorie
Nombre d'électeurs inscrits	68	193	647
Nombre d'électeurs ayant pris part au vote	57	132	367
Nombre de voix recueillies	53	132	366
Bulletins nuls	2	0	0
Enveloppes vides	2	0	1

Source : *ACCCI* : dossier carton A.5, Élections 1963 – 1977.

687 La proposition de Lamine Fadiga se présente comme suit :
- Président : François Massieye
- 3 vice-présidents : Le Forestier, Mamadou Kouyaté, Lamine Fadiga
- 4 secrétaires : Allou Bright, Martin Guy, Bertin Aka, Marcel Vaysse ;

ACCCI : dossier carton A6, Demande d'inscription sur la liste électorale, état des élections (1963-1977), séance plénière de la Chambre de commerce du samedi 23 mai 1964.

Tableau 9

Les membres élus de la Chambre de commerce par catégorie à la suite des élections du 17 mai 1964

1re Catégorie	2e Catégorie	3e Catégorie
-François Massieye, président sortant -Sechaud, Agent principal CFAO -Le Forestier Gaston, directeur général CFCI -Kouyaté Mamadou, directeur de la Sitram -Delage Pierre, directeur de la société Nava l Delmas-Vieljeux -Butta Louis, directeur de la SGBCI -Abile Gal Émile, directeur établissements Abile Gale -Herain Roger, directeur SHAC -Goupy Antoine, directeur Shell	-Aka Bertin, directeur de la société Africaine de Torrefaction. -Martin Guy, directeur des établissements Davum. -Vaboua Doumbia, président du Syndicat de petites et moyennes entreprises. -Delsuc Jean-Jacques, directeur des Centaures routiers -Niacadie Victor, pharmacien à Bouaké -Philippe Desneufbourg, directeur Transafic -Trabucato Jean, Commerçant à Korhogo -Fournier René, administrateur de société immobilière	-Lamine Fadiga -Allou Bright -Assié Etienne -Jacquet Florent, commerçant à Man -Gnah Nicolas, secrétaire du Syndicat national des transporteurs -Billon Pierre -Makret Goudet -Yacouba Sylla, commerçant à Gagnoa -Moussa Cissé, transporteur à Odienné -Yebouet Fulbert, secrétaire général du Syndicat des transporteurs à Bouaké

Source : *ACCCI* : dossier carton A.5, Élections 1963 – 1977.

Ce fut donc sur ces bases que l'élection du bureau eut lieu. Cela ne modifia pas les propositions faites par Lamine Fadiga[688]. François Massieye, compte tenu de sa riche expérience, accéda donc facilement à la présidence de la Chambre de commerce de Côte d'Ivoire. Il ne pouvait en être autrement. Au moment où Massieye prenait la tête de cette institution, aucun Ivoirien ne possédait autant d'expérience en matière d'affaire et de soutien des milieux économiques pour conduire cette institution. La nomination des vice-présidents comme Lamine Fadiga et Mamadou Kouyaté répondait davantage au souci du président Houphouët-Boigny d'entamer une certaine ivoirisation de la Chambre de commerce. Selon Mamadou Kouyaté, le président Houphouët-Boigny ne voulait pas un changement brusque au sein de cette compagnie à cause de l'expérience et de la longue présence de Massieye en Côte d'Ivoire. Les Ivoiriens devraient plutôt apprendre à ces côtés[689]. En dehors de cet aspect, il faut reconnaître que le poids économique et financier de ces derniers rendait difficile tout contrôle de cette chambre de commerce à peine sortie de la colonisation. Ainsi, si l'on prend le cas de Mamadou Kouyaté, élu parmi les membres de la première catégorie, il reconnaissait lui-même que son poids était peu significatif en dépit de son statut de directeur de la SITRAM (Société ivoirienne de transport maritime).

De tous les Ivoiriens élus au bureau de la Chambre de commerce, il peut être considéré comme le plus instruit. Il a fait des études supérieures en sciences politiques à Paris. Il était aussi titulaire d'une licence de l'Institut national des hautes études d'Outre-mer. À la suite de cela, il a obtenu un diplôme de l'École Supérieure des Transports maritimes à Paris. C'est de là qu'il fut recruté en France par la compagnie maritime des Chargeurs Réunis, comme attaché de direction de cette compagnie en Côte d'Ivoire. Dès son arrivée au pays au début des années 1960, il représentait aussi une compagnie maritime étrangère : la SINAM. De son poste au Chargeurs Réunis, il

---

[688] Les élections des membres du bureau se présentent ainsi :

- élection du président : François Massieye, président sortant, est réélu par 22 voix sur 29 votants (7 bulletins nuls)
- élections des vice-présidents (3) : ils sont élus par 29 voix sur 29 votants.
- élections des secrétaires (4) : ils sont élus par 29 voix sur 29 votants.
- élections des trésoriers : trésorier et adjoint sont élus par 29 voix sur 29 votants ; *ACCCI* : dossier carton A6, Séance plénière de la Chambre de commerce du samedi 23 mai 1964.

[689] Entretien avec Mamadou Kouyaté, vice-président de la Chambre de commerce de 1964 à 1990, à son domicile à Abidjan, le 12 février 1999.

entra à la Chambre de commerce comme représentant d'une compagnie étrangère[690]. De cette position à la Chambre de commerce, il ne pouvait que défendre des intérêts étrangers. La SITRAM dont il venait d'être nommé directeur était encore en gestation. Comme le reconnut Mamadou Kouyaté, à cette période, il était un petit directeur sans assise financière. En outre, ajouta-t-il, son entrée à la Chambre de commerce lui a permis d'être en contact avec la vie réelle des affaires et de mesurer le poids de cette institution dans la vie économique du pays[691]. L'itinéraire de Mamadou Kouyaté, qui a réussi à s'intégrer dans le milieu maritime français, n'est pas le même pour les membres ivoiriens de la Chambre de commerce. Parés du titre de commerçants ou transporteurs, ils ne pouvaient rivaliser avec leurs collègues des entreprises étrangères. Il n'est pas étonnant, dans ces conditions, que les autres compagnies consulaires telles que la Chambre d'industrie et la Chambre d'agriculture fussent présidées par des Français. C'est à la suite de décès ou de démissions que les Ivoiriens accédaient enfin à la présidence de ces institutions[692].

Avec l'élection de 1964, une nouvelle ère s'annonça pour la Chambre de commerce de Côte d'Ivoire. Depuis cette date jusqu'en 1992, cette compagnie a entrepris des actions qu'il importe de mettre en relief.

II- Les grandes actions de la Chambre de commerce après l'indépendance

Après la période coloniale, la nouvelle Chambre de commerce devait faire face à plusieurs défis. L'un de ces objectifs majeurs était de contribuer de façon efficace à la prospérité économique du pays. Pour atteindre ses objectifs, la Chambre de commerce se donna les moyens de sa politique. Cependant, le bilan de ses initiatives restait en deçà de ses ambitions.

---

690 Entretien avec Mamadou Kouyaté, vice-président de la Chambre de commerce de 1964 à 1990, à son domicile à Abidjan, le 12 février 1999.

691 *Idem.*

692 Raymond Desclers, président de la Chambre d'agriculture de 1945 à 1966. À son décès, il est remplacé par Niangoin Oka. Quant à André Blohorn, il est président de la Chambre d'industrie du 15 avril 1965 au 20 mai 1975. À la suite de sa démission, M. Lambert Konan prend la présidence de cette institution.

A- Les moyens d'action de la Chambre de commerce de Côte d'Ivoire

Le domaine d'intervention de la Chambre de commerce était très vaste. Elle se devait d'être présente partout où il existait des intérêts économiques. C'est pourquoi elle devait être informée des différentes activités économiques de ses membres. En outre, sa présence dans certains organismes était même imposée. Mais pour donner un avis mieux éclairé, l'apport des membres correspondants et d'autres délégations lui était indispensable.

1- Le rôle des membres correspondants et des délégations de la Chambre de commerce

Avant l'indépendance, les membres correspondants ne couvraient pas l'ensemble du territoire. Leur existence avait pour but de suppléer l'absence des membres titulaires ou de suppléants dans certaines localités du pays. Leur présence permettait à la Chambre de commerce de se tenir informée de la situation économique des différentes localités. Cependant, force est de reconnaître que leurs actions étaient moins décisives dans la mesure où les maisons de commerce partageaient directement leurs préoccupations avec la Chambre de commerce. Après l'indépendance, et avec la réforme de la Chambre de commerce de Côte d'Ivoire, la question des membres correspondants s'imposait à nouveau. En effet, la Chambre de commerce étant localisée à Abidjan, il fallait trouver des personnes disposées dans tous les départements du pays en mesure de lui fournir les informations dont elle avait besoin. Ces personnes devaient faire connaître aux autorités consulaires les préoccupations du monde économique. C'est pourquoi le choix des membres correspondants apparaissait comme une nécessité. À la suite de l'élection du 17 mai 1964, la Chambre de commerce choisit 26 membres correspondants. La plupart des départements du pays en étaient pourvus[693]. Leur nombre variait entre deux et trois personnes par ville.

---

[693] Les membres correspondants dans les villes de l'intérieur : Aboisso, Abengourou, Adiaké, Adzopé, Agboville, Agnibilékro, Alépé, Arrah, Grand-Bassam, Béoumi, Bondoukou, Bongouanou, Bouaflé, Bouna, Boundiali, Dabakala, Dabou, Daloa, Danané, Daoukro, Dimbokro, Divo, Duekoué, Ferké, Gagnoa, Guiglo, Issia Katiola, Korhogo, Grand-Lahou, Lakota, Man, M'Bahakro, Odienné, Ouellé, Oumé, Sakassou, Sassandra, Séguéla, Sinfra, Soubré, Tabou, Tanda, Tiassalé, Tiébissou, Touba, Vavoua, Yamoussoukro, *ACCCI* : dossier carton A5, Demande d'inscription sur la liste électorale, état des

Concernant Abidjan, la désignation des membres correspondants au cours d'une réunion de la Chambre de commerce tenue le 26 mai 1964 fut l'objet de divergences. Pour certains, le choix de membres correspondants à Abidjan n'offrait aucun intérêt pour la compagnie. En effet, leurs activités professionnelles ou qualifications étaient largement représentées par les membres élus[694]. En outre, l'autre argument qui militait en défaveur des membres correspondants était qu'Abidjan disposait de tous les moyens d'information voulus. Dans cette ville, il était facile d'entrer en relation avec les groupements professionnels, les services administratifs et tous les organismes techniques, publics ou privés, pour les renseignements nécessaires[695]. Dans un tel contexte, la désignation des membres correspondants à Abidjan ne présentait pas une utilité réelle contrairement à l'intérieur du pays, où les moyens d'information étaient insuffisants. Au contraire, pour d'autres membres de la Chambre de commerce, au lieu de supprimer les membres correspondants à Abidjan, il valait mieux les intégrer dans les commissions[696].

Tout en comprenant le souci de ses collègues ivoiriens notamment, le président de la Chambre de commerce, François Massieye, était pour le maintien des membres correspondants à Abidjan. Plusieurs raisons motivaient sa décision. Tout d'abord, il estimait que la Chambre de commerce avait des engagements moraux à l'égard de plusieurs anciens membres de la compagnie. Ces derniers pouvaient rendre encore des services utiles[697]. En d'autres termes, dans la pensée de Massieye, la mise en place des membres correspondants à Abidjan avait pour but d'occuper les anciens membres de la compagnie qui, autrefois, furent utiles. L'autre argument qui motivait la décision de Massieye est le fait que certaines professions n'étaient pas représentées au sein de la Chambre de commerce. Leur apport pouvait rendre des services utiles à la compagnie. Il s'agissait entre autres des

---

élection 1963-1977 (résultat des élection pour le renouvellement de la Chambre de commerce de Côte d'Ivoire).

694 Réunion des membres du bureau de la Chambre de commerce du samedi 30 mai 1964, p. 1, *ACCCI* : dossier carton A.5, Demande d'inscription sur la liste électorale, état des élections 1963-1977 (résultat des élections pour le renouvellement de la Chambre de commerce de Côte d'Ivoire).

695 *Idem*, p. 1.

696 *Ibid.*

697 *Ibid*, p. 2.

exportateurs de bois, des restaurateurs, du comité des assureurs, des pêcheries, des propriétaires fonciers et autres[698]. En définitive, les points de vue de François Massieye triomphèrent. Ses collègues, tout en manifestant au départ leur désaccord, s'en remettaient à son expérience. Cependant, force est de reconnaître que l'action des membres correspondants à Abidjan a été moins visible par rapport à celle des villes de l'intérieur.

Dans leur démarche pour éclairer la Chambre de commerce sur la situation économique de leur département, les membres correspondants devaient suivre un schéma bien indiqué. Ils devaient s'informer sur la situation des cultures vivrières (igname, manioc, banane plantain, riz, maïs, mil, patate, sorgho...) et des cultures industrielles (café, cacao, banane, ananas, coton...). En outre, ils devaient s'intéresser à la commercialisation en précisant par exemple la quantité de tonnage à commercialiser pour tel ou tel produit[699]. C'est à partir de ces éléments que la Chambre de commerce se faisait une idée de la situation économique de l'ensemble des villes de l'intérieur. Les séances plénières de la Chambre de commerce en présence des autorités politiques furent l'occasion pour ses membres correspondants de faire connaître leurs préoccupations. Cela donna aussi l'opportunité à la Chambre de commerce d'interpeller les pouvoirs publics sur les difficultés du monde économique comme ce fut le cas à la séance plénière du 8 mai 1965[700]. Cependant, il importe de souligner que le travail des membres correspondants est complémentaire avec celui des membres des commissions dont les réunions étaient périodiques.

Parallèlement à la nomination des membres correspondants, il s'est posé la question de la décentralisation de la Chambre de commerce. Pour certains membres, il fallait créer un embryon de Chambre de

---

698 Compte-rendu de la réunion des membres du bureau de la Chambre du commerce du mardi 28 mai 1964, p. 3, *ACCCI* : dossier carton A6, Demande d'inscription sur la liste électorale, état des élections 1963-1977.

699 À ces données, les membres correspondants doivent aussi avoir des renseignements sur l'élevage, les activités commerciales, les industries, l'artisanat, le régime des prix, les routes et transports routiers, postes et télécommunications, impôts, patentes, taxe foncière, nouvelles productions. En outre, les membres correspondants doivent aussi faire des suggestions sur l'amélioration de l'économie de la région, *ACCCI* : dossier carton A13, Compte-rendu de réunions des membres du bureau (1973-1979).

700 *BMCCCI*, n°s 7-8, juillet-août 1965, suite du compte-rendu de la séance plénière du 8 mai 1965, pp. 8-32.

commerce dans certaines localités. C'est ainsi qu'en 1963, les membres de la Chambre de commerce résidant à Bouaké proposaient la création d'une délégation de cette compagnie à l'intérieur du pays. Si cette option n'était pas possible, ils souhaitaient soit la création d'un comité de défense des intérêts régionaux, soit la constitution d'une association professionnelle reconnue[701]. Mais ce dernier avis ne fut pas partagé par Lamine Fadiga, député de Bouaké et membre de la compagnie dans cette ville. Il trouvait illogique, soutenait-il, qu'après avoir approuvé les dépenses pour un local de cette délégation à Bouaké, la Chambre de commerce ne puisse rien faire pour son achèvement[702]. Dans l'ensemble, son opinion triompha. En effet, cette délégation de Bouaké tint sa première réunion le 27 juin 1964. La délégation de la Chambre de commerce à Bouaké représentait aussi bien les intérêts économiques du Centre que ceux du Nord. Le nombre de membres de son bureau ne dépassait pas 6 personnes[703]. Par la suite, d'autres délégations de la Chambre de commerce virent le jour dans les années 1970. Il s'agit de celles de Korhogo et de Man. Le but de toutes ces délégations était d'apporter le concours de la Chambre de commerce au commerce local. D'autres délégations, comme celle de San-Pedro, prévues pour représenter le Sud-Ouest, n'ont pas pu voir le jour.

Toutes ces délégations contribuaient à rendre efficace l'action de la Chambre de commerce aux côtés des commerçants et des milieux économiques. Elles s'associaient à toutes les manifestations commerciales telles que les foires. En outre, elles contribuaient aussi à mieux informer la Chambre de commerce. Mais faute de moyens, leurs actions restaient modestes et insignifiantes par rapport à leurs ambitions. Cette situation n'atténua pour autant pas la présence de la Chambre de commerce dans divers organismes.

2- Présence de la Chambre de commerce dans divers organismes

À la différence des syndicats, la Chambre de commerce est un organisme interprofessionnel. Elle représente tous les secteurs d'activités se rattachant au commerce. Ainsi, il y a l'importation,

---

[701] *BMCCCI*, n°s 7-8, juillet-août 1963, compte-rendu séance plénière du 26 avril 1963, p. 30.

[702] *Idem*, p. 24.

[703] Réunion des membres du bureau de la Chambre de commerce du 27 juillet 1964 p. 81, *ACCCI* : dossier carton A9, Compte-rendu du bureau de la Chambre de commerce : 1962-1978.

l'exportation, la distribution, la commercialisation des produits, les activités de crédit et les banques. À cette liste, il faut ajouter les assurances, le transport routier, maritime, lagunaire et aérien. Il y a également les activités portuaires, de transit et de manutention, ainsi que le commerce de détail et l'artisanat[704]. Face à cette diversité de secteurs où chacun cherche à faire valoir son intérêt, la mission de la Chambre de commerce consiste à harmoniser les points de vue quelquefois divergents en tentant de dégager des solutions conformes à l'intérêt général. C'est pourquoi la Chambre de commerce de Côte d'Ivoire coopère avec les groupements professionnels et les syndicats. Les représentants de ceux-ci sont d'ailleurs membres des différentes commissions de cette compagnie. Leurs avis permettaient d'éclairer la Chambre de commerce dans la formulation des vœux à l'autorité politique. Les groupements professionnels et syndicaux coopérant avec la Chambre de commerce de Côte d'Ivoire dès le début des années 1960 étaient une vingtaine[705]. La Chambre de commerce les consultait lorsque se posait un problème touchant à leur profession. Elle leur octroyait des salles et de l'aide pour faciliter leurs réunions. Par rapport aux pouvoirs publics, la Chambre de commerce jouait le rôle de trait d'union entre ces groupements professionnels et l'État.

Compte tenu du poids des intérêts au sein de la Chambre de commerce et de sa mission d'intérêt général, elle était appelée de ce fait à collaborer avec l'Administration. C'est pourquoi elle faisait partie des nombreux organismes qui conditionnaient la vie économique du pays. Ainsi, pour défendre l'intérêt général des milieux économiques, la Chambre de commerce de Côte d'Ivoire a eu

---

704 *BMCCCI*, n° 5, mai 1968, compte-rendu de la séance solennelle du 10 mai 1968, p. 22.

705 Ce sont : le syndicat des commerçants importateurs-exportateurs, le groupement professionnel des exportateurs de café et de cacao, l'association professionnelle des banques, le comité des assureurs, le syndicat des entrepreneurs et industriels de Côte d'Ivoire, le syndicat des transporteurs lagunaires, le syndicat des entrepreneurs de manutention du port d'Abidjan, le syndicat des compagnies de navigation et les consignataires de navires en Côte d'Ivoire, la fédération des syndicats maritimes, le syndicats des petites et moyennes entreprises, le syndicat des exportateurs et négociants en bois de Côte d'Ivoire les groupements professionnels des industries du pétrole, les syndicats des hôteliers, restaurateurs et débitants de boissons, le syndicat des armateurs à la pêche, le syndicat des commerçants en produits et marchandises de la Côte d'Ivoire, l'Union routière, le syndicat national des transports de marchandises et voyageurs de Côte d'Ivoire, et le syndicat des agents, in *BMCCCI* n° 5, mai 1963, p. 46.

à siéger au conseil du port d'Abidjan, du port de San-Pedro, de la Régie d'Abidjan-Niger (RAN), de la société SCEPOM (Pont de Mossoul) et de SIETHO. À cette liste, il faut ajouter la présence de la Chambre de commerce au conseil d'administration du Centre national du bureau de fret, l'École de commerce et de gestion, l'AGRIPAC, la SODESUCRE, le Centre ivoirien du commerce extérieur, le Conseil ivoirien des chargeurs, le Conseil de l'office de promotion de la petite entreprise ivoirienne et la Caisse de stabilisation de soutien des prix des produits agricoles[706].

Vu la diversité de la représentation de la Chambre de commerce de Côte d'Ivoire, on mesure à quel point elle jouait un rôle important dans le développement économique du pays par la qualité des intérêts qu'elle représentait. Elle pouvait donc donner des avis éclairés aux différentes structures dans lesquelles elle était présente. Cependant, force est de reconnaître que le poids de l'État dans ces structures ne donnait pas à la Chambre de commerce la liberté d'action dont elle avait pleinement joui pendant la période coloniale. C'est pourquoi il est difficile d'apprécier la portée de ses actes. Dans certains cas, elle participa au capital de certaines sociétés, comme l'AGRIPAC et la SICOGI. La présence de la Chambre de commerce de Côte d'Ivoire au sein de nombreux organismes montre qu'elle était indispensable à la vie économique du pays. Mais la représentativité de la Chambre de commerce ne se limita pas au plan local. Sur le plan international, elle était appelée à jouer le même rôle.

3- La Chambre de commerce de Côte d'Ivoire et le monde extérieur

La Chambre de commerce représentait la Côte d'Ivoire dans certaines organisations du monde des affaires comme les associations de Chambre de commerce et autres. Parfois, elle participait aussi à des missions commerciales conduites par les autorités politiques. Pendant

[706] On peut compléter cette liste en ajoutant le Fonds National d'Investissement (FNI), l'Institut universitaire de Technologie (IUT), l'Institut Technologique pour l'Industrialisation des Produits Agricoles Tropicaux (ITIPAT), le Conseil National des transports, le Comité national du crédit et le Comité national du tourisme. La Chambre de commerce est aussi présente dans diverses commissions administratives (valeurs mercuriales, aliénation des terrains domaniaux ainsi que diverses agricoles d'intérêts publics). Cette liste n'est pas exhaustive. *ACCCI* : dossier carton A1, Historique de la Chambre de commerce de Côte d'Ivoire.

la colonisation, les relais de la Chambre de commerce étaient de puissants intérêts français qui l'aidaient dans l'aboutissement de ses revendications. Ils se comportaient comme des lobbies auprès des autorités françaises en métropole. Mais avec la fin de la colonisation, bien des réseaux se sont éteints. Désormais, la Chambre de commerce devait s'adapter à une nouvelle réalité en entretenant d'autres types de rapports avec les intérêts français.

Après les indépendances, la nouvelle Chambre de commerce de Côte d'Ivoire ne pouvait vivre en vase clos vis-à-vis de l'extérieur. Elle avait aussi besoin des appuis sur le plan international, notamment de la Chambre de commerce internationale (CCI). Il importe de souligner que la raison d'être de la Chambre de commerce internationale était de faciliter les échanges internationaux en défendant la liberté de commerce et de marché. Pour elle, l'autoréglementation de l'industrie et du commerce était la seule réponse aux rigidités des règlements imposés par l'État[707]. Pour cela, elle offrait une assistance pratique et concrète pour résoudre les problèmes quotidiens des milieux d'affaires internationaux. Du point de vue de sa composition, la Chambre de commerce internationale comprenait des milliers de sociétés et des groupements interprofessionnels de la plupart des pays du monde (110 pays au moins). En outre, il existait dans plus d'une cinquantaine de pays (57) des comités nationaux de la Chambre de commerce internationale. Pour exposer les vues des milieux d'affaires internationaux, la CCI participait aux conférences entre gouvernements par l'envoi de délégations de haut niveau. De plus, au moyen de ces comités nationaux, les gouvernements étaient l'objet de pression. Enfin, les bureaux permanents de liaison de la CCI représentaient les intérêts des milieux d'affaires auprès des Nations unies à New York[708].

La Chambre de commerce internationale jouait un rôle important dans la défense des milieux d'affaires sur le plan international. Consciente de cette réalité, la Chambre de commerce de Côte d'Ivoire, en association avec la Chambre d'agriculture et la Chambre d'industrie, décida d'avoir un comité national de la CCI. C'est le 15 avril 1975 qu'eut lieu l'assemblée constitutive du Comité national

---

707 *La Chambre de commerce internationale au service du monde des affaires*, (sl), (sd), p. 1, multigr., *ACCCI* : dossier carton E10, Chambre de commerce internationale, 1961-1996.

708 *Idem*, pp. 4-10.

ivoirien de la Chambre de commerce internationale[709]. À cette date, le bureau de séance présidé par François Massieye mit en place un conseil de direction comprenant 16 membres titulaires et 16 membres suppléants. La présidence de ce comité de direction fut assurée par Joseph Aka Anghui, et les vice-présidences par François Massieye, Oka Niangoin, de la Chambre d'agriculture, et Lambert Konan, de la Chambre d'industrie[710]. S'il est difficile d'évaluer la portée des actions du Comité national ivoirien de la CCI, on peut supposer qu'il a été un moyen de relais de la CCI pour la défense des intérêts des milieux d'affaires.

En dehors de la Chambre de commerce internationale, la Chambre de commerce de Côte d'Ivoire, à l'image des chambres consulaires africaines, tenait à maintenir des liens avec les institutions consulaires françaises. Ce fut dans ce sens que naquit la Conférence permanente des compagnies consulaires africaines et françaises. En 1982, cette association était présidée par un Africain du nom de Diallo Dramey[711]. Ce type d'association avait pour but de maintenir les contacts d'affaires, d'exposer les problèmes qui se posaient aux chambres consulaires africaines et de s'enrichir d'expériences mutuelles. C'est aussi dans cette perspective que naquit en 1968, sur l'initiative du député Adalberto Carmaigon, de l'État de Sao Paulo, et en présence des ambassadeurs africains au Brésil, la Chambre de commerce afro-brésilienne. Son objectif était de construire, de stimuler les relations commerciales, diplomatiques et même « spirituelles » entre le Brésil et les pays d'Afrique[712]. À ses débuts, la Chambre de commerce afro-brésilienne se limitait à des contacts et à la recherche de renseignements dans les milieux économiques et financiers. Par la suite, au début des années 1970, elle procédait à l'envoi de missions commerciales brésiliennes en Afrique. Ces missions, composées des représentants des entreprises brésiliennes, faisaient, au cours de leurs

---

[709] Procès-verbal de l'Assemblée générale constitutive du Comité national ivoirien de la Chambre de commerce internationale, Abidjan, le 15 avril 1975, *ACCCI* : dossier carton E10, Chambre de commerce internationale 1961-1991.

[710] *Idem.*

[711] Lettre de chef Diallo Dramey, président de la Conférence permanente des compagnies consulaires africaines, au vice-président de la Chambre de commerce de Côte d'Ivoire, Brazzaville, le 13 mai 1982, *ACCCI* : dossier carton A14, Compte-rendu de réunion du bureau.

[712] Chambre de commerce afro-brésilienne, compte-rendu des activités 1968/1980, p. 1, *ACCCI* : dossier carton E23, Chambre de commerce africain, brésilien et arabe, coopération interconsulaire (1968-1993).

déplacements, la promotion des opportunités d'affaires au Brésil à travers les expositions et les foires.

Les plus grandes foires initiées par cette Chambre de commerce afro-brésilienne en Afrique sont : « Brésil 1973 » au Nigeria ; la Fidak à Dakar en novembre et décembre 1974, et la foire internationale du Ghana en 1976. Toutes ces manifestations furent l'occasion de contacts commerciaux et d'expositions des produits brésiliens[713].

Sur le plan sous-régional, les organisations consulaires africaines sentaient aussi le besoin de se regrouper. C'est de cette prise de conscience que vit le jour, en 1968, la Fédération des chambres de commerce de l'Afrique de l'Ouest. Elle se proposait d'abord d'établir un lien permanent entre les chambres de commerce nationales et les associations des chambres de commerce, de l'industrie et des mines en Afrique de l'Ouest. À ce but, il faut ajouter la promotion de l'industrie et du commerce ainsi que la nécessité d'établir un système convenable pour régler les conflits commerciaux. Enfin, cette fédération se proposait également de partager les informations économiques en matière de commerce[714]. Comme action majeure, la Fédération des chambres de commerce de l'Afrique de l'Ouest a réussi à mettre en place le 23 juillet 1983 à Lomé une société de promotion, Ecopromotion S.A. C'est grâce à son appui que vit le jour, en 1984, une banque d'affaires dénommée Ecobank.

Ces grands ensembles consulaires ont permis à la Chambre de commerce de Côte d'Ivoire d'intégrer un vaste réseau des milieux d'affaires. Certes, l'action de ces associations a été moins agressive que pendant la période coloniale ; néanmoins, elle présentait de nombreux avantages pour les milieux économiques du pays.

Dans certains cas, ces relations ne suffisaient pas. Il naquit de ce fait au niveau bilatéral des chambres de commerce mixtes. Souvent, ce type d'organisation, comme ce fut le cas en Côte d'Ivoire, résultait de l'action des politiques en association avec les compagnies consulaires. C'est ainsi que la mise en place de la Chambre de commerce ivoiro-sénégalaise fut le fruit de l'accord de ces deux États lors de la grande

---

[713] Chambre de commerce afro-brésilienne, compte-rendu des activités 1968/1980, pp. 3-4, *ACCCI* : dossier carton E23, Chambre de commerce africain, brésilien et arabe, coopération interconsulaire (1968-1993).

[714] Mémorandum de l'Association des fédération des chambres de commerce de l'Afrique de l'Ouest, 1968, *ACCCI* : dossier carton E25, Fédération des chambres de commerce de l'Afrique de l'Ouest.

Commission mixte ivoiro-sénégalaise[715]. La section locale de cette chambre de commerce comprenait pour la Côte d'Ivoire, la Chambre de commerce, la Chambre d'industrie et la Chambre d'agriculture. Chaque compagnie y était présente avec trois membres chacune. En septembre 1976 naquit aussi la Chambre mixte ivoiro-suisse pour le commerce et l'industrie à Genève[716]. Mais pour mieux comprendre l'esprit qui motivait la naissance des chambres de commerce mixtes, il importe d'examiner le projet de statut qui a conduit à la création de la Chambre de commerce mixte algéro-ivoirienne.

Ce fut lors de la deuxième réunion de la Commission mixte algéro-ivoirienne tenue à Alger du 10 au 17 septembre 1974[717]. À l'image de la Chambre de commerce mixte algéro-ivoirienne, les chambres de commerce mixtes, si l'on prend le statut du dernier cas, avaient pour but de favoriser le développement des relations commerciales, industrielles et agricoles entre deux pays. Elles contribuaient à faciliter les échanges de nature économique ainsi que les transactions entre agents économiques. En outre, ce type de chambre consulaire prêtait son concours aux négociants et industriels des deux pays en vue de l'accroissement des échanges. Elles organisaient aussi des voyages d'information et des conférences sur des thèmes économiques intéressant les deux pays[718].

Dans l'ensemble, les chambres de commerce mixtes sont des institutions indépendantes des chambres de commerce locales dans la mesure où leur naissance est le fruit de négociations politiques. Elles ne résultent pas de l'initiative des chambres consulaires locales. Néanmoins, compte tenu de leur objet, celles-ci collaboraient avec les chambres de commerce mixtes. En dehors des échanges d'information sur le plan économique, il est difficile d'apprécier la portée des actions

---

[715] Compte-rendu de la réunion des membres du bureau de la Chambre de commerce (1973) p. 1, *ACCCI* : dossier carton A13, Compte-rendu des réunions du bureau (1973-1979).

[716] Chambre Ivoiro-Suisse pour le commerce et l'industrie ; procès-verbal de la séance extraordinaire (1976), *ACCCI* : dossier carton E23, Chambre de commerce africaine, brésilienne et arabe, coopération interconsulaire (1968-1993).

[717] Chambre de commerce mixte ivoiro-algérienne (1974), *ACCCI* : dossier carton E23, Chambre de commerce africaine, brésilienne et arabe, coopération interconsulaire (1968-1993).

[718] Chambre de commerce mixte ivoiro-algérienne (1974), *ACCCI* : dossier carton E23, Chambre de commerce africaine, brésilienne et arabe, coopération interconsulaire (1968-1993).

de ces structures. Mais évoluant dans un contexte nouveau où l'État ivoirien tenait les rênes de l'économie, les appuis extérieurs de la Chambre de commerce n'avaient pas la même efficacité que durant la période coloniale. Certes, la Chambre de commerce de Côte d'Ivoire assistait à plusieurs réunions à l'extérieur, mais il était difficile de percevoir son impact sur l'évolution du pays. Sur le plan interne, depuis l'indépendance, la Chambre de commerce essayait de jouer pleinement son rôle. Mais le bilan, jusqu'en 1992, est loin des attentes escomptées.

B- La Chambre de commerce de Côte d'Ivoire post-indépendance : un bilan en deçà des objectifs initiaux

De 1960 à 1992, la Chambre de commerce de Côte d'Ivoire chercha à poser ses marques en empruntant une orientation différente de la période coloniale. Mais à en juger par ses actions, il semble que ses attributions n'ont pu être correctement respectées. C'est pourquoi la Chambre de commerce de Côte d'Ivoire présente un bilan mitigé non seulement par rapport à la période coloniale, mais aussi par rapport aux objectifs que les autorités lui ont assignés. Cette triste réalité se décèle à travers un certain nombre de constats.

1- Faible initiative en matière de réalisation : la gestion de l'héritage colonial mise à mal

Du point de vue des textes, la Chambre de commerce de Côte d'Ivoire possède un certain nombre d'attributions. Dans la série de ces attributions, certains articles conféraient à cette compagnie la possibilité de construire des immeubles pour son propre usage, entreprendre des travaux dans l'intérêt du commerce et en assurer la gestion. À cela, il faut ajouter la possibilité d'acquérir et d'administrer des établissements à usage commercial (magasins généraux, docks et entrepôts, salles de ventes publiques, service de peseurs jurés, service de contrôle des marchandises ou produits). En plus, la Chambre de commerce pouvait acquérir et administrer des établissements d'enseignement professionnel et assurer la gestion d'ouvrages d'utilité publique[719]. Tous ces éléments constituaient ce que l'on appelle la

[719] *JORCI* 1963, décret n° 63-246 du 17 mai 1963 portant organisation des chambres de commerce de Côte d'Ivoire, titre III, attribution des chambres de commerce, s 30 et 31.

fonction administrative de la Chambre de commerce. Sur ce point, les attributions de la Chambre de commerce de Côte d'Ivoire furent calquées sur celles des chambres de commerce françaises.

Il importe de souligner que les attributions conférées aux chambres de commerce françaises étaient en fait la codification des actes posés sans l'appui des pouvoirs publics. Ainsi, l'enseignement commercial et professionnel fut une invention des chambres de commerce françaises. Progressivement, et à cause de leur dynamisme, les pouvoirs publics leur ont concédé plus d'attributions en matière administrative. Sur ce plan, le bilan des chambres de commerce françaises est largement positif. Ainsi, en matière d'infrastructures, ces chambres de commerce étaient présentes dans la création des ponts, des parcs d'exposition, des complexes routiers, des palais des congrès et des centres commerciaux. Elles participaient aussi à leur gestion. En outre, elles avaient également le contrôle de 120 aéroports, 160 ports de commerce, de voyageurs, de pêche ou de plaisance[720]. À l'actif de ces chambres de commerce, il faut ajouter 45 palais des congrès, des parcs d'exposition, 68 entrepôts et magasins généraux, 338 zones d'activité ou pépinières d'entreprise et 246 bâtiments industriels[721].

Sur le plan de l'enseignement supérieur, les chambres de commerce françaises comptaient 17 écoles d'ingénieurs (informatique, électronique, textile...), 30 écoles supérieures de commerce et de gestion (dont la prestigieuse HEC : Hautes Études Commerciales), l'École Supérieure des Sciences Économiques et Commerciales (ESSEC), l'École Supérieure de Commerce de Paris (ESCP) et 27 écoles supérieures de province (ESC)[722]. Avec tous ces outils de formation, au niveau national, les chambres de commerce françaises étaient le deuxième agent après l'État français dans le domaine de l'éducation.

C'est donc conscient de ce que pouvaient faire les chambres de commerce que le colonisateur français les a instituées dans ses différentes colonies. Dans le cas de la Côte d'Ivoire, au moment de la colonisation, la Chambre de commerce a joué un rôle important sur le plan économique. Après l'indépendance, la nouvelle Chambre de

---

720 Pierre PUAUX, *Les Chambres de commerce et d'industrie*, Paris, PUF, 1998, p. 4.

721 *Idem*, pp. 118-119.

722 Pierre PUAUX, *op. cit.*, p. 111.

commerce de Côte d'Ivoire était aussi appelée à jouer un rôle majeur. Cependant, sur ce plan, le bilan de la nouvelle compagnie est maigre. La Chambre de commerce de Côte d'Ivoire a essayé par ses propres moyens d'être à la hauteur de ses attributions, mais elle n'a pu aller très loin. Dans la majeure partie des cas, son action a consisté à gérer le patrimoine légué par l'ancienne chambre de commerce issue de la colonisation. En effet, dans les années 1950, après l'échec de la Chambre de commerce de Côte d'Ivoire d'assurer la gestion du port d'Abidjan, il lui fut néanmoins concédé la gestion de certains services. C'est ainsi qu'elle mit en place et géra des magasins de produits ou de marchandises transitant par le port. La Chambre de commerce a créé 5 magasins de plus de 3 500 m^2. En plus de ses propres magasins, le port d'Abidjan a confié à cette compagnie la gestion de 6 autres magasins sur un terrain d'une superficie totale de 14 200 m^2. La Chambre de commerce a aussi un magasin de 1 500 m^2 en gare de train à Bouaké.

Au cours de cette même période des années 1950, la Chambre de commerce a mis en place un service des poids publics (deux ponts-bascules de 30 tonnes, un de 50 tonnes, un de 60 tonnes et un autre de 80 tonnes) dans la zone portuaire d'Abidjan. Un autre service initié vers la fin de la colonisation était relatif à la mise en place d'un entrepôt d'hydrocarbure sous douane. Ce dépôt était destiné à l'autoravitaillement des bateaux de pêche. Sa capacité de stockage était de 400 m^3. À tous ces services, il faut ajouter l'école de formation professionnelle mise en place depuis 1937 et la création d'une chambre d'arbitrage en 1955. Le but de cette juridiction, qui se voulait rapide et peu onéreuse, était de connaître les litiges survenant dans les transactions sur le café et le cacao lorsque les parties précisaient dans leur contrat qu'elles s'en remettaient à sa compétence. Après l'indépendance, la nouvelle Chambre de commerce de Côte d'Ivoire hérita de tous ces services. Mais l'on doit remarquer que de 1960 à 1992, elle se contenta uniquement de les gérer sans apporter d'innovation réelle. Certains services comme la Chambre d'arbitrage n'ont eu qu'une existence théorique. Durant son existence, cette juridiction ne jugea d'aucune affaire en dépit des appels incessants de la Chambre de commerce aux opérateurs économiques à s'y référer.

Quant aux autres services, au fil des années, ils connurent une dégradation importante causant de ce fait une baisse des activités de la Chambre de commerce de Côte d'Ivoire. Ainsi, l'un des services qui a ressenti les conséquences de cette situation fut celui des ponts-bascules. Certains de ses usagers avaient commencé à estimer son matériel peu fiable et vétuste. Cela a d'ailleurs amené la Caisse de péréquation de riz à ne pas y faire peser ses arrivages. Plus grave, les transitaires qui avaient utilisé jusque-là ce service de la Chambre de commerce créèrent leur propre pont-bascule. Ils devinrent de ce fait des concurrents sérieux pour cette compagnie consulaire. Cette situation a eu pour conséquence de faire baisser le volume des activités des ponts-bascules de l'ordre de 40 %[723]. Le Service de l'entrepôt de l'hydrocarbure connut le même sort. Il fut concédé à une société pétrolière, à savoir Texaco. Concernant l'enseignement professionnel, il n'y a pas eu d'innovation majeure. L'école de la Chambre de commerce dispensait la même formation que les autres grandes écoles, pourtant, elle aurait pu faire mieux à l'image des chambres de commerce françaises.

L'on peut soutenir que dans sa fonction administrative, la nouvelle compagnie consulaire de 1960 n'a pas pu se montrer à la hauteur de ses ambitions. Certes, elle a essayé des actions pour assumer son rôle, comme en 1990, par la création d'un Institut de promotion des entreprises (IPE), mais cela était très limité. En dépit de cette action, la Chambre de commerce aurait pu faire mieux à l'image de certaines chambres de commerce de l'Afrique de l'Ouest. Ainsi, si l'on considère les réalisations de la Chambre de commerce du Burkina Faso, la Chambre de commerce de Côte d'Ivoire présente un bilan modeste bien que son budget soit plus élevé.

La Chambre de commerce du Burkina Faso existe depuis le 11 juin 1948. Pendant la période coloniale, elle bénéficia d'ailleurs de l'aide de celle de la Côte d'Ivoire, qui lui a concédé son terrain de Bobo-Dioulasso pour établir le siège de cette compagnie. C'est en 1962 que la Chambre de commerce du Burkina Faso fut transférée à Ouagadougou. De cette date jusqu'en 1992, elle a accompli de nombreuses réalisations. Parmi les plus importantes, on peut citer entre autres la création de la gare routière internationale d'Ouagadougou en 1978, qui comprenait 15 000 m^2 d'entrepôts couverts et de terre-pleins. Elle possédait aussi des bureaux, des aires

[723] Compte-rendu de l'assemblée plénière de la Chambre de commerce de Côte d'Ivoire du vendredi 14 novembre 1986. Rapport de présentation du projet de budget pour l'exercice 1986/1987 (Poids publics, port d'Abidjan), p. 3, *ACCCI* : dossier A15, Compte-rendu des réunions du bureau.

de stationnement et même un complexe hôtelier. En outre, le Burkina Faso, bien que pays enclavé, à travers sa Chambre de commerce, gérait des entrepôts portuaires pour le compte de ses ressortissants dans certains pays comme le Togo, la Côte d'Ivoire, le Bénin et le Ghana[724]. Au niveau des localités de l'intérieur, la Chambre de commerce du Burkina Faso avait, dans des villes comme Bobo-Dioulasso ou Banfora, des entrepôts couverts et des terre-pleins. Cette compagnie avait aussi sous son contrôle les entrepôts ferroviaires et aéroportuaires d'Ouagadougou[725]. De ces éléments, il se dégage le constat que sur le plan des réalisations, la Chambre de commerce du Burkina Faso présentait une avance importante sur celle de la Côte d'Ivoire, qui évoluait pourtant dans un environnement économique favorable à son éclosion. Cette faiblesse de la Chambre de commerce se ressent aussi dans sa mission consultative.

2- Une mission consultative et d'aide exercée en deçà de ses possibilités

À l'origine, la raison d'être de la Chambre de commerce était de jouer un rôle consultatif, c'est-à-dire de donner des avis qui aidaient à la prospérité de l'économie. C'est l'efficacité de ce rôle qui a accru l'audience et la multiplication des chambres de commerce en France. Selon la loi du 9 avril 1898 relative à l'organisation des chambres de commerce françaises, le rôle de celle-ci consistait à donner au gouvernement les avis et les renseignements qui leur étaient demandés sur les questions industrielles et commerciales. Ensuite, elles précisent de façon plus détaillée les points qui devaient faire l'objet d'avis. La loi du 23 décembre 1908 relative à la création de la Chambre de

[724] Les entrepôts portuaires de la Chambre de commerce du Burkina Faso à Lomé (Togo) existent depuis 1977. Ils comprennent 10 000 m^2, 11 600 m^2 de terre-pleins et des bureaux. Au port d'Abidjan depuis 1970, cette compagnie possède 10 020 m^2 avec 6 530 m^2 de terre-pleins et 190 m^2 de bureaux. Au port de Cotonou (Bénin), elle dispose d'un entrepôt couvert de 5 000 m^2 et 600 m^2 de terre-pleins. Au Ghana dans le port de Tema, elle dispose d'une parcelle, in *Jeune Afrique Économie*, janvier 1994, n° 175, p. 182.

[725] En ce qui concerne les entrepôts ferroviaires à Ouagadougou, ce sont deux entrepôts couverts avec des terre-pleins réalisés en 1963 et 1968 :

- Brasilia I représente 800 m^2 et 5 000 m^2 de terre-pleins destinés à la réception des marchandises à l'exportation ;
- Brasilia II représente 7 000 m^2 et 5 000 m^2 de terre-pleins destinés à la réception des marchandises à l'exportation, *idem*, p. 182.

commerce de Côte d'Ivoire s'inspirait largement des dispositions de la loi du 9 avril 1898.

Dans l'ensemble, les chambres de commerce s'expriment sur tous les sujets relatifs à l'économie. Elles le font soit directement, par des avis, des rapports, des motions ou des lettres aux ministres, soit par l'intermédiaire de leurs représentants. Mais compte tenu de l'immensité de leur domaine, cela suppose que la Chambre de commerce maîtrise tous les rouages de l'économie de façon à donner des informations crédibles et des avis de valeur. Pendant la période coloniale, la Chambre de commerce de Côte d'Ivoire, en dépit de ses moyens limités, fit preuve de beaucoup d'initiatives. Regroupant les intérêts économiques de la colonie y compris ceux des indigènes, cette compagnie avait connaissance de tous les problèmes économiques du territoire. C'est par elle seule que l'autorité coloniale était mieux informée sur les vrais problèmes économiques. Pour traduire l'intérêt et le rôle que joue cette institution, le gouverneur de la colonie était très souvent présent et siégeait à chaque réunion de la Chambre de commerce.

Dans l'exercice de sa mission consultative, la Chambre de commerce de Côte d'Ivoire a toujours consigné tous ses avis dans son bulletin. Ce bulletin publié périodiquement comprend les procès-verbaux de réunions, des statistiques et différents avis sur l'état de l'économie coloniale. Son premier bulletin est paru en 1912. Dès les premiers moments de son existence, la Chambre de commerce de Côte d'Ivoire mettait l'accent sur la documentation. Pour cela, elle s'équipait d'ouvrages et de revues nécessaires pour éclairer ses membres sur les procédures d'importation, d'exportation et sur les différentes opportunités d'affaires. Par la suite, après 1945, pour jouer davantage son rôle, la Chambre de commerce de Côte d'Ivoire mit en place des commissions. Ces commissions avaient un rôle consultatif. Elles avaient pour but d'éclairer l'institution sur des sujets précis. Durant toute la période coloniale, la Chambre de commerce a joué, à la mesure de ses possibilités, son rôle consultatif. Quand on examine les différents bulletins de cette compagnie, on est frappé par la multitude des renseignements et des avis sur l'économie coloniale. À cause de la qualité de ses avis sur le plan économique, cette compagnie était une institution de poids dans la vie de la colonie. Elle a fait trembler bien des gouverneurs et hommes politiques africains.

À la fin de la colonisation, avec le décret de mai 1963, les mêmes attributions consultatives sont transposées sur la nouvelle Chambre de commerce. Ainsi, dans l'exercice de ses nouvelles activités, la Chambre de commerce de Côte d'Ivoire devait assumer les services de renseignements économiques, de statistiques et du commerce extérieur. En plus, la Chambre de commerce devait être le lieu où les acteurs économiques, tant ivoiriens qu'étrangers, pouvaient trouver des réponses fiables aux questions qu'ils se posaient. Consciente d'une telle mission, la Chambre de commerce de Côte d'Ivoire apportait une attention particulière à son service de documentation. Ce service tenait à la disposition des ressortissants de la Chambre de commerce les textes régissant les importations, les exportations, la réglementation des prix ainsi que les statistiques import-export. En outre, la compagnie publiait régulièrement la répartition des contingents de devise à apporter aux importateurs en accord avec les services de la Direction du commerce extérieur[726]. Le service de documentation diffusait aussi les publications de la Chambre de commerce de Côte d'Ivoire. Il s'agit notamment du *Bulletin quotidien* et du *Bulletin mensuel*. Ceux-ci contenaient des renseignements économiques, des études[727], des avis des services publiés, des appels d'offres et d'adjudication, des mouvements de navires, des opportunités d'affaires et d'autres renseignements divers. Il y avait aussi une rubrique pour les offres et les demandes d'emploi ainsi que les offres de services. Dans ce service de documentation, on pouvait consulter également des ouvrages et des publications intéressant le commerce, l'industrie et l'agriculture. Il s'y trouvait aussi des journaux officiels, des journaux financiers et commerciaux.

Du point de vue de l'information économique, la Chambre de commerce devait être un centre de référence. Elle devait être aussi un lieu de publication afin de répondre aux attentes des milieux économiques. Depuis la colonisation et même après l'indépendance, la

---

[726] Note sur les services gérés par la Chambre de commerce de Côte d'Ivoire, *ACCCI* : dossier carton A1, Historique de la Chambre de commerce de Côte d'Ivoire.

[727] Dans les deux premières décennies de l'indépendance, la Chambre de commerce publie plusieurs études dans son *Bulletin mensuel*. Cependant, à titre d'exemple, au cours de l'année 1962, la Chambre de commerce a fait des études sur le régime économique du café en Côte d'Ivoire, l'évolution du marché commun, le marché du travail en Côte d'Ivoire, l'activité du port d'Abidjan en 1961, etc., in *BMCCCI*, nº 5, mai 1963, p. 48.

Chambre de commerce de Côte d'Ivoire demeurait ce lieu de réception de toutes les personnalités. Il s'agit entre autres de grands patrons, des hommes d'affaires, des hommes politiques et même du simple citoyen à la recherche d'information économique.

Face à toutes ces exigences, le service documentation se devait d'être suffisamment fourni pour renseigner, guider les commerçants, les industriels, ainsi que les entreprises qui le sollicitaient. De 1963 à 1992, selon les statistiques de la Chambre de commerce, son service de documentation recevait en moyenne 150 personnes par jour. Ces faits traduisent donc l'importance et l'intérêt de ce service. En outre, sa fréquentation donnait l'occasion à la Chambre de commerce de se préoccuper des besoins des milieux d'affaires. Ainsi, au cours de sa réunion du 15 novembre 1977, la compagnie consulaire avait envisagé la publication de deux brochures. Il s'agissait, d'une part, d'un *Guide du petit commerçant ivoirien*, et d'autre part, d'un *Guide de l'importateur et de l'exportateur*[728]. Dans cette mission d'aide et de conseil, la Chambre de commerce de Côte d'Ivoire a mis en place en 1968 un service d'assistance technique commerciale (ATC), et en 1990, un Institut de promotion des entreprises (IPE). Si le rôle du premier service était d'aider à la promotion du petit commerce, le second visait une assistance aux PME/PMI.

Cependant, la Chambre de commerce, tout en tentant de jouer efficacement ce rôle de conseil, aurait pu faire mieux dans le domaine de l'information économique, à l'image les chambres de commerce et d'industrie françaises. Celles-ci disposaient d'un grand nombre d'observatoires (certains spécialisés), de centres de documentation et de publications diverses. Elles possédaient 120 banques de données informatisées. Parmi celles-ci, on peut citer DELPHES, première banque française de données bibliographiques d'informations économiques (entreprises, produits, marchés,) Téléfirm, Firmexport, Telexport, qui regroupait cinq banques de données internationales[729]. En plus des banques de données, les chambres de commerce françaises avaient plusieurs réseaux d'information, dont le CCI-info et les centres régionaux de documentation internationale. Elles possédaient aussi des Euro-info, qui étaient des centres spécialisés

[728] Compte-rendu de la réunion du bureau élargi de la Chambre de commerce de Côte d'Ivoire du mardi 15 novembre 1977, pp. 4-5, *ACCCI* : dossier carton A13, Compte-rendu de réunions du bureau, 1973-1981.

[729] Pierre PUAUX, *op. cit.*, p. 109.

dans la réglementation de l'Union européenne (normes, fiscalité, corporation, programmes de recherche et de développement)[730]. Tous ces moyens d'information avaient pour but de faire en sorte que les chambres de commerce deviennent pour les entreprises un point d'accueil et de conseil. Par leur moyen, les entreprises pouvaient accéder à toutes les informations disponibles et utiles dans le réseau consulaire et en dehors de celui-ci[731].

En dehors de leurs réseaux d'information, les chambres de commerce françaises apportaient une assistance technique sous forme de prestations de service aux entreprises. Elles portaient sur diverses activités. Il s'agissait en l'occurrence du tourisme, de l'hôtellerie, des échanges internationaux et de l'industrie. Toutes ces prestations étaient, en général, gratuites. Ces domaines d'action des chambres de commerce et d'industrie françaises, ainsi que la qualité de leur expertise, faisaient d'elles des institutions respectées et sollicitées pour leur avis. La Chambre de commerce de Côte d'Ivoire, compte tenu du poids économique de la Côte d'Ivoire, aurait pu tendre vers une telle expertise. Elle aurait dû être une institution de référence par la qualité des informations économiques. Mais, chose paradoxale, plus les années ont avancé, plus le poids de cette compagnie a décliné. L'aboutissement de cette situation est sa dissolution en 1992. Dans cet échec, l'État ivoirien a une certaine responsabilité. C'est le cas notamment de la réussite contrariée de la Chambre de commerce de Côte d'Ivoire en matière de gestion du riz.

3– La gestion et la répartition des stocks de riz : une réussite contrariée de la Chambre de commerce

Pendant la colonisation, la culture du riz occupait une place marginale dans l'agriculture. Elle fut laissée au rang des cultures vivrières. Le riz n'entrait pas dans les préoccupations des maisons de commerce. Celles-ci se souciaient plutôt de la nécessité d'exporter les produits de traite tels que le café, le cacao, l'huile de palme et autres. Mais par la suite, le riz étant une alimentation de base, il devint une préoccupation des autorités coloniales. Ces dernières, par divers moyens, encourageaient d'ailleurs sa production. Après l'indépendance de la Côte d'Ivoire, les nouvelles autorités poursuivirent cette action. Elles créèrent à cet effet la société chargée du développement du riz (SODERIZ). La

730 *Idem.*
731 *Ibid.*

création de cette société résulte du fait que le pays était déficitaire en matière de production de riz. Il était obligé de compenser ce déficit par une importation massive de stocks. Certes, il existait une pratique traditionnelle de la culture du riz à certains endroits du pays, mais celle-ci était insuffisante du point de vue de sa production. La culture du riz avait donc besoin d'être modernisée. C'est pourquoi, avant que le pays ne parvienne à cette autosuffisance en matière de riz, il continuait d'importer sans tenir compte de la production locale.

Face au déficit en matière de riz, l'importation du riz se faisait par l'intermédiaire des maisons de commerce groupées au sein de la Chambre de commerce. C'est à cette institution que le gouvernement avait confié la gestion et la répartition du riz importé dès le début de l'indépendance. Au sein de la Chambre de commerce, il fut mis en place une commission chargée de traiter ce problème. Ainsi, dans le cadre de la commission des importations et de la distribution, la sous-commission des attributaires de riz se chargeait de ce dossier important. Les orientations de cette sous-commission portaient sur plusieurs axes. Sur le plan local, elle devait réfléchir aux problèmes liés à la commercialisation et à la production du riz local. Les difficultés du riz local portaient entre autres sur les questions de transport, de stockage, de répartition et de financement. Sur le plan extérieur, cette sous-commission des attributaires de riz s'occupait surtout de l'importation du riz. Elle examinait le quota et la répartition du riz à importer entre les maisons de commerce. Cette sous-commission des attributaires de riz de la Chambre de commerce comprenait les principales maisons de commerce faisant de l'importation et de l'exportation. L'on peut citer entre autres la CFCI, la CFAO, la SCOA, Abile-Gal, Massieye et Ferras, Dreyfus, l'Africaine française et la CICA[732]. Ce sont ces maisons de commerce agréées par la Chambre de commerce qui, sous la présidence de François Massieye, définissaient la qualité du riz à importer et le quota de répartition.

Au cours de la réunion des importateurs de riz, chaque maison de commerce détenait un quota bien défini. Ce quota était fonction du poids de la maison d'import-export et surtout de son domaine d'activité. Chaque maison de commerce recevait son stock de riz de

---

[732] À ce nombre, on peut y ajouter S.H.A.C, Commerce Africain, Hollando Africaine, Comoé, De Tessières, Chaîne Avion, Gratry, le syndicat des commerçants en produits et marchandises de Côte d'Ivoire, Soucail, Vacheron, Froid industriel, Gramoa, Monoprix, Ganamet, in *BMCCI*, n° 4, avril 1960, p. 18.

façon proportionnelle à son besoin. Par exemple, en 1960, dans le tableau des quotas attribués aux importateurs de riz, la CFAO et la CFCI ont obtenu 17 %, tandis qu'Abile-Gal, Massieye et Ferras, ainsi que Dreyfus reçurent respectivement 8,71 %, 7,87 % et 7,72 %[733]. D'autres maisons de commerce en reçurent moins. Lorsque la sous-commission des attributaires de riz avait défini la part qui revenait à chaque maison d'importation, la Chambre de commerce se chargeait alors d'importer le riz en accord avec son ministre de tutelle. Chaque maison de commerce recevant son quota de riz à l'arrivée des navires se chargeait de l'écouler sur le marché local. Cependant, compte tenu du fait que le riz était une denrée de grande consommation et que la Chambre de commerce avait à sa charge sa gestion, elle suivait son évolution sur le marché afin d'éviter les pénuries. En outre, elle veillait aussi à ce qu'il n'y ait pas de surplus au moyen de voies parallèles.

Dans l'ensemble, la Chambre de commerce de Côte d'Ivoire devait garantir, d'une part, un approvisionnement régulier du marché en riz, mais s'assurer d'autre part que les importateurs ne travaillaient pas à perte. C'est pourquoi la question du riz était l'objet de fréquentes réunions de la sous-commission des attributaires de riz. En 1964, sur 27 réunions de la Commission des importations et de la distribution, 23 réunions ont été consacrées au riz[734]. En 1967, cette sous-commission des attributaires de riz totalisait 35 réunions alors que les autres commissions n'avaient pas plus de 5 réunions par an, jusqu'à ce que l'État ivoirien retire à la Chambre de commerce la gestion du riz, qui occupait une part essentielle des réunions de cette compagnie. En dépit des difficultés, la Chambre de commerce a su gérer, pendant des décennies, l'approvisionnement régulier du marché en riz. Malheureusement, depuis l'indépendance jusqu'à la dissolution en 1992 de cette compagnie, ce fut l'un des points majeurs sur lequel l'État ivoirien concéda à la Chambre de commerce une certaine confiance. Mais, il lui retira la gestion du riz avant 1992. Le manque de confiance et d'autonomie dans l'action de cette compagnie l'a de ce fait rendue moins performante. Tous ces éléments contribuèrent à précipiter la décadence de la Chambre de commerce, au passé pourtant chargé de hauts faits.

---

733 *Idem.*

734 Compte-rendu des activités de la Chambre de commerce durant les années 1964 et 1965, p. 10, *ACCCI* : dossier carton 11, Compte-rendu de réunions d'activités (1964-1982).

CHAPITRE II

LA DÉCADENCE D'UNE INSTITUTION

De 1960 à 1992, le bilan des activités de la Chambre de commerce de Côte d'Ivoire est modeste. Si les responsabilités de cette situation sont partagées dans le cadre d'un tel échec, l'État ivoirien occupe une part de responsabilité certaine. Sa place trop importante dans le développement économique a handicapé bien des initiatives dans la marche de la Chambre de commerce. Cette situation ainsi que les problèmes inhérents au fonctionnement de cette institution conduisirent à sa marginalisation et à sa dissolution en 1992.

I- L'ÉTAT IVOIRIEN, UN FREIN À L'ÉCLOSION DU DYNAMISME DE LA CHAMBRE DE COMMERCE DE CÔTE D'IVOIRE

Dans les pays développés comme la France où les chambres de commerce existent, la prospérité économique du pays ne s'est pas faite en marge de ces institutions consulaires. Très souvent, ce sont les chambres de commerce qui ont propulsé le secteur privé à l'origine du développement économique. Mais en Côte d'Ivoire, où il existait une chambre de commerce censée jouer ce même rôle, le résultat est différent. Cette situation ivoirienne découle de nombreux facteurs.

A- Prépondérance de l'État dans la vie économique

Cette prépondérance de l'État ivoirien se situe dans l'organisation de la vie économique. Elle se traduit par une concurrence faite au secteur privé. Le problème qui se pose ici est que l'action de l'État semble étouffer le dynamisme des institutions consulaires. En effet, l'État a toujours été perçu comme le point de départ de toute politique à mener. Il s'est toujours placé comme le plus grand employeur.

1- L'État ivoirien : le plus grand employeur

Les chambres de commerce ne sont certes pas des institutions qui déterminent le développement d'une nation, mais leur rôle est très important. Aux premières heures de leur naissance, à un moment où l'économie française était dans une situation de désastre, ces institutions ont contribué pour une grande part à la relever. Depuis cette période jusqu'à nos jours, les chambres de commerce ont essaimé en France et même en dehors de ce pays. Compte tenu de leur utilité, la France en installa dans toutes les colonies. Durant toute la période coloniale, la Chambre de commerce de Côte d'Ivoire a joué un grand rôle dans l'organisation de la vie économique. Lors de sa visite du 26 avril 1956 aux assemblées consulaires de la Côte d'Ivoire, dans le livre d'or de la Chambre de commerce, Houphouët-Boigny écrit ceci :

À la Chambre de commerce dont le rôle dans le développement économique de la Côte d'Ivoire a été déterminant, je veux dire aujourd'hui ma foi en un avenir encore plus fructueux s'il est basé sur la collaboration fraternelle des métropolitains et des Africains dans toutes les branches d'activités du territoire.[735]

Au sortir de la colonisation, si nombre d'institutions coloniales ont été supprimées, les chambres consulaires demeuraient en l'état. La réforme de 1963 ne changea rien à l'esprit de ces institutions, mais au contraire, les amplifia. Dans la pratique, à l'image des chambres de commerce françaises, l'État aurait pu se servir de ces institutions pour favoriser l'émergence d'un secteur privé bien formé. Peut-être que, craignant le prolongement de l'esprit colonial à travers ces institutions dans un pays très jeune, l'État ivoirien a-t-il pris le devant de la vie économique.

Une autre raison explique l'option de l'État ivoirien. Une décennie après les indépendances, les pouvoirs publics se sont rendu compte que pour favoriser un développement industriel à long terme, il fallait disposer de cadres ivoiriens formés, compétents et disposant de capitaux. Malheureusement, la Côte d'Ivoire n'en disposait pas en grand nombre. Pour combler cette lacune, l'État s'engagea donc seul ou en association avec le secteur privé étranger dans l'investissement public industriel[736]. À partir de ce moment, la présence de l'État fut permanente dans tous les secteurs d'activité. Bien que l'option

---

[735] *Chambre de commerce…*, *op. cit.*, p. 34.

[736] Jean-Marie CHEVASSU, « Le modèle ivoirien et les obstacles à l'émergence de la petite et moyenne industrie », p. 61, in Bernard CONTAMIN et Harris MEMEL-FOTE (dir.), *Le modèle ivoirien en questions, crises, ajustement, recompositions*, Paris, Karthala-Orstom, 1997, 802 p.

préconisée par les autorités politiques soit le libéralisme économique, il n'en demeurait pas moins vrai que cette réalité était contrariée par une présence trop importante de l'État. Ainsi, en 1979, les capitaux publics représentaient 50 % du capital de l'ensemble des entreprises du secteur moderne recensé par la Centrale de bilans. L'État ivoirien, à lui seul, n'avait pas moins de 200 entreprises[737]. En outre, pour rendre moins dépendant le pays de l'extérieur, l'État a créé les sociétés de développement (SODE), souvent concurrentes des sociétés étrangères en Côte d'Ivoire. Ainsi, la création de la SODEPRA (Société de développement de la production animale), de la SODERIZ, de la SODESUCRE, de la SITRAM (Société Ivoirienne de transport maritime) et autres SODE visait à assurer à l'État une certaine prédominance dans le secteur économique[738].

Cette option de l'État ivoirien a amené C. de Miras à se poser des questions sur ce qu'il appelle le « maternage de l'État ». En effet, soutient cet auteur :

On peut craindre que cet encadrement total, cette surprotection, ne produise le contraire de l'effet attendu. Une politique de promotion qui transforme l'État en tuteur des investissements privés, présente un double risque de tenir à « bout de budget » des individus qui n'ont pas l'étoffe d'entrepreneurs, et, au contraire d'annihiler les velléités d'initiatives et de prises de risque émanant d'hommes entreprenants qui, finalement s'en remettent à l'Administration pour réaliser leur projet en toute sécurité.

Ce maternage excessif entraîne une dépendance forte à l'égard de l'État, l'impossibilité de voir se développer une autonomie viable parmi les entrepreneurs nationaux et le risque certain d'effondrement de l'activité en cas de cessation des prestations publiques.[739]

Cette présence excessive de l'État dans la vie économique a conditionné le réflexe de la majorité des Ivoiriens. Ainsi, peu porté sur l'initiative privée, ce secteur parapublic était donc le terrain « naturel » d'intégration des nombreux cadres diplômés produits par le système scolaire et universitaire. Cette situation explique la prépondérance étrangère maintenue dans la direction et l'encadrement

---

737 Bernard CONTAMIN et Yves A. FAURE, *La bataille des entreprises publiques en Côte d'Ivoire, histoire d'un ajustement interne*, Paris, Karthala, Orstom, 1990, pp. 58-59.

738 Bernard CONTAMIN et Yves A. FAURE, *op. cit.*, pp. 78-79.

739 Jean-Marie CHEVASSU, *op. cit.*, p. 80.

des entreprises du secteur privé. En 1979, le pourcentage d'Ivoiriens occupant les fonctions de Direction s'élevait à 74,9 % pour les entreprises totalement publiques, et 54 % pour les sociétés à capitaux publics majoritaires, contre 12,9 % pour les entreprises à capitaux privés majoritaires[740]. Le rôle important de l'État dans l'économie précipita une grande partie des Ivoiriens vers le secteur public. La conséquence d'une telle situation est que le secteur privé se trouvait de ce fait aux mains des non-nationaux.

Ce triste constat ne fut pas sans conséquences sur la vie des organisations consulaires. En effet, faute d'entrepreneurs ivoiriens crédibles, aucun Ivoirien ne put accéder dès les premiers moments de l'indépendance à la présidence de ces institutions consulaires. Il est frappant de constater, dans le cas de la Chambre de commerce, que c'est le Français François Massieye qui dirigeait de main de maître cette institution. Faute d'adversaires ivoiriens capables de rivaliser avec lui, ce dernier fut chaque fois coopté à la tête de cette compagnie jusqu'à sa mort, en 1985. Cette situation a déteint sur l'image de la Chambre de commerce de Côte d'Ivoire. Les autres compagnies consulaires africaines ne comprenaient pas cet état des choses. Comme le souligne Mamadou Kouyaté, ancien vice-président de la Chambre de commerce de Côte d'Ivoire :

Nous avons eu un complexe qui était reproché par nos collègues du Sénégal [...], du Mali, par nos collègues d'ailleurs, que la Chambre de commerce de Côte d'Ivoire était représentée par un étranger français. [...]. Parce que, quand nous avons une conférence qu'on appelle Chambre consulaire de l'Afrique francophone, notre président [Massieye] ne s'est jamais présenté. C'est moi qui partais représenter cette chambre-là. Et ceci nous a été reproché énormément. Mais, le président Houphouët nous a dit tant que ces personnes vivront, il peut y toucher un cheveu. Le président Massieye avait vécu plus de 55 ans à la Chambre de commerce jusqu'à sa mort [1985].[741]

C'est à partir de cette date qu'un Ivoirien accéda à la tête de cette institution pour des raisons plutôt liées à l'ancienneté et à l'âge qu'à celles relatives à la compétence. En ce qui concerne la Chambre d'agriculture et la Chambre d'industrie, la situation était similaire.

[740] Bernard CONTAMIN et Yves A. FAURE, *op. cit.*, p. 80.

[741] Entretien avec Mamadou Kouyaté, ancien président de la Chambre de commerce, le 12 février 1999.

C'est la mort ou la démission du président qui permit aux Ivoiriens d'y accéder.

La présence des Français à la tête de ces institutions consulaires après l'indépendance n'était donc pas liée à la perpétuation de l'esprit colonial. Très souvent, aucun Ivoirien ne répondait aux critères de compétence et de relations en matière d'affaires pour conduire les institutions. Le secteur privé ivoirien n'existant pas ou évoluant dans la majorité des cas dans l'informel, il lui était difficile de contrôler la Chambre de commerce. Certes, depuis l'indépendance, il y avait des Ivoiriens dans le bureau de cette compagnie, mais leurs entreprises étaient loin de rivaliser avec celles des Français, qui étaient dans des secteurs à grands capitaux comme l'import-export. Ce sont tous ces éléments qui faisaient croire que la Chambre de commerce était un bastion des firmes étrangères. Dans un tel contexte, cette compagnie consulaire ne pouvait que susciter la méfiance des pouvoirs publics. En effet, laisser la liberté d'action à la Chambre de commerce alors que le poids des Ivoiriens était peu significatif, c'était créer un contre-pouvoir dangereux. C'est pourquoi la Chambre de commerce fut souvent ignorée et ses attributions mises à mal par l'État. Pourtant, à l'image des chambres de commerce françaises, celle de Côte d'Ivoire aurait pu suppléer l'État dans beaucoup de domaines au profit de l'intérêt général. Mais n'ayant pas compris la mission de cette institution, l'État faisait concurrence au secteur privé. Cette situation a limité la portée des actions de cette compagnie.

2- Des initiatives étatiques qui ont étouffé l'action de la Chambre de commerce

À cause de sa place trop importante dans la vie économique, l'État ne comprit pas assez tôt la nécessité de l'émergence d'un secteur privé et commercial dominé par les nationaux. S'il prit quelques décisions dans les deux premières décennies de l'indépendance, surtout dans la promotion des commerçants nationaux, force est de reconnaître que cela ne fut pas laissé aux mains de la Chambre de commerce. C'est pourquoi en dépit des résultats obtenus, les expériences initiées par l'État ne survécurent pas au temps. C'est le cas notamment du Programme d'Action Commercial (PAC). L'idée de ce programme venait du fait qu'après avoir mis l'accent sur le développement agricole et industriel, l'État s'est rendu compte, dix ans plus tard, que le secteur de la distribution, dont le contrôle lui échappait, était un frein au développement économique. En effet, le secteur du circuit de la distribution était jusque-là aux mains des entreprises (importation et gros) des Syro-Libanais (demi-gros), et le secteur du détail et du microdétail pour les Africains. Mais avec le repli des maisons de commerce européennes à Abidjan, les zones laissées vacantes furent occupées de façon anarchique et incontrôlée par les commerçants guinéens, sénégalais et maliens[742]. Si dès 1956, la SCOA créa la Chaîne Avion dont les points de vente s'étendirent dans toute la Côte d'Ivoire, cela ne résolut pas pour autant, à l'échelle du pays, le problème fondamental de la rigidité structurelle de l'appareil de distribution.

Concernant le commerce intérieur, les structures d'échange étaient archaïques et les circuits de distribution inappropriés. Cela entraînait pour l'ensemble du pays des conditions d'approvisionnement médiocres. Quant à la fixation des prix, elle ne tenait ni du prix de revient, ni de la qualité, ni de la quantité. Ce qui comptait, c'était les possibilités financières du client[743]. Cette situation malsaine du commerce intérieur fut une cause permanente de hausse incontrôlable des prix. Ce commerce intérieur était détenu en majorité par les Européens, les Libanais et les Africains non Ivoiriens. Conscient de la situation précaire du commerce intérieur, le gouvernement ivoirien entreprit une étude dès 1968, avec le concours d'une société française d'étude, Idet-Cegos. Le but de cette étude était de trouver des remèdes à l'inadaptation du secteur commercial et d'orienter les entrepreneurs locaux vers cette activité.

C'est dans ce but que l'État mit en place le Programme d'Action Commerciale (PAC). Celui-ci reposait sur trois institutions : un comité de coordination, une école de commerce et de gestion et enfin, la chaîne PAC, qui commença à fonctionner en 1971. Le comité de coordination du programme d'action commerciale, aux termes du décret n° 70-525 du 2 septembre 1970, était un simple organe consultatif interne du ministère des Finances. Cependant, il accueillait des personnes étrangères à l'Administration comme la Chambre de commerce et l'Association des petites et moyennes entreprises. C'est ce comité qui fixait les conditions de fonctionnement, le contrôle du budget de l'école de commerce et de gestion, le recrutement des commerçants susceptibles d'entrer dans la chaîne PAC ainsi que la gestion du corps des assistants de commerce. Quant à l'École de

[742] Jacqueline DUTHEIL DE LA ROCHÈRE, *op. cit.*, p. 368.
[743] *Idem*, p. 355.

commerce et de gestion, elle était un maillon important du programme d'action commerciale. Créée en octobre 1970, elle devait assurer le succès du PAC par l'encadrement et la formation des jeunes commerçants. Au moyen du PAC, il fut mis en place des structures comme l'AGRIPAC et la société de gestion, DISTRIPAC. Le principe de fonctionnement d'AGRIPAC était d'acheter au producteur des produits sélectionnés pour leur qualité, leur présentation et leur prix. Ces produits étaient ensuite vendus au détail dans les stands rattachés à un magasin PAC tenu par des agents formés à l'École de commerce et de gestion. En ce qui concerne la société de gestion DISTRIPAC, son objet était de gérer l'ensemble des activités de la chaîne PAC. Il s'agissait entre autres du recrutement et de l'encadrement des commerçants, de l'approvisionnement, des importations, de la publicité et des études commerciales au service de la chaîne. Dans l'ensemble, cette opération du PAC connut un grand succès avec le développement rapide des magasins. Le premier magasin fut ouvert en décembre 1970. Le nombre passa à huit magasins en 1971, à 70 en 1972, et à 195 en 1980. Au moyen du PAC, les prix des produits étaient les mêmes aussi bien dans la capitale que dans les milieux ruraux[744]. Cette politique fut également pratiquée par les entreprises comme la Chaîne Avion, sous contrôle de la SCOA, ou de sociétés d'économie mixte comme la SIDECO.

De façon générale, cette politique d'« ivoirisation » du secteur du commerce a produit des résultats bénéfiques. Mais elle n'a pu survivre à la crise des années 1980. Pourtant, si l'initiative avait été laissée aux structures comme la Chambre de commerce, chargée de défendre l'intérêt général, les choses auraient probablement pu être différentes. En effet, l'action de l'État, par la mise en place de ces programmes d'action commerciale, a contrarié dans une certaine mesure les initiatives de la Chambre de commerce à l'égard du petit commerce. En effet, depuis le début des années 1960, la Chambre de commerce, consciente de la précarité des petits commerçants, des transporteurs et des artisans, avait cherché à leur venir en aide. Ceux-ci étaient très souvent privés de toute possibilité de crédit de la part des banques. Pour résoudre ce problème, la Chambre de commerce proposait la création d'une société de cautionnement mutuel pour couvrir les organismes prêteurs du risque de crédit. L'objet de cette mutuelle était de cautionner ses membres sous forme d'aval. Pour rendre possible un

[744] *Côte d'Ivoire vingt ans*, Abidjan, édition Fraternité hebdo, 1980, p. 95.

tel projet, la Chambre de commerce prévoyait même dans son budget un fond de départ de 2 500 000 francs[745]. Mais ce projet ne connut pas le succès espéré parce que la Chambre de commerce n'avait pas bénéficié de l'appui du gouvernement ivoirien. Cet échec apparent ne découragea pas pour autant cette compagnie, puisqu'en 1968, elle décida de mettre sur pied un service d'assistance technico-commercial.

Par le moyen de ce service, la Chambre de commerce voulait former, pour l'avenir, un certain nombre d'assistants techniques afin de constituer de petites équipes itinérantes. Répartie dans une zone géographique bien déterminée, l'action de chaque équipe itinérante devait porter sur la formation technique et pratique des commerçants[746]. Il s'agissait entre autres des rudiments de comptabilité élémentaires indispensables à la gestion d'une petite entreprise et l'établissement d'un prix de revient. En outre, cette formation se proposait de donner des exemples concrets de présentation et d'aménagement d'un magasin de détail. Au-delà de cette action, la Chambre de commerce s'était même proposée de soumettre au gouvernement un projet de création de crédit d'équipement pour la petite et moyenne entreprise[747].

Ce projet d'assistance technique initié par la Chambre de commerce avait pour but d'aider et de conseiller les petits et moyens commerçants sur tous les aspects de leurs activités. Les premières actions de l'assistance technique commerciale s'exercèrent dès 1969 uniquement auprès des petits commerçants de la région d'Abidjan. Les activités portaient sur leur recensement, sur l'inventaire de leurs spécialités et sur la recherche d'aide à leur apporter du point de vue de la comptabilité, de la gestion et du crédit[748]. L'assistance technique commerciale fonctionnait en liaison avec APPMECI et l'OPEI, mais ce service d'assistance technique a dû interrompre son activité la même année, faute de moyens.

Parallèlement à cette initiative, probablement sans tenir compte du service d'assistance mis en place par la Chambre de commerce, le

---

745 *BMCCCI*, n° 5, mai 1960, séance plénière de la Chambre de commerce du 30 janvier 1960, pp. 26-27.

746 *BMCCCI*, n° 1, janvier 1968, compte-rendu de la séance plénière du 27 décembre 1967, p. 17.

747 *Idem*.

748 *BMCCCI*, n° 5, mai 1969, p. 31.

ministère de l'Économie et des Finances créait le Programme d'Action Commerciale (PAC) et une école de commerce et de gestion. Si le PAC a joué son rôle, comme le reconnaît François Massieye en novembre 1977, il ne s'adressait pas à tout le petit commerce. Par conséquent, estimait-il, son institution devait s'occuper du commerce indépendant[749]. Sa remarque était donc une critique à peine voilée des lacunes du PAC, qui ne prenait pas en compte les petits commerçants installés à leur propre compte. C'est pourquoi, en 1978, la Chambre de commerce créa à nouveau un service d'assistance technique commerciale (ATC). Son but était de contribuer au développement du commerce de détail et d'apporter une aide technique aux commerçants détaillants qui sollicitaient ses interventions. Les principaux points de l'aide portaient sur les conseils généraux concernant les divers aspects de l'activité commerciale, à savoir l'assistance à l'élaboration de projets et l'assistance à la gestion. Sur ce dernier point, l'aide consisterait à la mise en place de la comptabilité pour un meilleur contrôle de l'activité, le suivi régulier du commerçant dans l'exercice de sa profession et la formation aux méthodes de gestion du commerce de détail par l'organisation de stages de courte durée[750]. Dans le cadre de sa mission, en 1979, le Service de l'assistance technique commerciale fit des visites à des commerçants détaillants d'Abidjan. En outre, il représentait la Chambre de commerce aux journées commerciales de Man. Il expliquait aux commerçants de cette région l'aide technique que la Chambre de commerce pouvait leur apporter. Enfin, ce service apporta son assistance à un groupement organisé. Il s'agit de la centrale d'achat des commerçants de Côte d'Ivoire, animée par Frédéric Ablé[751].

L'action de la Chambre de commerce auprès des petits commerçants était plus pratique et moins pesante. Elle accompagnait l'effort des commerçants en étant partie prenante dans leurs affaires. Mais par manque de moyens, la Chambre de commerce ne put aller au-delà d'une certaine limite. Par contre, le PAC, qui était promu à un

---

[749] Compte-rendu de la réunion du bureau élargi de la Chambre de commerce du mardi 15 novembre 1977, p. 5, *ACCCI* : dossier carton A1, Historique de la Chambre de commerce de Côte d'Ivoire.

[750] Note sur le Service d'assistance technique commerciale, *ACCCI* : dossier carton A1, Historique de la Chambre de commerce de Côte d'Ivoire.

[751] Compte-rendu de la réunion du bureau de la Chambre de commerce du mardi 22 mai 1979/activités du service d'assistance technique commerciale, pp. 3-4, *ACCCI* : dossier carton A10, Compte-rendu de réunion du bureau (1978-1987).

bel avenir, ne donna pas le résultat espéré. En effet, ce programme d'action commerciale fut dissous vers le début des années 1980. Paradoxalement, c'est vers la Chambre de commerce que les demandes du ministère du Commerce se firent pressantes au sujet des anciens gérants de la chaîne PAC. Pour répondre à cette attente, la Chambre de commerce de Côte d'Ivoire mit à la disposition de ce ministère, en 1981, son Service d'assistance technique. Sa tâche était de participer à la mise en place des regroupements des anciens gérants de la chaîne PAC en coopérative et de leur proposer son expertise[752]. Mais le mal étant déjà grand, ce PAC ne survécut pas. D'autres programmes comme le programme national d'assistance aux commerçants ivoiriens, initié par l'État en 1985, eurent une portée sans résultats probants.

Dans l'ensemble, ces échecs s'expliquent en grande partie par le fait que l'État voulait être l'agent principal d'un domaine que pouvait bien remplir la Chambre de commerce. Sur le plan technique, cette compagnie avait plus d'expertise pour jouer un grand rôle dans l'aide à apporter aux commerçants et aux entreprises. En France, ce genre d'initiative était laissé aux mains des chambres de commerce qui, pour chaque secteur d'activité de l'économie, disposait d'un service d'assistance technique. Il s'agit entre autres du commerce, de l'industrie, de l'hôtellerie, du commerce extérieur et du tourisme. Ayant donc à défendre l'intérêt général, ces chambres de commerce se préoccupaient de tous les aspects de la vie économique dans leurs moindres détails. Sans avoir besoin de l'aide de l'État, en dehors de l'aspect financier, ces institutions prenaient l'initiative d'améliorer les conditions de vie des commerçants, des artisans et des entreprises. Mais en Côte d'Ivoire, le rôle de la Chambre de commerce n'ayant pas été compris dans ce sens, l'État se substitua à certaines de ses attributions sans pour autant réussir à pérenniser son action.

---

[752] En 1982, ce service d'assistance technique commerciale a aidé plusieurs commerçants détaillants. Ex : c'est le cas de M. Diby Koffi, commerçant à Vridi, l'aide de l'ATC a porté sur l'inventaire de stock, classement et enregistrement, in Compte-rendu de la réunion de Chambre de commerce du vendredi 29 septembre 1982, p. 13. Ex : dans le cas du centre commercial de Bettié, l'ATC l'assiste depuis ses débuts au niveau du dossier bancaire, formation professionnelle, choix des fournisseurs, in *BCCCI*, compte-rendu de la Chambre de commerce du mardi 31 août 1982, p. 8.

B- Les conséquences de l'empiétement de l'État sur les attributions de la Chambre de commerce

Si l'on s'en tient aux attributions de la Chambre de commerce, le champ d'action de cette institution est immense. Dans la réalité, ses actions furent peu nombreuses à cause de l'intervention de l'État. Cette situation a eu pour conséquence de retarder la réalisation de ses projets et de rendre moins visibles ses actions.

1- L'influence moins visible des actions de la Chambre de commerce

La Chambre de commerce de Côte d'Ivoire post-indépendance a évolué dans un contexte où les rapports de force n'étaient plus en sa faveur. Pendant la période coloniale, elle avait souvent cherché à outrepasser son droit par son intrusion dans la vie politique locale. Sur le plan économique, son rôle paraissait s'étendre à l'infini. En France, où les chambres de commerce ont acquis une certaine autonomie d'action et d'initiative sur le plan économique, cette tentative d'hégémonie de la part de ces institutions existait. C'est pourquoi dans ce pays, sur le plan juridique, les chambres de commerce ne disposaient pas d'une liberté totale d'action. L'autorité de tutelle exerçait toujours un droit de regard sur elles. Cela est dû en partie à la crainte du pouvoir politique d'être contrôlé par le pouvoir économique.

En France, les modalités de cette tutelle étaient relatives au droit de présence d'un représentant des pouvoirs publics à toutes les instances de décisions des chambres de commerce, comme l'assemblée générale. En outre, le gouvernement français disposait du pouvoir d'annuler, par décret, les décisions illégales qui seraient prises par ces institutions. À cela, il faut ajouter que les délibérations des chambres de commerce étaient soumises à l'approbation préalable. Il s'agissait pratiquement de toutes celles qui touchaient à la gestion de la Chambre de commerce : budgets, compte, création de service, tarifs, acquisition ou construction d'immeubles[753]. L'Administration exerçait son contrôle sur ces institutions à travers des tutelles techniques tenant à la nature de son service. Ainsi, l'Éducation nationale exerçait un droit de regard sur les écoles gérées par les chambres de commerce. À cette action de tutelle de l'Administration, il faut aussi ajouter les

[753] Claude LEFEVRE, *op. cit.*, pp. 145-146.

réserves que les chambres de commerce devaient manifester dans l'exercice de leurs activités. Ainsi, elles ne devaient émettre des vœux ou des motions politiques. En outre, elles ne pouvaient provoquer des formes de protestation par des fermetures de magasins, de grèves ou tout autre moyen, comme le ferait un syndicat. Les actions des chambres de commerce devaient se faire au moyen de délibérations, d'interventions écrites ou verbales et de rapports.

Les chambres de commerce françaises étaient limitées dans leurs actions par le rôle de l'État et aussi par les textes les régissant. Ces limites sont les mêmes en ce qui concerne la Chambre de commerce de Côte d'Ivoire. Mais ce qui fait la spécificité des chambres de commerce françaises, c'est qu'en dépit de ces limites, la tutelle de l'Administration n'annihilait pas pour autant la bonne marche de leurs activités. En effet, elles disposaient d'un droit d'initiative total pour tout ce qui concernait les questions économiques. Concernant la création et la gestion des services utiles au commerce, ces chambres de commerce recevaient toujours des encouragements sur le plan de leur rôle consultatif. Aucune délibération de ces institutions françaises n'a été annulée depuis la loi du 9 avril 1898[754]. Dans l'ensemble, les chambres de commerce françaises voyaient dans l'Administration un allié indispensable pour trouver des solutions à leurs problèmes.

Dans le cas de la Côte d'Ivoire, ce genre de rapport cordial n'a pas souvent existé entre la Chambre de commerce et l'Administration. Plusieurs facteurs sont à l'origine de cette situation. En effet, la force de pression de la Chambre de commerce était moins grande lorsqu'il était question des problèmes économiques. Dans ce domaine, cette compagnie consulaire se trouvait en concurrence avec les groupements socioprofessionnels qui avaient également leur avis à donner. Il s'agit, entre autres, de la Chambre d'agriculture, de la Chambre d'industrie, des organisations professionnelles ou patronales et des syndicats d'employeurs ou de salariés. À la différence de certains de ces acteurs économiques et sociaux dont les actions pouvaient être bruyantes, la Chambre de commerce de Côte d'Ivoire ne bénéficiait pas en général de l'appui d'une partie de l'opinion, à cause de la méconnaissance de son rôle. Une telle situation la dévalorisait auprès des pouvoirs publics. Son rôle et sa place étaient ignorés de l'Administration. Cette situation de marginalisation fut vivement ressentie par la Chambre de commerce. Pour faire face à

---

[754] *Idem.*

cela, cette compagnie s'est sentie obligée de mettre en place, lors de la dernière assemblée plénière de 1987, un groupe de réflexion[755].

Ce groupe de réflexion est né du fait que le rôle consultatif des assemblées consulaires, qui étaient représentatives des intérêts économiques, était perdu de vue par les pouvoirs publics. De cette situation, il s'ensuivait que les mesures prises par l'Administration sur le plan économique ne parvenaient pas toujours au but recherché. C'est pourquoi ce groupe de réflexion se proposa comme mission de recenser les difficultés des entreprises et de faire des suggestions aux autorités[756]. La mise en place du groupe de réflexion traduisait le désarroi de la Chambre de commerce de Côte d'Ivoire face à l'attitude des autorités politiques. En 1990, cette conduite des pouvoirs publics fut encore vivement mal ressentie par les membres du bureau de la Chambre de commerce. En effet, au moment de l'existence de la commission interministérielle de coordination du programme de stabilisation et de relance économique, la Chambre de commerce de Côte d'Ivoire a été choquée de voir que pour tout le secteur privé, seuls deux groupements économiques, l'Union patronale de Côte d'Ivoire (UPACI) et le Syndicat des commerçants importateurs et exportateurs (SCIMPEX), avaient donné leur point de vue[757].

Cette mise à l'écart à un moment si difficile de la vie économique du pays fit l'objet d'un long échange au sein du bureau de la Chambre de commerce. Les responsables de cette organisation ont vu en cela la mauvaise perception de l'institution consulaire dans le processus de développement économique et social de la Côte d'Ivoire. L'origine d'un tel malaise remonte au début de l'indépendance de la Côte d'Ivoire. Il est imputable aussi bien à l'État qu'au bureau de la Chambre de commerce. C'est ce qui ressortit des propos de M. Michel Keller, assurant l'intérim du président de l'institution, François Massieye, décédé. Selon celui-ci, les années 1959 et 1960 furent une période entachée de mauvais rapports humains entre feu le président François Massieye et le ministre de tutelle de l'époque, Raphaël Saller, ministre de l'Économie et des Finances. En effet, souligna

755 Compte-rendu de la séance de la Chambre de commerce du 24 novembre 1988, *ACCCI* : dossier carton A15, Compte-rendu des réunions du bureau de la Chambre de commerce.

756 *Idem.*

757 Compte-rendu de la réunion du bureau de la Chambre de commerce du mercredi 13 juin 1990, p. 1, *ACCCI* : dossier carton A15, Compte-rendu des réunions du bureau de la Chambre de commerce.

Michel Keller, ce dernier avait toujours préféré donner la préséance aux syndicats plutôt qu'à la Chambre de commerce. Cette situation, reconnaissait-il, a été malgré tout entretenue par le bureau de la Chambre de commerce. Celui-ci avait également encouragé les actions directes des groupements professionnels avec les autorités administratives, leur permettant ainsi d'exposer leurs points de vue sur les questions spécifiques relevant de la compétence de la Chambre de commerce[758]. La conséquence de cette situation trop longtemps entretenue fut la mise à l'écart systématique de la Chambre de commerce des grandes consultations sur les questions d'ordre économique. Cela se faisait contrairement aux dispositions du décret 63-246 de mai 1963 portant organisation des chambres de commerce de Côte d'Ivoire.

Avec un tel constat amer, il n'est pas étonnant que l'État ait confondu le rôle de la Chambre de commerce avec le sien, au point de tout s'approprier. Cet amalgame a contrarié bien des projets de la Chambre de commerce de Côte d'Ivoire.

2- Les projets avortés de la Chambre de commerce du fait de l'État

Les activités de la Chambre de commerce de Côte d'Ivoire ne connurent pas le même essor après la colonisation. Après l'indépendance, le changement de rapport entre l'Administration et les institutions consulaires n'était toujours pas en faveur de ces dernières. En effet, la tendance des pouvoirs publics à privilégier les syndicats et les groupements professionnels a fait échouer et contrarier bien des initiatives de la Chambre de commerce de Côte d'Ivoire. Ainsi, certaines initiatives entrant dans les attributions de la Chambre de commerce n'ont pas eu de suite ou ont été finalement reprises par l'État. Ce constat est perceptible à plusieurs niveaux.

En matière de formation, à l'image des chambres de commerce françaises, celle de la Côte d'Ivoire avait des ambitions nobles. L'un de ses projets a été la création d'un centre de formation et d'information. La commune du Plateau fut choisie comme site pour ce centre. Le choix visait à favoriser les possibilités d'échanges entre les stagiaires, les industriels et les hommes d'affaires nationaux et

---

758 Compte-rendu de la réunion du bureau de la Chambre de commerce du mercredi 13 juin 1990, p. 2, *ACCCI* : dossier carton A15, Compte-rendu des réunions du bureau de la Chambre de commerce.

étrangers avec la Chambre de commerce[759]. Mais l'effectivité de création de ce centre n'a pu se faire en 1979, car le choix du terrain (site de l'actuelle mosquée du Plateau à Abidjan) n'avait pas reçu l'agrément du ministère de la Construction et de l'Urbanisme.

Un autre projet initié fut celui de la mise en place d'un cycle inter-État de perfectionnement des conseillers techniques au commerce. Il importe de souligner que ce projet est né de l'initiative de la Conférence permanente des chambres consulaires africaines et françaises, ainsi que de la Chambre de commerce et d'industrie de Paris. Dans le cadre de ce projet, la Chambre de commerce de Côte d'Ivoire se proposait, en 1979, d'aider à l'installation de ce centre. Mais contre toute attente, ce projet est confié par les autorités au Centre africain et mauricien de perfectionnement des cadres (CAMPC) à cause du caractère interétatique[760].

À ces projets avortés de la Chambre de commerce, il faut en ajouter d'autres. Il s'agit du projet de création d'un comité interconsulaire de gestion des foires et expositions suscité à l'issue de la participation de la Côte d'Ivoire à une foire internationale (IKOFA de Munich, en Allemagne, en 1960). Le projet ne connut pas non plus un sort meilleur puisque les tâches initiales de ce comité interconsulaire des foires et expositions furent confiées par l'État à des structures comme *Côte d'Ivoire aujourd'hui*. Par la suite, ces tâches furent confiées au Comité ivoirien du commerce extérieur (CICE) puis au Centre de commerce international d'Abidjan[761]. Pourtant, la Chambre de commerce disposait des atouts nécessaires pour organiser ce genre de manifestation. Pendant la période coloniale, toutes les grandes foires organisées furent l'œuvre de la Chambre de commerce de Côte d'Ivoire. Même en 1968, ce fut une autre compagnie consulaire, notamment la Chambre d'industrie, qui organisa, à Cocody (Abidjan), une grande exposition économique. À l'issue de cette manifestation,

---

[759] Compte-rendu de la réunion du bureau du mardi 22 mai 1979, p. 7, *ACCCI* : dossier carton A10, Compte-rendu des réunions du bureau de la Chambre de commerce.

[760] Compte-rendu de la réunion du bureau du mardi 22 mai 1979, p. 8, *ACCCI* : dossier carton A10, Compte-rendu des réunions du bureau de la Chambre de commerce.

[761] M. MARGUERON, *Projet de fusion de la Chambre de commerce et de la Chambre d'industrie de Côte d'Ivoire* (canevas pour un mémoire de la Chambre de commerce), Abidjan, 23 août 1986, p. 8, *ACCCI* : dossier carton A2, Projet de fusion de la Chambre de commerce et de la Chambre d'industrie (1986-1992).

les chambres consulaires (commerce, industrie, agriculture) avaient décidé du lancement d'un projet de parc d'exposition en Côte d'Ivoire. Mais ce projet ne vit pas le jour, car l'État avait son plan à lui.

Dans certains cas, les projets ou actions entamés par la Chambre de commerce furent tout simplement repris par l'État. C'est le cas notamment du contrôle de la commercialisation de riz et de la gestion de la caisse de péréquation de ce produit, qui était aux mains de la Chambre de commerce depuis les années 1960. Bien que ce système ait fonctionné avec succès, la Chambre de commerce fut par la suite mise à l'écart de l'approvisionnement et de la distribution du riz dans le pays. En outre, en liaison avec la SODEFEL, la Chambre de commerce avait cherché à organiser la distribution des fruits et légumes, notamment la tomate et la pomme de terre. Là encore, l'État se substitua à cette compagnie. Parfois, l'État refusait à la Chambre de commerce la gestion de certains projets qu'elle avait initiés. Ce fut le cas notamment du Bureau de fret : bien qu'initié par cette institution, elle en perdit le contrôle[762].

Cette marginalisation de la Chambre de commerce a conduit les pouvoirs publics à faire aussi concurrence aux projets de la compagnie. Ainsi, le projet de création d'un service d'assistance technique commerciale présenté en 1968 ne reçut pas l'appui du gouvernement ivoirien. Au lieu de s'en inspirer, les pouvoirs publics estimèrent préférable de s'engager dans le projet du programme d'action commerciale (PAC). Malheureusement, ce projet étatique connut un échec en dépit de son allure prometteuse. Même pour les projets au niveau sous-régional, la Chambre de commerce de Côte d'Ivoire était souvent en retard à cause de l'attitude du gouvernement ivoirien. Ce fut le cas notamment de la convention Transit Routier International de l'Entente (TRIE), où chaque État du Conseil de l'entente devait mettre à la disposition de sa chambre de commerce un fonds de garantie de transport routier. Bien que ce système connût, dès 1978, un bon fonctionnement au Niger et en Haute-Volta, à la satisfaction de tous les usagers et de l'Administration, la Chambre de commerce de Côte d'Ivoire attendra 2002 pour s'y conformer. Ce

[762] François KOUADIO, *La Chambre de commerce dans l'économie ivoirienne 1908-1992*, (SL), éditions Groupe Intégration, 1993, p. 59.

retard s'expliquait par le fait que les pouvoirs publics ivoiriens avaient vu en ce projet un risque financier[763].

L'un des problèmes qui contribua à affaiblir la Chambre de commerce de Côte d'Ivoire fut la méconnaissance de ses attributions. En se substituant à la Chambre de commerce, l'État a freiné toutes ses initiatives en matière de gestion et posé des actes relevant de la compétence de la Chambre de commerce. C'est ainsi que sans tenir compte de l'avis de la Chambre de commerce, l'État ivoirien a réalisé en 1982 le Centre de commerce international d'Abidjan (CCIA). En Europe, les chambres de commerce étaient à l'origine de telles initiatives. Tous ces actes de l'État, qui semblaient se dresser contre les initiatives de la Chambre de commerce, sont en fait le résultat d'un départ mal amorcé de cette institution au moment de l'indépendance.

II- D'UN DÉPART MAL AMORCÉ À LA DISSOLUTION DE LA CHAMBRE DE COMMERCE DE CÔTE D'IVOIRE

L'aventure de la Chambre de commerce de Côte d'Ivoire, commencée depuis 1908, connaît un arrêt brusque en 1992, année de sa dissolution. Cette fin non espérée est liée à un certain nombre de problèmes mal résolus au début des années 1960.

A- Les faux pas au moment de l'instauration d'une nouvelle compagnie dans les années 1960

Le manque de moyens financiers et surtout les réformes précipitées ne contribuèrent pas à l'épanouissement de cette institution comme à l'époque coloniale. Après l'indépendance, la nécessité était apparue aux autorités de réformer la Chambre de commerce. Cette réforme, effectuée trois ans après l'indépendance, conduisit à certaines erreurs qui furent préjudiciables au développement de cette compagnie.

1- La séparation prématurée de l'industrie et du commerce

Dans la réforme des organisations consulaires en Côte d'Ivoire de 1963, si certains changements s'imposaient, d'autres, par contre, posaient plus de problèmes. C'est le cas notamment, d'une part, de la création de la Chambre d'industrie, et d'autre part, de celle de la

[763] Compte-rendu de la réunion du bureau de la Chambre de commerce du jeudi 28 août 1980, p. 11, *ACCCI* : dossier carton A10, Compte-rendu des réunions du bureau de la Chambre de commerce.

Chambre de commerce. La création distincte de ces deux entités contribuait à fragiliser les actions de la Chambre de commerce de Côte d'Ivoire. En effet, au moment où en Côte d'Ivoire les pouvoirs publics décidaient de séparer l'industrie et le commerce, en France, au contraire, à partir de 1960, l'industrie fut associée aux chambres de commerce. On parlait désormais dans ce pays de Chambre de commerce et d'industrie. En effet, le commerce étant appelé à vendre les produits de l'industrie, il était donc nécessaire que ces deux entités soient associées. Mais en Côte d'Ivoire, c'est près de 30 ans plus tard que les autorités comprirent que la Chambre de commerce et la Chambre d'industrie ne pouvaient être séparées. Mais que d'efforts dispersés et gâchés à cause de cette situation !

Pendant la période coloniale, la soustraction de l'industrie au commerce a fait l'objet de beaucoup de débats lors de la création de la Chambre d'agriculture et d'industrie. C'est ainsi que dans son rapport de 1927, Henri Reboul, secrétaire de la Chambre de commerce, soutenait qu'on ne pouvait rattacher l'industrie à l'agriculture dans la mesure où selon les termes de l'article premier de la loi du 9 avril 1898 relative aux chambres de commerce en France, celles-ci étaient auprès des pouvoirs publics les organes des intérêts commerciaux et industriels de leurs circonscriptions. Il apparaît donc clairement que l'industrie ne pouvait être associée qu'à la Chambre de commerce. Cependant, les réserves des membres de cette compagnie ne furent pas prises en compte, jusqu'à la réforme de 1963. Il convient néanmoins de souligner qu'en dépit du rattachement de l'industrie à la Chambre de l'agriculture, tous ceux qui opéraient dans ce domaine ont préféré s'inscrire à la Chambre de commerce tout en restant dans la nouvelle compagnie.

Cette décision, dans le cas de la Côte d'Ivoire, pour certains membres de la Chambre de commerce comme M. Mamadou Kouyaté, ancien vice-président de la Chambre de commerce, résultait des considérations personnelles du président Houphouët-Boigny[764]. En effet, soutint-il, ne voulant pas mettre en conflit certaines fortes personnalités du monde économique et aussi par amitié pour elles, le président Houphouët-Boigny a donc mis en place des chambres consulaires séparées pour caser chaque ami. Ainsi, à François Massieye revint la Chambre de commerce, et à André Blohorn, la

[764] Entretien avec Mamadou Kouyaté, ancien vice-président de la Chambre de commerce de Côte d'Ivoire, Abidjan, le 12 février 1999.

Chambre d'industrie. Quant à la Chambre d'agriculture, elle était aux mains de Desclercs.

Dans la première décennie de l'indépendance de la Côte d'Ivoire, toutes les institutions consulaires étaient aux mains de Français ayant dirigé ces compagnies depuis la période coloniale. Leur remplacement à la tête de ces structures par des Ivoiriens se fit soit à la suite d'un décès (les cas de Massieye et de Desclers), soit après démission (le cas de Blohorn). À chaque élection, ils étaient pratiquement reconduits à la majorité. Tous ces faits reviennent à dire que la Côte d'Ivoire manquait d'hommes compétents pour diriger ces institutions consulaires.

Mais la séparation de la Chambre d'industrie d'avec la Chambre de commerce pour des motifs personnels et politiques contribuait à fragiliser bien des initiatives de celle-ci. Cela se ressentait fortement dans la part des ressources que l'État devait attribuer à cette compagnie. Ainsi, alors qu'en 1964, la Chambre de commerce percevait 1,68 sur la répartition des 18 francs de centimes additionnels désormais avec la création de la Chambre d'industrie sa part revenait à 1,60[765]. Par ailleurs, la mise en place de la Chambre d'industrie diminuait également les ressources de la Chambre d'agriculture. De 1,52 franc comme centime additionnel, avec la nouvelle répartition, elle en recevait désormais 1,40.

Dans l'ensemble, l'avènement de la Chambre d'industrie a eu pour conséquence, dès 1965, de comprimer les ressources des autres chambres consulaires. Cette situation contribua dans une certaine mesure à appauvrir ces institutions. C'est pourquoi, très souvent, la Chambre de commerce, la Chambre d'agriculture et la Chambre d'industrie furent obligées d'unir leurs forces pour faire face aux dépenses de frais de réception, d'impression de brochures et autres manifestations les liant. Tous ces faits mettent en relief l'appauvrissement de la Chambre de commerce de Côte d'Ivoire. Cela permet aussi de comprendre les raisons pour lesquelles cette compagnie n'a pas été à même de conduire à terme bien des projets. Du côté de la Chambre d'industrie, la situation fut semblable. Dans des conditions de difficultés financières, depuis longtemps, la

---

[765] Compte-rendu de la réunion des membres du bureau de la Chambre de commerce du samedi 23 octobre 1963 : situation financière des ressources de la Chambre de commerce, p. 2, *ACCCI* : dossier carton A12, Compte-rendu des réunions du bureau de la Chambre de commerce (1966-1968).

nécessité d'une fusion s'imposait, mais aucune des parties ne se décidait à en prendre l'initiative. Malheureusement, les pouvoirs publics ont laissé traîner les choses. Les difficultés de la Chambre de commerce de Côte d'Ivoire auraient pu être atténuées si du point de vue financier, elle avait bénéficié de ressources conséquentes. Cette inaction de l'État constituait un autre faux pas au moment de l'instauration de la nouvelle chambre de commerce de Côte d'Ivoire.

2- Une institution trop dépendante de l'État sur le plan financier

Dans le cadre de ses attributions, la Chambre de commerce de Côte d'Ivoire devait intervenir dans des domaines variés. Mais tout cela exigeait des ressources suffisantes. Sur le plan théorique, le problème était résolu par les textes. Les dépenses ordinaires devaient être pourvues au moyen d'une quote-part sur les produits des centimes additionnels au droit spécial d'entrée. Si ces ressources ne suffisaient pas, les autres réserves de la Chambre de commerce pouvaient être constituées par le produit des exploitations des établissements qu'elle gérait, les produits de l'aliénation des biens, les dons, legs et subventions. En outre, la Chambre de commerce pouvait être autorisée à emprunter. Tout cela devait se faire avec l'autorisation du ministère de tutelle[766].

Avec de telles dispositions, la Chambre de commerce ne devait pas, en principe, avoir de problème de financement dans le cadre de ses activités. Mais malheureusement, ce fut le cas. Au cours de sa séance plénière du 16 janvier 1965, le président François Massieye soulignait qu'en 1959 et en 1960, la Chambre de commerce avait reçu respectivement du Trésor 51 et 58 millions de francs. Mais par la suite, en raison de la suppression des centimes additionnels sur les droits de sortie, ces ressources furent réduites en 1961 à 32 millions, et en 1962 à 34,60 millions[767]. Une telle situation montre à quel point l'instabilité des ressources de cette compagnie pouvait être un problème pour l'avancement de ses activités. En 1965, la situation fut plus difficile avec la création de la Chambre d'industrie. En effet, il fallut diminuer les ressources de la Chambre de commerce et de la

---

766 Voir à ce sujet en annexe l'administration financière des chambres de commerce du décret n° 63-246 du 17 mai 1963 portant organisation des chambres de commerce en Côte d'Ivoire, pp. 628-629.

767 *BMCCCI*, n° 2, février 1965, compte-rendu de la séance plénière du 16 janvier 1965 (projet de budget 1965), p. 9.

Chambre d'agriculture pour en attribuer une partie à la Chambre d'industrie.

Compte tenu de l'étroitesse de ses ressources, la Chambre de commerce était obligée d'avoir recours à des emprunts pour financer certaines de ses activités. En 1971, elle emprunta 20 millions de francs auprès de la Caisse de péréquation de riz pour les travaux de modernisation de l'hôtel consulaire. À cause de ses difficultés financières, la Chambre de commerce a dû reporter plus d'une fois le remboursement de cet emprunt[768]. En outre, en décembre 1965, la Chambre de commerce reçut un prêt de 5 000 000 de francs de la part de COBAFRUIT afin de construire, sur un quai bananier, deux magasins de 750 m^2 chacun[769].

Dans l'ensemble, tous ces emprunts pour des réalisations si modestes illustrent le manque de ressources de cette compagnie consulaire. Une telle situation critique sur le plan financier aurait dû amener la Chambre de commerce à plus de rigueur et de modestie dans ses dépenses de fonctionnement. Mais la réalité est bien différente. Ainsi, lors de la présentation du projet de budget en 1976, le bilan des dix années précédentes faisait ressortir que les ressources de la Chambre de commerce avaient progressé de 91 %, alors que les dépenses de fonctionnement avaient augmenté de 185 %[770]. Les causes de ces dépenses furent attribuées aux salaires, à l'impôt sur salaire, aux frais généraux, au carburant, à l'électricité, à l'eau, au téléphone et aux charges du cours professionnel. Face à cette dérive financière, la Chambre de commerce dut réduire certaines dépenses budgétaires n'affectant pas directement la marche de ses services.

Mais de telles mesures ne sauraient compenser les retards dans l'exécution du budget du fait de l'État. L'un des problèmes de la Chambre de commerce de Côte d'Ivoire était que les ressources provenant des centimes additionnels n'étaient pas suffisantes. Mais ce qui aggravait sa position, c'était le fait que ces ressources étaient toujours affectées avec beaucoup de retard. Une telle situation rendait

---

768 Rapport de présentation du projet de budget de la Chambre de commerce en 1976, p. 1, *ACCCI* : dossier carton A2, Projet de fusion Chambre de commerce et Chambre d'industrie.

769 Compte-rendu de la réunion des membres du bureau de la Chambre de commerce du mardi 8 novembre 1976, p. 6, *ACCCI* : dossier carton A12, Compte-rendu rendu des réunions de la Chambre de commerce (1966-1968).

770 Rapport de présentation du projet fusion de budget 1976, p. 13, *ACCCI* : dossier carton A13, Compte-rendu des réunions de la Chambre de commerce.

la Chambre de commerce peu crédible aux yeux de certains hommes d'affaires, dans la mesure où elle n'avait pas toute la liberté d'action souhaitée. Pourtant, en France, les chambres de commerce finançaient elles-mêmes leurs activités à partir de leurs ressources, sans dépendre d'une subvention de l'État. Dans le cas de la Côte d'Ivoire, la Chambre de commerce, bien qu'ayant le même statut juridique que les chambres de commerce françaises, ne pouvait faire face à son fonctionnement, à plus forte raison relancer des actions de grande envergure. Cela s'explique par le fait que les centimes additionnels perçus sur les importations et les exportations, qui devaient lui être versés directement, transitaient par les caisses de l'État. Celui-ci honorait ses engagements avec beaucoup de lenteur, freinant ainsi toute activité novatrice de la compagnie. Comme le souligne Golly Matthieu, ancien fonctionnaire de la Chambre de commerce, ce niveau d'implication de l'État, avec ces situations paralysantes, a conduit les hommes d'affaires à ne pas s'approprier cette institution[771].

On peut donc noter qu'en copiant le modèle des chambres de commerce françaises, l'État ivoirien n'a pas su se montrer à la hauteur concernant les ressources financières. Cette situation a eu pour conséquence la faible implication des acteurs économiques dans la vie de cette institution. Peut-être si le modèle eût été anglo-saxon, la question des finances aurait été différente. Dans ce dernier cas, les chambres de commerce étaient des structures de droit privé sous forme d'association à but non lucratif ou de société à responsabilité limitée. Ces compagnies percevaient des cotisations des seules entreprises qui décidaient d'en faire partie. Leurs adhérents étaient très souvent en faible nombre[772]. Or, dans le cas français, le statut des chambres de commerce présentait une ambiguïté. Elles étaient partagées entre l'autorité de l'État et l'initiative individuelle. L'oscillation entre le secteur public et privé rendait difficile un statut juridique fixe pour ses institutions consulaires. Tout cela compliquait leur gestion et leur fonctionnement[773]. En dépit de cette situation hybride, les chambres de commerce françaises ont réussi à s'en sortir. Ce n'était pas le cas pour celle de la Côte d'Ivoire, pour qui l'action de l'État ruinait toutes ses possibilités d'action et d'investissement. Plus grave encore, les ressources propres de l'institution étaient à

[771] Entretien avec Golly Matthieu, ancien fonctionnaire à la Chambre de commerce de 1978 à 1992, à son domicile, Yopougon-Selmer (Abidjan), le 26 janvier 1999.
[772] Pierre PUAUX, *op. cit.*, p. 30.
[773] Claude LEFEVRE, *op. cit.*, pp. 12-13.

peine suffisantes pour couvrir la moitié de son budget. Les ressources propres de la Chambre de commerce provenaient de ses cours professionnels, de la gestion des ponts-bascules, de la sous-location des magasins au port d'Abidjan et à la gare de train de Bouaké, ainsi que du produit de ses placements et de ses publications. Sans l'apport financier de l'État, ces ressources s'avéraient insuffisantes pour faire face aux frais de fonctionnement et aux charges du personnel, qui représentaient respectivement 47,50 % et 50,60 % du budget. Les ressources propres de la Chambre de commerce couvraient à peine 50 % du budget[774]. Les retards constants de l'apport de l'État perturbaient sérieusement le fonctionnement des activités de cette institution. À cause de cette situation, la Chambre de commerce n'a pas su incarner l'intérêt général. En dehors de ces problèmes, le mal dont souffrait la Chambre de commerce de Côte d'Ivoire provenait aussi de la façon dont ses structures internes ont fonctionné de 1960 à 1992.

B- Les faiblesses structurelles de la Chambre de commerce

Certains problèmes qui ont freiné la marche de la Chambre de commerce sont liés à des facteurs externes. Cependant, les plus grands handicaps résultent de raisons internes.

1- Le non-respect des textes en matière d'élection

En dehors des problèmes que connaissait la Chambre de commerce de Côte d'Ivoire, l'un de ceux qui a le plus freiné sa marche de 1960 à 1992 était son dysfonctionnement interne. Contrairement à la période coloniale où le renouvellement des membres du bureau s'est fait sans problème, à l'exception de la période de guerre, la situation fut différente après l'indépendance. En effet, pendant la période post-indépendance, la Chambre de commerce de Côte d'Ivoire ne connut ses seules élections véritables qu'en 1964 et 1968. Au cours de ces élections, le bureau, présidé par François Massieye, fut à chaque fois reconduit. Mais de 1968 jusqu'en 1992, la Chambre de commerce connut un certain immobilisme. L'attitude de l'État contribua d'ailleurs à maintenir les choses en l'état. En effet, à la suite des dernières élections de 1968 à la Chambre de commerce, le recensement était déjà fait pour les élections de 1977. Ainsi, pour

[774] Ces chiffres portent sur le budget voté de 1998, cité par François KOUADIO, in *La Chambre de commerce*, *op. cit.*, p. 43.

l'élection du 8 mai 1977, la première catégorie comprenait 127 électeurs, la deuxième catégorie 375 électeurs et la troisième catégorie 1 286 électeurs[775].

En somme, tout le cadre était réuni et préparé pour une véritable élection à la Chambre de commerce. Mais pour des raisons inconnues des membres de la Chambre de commerce, le ministre de l'Intérieur a décidé du report des élections du 8 mai 1977 en invoquant des circonstances diverses[776]. À la suite de ce report, la Chambre de commerce de Côte d'Ivoire ne connut plus de scrutins consulaires jusqu'à sa dissolution en 1992. Durant cette période, la compagnie continua de perdre la vitalité qui l'animait dans les années 1960. Les principaux organes subissaient un fléchissement dans leurs activités. C'est le cas notamment du bureau de la Chambre de commerce. Le rôle de cet organe était essentiel. En effet, il orientait et appliquait les délibérations de l'assemblée générale de la compagnie. En outre, le bureau mettait en œuvre la politique de la Chambre de commerce et assurait le contact de l'institution avec les autorités politiques. Quant à l'assemblée générale de la Chambre de commerce, elle était compétente pour déterminer la politique générale de la compagnie et les moyens financiers nécessaires à sa réalisation. Elle prenait position au moyen des délibérations à la majorité des membres. Dans le cas de la Chambre de commerce de Côte d'Ivoire, ses principaux organes n'ont pas pu jouer efficacement leur rôle. En effet, cette compagnie, d'une assemblée de 30 membres et d'un bureau de 12 membres, connaissait progressivement au cours des années une réduction importante de ses membres. Ainsi, jusqu'en 1985, elle perdit plus du tiers des membres de l'assemblée et près de la moitié de ceux du bureau[777]. Les raisons principales de cette situation s'expliquaient, d'une part, par le départ définitif de certains membres de la Côte d'Ivoire, et d'autre part, par le décès des autres. En pareille circonstance, seules les élections pouvaient compenser le vide laissé.

---

[775] Voir *JORCI*, n° 15, 8 avril 1977, pp. 597-623, *ACCCI* : dossier carton A6, Demande d'inscription sur la liste électorale : état des élections (1963-1977).

[776] Compte-rendu de la réunion de la Chambre de commerce du 15 novembre 1977 au sujet du renouvellement de la Chambre de commerce, p. 3, *ACCCI* : dossier carton A 13, Compte-rendu des réunions du bureau de la Chambre de commerce (1973-1981).

[777] Réunion plénière de la Chambre de commerce du 20 janvier 1986, p. 8, *ACCCI* : dossier carton A15, Compte-rendu des séances plénières de la Chambre de commerce du 20 janvier 1986.

Mais le statu quo maintenu par les pouvoirs publics dépouillait de ce fait la Chambre de commerce de toute sa consistance.

Consciente qu'une telle situation ne pouvait durer, la Chambre de commerce avait demandé l'accord des autorités politiques pour coopter des acteurs économiques reconnus pour leur compétence, leur efficacité et leur sens du bénévolat. Au moyen de ce procédé, il était prévu 16 membres pour le bureau et 60 membres pour l'assemblée[778]. Cette proposition de la Chambre de commerce fut acceptée par les pouvoirs publics, mais sa réalisation n'a pas pu voir le jour. En effet, le choix des nouveaux membres était difficile, et la situation fut rendue compliquée avec le décès de François Massieye, qui était à l'origine de cette initiative. Sa mort mit en veilleuse cette décision et eut aussi des conséquences sur l'avenir de l'institution.

2- Des conséquences de la mort de François Massieye à la nécessité de la fusion entre le commerce et l'industrie

Au moment où la Chambre de commerce réfléchissait sur le choix des personnes à intégrer à son bureau et dans les différentes commissions, elle fut soudainement frappée par un événement tragique. C'est le décès, le 13 octobre 1985 à Paris, de François Massieye, président de la Chambre de commerce de Côte d'Ivoire, alors en vacances en France depuis septembre de la même année. Cette nouvelle jeta un froid parmi les membres de cette compagnie. Il importe de souligner que François Massieye était arrivé en Côte d'Ivoire en 1922. Il était membre de la Chambre de commerce depuis 1928. Il avait occupé le poste de vice-président de cette institution en 1935 et celui de président depuis 1960. Par ailleurs, il fut un conseiller du commerce extérieur de France.

C'est un homme d'expérience connaissant tous les arcanes de la vie économique locale et internationale que la Chambre de commerce de Côte d'Ivoire venait donc de perdre. Avant la mort de François Massieye, son entreprise, à savoir la Société Africaine de Commerce et de l'Industrie (SACI), l'ex-société Massieye et Ferras, réalisait un chiffre d'affaires de 32 milliards de francs CFA[779]. En outre, l'entrée

---

[778] Réunion plénière de la Chambre de commerce du 20 janvier 1986, p. 8, *ACCCI* : dossier carton A15, Compte-rendu des séances plénières de la Chambre de commerce du 20 janvier 1986, p. 9.

[779] Hubert BONIN, *C.F.A.O. Cent ans de compétition*, Paris, Economica, 1987, p. 458.

de Massieye dans les cercles du pouvoir à cause de sa longue amitié avec le président Houphouët-Boigny faisait de lui une personnalité très écoutée.

La mort de François Massieye, qui intervient quelques mois après celle d'André Blohorn (ce dernier est décédé en décembre 1984), jeta une ombre sur l'avenir de la Chambre de commerce de Côte d'Ivoire. Qui pouvait donc succéder à ce « dinosaure » de la Chambre de commerce ? Aucun membre de la compagnie n'avait ni son expérience, ni son expertise, ni sa réussite brillante en matière d'affaires. Ses avis avaient toujours fait autorité. C'est pourquoi la mort de François Massieye laissait un grand vide au sein de la Chambre de commerce. Sa succession paraissait impossible. Mais comme il fallait que la Chambre de commerce survive à François Massieye, un successeur fut désigné pour présider cette compagnie. Le choix se fit, comme souvent le cas en Afrique, sur des critères d'âge et d'ancienneté. Lamine Fadiga, vice-président de la Chambre de commerce, fut choisi comme président.

Ce dernier était entré à la Chambre de commerce en 1958. Commerçant de son état et ancien député, il avait toujours fait partie de la troisième catégorie au sein de cette compagnie. Depuis 1964, il en était l'un des vice-présidents. Mais l'un de ses handicaps majeurs au moment où il accédait à la présidence de la Chambre de commerce fut son faible niveau d'instruction[780]. Cependant, le poids de l'âge et le souci de ne pas frustrer un doyen par rapport aux jeunes permirent de transcender cette carence. Ce type de considération, à savoir mettre à la tête d'une institution qui doit réfléchir sur les problèmes économiques et financiers souvent complexes, un individu sans assise intellectuelle et sans véritable poids dans le monde des affaires, contribua à faire davantage sombrer la Chambre de commerce.

Dans l'ensemble, avec la mort de François Massieye, ce fut la fin d'une certaine conception de la Chambre de commerce héritée de la colonisation. En effet, celui-ci était jusque-là le seul étranger à présider une chambre consulaire ; les autres étant aux mains des Ivoiriens. C'est aussi à sa mort que les pouvoirs publics allaient chercher à réparer une grave erreur. Il s'agissait de la séparation, au début des années 1960, de la Chambre de commerce et de la Chambre d'industrie. La réparation de cette situation donna l'impression que la

[780] Interview avec Mamadou Kouyaté, ancien vice-président de la Chambre de commerce de Côte d'Ivoire à Abidjan, le 12 février 1999.

personnalité de François Massieye empêchait jusque-là tout débat dans le sens d'une fusion entre la Chambre de commerce et la Chambre d'industrie. En effet, trois mois après la mort de François Massieye, précisément le 27 janvier 1986, le ministre du Commerce, suite au Conseil des ministres du 24 janvier, saisissait la Chambre de commerce de la décision du gouvernement d'envisager la fusion de la Chambre de commerce et de celle de l'industrie. Il fallait en faire, désormais, une Chambre de commerce et d'industrie[781].

La séparation de ces deux entités en 1960 pour des problèmes de personnes a causé plus d'inconvénients que de profits au pays. Cette situation a conduit à des emplois doubles et à la dispersion des moyens des assemblées consulaires au profit des groupements professionnels en relation constante avec les autorités. C'est pourquoi, comme le soulignait Michel Margueron, membre de la Chambre de commerce, l'union s'imposait compte tenu de la complémentarité entre l'industrie et le commerce. En effet, on ne produit pas pour le plaisir, mais pour vendre. En outre, l'union permettait de donner une plus grande efficacité aux représentations du pays à l'extérieur[782].

Face à la nécessité de l'union, un comité de réflexion mixte paritaire fut mis en place avec pour mission la préparation de la fusion et de la création d'une chambre unique. Le fruit des réflexions de la Chambre de commerce fut consigné dans un mémoire de 8 pages rédigé par Michel Margueron, membre du bureau de l'institution, et eut pour titre *Projet de fusion de la Chambre de commerce et de la Chambre d'industrie de Côte d'Ivoire*. Il parut le 23 août 1986. Pour conduire l'union de la Chambre de commerce et de celle de l'industrie, l'auteur de ce projet proposait trois étapes. Il devait d'abord y avoir l'établissement d'un décret portant création de la nouvelle Chambre de commerce et d'industrie et fixant les attributions, la composition, les ressources et les modalités de cette assemblée. Ensuite, il préconisait la dissolution des deux chambres consulaires tout en laissant la gestion de chacune à une délégation de trois membres, afin d'établir leur bilan. Enfin, l'aboutissement de tout

[781] Réunion du bureau de la Chambre de commerce à la sortie de la rencontre du samedi 15 mai 1991 avec le ministre délégué auprès du Premier ministre chargé de l'Économie, des Finances, du Commerce et du Plan. p. 1, *ACCCI* : dossier carton A2, Projet de fusion Chambre de commerce et chambre d'industrie (1986-1992).

[782] Michel MARGUERON, *op. cit.*, p. 2,

ce parcours devait conduire à des élections et à la mise en place de la nouvelle assemblée[783].

La Chambre d'industrie de Côte d'Ivoire, avant de livrer le fruit de ses réflexions sur le processus de fusion, fit partir en février et mars 1986 à l'extérieur du pays des missions d'information auprès d'autres compagnies consulaires. Par ce moyen, il s'agissait de s'imprégner des expériences des autres pour enrichir la création de la nouvelle chambre consulaire. De février à mars 1986, des missions conduites par le secrétaire général et les conseillers de la Chambre d'industrie de Côte d'Ivoire visitèrent plusieurs institutions consulaires françaises. Il s'agit entre autres des chambres de commerce et d'industrie de Paris, de Versailles, de Bordeaux, de Cholet et l'arrondissement d'Ailes. De mars à avril 1986, d'autres missions visitèrent les chambres de commerce et d'industrie de Dakar, du Togo, du Bénin et du Cameroun.

De toutes ces missions, celles effectuées en France ont été l'occasion d'un profond enrichissement. Tirant les leçons des expériences des autres, la Chambre d'industrie a produit en mai 1986 un mémoire de 50 pages portant sur le titre *Projet de fusion de la Chambre de commerce et d'industrie de Côte d'Ivoire*[784]. Ce mémoire reprenait en grande partie des attributions conférées à une institution de ce genre. Mais ce qu'il importe de souligner, c'est le souhait de la Chambre d'industrie de voir substituer le mot « fusion » de la Chambre de commerce et de la chambre d'industrie à celui de « création »[785].

La Chambre d'industrie de Côte d'Ivoire voulait voir dans cette création un acte politique, économique et juridique. Sur le plan politique, la création d'une telle institution avait une incidence directe sur la représentation des intérêts du commerce et de l'industrie du pays. Outre cet acte politique, cette création devait être aussi un acte économique en ce sens que l'institution aurait alors le monopole de la représentation officielle des intérêts généraux de l'industrie et des services. Quant à l'aspect juridique, cela devait entraîner la mise en

---

783 *Idem*, p. 3.

784 Chambre d'industrie de la Côte d'Ivoire, « Projet de fusion de la Chambre de commerce et la Chambre d'industrie de Côte d'Ivoire » mémoire présenté par la Chambre d'industrie, Abidjan, mai 1986, 50 p., in *ACCCI* : dossier carton A2, Projet de fusion Chambre de commerce et Chambre d'industrie (1986-1992).

785 *Idem*, p. 10.

œuvre d'une procédure de droit privé et public. Il s'agissait entre autres de l'élection, de l'organisation et du fonctionnement de cette institution dans ses rapports avec l'Administration, ses ressortissants et les usagers[786].

L'ensemble des réflexions de la Chambre d'industrie et de la Chambre de commerce fut déposé en janvier 1987 auprès de leur ministre de tutelle. C'est suite à cela qu'une série de concertations entre les autorités et les deux chambres consulaires a eu lieu de 1987 à 1990. Les discussions entre la Chambre d'industrie, conduite par M. Lambert Konan, et la Chambre de commerce, dirigée par Lamine Fadiga, s'articulaient autour de plusieurs points. Les plus importants portaient sur la dissolution des chambres existantes, la création et l'organisation de la Chambre de commerce et d'industrie et la mise en place d'une administration provisoire pour chacune des chambres dissoutes[787]. Tous ces points firent l'objet de discussions âpres. Elles se poursuivirent en 1991. Parfois, des antagonismes sérieux naquirent entre les deux chambres consulaires, entraînant souvent des frustrations. C'est le cas notamment pour la Chambre de commerce, qui comprenait difficilement le refus de l'autre partie d'accepter la liquidation de chaque entité. Contre vents et marées, le processus de dissolution étant déjà en cours, les remises en cause ne pouvaient rien y changer. C'est ainsi qu'en 1992, le décret n° 9218 du 8 janvier 1992 portait dissolution de la Chambre de commerce et de la Chambre d'industrie, et fixait les modalités transitoires pour la mise en place d'un nouvel établissement public. À partir de cette date, une nouvelle page se tourna dans la vie de la Chambre de commerce de Côte d'Ivoire.

3- De la dissolution de la Chambre de commerce à la création de la Chambre de commerce et d'industrie de Côte d'Ivoire

L'année 1992 fut une période très chargée pour la vie consulaire en Côte d'Ivoire. Une série de décrets et d'arrêtés furent pris par les pouvoirs publics pour faciliter la transition vers une chambre unique. Ces décrets pris en janvier 1992 portaient sur la dissolution de ces chambres consulaires, la création d'une chambre unique, et sur son

---

[786] Chambre d'industrie de la Côte d'Ivoire, *op. cit.*, p. 10.

[787] Chambre d'industrie de la Côte d'Ivoire, *Point de vue du Secrétaire général de la chambre d'industrie sur les observations présentées par la Chambre de commerce*, Abidjan, le 4 septembre 1991, pp. 2-3, *ACCCI* : dossier carton A2, Projet de fusion Chambre de commerce et Chambre d'industrie (1986-1992).

fonctionnement[788]. Tous ces décrets étaient le fruit d'accords entre la Chambre de commerce et la Chambre d'industrie. Ces éléments de base étant posés, il fallait donc ensuite les mettre en pratique. Cela fut le fait d'autres arrêtés pris dans le mois de février 1992. Ils portaient, d'une part, sur la nomination des membres du Comité de préparation de la Chambre de commerce et d'industrie, et d'autre part, sur la nomination des membres de la délégation chargée de l'administration provisoire de chaque chambre dissoute[789]. À cela, il fallait ajouter la nomination des membres du comité de liquidation de chaque chambre dissoute[790].

Dans la gestion de ce processus, le Comité de préparation de la Chambre de commerce et d'industrie jouait un rôle très important. Composé d'un représentant du ministre de l'Industrie et du Commerce, d'un représentant du garde des Sceaux, ministre de la Justice, d'un représentant du ministre de l'Intérieur et du secrétaire général de chaque chambre dissoute, ce comité devait veiller à assurer une bonne transition et à faire appliquer les textes pour faire aboutir l'installation de la Chambre de commerce et d'industrie.

---

[788] « - Décret nº 92 du 8 janvier 1992 portant dissolution de la Chambre de commerce et de la Chambre d'industrie et fixant les modalité transitions pour la mise en place d'un nouvel établissement public.

- Décret nº 92-19 du 8 janvier 1992 portant création de la Chambre de commerce et d'industrie de la République de Côte d'Ivoire tel que modifié par le décret nº 92-20 du 21 avril 1992 ;
- Décret nº 92-20 du 8 janvier 1992 portant régime électoral de la Chambre de commerce et d'industrie de Côte d'Ivoire tel que modifié par le décret nº 92-280 du 21 avril 1992 ;
- Décret no 92-21 du 8 janvier 1992 fixant les attributions, l'organisation et le fonctionnement de la Chambre de commerce et d'industrie », in Ministère de l'Industrie et du Commerce, in *Chambre de commerce et d'industrie*, bulletin spécial, avril 1992, édité par le Comité de préparation de la Chambre de commerce et d'industrie, pp. 11-20.

[789] « - Arrêté nº 010 du 19 janvier 1992 portant nomination des membres du comité de préparation de la Chambre de commerce et d'industrie.

- Arrêté nº 011 du 20 février 1992 portant nomination des membres de la délégation chargée de l'administration provisoire de la Chambre d'industrie.
- Arrêté nº 012 du 20 février 1992 portant nomination des membres de la délégation chargé de l'administration provisoire de la Chambre de commerce dissoute Chambre de commerce et d'industrie. », *idem*, pp. 21-22.

[790] Arrêté nº 015 du 28 février 1992 portant nomination des membres du comité de liquidation de la Chambre de commerce dissoute. Arrêté nº 016 du 28 février 1992 portant es membres du comité de liquidation de la Chambre de commerce dissoute. pp. 21-23.

Durant ce processus de transition, le comité de préparation de la Chambre de commerce et d'industrie mena de grandes actions tant à Abidjan qu'à l'intérieur du pays, pour faire comprendre la nécessité de s'inscrire sur les listes électorales. Soutenu en cela par les préfets, les sous-préfets et les agents du ministère du Commerce et de l'Industrie, ce comité de préparation expliquait à chaque fois l'importance de ces élections et les conditions pour y prendre part. Mais l'on doit reconnaître que le travail de ce comité se déroulait souvent dans une atmosphère de suspicion et d'incompréhension. En effet, au cours des tournées, certains opérateurs économiques ont vu dans les actions du comité de préparation, lui-même soutenu par l'Administration, un moyen déguisé du gouvernement pour recouvrer les impôts. Ainsi, en dépit du fait que certaines autorités ont dû parfois parcourir elles-mêmes les magasins et les entreprises pour distribuer les fiches d'inscription, certains opérateurs économiques ne les ont pas remplies[791]. À ce problème, il faut ajouter la mauvaise appréciation que certaines autorités administratives avaient de la notion d'opérateur économique. Pour cela, dans leur recensement, certains acteurs économiques comme les bouchers, les garagistes, les transporteurs et les coiffeurs ne furent pas pris en compte[792].

Toutes ces difficultés n'entamaient pas pour autant la détermination du comité de préparation qui, en dépit de ces obstacles, a réussi à atteindre son objectif. Ainsi, au mois de juin, on connaissait le nombre des demandes d'inscription reçu par région (cf. tableau 10). Le nombre total d'électeurs était de 2 034 inscrits, qui devaient élire une assemblée de 90 membres. La répartition de cette assemblée tenait compte du poids économique de la région et de la concentration des activités. C'est pourquoi la région du Sud, avec en tête Abidjan, comptait 63 sièges, dont 21 sièges par branche d'activité, et 7 sièges par catégorie. Les autres régions se partageaient les 27 sièges par région, dont un siège pour chaque branche d'activité. Il convient de noter qu'avec la réforme de 1992, le corps électoral de la Chambre de commerce et d'industrie se divisait d'une part, en branche d'activité, et d'autre part, en catégorie (cf. tableau 11). L'élection avait lieu par

---

791 Chambre de commerce et d'industrie de Côte d'Ivoire, *Rapport de la mission d'information générale du comité de préparation des élections des membres de la Chambre de commerce et d'industrie de Côte d'Ivoire*, Abidjan, le 22 mai 1992, p. 5, *ACCCI* : dossier carton A2, Projet de fusion Chambre de commerce et Chambre d'industrie.

792 *Idem*, pp. 4-5.

catégorie au scrutin de liste uninominale majoritaire. Toutes ces élections se firent dans le cadre des branches d'activité.

Dans l'ensemble, avec la volonté des deux chambres consulaires dissoutes d'aboutir à une chambre unique, il n'aurait pas dû y avoir de problèmes majeurs. Cependant, cette transition ne se déroulait pas toujours dans la sérénité voulue. Le désir de chaque compagnie de voir ses idées triompher fit naître un climat de suspicion mutuelle. À ce sujet, les propos du secrétaire général de la Chambre d'industrie sont assez éloquents quand il dénonçait les tergiversations de l'ex-Chambre de commerce. Selon lui :

Toutefois, une ambiguïté voulue est entretenue principalement au sein de l'ex-Chambre de commerce, qui ne peut encore admettre le fait d'avoir été dissoute et surtout celui d'être mis en liquidation. Cet esprit entraîne un refus de l'application de décrets correspondants. Il s'agit, en fait, de ce qu'il est convenu d'appeler un acte de forfaiture. Elle ne s'est pas dégagée suffisamment de l'esprit soupçonneux des commerçants vis-à-vis des producteurs !

Mais cela va loin et entraîne une série de manœuvres qui ne peuvent pas contribuer à l'élection sereine de la nouvelle assemblée. Des interventions de personnes, des articles de presse, des pressions de personnalités ou des groupes, des insinuations troubles se font sentir de plus en plus. Cet environnement frôle une forme d'opposition [...]. Les syndicats patronaux se sentant totalement partie prenante, risquent de se heurter dans leur représentation consulaire.[793]

Cette réaction traduisait un malaise et un conflit de leadership entre industriels et commerçants. Le manque de confiance a failli même affecter le déroulement des élections du 26 juillet 1992. En effet, trois semaines avant ces élections, trois électeurs issus du bureau de l'ex-Chambre de commerce firent part au comité de préparation de leur réserve quant au déroulement du scrutin. Ils avaient à cet effet rencontré leur ministre de tutelle. Mais ce dernier se montra inflexible quant à toute modification à apporter au dépôt des candidatures et à la date des élections[794].

---

793 Maxime EKRA, « Réflexion sur l'environnement socio-professionnel de la période de préparation à l'installation de la Chambre de commerce et d'industrie de Côte d'Ivoire », Abidjan, le 23 mars 1992, pp. 1-2.

794 Comité de préparation de la Chambre de commerce et d'industrie, compte-rendu n° 20, réunion du 13 et 17 juillet 1992, pp. 2-3, *ACCCI* : dossier carton A2, Projet de fusion Chambre de commerce et d'industrie.

Dans ces conditions, les anciens membres de la Chambre de commerce, se sentant frustrés, ont choisi de ne faire ni acte de candidature ni de soutenir de façon vive une quelconque liste. L'attitude de ces anciens résultait d'un malaise lointain. Leur texte élaboré au sujet de la nouvelle organisation consulaire, qui tenait compte de longues années d'expérience, n'avait pas été pris en compte par l'autorité de tutelle. C'est au dernier moment que leur fut imposé, selon Mamadou Kouyaté, un texte ayant l'empreinte du Syndicat des commerçants, importateurs et exportateurs (SCIMPEX), un lobby d'intérêts étrangers, notamment français. L'inconvénient de leur projet est qu'il perpétuait au sein de la future organisation consulaire la domination des multinationales au détriment des entreprises proprement ivoiriennes. De cette situation, il en résultait qu'un président de la nouvelle organisation consulaire issu d'une représentation de ces multinationales ne serait pas libre dans ses choix. Il prendrait ses décisions de l'extérieur. De ce fait, il ne pouvait être, comme l'indiquait Mamadou Kouyaté, un patron au sens strict du terme, c'est-à-dire quelqu'un qui décide de la vie de son entreprise[795]. Mais une telle vision de la nouvelle compagnie n'a pu s'imposer. Au contraire, le corps électoral du nouveau texte appelé à élire les futurs membres de la Chambre de commerce et d'industrie a fait le lit de grands groupes dont les capitaux échappaient aux Ivoiriens (cf. tableau 11). Les petites structures, qui avaient donc peu de chance d'être électrices, furent marginalisées. Ce genre de situation fut à l'origine, dans les années 1950 et 1960 en France, d'un mouvement de contestation des petits commerçants contre les grands commerçants et les industriels. Ces derniers furent accusés, du fait de leur position dans la Chambre de commerce, d'œuvrer pour la disparition des petites activités indépendantes. Cette contestation, conduite par Poujade, fut vive au point d'agiter la vie consulaire et politique en France pendant ces années[796].

---

[795] Entretien avec Mamadou Kouyaté, ancien vice-président de la Chambre de commerce, le 12 février 1999.

[796] Bruno MAGLIULO, *op. cit.*, p. 59.

Tableau 10

Récapitulatif des demandes d'inscription (16 juin 1992)

Régions	Inscrits	Projet	Total de demande s reçues
Région du Sud : Abidjan	628	127	755
Région du Centre : Yamoussoukro	136	21	157
Région du Centre-Nord : Bouaké	309	75	384
Région du Centre-Est : Abengourou	62	18	80
Région du Sud-Ouest : San-Pedro	87	28	115
Région du Nord : Korhogo	65	3	68
Région de l'Ouest : Man	167	29	196
Région du Centre-Ouest : Daloa	235	76	311
Région du Nord-Ouest : Odienné	89	15	104
Région du Nord-Est : Bondoukou	256	31	287
Total intérieur	**1 406**	**296**	**1 702**
Total général	**2 034**	**423**	**2 457**

Source : *ACCCI* : dossier carton A2, Projet de fusion de la Chambre de commerce et de la Chambre d'industrie (1986 – 1992).

Dans le cas de la Côte d'Ivoire, la bataille des petits patrons n'a pas eu lieu. En opposition à cette future organisation dont ils doutaient de l'efficacité en faveur des petits investisseurs, les anciens membres de la Chambre de commerce mirent plus tard en place l'Association interprofessionnelle des patrons des petites et moyennes entreprises. Mamadou Kouyaté présidait les débuts de cette organisation. Leur absence des consultations de la future Chambre de commerce et d'industrie laissa la voie libre à la liste « construire pour vivre et pour prospérer ». Cette liste, conduite par M. Seydou Diarra, PDG de la

Société africaine de cacao (SACO), sans véritable concurrence, remporta les élections du 26 juillet 1992 dans toutes les régions du pays. À la suite de cela, candidat unique, il fut élu à présidence de la Chambre de commerce et d'industrie de Côte d'Ivoire, avec 95,8 %, le 2 août 1992[797]. Seydou Diarra forma un bureau de 24 membres. Cette élection marqua la fin d'un processus commencé depuis 1986. La mise en place d'une nouvelle assemblée et d'un nouveau bureau annonçait le début d'une nouvelle ère pour la Chambre de commerce et d'industrie, autrefois divisée. Mais l'aboutissement de ce processus engendra d'énormes déceptions, notamment du côté de l'ex-Chambre de commerce. La frustration était grande, car l'effort consenti depuis l'indépendance n'avait pas été suffisamment reconnu par les pouvoirs publics, au moins par des décorations. À cela, il faut ajouter que bien des cadres et des agents travaillant dans cette ancienne compagnie consulaire furent licenciés avec l'avènement de la Chambre de commerce et d'industrie. Pourtant, le bilan financier de la Chambre de commerce avant la dissolution était loin d'être mauvais.

À l'examen, la création de la Chambre de commerce et d'industrie semble s'être faite au détriment de l'ex-Chambre de commerce. C'est pourquoi les membres de cette dernière compagnie n'ont pas apporté leur expertise ni leur expérience à cette nouvelle compagnie, dont la majorité des membres étaient sans passé consulaire. Les conflits de personnes et d'intérêts avaient eu raison de cette collaboration.

797 Élection du président de la Chambre de commerce et d'industrie. M. Seydou Diarra, candidat unique : inscrits 90 électeurs ; votants : 72 électeurs ; suffrages exprimés : 69 électeurs ; vote nul : 3 électeurs, in Chambre de commerce et d'industrie de Côte d'Ivoire, *Année consulaire 92-93*, hors-série, janvier 1993, p. 48.

Tableau 11

Répartition du corps électoral de la Chambre de commerce et d'industrie

		Branches d'activités		
		1re Branche d'activités : importations, exportations, commerce et distribution	2e Branche d'activités : entreprises industrielles	3e Branche d'activités : entreprises de service, établissements financiers, entreprises d'assurance
1re Catégorie	Montant des investissements commerciaux dans le territoire	> 800 millions CFA	> 1 milliard	> 800 millions
	Nombre d'employés	> 100	> 500	> 300
	Chiffre d'affaires	> 3 milliards CFA	> 2 milliards CFA	> 1 milliards CFA
2e Catégorie	Montant des investissements dans le territoire	100 à 200 millions de FCFA	100 millions à 1 milliard de FCFA	50 à 800 millions de FCFA
	Nombre d'employés	50 à 100	50 à 500	50 à 300
	Chiffres d'affaires	500 millions à 3 milliards de FCFA	500 millions à 2 milliards de FCFA	100 millions à 1 milliard de FCFA
2e Catégorie	Montants des investissements dans le territoire	< 100 millions de FCFA	< 100 millions de FCFA	< 500 millions de FCFA
	Nombre d'employés	< 50	< 50	< 50
	Montants des investissements	< 500 millions de FCFA	< 500 millions de FCFA	< 100 millions de FCFA

Source : Ministère de l'Industrie et du Commerce, *Chambre de commerce et d'industrie de Côte d'Ivoire*, bulletin spécial, avril 1992, édité par le Comité de préparation de la Chambre de commerce et d'industrie, 23 p. + annexes

CHAPITRE III

LE RENOUVEAU DE LA VIE CONSULAIRE EN CÔTE D'IVOIRE (1992-2008)

À partir de 1992, la vie consulaire en Côte d'Ivoire a connu une animation particulière. La Chambre de commerce et d'industrie devient un enjeu important de la vie économique. Elle est marquée par trois personnalités, qui selon leur temps de présidence, ont cherché à imprimer leur vision de l'activité consulaire.

I- LA NOUVELLE POLITIQUE DE LA CHAMBRE DE COMMERCE ET D'INDUSTRIE : L'ÈRE DE LA PRÉSIDENCE DE SEYDOU DIARRA (1992-2000)

L'ère Seydou Diarra a marqué un tournant nouveau dans la vie consulaire en Côte d'Ivoire. En effet, son arrivée à la tête de la Chambre de commerce de Côte d'Ivoire fut le fruit d'un accouchement long et douloureux. Deux entités distinctes, à savoir la Chambre de commerce la Chambre d'indistrie ont dû se dissoudre pour donner une chambre consulaire unique. En effet, jusque là, la séparation a eu pour conséquence de fragiliser les intérêts économiques. L'élection de Seydou Diarra réconciliait donc le commerce et l'industrie jusque là séparés. Au-delà de ce consensus, le nouveau président de la Chambre de commerce et d'industrie, avant son élection à la tête de cette institution, avait une carrière tournée vers l'extérieur. En sa qualité d'ambassadeur de la Côte d'Ivoire au Brésil, Seydou Diarra fut à la base d'un accord commercial entre le Brésil et la Côte d'Ivoire. Au Benelux, il fut le président et le porte-parole des pays ACP pour les négociations qui ont donné naissance à la Convention de Lomé II[798]. Mais c'est en sa qualité de PDG de la société agroalimentaire Saco-Chocodi qu'il fut inscrit sur la liste électorale de la Chambre de commerce et d'industrie.

[798] *La Voie*, 25 juillet 1992.

Élu par ses pairs à la tête de la Chambre de commerce, le nouveau président Seydou Diarra voulait donner une image plus communicative. Les interviews aux premières heures de son élection montrent que la nouvelle institution consulaire se voulait un acteur important dans le développement de la Côte d'Ivoire. D'ailleurs, dans une interview exclusive accordée à l'organe gouvernemental *Fraternité Matin* le 12 août 1992, le président de la nouvelle chambre de commerce dégageait les ambitions de son institution. Un pan de son programme était d'impliquer la Chambre de commerce dans la construction des gares routières. Déplorant la situation dramatique et même honteuse de la gare routière d'Adjamé, commune d'Abidjan, comme solution, il affirmait :

Nous projetons donc de mobiliser des moyens financiers et matériels nécessaires pour construire des gares routières dans certaines zones de la métropole. Avec le souci de faire d'elles des lieux de plaisance vraie et où l'on pourra voir par exemple Daloa, direction Man, direction Bouaké, direction Korhogo, direction Touba, etc. Chaque direction aura sa salle d'attente, sa buvette, ses kiosques à journaux, ses toilettes bien gérées et les horaires de départ des cars affichés. Ce sont des choses qui sont bien indiquées pour les villes modernes comme Abidjan, Bouaké, Daloa, Yamoussoukro…[799]

Même si ces propos étaient loin d'être un programme d'activités de la Chambre de commerce et d'industrie, ils montraient à quel point la nouvelle chambre consulaire voulait toucher par ses actions le quotidien des Ivoiriens. En outre, l'État de Côte d'Ivoire attendait aussi beaucoup de la Chambre de commerce et d'industrie pour participer au relèvement de l'économie ivoirienne. En effet, l'élection à la Chambre de commerce et d'industrie survint dans un contexte de crise très accentué. En effet, de 1987 et 1988, les cours du café et du cacao étaient fortement dégradés. Le déficit du compte courant avait atteint 11,9 % du PIB. À cela, il faut ajouter la contre-performance de l'industrie ivoirienne. La valeur réelle des ventes avait diminué de plus de 23 % entre 1985 et 1989. Les exportations globales avaient chuté de 47,3 % et la valeur ajoutée avait baissé de 13,4 %. Quant à l'investissement et à l'emploi, ils avaient baissé respectivement de 23 % et de 12 %[800].

---

799 *Fraternité Matin* du 12 août 1992, p ?

800 Chambre de commerce et d'industrie, *Année consulaire 92-93*, hors-série, 1993, p. 59

C'est face à cette situation difficile que le gouvernement de Côte d'Ivoire avait entrepris de vastes réformes de l'économie à travers plusieurs programmes[801]. L'objectif poursuivi par ces programmes était, entres autres, d'assainir le système financier en le rendant solvable, d'améliorer l'appareil judiciaire et de promouvoir les exportations et les investissements. Ce programme de stabilisation et de relance économique prévoyait également de renforcer le rôle du secteur privé et aussi de mettre en place une plate-forme commune entre les opérateurs économiques et l'État.

Dans une telle perspective, la Chambre de commerce et d'industrie était appelée à jouer un grand rôle. En effet, l'institution consulaire, bien que créée par la puissance publique, relevait principalement, de par son organisation et son fonctionnement, des acteurs économiques privés. Par ce statut, elle devenait le lieu de rapprochement privilégié du secteur public et du secteur privé. À ce titre, le programme proposé par le président Seydou Diarra prenait en compte tous ces aspects. Il s'articulait autour de plusieurs axes, à savoir, la promotion des exportations, la valorisation des ressources humaines, la gestion du patrimoine productif de l'État et l'appui aux petites et moyennes entreprises[802].

Dans l'esquisse de son programme d'action, la Chambre de commerce et d'industrie voulait se positionner comme un acteur indispensable compte tenu des insuffisances de l'État dans l'amélioration de l'environnement économique. Ainsi, concernant le cadre réglementaire et administratif, la Chambre de commerce et d'industrie avait relevé de nombreuses lacunes. À titre d'exemple, elle constatait que les sociétés anonymes étaient régies par une loi française de 1867. Quant aux sociétés à responsabilité limitée, elles étaient régies par une autre datant de 1925. De plus, il n'existait pas de tribunaux spécialisés dans le règlement des litiges en matière de

[801] Il s'agit notamment du programme d'ajustement sectoriel financier (PASFI), le programme d'ajustement sectoriel compétitivité (PASCO), le programme de valorisation des ressources humaines (PAGE) et du programme de privatisation et des restructurations des entreprises.

[802] À cela, il faut ajouter la promotion des investissements, l'amélioration du cadre réglementaire et administratif, la rationalisation de la fiscalité. La Chambre de commerce et de l'industrie envisage aussi l'installation des délégations régionales et l'organisation de séminaires de formations des élus. Cf. Chambre de commerce et industrie, *Année consulaire*, *op. cit.*, p. 60.

commerce. Cette situation était à l'origine de lenteurs dans le règlement des différends commerciaux[803].

Dans son rôle de facilitateur de la vie économique, la nouvelle Chambre de commerce et d'industrie élue proposa au gouvernement ivoirien l'institution de procédures d'arbitrage des différends commerciaux. Le président Seydou Diarra s'est appliqué à trouver une solution en œuvrant pour la mise en place d'une Cour d'arbitrage en Côte d'Ivoire. En effet, compte tenu du volume croissant des différends et des techniques spécifiques qu'exigeait parfois leur règlement, l'arbitrage commercial s'imposait comme un complément nécessaire à la justice étatique. En créant la cour d'arbitrage de Côte d'Ivoire, la Chambre de commerce et d'industrie entendait apporter sa contribution à l'assainissement et à la sécurisation de l'environnement juridique des affaires en Côte d'Ivoire. En outre, cette institution offrait aux hommes d'affaires un cadre réglementaire rapide, discret et sûr pour régler leurs litiges commerciaux et industriels. Conscient donc de l'enjeu, trois mois après son élection le 27 novembre 1992[804], le président de la Chambre de commerce et d'industrie, Seydou Diarra, sollicita des pouvoirs publics l'autorisation de créer une cour d'arbitrage. Le 11 janvier 1993, le ministre de la Justice marqua son accord pour la mise en place de cette cour d'arbitrage au sein de la Chambre d'industrie. Au cours de la même année, précisément le 17 avril 1993, l'assemblée générale de la Chambre de commerce adopta le principe de création de cette institution et le 9 août 1997, l'Assemblée nationale de Côte d'Ivoire adopta la loi relative à l'arbitrage. Mais il faut attendre le 9 mai 1997 pour que les statuts et règlements intérieurs de la Cour d'arbitrage de Côte d'Ivoire (CACI) soient adoptés par le bureau de la Chambre de commerce et d'industrie[805].

La CACI devait être un centre administratif avec pour fonctions d'organiser et de superviser, conformément à son règlement, les arbitrages à effectuer. L'arbitrage est un mode privé de règlement des litiges où les parties confient à une ou plusieurs personnes privées (arbitres) librement choisies par elles l'examen de leur différend. Il prenait fin par le prononcé d'une sentence au caractère définitif.

---

803 *Idem*, p. 65.

804 Chambre de commerce et d'industrie de Côte d'Ivoire, *Cour d'Arbitrage de Côte d'Ivoire*, brochure, p. 2

805 *Idem*.

En dehors de l'arbitrage, la Cour d'arbitrage de Côte d'Ivoire pouvait offrir aux acteurs économiques des moyens de conciliation. Indépendante de l'arbitrage, la conciliation était un mécanisme par lequel les parties demandaient à un conciliateur, qu'elles choisissaient librement, de tenter de régler leur différend à l'amiable. La procédure prenait fin soit par la signature d'un protocole d'accord, soit par la rédaction d'un procès-verbal de non-conciliation.

Dans l'ensemble, la création de la CACI marquait un tournant important dans la présidence de Seydou Diarra. Il traduisait le souci d'aider le monde des entreprises à aplanir les litiges de tout genre sans avoir recours aux tribunaux civils. Cette action et bien d'autres, notamment la construction d'une grande salle de conférence, donnaient à l'action de l'institution consulaire une dimension assez ambitieuse. Mais le second mandat de Seydou Diarra, commencé en 1998, est écourté en décembre 1999. En effet, dès la prise de pouvoir par le général Robert Gueï, le 24 décembre de cette même année, il est nommé en janvier 2000 comme Premier ministre de Côte d'Ivoire. Cette promotion ouvre la voie à une nouvelle présidence à la Chambre de commerce de Côte d'Ivoire.

II- La continuité d'un mandat : la présidence de Georges N'Dia Coffie (1999-2002)

La prolongation du mandat de Seydou Diarra fut assurée par son vice-président, Georges N'Dia, de 1999 à 2002, date marquant le renouvellement des instances du bureau de la Chambre de commerce. Le nouveau président de l'institution est élu le 11 avril 1941. En 1969, il fut le représentant permanent de la Côte d'Ivoire auprès de l'Organisation internationale du café (OIC) à Londres. Dès 1976, il entra au sein du groupe Nestlé-Côte d'Ivoire, où il occupa le poste de directeur général et par la suite, celui de président du Conseil d'administration[806]. Mais c'est en tant qu'administrateur de la Société Ivoirienne de Contrôle Technique Automobile (SICTA), entreprise classée dans la première catégorie figurant dans la 3e branche, qu'il fut inscrit électeur à la Chambre de commerce et d'industrie de Côte d'Ivoire[807].

806 http//www.abidjan.net/qui/profil.asp?id=129. Consulté le 31/12/2012

807 Cf. liste des candidats élus à l'élection de la Chambre de commerce et d'industrie du 2 août 1992, in *Année consulaire 92-93*, *op. cit.*, p. 41.

La politique du président Georges N'Dia s'est faite dans la continuité de celle de Seydou Diarra. La Chambre de commerce et d'industrie a continué d'être une interface entre l'État et les acteurs économiques privés, mais aussi une force de proposition et d'initiative. Sous la présidence de Georges N'Dia, la Chambre de commerce et d'industrie connut un regain d'activité. Les relations d'affaires entre entreprises ivoiriennes et étrangères ont été renforcées. À titre d'exemple, l'on note le lancement du partenariat avec la Chambre de commerce et d'industrie de Rouen (CCIR) du projet « compagnonnage industrie ». Il s'agit d'un projet de coopération qui privilégiait le rapprochement d'entreprises du même métier ou du même secteur d'activités. Par ce projet, il était prévu 15 missions de chefs d'entreprises français en Côte d'Ivoire sur une période de trois ans. Dans cette perspective, 25 entreprises ivoiriennes ont pu être identifiées[808].

En matière de financement, la Chambre de commerce et d'industrie a organisé en juillet 2001 un forum sur l'économie ivoirienne à Amsterdam, aux Pays-Bas, avec les banquiers occidentaux opérant en Afrique. Ce forum a abouti à la mobilisation de financement structuré auprès du groupe bancaire sud-africain ABSA, en faveur de la filière café-cacao et au bénéfice spécifique des coopératives. La gestion des fonds dont la contrepartie financière en monnaie était estimée en CFA à 42 milliards, fut confiée à la Caisse Autonome d'Amortissement (CAA)[809]. Ces faits montrent l'effort fait par la Chambre de commerce et d'industrie de Georges N'Dia pour impulser un certain dynamisme à la vie économique. C'est dans la continuité de cette action que la Chambre de commerce de Côte d'Ivoire a pu obtenir la mise en application de la Convention du Transit Routier Inter-États (TRIE) concernant la circulation des marchandises au sein des pays de la CEDEAO. Concédée en août 1996, la convention TRIE a été effectivement mise en œuvre le 18 août 2001.

La mise en œuvre de cet instrument d'intégration économique sous-régional a apporté des résultats assez intéressants. En termes de résultats, l'on a pu noter que durant les cinq derniers mois de l'année 2001, l'activité du TRIE a pu réaliser la couverture de près de 73,5 milliards de FCFA de valeur FOB de marchandises,

[808] Chambre de commerce et d'industrie de Côte d'Ivoire, *Rapport annuel 2001*, p. 6.

[809] *Idem*, p. 7.

principalement en direction du Mali. En ce qui concerne les ressources affectées à la garantie, elles ont été constituées à la fin de décembre 2001 à hauteur de 76,3 milliards de FCFA[810].

En dehors de la mise en œuvre de la convention TRIE, l'État ivoirien concéda à la Chambre de commerce et d'industrie le monopole de la gestion du pesage des marchandises générales au cordon douanier ivoirien. Ainsi, par le décret n° 2001-695 du 31 octobre 2001, le gouvernement de Côte d'Ivoire autorisait la Chambre de commerce et d'industrie, au regard de son mandat de « peseur juré » et de son expérience en la matière, à effectuer le pesage général des marchandises au cordon douanier. Cette disposition visait, outre l'élargissement de la base statistique, à sécuriser les recettes publiques par des attestations fiables de poids déclarés facilitant ainsi le travail de l'Administration[811].

Dans l'ensemble, ces faits majeurs sous la présidence de Georges N'Dia montrent à quel point son institution jouissait d'une notoriété et d'une grande confiance auprès de l'État de Côte d'Ivoire. La Chambre de commerce et d'industrie s'est aussi engagée dans bien d'autres actions pour appuyer les entreprises par une bonne information économique, afin d'amener l'État à soutenir activement le secteur privé.

C'est dans la dynamique de ces acquis que lorsque prend fin le mandat de l'ère Seydou Diarra, prorogée par Georges N'Dia Coffie, ce dernier se porta candidat à la tête de la Chambre de commerce et d'industrie, en août 2002.

III- Les élections d'août 2002 et l'arrivée d'une nouvelle équipe

En 2002, la Chambre de commerce et d'industrie de Côte d'Ivoire a connu une animation particulière. Contrairement aux élections précédentes, celles de 2002 a vu la confrontation de deux visions de l'animation consulaire. Mais l'enjeu des questions économiques donna à ces consultations un goût d'inachevé.

---

810 *Ibid.*, p. 12.
811 *Ibid.*, p. 13.

A- Des élections au « goût amer »

Les élections de 2002 constituaient une évolution normale dans la vie de la Chambre de commerce et d'industrie. Comme dans les élections passées, les acteurs économiques se sont fortement mobilisés pour participer à ce scrutin. Sur la liste électorale, il y avait au moins 3 000 inscrits pour élire les 156 membres devant constituer l'assemblée générale au sein de laquelle l'on choisissait le futur président de l'institution[812].

Cette élection d'août 2002 opposait le président Georges N'Dia Coffie et un candidat assez jeune, Jean-Louis Billon, président du groupe SIFCOM, fleuron de l'industrie et du commerce. Si la candidature de Georges N'Dia marquait une certaine continuité avec l'ère Seydou Diarra, celle de Jean-Louis Billon se voulait celle du changement et de la jeunesse. Dans une interview accordée à un journal ivoirien, *La Bombe*, paru le 3 août 2002, à la veille de ces élections, le candidat Jean-Louis Billon, tout en reconnaissant le grand mérite du président Seydou Diarra, notait que depuis le départ de ce dernier, l'institution consulaire fonctionnait mal. En effet, soutint-il dans cette interview :

Malheureusement, depuis 2000, après son départ à la primature, l'équipe sortante a réussi la prouesse de faire renter la Chambre en hibernation dans un pays tropical. Il est donc temps que de véritables opérateurs économiques reprennent leur outil en main et lui redonnent ses lettres de noblesse.[813]

Cette critique adressée à l'équipe dirigée par le président Georges N'Dia visait à mettre en cause sa gestion de l'institution consulaire. Dans cette interview, il alla même plus loin en faisant d'autres constats. Ainsi, affirmait-il :

Quand je reprends les attributions et missions de la Chambre, je me rends compte que l'équipe sortante n'en a rempli aucune avec succès. La Chambre ne nous consulte jamais, ne serait-ce que pour connaître nos préoccupations de base. En bref, la Chambre ne joue aucun rôle particulier.[814]

---

[812] *Fraternité Matin*, 3 et 4 août 2002, p. 9.

[813] Interview de Jean-Louis Billon au journal *La Bombe*, samedi 3 et dimanche 4 août 2002, p. 9.

[814] *Idem*.9

Ces propos traduisent l'enjeu que représentait l'élection à la présidence d'une institution consulaire. Ils montraient l'attente d'une partie des acteurs économiques quant aux rôles que devait jouer une organisation de cette nature. C'est pour partager une autre vision de l'action consulaire en Côte d'Ivoire que Jean-Louis Billon conduisit pour cette campagne électorale la liste « Une équipe pour construire ».

Mais cette élection, qui avait pour but de proposer des programmes pour la redynamisation de la vie consulaire en Côte d'Ivoire, connut un épilogue assez pathétique à la veille des élections. En effet, par l'ordonnance n° 3916 du 2 août 2002, le président du tribunal de première instance d'Abidjan invalidait l'inscription sur la liste électorale de la Chambre de commerce et d'industrie du président sortant Georges N'Dia, conduisant la liste « Entreprendre et développer »[815]. Cette invalidation résultait d'une plainte d'un certain Baradji Djibril, agent commercial de nationalité ivoirienne, qui avait demandé la radiation de Georges N'Dia parce que ce dernier aurait sollicité son inscription sur la liste électorale de la Chambre de commerce et d'industrie en qualité d'électeur comme cogérant de la société à responsabilité (CEDIC) alors que pour le plaignant, cette société n'était pas une SARL mais une entreprise individuelle ne lui appartenant pas[816]. Cette raison ainsi que d'autres facteurs ont suffi au tribunal d'Abidjan pour mettre en cause la régularité de l'inscription du président Georges N'Dia. Cette sentence assez lourde fut entérinée par la Commission du contrôle de l'élection des membres de la Chambre de commerce et d'industrie pilotée par le ministère de l'Intérieur.

Mais cette décision du tribunal fut contestée par le président N'Dia qui, dans un droit de réponse à l'organe gouvernemental *Fraternité Matin*, soutint avoir été injustement radié. Il affirma être effectivement co-gérant de la société CEDIC. Cette élimination, qui a sérieusement déteint sur l'atmosphère des élections à la Chambre de commerce et d'industrie, n'a pu empêcher le déroulement des élections consulaires du samedi 3 août 2002. La liste conduite par Jean-Louis Billon remporta tout naturellement ces élections. Ce renouvellement des instances de la Chambre de commerce et d'industrie marquait une nouvelle période dans la vie consulaire en Côte d'Ivoire.

---

815 *Fraternité Matin*, samedi 3 et dimanche 4 août 2002, p. 9.

816 *Fraternité Matin*, lundi 7 août 2002, p. 7.

B- De la présidence de Jean-Louis Billon au centenaire de la Chambre de commerce et d'industrie (2002-2008)

L'arrivée d'un nouveau président à la tête de la Chambre de commerce et d'industrie marqua un événement important dans la vie économique. Mais ce renouveau consulaire évolua dans des conditions difficiles.

1- Une mandature marquée par des crises (2002-2007)

La mandature de Jean-Louis Billon a été marquée par une série d'événements dramatiques qui ont failli déteindre sur les activités de la Chambre de commerce et d'industrie. La première de ces crises fut la crise militaro-politique de septembre 2002. Cette crise, par son ampleur et ses effets catastrophiques sur le plan économique, dans un contexte où le bureau de la nouvelle Chambre de commerce devait s'installer, représentait un véritable défi pour la survie de l'institution.

Dans une situation de confusion et d'incertitude sur le plan politique, la Chambre de commerce et d'industrie de l'ère Jean-Louis Billon réussit tout de même à organiser, dès le 8 octobre 2002, une assemblée générale qui avait enregistré la présence de 99 élus consulaires sur 153. Cette assemblée générale avait d'une part pour but la mobilisation des élus consulaires autour des autorités nationales face à la crise, et d'autre part, la mise en place d'un comité de gestion de la crise[817]. L'assemblée générale de la Chambre de commerce a été aussi une occasion pour faire des cotisations exceptionnelles, des dons en nature et des dons de sang. En effet, le drame de septembre 2002 a fait des milliers de déplacés, des affamés, des appauvris et des malades.

Ce comité se justifiait d'autant plus que les entreprises avaient besoin de trouver des solutions face à des préoccupations assez nombreuses. En effet, la partition du pays en deux zones infranchissables a provoqué la dislocation des circuits d'approvisionnement et de distribution, le blocage de la circulation, une situation sécuritaire précaire et une désorganisation complète du temps de travail. L'un des faits caractéristiques de cette situation sur le plan économique est que le sucre produit dans les zones non gouvernementales ne pouvait être acheminé à Abidjan. Mais les

---

[817] Chambre de commerce et d'industrie de Côte d'Ivoire, *Rapport de la mandature 2002-2009*, p. 18.

rencontres de concertations organisées par la Chambre de commerce et d'industrie avec les acteurs de la filière du sucre ont permis de résoudre le problème. En effet, en raison du démarrage du jeûne musulman, l'État accorda à des opérateurs économiques des autorisations d'importation de sucre. Une partie de ce sucre destiné aux pays limitrophes de la Côte d'Ivoire risquait de se retrouver sur le marché ivoirien faute de possibilité de livraison à leur destination finale[818]. Mais ces acteurs économiques, déjà affaiblis par la crise de 2002 qui continuait de perdurer, ne furent pas au bout de leur peine, avec une autre crise qui survint en 2004.

Cette crise de novembre 2004 a été traumatisante pour les entreprises, notamment par l'ampleur des pillages et des saccages de locaux. Face à ce traumatisme économique, la Chambre de commerce et d'industrie de Côte d'Ivoire se mit promptement à l'écoute des entreprises sinistrées. Au lendemain de ces événements, elle mit en place une cellule d'accueil et d'orientation dans le but d'accueillir et d'aider au plus tôt les entreprises industrielles, commerciales et de service. Cette mission menée en partenariat avec l'Ordre des experts comptables et comptables agréés de Côte d'Ivoire a permis à la Chambre de commerce d'apporter d'une part, une assistance pour l'instruction des dossiers, et d'autre part, de proposer des pistes de solution en vue du maintien ou du redémarrage des activités[819].

Au-delà de cette action, la Chambre de commerce et d'industrie, en partenariat avec le Conseil national du patronat ivoirien, a mis en place en son sein un guichet unique pour enregistrer les déclarations de sinistres subis en vue de proposer à l'État des solutions d'indemnisations. Suite à la création du guichet unique, il a été enregistré pour les seuls événements de 2004, 584 points de sinistres concernant 319 entreprises sur six des dix communes du district d'Abidjan et six villes de l'intérieur du pays. Les pertes matérielles et financières déclarées par les entreprises du pays se chiffraient à 66 913 265 863 FCFA[820]. Face à de tels drames et consciente de sa mission historique d'actrice majeure du développement, la Chambre de commerce et d'industrie a su mobiliser les acteurs publics et privés. À son initiative, les acteurs du secteur privé dans leur diversité ont su

---

[818] Chambre de commerce et d'industrie de Côte d'Ivoire, *Document sur le film institutionnel de la Chambre de commerce et d'industrie, 2002-2009*, p. 17.
[819] Chambre de commerce et d'industrie de Côte d'Ivoire, *Rapport...*, *op. cit.*, p. 25.
[820] *Idem*, p. 44-45.

proposer aux autorités politiques les solutions les plus appropriées pour le monde des entreprises. Parallèlement à cette action d'interpellation, différentes commissions État/secteur privé ont été mises en place en vue de cerner les implications économiques, sociales et financières de ces événements de 2004, afin d'aider les entreprises[821].

Il faut indiquer que cette crise de novembre de 2004 est liée à la destruction par l'armée française de l'aviation ivoirienne suite au bombardement d'un camp français attribué à l'armée ivoirienne. La réaction d'une partie de la population face à cette attaque française eut pour conséquence d'occasionner des débordements et des pillages entraînant des pertes économiques énormes. Cet environnement politique marqué par l'implication de la communauté internationale dans la crise ivoirienne, notamment l'ONU, la CEDEAO, l'Union africaine et surtout la France, provoqua d'autres crises liées à l'incompréhension des mesures édictées sans le point de vue des Ivoiriens.

C'est ainsi que la tenue à Abidjan de la 3e réunion du Groupe de travail international (GTI)[822] sur la Côte d'Ivoire, le 15 janvier 2006, avait donné lieu à des manifestations assez violentes. Les manifestants protestaient contre le fait que le GTI se soit arrogé le droit, sans tenir compte des institutions ivoiriennes ni des lois du pays, de déclarer la dissolution de l'Assemblée nationale de Côte d'Ivoire sous le prétexte que son mandat était déjà terminé depuis le 16 décembre 2006. En outre, ce groupe de travail défendait le point de vue selon lequel le mandat des députés de cette institution ne doit pas être prolongé[823].

La réaction qui suivit ce communiqué fut assez violente. En effet, des écoles furent fermées, des véhicules saccagés et les activités de tout genre paralysées à Abidjan. Cette situation a particulièrement

---

821 Chambre de commerce et d'industrie de Côte d'Ivoire, *Document sur le film...*, *op. cit.*, p. 23.

822 Le Groupe de Travail International (GTI) sur la Côte d'Ivoire avait pour objectif de favoriser une normalisation politique et institutionnelle du pays. Il comprenait le représentant des institutions internationales telles que l'Union africaine, l'Union européenne, la CEDEAO, la Banque mondiale et l'Organisation internationale de la francophonie. À cette liste, il faut ajouter les représentants de pays comme la France, les États-Unis, l'Afrique du Sud, le Niger, le Nigeria, le Benin et la Guinée.

823 *Fraternité Matin* du 16 janvier 2006, p. 13 (voir point 4 du communiqué final ayant sanctionné les travaux du GTI le 15 janvier 2006 à Abidjan).

affecté les acteurs des filières de la production et de la commercialisation des vivriers, de la petite distribution et le secteur du transport. La ville d'Abidjan fut d'une certaine manière asphyxiée. Affectée par l'impact de tels événements pour la survie des activités économiques, furent-elles mineures, la Chambre de commerce se montra prompte à réagir. Elle profita de l'ouverture de sa 7e assemblée générale du 26 janvier 2006, en présence du Premier ministre Charles Konan Banny, pour traduire le ras-le-bol des acteurs économiques et condamner « ces dérives comportementales » qui affectaient la vie des entreprises[824].

À cette crise de janvier 2006, d'autres, moins politiques mais tout aussi importantes, affectèrent durant la même année la vie économique, et au sujet desquelles la Chambre de commerce et d'industrie s'est fait fort d'interpeller les pouvoirs publics sur leurs conséquences dramatiques. Il s'agit entre autres de la grippe aviaire et des déchets toxiques. Dans le premier cas, la déclaration de cette épizootie dès le début de mai 2006 en Côte d'Ivoire, après sa découverte dans des pays de la sous-région ouest-africaine comme le Nigeria et le Burkina Faso, eut un retentissement douloureux pour le secteur avicole. Compte tenu de la gravité du mal qui pouvait entraîner la destruction de milliers de volailles, le gouvernement ivoirien envisageait déjà un plan d'indemnisation de 6 milliards[825]. Cette prise en charge a montré que le coût financier de la grippe aviaire était énorme et que ce problème représentait une menace pour la survie d'un secteur jusque là florissant. Dans la seule région d'Agnibilékro, à l'est de la Côte d'Ivoire, où l'on notait 233 fermes et environ 3 millions de poulets, l'annonce de la menace de la grippe aviaire faisait déjà craindre la perte de plus de 5 000 emplois[826]. Si l'on rapporte la situation à l'échelle nationale, sur le plan économique, la grippe aviaire était une menace nationale pour la survie du secteur avicole. Conscient de la gravité d'une telle situation, le président Jean-Louis Billon et son institution interpellèrent les pouvoirs publics.

À cette crise assez grave pour les acteurs économiques s'ajouta la crise des déchets toxiques au cours de la même année 2006, où une fois de plus, la Chambre de commerce de Côte d'Ivoire se fit l'écho de

---

[824] Chambre de commerce et d'industrie de Côte d'Ivoire, *Rapport…, op. cit.*, pp. 51-52.

[825] *Fraternité Matin*, vendredi 5 mai 2006, p. 15.

[826] *Fraternité Matin*, samedi 13 et dimanche 14 mai 2006, p. 15.

la détresse des entreprises. Cette crise dramatique sur le plan humain et économique est relative au déversement sur la ville d'Abidjan de centaines de tonnes de déchets toxiques par le navire Probo Koala, de la multinationale Trafigurat. Selon le rapport de la commission internationale d'enquête sur cette question, les déchets furent déversés en 18 endroits[827] de la ville d'Abidjan. Les populations d'Abidjan et notamment celles qui habitaient à proximité des sites pollués ont été touchées de maux divers (nausées, vomissements, troubles gastriques, saignements du nez...). On dénombre 15 décès et plus de 100 000 consultations médicales. Par ailleurs, l'impact économique des déchets toxiques a eu pour effet immédiat la cessation temporaire des activités des entreprises agricoles, artisanales, halieutiques et industrielles dans les zones polluées[828].

2- Actions et controverse de la présidence de Jean-Louis Billon

Le mandat de Jean-Louis Billon à la tête de la Chambre de commerce et d'industrie, par rapport à ses prédécesseurs, a été une présidence très communicative. Sur tous les sujets économiques, sociaux et parfois politiques, cette institution consulaire s'est fait souvent entendre. Cette médiatisation des différents propos du président Billon dans un contexte politique assez tendu a suscité des débats autour de cette présidence. En effet, ses prises de position et ses dénonciations récurrentes des entraves à la bonne marche des entreprises par le monde de la presse furent perçues par certains comme les tentatives d'une ambition présidentielle.

Le positionnement médiatique de ce président de la Chambre de commerce d'industrie n'était pas pour arranger les choses. Il était en outre président du Comité de soutien aux éléphants, c'est-à-dire l'organe chargé de fédérer toutes les énergies et de susciter une grande adhésion populaire, particulièrement autour de l'équipe nationale de football. De plus, compte tenu de l'aura dont jouissait cette équipe, symbole de fierté pour les Ivoiriens, le président du Comité de soutien devenait lui aussi une personnalité très médiatique. Chaque fois que cette équipe apparaissait sur la scène de la Coupe d'Afrique des

---

[827] Il s'agit notamment de stockage de déchets (décharge d'Abobo, station de dépotage du Plateau Dokui), des sites qui n'ont pas vocation à vocation accueillir (Koumassi, Abobo, proximité de la Maison d'arrêt et de correction d'Abidjan, site Wasteel à Vridi) ou encore le réseau d'assainissement de Treichville.

[828] Chambre de commerce et d'industrie de Côte d'Ivoire, *Document sur le film...*, *op. cit.*, p. 27.

nations ou de la Coupe du Monde (Allemagne 2006), le président Billon était à l'avant-poste de la mobilisation populaire.

L'autre fait qui renforçait l'image médiatique du président Billon et qui amenait aussi à s'interroger sur l'orientation que l'on voulait donner à l'institution consulaire, fut l'adhésion de la Chambre de commerce et d'industrie à la Convention de la société civile ivoirienne en 2005, et la participation à ses activités[829]. En effet, comment comprendre qu'une institution comme la Chambre de commerce et d'industrie puisse adhérer à une ONG locale dont le caractère était loin d'être économique ? Les orientations d'une telle structure, qui pouvaient être aux antipodes des attributions d'une chambre de commerce, pouvaient engager défavorablement l'action consulaire. La position du président Jean-Louis Billon en tant que numéro 2 de cette Convention de la société au titre de la Chambre de commerce ne pouvait que susciter la suspicion des pouvoirs publics d'une institution qui était sous la tutelle du ministère du Commerce et de celui de l'Industrie.

Dans l'ensemble, ce positionnement du président Billon a contribué d'une certaine façon à rendre médiatique l'institution consulaire, polarisant ainsi l'attention de la presse sur les initiatives de la Chambre de commerce et d'industrie de Côte d'Ivoire. Cette médiatisation participait aussi au souci d'interpellation des pouvoirs publics. En effet, les textes régissant la Chambre de commerce et d'industrie de Côte d'Ivoire donnaient à l'institution le droit de jouer ce rôle d'interpellation dans le but d'aider les pouvoirs publics à prendre les mesures appropriées pour favoriser le développement économique du pays.

Conscient de la dimension de ce rôle, la présidence de Jean-Louis Billon, jusqu'à la célébration du centenaire de l'institution, fut marquée par une série d'interpellations qui furent perçues parfois comme une opposition systématique aux actions du gouvernement tant la virulence du ton était loin d'être mesurée. La Chambre de commerce et d'industrie semblait être un empêcheur de tourner en rond dans la mesure où les sorties médiatiques du président de l'institution se lisaient à la une de la presse nationale, et étaient très souvent relayées par les agences et organes de presses étrangers (RFI, BBC, TV5…). Certaines des constantes de ces interpellations furent la dénonciation de la porosité des frontières terrestres, la corruption et

[829] *Idem.*

surtout le racket du fait des barrages anarchiques sur les routes, ainsi que l'impact de la crise militaro-politique.

À la faveur de la célébration du centenaire de la Chambre de commerce et d'industrie de Côte d'Ivoire, les propos de Jean-Louis Billon furent assez révélateurs du ras-le-bol des acteurs économiques face à l'ampleur du phénomène. En effet, soutenait-il, le racket était érigé en règle par les forces de l'ordre :

La porosité de nos frontières offre un champ libre aux fraudeurs. Ils injectent des produits et des marchandises contrefaits. Cela porte un énorme préjudice aux entreprises. De fait, le racket prospère tranquillement. Malgré les campagnes menées à l'endroit des pouvoirs publics, il n'y a pas de résultat. [...]

Avant le déclenchement de la crise armée de septembre 2002, il y avait 26 000 entreprises ; ce chiffre s'est effondré de moitié soit 13 000 industries. [...] Nous sommes passés de 780 000 employés en 2000 à 300 000 salariés. Toutefois, la liberté d'entreprendre et la circulation des biens sont des combats perpétuels.[830]

Toute cette interpellation avait pour but d'amener l'État à orienter ses actions en vue de mieux aider les acteurs économiques. En effet, il arrivait bien souvent que l'État, par ses actes, contrarie les capacités d'initiative des milieux économiques en prenant des actions unilatérales. Au nombre de celles-ci, il y a eu la concession du terminal à conteneurs de Vridi, du port d'Abidjan, au groupe français Bolloré. En effet, en vertu d'une convention avec l'État, le groupe Bolloré devait assurer, à partir du 1er mars 2004, la gestion et l'exploitation du terminal à conteneurs du Port autonome d'Abidjan pour une durée de quinze ans, renouvelable pour dix ans. La concession de gré à gré à travers la filiale de Bolloré, Société d'exploitation du terminal à conteneurs de Vridi (TVC) pour un coût de 5,5 milliards de FCFA, était liée à une promesse d'investissement de 23 milliards de FCFA. En accédant à une telle concession, les autorités portuaires soutenues par l'État de Côte d'Ivoire voulaient par ce moyen remédier à un manque à gagner estimé à plusieurs milliards de francs CFA accumulé depuis le début de la crise militaro-politique[831]. Pour la Chambre de commerce et d'industrie, c'était une mesure antiéconomique dans la mesure où, selon son président, dans une interview accordée à la RTI (Radio Télévision Ivoirienne,

---

[830] Le quotidien ivoirien *Nord-Sud* du mercredi 5 mars 2008.
[831] *Le Patriote*, n° 1339, 20 février 2004.

1re chaîne), il soulignait que cette concession s'était faite en dehors des règles de concurrence. En outre, ajoutait-il, cela aurait de graves conséquences économiques sur le pays en termes d'emploi et de fermeture des entreprises. Il alla plus loin en soutenant que l'institution consulaire qu'il dirigeait ne saurait cautionner une telle procédure[832]. En effet, grâce à cette concession, le groupe Bolloré devenait, en Côte d'Ivoire, à la fois opérateur maritime, manutentionnaire et transporteur, assurant ainsi un monopole dans le domaine portuaire. Pour donner plus d'ampleur à la dénonciation de cette concession, qu'il qualifiait de « révoltante au plus haut point »[833], le président Jean-Louis Billon alla jusqu'à saisir le patronat français et la Banque mondiale pour dénoncer l'attribution « gré à gré » au groupe français Bolloré[834].

Cette démarche qui consiste, pour une institution consulaire nationale sous tutelle de l'État, à saisir des acteurs extérieurs face à une décision d'un acteur souverain, pose la question de la loyauté de la Chambre de commerce envers l'État dont elle dépend. Si la décision de l'État est critiquable, néanmoins, on peut se demander s'il existait des acteurs économiques ivoiriens capables de faire face aux charges d'investissement de ce terminal à conteneurs de Vridi. Dans tous les cas de figure, s'il y avait un appel d'offres à la concurrence, la concession reviendrait dans tous les cas à une multinationale disposant de ressources considérables.

Cette attitude de la Chambre de commerce et d'industrie qui défiait l'État, parfois au profit de ses propres intérêts, a conduit à son affaiblissement dans le passé. En effet, la léthargie des institutions consulaires en Côte d'Ivoire après l'indépendance est en partie due à cette forte puissance que ces chambres consulaires avaient incarnée pendant la période coloniale. Du fait de la qualité et de la diversité de leur représentativité sur le plan économique, elles ont fini par devenir, à cause de leur poids économique, un pouvoir parallèle à l'ordre politique, mettant même en cause les décisions en faveur du bien-être des populations.

Dans le cas d'espèce, le président de la Chambre de commerce et d'industrie voulait probablement jouer à fond son rôle d'interpellation en allant aussi loin que les textes le permettaient. En dehors de ses

---

832 Le quotidien *Inter*, n° 1774 du mardi 6 avril 2004, p. 7.

833 *Le Patriote*, n° 1339 du 20 février 2004.

834 *Idem*.

sorties médiatiques très fréquentes et interpellatrices, la présidence de Jean-Louis Billon, jusqu'à la célébration du centenaire de l'institution, fut aussi marquée par des actes significatifs. Elle fut la seule institution consulaire à pouvoir fonctionner correctement. Les autres institutions telles que la Chambre d'agriculture et la Chambre des métiers ont été paralysées dans leur fonctionnement à cause de la crise militaro-politique. Pour éviter la disparition de ces institutions du fait de leur dysfonctionnement, l'État a dû nommer des administrateurs provisoires afin d'y maintenir une certaine administration.

Quant à la Chambre de commerce et d'industrie, sa résistance dans un contexte de crise lui a permis de mener à bien ses activités. Les années 2002 et 2003 ont été assez difficiles pour la Chambre de commerce et d'industrie, car il fallait s'adapter à un contexte nouveau, inédit, qui a entraîné la partition du pays en deux, désorganisé les structures et le fonctionnement des entreprises, et même de l'État. C'est le 31 mars 2003, soit près de 6 mois après l'élection du président de l'institution, que l'assemblée des élus consulaires installait le nouveau bureau de la compagnie ainsi que les organes qui devaient accompagner l'activité consulaire. C'est le 16 décembre 2003 que le budget initial de la Chambre de commerce et d'industrie a été approuvé[835]. Ce long temps nécessaire montre les difficultés d'une institution à la recherche de repères.

L'an 2004 peut être considéré comme la période de démarrage réel des activités de la Chambre de commerce et d'industrie. Au cours de cette année, les commissions techniques ont pu se réunir au moins 12 fois, alors qu'en 2002 et 2003, elles étaient inexistantes. Cette dynamique dans la réflexion se poursuivit jusqu'en 2008, date du centenaire de l'institution. La moyenne des rencontres de ces commissions a oscillé annuellement entre 12 et 13 fois[836]. Leur fréquence traduit le souci d'aider les entreprises dans un contexte particulièrement difficile. Déjà en 2004, ces commissions ont eu à réfléchir sur un ensemble de préoccupations relatives à la pénurie de gaz butane, la question de la fraude et de la contrebande, les difficultés dans le secteur de la distribution et les effets de la crise de novembre 2004[837]. Toutes ces thématiques et d'autres qui suivirent plus tard, notamment les conditions de retour des acteurs économiques

---

[835] Chambre de commerce et d'industrie de Côte d'Ivoire, *Rapport...*, *op. cit.*, p. 18.
[836] *Idem.*
[837] *Ibid.*, p. 20.

dans les zones CNO[838] et l'impact de la dette sur le secteur privé, avaient pour but d'aider et d'accompagner les entreprises à surmonter les difficultés nées de la crise. En outre, elles permettaient à l'État d'avoir une compréhension réelle de la situation du secteur privé.

Au-delà des activités des commissions, la Chambre de commerce et d'industrie a engagé des actions d'animation économique au profit des entreprises ou des porteurs de projets. On peut citer les « Mardis de l'entrepreneuriat » organisés à Abidjan, dont le but était d'initier à la méthode de création d'entreprise. À cela, il faut ajouter les séminaires sur les normes comptables, les nouvelles mesures d'allégement fiscal ou encore la professionnalisation de la filière du bâtiment et des travaux publics[839].

Sur le plan international, la Chambre de commerce et d'industrie a toujours accompagné les acteurs économiques dans leur démarche à l'export. Elle favorisait les partenariats, les missions de prospection et la participation à des foires et salons étrangers. Au niveau national, pour ne pas que l'animation consulaire se limite à Abidjan, l'une des grandes actions et réussite de l'équipe de Jean-Louis Billon fut d'en faire une institution de proximité par la création de plusieurs délégations régionales (ou l'activation de celles qui étaient en léthargie parmi lesquelles Yamoussoukro, Daloa, San Pedro et Abengourou en 2006, Divo et Dimbokro en 2007, et Agboville et Bouaké en 2008. À ce nombre, il faut ajouter Bondoukou, Bouaflé, Touba et Odienné[840]. L'intérêt de tous ces démembrements est qu'ils permettaient à la Chambre de commerce et d'industrie de saisir de près les préoccupations des entreprises, d'identifier les besoins des acteurs économiques locaux et de rendre l'institution accessible.

Actrice importante de la vie économique, la Chambre de commerce et d'industrie a toujours été une interlocutrice privilégiée pour l'État de Côte d'Ivoire. C'est dans ce cadre que l'État a parfois concédé certaines de ces prérogatives à ce type d'institution lorsqu'il s'agissait de faire face à l'intérêt collectif. En 2002, la Chambre de commerce et d'industrie comptait cinq services d'intérêt collectif, à savoir, le

---

[838] La zone CNO est la zone Centre, Nord et Ouest de la Côte d'Ivoire désignant administrativement la zone sous contrôle de la rébellion. C'est une zone où, du fait de la crise, les opérateurs économiques ont dû abandonner leurs outils de production.

[839] Chambre de commerce et d'industrie de Côte d'Ivoire, *Rapport…*, *op. cit.*, pp. 45-56.

[840] *Idem*, p. 24, 52, 56 et 61.

service de peseurs jurés, le service du transit inter-États (TRIE), la Chambre d'arbitrage de Côte d'Ivoire (CACI), la liasse fiscale OHADA et le certificat EUR 1[841].

La mandature de 2002 à 2008 a maintenu cette dynamique et de nouveaux services furent concédés à l'institution. Si l'activité de pesage a constitué depuis la période coloniale l'un des pans de l'activité de la Chambre de commerce, après l'indépendance, elle a continué de jouer ce rôle. Cependant, avec le décret n° 2001-695 du 31 octobre 2001 ainsi que les arrêtés d'application n°032 du 17 février et n° 367 du 27 octobre 2003, le champ d'action de la Chambre de commerce et d'industrie est étendu au pesage systématique et obligatoire des marchandises soumises au DUS. La nouvelle concession du service consistait à faire délivrer des certificats de poids après le pointage manuel des certificats de pesages provisoire par rapprochement avec les tickets de pesée et les formules 01 avant l'édition du certificat définitif de pesage[842].

En dehors du pesage, par une convention de concession signée le 24 juin 2005, la Direction générale des impôts de Côte d'Ivoire a confié à la Chambre de commerce et d'industrie de Côte d'Ivoire à titre exclusif le programme de normalisation et sécurisation des factures (PNSF)[843].

Le démarrage des activités du PNSF le 15 août 2005 commença par la signature de 3 conventions : la Direction générale des impôts pour la mise en œuvre des dispositions de l'annexe fiscale 2005, la société ICS pour la sécurisation des factures normalisées et la CNCE (Caisse nationale de crédits et d'épargne) pour la distribution des carnets préimprimés à travers son réseau national. Dans le cadre de ce programme, des sites de sécurisation des factures furent ouverts dans certaines communes d'Abidjan (Biétry, Adjamé, Koumassi, Plateau) et d'autres sites dans des villes de l'intérieur du pays, notamment à Abengourou, Yamoussoukro, San-Pedro et Daloa[844]. Par le moyen de cette concession, la vente des stickers passa de 4 065 901 en 2005 à

841 *Ibid.*, p. 25.

842 Chambre de commerce et d'industrie de Côte d'Ivoire, 2002-2008.

843 Cela signifie qu'elle a la gestion de régimes d'édition et de sécurisation des factures normalisées à ses frais, risques et périls. Cf. *Chambre de commerce et d'industrie de Côte d'Ivoire, 2002-2008.*

844 Chambre de commerce et d'industrie, *Mandature…*, *op. cit.*, p. 25.

12 882 218 en 2008. En outre, les ventes de préimprimés sont passées de 10 057 préimprimés à 46 762 en 2008[845].

En dehors de cet aspect, l'efficacité de la Chambre de commerce et d'industrie, mais surtout son sérieux en tant qu'organe de représentation des intérêts économiques du pays, lui valurent la confiance d'autres institutions internationales. Ainsi, elle eut l'exclusivité de la délivrance du carnet ATA, document douanier international permettant l'importation temporaire de marchandises sans avoir à s'acquitter des droits et taxes. Le système du carnet ATA est régi par des conventions internationales ratifiées par la Côte d'Ivoire le 14 juin 1962[846]. L'autre activité de la Chambre de commerce et d'industrie est la certification matérielle des signatures sur les documents commerciaux. Cette activité, qui ne lui fut pas concédée comme le cas du pesage, est née du besoin des opérateurs économiques de faire viser certains documents[847] qui n'étaient reconnus par les autorités consulaires de certains pays que si la Chambre de commerce et d'industrie y avait préalablement apposé sa signature[848].

De façon générale, dans la gestion des services concédés, la Chambre de commerce et d'industrie a fait preuve d'une grande efficacité, même si dans le cadre du programme TRIE, des contentieux sont apparus avec l'administration douanière qui semblait mettre en cause la caution de garantie qui fut déléguée à la Chambre de commerce et d'industrie par le ministère de l'Économie et des Finances, le 21 août 1996[849].

De façon générale, la présidence de Jean-Louis Billon fut marquée par de nombreuses initiatives en faveur des acteurs économiques dans un contexte particulièrement difficile. Il a marqué de son style et de sa jeunesse une institution jusque là peu communicative sur ses actions. Mais 100 ans après, notamment après la réforme de 1992, peut-on dire que la Chambre de commerce et d'industrie ne s'est pas montrée à la hauteur des défis nationaux ?

---

[845] *Idem.*

[846] *Chambre de commerce et d'industrie, 2002-2008*, *op. cit.*, p. 14.

[847] Il s'agit entre autres du certificat d'origine des produits à destination des pays hors zone UEMOA, le certificat d'origine des produits UEMOA, le certificat de circulation de marchandises EUR1, le certificat phytosanitaire, la déclaration de l'exportateur.

[848] *Chambre de commerce et d'industrie, 2002-2008*, *op. cit.*, p. 14.

[849] *Idem.*

3– Cent ans après, la Chambre de commerce et d'industrie, une institution peu ambitieuse

Malgré les initiatives du président Jean-Louis Billon et de ses prédécesseurs, la Chambre de commerce et d'industrie demeure toujours inconnue dans son fonctionnement et dans sa capacité d'action. Beaucoup d'acteurs économiques ignorent ce que peut leur apporter cette institution, et l'État continue de s'en méfier dans la mesure où il se montre très lent à lui concéder des activités assez significatives. Dans les pays européens, notamment la France, où ces institutions sont fortement installées, les chambres consulaires sont concessionnaires d'une quantité de ponts et d'aéroports. En 1998, les chambres de commerce et d'industrie françaises avaient la concession de 120 aéroports, 160 ports de commerce, de voyageurs, de pêches ou de plaisance. À cela, il faut ajouter les complexes routiers, des entrepôts, des parcs d'exposition des centres de congrès. Elles avaient plus de 300 établissements de formation initiale et 400 centres de formation professionnels continus[850].

Les éléments énumérés ne sont qu'un aspect marginal de l'étendue du pouvoir économique des chambres de commerce et d'industrie françaises. Conscients de la capacité d'action de ces institutions consulaires dans leur programme de campagnes, Seydou Diarra et plus tard George N'Dia Coffie et Jean-Louis Billon ont affiché de grandes ambitions dès leur arrivée à la tête de la Chambre de commerce et d'industrie, mais le bilan semble en deçà de toutes les possibilités qui lui étaient offertes. Malgré le poids économique de la Côte d'Ivoire, la Chambre de commerce et d'industrie a certes joué à fond son rôle d'éveilleur au profit des acteurs économiques, cependant, du point de vue de la gestion des infrastructures (portuaires, aéroportuaires, routières, des palais de culture) ou encore de la création d'infrastructures (notamment des parcs d'exposition), la Chambre de commerce et d'industrie de Côte d'Ivoire est quasiment absente. Les services de pesage et l'école pratique de commerce sont un héritage de la colonisation, dont le renouveau consulaire commencé depuis 1992 n'a pas réussi à amplifier les activités. L'école est toujours cantonnée au centre des affaires d'Abidjan dans la commune du Plateau, pourtant, elle aurait pu essaimer un peu partout dans le pays. Si des particuliers ont pu créer plusieurs écoles techniques et professionnelles à Abidjan (par exemple les établissements Loko,

---

[850] Pierre PUAUX, *op. cit.*, p. 117, 3.

Agitel…) et d'autres à l'intérieur du pays, on peut se demander pourquoi la Chambre de commerce et d'industrie, disposant d'autant d'atouts du fait de l'expertise de ses membres et des ressources liées à ses activités, n'en a pas fait autant. En France, pays d'origine des chambres de commerce et d'industrie, ces institutions consulaires employaient avant l'an 2000 quelque 31 000 enseignants qui dispensaient des cours à 500 000 élèves et stagiaires par an, dont 22 000 étudiants dans des établissements supérieurs de gestion et 50 000 apprentis[851]. Cette position non moins importante dans l'enseignement faisait de ces chambres de commerce et d'industrie le deuxième formateur de France après l'éducation nationale.

Dans le cas ivoirien, la Chambre de commerce et d'industrie n'a pas eu de telles ambitions. Certes, la filière professionnelle a connu des adaptations selon les réalités économiques du monde du travail, mais rien ne peut justifier l'existence d'une seule institution de formation professionnelle. Dans un pays en voie de développement, les défis économiques sont nombreux, et là où l'informel est prédominant, les chambres de commerce auraient dû prendre des initiatives beaucoup plus audacieuses, par exemple, la gestion de gares routières ou des marchés. Conscient de la part que la Chambre de commerce et d'industrie pouvait jouer de façon efficiente dans la gestion de ces infrastructures, près d'une semaine après son élection à la tête de la Chambre de commerce et d'industrie, le président Seydou Diarra, dans une interview accordée le 12 août 1992 au quotidien *Fraternité Matin*, affichait ses intentions à l'égard de la gare routière d'Adjamé[852]. En effet, indiquait-il :

Nous avons en Côte d'Ivoire le réseau routier le plus dense et le plus moderne en Afrique au sud du Sahara. Nous avons ainsi les moyens de transport les plus perfectionnés avec des cars climatisés avec vidéo. A contrario, nous avons des gares qui ne sont pas représentatives. Pour s'en convaincre, il suffit de faire un trou à la gare routière d'Adjamé, une gare totalement boueuse qui mérite d'être reconstruite.

Nous projetons donc de mobiliser les moyens financiers et matériels nécessaires pour construire des gares routières dignes de notre pays dans certaines grandes zones de la métropole. Avec le souci de faire d'elle des lieux de plaisance vraie et où l'on pourra voir

---

[851] *Idem*, pp. 5,6.
[852] *Fraternité Matin* du mercredi du 12 août 1992, p. 5.

par exemple direction Daloa, direction Man, direction Bouaké, direction Korhogo, direction Touba, etc. Chaque direction aura sa salle d'attente, sa buvette, ses kiosque à journaux, sa salle de cinéma, sa salle de cinéma, ses toilettes bien gérées et les horaires de départs des cars affichés. Ce sont des hommes qui sont bien indiqués pour les villes modernes comme Abidjan, Bouaké, Daloa, Yamoussoukro.[853]

L'exemple de la gare routière d'Adjamé, commune d'Abidjan, est révélateur de l'état d'anarchie de la gestion des gares routières. La gare d'Adjamé était la plus importante de la Côte d'Ivoire, car elle était l'épicentre du transport des passagers par la route sur le plan international et national de la Côte d'Ivoire. L'ambition de Seydou Diarra de la mettre sous contrôle de la Chambre de commerce et d'industrie aurait eu un effet salutaire par un effet d'entraînement sur l'ensemble des gares routières, dans la mesure où elles seraient gérées comme des entreprises avec des compétences indiquées.

Mais ce programme d'action aurait pu être un tournant majeur dans les activités de la Chambre de commerce et d'industrie sous l'ère Seydou Diarra et celles qui vinrent par la suite. Cela est resté au stade de vœux. Il en fut de même concernant la gestion des marchés communaux. Ces espaces d'échanges de produits et de marchandises qui sont le lieu de rencontre de milliers de personnes ont été l'objet de beaucoup de drames. Ainsi, Abidjan, Daloa, Gagnoa, Yamoussoukro et d'autres villes non moins importantes ont vu leur marché partir en fumée. Au cœur de ce problème, la sécurité et la gestion de leurs marchés. Certes, l'institution consulaire s'est intéressée à ce secteur par toutes sortes d'études, mais jusque-là, elle n'a pris aucune initiative audacieuse pour en assurer la gestion.

Cette marginalisation de la Chambre de commerce et d'industrie dans la concession d'infrastructures pose la question de son rapport avec l'État et les collectivités locales. Faute d'avoir une réelle lisibilité sur le rôle d'une chambre de commerce d'industrie, des services qui auraient pu revenir à la Chambre de commerce sont concédés à des particuliers. C'est le cas de la construction et de la gestion des marchés de Treichville et d'Adjamé. Dans certains cas, l'État créa des organismes qui empiétèrent sur les prérogatives de la Chambre de commerce et d'industrie. La création du CEPICI (Centre de promotion des investissements en Côte d'Ivoire) est une illustration de la marginalisation de l'institution consulaire. Elle a eu un rôle presque

[853] *Idem.*

identique à celui de la Chambre et de commerce et d'industrie, à savoir la recherche d'investisseurs pour la Côte d'Ivoire.

À la différence de l'institution consulaire, l'État a un contrôle sur cet organisme dont elle nomme les responsables. Dans le cas de la Chambre de commerce et d'industrie, la nomination des membres échappe, d'une part, à l'État, et d'autre part, les intérêts qui composent la chambre de commerce et d'industrie peuvent défendre des positions qui peuvent être à l'opposé de l'État. Pour éviter de subir le diktat d'une institution dont la composition reflète souvent des intérêts de multinationales, l'État ivoirien a parfois recours à la Chambre de commerce et d'industrie. Ainsi, la concession du terminal à conteneurs de Vridi à Bolloré en dehors de toute procédure de concurrence et surtout dans l'ignorance de l'avis de la Chambre de commerce et d'industrie traduit cette méfiance du pouvoir étatique. Les récriminations du président de la Chambre de commerce et d'industrie n'ont pu changer l'ordre des choses. Tout montre que l'État peut être un obstacle à l'activité consulaire s'il ne perçoit pas bien le rôle de l'institution consulaire qui pourtant est sous la tutelle du Ministère du Commerce et du ministère de l'Industrie.

C'est pourquoi les festivités du centenaire de la Chambre de commerce et d'industrie, démarrées en fin mars 2008, auraient dû être une fête grandiose. Ce fut l'occasion de conférences mensuelles, de journées portes ouvertes et de tournées dans les délégations régionales[854]. Tout cela participait au souci de l'institution de mieux se faire connaître du grand public. Si après 100 ans, la Chambre de commerce et d'industrie doit encore poursuivre cet objectif, cela montre à quel point son rôle et son efficacité sont loin de se ressentir auprès des populations.

---

[854] Le journal *Nuit et jour*, n° 149 du mercredi 5 mars 2008, p. 9.

CONCLUSION

À travers les périodes marquantes de l'histoire de la Côte d'Ivoire, la Chambre de commerce et d'industrie est demeurée une institution indispensable et incontournable. Elle a su par ses actes et son souci du progrès économique de ses membres, se rendre très utile à la Côte d'Ivoire. En examinant la longue marche de cette compagnie consulaire pendant près d'un siècle, l'on est frappé de découvrir une institution débordante d'activités qui, par ses initiatives, mettait à mal l'autorité administrative. Par son « omniprésence » dans tous les secteurs de la vie économique et même dans les domaines qui ne la concernaient pas directement, la Chambre de commerce et d'industrie est l'une des « fabrications » de la colonisation qui a réussi à se greffer à la marche de la Côte d'Ivoire. Elle a su s'imposer aux différents acteurs de vie économique de ce pays. La spécificité de la Chambre de commerce, à ses débuts, venait du fait qu'elle ne se présentait pas comme une institution exclusive des colons. La place des Africains était déjà prévue dans les premiers textes.

De façon générale, la mise en place de la Chambre de commerce en Côte d'Ivoire participait de la volonté du colonisateur français de créer les conditions d'une meilleure exploitation des richesses du territoire. Déjà présentes au Sénégal dès la moitié du XIXe siècle, les chambres de commerce se sont installées dans les zones prospères de cette colonie. Dans le cas de la Côte d'Ivoire, la volonté du colonisateur d'installer de telles institutions s'est très tôt affirmée quand la Côte d'Ivoire fut déclarée colonie française en 1893. Ainsi, en 1903 et en 1905, des tentatives précoces de chambres de commerce furent mises en place. C'est de ces dernières tentatives que naît en 1908 la Chambre de commerce de Côte d'Ivoire, dont la compétence s'étend sur tout le territoire ivoirien. Cette dernière institution aura un destin plus stable et plus long. Dans cette longue durée de vie, trois grands moments se dégagent de son existence. La période allant de 1908 à 1923 peut être considérée comme le moment de sa naissance et de ses premiers balbutiements.

Contrairement aux attentes des milieux coloniaux, les débuts de la Chambre de commerce sont difficiles. C'est seulement en 1911 qu'elle inaugure officiellement ses activités. De cette date jusqu'au début des années 1920, la Chambre de commerce traverse un parcours parsemé d'embûches. Malgré certains blocages de fonctionnement, la Chambre de commerce de Côte d'Ivoire a pu asseoir son organisation de 1908 à 1920. La mise en place des premiers bureaux de la Chambre de commerce lui a permis très tôt de soutenir l'action coloniale et de défendre les intérêts des milieux commerçants français.

Elle a servi de relais aux intérêts métropolitains. Pour faciliter l'exploitation de la colonie, la Chambre de commerce a constamment plaidé auprès de l'Administration pour l'amélioration des routes, des wharfs et du chemin de fer. En 1920, elle a soutenu avec beaucoup d'enthousiasme le plan Sarraut. Parfois, pour satisfaire les désirs des milieux économiques français, elle obligeait l'Administration à imposer, de force, certaines cultures aux indigènes.

Mais passé la phase d'un démarrage difficile, le début des années 1920 marque une nouvelle étape dans la vie de la Chambre de commerce. C'est un contexte favorable dans la mesure où tout le territoire à coloniser est soumis, et les révoltes indigènes réduites au silence. Cette période permet de mieux apprécier le rôle et l'impact de cette compagnie dans la colonie de Côte d'Ivoire.

Consciente de son poids dans la colonie, la Chambre de commerce a entrepris diverses actions dans l'intérêt de ses membres. Ainsi, durant la crise des années 1930, elle a soutenu le milieu des commerçants en faillite et en détresse. Elle a réclamé des solutions hardies pour relever l'économie coloniale en péril. En collaboration avec le gouverneur Reste, des mesures importantes ont permis de relever la colonie. Au niveau de la qualité des produits, la Chambre de commerce a obtenu en 1924 la création d'un service d'inspection des produits du cru. En 1933, elle a créé un magasin de conditionnement, d'emballage et d'exportation de la banane. En 1936, elle a mis en place une usine de reconditionnement du café. Sur le plan monétaire, la Chambre de commerce a favorisé et intensifié la libre circulation de la monnaie française et même parfois de la monnaie anglaise. Elle avait eu l'intention de procéder à l'émission de monnaies métalliques françaises dans la colonie, mais cette opération fut un échec à cause de son coût et de ses incertitudes. Pour apporter plus de vitalité aux activités économiques, cette institution est à l'origine des grandes foires à succès d'Abidjan, en 1934, 1935 et 1936. Ces faits mettent en relief que la période précédant la Seconde Guerre mondiale est riche en activités pour cette compagnie.

Cependant, ces aspects glorieux et remarquables dans la vie de la Chambre de commerce de 1923 à 1939 ne sont pas continuels. En effet, la période de 1939 à 1960 est caractérisée par une série de facteurs qui ont rendu sa marche pénible et parfois en dents de scie. D'abord, le contexte de guerre en Europe a des répercussions négatives sur la vie de la colonie, notamment avec l'impossibilité d'échanger par la mer. La Chambre de commerce en ressent également les effets, car les maisons de commerce et les entreprises dépendant de l'extérieur sont au bord du péril. Par des initiatives audacieuses, elle a su limiter les réquisitions militaires et préserver les bras valides pour continuer l'exploitation de la colonie, et même de rétrécir le champ d'action des Syro-Libanais.

Sur le plan politique, la Chambre de commerce épouse la cause du régime de Vichy au point de servir d'indicateur. Sous l'impulsion de ce régime, cette compagnie a joué un rôle majeur dans la mise en place des groupements économiques de 1939 à 1943. En effet, elle a organisé les entreprises et les maisons de commerce pour que leurs actions concourent à soutenir le régime de Vichy sur le plan économique et financier. Celles qui ne s'associaient pas à ses efforts ne pouvaient bénéficier d'avantages dans la colonie. Avec la chute de Vichy et l'arrivée d'un régime gaulliste dans la colonie en 1943, la Chambre de commerce n'en continue pas moins de jouer un rôle important. En effet, elle est au cœur de la répartition des marchandises entre les différents intérêts dans la colonie, jusqu'à la fin de la guerre. Au total, on peut noter que, quelle que soit la nature du régime colonial, la Chambre de commerce a su se faire reconnaître comme une organisation incontournable.

Dans le souci de préserver les intérêts de ses membres, la Chambre de commerce s'est montrée réfractaire à tout ce qui tendait à mettre en cause l'ordre colonial. C'est pourquoi, en association avec les autres chambres consulaires de l'empire français, cette compagnie n'a guère apprécié la Conférence de Brazzaville de 1944, qui fut un tournant décisif dans le processus de décolonisation de l'Afrique française. Se sentant menacées par de telles initiatives audacieuses, les chambres de commerce de l'AOF et de l'AEF, sous l'impulsion de celle de la Côte d'Ivoire, engagent l'offensive en initiant les États généraux de la colonisation. Le premier se tint à Douala au Cameroun, en 1945, et le second à Paris, en 1946. Ils avaient tous pour but de condamner la nouvelle orientation de la politique coloniale française.

En dépit de cette situation apparemment fragile, force est de reconnaître qu'après la Seconde Guerre mondiale, la Chambre de commerce s'est associée à de grands projets économiques. Elle a joué un rôle important dans l'achèvement du port d'Abidjan, de l'aéroport, et dans l'amélioration des moyens de communication. Elle a su mobiliser le financement et parfois forcer la main des décideurs coloniaux par ses réseaux dans le milieu politique français et même ivoirien, dans le but de faire aboutir ses projets. C'est dans ce sens que cette compagnie a contribué à l'ouverture de grands canaux tels que celui d'Assinie en 1957.

Liée aux puissants intérêts économiques localisés en France et à d'autres installés dans la colonie, cette compagnie consulaire a livré la Côte d'Ivoire, à travers ses actes et ses objectifs, à toutes sortes d'appétits économiques. Elle avait la mainmise sur le commerce intérieur et extérieur du territoire. Rien ne pouvait se faire sans elle, d'où l'appui et la collaboration étroite des différents gouverneurs aux actions de la Chambre de commerce, même si parfois leur autorité en souffrait.

Mais, avec l'indépendance de la Côte d'Ivoire en 1960, la Chambre de commerce pouvait-elle continuer dans son élan ? L'indépendance de la Côte d'Ivoire n'a pas sonné le glas de la Chambre de commerce. Elle a été maintenue, sauf qu'il a été jugé nécessaire de la réformer. La réforme de cette institution en 1963 marque un nouveau tournant dans l'histoire de cette institution. En effet, ces changements résultent non d'une volonté coloniale, mais de celle des Ivoiriens. Ces derniers imposent leur empreinte sur la nouvelle orientation de la Chambre de commerce. Certes, certaines innovations importantes sont manifestes dans la réforme de 1963, cependant, les missions de la Chambre de commerce sont inchangées. Parfois, à certains endroits, elles sont renforcées pour une action plus efficace au service du nouvel État. En refusant de dissoudre la Chambre de commerce, on peut donc dire qu'elle demeurait une organisation économique très importante. L'État avait encore besoin de ses services. C'est pourquoi de 1960 à 2008, cette compagnie a su tenir sa place dans la vie de la Côte d'Ivoire moderne.

Pendant cette période post-coloniale, elle a participé à l'encadrement des petits commerçants et surtout à l'approvisionnement du pays en riz. Cela a d'ailleurs dominé son activité dans la mesure où la Commission du riz est celle qui a le plus travaillé. Également, la Chambre de commerce a été pour les autorités politiques et les acteurs économiques une source inépuisable de renseignements économiques à travers ses bulletins mensuels. Elle a su donner, par la crédibilité de ses membres, une bonne conjoncture de la situation économique de la Côte d'Ivoire. Elle était présente au Conseil d'administration d'un grand nombre d'organismes ou d'entreprises sous tutelle de l'État. Sur le plan régional, elle a contribué à la naissance de la Fédération des chambres de commerce de l'Afrique de l'Ouest. Avec les autres chambres consulaires, elle a rendu possible l'installation d'une section de la Chambre de commerce internationale en Côte d'Ivoire. Au niveau du port, elle a aussi tenu une place importante. Elle avait la gestion de grands magasins et le monopole des ponts-bascules, même si ces éléments résultent d'un héritage colonial.

En dépit de ces faits notables, l'influence de cette institution a paru moins grande et moins bruyante dans la période post-indépendante. En effet, dans la période coloniale, la Chambre de commerce s'est souvent conduite comme un pouvoir parallèle à l'autorité coloniale. Ses actions pouvaient même aboutir à la chute de gouverneur. Avec l'indépendance de la Côte d'Ivoire, pouvait-on laisser la Chambre de commerce jouer son rôle quand on sait que les puissants intérêts qui la composent sont pour la plupart des capitaux étrangers ? Il n'est pas étonnant dans le contexte de 1960 à 1992, la marche de cette institution soit moins dynamique. Cette situation résulte également de plusieurs autres facteurs qui ont préparé la chute de cette compagnie.

L'un des faits frappants est que la Chambre de commerce a connu des dysfonctionnements. De 1960 à 1992, elle n'a connu que deux élections, celles de 1964 et 1968. De cette dernière date jusqu'en 1992, le président Massieye fut à chaque fois coopté. L'autre fait ayant aussi handicapé la Chambre de commerce est relatif aux rapports de cette institution avec l'État. Dans bien des domaines, l'État s'est substitué à la Chambre de commerce et d'industrie, notamment dans la formation des commerçants, l'organisation des foires et la gestion des infrastructures économiques (ports, aéroports). Cette mainmise de l'État a freiné plusieurs initiatives de cette compagnie. On peut se demander si les pouvoirs publics percevaient le rôle d'une chambre de commerce ou si ses actes étaient délibérés, dans le but de contrer une trop grande influence de la Chambre de commerce dans la vie économique de la nation. Cette dernière hypothèse peut être approfondie dans la mesure où contrairement aux autres chambres de commerce africaines, qui avaient à leur tête des ressortissants de ces pays, celle de la Côte d'Ivoire était conduite par un Français en la personne de François Massieye, dont le poids économique des entreprises et le passé consulaire remontent à la période coloniale. Certes, les Ivoiriens siégeaient au bureau de la Chambre de commerce, cependant, maîtrisaient-ils autant les rouages de la vie économique de leur pays, dont la majorité des capitaux leur échappaient et se trouvaient aux mains d'anciennes sociétés coloniales ? Une telle chambre de commerce pouvait-elle jouer efficacement son rôle sans influencer la vie politique ivoirienne ?

Au total, l'incompréhension, les obstacles dressés par l'État, le mauvais fonctionnement interne ainsi que les faibles ressources financières ont pesé dans la voie qui a conduit la Chambre de commerce vers la dissolution. À ces facteurs, il faut ajouter que l'autre chambre consulaire, la Chambre d'industrie créée en 1963 et dirigée par un Français dans les deux premières décennies de l'indépendance de la Côte d'Ivoire, ne pouvait continuer d'être séparée de la Chambre de commerce. L'industrie et le commerce sont deux entités liées. En effet, c'est ce que produit l'industrie que le commerce vend. Par conséquent, on ne saurait les dissocier. Cette vérité, les chambres de commerce françaises l'ont comprise très tôt. C'est pourquoi déjà en 1960, il n'existait que des chambres de commerce et d'industrie en France. Dans le cas de la Côte d'Ivoire, au même moment, avec la réforme de 1963, il fut créé la Chambre de commerce, la Chambre d'industrie et la Chambre d'agriculture. Chaque organisation avait à sa tête des personnalités économiques françaises. C'est trente ans après, c'est-à-dire en 1992, que la nécessité de la fusion de la Chambre de commerce et de la Chambre d'industrie discutée dans le milieu des années 1980 est devenue une réalité.

De 1992 à 2008, la Chambre de commerce et d'industrie connut une autre phase de son histoire, où des personnalités nouvelles tentèrent de lui donner une nouvelle empreinte. Par ses actions, cette compagnie a su être le lieu de convergence des acteurs économiques, notamment lors de la crise militaro-politique. Bien qu'elle dispose d'un pouvoir économique indéniable et peut être un levier que l'État peut utiliser pour atteindre ses objectifs de développement, la Chambre de commerce et d'industrie, après un siècle d'existence, demeure méconnue, peu utilisée et peu sollicitée. Ses résultats par rapport aux chambres de commerce et d'industrie françaises et même par rapport à certaines institutions consulaires de certains pays CEDAO en disent long sur le rapport que l'État entretient avec la Chambre de commerce et d'industrie de Côte d'Ivoire.

SOURCES ET BIBLIOGRAPHIE

A- LES SOURCES

Sources d'archives

1. - Archives nationales de la Côte d'Ivoire

Série QQ : affaires économiques

1QQ 8 Colonie de Côte d'Ivoire - cabinet du gouverneur.

Correspondance échangée entre le gouverneur, le président de la Chambre de commerce et les sociétés commerciales au sujet des marchandises et la reprise des activités de la Chambre de commerce 1911-1917.

1QQ 24 Colonie de Côte d'Ivoire - Affaire économique - 3e bureau.

Correspondance échangée entre le gouverneur, le président de la Chambre de commerce et les sociétés européennes au sujet des possibilités d'entrer en rapport avec les maisons de commerce installées en Côte d'Ivoire 1924-1925.

1QQ 26 Colonie de Côte d'Ivoire, cabinet du gouverneur.

Chambre de commerce de Côte d'Ivoire.

- Correspondances relatives aux élections
- principes 1908-1913 ; 1922-1924.

1QQ 27 Colonie de Côte d'Ivoire, cabinet du gouverneur.

Copie de correspondance adressée au président de la Chambre de commerce de Bassam relatives à :

- la possibilité d'insérer dans les procès-verbaux de chaque séance les réponses du gouverneur émis par la Chambre de commerce au cours des séances précédentes
- procès-verbal de la séance du 13 décembre 1911.

1QQ 28 Colonie de Côte d'Ivoire - Cabinet du gouverneur. Révision des listes électorales de la Chambre de commerce de Bassam dans les cercles des Lagunes, Kong, Indénié, Bas-Cavally, Baoulé-Sud, Baoulé Nord, Bondoukou, Bassam, Assinie et Kohrogo, 1911.

1QQ 30 Correspondance échangée entre le président de la Chambre de commerce de Côte d'Ivoire, les établissements commerciaux et le gouverneur au sujet des diverses affaires commerciales. Procès-verbaux de la séance de la Chambre de commerce de Côte d'Ivoire 1911-1912 ; 1922-1924.

1QQ 31 Colonie de Côte d'Ivoire - Cabinet du gouverneur. Chambre de commerce. Correspondances relatives aux demandes d'emploi dans les maisons de commerce 1911-1912 ; 1922-1924.

1QQ 35 Colonie de Côte d'Ivoire, Affaires économiques - 3e Bureau, Chambre de commerce de Côte d'Ivoire. Correspondance relative aux élections des membres de la Chambre de commerce de Côte d'Ivoire. Listes électorales des cercles 1912-1915 ; 1918-1919.

1QQ 37 Colonie de Côte d'Ivoire. Affaires économiques - 3e Bureau.

Chambre de commerce de Côte d'Ivoire.

- budget et compte administratif
- dépenses effectuées 1918-1922.

1QQ 38 Colonie de Côte d'Ivoire, affaires économiques 3e Bureau.

Chambre de commerce de Côte d'Ivoire. Réclamation des électeurs pour non-inscription sur les listes électorales de la Chambre de commerce 1919-1921.

1QQ 71 Colonie de Côte d'Ivoire - Cabinet du gouverneur.

Participation de la Côte d'Ivoire aux concours, foires et expositions de : Bordeaux - Bruxelles - Londres - Lyon - Marseille - Paris, 1919-1921 ; 1925-1926.

2 - Archives de la Chambre de commerce (Service de documentation)

Les numéros des dossiers d'archives consultés.

■ **Aéronautique n° 2**

- compagnie aérienne
- aérodrome
- liaisons aériennes
- gestion aéroport d'Abidjan
- aéro-club

■ **Armée n° 4**

- affectations spéciales

a) textes réglementaires
b) correspondances

- réquisitions militaires
- questions diverses

a) engagements décennaux
b) aide aux mobilisés
c) défense passive
d) propagande

■ **Cacao n° 8**

8.1 - Culture et production

- notes techniques
- conditionnement (définition de cacao sain, cacao terré, cacao lavé)

8.2 - Revalorisation et protection

- comité consultatif
- prime de soutien aux planteurs
- conférence internationale, septembre 1932
- achat et vente
- affaire Boa Kouassi et Lambert Aka
- politique commerciale, début de coalition
- commission traitant

■ **<u>Café n° 9</u>**

9.1 - Culture et production

- modernisation de la production
- conditionnement
- protection et soutien

9.2 - Prix du café

- notes diverses

■ **<u>Chambre de commerce n° 11</u>**

11.1 - Organisation

- textes organiques
- règlement intérieur
- commissions
- intégration des groupes professionnels
- différents avec les gouverneurs

11.2 - Élections

- listes électorales
- élection 1950
- élections antérieures
- litiges
- élection des Bureaux

11.3 - Membres

- dossiers individuels : membres en exercices
- dossiers individuels : anciens membres, membres honoraires
- dossiers individuels : membres correspondants Français
- dossiers individuels : membres correspondants étrangers
- commissions intérieures

11.5 - Félicitations, réception, propagandes

- félicitations, condoléances
- réceptions diverses
- articles pour la presse

11.6 - Personnel européen

- dossiers individuels
- dames employés
- déclaration de salaires
- modèle de contrat

11.6 bis - Personnel africain

- dossiers commis
- plantons, chauffeurs

11.7 - Centre de reconditionnement

- concours pour l'installation

11.8 - Magasins, bureau (mobilier, matériel, fourniture)

- magasin Agboville
- Sassandra
- Vridi
- bureau - salle de conférence

11.10 - Enseignement commercial

- autorisation du gouverneur
- correspondances diverses
- résultat des cours depuis 1937

11.11 - Poids publics

- autorisation de fonctionnement
- règlement de pesage

- matériel, bâtiment

11.12 - Congrès et conférence

- congrès permanents des chambres de Commerce de la France d'outre-Mer
- conférence des chambres de Commerce de la Méditerranée
- congrès divers - conférences coloniales, juillet 1917
- conférence impériale 1934, avril 1935
- états généraux du commerce

■ **<u>Chambres d'agriculture et d'industrie n° 12</u>**

- Élection, organisations - ressources
- Chambres de métiers, artisanat
- Correspondances diverses

■ **<u>Chambres de commerce coloniales n° 13</u>**

- correspondances

■ **<u>Chambres de commerce métropolitaines n° 14</u>**

- correspondances

■ **<u>Chambre de commerce étrangères n° 15</u>**

- Correspondances

■ **<u>Chambre de commerce internationales n° 16</u>**

- correspondances

■ **<u>Conférence des présidents des chambres de commerce de l'AOF n° 17</u>**

- comptes-rendus
- projet de fédération des chambres de commerce de l'AOF

■ **<u>Assemblée des chambres de commerce de l'Union française n° 18</u>**

■ **<u>Chemin de fer n° 19</u>**

19.1 - *Voie et bâtiments*

- révisions de la voie ferrée
- ouvertures de gares

19.2 - *Projet de chemin de fer*

- embranchement
- chemin de fer Sassandra
- Libéria
- Indénié
- Assinie-Bassam
- transaharien et Congo-Océan

■ **<u>Commerce et industrie n° 20</u>**

20.8 - *Magasins généraux*

- documentation et notes

20.9 - *Mesures de guerre*

- loi du 11 juillet 1938
- mobilisations économiques
- mesures de guerre spéciales à l'import et à l'export

- rationnement
- rapport avec l'ennemi
- groupements professionnels du commerce colonial

20.10 - *Questions économiques générales*

- crise en économique en OAF en 1930
- commissions

■ **Conseils divers - parlementaires n° 21**

- Conseil d'État
- Statut de l'Union française
- Conseil supérieur de la FOM
- Conseil général de la Côte d'Ivoire
- Conférence de Brazzaville
- États généraux de la colonisation

■ **Contrôle des produits n° 23**

23.3 - Inspection des produits dans l'intérieur de la colonie

■ **Crédits publics n° 25**

25.1 - *FIDES*

- équipements des T.O.M. 1945-1950
- plan décennal de la Côte d'Ivoire 1947-1957
- plan quadriennal AOF 1948-1952

25.2 - Caisses de crédits

- mobilisation outillage et mécanisation des cultures
- FERDES, génie rural
- Fonds d'emprunt

■ Domaines : régimes fonciers - urbanisme n° 27

27.1 - *Domaine régime foncier*

- textes réglementaires
- les grandes concessions
- lotissement industriel d'Abidjan (arrêté 1943)
- lotissement africain de Treichville (1943)
- les grandes concessions, notes de 1913
- lotissement de nouveau Cocody

27.2 - *Urbanisme*

- office des habitations
- ordonnance relative à l'urbanisme n° 45-1423 du 28/06/1945
- commission d'urbanisme d'Abidjan
- circulation automobile d'Abidjan
- marché de Gagnoa
- place Lapalud (immeuble EECI)
- établissements dangereux - insalubre
- géomètres, architectes.

■ Enseignement n° 31

- enseignement général
- enseignement technique
- bourses - subventions - cités universitaires
- subventions aux associations d'étudiants africains

■ Expositions - foires n° 32

32.1 - Les cales

- foires et comices agricoles dans l'intérieur
- foire d'Abidjan 1er janvier 1934

- 1er janvier 1935
- 1er janvier 1936
- 1er janvier 1951

32.2 - AOF., T.O.M.

- foires métropolitaines et itinérantes
- expositions à l'étranger

■ **<u>Forces motrices - sources d'énergie n° 34</u>**

- *Énergie électrique*

  - Société d'économie mixte. Énergie Côte d'Ivoire
  - Énergie thermique des mers
  - Électrification d'Abidjan, Sassandra, Bouaké
  - Chute de la BIA

■ **<u>Groupements coloniaux divers n° 36</u>**

- *Groupements Côte d'Ivoire*

- anciens combattants
- amicales sportives
- groupement économique africain

- *Groupements de la métropole*

  - Institut colonial de Marseille
  - Institut colonial du Havre
  - Ligues maritimes coloniales
  - Comité d'Union franco-belge
  - Amis des Sciences

Cette liste n'est pas exhaustive

■ **Justice - tribunaux n° 38**

- texte code l'indigénat
- justice de paix, audiences foraines
- vols, escroquerie
- auxiliaires de justice, avocats
- tribunaux de commerce

■ **Navigation n° 40**

40.2 - Navigation intérieure

- textes relatifs à la circulation sur les lois de navigation intérieure
- fleuves Bandama, Comoé, Sassandra
- canal d'Assinie
- canal d'Assagny

■ **Ports et rades n° 43**

43.1 - Warfs de Bassam et de Port-Bouët

- nomenclature des textes
- réglementation des wharfs
- projets d'affermage des wharfs

43.2 - Wharfs de Sassandra

- correspondances région de Sassandra
- financement et travaux
- organisation du port
- gestion des ports des T.O.M.
- taxes d'exploitation

43.5 - Avant - canal de Vridi

- port d'Abidjan

- accès dans le port d'Abidjan
- profession de dockers
- responsabilité des vols

■ **<u>P.T.T. n° 44</u>**

- questions générales : heures d'ouverture des bureaux
- courriers postaux
- courriers avions (aéropostales)
- télécommunication
- finances : chèques postaux, mandats, caisse d'épargne

■ **<u>Routes et transports routiers n° 49</u>**

49.1 - Routes

- politique routière générale
- fonds routier de l'AOF
- questions la cales

49.2 - Transports routiers

- assurances automobiles
- coordination rails-routes
- code de la route
- immatriculation de véhicules, cartes grises
- retraits de permis de conduire
- réglementation des transports publics

■ **<u>Syndicats professionnel - coopératives</u>**

- organisations et intérêts professionnels
- syndicats professionnels
- FENASYCOA (statut)
- SPCOA (statut)

- SCIMPEX (statut)
- Syndicat des commerçants européens
- Syndicat des commerçants africains

Cette liste n'est pas exhaustive.

Archives portant sur la période de 1960 à 1992

A1 - Historique de la Chambre de commerce de Côte d'Ivoire

- Création et réforme des assemblées consulaires en AOF (1957-1958)
- Réorganisation des assemblées consulaires (1957-1963)
- Historique de la Chambre de commerce de Côte d'Ivoire 1962
- Structure et organisation de la Chambre de commerce (1960-1965)

A2 - Historique et documents sociaux de la Chambre de commerce et d'industrie de Côte d'Ivoire

- Projet de fusion Chambre d'industrie et Chambre de commerce (1986-1992)
- Création de la Chambre de commerce et d'industrie : réunions (1991-1992)
- Comité de préparation à la fusion des deux chambres : projets de décrets et décrets portant sur la création d'une chambre de commerce et d'industrie
- Mise en place de la Chambre de commerce et d'industrie de Côte d'Ivoire : proposition de la Chambre de commerce et d'industrie de Bordeaux
- Comité de préparation de la Chambre de commerce et d'industrie : comptes-rendus n°s 5, 7, 11, 13 et 19 relatifs à la rencontre entre le président du comité préparatoire et les délégués des deux chambres dissoutes (1992)

Élection de 1963-1992

- **A4 – A6** Demande d'inscription sur la liste électorale, état des élections (1963-1977)
- **A7** – Élection du 26 juillet 1992 : procédures, calendriers et résultats

Réunions du bureau de la Chambre de commerce

- **A9 à 10** – Comptes-rendus des réunions du bureau de la Chambre de commerce (registre), 1963-1982
- **A11** – Comptes-rendus des réunions des membres présents (dossier) 1963, comptes-rendus des réunions d'activités
- **A12** – Comptes-rendus des réunions du bureau (dossier), 1966-1968
- **A13** – Comptes-rendus des réunions des membres du bureau (dossier), 1973 à 1979
- **A14** – Comptes-rendus des membres du bureau, 1981-1984

E10 - Chambre de commerce internationale

- Chambre de commerce internationale : procès-verbal de l'assemblée générale constitutive du comité national de la Chambre de commerce internationale (1975)
- Chambre de commerce internationale : compte-rendu des travaux de commissions (1987)

E23 - Autres chambres consulaires

- Chambres de commerce africaines, brésilienne et arabes : coopération interconsulaire (1968-1993)
- Chambre ivoiro-suisse pour le commerce et l'industrie : procès-verbal de la séance extraordinaire (1976)

E 25 - Fédération des chambres de commerce de l'Afrique de l'Ouest

- Comptes-rendus de réunions
- Procès-verbal du Conseil

3. Sources imprimées

- *Bulletin officiel de la Côte d'Ivoire* (1903 à 1905)
- *Bulletin officiel de la Côte d'Ivoire* (1908 à 1963)
- *Bulletin de la Chambre de commerce de Côte d'Ivoire* (1921 à 1963)
- *Bulletin mensuel de la Chambre de commerce de Côte d'Ivoire* (1960 à 1992)

A. BIBLIOGRAPHIE

1- Ouvrages de référence

BONIN (H.), *100 mots-clés d'histoire économique*, Paris, Belin, 2000, 390 p.

BOUVIER (J.), *Initiation au vocabulaire et aux mécanismes économiques contemporaines (XIXe – XXe siècles),* Paris, Sedes, 1993, 382 p.

DU PREY (P.), *La Côte d'Ivoire de A à Z*, Abidjan, Dakar, NEA, 1977, 138 p.

Encyclopédie Juridique Dalloz, répertoire du droit commercial, Jurisprudence générale Dalloz, 1972.

Encyclopédie Universallis, corpus 6, Paris, 1970.

2. Ouvrages généraux

BANCEL (N.), BLANCHARD (P.), GERVEREAN (L.), *Images et colonies. Iconographie et propagande coloniale sur l'Afrique de 1880 à 1992*, [s.l.] éditions BDLC et ACHAC, 1993, 304 p.

BALANDIER (G.) et FERRO (M.), *Au temps des colonies*, Paris, Seuil, 1984, 130 p.

BENOIST (J. Roger de), *L'Afrique Occidentale Française de 1944 à 1960*, Dakar, NEA, 1982, 617 p.

DIABATÉ (H.), KODJO (L.), *Notre Abidjan*, Abidjan, Ivoire Media, 1991, 230 p.

DUBRESSON (A.), *Villes et industries en Côte d'Ivoire : pour une géographie de l'accumulation urbaine*, Paris, Karthala, 1989, 845 p.

DUTHEIL de la ROCHERE (J.), « L'État et le développement économique de la Côte d'Ivoire », in *Annales de l'Université d'Abidjan*, 1975, volume 4, 420 p.

GRAH MEL (F.), *Félix Houphouet-Boigny*, biographie, Abidjan, Paris, éditions du CERAP, Maisonneuve et Larose, 2003, 869 p.

LOUCOU (J.-N.), *Le multipartisme en Côte d'Ivoire*, Abidjan, éditions Neter, 1992, 213 p.

MARSEILLE (J.), *Empire colonial et capitalisme français : histoire d'un divorce*, Paris, Albin Michel, 1984, 462 p.

M'BAYE (S.), *Histoire des institutions coloniales française en Afrique de l'Ouest* (1912-1960), Dakar, [s. ed.] 1991, 339 p.

M'BOKOLO (E.), *Afrique noire, histoire et civilisation : XIXe-XXe siècle*, t. 2, Paris, Hatier, Aupelf, 1992, 576 p.

MEYER (J.) *et al.*, *Histoire de la France coloniale : des origines à 1914*, Paris, Armand Colin, 1990, 654 p.

SETTIE (L. E.), *L'État et le processus de développement en Côte d'Ivoire : 1960-1980, histoire de l'émergence d'une économie moderne,* Abidjan, publié avec le concours de la Fondation Hanns SEIDEL, 1997, 278 p.

SURET-CANALE (J.), *Afrique noire : l'ère coloniale 1900-1945*, Paris, Éditions sociales, 1964, 638 p.

SURET-CANALE (J.), *L'Afrique noire occidentale et centrale de la colonisation aux indépendances 1945-1960*, Paris, Éditions sociales, 1972, 430 p.

SURET-CANALE (J.), *Afrique et capitaux, T1, géographie des capitaux et des investissements en Afrique tropicale d'expression française*, Paris, L'Arbre Verdoyant, 1987, 291 p.

THOBIE (J.) *et al.*, *Histoire de la France coloniale 1914-1990*, Paris, Armand Colin, 1990, 654 p.

3. ***Ouvrages et articles particuliers***

- **Sur la politique coloniale en Côte d'Ivoire**

DESALMAND (P.), *Histoire de l'éducation en Côte d'Ivoire*, t. 1 : *Des origines à la conférence de Brazzaville*, Abidjan, CEDA, 1983, 456 p.

DEROU (J.), « Notes sur les traités entre la France et les entités politiques de la Côte d'Ivoire précoloniales (1884-1893) », in *Annales de l'université d'Abidjan*, Série I, histoire, t. XII, 1984, pp. 135-183.

KIPRÉ (P.) [dir.], *La Côte d'Ivoire coloniale (1890-1940)*, t. 2, Abidjan, AMI/Bordas, collection « Mémorial de la Côte d'Ivoire », 1988, 303 p.

KIPRÉ (P.), « Sociétés urbaines africaines et pratiques de l'espace urbain : le cas ivoirien (1930-1960) », pp. 37-40, in *Processus d'urbanisation en Afrique*, t. 2, COQUERY VIDROVITCH (C.) [dir.], Paris, Harmattan, 1988, 168 p.

KOJOK (S.), « L'immigration libanaise en Côte d'Ivoire avant 1945 », Université nationale de Côte d'Ivoire, mémoire de maîtrise, 1992, 154 p.

LOUCOU (J.-N.), « La vie politique en Côte d'Ivoire de 1932 à 1952 », Université d'Aix-en-Provence, thèse de 3e cycle, 1976, 608 p.

LOUCOU (J.-N.) « La deuxième guerre mondiale et ses effets en Côte d'Ivoire », in *Annales de l'Université d'Abidjan*, Série I, histoire t. VIII, 1980, pp. 183-207.

M'BRA EKANZA (S. P.), « Mutation d'une société rurale. Les Agni du Moronou, XVIIIe siècle-1939 », Université d'Aix-en-Provence, doctorat d'État, 1983, 2 vol.

M'BRA EKANZA (S. P.), « La pénétration française en Côte d'Ivoire », in *Godo-Godo* (bulletin de IHAA), no 3, janvier 1977, pp. 55-74.

KOUASSI (Y.), « La Côte d'Ivoire pendant la Seconde Guerre mondiale, entre fidélité et rupture (1939-1945) », in *Africa*, n° 4, décembre 1993, pp. 549-575.

SEMI-BI (Z.), LOUCOU (J.-N.) et M'BRA EKANZA (S. P.), [dir.], *Mémorial de la Côte d'Ivoire*, t. 3 : *Du nationalisme à la nation*, Abidjan, AMI, 1987, 320 p.

WONDJI (C.), « La Côte d'Ivoire Occidentale : pénétration pacifique : 1890-1908 », *Revue Française d'histoire d'Outre-Mer*, t. 1, nos 180-181, 1963, pp. 346-381.

ZINSOU (J. V.), « L'Administration française en Côte d'Ivoire 1890 à 1922 », Université d'Aix-en-Provence, thèse de 3e cycle, 1973, 448 p.

- **Sur les intérêts coloniaux, les commerçants et les entreprises en Côte d'Ivoire**

ATGER (P.), « Les comptoirs fortifiés de la Côte d'Ivoire (1843-1871) », in *Revue Française d'histoire d'Outre-Mer*, t. 97, nos 168-169, 1930, pp. 427-474.

ANOUMA (R. P.), « Les SIP, la caisse centrale de crédits agricoles mutuels : organisation, fonctionnement en Côte d'Ivoire jusqu'à la veille de la 2e guerre mondiale », in *Annales de l'Université d'Abidjan*, T. 1, Série I, histoire TV, 1975, pp. 55-80.

BRAIBANT (P.), « L'Administration coloniale et le profit commercial en Côte d'Ivoire pendant la crise de 1929 », in *Revue Française d'histoire d'Outre-Mer*, T. 62, nos 232-233, 1976, pp. 555-573.

COQUERY-VIDROVITCH (C.), « L'impact des intérêts coloniaux : SCOA et CFAO dans l'ouest africain, 1910-1965 », in *Journal of African History*, vol. XVI, n° 1975, pp. 595-621.

HARDING (L.) et KIPRÉ (P.), [dir.], *Commerce et commerçants en Afrique de l'Ouest, la Côte d'Ivoire*, Paris, Harmattan, 1992, 327 p.

GAGBO (L.), « Les entreprises coloniales en Côte d'Ivoire à la veille de la Deuxième Guerre mondiale », pp. 447-479, in Laboratoire « Connaissance du tiers monde » (dir.), *Entreprises et entrepreneur en Afrique, XIXe et XXe siècles*, tome II (Actes de colloque), Paris, Harmattan, 1983, 638 p.

KIPRÉ (P.), « Les grandes sociétés et entreprises individuelles dans les villes coloniales en Côte d'Ivoire à la veille de la Seconde Guerre mondiale », pp. 231-233, in Laboratoire « Connaissance du tiers monde » (dir.), *Entreprises et entrepreneur en Afrique, XIXe et XXe siècles*, T. 2 (Actes de colloque), Paris, Harmattan, 1983, 638 p.

KIPRÉ (P.), *Villes de Côte d'Ivoire 1893-1940*, T. 1 : *Fondation des villes coloniales en Côte d'Ivoire*, Abidjan, Dakar, Lomé, NEA, 1985, 237 p.

KIPRÉ (P.), *Villes de Côte d'Ivoire 1893-1940*, T. 2 : *Économie et société urbaine*, Abidjan, Dakar, Lomé, NEA, 1985, 290 p.

KIPRÉ (P.), « La crise économique dans les centres urbains en Côte d'Ivoire 1930-1935 », in *Cahier d'étude africaine*, vol. XVI, 1-2, n°s 61-62, 1976, pp. 119-146.

SCHNAPPER (B.), *La politique et le commerce français dans le Golfe de Guinée de 1838 à 1971*, Paris, Mouton et Cie, 1961, 282 p.

SEMI-BI, (Z.), « Équipement public et changement socio-économique en Côte d'Ivoire (1930-1957) », Université de Lille III, doctorat d'État, 3 tomes.

TIACOH (C.), « La crise de 1930 et ses conséquences sur la Côte d'Ivoire (1928-1938) », Université de Paris VII, doctorat de 3e cycle, 1977, 386 p.

YAO (K. P.), « Le commerce colonial en Côte d'Ivoire de 1945 à 1960 », Université de Cocody, mémoire de maîtrise en Histoire, 1994-1995, 146 p.

YAYA D'ALEPE (H.), « Une économie coloniale de transition de 1893 à 1919 », Université de Paris VII, thèse de 3e cycle, 1979.

- **Sur le secteur privé africain et milieu d'affaires**

BONIN (H.), *C.F.A.O, Cent ans de compétition*, Paris, Economica, 1987, 560 p.

CHEVASSU (J.-M.), « Le modèle ivoirien et les obstacles à l'émergence de la petite et moyenne industrie (PMI) », pp. 61-86, in CONTAMIN (B.) et MEMEL-FOTE (H.) [dir.], *Le modèle ivoirien en question, crises, ajustement, recomposition*, Paris, Karthala-Orstom, 1997, 802 p.

CONTAMIN (B.) et FAURE (Y.-A.), *La bataille des entreprises publiques en Côte d'Ivoire : histoire d'un ajustement interne*, Paris, Karthala-Orstom, 1990, 370 p.

GBABGO (L.), *Côte d'Ivoire, économie et société à la veille de l'indépendance (1940-1960)*, Paris, Harmattan, 1982, 212 p.

KENNEDY (P.), « Les obstacles politiques au capitalisme africain », in ELLIS (S.) et FAURE (Y.), [dir.], *Entreprises et entrepreneurs*, Paris, Karthala-Orstom, 1995, 632 p.

KIPRÉ (P.), « Métamorphose des hommes et réseaux d'affaires africains. Temps précoloniaux et adaptations coloniales en Côte d'Ivoire », pp. 53-61, in ELLIS (S.) et FAURE (Y.), [dir.], *Entreprises et entrepreneurs africains*, Paris, Karthala-Orstom, 1995, 632 p.

KOUADIO (K. D.), *La création d'entreprises privées par les nationaux depuis 1960*, Abidjan, C.E.D.A, 1983, 147 p.

M'BRA EKANZA (S. P.), « Pillage, fraude et corruption sur la filière du bois », in CONTAMIN (B.) et MEMEL-FOTE (H.), *Le modèle ivoirien en question, crises, ajustement, recomposition*, Paris, Karthala-Orstom, 1997, 802 p.

PONSON (B.), « Entreprises africains et asiatiques : quelques comparaisons », pp. 99-104, in ELLIS (S.) et FAURE (Y.), [dir.], *Entreprises et entrepreneurs africains*, Paris, Karthala-Orstom, 1995, 632 p.

SEMI-BI (Z.), « L'ascension d'une catégorie socio-professionnelle : les commerçants transporteurs africains en Côte d'Ivoire dans la seconde moitié du XXe siècle (de 1945 à nos jours) », in *Annales de l'université d'Abidjan*, série I (histoire), t. 12, 1984, pp. 189-213.

SEMI-BI (Z.), « La politique coloniale des travaux publics en Côte d'Ivoire, 1900-1940 », in *Annales de l'université d'Abidjan*, 1973-1974, série I, tome II, 359 p.

- ***Sur la Chambre de commerce***
- **Sur la Chambre de commerce de façon générale**

AHLBORN (H.), *Le statut et l'organisation de la Chambre de commerce du Grand-Duché de Luxembourg*, Luxembourg, 1978, 55 p.

Anonyme, « Chambre de commerce, d'industrie et d'artisanat du Burkina Faso », lettre d'information, in *Jeune Afrique économique*, janvier 1994, n° 175, pp. 176-191.

CADIER-REY (G.), « Les chambres de commerce dans le débat douanier à la fin du XIXe siècle », in *Histoire, économie et société*, 1997, n° 2, pp. 279-298.

Chambre de commerce, d'industrie et d'artisanat du Burkina Faso, Ouagadougou, 1988, édité par la Chambre de commerce du Faso, 85 p.

CONQUET (A.), « Le rôle et la nature de l'Assemblée permanente des chambres de commerce et d'industrie », in *Administration*, 1979, volume XXX, n° 105, pp. 70-75.

DELESALLE (R.), « Une grande chambre de commerce et d'industrie : Lille Roubaix Tourcoing », in *Administration,* 1979, volume XXX, n° 105, pp. 84-92.

DEMARTIAL (D.), « La nature des actions d'une chambre régionale de commerce et d'industrie », in *Administration,* 1979, volume XXX, n° 105, pp. 86-92.

DELOROY (R.), « L'Assemblée permanente des chambres de commerce et d'industrie en 1979 », in *Administration*, 1979, volume XXX, n° 105, pp. 69.

FLECHET (J.), « Les chambres de commerce et d'industrie et l'aménagement des zones d'activités », in *Administration*, 1979, volume XXX, n° 105, pp. 76-80.

KHARABA (I.), « L'action de la Chambre de commerce et la banque à Toulon au milieu XIXe siècle : 1846-1854 », in *Provence historique*, volume 48, n° 192, pp. 205-231.

KIENER (P.), « Fondements et caractères généraux de l'enseignement consulaire », in *Administration,* 1979, volume XXX, n° 105, pp. 81-85.

LETHIEC (J.), « L'originalité des chambres maritimes à travers la Chambre de commerce et d'industrie de la Rochelle », in *Administration*, 1979, volume XXX, n° 105, pp. 93-99.

MORAND-DEVILLER (J.), « Les organismes consulaires : l'aspect juridique », in *Administration*, 1979, volume XXX, n° 105, pp. 24-31.

VIE (J. E.), « Les préfets et les organismes consulaires », in *Administration*, 1979, volume XXX, n° 105, pp. 32-34.

PEILLON (L.), « Les organisations consulaires dans la société française », in *Administration*, 1979, volume XXX, n° 105, pp. 22-23.

PUAUX (P.), *Les chambres de commerce et d'industrie*, Paris, PUF, QSJ 1869, 2e édition corrigée, 1998, 125 p.

VON WALDERDORF (P.), « Le rôle des chambres de commerce et d'industrie allemandes », in *Revue Française d'administration publique,* n° 77, janvier-mars 1996, pp. 75-78.

Chambre de commerce de Marseille, *Lois et décrets organiques : Règlement intérieur*, Marseille, Typographie et Lithographie Berlatier, 1924, 22 p.

DIOP (I.), « Rôle et mission des chambres consulaires », in *Point économique* (Revue de la Chambre de commerce, d'industrie et d'agriculture de Dakar), n° 43, mars 1998, pp. 5-15.

LEFEVRE (C.), *Les chambres de commerce et d'Industrie en France*, Paris, Sirey, 1977, 200 p.

MAGLIULO (B.), *Les chambres de commerce et d'industrie*, Paris, PUF, 1980, 127 p.

- **Sur les chambres consulaires de Côte d'Ivoire**

Chambre de commerce, Abidjan, éditions Éloïse, Côte d'Ivoire, 1990, 96 p.

BEKOIN (T. R.), « La Chambre de commerce de Côte d'Ivoire, 1908-1963 », Abidjan, Université de Cocody, mémoire de maîtrise, 1999,339 p.

Chambre de commerce de Côte d'Ivoire, « Observation portant sur les textes de base de la nouvelle chambre », Abidjan, août 1991, 7 p.

Chambre d'agriculture de Côte d'Ivoire, Abidjan, Imprimerie commerciale, 1966, 59 p.

Chambre d'industrie de Côte d'Ivoire, « Le point de vue du secrétaire général de la Chambre d'industrie sur les observations présentées par la Chambre commerce », Abidjan, 4 août, 7 p.

Chambre d'industrie de Côte d'Ivoire, « Projet de fusion de la Chambre de commerce et d'industrie de Côte d'Ivoire », mémoire présenté par la Chambre d'industrie, Abidjan, mai 1986, 50 p.

Chambre de commerce et d'industrie de Côte d'Ivoire, *Année consulaire 92-93,* (hors-série), Abidjan, CCI-CI, 1993, 79 p.

GOREE (B. H.), « Chambre de commerce et d'industrie : M. Seydou Diarra, premier président », in *Fraternité Matin*, n° 8346 du lundi 3 août 1992, p. 6.

Interview exclusive de Seydou Diarra, président de la Chambre de commerce et d'industrie, réalisée par Hien Solo et Goré Bi Hué, in *Fraternité Matin*, n° 8354 du 12 août 1992, p. 5.

Interview exclusive de Seydou Diarra, président de la Chambre de commerce et d'industrie, réalisée par Hien Solo et Goré Bi Hué, in *Fraternité Matin*, n° 8355 du 13 août 1992, p. 5 (suite de l'interview du 12 août 1992).

MARGUERON (M.), *Projet de fusion de la Chambre de commerce et de la Chambre d'industrie de Côte d'Ivoire* (canevas pour un mémoire de la Chambre de commerce), Abidjan, 23 août 1986, 8 p.

Ministère de l'Industrie et du Commerce de Côte d'Ivoire, « Mise en placc de la Chambre de commerce et d'industrie, propositions présentées par la Chambre de commerce et d'industrie de Bordeaux », Abidjan, juillet 1992, 52 p.

Ministère de l'Industrie et du Commerce de Côte d'Ivoire, « Note d'information sur la création de la Chambre de commerce et d'industrie de Côte d'Ivoire », bulletin spécial, avril 1992, édité par comité de préparation de la Chambre de commerce et d'industrie, 24 p., + annexes 8 p.

MAGODE (L.), « Évolution du budget de la Chambre de commerce de Côte d'Ivoire : 1922-1962 », Université nationale d'Abidjan, mémoire de maîtrise, 1982, 124 p.

N'DIA (G.), « Le développement du secteur industriel : les propositions de la Chambre de commerce et d'industrie », discours prononcé le 6 février 2002 lors de l'Assemblée générale de la Chambre de commerce et d'industrie de Côte d'Ivoire, in *Aurore*, n° 224, lundi 19 février 2001, p. 9.

KOUADIO (F.), *La Chambre de commerce dans l'économie ivoirienne, 1908-1992*, [S.L.], éditions Groupe Intégration, 1993, 113 p.

SEMI-BI (Z), « La Chambre de commerce de Côte d'Ivoire et la croissance économique, 1908-1940 », in *Godo Godo*, 3 janvier 1977, pp. 75-89.

Document : 1

Arrêté ***instituant une Chambre de Commerce à Grand-Bassam.***

LE GOUVERNEUR GÉNÉRAL DE L'AFRIQUE OCCIDENTALE FRANÇAISE,
OFFICIER DE LA LÉGION D'HONNEUR,

Vu le décret du 18 octobre 1904 réorganisant le Gouvernement général de l'Afrique occidentale française ;
Vu l'arrêté du 11 mai 1903 instituant à la Côte d'Ivoire un Comité consultatif du Commerce et de l'Industrie ;
Vu la pétition des commerçants de la Colonie ;
Sur la proposition du Lieutenant-Gouverneur ;
Le Conseil du Gouvernement entendu,

ARRÊTE :

Article premier. — Il est institué à Grand-Bassam une Chambre de Commerce, dont la circonscription comprend toute la colonie de la Côte d'Ivoire.

Art. 2. — La Chambre de Commerce se compose de 14 membres titulaires et de 11 membres suppléants ainsi répartis :

1° Neuf membres titulaires et six membres suppléants citoyens français ;

2° Trois membres titulaires et trois membres suppléants de nationalité étrangère, européenne ou assimilée, possédant une connaissance suffisante de la langue française ;

3° Deux membres titulaires et deux membres suppléants indigènes, sujets français, lisant et écrivant le français.

Les membres de toutes catégories doivent jouir de leurs droits civils, être âgés de 25 ans et se trouver inscrits au rôle de la patente depuis deux ans.

Art. 3. — La Chambre pourra comprendre aussi, en nombre égal à celui de ses membres titulaires en exercice, des membres correspondants de toute nationalité, établis dans la colonie, élus par elle et agréés par le Lieutenant-Gouverneur.

Ces membres correspondants auront voix consultative au cours des séances auxquelles ils assisteront.

Art. 4. — Le Secrétaire général est Président d'honneur de la Chambre. Il a entrée à la Chambre de Commerce.

Art. 5. — La Chambre nomme d'abord après l'élection de la totalité de ses membres, puis tous les ans après le renouvellement de ses membres sortants :

1 président,
1 vice-président,
1 secrétaire-trésorier,

pris dans son sein et élus à la majorité absolue des voix.

Le président et le vice-président devront être choisis exclusivement parmi les membres citoyens français.

Art. 6. — Les membres titulaires et suppléants seront élus pour trois ans.

Les membres citoyens français et les membres européens étrangers seront renouvelés par tiers tous les ans. Il sera procédé, à cet effet, après la première élection et au sein de la Chambre, à un tirage au sort pour la désignation des séries sortantes. Les membres faisant partie des deux premières séries conserveront respectivement leur mandat pendant un ou deux ans seulement. L'élection de leurs remplaçants aura lieu dans le délai d'un mois à l'expiration du mandat des membres sortants.

Art. 7. — La Chambre se réunira sur la convocation de son président, qui doit être faite au moins un mois à l'avance.

Elle ne pourra valablement délibérer que lorsque cinq membres dont trois français ou sujet français assisteront à la séance. Les délibérations seront prises à la majorité absolue des membres présents. En cas de partage, la voix du président est prépondérante.

Les procès-verbaux et rapports de toute nature résultant de ces délibérations seront transmis à l'autorité supérieure ou publiés par l'intermédiaire du Lieutenant-Gouverneur.

Document : I

Art. 8. — Après leur installation, les membres établiront un règlement intérieur qui sera soumis à l'approbation du Lieutenant-Gouverneur.

Mode d'Election

Art. 9. Les membres de la Chambre de Commerce de la Côte d'Ivoire seront élus par un collège électoral composé de tous les commerçants français, étrangers et indigènes sujets français, payant une patente annuelle d'au moins 150 francs, âgés de 21 ans au moins, résidant dans la colonie depuis plus de trois ans et inscrits au rôle de la patente depuis plus d'un an, en leur propre nom ou commé représentants de maisons de commerce établies dans la colonie et ayant une procuration.

Feront aussi partie du collège électoral les anciens membres de la Chambre de Commerce, les directeurs de compagnies anonymes de commerce, de finance et d'industrie, d'exploitations agricoles, les agents de change, les capitaines au long cours et les maitres au cabotage ayant commandé des bâtiments pendant cinq ans.

Ces électeurs devront réunir les conditions d'âge et de séjour prescrites au précédent paragraphe.

Art. 10. — Au point de vue électoral, la colonie est divisée en cinq arrondissements consulaires savoir :

1° Arrondissement : Le territoire compris dans les cercles actuels de Bassam, des Lagunes et du N'Zi-Comoé.

2° Arrondissement : Le territoire compris dans les cercles actuels d'Assinie, de l'Indénié et de Bondoukou.

3° Arrondissement : Le territoire compris dans les cercles actuels de Labou, Baoulé-Nord, Baoulé-Sud, Kong et Korhogo.

4° Arrondissement : Le territoire compris dans les cercles du Haut-Sassandra et pays Gouro, du Bas-Sassandra et de Mankono.

5° Arrondissement : Les cercles du Cavally et de Touba.

Les arrondissements sont représentés au sein de la Chambre dans la proportion suivante :

1° Commerçants citoyens français :

	Titulaires :	*Suppléants :*
1er Arrondissement..........	3	2
2e —	2	1
3e —	2	1
4e —	1	1
5e —	1	1
	9	6

2° Commerçants étrangers européens ou assimilés :

	Titulaires ;	*Suppléants :*
1er Arrondissement..........	1	1
2e —	1	1
3, 4, 5e arrondissements ...	1	1
	3	3

3° Commerçants indigènes sujets français :

	Titulaires	*Suppléants ;*
1er et 2e arrondissements......	1	1
3, 4 & 5e	1	1
	2	2

Art. 11. — Les listes électorales divisées en trois parties (français, européens étrangers, indigènes sujets français) sont dressées distinctement pour chaque arrondissement en ce qui concerne les commerçants citoyens français et pour chaque groupe d'arrondissement en ce qui concerne les commerçants étrangers ou indigènes, par une commission composée comme suit :

Le Secrétaire général ou son délégué, président,

Un fonctionnaire des bureaux du Gouvernement,

Trois commerçants notables désignés par le Lieutenant-Gouverneur et choisis dans chacune des trois catégories spécifiées ci-dessus.

Art. 12. — Ne pourront être portés sur la liste des électeurs ni participer à l'élection s'ils y avaient été inscrits : 1° les individus de nationalité française et les indigènes sujet français se trouvant dans l'un des cas d'exclusion prévus par l'article 619 du Code de Commerce relatif à l'élection des membres des tribunaux de commerce ; 2° les individus de nationalité ou qui se trouvent dans un des cas d'exclusion prévus à l'article 619 du Code de Commerce.

Art. 13. — Les listes prévues à l'article 11 seront dressées dans un délai de trente jours à partir de la publication du présent arrêté au *Journal Officiel* de la Colonie. A l'expiration de ce délai, les listes seront arrêtées et déposées au Secrétariat général où toute personne intéressée pourra en prendre connaissance dans un délai de trente jours.

Il sera dressé par la commission spéciale désignée à l'article 11, un procès-verbal de dépôt et avis en sera donné au public par affiche aux lieux accoutumés. Les Administrateurs auxquels ressortissent les arrondissements consulaires seront également avisés télégraphiquement et en donneront avis à leurs administrés dans les mêmes conditions.

Art. 14. — Les réclamations à fin d'inscription ou de radiation seront consignées par leurs réclamants ou leurs mandataires sur un registre qui sera mis à leur disposition au chef-lieu de la Colonie et à celui des cercles susvisés. Les Administrateurs feront connaître télégraphiquement les réclamations inscrites sur leurs registres.

Art. 15. — Le délai de trente jours expiré, le Secrétaire général statuera sur les réclamations et fera aux listes les rectifications qu'il jugera nécessaires. Ce travail sera ensuite soumis par lui au Lieutenant-Gouverneur en Conseil d'Administration et les listes définitivement arrêtées seront affichées et publiées au *Journal Officiel* de la Colonie.

Toutefois, les décisions prises par le Secrétaire général et approuvées par le Lieutenant-Gouverneur en Conseil d'Administration, pourront être attaquées par la voie contentieuse dans un délai de quinze jours à partir de la publication des listes au *Journal Officiel*.

Art. 16. — Les électeurs dont la radiation aura été maintenue ou prononcée par le Conseil d'Administration seront prévenus par les soins du Secrétaire général.

Art. 17. — Les dites listes serviront aux élections jusqu'à leur révision qui aura lieu annuellement au mois de novembre, en vertu d'une décision du Lieutenant-Gouverneur.

Art. 18. — Le collège électoral sera convoqué par le Lieutenant-Gouverneur.

Art. 19. — Les élections se feront à Bassam sous la présidence de l'Administrateur du Cercle, assisté des deux plus jeunes et des deux plus âgés des électeurs présents dans la salle au moment de l'ouverture du scrutin.

Le bureau ainsi composé nommera un secrétaire pris dans l'assemblée. Il statuera séance tenante sur toutes les questions qui pourraient s'élever dans le cours de l'opération à l'exception de celles qui seraient relatives à la capacité électorale des candidats nommés, lesquelles seront tranchées comme les réclamations à fins d'inscriptions ou de radiations.

Art. 20. — Ceux des électeurs valablement inscrits, mais qui ne seront pas domiciliés au centre de la circonscription électorale ou qui en seraient absents le jour du vote, pourront adresser leur bulletin de vote au président du bureau, sous double enveloppe, dont la première sera revêtue de leur signature et dont la seconde ne devra, sous peine de nullité, porter aucun signe ou indication extérieure.

Ces enveloppes devront parvenir au président avant la fermeture du scrutin.

Les résultats seront proclamés immédiatement après le dépouillement des votes.

Art. 21. — L'irrégularité des opérations sera jugée par le Lieutenant-Gouverneur, en Conseil d'Administration, sauf recours dans un délai de quinze jours par les parties intéressées au Conseil du Contentieux.

Art. 22. — Dans le cas d'annulation des opérations, il sera procédé dans les trente jours qui suivront la décision, à de nouvelles élections.

Art. 23. — L'élection aura lieu au scrutin de liste et à la majorité des votes exprimés.

Au second tour, la majorité relative suffira, et à égalité de suffrages, le patenté le plus fortement imposé sera proclamé elu.

Art. 24. — Dès que le scrutin sera clos, le président du bureau procédera au dépouillement des votes en présence de l'assemblée et le résultat des opérations sera consigné dans un procès-verbal établi en double original et relatant le nombre des électeurs inscrits, celui des votants, le nom, l'âge le genre de commerce ou la profession et le domicile des membres élus, ainsi que le chiffre des suffrages exprimés pour chacun d'eux.

Document : I

Art. 25. — Les résultats des élections seront publiés au plus prochain numéro du *Journal officiel*.

Art. 26. — Seuls pourront être élus, les électeurs inscrits sur les listes, pourvu qu'ils remplissent les conditions prévues à l'article 2.

Art. 27. — Plusieurs associés en nom collectif ou plusieurs gérants de la même maison assujettis à une seule et unique patente ne pourront faire partie simultanément de la même Chambre. Dans le cas où plusieurs associés en nom collectif ou plusieurs gérants de la même maison auraient été élus, celui qui aura obtenu le plus de voix ou si le nombre des voix est égal le patenté le plus imposé, sera déclaré élu.

Attributions

Art. 28. — La Chambre de Commerce de la Côte d'Ivoire a les attributions consultatives, administratives, financières.

Attributions consultatives

Art. 29. — La Chambre présente par voie d'initiative au Lieutenant-Gouverneur de la Colonie ses vues sur les moyens d'accroître la prospérité industrielle et commerciale de la colonie, sur les modifications ou améliorations à introduire dans toutes les branches de la législation commerciale, fiscale ou douanière, sur l'exécution des travaux et l'organisation des services publics qui peuvent intéresser le commerce ou l'industrie. Elle fournit au Lieutenant-Gouverneur et aux différents conseils, commissions ou comités constitués dans la colonie, les renseignements qui lui sont demandés sur les faits et usages commerciaux.

Elle est consultée :

1° Sur les règlements relatifs au commerce ;

2° Sur les créations de Chambres et bureaux de commerce, de charges d'agents de change, de tribunaux de commerce, de banques et autres institutions de crédit public.

Art. 30. — Toute discussion, toute délibération politique sont interdites à la Chambre. Les délibérations prises en dehors de ses attributions ou contraires aux dispositions du présent arrêté sont nulles et non avenues.

Attributions administratives

Art. 31. — La Chambre possède la personnalité civile, elle administre les établissements créés pour l'usage du commerce, comme les magasins de sauvetage, docks et entrepôts, etc., qui ont été formés à l'aide de contributions spéciales sur les commerçants.

Art. 32. — Elle est apte, comme personne civile, et sous réserve de l'autorisation préalable du Lieutenant-Gouverneur, à l'accomplissement des actes qui procèdent de cette qualité.

Art. 33. — Sera conférée à la Chambre, pour chaque cas, par arrêté spécial du Lieutenant-Gouverneur pris en Conseil d'Administration, l'autorisation de recevoir des legs ou dotations, d'acquérir ou d'aliéner ses immeubles ou du matériel, de les gérer ou exploiter, d'entreprendre des travaux et de créer des établissements [illegible] du commerce.

Attributions financières

Art. 34. — La Chambre établit, chaque année, en recettes et dépenses, son budget qui ne devient exécutoire qu'après approbation du Lieutenant-Gouverneur en Conseil d'Administration. Elle produit dans le courant du premier trimestre de chaque année le compte d'administration de l'exercice précédent ; ce compte est approuvé par le Gouverneur en Conseil d'administration.

Art. 35. — Les revenus de la Chambre sont constitués par :

1° Une allocation prélevée sur les patentes, déterminée chaque année par arrêté spécial du Lieutenant-Gouverneur ;

2° Le produit de l'exploitation des magasins, voies de quai, grues, mâts de charge et apparaux divers installés ou à installer sur ses propres fonds et dont la cession à titre remboursable sera également faite à la Chambre pour ceux existant déjà.

3° Les dons, legs et subventions ou fondations dévolus à la Chambre soit par les pouvoirs publics, soit par des particuliers et acceptés après autorisation du Lieutenant-Gouverneur en Conseil d'administration.

Art. 36. — La Chambre pourra être autorisée, par arrêté spécial du chef de la Colonie pris en Conseil d'Administration, à emprunter et à percevoir des taxes pour assurer l'entretien, le fonctionnement ou le renouvellement des établissements qu'elle administre.

Art. 37. — La Chambre de commerce prendra rang dans les cérémonies publiques immédiatement après le Conseil d'Administration.

Art. 38. — Toutes dispositions antérieures contraires à celles du présent arrêté sont abrogées.

Art. 39. — Le Lieutenant-Gouverneur de la Côte d'Ivoire est chargé de l'exécution du présent arrêté, qui sera enregistré et publié partout où besoin sera.

Dakar, le 23 décembre 1908.

W. PONTY.

Document : II

Correspondance de la Chambre de commerce au gouverneur par intérim Brunot au suiet

N° 923. — LETTRE *de M. le Président de la Chambre de Commerce à M. le Gouverneur p. i. Brunot, à Bingerville.*

Abidjan, le 23 avril 1925.

Monsieur le Gouverneur,

J'ai voulu attendre de voir le résultat de votre circulaire du 18 janvier dernier pour saisir à nouveau l'Assemblée de cette grave question de la main-d'œuvre et répondre à votre télégramme n° 38 du 20 janvier.

On pourrait croire en lisant ce télégramme que je me désintéresse de la vie et du bien-être de nos indigènes et que vous seul défendez ces « pauvres hommes » qui meurent.

Dans ma longue carrière coloniale j'ai été amené malheureusement bien des fois à les défendre, parfois même contre certains représentants de l'Administration.

Rien de ce qui peut améliorer les conditions d'existence et de bien-être de nos populations indigènes ne me laissera indifférent et je serai toujours près de vous, Monsieur le Gouverneur, pour appuyer les mesures que vous prendrez en vue de réprimer énergiquement les abus et les mauvais traitements dans les chantiers forestiers.

Mais j'ai aussi le devoir de protester non moins énergiquement contre les mesures que vous prenez et que l'Assemblée croit contraires à l'intérêt général de la France et de notre Colonie.

Vous pouvez être assuré, Monsieur le Gouverneur, que je n'ai pas pris partie « à la légère » dans cette grave question main-d'œuvre mais bien après mûres réflexions et après avoir pris avis des membres de notre Assemblée et de tous les intérêts en cause.

Depuis bientôt un an la main-d'œuvre devenait de plus en plus difficile à trouver car beaucoup d'indigènes s'étaient mis hardiment à la culture du cacao, du riz et à la récolte du caoutchouc, du palmier à huile et du colatier, plus rénumératrices pour eux que la solde payée dans les chantiers.

Les exploitants forestiers, en présence de cette diminution de main-d'œuvre, avaient dirigé leurs efforts vers des moyens mécaniques : voies Decauville, dont plusieurs avec locomotives à vapeur ou à pétrole, tracteurs à chenilles, tracteurs à roues, etc.

De tous côtés s'opérait une transformation heureuse dans les vieilles méthodes d'exploitation. Il fallait laisser le temps accomplir son œuvre et encourager ce mouvement en facilitant le recrutement des exploitants forestiers qui remplaçaient une partie de cette main-d'œuvre précieuse par des moyens mécaniques, et en n'apportant aucune aide à ceux qui ne travaillaient qu'avec les vieilles méthodes du tirage à la corde.

Vous même, Monsieur le Gouverneur, dans les séances de la Chambre de Commerce du 4 mai, 7 et 21 décembre 1924, avez reconnu qu'il fallait aider les exploitants forestiers.

Vous deviez faire établir l'inventaire des besoins en main-d'œuvre d'après le tonnage sorti par chacun d'eux et ce qui pourrait être pris dans chaque cercle, principalement dans ceux où l'indigène ne travaille pas : Daloa, Man, Bouaflé, etc.

Après une longue et laborieuse discussion vous aviez fixé en mai à 1 homme par 5 tonnes de bois sorti et enfin en décembre, après un examen plus approfondi, à 1 homme par 8 tonnes.

C'est donc, confiants dans votre promesse, que tous les exploitants forestiers ont continué d'abattre des arbres et à intensifier leur production en faisant venir un matériel coûteux.

Ces arbres ne sortiront de la forêt que difficilement. Une partie risque d'y pourrir et subira dans tous les cas une dépréciation fort importante.

Malgré l'annonce le 16 janvier de la nomination de M. Lapalud comme Gouverneur titulaire de la Colonie, vous établissez votre circulaire le 18 janvier et, avec une hâte fébrile, vous la faites paraître dans le *Journal officiel* du 15 janvier. Sans prévenir les intéressés de vos intentions, sans préavis, contrairement à vos promesses de mai et décembre derniers, vous interdisez d'une façon absolue aux administrateurs d'apporter un appui quelconque dans le recrutement de la main-d'œuvre nécessaire aux exploitants forestiers, au commerce et à l'agriculture. Cet appui moral, accordé par MM. les Gouverneurs généraux Angoulvant et Antonetti et par tous les Gouverneurs qui se sont succédés en Côte d'Ivoire vous le refusez, et comme conséquence vous frappez à mort l'Industrie forestière et vous arrêtez l'essor commercial et agricole de notre Colonie.

L'Assemblée tout entière regrette cette décision.

* * *

Il n'a jamais été dans l'esprit de la Chambre de Commerce que l'Administration doit recruter par force des manœuvres pas plus pour les exploitants forestiers que pour le commerce et l'agriculture.

Nous savons tous que le manœuvre est libre et ne peut être contraint au travail forcé. Mais nos indigènes sont de grands enfants paresseux et insouciants et comme tels doivent être conseillés et dirigés, au début surtout, d'une main paternelle mais ferme. Nous devons apprendre à travailler à nos races primitives et leur apporter la possibilité d'évoluer grâce au produit de leur travail.

Les exploitants forestiers, en allant chercher en pleine forêt des manœuvres à moitié sauvages, certains même anthropophages, de les avoir amenés sur la voie ferrée ou au bord de la mer, d'avoir appris à parler français à plusieurs d'entre-eux, de leur avoir enfin inculqué le travail régulier, leur ont rendu un très grand service.

* * *

Dès que votre circulaire n° 36 du 18 janvier, aggravée encore par votre circulaire n° 89 du 19 mars, ont été connues dans les cercles, comme une traînée de poudre, le bruit s'est répandu chez les indigènes qu'ils ne sont plus astreints à travailler en vertu des ordres transmis par vous et beaucoup refusent d'obéir même à leurs propres chefs.

A Tiassalé le commerce, qui a acheté pendant la dernière traite des produits à un prix élevé, ne peut même pas avoir une cinquantaine de piroguiers pour descendre ce qui reste jusqu'à M'Breté tête de ligne de la navigation à vapeur, et remonter les marchandises destinées à ravitailler ce point.

Dans toute la Colonie il souffle un vent de mécontentement et de fainéantise qui risque, si on n'y met bon ordre et à bref délai, d'avoir des conséquences désastreuses pour l'avenir de la Colonie.

A plusieurs reprises vous m'avez signalé que dans certains chantiers des abus avaient été commis. Votre télégramme n° 38 du 20 janvier parle même de « scandales récents ».

A ma connaissance aucune plainte n'a été déposée par vous, ni aucune poursuite exercée contre les coupables, si coupables il y a.

La Chambre de Commerce demande que des sanctions sévères soient prises contre ces personnes en vertu du décret forestier du 18 juin 1912 et arrêté local du 23 août de la même année, mais aussi qu'on ne généralise pas en disant que *tous* les exploitants forestiers traitent mal leurs manœuvres.

Il y a eu certes des abus dans certains chantiers accordés malheureusement à des personnes peu intéressantes et n'offrant pas toutes les garanties de solvabilité et de moralité nécessaires et l'Administration a été bien coupable en ne les faisant pas réprimer énergiquement chaque fois.

L'Administration aurait dû retirer les chantiers à ces indésirables qui ont porté le plus grand tort à l'industrie forestière de la Colonie. S'il y a eu quelques défaillances, il faut reconnaître de bonne foi que l'immence majorité des exploitants forestiers (c'est d'ailleurs leur intérêt) traite bien son personnel.

Je vous remets inclus la lettre qui m'a été transmise par les délégués du Syndicat des exploitants forestiers et qui a fait l'objet d'un rapide examen à la dernière réunion de la Chambre de Commerce.

* * *

Source : JOCI 1908 pp. 500-502

Document : II

En résumé, et au nom des exploitants forestiers de la Colonie, j'ai l'honneur de vous demander :

1° Qu'en attendant le décret sur la main-d'œuvre, en préparation au Ministère des Colonies, ils soient aidés par l'Administration pour trouver la main-d'œuvre strictement nécessaire pour enlever le bois abattu et dont une partie a fait l'objet de ventes à livrer antérieures au 18 janvier date de votre circulaire.

Ne pouvant invoquer le cas de force majeure c'est la ruine pour plusieurs exploitants forestiers — et non des moindres — si ces ventes à livrer ne sont pas exécutées d'ici quelques mois.

2° Que les manœuvres soit visités par un médecin aux frais des exploitants forestiers avant engagement et en fin de contract pour savoir si les hommes ont été bien soignés.

Cette visite médicale, avant engagement, permettra d'exclure les manœuvres malingres et surtout les tuberculeux dont les chefs de village se débarrassent comme non valeurs pour leurs prestations et qui viennent former ce pourcentage si élevé et si impressionnant de décès dans les chantiers forestiers.

3° Ils souscrivent d'avance à toutes les mesures de contrôle que voudra prendre l'Administration dans l'intérêt des deux parties pour la sauvegarde de la vie et du bien-être des indigènes et pour la sauvegarde également de l'industrie forestière de la Colonie.

J'ose espérer, Monsieur le Gouverneur, connaissant votre esprit impartial, que vous voudrez prendre en considération les demandes très raisonnables des exploitants forestiers et d'avance je vous en remercie au nom de la Chambre de Commerce.

Veuillez agréer, Monsieur le Gouverneur, l'assurance de mes sentiments respectueux et dévoués.

Signé : BARTHE.

N° 924. — Lettre *de M. le Président de la Chambre de Commerce de la Côte d'Ivoire, à M. le Gouverneur général de l'Afrique occidentale française, Dakar.*

Abidjan, le 23 avril 1925.

Monsieur le Gouverneur général,

J'ai l'honneur de vous remettre ci-inclus copie de la lettre n° 923 en date du 23 avril adressée à M. le Gouverneur *p. i.* Brunot, au sujet de la question main-d'œuvre.

Je vous serais reconnaissant de vouloir bien examiner cette grave question avec le Gouverneur titulaire M. Lapalud, de passage prochainement à Dakar, afin qu'à son arrivée en Côte d'Ivoire, ayant reçu des instructions du Ministre des Colonies et de vous, nous sachions tous enfin ici à quoi nous en tenir sur les intentions de l'Administration.

Il est indispensable, dans un pays primitif comme la Côte d'Ivoire, que le commerce, les exploitations forestières et agricoles soient assurés d'une longue continuité de vues, de la bienveillance et de l'aide de l'administration.

La France nous demande de venir à son aide en produisant, en exportant des quantités de plus en plus fortes de matières premières nécessaires à améliorer son change et sa situation financière.

Nous voulons bien, comme toujours, répondre à cet appel pressant, mais que l'Administration nous apporte aussi son concours.

Sans entente entre elle et les capitaux engagés en Côte d'Ivoire, il n'est pas possible d'intensifier les exportations et d'arriver à un résultat pratique.

Veuillez agréer, Monsieur le Gouverneur général, l'assurance de mes sentiments respectueux et dévoués.

BARTHE.

Président de la Chambre de Commerce de la Côte d'Ivoire.

L'ordre du jour étant épuisé, la séance est levée à 18 heures 1/2.

Le Président,

BARTHE.

Document : III

Réponse du gouverneur par intérim Brunot à la Chambre de commerce au sujet de sa réaction par rapport à la question de la main d'oeuvre

N° 15.

N° 155 G. C. — LETTRE *de M. le Lieutenant-Gouverneur* p. i. *de la Côte d'Ivoire, à Monsieur le Président de la Chambre de Commerce, Abidjan.*

Bingerville, le 5 mai 1925.

Monsieur le Président,

Vous avez cru devoir adresser votre lettre du 23 avril dernier relative à la question du recrutement de la main-d'œuvre au « Gouverneur *p. i.* Brunot » au lieu du « Lieutenant-Gouverneur p. i. de la Côte d'Ivoire. »

Je prends prétexte de l'intention évidente qui ressort de ce geste insolite pour réfuter personnellement un certain nombre d'arguments *ad hominem* qui n'avancent en rien la solution du présent débat, mais que je ne puis laisser passer sans y répondre.

∴

Vous m'écrivez tout d'abord :

« J'ai voulu attendre de voir le résultat de votre circulaire du 18 janvier dernier pour saisir à nouveau « l'assemblée de cette grave question de la main-d'œuvre et répondre à votre télégramme n° 38 du 20 janvier. »

Je vous réponds que vous n'avez pas attendu de voir le résultat de ma circulaire du 18 janvier pour m'adresser le 19 janvier le télégramme suivant :

« Rentre instant voyage et apprends qu'exploitations forestières vu impossibilité trouver manœuvres envisagent « fermeture tous chantiers *stop*. Crois de mon devoir vous rendre compte cette situation étant donné conséquences « graves qui en découleront pour développement économique Colonie *stop*. Insiste vivement près de vous pour que « cette branche activité Colonie ne soit pas frappée à mort. Signé : Barthe. »

Quand vous m'avez adressé ce télégramme, vous n'aviez pourtant pas pris connaissance de ma circulaire du 18 janvier ainsi qu'il ressort de ma réponse du 20 janvier :

« Je ne crois ni à l'impossibilité de trouver des manœuvres ni à la fermeture de tous les chantiers et je trouve « que vous prenez parti à la légère en me télégraphiant que je vais frapper à mort l'exploitation forestière sans « même connaître l'attitude nouvelle du Gouvernement de la Colonie ni ses raisons. Vous recevrez ce soir la « Circulaire où je définis exactement notre rôle. Elle tient compte des intérêts économiques en cause en ce sens « qu'elle indique la limite des sacrifices que la Colonie doit faire pour sauvegarder l'exploitation forestière, elle « rappelle la lettre de la loi et elle rappelle surtout l'esprit de la colonisation française car *des scandales récents* « *qui ont déterminé ma dernière enquête et ma décision* prouvent que ceux qui meurent présentement ce ne sont « pas des exploitations forestières mais de pauvres hommes dont j'ai la charge. Signé : Brunot. ».

<u>Source</u>: *BCCCI*, procès-verbal de la séance du 5 avril 1925 (document en annexe au PV), pp. 14-16.

Document : III

Voulez-vous dire que c'est plus exactement l'effet produit par ma tournée de fin décembre début janvier — dans les Cercles où l'on recrutait principalement des manœuvres — qui « allait frapper à mort l'exploitation forestière ? »

C'est une opinion, mais alors vous êtes obligé de convenir que ma circulaire du 18 janvier n'est que la conséquence de mes instructions et de mes palabres antérieures et que l'annonce le 16 janvier de la nomination d'un Gouverneur titulaire ne pouvait plus m'interdire de donner la publicité nécessaire à des ordres déjà transmis aux Commandants de Cercle et aux indigènes.

Vous m'écrivez ensuite :

« On pourrait croire en lisant ce télégramme que je me désintéresse de la vie et du bien-être de nos indigènes « et que vous seul défendez ces pauvres hommes qui meurent. »

« Dans ma longue carrière coloniale, j'ai été amené malheureusement bien des fois à les défendre parfois « même contre certains représentants de l'Administration. »

Je suis persuadé que personnellement, Monsieur le Président, « vous ne vous désintéressez pas de la vie et du bien-être de nos indigènes. » Vous en avez donné des preuves au cours de votre longue carrière à la Côte d'Ivoire. Je suis même persuadé que les Exploitants forestiers verraient avec une profonde satisfaction désintéressée leurs manœuvres travailler dans la joie sur leurs chantiers.

Ainsi que je l'écrivais il y a trois mois « parmi les Exploitants forestiers il y a de braves gens et des hommes de cœur comme partout ; aussi n'est-ce pas à eux que j'en ai, mais au système que j'ai jeté bas. »

Mais, — quand des intérêts privés que vous confondez inconsidérément avec « l'intérêt général de la France » heurtent — et c'est le cas — l'intérêt bien compris des indigènes, — plus que leur intérêt, leur santé et leur vie, — je regrette, Monsieur le Président, de constater que vous n'êtes pas du côté des indigènes mais du côté des Exploitants.

Car, lorsque vous m'écrivez que « les Exploitants forestiers, en allant rechercher en pleine forêt des manœuvres « à moitié sauvages, les avoir amenés sur la voie ferrée ou au bord de la mer, avoir appris à parler français « à plusieurs d'entre-eux, leur avoir enfin inculqué le travail régulier, *leur ont rendu un très grand service* », je me demande si vraiment vous croyez à la valeur de cet argument, ignorant la réalité, ou si, pour la sauvegarde d'intérêts économiques que vous représentez, vous croyez que votre devoir est de fermer les yeux pour ne pas la voir, — cette réalité, pour ne plus la voir.

D'ailleurs n'écrivez-vous pas vous-même dans cette même lettre : « depuis bientôt un an la main-d'œuvre « devenait de plus en plus difficile à trouver car beaucoup d'indigènes s'étaient mis hardiment à la culture du « cacao du riz et à la récolte du caoutchouc, du palmier à huile et du colatier *plus rémunératrice pour eux que « la solde payée sur les chantiers.* »

En cela, nous sommes pleinement d'accord :

Quant à l'argument tiré de la nécessité d'un contrôle constant et d'une répression sévère des abus, je réponds que le contrôle de l'Administration *comme celui des chefs de Maison eux-mêmes* est inexistant et le sera toujours par suite de la dissémination de tant de chantiers éparpillés dans la grande forêt ; et que la répression, si sévère soit-elle, n'atteindra jamais au point de vue pénal que des chefs manœuvres c'est-à-dire des comparses, car — quelle responsabilité pénale peut avoir un chef de Maison qui n'y réside pas si ses manœuvres sont roués de coups sur les chantiers ; et s'ils sont laissés sans nourriture, que peuvent faires ces manœuvres « volontaires » sinon aller demander au Tribunal de Bassam le respect de leur contrat ! Or une expérience récente, où j'ai poursuivi, Monsieur le Président, prouve que ces gens même roués de coups ne demandent qu'une chose c'est à rejoindre leurs villages au plus vite.

Reste le refus de renouveler les chantiers :

Je l'ai envisagé, je vous prie de le croire. J'estime qu'il est impossible d'y avoir recours sans tomber dans un arbitraire odieux :

Un chef manœuvre « fait frapper jusqu'au sang » des manœuvres qui ne rendent pas assez à son gré. Je parle précisément du cas où j'ai poursuivi dernièrement.

Vais-je refuser à la maison responsable le renouvellement de tous ses chantiers ? Admettons que cette maison en ait une vingtaine : la voilà ruinée parce qu'un de ses nombreux employés est une brute ?

Vais-je refuser le renouvellement du chantier où se sont passés les faits ?

Si oui, le même délit aura des conséquences absolument disproportionnées suivant qu'il s'agira d'un chantier neuf isolé ou d'un chantier de base d'exploitation où la maison pourra avoir déjà dépensé des sommes considérables.

Agir au mieux suivant chaque cas : c'est l'arbitraire.

Je pense, Monsieur le Président, que vous traitez cette partie du sujet très superficiellement et je serais heureux de connaître les mesures préconisées à ce point de vue par les Messieurs les Exploitants forestiers eux-mêmes.

∴

Maintenant, je veux vous dire que je regrette de trouver sous votre plume le détestable argument des défenseurs de tous les privilèges et de tous les abus : « la révolution (ou la révolte) est à nos portes ! »

Vous m'écrivez :

« Dès que votre circulaire du 18 janvier, aggravée encore par votre circulaire du 19 mars, ont été connues dans « les cercles, comme une traînée de poudre le bruit s'est répandu chez les indigènes qu'ils ne sont plus astreints « à travailler en vertu des ordres transmis par vous et beaucoup refusent même d'obéir à leurs chefs. »

« A Tiassalé..... le commerce ne peut même avoir une cinquantaine de piroguiers, etc.. »

(Je parlerai de Tiassalé un peu plus loin).

« Dans toute la Colonie il souffle un vent de mécontentement et de fainéantise qui risque, si on n'y met pas « bon ordre et à bref délai, d'avoir des conséquences désastreuses pour l'avenir de la Colonie. »

Je regrette également de trouver le même argument sous la plume de MM. Bouyssou et Oddos :

« Les conséquences inévitables de ce farniente légal sont la régression économique, le retour certain à une vie « de misère, de souffrance et de famine et par conséquent la révolte et la répression. Cette triste évolution est « déjà commencée d'ailleurs : l'attitude des indigènes s'est singulièrement modifiée depuis quelques mois. »

Document : III

Je vous réponds :

Quel homme impartial peut concevoir que le fait par l'Administration de laisser *libres* des hommes *d'aller ou de ne pas aller* travailler sur les chantiers forestiers peut amener « un vent de mécontentement, la révolte et la répression ? »

Je sais bien que le bruit a été lancé par certains intéressés de mauvaise foi que j'avais déclaré partout aux indigènes, au cours de mes palabres de fin décembre et début janvier, qu'ils étaient *libres de ne plus travailler du tout.*

Mais vous devez bien savoir, Monsieur le Président, que cela est faux. Ma palabre aux indigènes a été la suivante, dans ses grandes lignes ; je dis dans ses grandes lignes parce qu'il y a des modalités d'application différentes suivant les races et suivant les produits du sol :

« Quand le Commandant vous demande l'impôt ou les tirailleurs, c'est le service, c'est forcé. »

« Quand il vous demande de travailler sur les routes pour que les camions viennent chercher les produits sur « place et vous évitent le portage, si vous comprenez que c'est bon, tant mieux ; si vous ne comprenez pas, tant « pis, — c'est le service, c'est forcé. »

« Quand le Commandant dit de vacciner les enfants, quand il dit de faire du coton (ou des colas, ou des « palmistes, ou du caoutchouc, ou des arachides) pour que vous vous enrichissiez, comme se sont enrichis les gens « de l'Indénié avec le cacao, et que vous ayez des vêtements, c'est le service, c'est forcé ;

« Quand il vous dit de faire beaucoup de riz ou d'ignames, il faut le faire par force parce que je veux d'abord « que tous mangent à leur faim. »

« Quand il vient des blancs qui ont des exploitations à la Côte, pour chercher des jeunes gens pour travailler « chez eux, s'il y a des jeunes gens qui sont contents pour y aller, pour voir du nouveau, pour gagner de l'argent, « *je suis content aussi*, mais ça n'est pas le service, ça n'est pas forcé. »

Le voilà bien, Monsieur le Président, l'« appui moral » que vous réclamez.

Et voulez-vous me dire à quelle occasion cet appui moral vous a fait défaut ? A moins que vous ne donniez aux mots : « appui moral » un double sens — le premier qui pourrait se concilier avec vos déclarations officielles « sur les contrats librement consentis », et le second qui pourrait se concilier avec la déclaration si nette, si catégorique de MM. les Exploitants forestiers : l'« indigène n'est pas libre. »

Les indigènes, eux, ont très bien compris le sens de mes palabres et depuis « la traînée de poudre » de ma circulaire, l'on trouve encore de vrais volontaires pour les chantiers forestiers — onze millions d'impôt indigène sont entièrement rentrés et le recrutement de tirailleurs s'est effectué avec la plus extrême facilité, le réseau routier est fort bien entretenu et agrandi tous les jours, les cultures industrielles continuent à donner des résultats progressifs, les récoltes des produits vivriers sont partout largement suffisantes, et *enfin les recettes des Douanes, du Wharf et du Railway pour le premier trimestre de 1924 et 1925 sont en faveur de 1925.*

Et pour en finir avec ces arguments personnels que veulent donc dire MM. Bouyssou et Oddos, quand ils déclarent « que des villages ont été réquisitionnés pour évacuer les stocks du commerce local ? » Je suis tout à fait d'avis que le commerçant doit « recruter son personnel sans pression officielle. »

Il serait utile que ces Messieurs précisent :

S'agirait-il du cacao de Tiassalé pour lequel précisément (voir plus haut) vous écrivez : « A Tiassalé le « commerce ne peut même pas avoir une cinquantaine de piroguiers pour descendre ce qui reste jusqu'à M'Brété ?

*
* *

Je désire maintenant élever le débat au-dessus des considérations personnelles :

« Il n'a jamais été dans l'esprit de la Chambre de Commerce que l'Administration doive recruter par force des manœuvres » .... écrivez-vous, et plus loin : « nous savons tous que le manœuvre est libre et ne peut être contraint au travail forcé... »

Nous savons tous que le manœuvre est libre, dites-vous ? C'est bien, en effet, la doctrine de la Chambre de Commerce qui déclarait le 6 janvier 1922 par votre voix :

« Il faut que les *contrats librement consentis* soient exécutés de part et d'autre. »

Mais, Monsieur le Président, quelle est donc la conclusion expresse de ma circulaire que vous estimez « contraire à l'intérêt général de la France et de la Colonie » de cette circulaire qui « a frappé à mort l'exploitation forestière et l'essor commercial et agricole de la Colonie ? »

Vous en souveniez-vous, lorsque vous avez écrit cela ?

La voici :

« Devoir strict de veiller au respect de part et d'autre des *contrats librement consentis.* »

Comment se fait-il que nous ne soyons pas d'accord sur l'application d'une même doctrine aussi clairement exprimée ? *Je puis le dire*, mais je pense que vous me saurez gré de ne pas insister.

Combien, Monsieur le Président, je préfère à votre attitude celle de Messieurs les Présidents de l'Association projetée des Exploitants forestiers qui écrivent dans la lettre que vous me transmettrez vous-même :

« Trêve de considération d'un ordre très élevé : L'indigène n'est pas libre ; l'indigène est resté mineur sous « la tutelle de l'Administration locale. C'est un fait. Et bien : Un mineur n'a pas le libre exercice de sa volonté. »

Combien la franchise de MM. Bouyssou et Oddos facilite le devoir que j'ai de leur répondre et ce qui est plus important : quelle netteté elle donne aux positions respectives de l'Administration locale et de l'exploitation forestière.

« Nos indigènes sont de grands enfants et comme tels doivent être conseillés et dirigés... d'une main « paternelle mais ferme... Nous devons apprendre à travailler à nos races primitives et leur apporter la possibilité « d'évoluer grâce au produit de leur travail » écrivez-vous ;

Nous sommes entièrement d'accord :

« C'est notre devoir d'apprendre à ces populations primitives qu'il n'y a aucune prospérité durable que dans « le travail, écrivent Messieurs les Présidents de l'Association Forestière. » Toute formule qui leur donne la « tranquillité dans le « farniente » (fut-il légal) est d'essence néfaste et ne tend qu'à détruire. »

Nous sommes encore entièrement d'accord.

Document : III

Mais, quand la conclusion de ces indiscutables prémisses, saines, humaines dans le meilleur sens du mot, bien françaises, est pour vous, Monsieur le Président et pour Messieurs les Présidents de l'Association des Exploitants Forestiers, que les indigènes des cercles éloignés (pour qu'ils ne se sauvent pas) doivent être contraints par l'Administration à traverser la moitié de la Colonie pour aller travailler sur les chantiers forestiers, pour un salaire notoirement insuffisant partout, pour y recevoir la plupart du temps une nourriture dont aucun être humain ne se contenterait (1) (riz cuit à l'eau) pour être soumis à un travail que vous appelez vous-même « pénible » (2) Monsieur le Président, et que M. le Gouverneur général Angoulvant appelait « inhumain » (3), je passe sur le dépaysement, le manque de soins, la forêt hostile et tout ce qui amène la mortalité effrayante que j'ai constaté en décembre 1924 ;

Je dis que cette conclusion n'est pas la mienne, parce qu'en dehors de tout sentiment personnel qui n'a que faire dans le présent débat, j'ai le devoir de comprendre et de suivre la doctrine de mes Chefs qui se sont exprimés ainsi et qui, eux, ont reçu la mission de parler « au nom de l'intérêt général de la France. »

« Ce ne peut donc pas être une réglementation de contrainte qui amènera l'indigène africain à observer, mieux « qu'il ne le fait aujourd'hui, la loi universelle du travail. »

« Votre intervention en pareille matière, n'est équitable et ne se justifie *que si elle a pour objet l'intérêt « immédiat et direct des peuples noirs.* » (Circulaire du 15 mars 1924 de M. le Gouverneur général Carde).

« La France peut soumettre avec sérénité son œuvre coloniale au jugement des Nations... ...

« C'est que nos méthodes sont pénétrées d'humanité, *c'est que notre souci de produire, de créer des richesses. « est toujours subordonné* à ces idées de bonté, de justice, de pitié pour les faibles et d'amour pour les humbles, « qui vivent d'une vie si ardente dans la conscience de notre peuple, » (Discours programme de M. le Ministre Daladier à l'ouverture des Cours de l'École coloniale, novembre 1924).

Qui oserait prétendre qu'il est de l'intérêt des « *recrutés* » de s'expatrier pour aller travailler sur les chantiers forestiers, alors que chez eux, dans leurs cases, auprès des leurs, ils peuvent tirer du sol où ils sont nés *dans toute l'étendue de la colonie dix fois plus de bénéfices* que sur les chantiers forestiers.

L'industrie forestière qui n'a de difficultés de recrutement de manœuvres que pour le tirage à bras des billes ne sera viable et désormais ne vivra que quand elle aura remplacé le tirage à bras par le tirage mécanique — ce tirage mécanique présenté pendant si longtemps comme impossible à la Côte d'Ivoire et que les plus qualifiés sans doute d'entre les exploitants forestiers de la Colonie estiment aujourd'hui non seulement possible mais encore moins coûteux que le tirage à bras.

∴

J'arrive à la question du « préavis de six mois qui aurait, paraît-il, suffi pour éviter les récriminations et permettre à l'évolution progressive de s'opérer vers des conditions nouvelles. »

Voici ma réponse :

Placé, en fin d'année 1924, exactement à mon retour du Conseil de Gouvernement général — alors que n'assurant plus simplement l'intérim d'un Gouverneur titulaire en fonction j'avais le devoir de prendre les mesures nécessaires, en face d'une situation subitement aggravée par des excès de toutes sortes, je me suis livré — toute affaire cessante — à une enquête sur place.

J'en ai retiré la conviction qu'il n'est plus possible de continuer des errements qui avaient pu être précédemment justifiés « à la suite de la perturbation apportée par la guerre, par la nécessité de venir en aide à la métropole (4). »

J'ai donc décidé, par ma circulaire du 18 janvier 1925, du rappeler à tous, sans équivoque possible, *le texte de la loi et l'esprit de la colonisation française.*

Sans plus, pour le moment, comme prélude et comme base de la politique de main-d'œuvre à inaugurer.

Et sans vouloir insister sur ce point, n'apercevez-vous pas, Monsieur le Président, la situation paradoxale et délicate où vous vous placez en cherchant à accabler sous les pires reproches (entre autres celui déjà usé de l'intérêt général de la France) celui dont le premier devoir est d'être dans la Colonie le premier serviteur de la loi et qui pour cette raison vous la rappelle ?

Plus de pression, plus de « représentants » mis à la disposition des recruteurs pour faire savoir aux villages que le Gouverneur « désire » c'est-à-dire « ordonne » que les jeunes gens s'engagent chez les forestiers. En un mot plus de recrutement d'office.

Suivent simplement dans ma circulaire quelques considérations sur l'opportunité de sacrifier temporairement certains intérêts de la Colonie (impôt, prestations, exodes pourtant si difficiles à suivre et à canaliser) tout cela pour faciliter le recrutement des volontaires.

Mais n'avez-vous pas lu, Monsieur le Président, au début de cette circulaire que cela « c'est l'indispensable » et que dès que la réglementation projetée du travail sera promulguée, il faudra aller plus loin, beaucoup plus loin, pour la protection nécessaire des indigènes et que les mesures définitives à prendre devront précisément remédier à bien des abus et que leur conséquence sera de réduire encore plus le « rendement des cercles où l'on recrute » :

Visite médicale au départ et au retour ;

Fixation d'un âge minimum pour les engagés (5) ;

Fixation du nombre des heures de travail ;

Obligations diverses résultant de la nécessité d'habiller, couvrir, nourrir, soigner convenablement les manœuvres dès leur engagement ;

Transports sur les grandes distances ;

Accidents du travail ;

Moral des engagés ;

---

(1) Je connais les heureuses exceptions qui d'ailleurs continuent à trouver des volontaires, mais ce sont des exceptions.
(2) Discours de M. Barthe du 6 janvier 1922.
(3) Réponse à M. Pierre Bernus, du 27 avril 1923.
(4) Ministre des Colonies.
(5) Cela j'ai dû le faire dès le 19 mars dernier quand j'ai constaté ce qui se passait — j'ai fixé 20 ans.

Document : III

Exactement toutes les mesures prescrites par la circulaire ministérielle du 22 juillet 1924, *que je n'ai pas encore appliquées précisément pour laisser à l'exploitation forestière*, mise en garde par ma circulaire, *le temps d'évoluer*.

Je viens d'indiquer les mesures principales qu'il faudra appliquer, si je puis dire — *à la seconde étape*, en juillet, je veux bien, puisque vous désirez que le préavis soit de six mois, — mais il y a encore une autre mesure dont la répercussion sur le recrutement de la main-d'œuvre forestière sera encore plus grave et qu'il faudra prendre — *à la troisième et dernière étape* : c'est la fermeture au recrutement du cercle de Man d'abord (je l'avais ordonné à mon passage en ce poste et je n'y ai renoncé provisoirement que pour les nécessités précisément de « l'évolution » que vous réclamez) puis de quelques autres cercles situés hors des zones sylvestres exploitables où il est urgent que l'effort principal soit orienté vers « une politique de peuplement et de reconstitutions ethniques ».

∴

Je désire en terminant vous présenter dans ses grandes lignes le tableau de ce que doit être l'avenir, un avenir prochain :

Tirage mécanique des billes ;

Recrutement par le moyen d'offices du travail, et suivant les mesures de préservations envisagées par le Ministre, du nombre réduit de manœuvres volontaires qui seront toujours nécessaires ;

Fermeture au recrutement des manœuvres de tous les cercles « extérieurs » dont la population sera reconnue par l'autorité médicale comme atteinte de déchéance et de misère physiologique et dans ces cercles où (suivant l'expression d'un de nos anciens de la Côte d'Ivoire, M. le Gouverneur Delafosse) « nous laisserons tranquilles pendant plusieurs années de suite » la population sous-alimentée ; — contrainte pour les cultures vivrières et pour le groupement en beaux villages confortables et gais, contrainte pour la vaccination et les mesures de préservation de l'enfance, contrainte enfin, pour l'impôt qui, dans un pays *aussi riche*, demeure le plus parfait animateur du du travail.

Vous voyez, Monsieur le Président, que ce n'est pas le mot de « Liberté » qui est en cause, ni le triomphe d'une formule ou d'un rêve, c'est plus que cela, c'est tout notre rôle, car si, selon l'expression même de M. Bouyssou, « le rôle du civilisateur est de former des hommes » je voudrais que ces hommes soient des hommes heureux, non « des bêtes de somme » suivant l'expression qu'emploie M. le Député Valude en parlant des manœuvres employés sur les exploitations forestières de la Côte d'Ivoire.

∴

Je pars en tournée après-demain. Je vais répéter dans les cercles intéressés exatement la même palabre que j'y ai déjà tenue et que vous ai relatée ci-dessus.

Si cet « appui moral » peut permettre à ceux des exploitants forestiers qui manquent d'hommes pour tirer les bois abattus (1) de trouver des volontaires, j'en serai heureux en considération de la période de transition à ménager. Mais je tiens à vous dire que je ne changerai rien à ma ligne de conduite, que je ne fournirai pas des hommes de force et qu'à mon retour je signerai l'arrêté nécessité par les mesures de préservation de la main-d'œuvre ordonnées par le Ministre ;

Arrêté qui sera mis en application le 1er juillet prochain.

Le Cercle de Man (sauf Duékoué qui va être rattaché au cercle de Guiglo pour former le cercle des Guérés) sera fermé à tout recrutement le 31 décembre 1925.

∴

En ce qui concerne les vœux émis relativement à la révision des tarifs de transport et l'utilisation des routes, je vous demande de bien vouloir m'adresser des propositions précises, et pour les routes, en particulier, je serais très heureux de recevoir, de tous les usagers qui voudront bien me les adresser, les suggestions (même de détail) me permettant la mise au point définitive de l'arrêté local qui doit intervenir à la suite de la promulgation du nouveau Code de la Route qui résulte de l'arrêté général du 14 novembre 1924.

Veuillez agréer, Monsieur le Président, l'expression de ma considération très distinguée.

Signé : R. BRUNOT.

---

(1) Inconsidérément peut-être, car je ne puis m'empêcher de remarquer que ce sont ceux qui prétendent le plus manquer de main-d'œuvre qui demandent actuellement le plus de chantiers.

Document : IV

Échange entre le président de la chambre de commerce et le gouverneur dieudonné reste au cours de la séance du 12 avril 1931

Chambre de Commerce de la Côte d'Ivoire

PROCÈS-VERBAL DE LA SÉANCE DU 12 AVRIL 1931

Sur la convocation de son Président, la Chambre de Commerce de la Côte d'Ivoire, s'est réunie le 12 avril à 9 heures dans la Salle des délibérations de son Hôtel d'**Abidjan**.

...

ORDRE DU JOUR

1° -- *Réduction patentes et licences.*

2° -- *Taxation droits douane et taxe additionnelle sur marchandises importées par les frontières de terre.*

3° -- *Perception taxe inspection colas sortant par voie de terre.*

4° -- *Commerce syriens, taxe importation - Fermeture dimanche-Ouverture et fermeture aux heures normales du Commerce.*

5° -- *Organisation du Wharf de Port-Bouët - Agrandissement magasins importation-exportation - Projets tarifs et règlementation à communiquer à la Chambre de Commerce.*

6° -- *Réorganisation de la police.*

7° -- *Production - Conditionnement de produits centres d'inspection.*

8° -- *Évacuation produits Indénié - Amélioration réseau routier. Pont sur le Comoé - Projet Chemin de fer Cercle Agnéby.*

9° -- *Magasins des quais.*

10° -- *Sassandra - Lotissement Gagnoa.*

11° -- *Plan d'urbanisme d'Abidjan.*

12° -- *Jetons budget supplémentaire.*

13° -- *Réduction tarif Chemin de fer.*

14° -- *Huissiers pour Bassam et Abidjan.*

15° -- *Election délégué du Conseil d'Administration.*

16° -- *Application du règlement pour les membres qui n'assistent pas aux réunions.*

17° -- *Questions diverses.*

***

Après avoir constaté que le quorum est atteint la séance est ouverte à 9 heures.

Étaient présents :

MM. Lasserre, *Président*, Membre titulaire ;
Reboul, *Vice-Président*, »
Loyrette, *Secrétaire*, »
Gonfreville, »
Balet, »
Massièye, »
MM. Anglade, Membre titulaire ;
Bernard J. M., »
Dubois, »
Cerison, »
Rose J., Membre suppléant ;
Géris, »
Puthod, »
Montigny, »
Chiappa, »
Delpeyroux, »
Garside, Membre correspondant.

Étaient absents :

MM. Fille, *Trésorier*, en congé en France ;
Therville, »
Jacquier, Excusé ;
Sendral, »
Cosandey,
Rivière,
Chartier,
Régulièrement convoqués.

Assistaient à la Séance :

MM. Reste, Gouverneur titulaire de la Colonie ;
Bourgine, Gouverneur intérimaire ;
Lhuerre, Secrétaire général ;
Delpech, Chef de Cabinet ;
Pichot, Chef de Bureau Économique ;
Lieutenant Langlois, du Bureau Militaire.

***

Le Président invite les membres présents à procéder à l'élection d'un délégué au Conseil d'Administration en application des dispositions du décret du 30 mars 1925.

Nombre de votants : 16.

Résultat obtenu : 15.

M. LASSERRE par 15 voix est déclaré élu Délégué de la Chambre de Commerce.

La Séance est suspendue en attendant l'arrivée du Chef de la Colonie.

Après présentation des membres de l'Assemblée Consulaire à MM. les Gouverneurs RESTE et BOURGINE, la séance est reprise à 9 heures 30 et le Président prononce l'allocution suivante :

Document : IV

Discours du Président

Monsieur le Gouverneur,

En vous souhaitant la bienvenue au nom du Commerce, m'associant ainsi à tous ceux qui participent à la vie économique de cette Colonie, je dois vous avouer que la joie que j'en éprouve est quelque peu teintée de regret.

Vous allez nous quitter trop vite :

Il vous aura suffi de quelques jours, M. le Gouverneur, pour parcourir la Côte d'Ivoire. Vous venez de traverser des régions qui, il y a moins de 20 ans, n'étaient pas encore pacifiées et dans lesquelles il a été nécessaire de contraindre les indigènes qui vivaient des ressources de la forêt à entreprendre des cultures vivrières pour les sauver de la famine.

Vous avez pu apprécier l'effort considérable qui a été réalisé sous l'impulsion des Grands Gouverneurs qui vous ont précédé ici.

Vous continuerez certainement la tradition en mettant en œuvre votre programme de production intensive. Vous élèverez ainsi les indigènes à des conditions de mieux-être par le travail, but final de toute action colonisatrice.

Il faut, en effet, que les indigènes travaillent pour produire davantage, non seulement pour retrouver, mais améliorer encore le standing de vie que leur avaient procuré, au cours de ces dernières années, les prix élevés des produits.

Vous ferez œuvre utile en donnant des directives aux Commandants de Cercle pour qu'ils prescrivent aux indigènes de vendre les produits dès qu'ils les ont préparés. La concurrence, grâce aux facilités de communications, est suffisamment efficace dans toute l'étendue de la Colonie pour garantir, en permanence, aux producteurs, des prix normaux en fonction étroite avec ceux des marchés mondiaux. Dire aux indigènes le contraire serait non seulement les induire en erreur et les mécontenter, mais chose plus grave encore, freiner la production. Je vous donne un exemple : Le producteur qui n'a pas vendu la charge de palmistes qu'il a préparée, n'en préparera pas une deuxième alors qu'il se mettra au travail pour en conditionner une troisième s'il n'est plus en possession des deux premières.

Augmenter la production indigène et en même temps l'améliorer, c'est bien ; mais il va s'écouler de longs mois avant que, par le machinisme, une progression tangible puisse être obtenue.

Cependant le temps presse, il faut utiliser les possibilités immédiates car la production Huile de Palme et Palmistes est en regression. Pour accroître le tonnage des produits, l'action nécessaire des Commandants de Cercle et des Chefs de Subdivision, devra être complétée par l'influence du prix.

Pour intensifier rapidement la production, il importe d'acheter les produits aussi loin que possible dans l'intérieur. Cette limite se fixe automatiquement lorsque les frais qui grèvent le produit du point d'achat à F. O. B. ne laissent plus une marge suffisante pour payer un prix, même minime, au producteur.

Il faut comprimer tous ces frais.

Vous pouvez, et vous devez, reculer déjà cette limite en réduisant, tout de suite, les taxes de circulations ; et, puisqu'une augmentation de la production s'ensuivra finalement, les recettes du budget trouveront dans le tonnage sorti de la Colonie une compensation à la réduction de taxe consentie, le Wharf et, par ailleurs, le budget général, bénéficieront à leur tour d'un accroissement de recettes.

A ce sujet, vous devriez prescrire aux Commandants de Cercle de cesser la lutte contre le Dioula colporteur. Le Dioula qui s'installe dans un village avec sa charge de marchandises, vend à l'indigène à crédit, l'incite à produire pour se faire payer car souvent le règlement se fait en nature, il devient ainsi un intermédiaire qui peut beaucoup pour stimuler la production. Il faut se souvenir aussi qu'à l'origine du trafic à l'intérieur de la Colonies, le Dioula a formé l'avant garde du commerce européen.

Je vous ait dit mes regrets parce que vous alliez partir trop vite ; j'exprimerai plus exactement ma pensée en vous disant :

Vous auriez dû venir plus tôt :

La Côte d'Ivoire était arrivée à un degré de prospérité que d'autres colonies pouvaient lui envier parce qu'elle a eu de Grands Chefs et que ceux-ci sont restés suffisamment d'années à leur poste pour imposer leurs conceptions et suivre l'effet utile des directives qu'ils avaient données.

En un mot, la Côte d'Ivoire, depuis de longues années, avait eu le privilège de ne pas connaître de crise de commandement.

Document : IV

Cependant l'horizon, de ce côté là, s'éclaircit. L'arrivé ici de Monsieur le Gouverneur Bourgine pour faire votre intérim mettra un point final à cette crise spéciale qui nous aura été bien néfaste.

Nous nous félicitons donc que, pour le nouveau départ que vous avez reconnu indispensable de donner à notre Colonie, vous soyez secondé dans cette tâche par celui qui a déjà contribué à sa rapide ascension.

Nous regardons maintenant, avec vous, l'avenir avec plus de confiance...

Mais il faut régler l'immédiat :

La crise économique est venue. Si elle a été plus longue à atteindre la Côte d'Ivoire que d'autres colonies de la fédération, elle s'aggrave maintenant avec une telle rapidité qu'elle pourrait sous très peu de jours bouleverser d'une façon brutale toute l'économie locale. Il y a un signe caractérisé dans la baisse de la valeur des actions des grosses firmes coloniales les plus solidement assises.

Des esprits inquiets mettent en cause l'indifférence que manifesteraient les dirigeants. Or, il n'y a pas indifférence, mais peut-être divergence dans les conceptions, quant aux mesures à prendre pour atténuer le plus possible les efforts de la crise.

L'heure a sonné de rompre avec des méthodes périmées qui consistent à faire seulement ce qui avait été prévu plusieurs mois à l'avance, et surtout, à subordonner tous les actes au souci de ne pas rompre l'équilibre du budget.

Il faut mettre de l'argent dans le pays coûte que coûte et agir très vite, car à attendre toujours, les planteurs européens sont à bout de souffle, les industriels doivent réduire le rendement de leurs usines tout en conservant leur personnel technique, les commerçants voient leur chiffre d'affaires baisser de jour en jour et leurs fonds de roulement disparaître. C'est le glissement rapide vers une situation catastrophique.

Il y a certes des économies possibles. Les dépenses budgétaires se sont enflées démesurément au cours de ces dernières années et, en revoyant celles-ci de près, on doit pouvoir arriver à des compressions importantes. L'institution d'une commission des économies pourrait avoir une action heureuse sur les dépenses budgétaires. Mais les économies doivent être recherchées ailleurs que dans la réduction ou la limitation des grands travaux qui ont un caractère productif dans le temps, et qui constitueront un palliatif immédiat et important à la crise actuelle.

Il y a, en effet, des dépenses qui sont absolument indispensables, que l'on ne peut absolument pas supprimer, non seulement pour maintenir et même donner un essor nouveau à la vie économique, mais encore et surtout parce qu'il faut à tout prix éviter des ruines, dont la reconstruction serait certainement plus onéreuse si même elle est possible.

C'est d'ailleurs la conception qui s'est fait jour. Il n'était point question il y a quelques mois de *Crédit Colonial* et maintenant cette institution est votée par le Parlement.

Il faut aussi alléger la fiscalité et que, ainsi que cela a été demandé à la Chambre des Députés par un groupe important, des instructions soient données aux Services financiers pour qu'aucune mesure de rigueur ne soit prise contre les contribuables de bonne foi et qui font preuve de bonne volonté malgré les charges dont ils sont accablés.

Le principe de l'équilibre du budget doit donc céder le pas aux nécessités économiques, il ne saurait être opposé à l'urgence de consentir des dégrèvements et d'engager des dépenses nouvelles pour les grands travaux.

Vous ne voudrez pas, M. le Gouverneur, vous rendre esclave d'un principe qui acheminerait sûrement le pays vers une anémie plus profonde, alors que le sang neuf est à votre disposition sous la forme des millions de la caisse de réserve. Rendre au pays ce qu'il a donné et au moment où il en a le plus besoin serait un acte de sage et bonne administration.

Le Gouverneur Général, en mettant par trop largement à contribution notre Caisse de réserve, a d'ailleurs rompu avec la formule du bas de laine. Le champ devrait donc rester libre pour nous, et vous devriez pouvoir, par un emploi judicieux de cette masse de manœuvre qui appartient à ce pays, l'acheminer vers un redressement que d'autres Colonies doivent attendre en totalité du concours de la Métropole.

Des indécisions ou des retards dans les solutions auront la grave conséquence de mettre en sommeil pendant de longs mois toute l'activité commerciale, industrielle et agricole de la Colonie. Et ce sommeil léthargique, quel réveil aura-t-il ?

Mais la gravité de la situation n'a pas échappé à votre examen et à votre souci d'éviter une catastrophe imminente. Vous le prouverez, M. le Gouverneur, en prenant les mesures radicales autant qu'urgentes que commande une situation tragique à l'heure actuelle.

Document : IV

Ainsi, vous ne serez pas venu trop tard à la tête de notre chère Côte d'Ivoire.

⁂

En réponse à l'allocution du Président, M. le Gouverneur RESTE prend la parole à son tour :

MONSIEUR LE PRÉSIDENT,

MESSIEURS,

Après la longue tournée que je viens de faire et qui m'a permis de visiter en détail toutes les régions de notre belle Colonie, laissez-moi vous dire le très grand plaisir que j'ai à me trouver aujourd'hui au milieu des artisans de l'œuvre magnifique qui, en moins de cinq lustres, a été réalisée ici.

Elle se traduit, dans l'ordre économique, comme je le disais hier, à la Chambre d'Agriculture, par des résultats tangibles, incontestables, qui font le plus grand honneur à nos méthodes coloniales.

Vos plantations de caféiers et de cacaoyers peuvent rivaliser avec les plus belles non seulement de nos propres colonies mais de l'étranger.

Je les ai parcourues et je dois dire, en toute sincérité, l'impression de richesse et de confiance en l'avenir que j'en ai rapportée.

MESSIEURS,

Je ne suis pas de ceux qui dénigrent ou qui méconnaissent l'œuvre de leurs devanciers. Je ne suis pas de ceux qui, poussés par un esprit critique peut-être excessif, sous-estiment l'effort de leurs prédécesseurs et négligent les résultats acquis.

Je suis heureux, au contraire, de rendre aux Gouverneurs éminents qui m'ont précédé le juste hommage qui leur est dû.

Je le fais de tout cœur, plein d'admiration pour leur labeur, leur ténacité, leurs conceptions et leur vision très claire de l'avenir.

Comme eux, j'ai foi en les destinées de la Côte d'Ivoire. C'est un merveilleux pays où le Génie Français a déjà fait éclore d'abondantes moissons.

Soyez rassuré, M. le Président, je continuerai la tradition de ceux qui, avant moi, ont su donner à la Côte d'Ivoire une place enviée au sein de la Fédération.

Après eux, je pousserai plus avant le sillon qu'ils ont si largement creusé.

MESSIEURS,

La Colonisation est une œuvre de longue haleine. Elle est faite des efforts de tous, efforts tenaces, continus.

Ici, ma tâche est toute tracée ; je n'ai qu'à suivre la voie déjà ouverte.

La crise que traverse le monde entier et qui a affecté si durement le marché des matières premières a ouvert bien des yeux.

Il est apparu très nettement que l'ère de la cueillette avait pris fin et que, dans nos colonies, la mise en valeur méthodique et raisonnée du sol devait être poursuivie et disciplinée avec la ténacité et l'opiniâtreté qui doivent s'attacher à la réalisation des œuvres belles et fécondes.

Vous l'avez compris depuis longtemps déjà en Côte d'Ivoire.

Notre devoir est d'apporter à la métropole des matières premières de plus en plus abondantes et les denrées de consommation, dont elle a besoin (café - cacao - bananes).

Loin de restreindre la production, la crise actuelle nous commande, au contraire, de l'accroître le plus possible.

Nous sommes pleinement d'accord sur ce point, M. le Président.

La baisse des prix doit être compensée par un apport sans cesse accru de produits.

C'est une vérité essentielle.

La crise que nous subissons n'est pas une crise de surproduction - c'est une crise de rajustement des prix.

Pour en atténuer les effets, nous devons produire de plus en plus, notamment en ce qui concerne le cacao, le café, les palmistes, l'huile de palme, le riz.

Au Dahomey, en deux ans, la production des amandes et de l'huile de palme est passée de 35.000 à 75.000 tonnes. Elle a plus que doublé.

Je suivrai ici la même politique économique.

Je m'attaquerai aux deux problèmes fondamentaux de notre action aux Colonies : le problème de la production et le problème de la circulation.

L'Administration ne travaille pas pour un idéal abstrait : mais pour des buts précis et tangibles.

Elle se doit de jouer le rôle d'arbitre, dans la rivalité des intérêts. Elle se doit de donner l'impulsion à toutes les activités.

Elle a le devoir de fournir la sécurité au travail de chacun. Elle doit pousser les commerçants, les colons et les indigènes à s'enrichir au sens où l'entendait Guizot.

En ce domaine, les intérêts des Européens

Document : IV

sont solidaires de ceux des indigènes. Ils sont toujours conciliables quand ils sont bien compris.

C'est dans le sens de cette politique d'association que doivent être orientés nos efforts.

On l'a déjà dit : " Il n'est de saine politique " indigène que celle qui, renonçant à des " assimiliations hatives et contraires à l'état " des mœurs, écarte ce qui divise pour réunir " seulement ce qui unit et qui fait ainsi " produire tous ses efforts utiles à l'associa- " tion confiante des divers éléments de la " population. "

" L'assimiliation n'est qu'une fin lointaine : " l'association est le plus sûr moyen de hâter " le progrès d'une colonie.

" Seule elle tient compte de tous les droits " et de toutes les coutumes respectables".

Elle s'est imposée à tous ceux qui dans l'histoire de la colonisation apparaissent parmi les plus belles figures.

MESSIEURS,

Mon programme est le vôtre. Notre action doit s'exercer dans tous les domaines:

Production plus considérable et plus rationnelle.

Amélioration des cultures et des méthodes culturales.

Extension et mise en état parfait de viabilité du réseau routier.

Extension du bassin économique de chacun de nos ports : c'est-à-dire possibilité d'exporter des produits dans un rayon de plus en plus considérable.

Amélioration des communications entre les divers centres de la Colonie et les colonies voisines.

Extension du réseau ferroviaire. (Ligne de l'Agnéby. .

Ligne de Sassandra) etc.

Création d'un service de l'hydraulique agricole.

Développement des services de l'assistance médicale indigène.

Développement de l'enseignement primaire et surtout de l'enseignement professionnel.

* * *

Le premier devoir qui s'impose à nous est d'augmenter la production, dans toute la limite du possible. C'est une nécessité vitale pour les Colonies.

La tournée que je viens d'achever et qui m'a permis d'entrer en contact avec les populations européennes et indigènes, et je tiens à les remercier ici, de tout cœur de l'accueil si enthousiate, si empressé, si chaleureux qu'elles ont bien voulu me réserver et que je n'oublierai jamais - ma tournée - dis-je, a eu pour objet essentiel d'organiser la production et de l'intensifier.

Vous avez, en Côte d Ivoire, des richesses qui dorment.

La palmeraie qui, au dire des services techniques s'étend sur plus de 700.000 hectares et ne comprend pas moins de 42 millions de palmiers, ne joue pas dans l'économie générale du pays le rôle qui normalement devrait lui revenir.

Les exportations d'amandes et d'huile de palme non seulement sont insignifiantes, mais encore elles sont en regression marquée : 17.000 tonnes en 1930 contre 22.000 en 1925.

Notez que l'exportation des huiles et des amandes est en progression très nette dans tous les pays producteurs *sans exception.*

La Côte d'Ivoire pourrait livrer au commerce plus de 200.000 tonnes de palmistes et d'huile.

(Les chiffres théoriques établis d'après le nombre de palmiers est de 362.000 tonnes).

La Côte d'Ivoire ne tire donc qu'un profit insuffisant du capital énorme que constituent les palmeraies naturelles.

J'ai donné des instructions pour que leur exploitation soit poussée le plus activement possible.

Je suivrai, en l'intensifiant, la politique de mes prédécesseurs en ce qui concerne le caféier et le cacaoyer.

Pour le café, la situation est très nette.

La France en consomme annuellement de 170.000 à 180.000 tonnes, et les colonies françaises ne lui en fournissent guère que 5 à 6.000 (5.267 exactement en 1929).

La Côte d'Ivoire, elle l'a déjà fait et elle a bien fait, s'est lancée hardiment dans la culture du caféier. Elle est certaine de trouver en France un débouché sûr et avantageux.

Pour le cacao, je vous mets en garde contre certaines opinions qui se font jour. On dit que la consommation du cacao a atteint son maximum.

Qu'en sait-on ?

Interrogeons les statistiques.

Nous constatons — sans aucun doute possible -- une consommation sans cesse croissante.

Voulez-vous des chiffres ?

Document : IV

En voici par période de 5 ans :

La consommation mondiale a atteint :

en 1900........	102.450	tonnes
en 1905........	143.550	--
en 1910........	203.400	--
en 1915........	313.900	--
en 1920........	376.050	--
en 1925........	481.450	--
en 1929........	542.700	--

Pour quelles raisons cette progression s'arrêterait-elle brusquement ?

L'industrie chocolatière a pris un développement considérable au cours de ces 30 dernières années.

Aux Etat-Unis, la consommation est passée de 187.000 tonnes en 1900 — à 85.150 — en 1915 156.850 -- en 1918 et 225.500 -- en 1929.

Ne croyez pas que ce soit un exemple unique.

J'ai eu sous les yeux les statistiques complètes de la consommation. Elle est en augmentation partout -- même dans la République des Soviets -- où elle s'est élevée de 1.550 tonnes en 1900 à 4.500 en 1929.

Ah ! Messieurs, il y a encore de beaux jours pour les planteurs de cacao -- et soyons reconnaissants à ceux qui ont introduit cette culture en Côte d'Ivoire et en particulier à M. le Gouverneur Général Angoulvant.

*
* *

Messieurs, il existe bien d'autres cultures à pousser dans notre magnifique colonie.

Je les énumère dans des instructions que j'adresse aux commandants de cercle et qui vous seront communiquées ainsi que le programme d'action économique et sociale que je suis en train d'élaborer.

Il est un point très important qui a retenu votre attention -- comme il a retenu la mienne : le conditionnement des produits.

Il est d'importance capitale, et j'ai fait miennes vos suggestions.

Je m'attacherai à ce que la Côte d'Ivoire n'exporte que des produits d'excellente qualité et d'une présentation parfaite.

La mise en valeur de la Colonie, que je poursuivrai de toutes mes forces, soyez-en sûr, est intimement liée à l'exécution des grands travaux prévus. Je vous donne l'assurance formelle que je les pousserai avec toute l'énergie dont je suis capable.

Il faut d'abord que nous ayons un grand port - ce port se fera - soyez sans crainte. Les crédits sont votés, les études sont sur le point d'être achevées, et d'ici 7 à 8 ans, la sirène des paquebôts fera retentir les échos d'Abidjan, et ce sera pour la Côte d'Ivoire le point de départ d'une ère de prospérité nouvelle.

Il faut aussi que la Côte d'Ivoire ait une capitale digne d'elle.

Déjà Abidjan prend figure de grande ville. D'ici quelques années ce sera une cite magnifique.

Loin de restreindre les travaux, je les pousserai le plus rapidement possible.

L'amélioration de la voie ferrée d'Abidjan à Agboville et du réseau routier facilitera l'afflux des marchandises vers les points d'embarquement.

Les routes couvrent d'une trame serrée tout le centre de la Colonie (j'ai parcouru plus de 7.500 kilomètres au cours de mes deux tournées) mais elles n'aboutissent à la Côte que par d'étroits couloirs où la circulation est difficile et onéreuse.

Il est de première nécessité que des voies vraiment commerciales mettent largement l'intérieur du pays en communication facile avec ses accès maritimes. C'est le vœu que vous avez formulé et je serai heureux de le réaliser.

MESSIEURS,

Je ne voudrais pas abuser de vos instants.

Vous m'avez soumis un exposé de vos désiderata, nous sommes d'accord sur les points essentiels.

Je fais cet aveu non pas exclusivement pour vous être agréable, mais parce qu'il répond exactement à la vérité.

Vos demandes sont inspirées de l'intérêt général, je le reconnais.

Elles témoignent, en même temps que d'un sens aigu des réalités, du désir, très vif (que je partage) d'améliorer la situation actuelle de la Colonie.

MESSIEURS,

Pour réaliser le programme que j'ai esquissé, à grands traits, l'union de tous est nécessaire - administration - commerçants et colons européens - agriculteurs indigènes.

Aux Colonies plus que partout ailleurs, la collaboration de tous les éléments de la population est indispensable.

Pour ma part, j'accomplirai ma tâche avec la seule volonté, le seul désir, de me montrer digne de votre confiance.

Guidé par l'exemple de mes éminents prédécesseurs, j'entends marcher d'accord avec vous pour le plus grand bien de la Colonie dont les destinées me sont confiées.

Document : V

Diverses correspondances entre la Chambre de commerce et la Chambre d'agriculture et d'industrie au sujet du contrôle des produits du crû et la réaction des maisons de commerce.

Abidjan, le 2 février 1932.

N° 337

Le Président de la Chambre d'Agriculture et d'Industrie, à Monsieur le Président de la Chambre de Commerce, à Abidjan.

MONSIEUR LE PRÉSIDENT ET CHER COLLÈGUE,

M. Charpentier, membre de la Chambre d'Agriculture, me signale que la qualité du cacao acheté par le commerce à Tiassalé, est tout ce qu'il y a de plus mauvaise, vu que les agents des diverses maisons reçoivent une prime au tonnage acheté, ils achètent tout ce qu'ils peuvent sans tenir compte de la qualité.

Je vous serais très obligé de signaler la chose à vos inspecteurs des produits.

D'après M. Charpentier, plus d'un tiers du cacao acheté à Tiassalé ne serait pas de qualité loyale et marchande, étant mal fermenté, moisi.

Veuillez agréer, Monsieur le Président et cher Collègue, l'expression de mes sentiments distingués.

Signé : REINACH.

---

23 février 1932.

1.929 P.

Le Président de la Chambre de Commerce à Monsieur le Président de la Chambre d'Agriculture et d'Industrie, à Abidjan.

MONSIEUR LE PRÉSIDENT ET CHER COLLÈGUE,

Comme suite à votre lettre du 14 février courant, concernant le cacao de la région de Tiassalé, je me suis livré à une enquête auprès des maisons achetant dans la région S. C. O. A., C. F. A. O., Africaine Française et C. Pergnaud et Soucail, qui m'ont répondu :

1° Que le cacao acheté dans cette région a marqué cette année une très forte amélioration au point de vue qualité, car les acheteurs n'ont eu aucun ennui à la livraison en France.

2° Que l'inspection des produits a donné des résultats appréciables avec l'aide du Chef de Subdivision actuel qui a fait détruire tout le mauvais cacao saisi.

3° Que les agents des maisons désignées plus haut sont appointés et ne touchent aucune prime au tonnage acheté.

Dans ces conditions, il apparaît que les renseignements que l'on vous a donnés manquent de fondement sérieux.

Veuillez agréer, Monsieur le Président et cher Collègue, l'assurance de mes sentiments cordialement dévoués.

Signé : LASSEBRE.

Abidjan, le 15 mars 1932.

N° 238

Le Président de la Chambre d'Agriculture à Monsieur le Gouverneur de la Côte d'Ivoire, à Bingerville.

MONSIEUR LE GOUVERNEUR,

En sa séance du 13 mars 1932, la Chambre d'Agriculture est revenue une fois de plus sur la question du contrôle des produits à l'exportation.

N'ayant pas obtenu satisfaction à ce sujet, lors de notre précédente demande, il y a dix-huit mois environ, nous nous permettons de revenir sur la question, vu qu'en ayant parlé à Monsieur le Gouverneur Général Brévié, lors de son passage en Côte d'Ivoire, il nous a semblé être pleinement d'accord avec nous à ce sujet.

Il est inutile d'insister sur l'importance de la question de la qualité du cacao exporté par la Côte d'Ivoire. Vu la surproduction mondiale de ce produit, il est indispensable que la qualité Côte d'Ivoire se maintienne légèrement supérieure au cacao Gold Coast qui constitue à lui seul plus des 2/3 de la production de la qualité de cacao courante.

La Chambre de Commerce assure à l'heure actuelle un contrôle des produits à l'achat ; elle dispose de deux inspecteurs de produits européens qui surveillent les agissements d'une soixantaine de contrôleurs indigènes.

Mais, malgré toute leur bonne volonté, une grande quantité de cacao leur échappe, et par ailleurs, les acheteurs des diverses Maisons de Commerce touchant très souvent une prime au tonnage acheté, s'inquiètent fort peu de la qualité du produit et un inspecteur indigène n'ose souvent rien dire à l'acheteur européen.

Nous demandons à ce qu'un contrôle soit établi à l'exportation ; tout lot de cacao exporté devrait subir un contrôle et ne pourrait être expédié à bord du bateau qu'avec un certificat de contrôle.

Par ce procédé, la qualité de tous les cacaos sortant de la Colonie serait contrôlée. Le nombre de contrôleurs européens nécessaires ne serait pas très grand puisqu'il en suffirait d'un dans chacun des ports d'embarquements : Bassam, Assinie, Lahou, Sassandra, et le nombre des contrôleurs indigènes agissant sous leurs ordres, pourrait être considérablement diminué.

Ce serait alors aux Maisons de Commerce de prendre leurs dispositions et de donner à leurs agents des ordres en conséquence pour n'acheter que du cacao de bonne qualité et au Service de l'Agriculture d'activer le zèle des moniteurs d'agriculture indigènes pour enseigner aux producteurs indigènes à ne fabriquer que du cacao bien fermenté et entièrement sec.

Un tel contrôle ne pourrait être fait par la Chambre de Commerce. Il est, en effet, impossible que la Chambre de Commerce se contrôle elle-même ou plutôt contrôle les exportations de ses ressortissants.

Nous vous demandons, si vous approuvez l'organisation d'un tel contrôle, à ce qu'il soit fait, soit par la Chambre d'Agriculture, soit par l'Administration elle-même. Quant aux sommes nécessaires pour payer les contrôleurs européens et indigènes, il faudrait les trouver parmi les ristournes douanières que l'on accorde actuellement à la Chambre de Commerce, en vue de payer les frais de contrôle qu'elle exerce actuellement.

Dans l'espoir que vous voudrez bien prendre notre demande en considération,

Je vous prie d'agréer, Monsieur le Gouverneur, l'assurance de mes sentiments distingués et dévoués.

Signé : REINACH.

Source : BCCCI, procès-verbal de la séance du 12 avril 1931, pp. 14-19

Document : V

1100

N° 498 A. E.
—
A S SERVICE CONTROLE
DES PRODUITS
—

Bingerville, le 26 avril 1932.

Le Lieutenant-Gouverneur p. i. de la Côte d'Ivoire à Monsieur le Président de la Chambre de Commerce, à Abidjan.

MONSIEUR LE PRÉSIDENT,

Monsieur le Président de la Chambre d'Agriculture vient, une fois de plus d'appeler mon attention sur la question du service du contrôle des produits et sur la façon dont ce service s'acquitte de ses attributions.

J'ai répondu à M. Reinach par une lettre en date de ce jour dont vous voudrez bien trouver ci-joint une copie. Je lui expose mon point de vue, qui est un peu différent des conceptions particulières à l'une et à l'autre Assemblée Consulaire.

Les bases sur lesquelles le service dont il s'agit pouvait être réorganisé — et que j'ai indiquées très brièvement — me paraissent de nature à concilier tous les intérêts et à satisfaire tous les besoins.

Je serais heureux qu'un accord intervint entre la Chambre d'Agriculture et la Chambre de Commerce qui, toutes deux, travaillent également à la mise en valeur du pays et n'ont d'autre but que d'assurer sa plus grande prospérité.

Veuillez agréer, Monsieur le Président, l'expression de mes sentiments très distingués.

Signé : BOURGINE.

N° 499 A. E.
OBJET :
—
CONTROLES DES PRODUITS
DU CRU
—

Bingerville, le 26 avril 1932.

Le Lieutenant-Gouverneur de la Côte d'Ivoire à Monsieur le Président de la Chambre d'Agriculture, à Abidjan.

MONSIEUR LE PRÉSIDENT,

J'ai l'honneur d'accuser réception de votre lettre n° 238, relative au service de contrôle des produits du crû. Vous envisagez l'attribution de cet organisme à votre Assemblée, estimant qu'il est impossible à la Chambre de Commerce de contrôler les exportations de ses ressortissants.

Je dois vous faire remarquer tout d'abord, que l'arrêté organique des Chambres de Commerce a prévu dans leurs attributions — art. 28 — qu'elles « peuvent » gérer des services de contrôle des « marchandises ou produits », alors qu'aucune disposition de ce genre n'est prévue pour la Chambre d'Agriculture.

Toutefois, mon opinion est qu'une entente doit intervenir à ce sujet et que le service dont il s'agit, qui fonctionne actuellement dans les conditions que vous avez indiquées, gagnerait à recevoir son impulsion et ses directives des représentants des deux Assemblées consulaires. Dans ce pays, qui tire sa richesse principale de l'agriculture, les intérêts des producteurs — européens et indigènes — sont intimement liés à ceux des commerçants. Si ces intérêts venaient à être opposés les uns aux autres non seulement les producteurs et les commerçants en souffriraient, mais l'économie de la Colonie s'en ressentirait fâcheusement.

Je concevrais très bien, pour concilier les besoins et les nécessités auxquels les Assemblées consulaires doivent faire face, le service du contrôle des produits comme un organisme ne relevant directement d'aucune assemblée, mais administré par un conseil dont les membres seraient choisis dans le sein de ces assemblées. Le Chef du Service serait nommé par le Gouverneur sur la proposition du conseil.

Le nouvel organisme aurait un budget propre alimenté par des taxes frappant les produits soumis au conditionnement. Le contrôle s'exercerait à partir du moment où les produits entreraient en circulation — sans pour cela que les fonctionnaires du service négligent de donner des conseils aux producteurs pour la bonne préparation des fruits à leur récolte — et à la sortie, aucun produit ne pourrait être embarqué sans autorisation du service du contrôle indiquant qu'il a été vérifié et qu'il est de bonne qualité.

Je pense qu'un organisme fonctionnant dans ces conditions serait en mesure de donner satisfaction aux légitimes désirs de tous ceux qui participent à la mise en valeur du pays et ont souci de son avenir.

J'apprécierais de connaître les résultats des démarches que vous pourriez faire auprès du Président de la Chambre de Commerce pour arriver à trouver un accord sur les bases que je viens d'indiquer très sommairement.

Agréez, Monsieur le Président, l'expression de mes sentiments très distingués.

Signé : BOURGINE.

Document : V

CHAMBRE
D'AGRICULTURE ET D'INDUSTRIE
DE LA COTE D'IVOIRE
—
N° 430
—

Abidjan, le 1er mai 1932.

Le Président de la Chambre d'Agriculture et d'Industrie, à Monsieur le Président de la Chambre de Commerce, à Abidjan.

MONSIEUR LE PRESIDENT ET CHER COLLÈGUE,

J'ai l'honneur de vous adresser sous ce pli, copie de la lettre n° 499 A. E. du 26 avril 1932, que nous recevons de Monsieur le Gouverneur de la Côte d'Ivoire, en réponse à notre lettre n° 238, du 15 mars, dont vous voudrez bien trouver également copie ci-inclus.

Je vous serais reconnaissant, M. le Président, de vouloir bien me communiquer votre opinion sur cette importante question.

Dans cette attente,

Je vous prie d'agréer, Monsieur le Président et cher Collègue, l'assurance de mes sentiments distingués.

Signé : REINACH.

N° 2.137 P.
OBJET :
SERVICE DU CONTROLE
DES PRODUITS
—

Abidjan, le 19 mai 1932.

Le Président de la Chambre de Commerce à M. le Lieutenant-Gouverneur de la Côte d'Ivoire, à Bingerville.

MONSIEUR LE GOUVERNEUR,

J'ai l'honneur de vous accuser réception de votre lettre n° 498 A. E. du 26 avril, au sujet du Service du contrôle des produits.

J'ai, d'autre part, reçu le 2 mai, de M. le Président de la Chambre d'Agriculture copie de la lettre qu'il vous a adressée le 15 mars et qui a motivé le retour de cette question.

La Chambre de Commerce a donné à diverses reprises les raisons pour lesquelles le Service du contrôle des produits qu'elle a demandé et créé elle-même, devait rester sous sa direction et elle est en droit de s'étonner de l'insistance que met la Chambre d'Agriculture à vouloir absolument lui faire enlever cette charge.

La Chambre de Commerce ne peut voir dans cette insistance, que le souci d'améliorer la situation d'un budget et non pas seulement celui de l'amélioration de la qualité des produits.

Inclus copie de la lettre du 5 janvier 1929 qui marque le départ de cette discussion et qui est assez précise pour qu'il n'y ait aucun doute à ce sujet.

C'est la conception opposée à celle que met en pratique la Chambre de Commerce.

Le Président de la Chambre d'Agriculture a cru devoir attirer votre attention sur *l'importance de la question de la qualité du cacao exporté par la Côte d'Ivoire,* mais vous savez bien que cette question a été l'une des préoccupations constantes du Service de l'Inspection des produits depuis plusieurs années, et il est indéniable que des résultats très importants ont été obtenus, la preuve en est dans la qualité exportée cette année qui, en Europe, n'a donné lieu à aucune réfaction.

Pour l'Amérique, il n'est pas, là-bas, question de réduction de prix si le cacao ne répond pas à la qualité exigée, le service des douanes n'admet pas l'entrée et refoule le chargement, or il a été chargé au début de mars, à Grand-Bassam, sur le s/s « Kappmann », par plusieurs maisons, 2.578 tonnes de cacao en provenance des diverses régions de la colonie. Ce chargement représentait bien la qualité courante Côte d'Ivoire, il a été admis à New-York sans aucune difficulté à la consommation.

Ces résultats ne peuvent être bien connus de la Chambre d'Agriculture dont les ressortissants n'ont pas des relations d'affaires aussi suivies que le Commerce avec les acheteurs d'Europe et d'Amérique, et c'est justement la raison principale pour laquelle cette Assemblée n'est pas qualifiée pour opérer un pareil contrôle, ni même pour donner des appréciations.

Il n'a pas échappé au Gouverneur Général qu'un producteur ne pouvait lui-même contrôler ses produits et c'est pourquoi il n'a pas été prévu dans les attributions de cette assemblée, la possibilité pour elle de « gérer » des contrôles publics de « marchandises ou produits ».

Par contre, le commerçant a, lui, un contrôleur puissant et inexorable, c'est l'acheteur européen ou américain qui ne manque pas, si la qualité n'est pas celle convenue, soit de faire subir une réfaction, soit de refuser le lot.

Document : V

1055

Le commerçant est, à double titre, plus intéressé que le producteur à une bonne préparation de *l'ensemble de la production.*

1° Parce que si la qualité est inférieure, il court le risque de ne pas être remboursé des sommes qu'il a payées.

2° Parce que la meilleure qualité améliore le prix et plus il peut verser d'argent entre les mains des producteurs, plus il peut leur vendre de marchandises.

*
**

La Chambre d'Agriculture dit que « vu la surproduction mondiale du cacao, il est indispensable que la qualité Côte d'Ivoire se maintienne légèrement supérieure au cacao Gold-Coast ».

J'observerai qu'il n'y a pas surproduction mondiale pour ce produit et que les efforts de la Chambre de Commerce ne se limitent pas à maintenir une qualité déjà satisfaisante, mais tendent à l'améliorer encore.

D'ailleurs, la critique du Service de l'Inspection ne peut venir que de ceux qui n'ont pas connu la mauvaise qualité des produits au moment de la création de ce Service ; il leur manque — et c'est là leur excuse — cet important élément de comparaison pour apprécier à leur juste valeur les résultats obtenus grâce à l'action faite sur les producteurs. — Ils ignorent, de plus, que le contrôle n'a d'abord été effectué qu'à la sortie et ce n'est qu'avec l'expérience que cette formule — la plus commode, c'est indiscutable, mais aussi la plus paresseuse, — s'est révélée incomplète et qu'il a été nécessaire de pousser le contrôle jusqu'au producteur afin de l'inciter à ne fournir qu'un produit répondant aux exigences des acheteurs.

Le moment n'est donc pas venu de ralentir cette action de plus en plus efficace en retirant cette charge de la Chambre de Commerce et en créant un organisme nouveau qui aurait, tout comme il en a été pour nous, à faire son éducation et, de ce fait, risquer de se perdre dans des expériences plus ou moins heureuses et plus ou moins coûteuses, car il est fort probable que les taxes actuelles ne suffiraient pas aux dépenses que nécessiterait ce nouveau Service.

En effet, une nouvelle organisation, basée sur les indications de la Chambre d'Agriculture, nécessiterait un Inspecteur européen dans chaque port : Assinie, Grand-Bassam, Port-Bouet, Grand-Lahou, Sassandra, et Tabou. Et cette lourde dépense n'éviterait pas celle des Moniteurs d'Agriculture, dont l'effectif devrait alors être immédiatement et considérablement augmenté.

Car l'action du Service de l'Inspection ne se limite pas à dresser des Procès-Verbaux, les Inspecteurs et les Contrôleurs sont aussi des éducateurs.

*
**

L'action sur le producteur est dans notre Colonie indispensable, si, au Sénégal, par exemple, il suffit de vérifier si les graines sont propres et saines, ici il faut faire subir à certains produits une préparation. Pour ne parler que de deux produits, l'huile de palme et le cacao, je dirai que leur valeur marchande dépend surtout des conditions dans lesquelles est faite leur préparation.

*
**

Le service de l'Inspection tel qu'il fonctionne actuellement réalise l'action concertée de l'Administration et du Commerce, le Service d'Agriculture participe également à la vérification du conditionnement puisque, dans certaines régions importantes, des agents de ce Service ont, sous leur direction technique, les contrôleurs de produits.

La Chambre d'Agriculture peut très bien faire des suggestions, elle l'a d'ailleurs déjà fait à diverses reprises ; en retour, elle peut être tenue au courant des travaux de l'Inspection.

Rien ne s'oppose donc à ce que ces diverses collaborations deviennent encore plus étroites.

Mais c'est dans le cadre de son organisation actuelle que le rendement du Service de l'Inspection peut donner les résultats les plus efficaces et c'est la raison pour laquelle la Chambre de Commerce doit en conserver la Direction.

Et si la Chambre d'Agriculture ne désire vraiment poursuivre que le but du meilleur conditionnement des produits, elle doit, en toute bonne foi reconnaître les résultats obtenus et mettre fin à une discussion qui a assez duré.

Par ailleurs, il semble que les préoccupations de la Chambre d'Agriculture ne vont que vers un produit : le cacao, et il n'est jamais question des autres qui, pourtant, ne doivent pas être négligés puisqu'ils constituent eux aussi une source importante de richesse dont l'exploitation est un élément indispensable à la prospérité de la Côte d'Ivoire.

Il semble aussi, à en juger par la correspondance qui a été échangée à la suite d'une lettre de M. Charpentier, et dont vous trouverez toutes les copies jointes, que la Chambre d'Agriculture s'appuie, dans ses critiques, sur des appréciations qui n'ont pas toujours une base sérieuse, tel est le cas de Tiassalé que vous pouvez vous-même, M. le Gouverneur, juger comme il convient.

Ceci dit, la Chambre de Commerce reste comme par le passé à la disposition de la Chambre d'Agriculture pour toute collaboration de nature à aider en quoi que ce soit le développement de la Côte d'Ivoire et conforme à l'intérêt général qui est sa seule préoccupation et le but de tous ses efforts.

J'adresse copie de la présente à M. le Président de la Chambre d'Agriculture.

Je vous prie d'agréer, Monsieur le Gouverneur, l'expression de mes sentiments bien respectueux et dévoués.

Signé : LASSERRE.

Document : V

N° 2.156 P. 20 mai 1932.

Le Président de la Chambre de Commerce à Monsieur le Président de la Chambre d'Agriculture et d'Industrie, à Abidjan.

MONSIEUR LE PRÉSIDENT ET CHER COLLÈGUE.

En réponse à votre lettre n° 430, en date du 1er mai courant, j'ai l'honneur de vous remettre ci-joint copie de la lettre que j'adresse à Monsieur le Gouverneur au sujet de l'Inspection des produits.

Il m'a paru nécessaire de faire une mise au point de la question.

J'espère qu'après un nouvel examen, votre Assemblée voudra bien admettre que le but qu'elle recherche et qui est celui de la Chambre de Commerce, sera plus complètement et plus rapidement atteint en développant les collaborations utiles dans le cadre du fonctionnement actuel du Service de l'Inspection des produits.

Veuillez agréer, Monsieur le Président et cher Collègue, l'expression de mes sentiments distingués.

Signé : LASSERRE.

N° 491 Abidjan, le 7 juin 1932.

Le Président de la Chambre d'Agriculture et d'Industrie, à Monsieur le Président de la Chambre de Commerce, à Abidjan.

MONSIEUR LE PRÉSIDENT ET CHER COLLÈGUE,

Le 20 mai dernier, vous m'avez adressé copie de votre lettre n° 2.156 P., à Monsieur le Gouverneur, au sujet de l'inspection des produits du crû, en soulignant le point de vue de votre Assemblée à ce sujet.

J'écris ce jour à Monsieur le Gouverneur une lettre sur cette question, dont je vous prie de trouver copie ci-incluse.

Veuillez agréer, Monsieur le Président et cher Collègue, l'assurance de mes sentiments distingués.

Signé : REINACH.

Lettre N° 313 Abidjan, le 7 uin 1932.

Monsieur le Gouverneur de la Côte d'Ivoire, à Bingerville,

MONSIEUR LE GOUVERNEUR,

Monsieur le Président de la Chambre de Commerce m'a adressé copie d'une lettre qu'il vous a envoyée le 19 mai, relative à la demande faite par la Chambre d'Agriculture réglementant la création d'un contrôle des produits au port d'embarquement.

Je tiens, Monsieur le Gouverneur, à mettre la chose au point et répondre aux divers arguments que m'oppose Monsieur le Président de la Chambre de Commerce.

Celui-ci commence par dire que la Chambre de Commerce ne peut voir dans l'insistance de la Chambre d'Agriculture sur cette question, qu'un souci d'amélioration de sa situation budgétaire. Je m'oppose formellement à cette affirmation, vous rappelant, au reste, Monsieur le Gouverneur, que la Chambre d'Agriculture verrait fort bien le contrôle des produits au port d'embarquement, régi par l'Administration, et au cas, qu'elle a également envisagé, où cette inspection lui serait confiée, de s'engager à n'utiliser que pour l'organisation et la bonne marche de cette inspection les crédits dont elle bénéficierait dans ce but.

Je regrette également que Monsieur le Président de la Chambre de Commerce vous ait adressé cette lettre sans me consulter au préalable et sans avoir cherché à trouver un terrain d'entente entre nos deux Assemblées, ainsi que vous nous l'aviez préconisé à tous deux.

Monsieur le Président de la Chambre de Commerce continue en vous déclarant que l'Inspection des produits est une de ses préoccupations constantes ; je ne le nierai pas, de même que je reconnais qu'une légère amélioration a été apportée à la qualité des produits exportés, mais ce n'est qu'une amélioration bien légère encore et la Chambre d'Agriculture estime que l'organisation actuelle ne peut donner les résultats qu'il faudrait atteindre.

Monsieur le Président de la Chambre de Commerce fait remarquer que 2.578 tonnes de cacao ont été admises à New-York sans difficulté à la consommation ; mais ce que mon collègue ne vous dit pas, c'est que

Document : V

ce cacao a été accepté à la limite inférieure des cacaos ayant droit d'entrée en Amérique. Il semble que la Côte d'Ivoire pourrait faire mieux que cela.

Mon collègue vous parle ensuite de la plus grande aptitude du producteur ou du commerçant à contrôler le produit ; c'est une question qui a déjà été longuement discutée et la Chambre d'Agriculture ne peut maintenir son avis ; elle trouve inadmissible qu'un exportateur puisse à la foi être juge et partie en la matière. Que le commerçant ait intérêt à payer le meilleur prix entre les mains du producteur indigène, car ainsi l'indigène pourra lui acheter davantage de marchandises, la chose est peut être vraie ; mais la plupart des commerçants ne le comprennent certainement pas ainsi et n'agissent pas en conséquence.

Au risque de me répéter, la Chambre d'Agriculture estime que le commerçant n'est en Côte d'Ivoire qu'un intermédiaire, qu'il achète et calcule son bénéfice d'après les cours d'Europe, qu'en conséquence, même si le produit est déprécié, il réalise un bénéfice. Par contre, le producteur, s'il y a dépréciation sur la qualité du produit « Côte d'Ivoire », supportera les conséquences de cette dépréciation, même si son produit est en bonne qualité, du fait qu'il sera englobé dans la marque Côte d'Ivoire et payé moins cher.

Il semble que la proportion des intérêts en jeu montre nettement que le producteur est plus intéressé dans la question que le commerçant.

Je crois, Monsieur le Gouverneur, que je pourrais renvoyer son compliment à Monsieur le Président de la Chambre de Commerce et dire que si celle-ci ne veut pas se dessaisir de l'inspection des produits, c'est parce que son budget en souffrirait gravement et je ne puis qu'approuver la proposition que vous m'avez communiquée par votre lettre du 26 avril, tendant à créer une inspection des produits au port d'embarquement, sous la direction de l'Administration et avec le concours des deux Chambres.

Pour finir, je me permets d'insister, Monsieur le Gouverneur, sur l'urgence qu'il y aurait à créer une telle organisation, afin que celle-ci puisse fonctionner au cours de la prochaine traite du cacao, qui doit commencer au mois d'octobre.

Dans l'espoir que vous voudrez bien donner suite à votre projet,

Je vous prie d'agréer, Monsieur le Gouverneur, l'assurance de mes sentiments distingués et dévoués.

Abidjan, le 3 janvier 1929.

CHAMBRE
D'AGRICULTURE ET D'INDUSTRIE
DE LA COTE D'IVOIRE

N° 2

OBJET :
INSPECTION DES PRODUITS
DU CRU

Le Président de la Chambre d'Agriculture et d'Industrie, à Monsieur le Président de la Chambre de Commerce, à Abidjan.

MONSIEUR LE PRÉSIDENT ET CHER COLLÈGUE,

J'ai l'honneur de vous informer que dans sa séance du 23 décembre dernier, au cours de l'examen de la question « Inspection des Produits du Crû », notre Compagnie a décidé que dans un but de conciliation ainsi que de considération envers la Chambre de Commerce, la Chambre d'Agriculture renoncerait quant à présent à revendiquer à son profit l'inspection des produits du crû, et en laisserait l'administration à la Chambre de Commerce, à condition que celle-ci abandonne à la Chambre d'Agriculture la moitié des sommes restant comme bénéfice sur le budget particulier de l'inspection des produits du crû, ou lui verserait une somme forfaitaire et annuelle, sur laquelle il faudrait s'entendre.

La Chambre d'Agriculture ne peut réellement remplir son rôle avec le modeste budget qu'elle a actuellement, car seuls les exploitants forestiers l'alimentent avec les taxes perçues à l'abattage.

La Chambre d'Agriculture a tout un programme pour tenter des expériences afin d'obtenir une amélioration notable des produits en quantité et en qualité ; elle ne peut réaliser ce programme avec les modestes ressources dont elle dispose actuellement.

Je vous prie, Monsieur le Président, de bien vouloir soumettre notre décision à votre Compagnie et croire que la note n'a d'autre but que l'intérêt commun.

Veuillez agréer, Monsieur le Président et cher Collègue, l'expression de mes sentiments distingués.

Signé : A. CLAA.

Document : V

Abidjan, le 7 janvier 1929.

N° 778

Le Vice-Président de la Chambre de Commerce à Monsieur le Président de la Chambre d'Agriculture, à Abidjan.

Monsieur le Président et cher Collègue,

J'ai l'honneur de vous accuser réception de vos lettres n°s 2, 3 et 4, du 3 courant.

Inspection des Produits du Cru :

La question que vous soulevez a déjà fait l'objet d'un examen approfondi de la part de notre Compagnie, et vous avez pu en connaître le résultat par la publication de notre bulletin n° 23 du 1er juillet 1928.

Vous voudrez bien vous rendre compte que la Chambre d'Agriculture ne peut faire payer aux commerçants une taxe destinée à se défendre contre les produits défectueux de l'Agriculture. Votre compagnie est toujours libre de demander l'institution d'une taxe qui serait payée par les agriculteurs pour la surveillance des plantations et l'amélioration des produits, mais cela ne dispenserait pas la Chambre de Commerce, si elle en voyait la nécessité, de maintenir une taxe payée par ses ressortissants pour contrôler les produits qu'ils achètent.

La Chambre de Commerce a pris bonne note de l'acceptation de votre Compagnie de la ristourne de 2 francs par tonne qui lui est attribuée sur la taxe d'Inspection perçue sur le cacao. Cette somme vous sera versée trimestriellement.

Centimes Additionnels :

Cette question sera portée à l'ordre du jour lors de la prochaine séance de la Chambre de Commerce.

Veuillez agréer, Monsieur le Président et cher Collègue, l'expression de mes sentiments distingués.

Signé : Dame.

Abidjan, le 4 février 1932.

L'Africaine Française
Abidjan

Monsieur le Président de la Chambre de Commerce, à Abidjan.

Monsieur le Président,

Je suis surpris de la communication par laquelle vous m'avisez, d'après les dires d'un planteur, que le cacao acheté dans la région de Tiassalé serait, pour un tiers au moins, de mauvaise qualité.

Je puis vous assurer qu'à Tiassalé, où nous avons un agent très sérieux et qui nous a acheté une assez grosse quantité, nous n'avons fait que du beau cacao ; je suis passé assez souvent dans ce centre pour m'en rendre compte. J'ignore si cela tient à l'Inspection des produits, mais j'ai l'impression que celle-ci a été faite avec soin.

Croyez, Monsieur le Président, à mes sentiments respectueux.

Du reste, la presque totalité est maintenant rendue en Europe et n'a subi nulle difficulté.

Signé : Illisible.

Abidjan, le 5 février 1932

Compagnie Française
de l'Afrique Occidentale

Monsieur le Président de la Chambre de Commerce, à Abidjan.

Monsieur le Président,

Nous sommes surpris de l'avis donné par M. le Président de la Chambre d'Agriculture, concernant la qualité du cacao acheté à Tiassalé.

Notre facteur de Tiassalé n'est pas commissionné au nombre de tonnes traitées ; il a des instructions très strictes pour n'acheter que de la bonne qualité, le tonnage dût-il en souffrir. Par ailleurs, le cacao acheté sur la place de Tiassalé a été contrôlé par vos inspecteurs des produits ; nous-mêmes, à la réception à Abidjan, nous opérons des analyses de nos produits. Le 8 janvier dernier, par chaland *Fanti* nous avons reçu, de provenance de Tiassalé, 600 sacs de cacao qui ont donné à l'examen d'un grand nombre de sacs, la moyenne de 3 % insuffisamment fermenté et de 1 % de fèves mitées. Nous n'avons pas trouvé trace de fèves moisies.

Document : V

Nous ne pouvons donc admettre, en ce qui concerne nos propres achats, l'opinion transmise par le Président de la Chambre d'Agriculture.

Veuillez agréer, Monsieur le Président, l'assurancede nos sentiments distingués.

Signé : GAUFFRE.

G. PÉRINAUD
ABIDJAN

Abidjan, le 5 février 1932.

Monsieur le Président de la Chambre de Commerce, à Abidjan.

a/s Qualité cacao région Tiassalé

MONSIEUR LE PRÉSIDENT,

La lettre émanant de M. le Président de la Chambre d'Agriculture et que vous avez bien voulu nous communiquer, nous a vivement surpris. Les renseignements donnés par le planteur en question, ne nous paraissent pas avoir une base sérieuse, car pour ce qui nous concerne, nous avons eu à cœur de n'acheter que du cacao sain, bien fermenté et de bonne qualité marchande. Le contrôle des produits était constamment sur le marché et notre représentant n'achetait le cacao qu'après une vérification minutieuse de la part de ce contrôleur. Ce même cacao a été vérifié également à Dabou et ensuite à Bassam et l'avis de tous ces contrôleurs a été le même : que le cacao de la région de Tiassalé a marqué cette année une amélioration sensible de sa qualité sur l'année dernière et qu'il faut attribuer ce résultat à l'action efficace de l'Inspection des produits et à la grande activité du Chef de subdivision actuel, qui a tenu à se rendre compte et à vérifier lui-même le travail des contrôleurs.

Nos premières expéditions, qui ont été faites octobre et novembre, l'ont été uniquement avec du cacao de cette provenance, et bien que ce cacao ait été livré au Havre depuis décembre, nous n'avons eu connaissance d'aucune critique.

Pour terminer, nous ajouterons que les représentants des plus gros acheteurs de cacao sont des employés appointés, sans prime au tonnage et ceci contrairement à ce qu'indique ce planteur, et nous protestons énergiquement contre le côté malveillant qu'ont ces insinuations, dirigées contre le commerce général, puisqu'il n'est pas fait d'exception.

Veuillez agréer, Monsieur le Président, l'assurance de nos sentiments les plus respectueux distingués.

Signé : MASSIÈYE.

P. SOUCAIL ET Cie
ABIDJAN

Abidjan, le 9 février 1932.

Monsieur le Président de la Chambre de Commerce, à Abidjan.

MONSIEUR LE PRÉSIDENT,

Ayant pris connaissance de la lettre N° 337, de Monsieur le Président de la Chambre d'Agriculture, au sujet du commerce de Tiassalé en général, nous protestons formellement contre les affirmations de M. Charpentier, affirmations que nous considérons comme fausses et non fondées.

Nous avons acheté à Tiassalé un certain tonnage de cacao, dont une partie a été expédiée en France, où elle n'a donné lieu à aucune remarque à la réception.

Nous ajoutons que le Service d'Inspection des produits a très bien fonctionné à Tiassalé et que bonne quantité de cacao non marchand a été jeté dans le Bandama, sous la surveillance du brigadier des gardes.

D'autre part, nous pouvons vous dire que notre acheteur était un de nos employés européens, régulièrement appointé, et ne recevant aucune prime au tonnage.

Veuillez croire, Monsieur le Président, à l'expression de notre parfaite considération.

Signé : CATALA.

SOCIÉTÉ COMMERCIALE
DE L'OUEST AFRICAIN

Abidjan, le 11 février 1932.

Monsieur Lasserre, Président de la Chambre de Commerce, à Abidjan.

CHER MONSIEUR LASSERRE,

Nous prenons connaissance de la lettre de la Chambre d'Agriculture du 2 février, sujet qualité cacao à Tiassalé. Nous avons peu acheté sur cette place, *qualité bonne.*

Notre facteur ne touche *aucune prime au tonnage.*

dans le pays. Sur le marché de Kankan, notamment, ces articles se trouvent en très grosses quantités. Il est indéniable que le coton qui a été employé à leur confection vient des principaux pays producteurs.

Je reconnais que ce commerce intérieur ne touche que la distribution de la richesse chez les indigènes, mais n'est-ce pas l'un des buts assignés à la colonisation de protéger, d'encourager et développer la vie économique interne des populations autochtones ?

Cette considération ne doit pas nous faire oublier, il est vrai, la nécessité de faire vivre également les industriels qui ont apporté ici leurs capitaux et dépensé tant d'efforts pour la mise en valeur rationnelle du pays.

Mais les chiffres que je viens de produire, ne sont-ils pas le témoignage probant du souci qu'a toujours montré l'Administration locale à soutenir leurs intérêts dans une mesure équitable ?

Je serai toujours obligé à ceux qu'intéressent la culture du cotonnier et le commerce du coton, des encouragements qu'ils peuvent donner aux planteurs indigènes et de la collaboration qu'ils voudront bien prêter à mon administration pour augmenter la production et améliorer la qualité des fibres.

Une collaboration effective du commerce et de l'industrie ne peut que faciliter ma tâche, qui est de concilier à la fois les intérets du producteur et de l'acheteur.

Agréez, Monsieur le Président, l'expression de mes sentiments distingués.

Signé : BOURGINE.

R. GONFREVILLE ET Cie
BOUAKÉ
(Côte d'Ivoire)

Bouaké, le 29 juin 1932.

Monsieur le Président de la Chambre de Commerce, à Abidjan.

MONSIEUR LE PRÉSIDENT,

Par sa lettre N° 725 AE., du 14 juin, M. le Gouverneur a bien voulu répondre à la note remise par moi à la Chambre de Commerce, lors de sa dernière réunion, concernant la politique cotonnière.

Cette courte note n'avait pas été rédigée à la légère, mais avec l'espoir de pouvoir développer la question devant M. le Gouverneur.

Culture. — Je n'ignorais pas les essais faits depuis 1928 (et non 1930), particulièrement avec la variété Ishan, et les rendements extrêmements intéressants obtenus, et je m'étonne justement que devant ceux-ci, il n'ait été adopté qu'un programme de « substitution progressive ».

Malgré la sélection faite depuis quelques années, la qualité du barbadense devient de plus en plus mauvaise et le placement difficile.

Son rendement en cultures indigènes est tombé bien au-dessous de 100 kilos à l'hectare, et il est très compréhensible que le producteur tend à se désintéresser de cette culture, dans ces conditions.

Sans vouloir tabler sur les rendements obtenus à la Ferme-Ecole, la variété Ishan a donné, cette année, sur des essais faits en culture indigène et en mauvais terrain, 360 kilos à l'hectare.

Ne pensez-vous pas, Monsieur le Président, que le moment était venu de se lancer carrément dans la culture de cette variété et que la « substitution progressive » qui n'aboutira qu'à des hybridations, est une lourde perte pour le cultivateur, l'acheteur, et en fin de compte, pour la Colonie.

Le coton Ishan est depuis longtemps cultivé en Nigéria et il aurait été facile aux Sociétés de Prévoyance, qui ont de gros capitaux improductifs, d'acheter les quantités de graines aux ensemencements.

J'avais, d'ailleurs, entretenu en temps utile, M. le Directeur du Service des Textiles de cette question et c'est en me rendant compte qu'aucune solution intéressante n'intervenait, que j'ai cru devoir en saisir votre Compagnie.

Production. — En fait de statistiques, je ne me base que sur les quantités vendues au commerce, qui, elles, sont facilement contrôlables.

Pour la consommation indigène, ce ne sont pas les chiffres qui parlent, on les fait parler, et je serais curieux de savoir sur quoi on a pu se baser pour faire consommer aux autochtones 2.337 tonnes de coton en 1930 et seulement 1.983 tonnes en 1931, pour ne citer que ces deux années.

Tissage indigène. — Je suis désolé de n'être pas d'accord avec les renseignements fournis à M. le Gouverneur.

Il serait facile de se rendre compte que loin de renaître, la vieille industrie du tissage indigène se meurt.

Elle vivait, en effet, en Côte d'Ivoire, non de la fabrication des vêtements ordinaires, mais principalement des pagnes et couvertures de luxe, qui se vendaient cher et qu'on n'achète plus.

Que la prospérité revienne et cette industrie renaîtra.

– 63 –

Transactions entre indigènes. – Non seulement à Kankan, mais aussi en Côte d'Ivoire, il se fait un important commerce de bandes de coton tissé, mais elles sont fabriquées par les tisserands du Soudan, qui n'ont pu exporter leur coton cette année en raison des cours.

Elles viennent de Koutiala, pour la Côte d'Ivoire, de Segou par Bamako et Odienné pour la Guinée.

D'ailleurs, ces bandes blanches spéciales n'ont jamais été faites pour habiller les autochtones de la Côte d'Ivoire, mais sont employées à la confection de grands boubous pour les musulmans.

Collaboration avec l'Administration. – Il m'a semblé que ce passage me visait, je vous remets copie de la lettre que j'ai envoyée directement à M. le Gouverneur à ce sujet.

Je vous prie d'agréer, Monsieur le Président, l'expression de mes meilleurs et dévoués sentiments.

Signé : GONFREVILLE.

Source : *BCCCI*, procès-verbal de la séance du 2 juillet 1932 (document en annexe au PV), pp. 45-52 et 62-63.

Document VI

LETTRE DE C. DEVILAR, Secrétaire général du comité Treich-Laplene au président de la chambre de commerce relative à l'attribution du nom treich-laplene à la capitale de la Côte d'Ivoire

LA DÉFENSE FRANÇAISE
Le Temps d'Asie –
Fondé en 1914
—
DIRECTEUR : CAMILLE DEVILAR

Paris (XIVe), le 24 Août 1931
132, AVENUE D'ORLÉANS

A Monsieur le PRESIDENT de la
Chambre de Commerce
ABIDJAN (Côte d'Ivoire)

Monsieur le PRESIDENT,

J'ai l'honneur, en vous priant d'en faire part à votre Compagnie, de vous informer qu'un Comité, dont vous trouverez inclus la composition, s'est constitué dans le but de faire attribuer à la nouvelle capitale de la Côte d'Ivoire le nom de TREICH-LAPLENE, le courageux fondateur de cette colnie. Le Comité se propose en outre de rédiger et de faire éditer un ouvrage qui glorifiera, depuis les premières heures les activités qui se sont attachées à créer, puis à développer ce riche domaine. La conclusion envisagera l'avenir. Il est fait appel au public pour couvrir la lourde dépense de cette oeuvre d'instruction et de propagande.

Sur le premier point, nous admettons qu'il pourrait résulter une gêne momentanée pour le monde des affaires et même pour les habitants d'Abidjan du fait de la substitution du nom de TREICH à celui que porte actuellement ce centre. Mais il est un devoir d'équité à remplir envers un héros dela colonisation. Nous sommes persuadés que vous nous aiderez, appuyé par les hauts sentiments des membres de votre Compagnie, à triompher des obstacles que l'accomplissememnt de ce devoir peut rencontrer.

Le changement de nom d'une localité peut comporter une gêne; elle s'est révélée, dans tous les cas antérieurs, légère et de peu de durée. De telles modifications sont relativement fréquentes. Nul n'ignore qu'après sa prise de possession de l'Alsace et de la Lorraine, en 1871, l'Allemagne débaptisa dans ces provinces maintes villes, allant jusqu'à substituer de nouveaux noms allemands aux anciens noms français. La prospérité de ces villes n'en a pas subi de préjudice. *Non. elle a germanisé les noms.*

Plus récemment et plus près de nous, en France, nous avons vu Cette devenir Sète, Alais devenir Alès, etc. Si nous nous élevons jusqu'aux capitales d'Etats, nous constatons que le nom d'Oslo est rendu à la capitale de la Norvège qui, durant trois cents ans, avait porté celui de Christiania. En Russie, depuis la révolution si récente, St Pétersbourg est devenue Pétrograd puis Léningrad. Aucune des cités dont il s'agit n'a subi de préjudice dans la marche de ses affaires ni d'a rrêt dans son élan vers la prospérité. *????*

Enfin, aux Colonies mêmes, les exemples similaires abondent. En Tunisie, en Algérie, partout disparaissent maints noms locaux au bénéfice de personnalités plus ou moins brillantes. Si MM. Pichon et Ferry ont leurs villes, il en est de même pour des personnages moins illustres, tels MM. Deprinne, ancien directeur des Finances, Cheylus, directeur des Postes, etc.

URSS! *Dans le Gard on disait Alais [illegible]*

C'est complètement idiot : Sète, Alès sont les noms anciens et [illegible] !

Document : VI

La Côte d'Ivoire ne se doit-elle pas à elle-même d'assurer à la vil qui va devenir sa capitale le nom de l'explorateur dont la vie, ce bien sup me, a été volontairement sacrifiée - nul ne le conteste - pour que la posse sion de ce magnifique pays soit assurer à la France ? Or, et par un de ces paradoxes qui déconcertent, c'est le nom de Bingerville qui, arbitraiemet e on ne peut plus à tort, apparaît dans tous les atlas, sur toutes les carte de la Côte d'Ivoire. Et de là, depuis la grande encyclopédie LAROUSSE jusqu' journaux, revues, ouvrages traitant du domaine colonial français, se crée, se perpétue - et se perpétuera si notre oeuvre subissait un échec - ce menson historique : la France doit la Côte d'Ivoire à M.BINGER. Ce qu'elle lui a

Mensonge historique formel, puisque si TREICH-LAPLENE ne s'était élancé bravant tous les périls, pour sauver la situation en devançant les Anglais Bondoukou, M.Binger eut été l'auteur et le responsable devant la postérité l'encerclement britannique qui, de puis 1888 réduirait à ses anciens compt de la côte, seuls, la Côte d'Ivoire mise par manque d'hinterland dans l'impo sibilité complète de se développer et de prospérer.

Il serait inconcevable, incompréhensible que la population de la Côte d'Ivoire, maintenant instruite, non seulement continuât à tolérer le mensong historique, mais encore ne prit pas parti pour la Justice et la Vérité.

En donnant à la capitale nouvelle le nom de TREICH-LAPLENE, l'explorat généreux et désintéressé à qui est dûe l'oeuvre capitale que Monsieur BINGER, sachant qu'on en devait mourir, refusa d'accomplir, qui s'est accompl sans lui, qui a fixé les lointaines frontières de la Côte d'Ivoire, l'Admini tration et la population unies accompliront un geste de justice et de réparation par lequel leur prestige sera singulièrement renforcé.

Dans cet espoir,

Je vous prie d'agréer, Monsieur le PRESIDENT, l'assurance de ma consid ration la plus distinguée,

C.DEVILAR
Secrétaire Gal. du Comité
TREICH-LAPLENE

Document VII

Lettre du Gouverneur de la Côte d'Ivoire au Président de la chambre de commerce relative au ravitaillement de la population européenne pendant la deuxième Guerre Mondiale

Gouvernement Général de l'Afrique Occidentale Française

Colonie de la Côte d'Ivoire

1er Bureau
Affaires Economiques.

N° 2103 A/E.

Objet :

Ravitaillement de la population européenne.

République Française

Liberté - Egalité - Fraternité

Abidjan, le 17 Décembre 1940

Le Gouverneur de la Côte d'Ivoire

à Monsieur Le Président de la Chambre de Commer

A B I D J A N

Monsieur le Président,

J'ai l'honneur de vous suggérer ci-dessous qu ques petites améliorations qui pourraient être apportées aux usages actuels pour faciliter le ravitaillement de la popula tion européenne et notamment des familles nombreuses.

1°/- Dans le but de réduire au minimum les ve- tes et de faire ainsi durer les stocks dont le renouvellemer est actuellement difficile, la plupart des maisons de commer ont pris l'habitude de n'ouvrir leurs rayons d'alimentation que quelques heures par jour. Cette pratique a pour effet d'o bliger les consommateurs à se présenter à l'heure fixée pour pouvoir être servis, ce qui ne manque pas d'être gênant pour tous ceux qui sont astreints à un travail régulier dont ils peuvent s'absenter.

Le remède consisterait je crois, à prévoir, tou au moins certains jours, l'ouverture des boutiques de 7 h. 9h. au lieu de 9 h. à 11 h., de façon à permettre aux consom mateurs de venir se ravitailler avant d'aller à leur travail Cet horaire a d'ailleurs été adopté par la Coopérative des Fonctionnaires et donne satisfaction à ses adhérents.

2°/- Il arrive souvent que des consommateurs se plaignent de n'avoir pu être servis dans les maisons d'alime tation, malgré un long stationnement de leurs domestiques ou leur propre dérangement : il en est notamment ainsi lorsque la boutique en question n'a pas été réapprovisionnée par le magasin dont elle dépend: Cela se produit surtout pour le la le sucre, le sel ou le pétrole. Je n'ignore pas qu'il n'est

pas.......

Source : *ACCCI*, dossier 27.2, Urbanisme et questions diverses concernant Abidjan.

Document VII

pas possible d'assurer à tout instant un approvisionnement régulier des comptoirs de vente, en particulier avec les restrictions dans l transports qu'impose la situation de notre stock d'hydrocarbures. Toutefois il me parait possible d'envisager l'insertion dans le Journal "La Côte d'Ivoire" d'avis faisant connaître que telle maison ne vendra de lait, par exemple, que le lundi, le mercredi et le vendredi que le pétrole sera mis en vente tel quantième du mois etc.

3º/- Pour eviter l'accaparement des marchandises non soumises aux cartes de rationnement, les maisons de commerce ont pri la sage mesure de ne remettre à chaque client qu'une quantité donné de sucre, de lait liquide ou de conserves diverses. On ne saurait que les en louer. Mais dans la pratique, il en résulte que le célibataire peut ainsi assurer en une seule fois son ravitaillement pour 8 ou 10 jours, alors que le père de famille est obligé de retourner au commerce tous les deux ou trois jours.

Il semble facile d'assouplir les habitudes prises e proportionnant les quantités délivrées à chacun au nombre de cartes de corps gras dont il est titulaire ou au nombre d'individus portés sur la carte familiale de quinine. C'est ce qui est pratiqué pour la vente des pommes de terre à la Coopérative des Fonctionnaires à la plus grande satisfaction de tous.

Je suis assuré qu'en soumettant ces différentes suggestions à vos ressortissants et en les étudiant avec eux avec votre habituel esprit de compréhension, vous aboutirez à des résultats pratiques qui éviteront, à l'avenir, les petits malentendus qui influencent défavorablement le moral des vendeurs et des consommateurs

Veuillez agréer, Monsieur le Président, l'assurance de ma considération distinguée./.

Croutel

Document VIII

Lettre d'Armand Josse, avocat défenseur, au Président de la chambre de commerce relative à une plainte du parti progressiste de Côte d'Ivoire

ARMAND JOSSE
AVOCAT-DÉFENSEUR
Près la Cour d'Appel et les Tribunaux de l'Afrique Occidentale Française

ABIDJAN, le 16 Juin 1946

Monsieur le PRESIDENT de la CHAMBRE
DE COMMERCE
ABIDJAN

Monsieur le Président,

Comme suite à votre lettre en date du I4 Juin I946, j'ai l'honneur de vous faire savoir qu'ayant pris connaissance de la lettre qui vous avait été envoyée par le PARTI PROGRESSISTE COTE D'IVOIRIEN, je n'y ai pas compris grand chose. Il doit y avoir là-dessous une affaire de diffamation dont le REVEIL de Dakar se serait peut-être rendu coupable.

En dehors du fait qu'en période électorale tout est à peu près permis, ce qui ne permettrait peut-être pas à Me BINZEME d'obtenir une satisfaisante satisfaction des Tribunaux, je crois pouvoir vous conseiller de répondre "que l'avocat de votre compagnie se tient à la disposition du ou des plaignants au cas où il voudraient poursuivre cette affaire.

Je ne vois pas d'ailleurs pourquoi la CHAMBRE DE COMMERCE DE LA COTE D'IVOIRE pourrait s'y trouver mêlée.

Veuillez agréer, Monsieur le Président, l'assurance de mes sentiments distingués.-

Source : *ACCCI*, dossier 21, Parlementaire et conseils divers

Document IX

Lettre du Parti Progressiste de Côte d'Ivoire au Président de la chambre de commerce relative à une accusation de diffamation

PARTI PROGRESSISTE COTE D'IVOIRIEN

Siège-Social - ABIDJAN-Treichville

ABIDJAN le II 6 46

à Monsieur LE PRESIDENT DE LA CHAMBRE DE COMMERCE

A B I D J AN

Comme suite à la campagne de calomnie ouverte contre nous par Mr.Houphouet et ses partisans,nous lisons dans "REVEIL" du 20 Mai 1946 dans un article contre Maître BINZEME,l'accusation suivante:

"Déjà la grosse somme touchée à votre nom par les patriotes pour com "battre Houphouet,demeure un dû qu'il ~~faudrait~~ vous faut rembourser "soit avec le revenu de vos affaires,soit en sacrifiant les intérêts "du pays dont vous sollicitez le mandat"

En conséquence,nous vous serions obligés de bien vouloir nous faire connaître le montant de cette somme que vous auriez payée au nom de Maître Binzème et le nom du patriote qui se serait présenté pour toucher cet argent,ou toute autre pièce pouvant nous permettre d'identifier le bénéficiaire de ce règlement.

Pour nous permettre de resoudre rapidement ce litige,nous vous prions de nous faire parvenir votre reponse dans le plus bref delai.

Veuillez agréer,Monsieur le Président,l'expression de nos sentiments distingués/-

LE SECRETAIRE GENERAL

C BROU QUOIHO

Document X

Lettre du Président de la chambre d'agriculture et d'industrie au président de la chambre de commerce au sujet d'une correspondance de Jean Delafosse, Conseiller général

CHAMBRE D'AGRICULTURE
ET D'INDUSTRIE
DE LA CÔTE D'IVOIRE

Abidjan, le 7 Septembre 1949

N° 210 CH.A.I.

Le Président de la Chambre d'Agriculture
et d'Industrie

Objet:

Copie pour :
M. Lasserre
Massieye
Dugrange
Agostini
Bastin
le 12/9/49

à Monsieur le PRESIDENT
de la Chambre de Commerce

ABIDJAN

Monsieur le Président,

Comme suite à notre conversation d'hier, je vous prie de trouver ci-dessous copie de la lettre que j'ai écrite le 10 Mars 1949 à Monsieur Jean DELAFOSSE, Conseiller Général et membre de la Chambre d'Agriculture, au sujet de l'Inspection des produits du cru.

C'est cette lettre qui fut lue au Conseil Général et qui a été à la base de sa décision.

Le début de la lettre fait allusion à l'opinion émise par certains membres de la Chambre de Commerce, qu'il serait indispensable que les produits soient constamment surveillés depuis la récolte jusqu'à l'exportation, c'est-à-dire pendant la préparation, à la vente, dans les magasins et au cours des transports.

Une telle surveillance exigerait une armée de contrôleurs, sans d'ailleurs empêcher la fraude.

" Monsieur et Cher Collègue,

" " Comme suite à notre réunion d'hier soir, je vous résu-
" me ci-dessous le point de vue que j'ai défendu.

"Le rétablissement d'une " Inspection des Produits du "Cru" est indésirable parce qu'inutile et tracassière.

"Il apparait en effet, dès que l'on réfléchit, qu'il
" faudrait pratiquement un gendarme pour escorter chaque producteur
" chaque acheteur et chacun de leurs travailleurs afin d'être cer-
" tain que toutes les opérations soient faites comme il convient.

"On ne peut envisager la Côte d'Ivoire transformée en
" une immense prison, où la moitié de la population passerait sa
" vie à surveiller l'autre moitié. En fait, de tels gendarmes exis-
" tent mais ils sont purement moraux et ils s'appellent l'Intérêt
" pécuniaire, la Compétence, la Conscience professionnelle.

.../...

Document : X

" I°- L'INTERET PECUNIAIRE - Il est indispensable que soit définitivement abandonné le système de " Prix Unique" pour tout le Cacao ou tout le Café quels qu'en soit la qualité.

"Ce système qui simplifie évidemment considérablement le travail des acheteurs est la véritable cause de la mauvaise présentation des produits et du peu d'empressement des producteurs à présenter des lots de belle qualité.

"Si l'on veut des produits de belle qualité, il faut payer le travail supplémentaire nécessaire pour l'obtenir.

" En conclusion, il faut " un éventail des prix " avec des intervalles importants entre les différentes qualités.

"Ceci est à mon avis la condition principale, je dirais presque l'unique condition, car s'ils sont bien payés de leurs efforts les producteurs ne seraient pas longs à apprendre comment se prépare un bon produit.

" 2°- LA COMPETENCE - Il ne peut être qu'excellent de voir étoffer le Service d'Agriculture afin qu'un nombre important de ses agents viennent instruire et conseiller les agriculteurs. Mais il faut des professeurs et non des gendarmes. Leurs conseils seront d'autant mieux écoutés qu'il sera plus " payant" de les suivre.

"Il faudra de leur côté que les acheteurs fassent leur éducation et qu'ils se reconnaissent capables de reconnaitre les différentes qualités et par conséquent de les payer.

" LES ARBITRES dont il a été question hier pourront parfaitement être les agents des Services d'Agriculture, assermentés à cet effet. Mais il est indispensable que leur arbitrage soit facultatif. Il se fera à la demande des deux parties qui s'engageront alors à respecter sa décision et je verrais parfaitement une formule toute imprimée qu'il n'y aurait qu'à remplir et à signer et qui serait ainsi libellée :

" date
" demande d'arbitrage
" Monsieur................Acheteur
" et Monsieur ....Vendeur
" demandent l'arbitrage de Monsieur ....
" Arbitre assermenté pour l'examen d'un lot de .....
" sacs de .... se trouvant à ....
" et déclarent s'engager à respecter sa décision.
"
" Les frais d'arbitrage seront règlés par moitié par
" chacune des parties
" Signature du Vendeur Signature de l'Acheteur

" Je suis d'ailleurs persuadé que le meilleur arbitre sera la concurrence qu'il faut bien espérer voir réapparaitre un jour prochain

" 3°- LA CONSCIENCE PROFESSIONNELLE -

"C'est une vertu qui se développe d'autant plus facilement qu'elle est en accord avec l'intérêt pécuniaire.

" Quant aux fraudeurs, ils ressortent d'un service de repression des fraudes qu'ils font organiser mais qui n'a aucun rapport avec l'inspection des produits. Croyez Cher Monsieur....... ".

.../...

Document X

Je vous confirme donc que je suis d'accord pour un système d'arbitres qui évalueront la qualité des produits, étant bien entendu que ce contrôle :

ne sera pas obligatoire
ne donnera lieu ni à saisies,ni à procès verbaux,ni à destructions.
ne donnera pas lieu au rétablissement des marchés obligatoires.

que les produits pourront circuler librement pour se faire reconditionner,le cas échéant.

Je signale à ce propos que des produits non exportables peuvent toujours donner des sous-produits industriels (beurre de cacao,caféine, théobromine etc...) et qu'il serait absurde de les empêcher d'aller à l'usine de traitement, ou aux usines de conditionnement qui se sont montées à Abidjan,dans le cas des produits exportables.

D'autre part j'attire votre attention sur le rôle néfaste joué par nombre de petits traitants et intermédiaires qui,pour"faire du tonnage ", n'hésitent pas à inciter les producteurs à leur vendre des cacaos insufisamment secs ou des cafés non triés. Il en résulte un abaissement général de la qualité dont les grosses maisons exportatrices font les frais.

Ce zèle aux conséquences regrettables est,sans aucun doute,dû au fait que les avantages qui leur sont consentis par les maisons pour le compte desquelles travaillent ces intermédiaires sont excessifs.

Je crois qu'il serait efficace de réduire ces avantages et notamment de réduire la commission des intermédiaires de 2.000 à I.000 Francs par tonne.

Enfin je vous confirme que je suis persuadé que la création de la qualité " Limite " avec de I20 à 240 défauts pour le café a été une erreur et incite les producteurs à s'aligner sur une qualité inférieure en livrant des cafés tels qu'ils sortent du décortiqueur et sans trier.

Les membres de la Chambre d'Agriculture à qui j'en ai parlé ont partagé ce point de vue.

Je serais d'accord pour supprimer cette qualité; la dernière qualité devenant le courant avec I20 défauts, analogue à l'ancien "courant" auquel les producteurs et les acheteurs étaient habitués.

Je crois que cette suppression serait conforme à l'intérêt bien entendu des producteurs, et ne pourrait que profiter à la réputation de nos cafés.

.../...

Document : X

En résumé je crois que les mesures suivantes :

- Echelle de prix,suivant la qualité avec un intervalle suffisant pour intéresser les producteurs.
- Arbitrage sur les centres d'achat
- Vulgarisation des bonnes méthodes de préparation des produits par le Service d'Agriculture
- Réduction des avantages accordés aux traitants et intermédiaires
- Suppression de la qualité " Limite " pour le café.

seraient parfaitement susceptibles d'apporter une amélioration sensible à la qualité de nos produits.

Je signale toutefois à ce propos que la presque totalité de la récolte de cacao I948/I949 a été actuellement exportée et se répartit ainsi :

Supérieur	67 %
Courant	I9 %
Limite	I2 %
Déchet	2 %

Il se saurait été dit que la préparation de ce produit laisse à désirer.

Pour terminer je maintiens que le Contrôle des produits est un service public qui doit être pris en charge par l'Administration au même titre que la vérification des poids et mesures ou la repression des fraudes.

Les Chambres de Commerce ou d'Agriculture, Assemblées Consulaires élues pour ceux là même qu'elles auraient à controler ne sauraient avoir l'indépendance et la serénité nécessaire.

J'estime en conséquence que le système actuel, est supérieur au précédent.

Le Contrôle de la Banane fraîche, seul point serieux de friction, peut être résolu en damandant aux controleurs de tenir compte des résultats à l'arrivée et de l'opinion des acheteurs.

Veuillez agréer,Monsieur le Président,l'assurance de ma parfaite considération./-

LE PRESIDENT

R.DESCLERCS

Document XI

Lettre d'un membre de la chambre de commerce au Président de l'institution au sujet du marché de Man

S. CASTILLON

Abidjan, le 28 janvier 1952

Monsieur le Président de la
CHAMBRE DE COMMERCE
A B I D J A N

Monsieur le Président,

J'ai l'honneur d'attirer votre attention sur les travaux de construction du Marché de MAN.

Il est prévu de ceinturer ce marché d'environ 80 mètres de côté par des bâtiments en maçonnerie, avec toiture à une pente, compartimentés en boxes munis chacun d'une porte et, à l'opposé, un guichet de vente. Des passages assez larges sont placés au milieu de chaque côté Enfin, un fossé d'écoulement des eaux sépare les bâtiments des routes, quatre routes ou rues entourant la place du marché.

D'après le projet, dont l'auteur est M. L'Administrateur PERALDI, les portes d'accès des boxes donnaient sur la rue, à l'extérieur par conséquent des bâtiments, et les guichets placés de l'autre côté des portes devaient permettre la vente à l'intérieur du marché.

Le plan a été respecté pour les implantations elles-mêmes. Mais il m'a été donné de constater qu'on envisage à l'heure actuelle d'utiliser le marché de l'extérieur. Les guichets sont placés du côté de la rue et donnent directement sur les fossés, les portes d'accès étant du côté intérieur. Egalement, la pente du toit a été inversée et c'est l'intérieur du marché qui recueillera toutes les eaux. Nous n'avons pas pu voir qu'il y ait là un écoulement quelconque de prévu.

Il est facile d'imaginer les résultats d'une pareille construction. Toute la marchandise offerte recevra la poussière de la rue, soulevée par les véhicules et les piétons. Les clients devront se mettre dans le fossé pour effectuer leurs achats et l'on se demande à quoi servira une grande cour intérieure, sinon de piscine à l'époque des pluies. Je ne parle pas des difficultés qu'éprouveront les acheteurs pour approcher des guichets lorsque les fossés seront pleins... ni des perturbations causées, aux heures d'affluence, à la circulation des autos et camions.

Il est malheureusement à prévoir que ce marché rebutera les usagers qui ne voudront pas y aller. Et l'on aura dépensé, en pure perte, des sommes considérables. Les travaux sont actuellement arrêtés, un tiers environ est fait et je me suis laissé dire que celà a déjà coûté sept millions.

Etant donné le rôle que la Chambre de Commerce doit naturellement jouer dans l'Economie dde la Colonie, il me semble qu'il y aurait lieu d'attirer sans tarder l'attention du Chef du Territoire sur la nécessité qu'il y a à continuer les travaux du marché de MAN, mais en revenant sur le premier projet. Une démarche pourrait être également faite auprès du Conseil Général.

En vous remerciant par avance pour votre intervention, je vous prie d'agréer, Monsieur,le Président, l'expression de ma respectueuse considération.

S. Castillon
Membre de la Chambre de Com.

Document XII

DÉCRET N° 63-246 du 17 mai 1963

(J.O. RCI N° 40 du 8/8/63)

portant organisation des Chambres de Commerce en Côte d'Ivoire

Titre Premier

COMPOSITION DES CHAMBRES DE COMMERCE

Article premier. — Les Chambres de Commerce, placées sous la tutelle du Ministre des Finances, des Affaires Economiques et du Plan, comprennent les membres élus par le collège électoral défini à l'article 8 ci-après. Leur nombre ne peut être supérieur à 30.

Art. 2. — Les Chambres de Commerce peuvent désigner, dans toute l'étendue de leur circonscription, des membres correspondants de toute nationalité.

Ces membres, qui doivent être agréés par le Ministre de tutelle, peuvent être convoqués pour assister aux séances des Chambres, mais ne peuvent participer aux délibérations qu'à titre consultatif sans exercer de droit de vote.

Elles peuvent également, avec l'agrément du Ministre de tutelle, créer des délégations régionales.

Art. 3. — Toutes les fonctions des membres des Chambres de Commerce sont gratuites. Elles ne peuvent donner lieu à aucune rétribution directe ou indirecte.

Toutefois, les membres en mission pourront être remboursés de leurs frais.

Art. 4. — Les membres des Chambres de Commerce sont élus pour quatre ans et sont rééligibles.

Art. 5. — Sont déclarés démissionnaires par le Ministre de tutelle, après avis de la Chambre intéressée :

Les membres qui, à deux reprises successives, se sont abstenus de se rendre aux convocations sans motif légitime.

Les membres qui, pendant la durée de leur mandat, cessent de remplir les conditions requises pour être éligibles.

Art. 6. — Lorsque par décès, démission ou départ définitif du territoire de la République, le nombre des membres d'une Chambre de Commerce est réduit du tiers de son effectif normal, il en est donné aussitôt avis au Ministre de tutelle et au Ministre de l'Intérieur. Ce dernier convoque, dans le mois qui suit, le collège électoral à l'effet de pourvoir aux vacances à moins que ces vacances ne surviennent dans les six mois qui précèdent le renouvellement.

<u>Source</u> : *ACCCI*, dossier 27.2, Urbanisme, domaine et régime foncier

Document XII

Les membres, ainsi élus, ne demeurent en fonction que pendant la durée du mandat dont étaient investis les membres qu'ils remplacent.

Art. 7. — Les Chambres de Commerce peuvent être dissoutes par décret pris sur le rapport du Ministre de tutelle. Le même décret désigne une délégation de trois membres chargée de l'administration de la Chambre, en attendant l'installation des nouveaux membres. Les pouvoirs de cette délégation sont limités aux actes d'administration conservatoires et urgents.

De nouvelles élections doivent être organisées dans un délai de deux mois au moins et quatre au plus à dater de la dissolution, à moins que cette dissolution ne survienne dans les six mois précédant le renouvellement.

Titre II

FORMATION DES CHAMBRES DE COMMERCE

A — Collège électoral

Art. 8. — Le Collège électoral appelé à élire les membres des Chambres de Commerce comprend les personnes de l'un ou l'autre sexe, chefs ou repésentants des établissements commerciaux énumérés au tableau annexé au présent décret.

Sont électeurs :

1°/ Le propriétaire, lorsqu'il gère personnellement ses affaires ;

2°/ Les associés en nom collectif et les commandités en commandite simple ou par actions, lorsqu'ils gèrent personnellement leurs établissements ;

3°/ Les représentants des sociétés anonymes ou à responsabilité limitée, des sociétés nationales, des établissements ou entreprises publics à caractère commercial au titre de leur siège social ou de leur établissement principal ;

4°/ Les représentants des sociétés anonymes ou à responsabilité limitée, en commandite simple ou en nom collectif, des sociétés nationales et des établissements et entreprises publics à caractère commercial au titre de leurs établissements secondaires.

Les sociétés visées aux 3° et 4° ci-dessus auront droit à un représentant par établissement.

Les représentants des sociétés, établissements et entreprises publics devront exercer dans les entreprises soit des fonctions d'administrateurs, de gérants ou de fondés de pouvoir, soit des fonctions impliquant des responsabilités de direction commerciale, technique ou administrative.

Lorsque les établissements sont la propriété de sociétés, celles-ci doivent avoir leur siège social soit en Côte d'Ivoire, soit dans un Etat ou Territoire de la zone franc, soit dans tout autre Etat dans le cadre d'accords économiques et financiers.

Les établissements conférant le droit électoral à leur chef ou représentant doivent en outre être installés dans le ressort de la Chambre et inscrits au Registre du Commerce lorsque cette formalité est exigée, depuis le premier Janvier de l'année précédant celle au cours de laquelle ont lieu les élections, et payer le droit de patente depuis cette date, sauf les cas d'exemptions permanentes ou temporaires prévus par la réglementation en vigueur.

Les chefs ou représentants desdits établissements doivent, pour pouvoir être inscrits sur les listes électorales :

— être âgés de 21 ans au moins, être citoyen de la République de Côte d'Ivoire ou, sous réserve de réciprocité, d'un Etat ou Territoire de la Zone Franc ou de tout autre Etat dans le cadre d'accords économiques ou financiers ;

— jouir de leurs droits civils ;

— parler la langue officielle ;

— être établis dans l'exercice de leur profession en Côte d'Ivoire depuis le 1er Juillet de l'année qui précède celle au cours de laquelle ont lieu les élections ;

— être en règle avec le fisc en ce qui concerne le paiement des taxes et droits afférents à l'exercice de leur profession.

Sont également électeurs, lorsqu'ils remplissent les conditions énumérées ci-dessus :

a — les pilotes lamaneurs

b — les capitaines au long cours, les capitaines de la marine marchande, les pilotes de l'aéronautique civile exerçant le commandement d'un navire ou d'un aéronef au titre d'une compagnie ivoirienne.

Art. 9. — Ne peuvent être portés sur les listes électorales, ni participer à l'élection si ils ont été inscrits sur les listes :

Document XII

1°/ Les individus condamnés pour crimes ;

2°/ Ceux qui ont été condamnés pour vol, escroquerie, abus de confiance, soustractions commises par des dépositaires des deniers publics, attentat aux mœurs ;

3°/ Ceux qui ont été condamnés à l'emprisonnement pour délit d'usure, pour infractions aux lois sur les maisons de jeux, sur les loteries et les maisons de prêts sur gages ;

4°/ Ceux qui ont été condamnés à l'emprisonnement pour infractions aux lois et décrets sur la répression des fraudes, les marques de fabrique de commerce, les appellations d'origine ;

5°/ Ceux qui ont été condamnés à l'emprisonnement pour infractions aux lois et décrets sur les sociétés ;

6°/ Les individus condamnés pour délits prévus aux articles 400, 413, 414, 415, 418, 419, 421, 433, 439 et 443 du Code pénal et aux articles 594, 596 et 597 du Code de Commerce ;

7°/ Ceux qui ont été condamnés à l'emprisonnement pour infractions aux lois et décrets sur les douanes, les octrois et les contributions directes, et sur le transport par la poste des valeurs déclarées ;

8°/ Les anciens notaires, greffiers et officiers ministériels destinés en vertu de décisions judiciaires ;

9°/ Les faillis non réhabilités ;

10°/ Les présidents de conseil d'administration, les administrateurs de société anonymes, les gérants de sociétés à responsabilité limitée, dont les sociétés auront été déclarées en faillite, lorsque, dans leurs jugements, les tribunaux de commerce auront spécifié que ceux-ci doivent subir cette déchéance ;

11°/ Ceux condamnés à l'emprisonnement pour création ou extension irrégulière d'établissement commercial ;

12°/ Ceux condamnés à l'emprisonnement pour exercice illégal d'une profession commerciale ;

13°/ Ceux condamnés à l'emprisonnement pour infraction à la législation économique et notamment à la législation sur les prix ;

14°/ Et généralement tous les individus frappés d'une peine entraînant la privation du droit de vote dans les élections politiques.

Art. 10. — Le corps électoral est réparti en trois catégories correspondant aux trois grandes divisions des intérêts représentés. Le classement des établissements commerciaux est fixé conformément aux indications du tableau annexé au présent décret. Ce classement tient compte de l'importance économique des établissements appréciée notamment en fonction de la contribution des patentes.

Aucun électeur ne peut être inscrit dans plus d'une catégorie, même s'il représente des intérêts différents. Dans ce dernier cas, il choisit parmi celles où il a la possibilité d'être inscrit, la catégorie où il désire voter, en le précisant au moment de l'établissement de la liste électorale.

La répartition des sièges entre les catégories est fixée par le décret instituant la Chambre de Commerce. Cette répartition pourra être modifiée par la suite par décret lors de chaque renouvellement de la Chambre.

B — Etablissement et révision des listes électorales

Art. 11. — Les électeurs éventuels doivent entre le 1er Mai et le 30 Juin de l'année pécédant le renouvellement de la Chambre, adresser au siège de la Chambre de leur circonscription une demande d'inscription sur la liste électorale.

Cette demande doit préciser pour chaque intéressé ses nom, prénoms, date et lieu de naissance, nationalité, profession, catégorie et classe de patente s'il y a lieu, lorsqu'il s'agit d'un électeur ayant la possibilité d'être inscrit dans plusieurs catégories, il doit préciser dans laquelle il désire voter.

Les sociétés doivent bien préciser la qualité de leurs représentants.

La Chambre dresse les états provisoires qu'elle adresse, en temps voulu, au président de la commission définie à l'article 12 ci-après.

Art. 12. — La liste élctorale est, pour chaque Chambre, établie par catégories et conformément aux dispositions qui ont été fixées, par une commission composée de la manière suivante :

— le Maire de la Commune du siège de la Chambre, ou un conseiller municipal désigné par lui : président ;

— un Magistrat désigné par le Garde des Sceaux, Ministre de la Justice,

— un représentant du Ministre de l'Intérieur,

— le Directeur des Contributions Directes ou son représentant,

— deux représentants de la Chambre de Commerce.

Art. 13. — La liste électorale est établie en Novembre de l'année précédant le renouvellement de la Chambre par la commission visée à l'article précédent.

Elle reste affichée pendant un mois au moins jusqu'au 15 Janvier suivant dans les bureaux des mairies, préfectures et sous-préfectures comprises en tout ou en partie dans la circonscription de la Chambre ; toute personne intéressée peut en prendre connaissance dans lesdits bureaux, signaler les omissions qu'elle peut contenir ou réclamer la radiation des inscriptions indûment faites.

L'électeur, dont l'inscription est contestée, en est averti sans frais par lettre adressée à sa résidence et peut présenter ses observations au président de la commission du 16 au 31 Janvier.

Les réclamations à fin d'inscription ou de radiation sont formulées par écrit par les réclamants ou leurs mandataires sur un registre tenu à leur disposition dans les bureaux où les listes sont affichées.

Sur ce même registre sont consignées les observations présentées par les électeurs dont l'inscription est contestée.

La liste des réclamations à fin d'inscription ou de radiation est, par ailleurs, affichée dans les bureaux des mairies, préfectures et sous-préfectures du 16 au 31 Janvier.

Les maires, préfets et sous-préfets transmettent par premier courrier au président de la commission les réclamations dont ils sont saisis en usant, s'il est nécessaire, de la voie télégraphique.

Du 1er au 10 Février, la commission statue sur les résolutions dont elle est saisie et fait, s'il y a lieu, les rectifications nécessaires à la liste électorale, laquelle est transmise au Ministre de l'Intérieur et arrêté définitivement par celui-ci.

La liste ainsi arrêtée est publiée au Journal Officiel de la République de Côte d'Ivoire, cette insertion constituant notification aux intéressés de leur inscription ou de leur radiation. Elle est également affichée dans les bureaux de toutes les mairies, préfectures et sous-préfectures comprises en tout ou en partie dans la circonscription de la Chambre.

Exceptionnellement, pour les prochaines élections à la Chambre de Commerce, la liste électorale pourra être établie à des dates différentes de celles prévues au présent décret.

Un délai de quinze jours, à compter de la date de la publication au *Journal Officiel*, est imparti pour se pourvoir devant le tribunal de première instance de la commune du siège de la Chambre contre toutes inscriptions, radiations ou omissions de la liste électorale.

La liste électorale est valable pour toutes les élections ayant lieu jusqu'au renouvellement de la Chambre. Durant cette période, des rectifications pourront être apportées à la liste par le président de la commission visée à l'article 12 ci-dessus, dans les cas suivants : décès d'un électeur, radiation au registre du commerce, perte de la qualité de représentant de sociétés, jugement portant condamnation ou déchéance prévue à l'article 9, jugement ordonnant inscription ou radiation sur la liste électorale.

Art. 14. — Nul ne peut voter s'il n'est inscrit sur la liste électorale publiée au *Journal Officiel*, à moins qu'il ne soit porteur d'un jugement de la juridiction civile ordonnant son inscription sur la liste.

En tout état de cause, cette juridiction peut statuer, les parties intéressées dûment convoquées, sur tous redressements demandés, avec justification à l'appui, de la liste électorale.

Le tribunal statue souverainement sur les cas qui lui sont soumis et conserve le droit de rejeter toutes demandes qui lui seraient portées postérieurement au délai ci-dessus spécifié, mais en tout cas impérativement au moins cinq jours francs avant la date des élections.

C — Opérations électorales

Art. 15. — Le collège électoral est convoqué, 45 jours au moins avant le jour de l'élection, par un arrêté du Ministre de l'Intérieur qui détermine les sections de vote, le mode de formation des bureaux, les heures de fermeture et d'ouverture du scrutin.

Les bureaux de vote sont toujours composés de trois membres : un président et deux assesseurs. Ils sont présidés par le maire, le préfet ou le sous-préfet, ou par leur délégué expressément désigné.

Le scrutin a toujours lieu un Dimanche. Il est ouvert pendant six heures de jours au moins ; il est public.

Les bulletins sont reçus dans une urne spéciale pour chacune des catégories.

Document : XII

Art. 16. — Les électeurs inscrits sur la liste, qui ne sont pas domiciliés au lieu de la section de vote, ou qui en sont absents le jour du scrutin, peuvent adresser leur bulletin au président du bureau. En ce cas, le bulletin de vote doit être placé sous double enveloppe, l'enveloppe intérieure ne portant, à peine de nullité, aucun signe ni indication susceptible de faire connaître l'électeur, et l'enveloppe extérieure portant la signature de l'électeur et en outre l'indication de la catégorie à laquelle il appartient. Ces plis peuvent être remis au président jusqu'à la clôture du scrutin.

Art. 17. — Le scrutin ne peut être clos avant l'heure fixée par le décret de convocation du collège électoral.

Dès clôture du scrutin, le bureau procède au dépouillement des votes, après s'être assuré de la concordance entre le nombre des électeurs ayant émargé sur la liste électorale et celui des bulletins trouvés dans l'urne : le résultat du dépouillement est proclamé aussitôt par le président et consigné dans le procès-verbal qui relate les opérations électorales. Le procès-verbal mentionne la date du scrutin, le nombre des électeurs inscrits, celui des votants d'après l'émargement de la liste, le nombre de bulletins trouvés dans les urnes (le nombre de bulletins blancs ou nuls n'entant pas en compte dans le calcul des suffrages exprimés) ainsi que le nombre de voix de toutes les personnes ayant obtenu des suffrages.

Ces indications sont mentionnées pour chaque catégorie.

Art. 18. — L'élection a lieu par catégorie au scrutin majoritaire à un tour sans panachage ni suppression.

L'élection aux sièges d'une catégorie est faite exclusivement par les électeurs de cette catégorie.

Art. 19. — Le bureau statue séance tenante sur tous les incidents qui peuvent s'élever au cours du scrutin à l'occasion des opérations de vote, mais n'a pas à connaître des contestations portant sur l'éligibilité des candidats ou de celles relatives à la capacité électorale des électeurs non inscrits, ou non porteurs d'un jugement du tribunal ordonnant leur inscription.

Art. 20. — Aussitôt la proclamation du résultat du scrutin, le président transmet le procès-verbal, accompagné s'il y a lieu des bulletins constestés, au maire de la commune du siège de la Chambre, président de la commission visée à l'article 12. Dans les vingt quatre heures de la réception des procès-verbaux des bureaux de vote, cette commission constate le résultat général de l'élection ; elle le notifie immédiatement au Ministre de l'Intérieur, qui le fait insérer au *Journal Officiel* de la République de Côte d'Ivoire avec les mentions énumérées à l'article ci-dessus, et en informe le président en exercice de la Chambre.

Art. 21. — Dans les trente jours qui suivent l'insertion au *Journal Officiel* de la République de Côte d'Ivoire du résultat du scrutin, tout électeur a le droit d'élever une réclamation sur la régularité et la sincérité des élections. Le Ministre de l'Intérieur a le même droit. Les cas de nullité partielle ou absolue des opérations électorales ne peuvent être que les suivants :

1°/ L'élection n'a pas été effectuée dans les conditions et selon les formes prévues par les textes en vigueur ;

2°/ Le scrutin n'a pas été libre ou il a été vicié par des manœuvres frauduleuses ;

3°/ Incapacité légale dans la personne de l'un ou de plusieurs élus ;

Les constestations sur la validité des élections sont jugées par le tribunal de première instance de la commune du siège de la Chambre.

Dans le cas d'annulation des opérations électorales il est procédé, le plus tôt possible, à la convocation des électeurs pour de nouvelles élections.

D — Conditions d'éligibilité

Art. 22. — Sont éligibles dans la catégorie où ils sont électeurs tous les membres du corps électoral, de l'un ou de l'autre sexe :

— âgés de 25 ans au moins ;

— parlant et écrivant la langue officielle ;

— résidant habituellement dans la circonscription de la Chambre ;

— ayant exercé leur activité commerciale depuis :

a) trois ans au moins en Côte d'Ivoire ou sur le territoire d'un Etat africain ou malgache de la Zone

b) trois ans au moins dans un établissement installé dans des pays étrangers voisins.

A titre exceptionnel pour les prochaines élections le délai d'exercice de l'activité commerciale est ramené à un an.

Document XII

Art. 23. — Plusieurs associés en nom collectif, ou plusieurs commandités appartenant à un même établissement, ou plusieurs gérants de la même maison ne peuvent faire partie simultanément d'une même chambre.

Si plusieurs associés en nom collectif, plusieurs commandités ou plusieurs gérants de la même maison sont élus, celui qui a obtenu le plus de voix est seul déclaré élu : si le nombre de voix est égal, le bénéfice de l'élection est acquis à celui qui est le plus anciennement établi en Côte d'Ivoire.

Art. 24. — Les cadidatures, accompagnées des pièces justificatives nécessaires, doivent être adressées au président de la commission prévue à l'article 12, quinze jours au moins avant la date du vote. Il sera accusé réception de cette déclaration au candidat remplissant les conditions voulues. Dans le cas contraire, les intéressés seront avisés des raisons pour lesquelles leurs candidatures n'ont pas été retenues.

Les listes des candidats sont affichées dans tous les lieux où va se dérouler le scrutin. Les suffrages accordés à tout candidat n'ayant pas fait acte de candidature n'entreront pas en compte dans les résultats du scrutin.

Art. 25. — Les différends relatifs aux élections aux Chambres de Commerce sont de la compétence du tribunal de première instance de la commune du siège de la Chambre.

Titre III

ATTRIBUTIONS DES CHAMBRES DE COMMERCE

Art. 26. — Les Chambres de Commerce ont pour attributions :

1°/ De donner à l'Administration les avis et renseignements qui leur sont demandés sur les questions intéressant la vie économique et plus particulièrement le commerce ;

2°/ De présenter leurs vues sur les moyens de favoriser le développement économique du pays, et notamment son développement commercial ;

3°/ De participer à des enquêtes économiques, lorsque cela leur est demandé par le Ministre de tutelle, de prêter leur concours à certaines manifestations telles que les foires et les expositions ;

4°/ D'assurer, sous réserve des autorisations prévues aux articles 29 et 30, l'exécution des travaux et l'administration des services nécessaires aux intérêts dont elles ont la charge ;

5°/ De déléguer un ou plusieurs membres aux diverses assemblées, commissions ou manifestations dans lesquelles elles doivent être représentées.

Art. 27. — L'avis des Chambres doit être demandé :

1°/ Sur les règlements relatifs aux usages commerciaux, ainsi que sur toute réforme de la législation commerciale, douanière et économique ;

2°/ Sur la création dans leur circonscription de nouvelles assemblées consulaires, de bourses de commerce, de magasins généraux, de charges d'agents de change et de courtiers maritimes, de tribunaux de commerce, de salles des ventes publiques de marchandises neuves aux enchères et en gros, ainsi que sur la réforme de la règlementation applicable à ces organismes et sur leur suppression ;

L'avis des Chambres peut être demandé :

1°/ Sur la règlementation fiscale et douanière, et notamment sur les droits et taxes acquittés par le commerce ou perçus par son intermédiaire ;

2°/ Sur les taxes destinées à rémunérer les services concédés par la puissance publique ou exécutés en régie ;

3°/ Sur le régime du travail applicable au commerce ;

4°/ Sur l'organisation de la formation professionnelle, lorsque celle-ci intéresse le commerce ;

5°/ Sur toutes les questions importantes intéressant l'économie de la République de Côte d'Ivoire.

En cas d'urgence, il peut être fixé un délai maximum de quinze jours aux Chambres intéressées pour répondre à la demande d'avis qui leur est adressée.

Passé ce délai, si elles n'ont pas répondu, leur silence sera considéré comme un accord de leur part.

Art. 28. — Les Chambres de Commerce peuvent en outre, de leur propre initiative, émettre des vœux qu'elles soumettent au Gouvernement, sur toutes les questions d'ordre économique concernant leur ressort.

Art. 29. — Les Chambres de Commerce peuvent être autorisées, par décret pris sur le rapport du Ministre de tutelle, à recevoir des legs ou donations

Document XII

Art. 30. — Elles peuvent en outre, dans la même forme :

1°/ Acquérir ou construire des immeubles pour leur propre usage ;

2°/ Entreprendre des travaux dans l'intérêt du commerce et en assurer la gestion ;

3°/ Fonder, acquérir, administrer des établissements à usage commercial, tels que magasins généraux, docks et entrepôts, salles de ventes publiques, service de peseurs jurés, service de contrôle de marchandises ou produits ;

4°/ Recevoir ou acquérir et administrer des établissements analogues créés par l'initiative privée, si tel est le vœu de leurs fondateurs, et en assurer la gestion ;

5°/ Fonder, acquérir et administrer des établissements d'enseignement professionnel ;

6°/ Assurer la gestion d'ouvrages d'utilité publique, acquérir, recevoir et gérer des établissements créés par le Gouvernement ou les collectivités locales. La délégation de pouvoir qui est donnée par l'administration doit, suivant le cas, résulter d'un décret ou d'une loi qui en fixe les conditions.

Les règlements desdits ouvrages et établissements, ainsi que les tarifs et redevances qui seront perçus pour leur utilisation, sont approuvés par les mêmes autorités et dans la même forme.

Art. 31. — Les Chambres de Commerce peuvent, avec le concours de négociants ou courtiers, procéder, si elles le jugent utile, à la constatation du cours local des marchandises ou des produits.

Elles participent par une délégation de leurs membres à la fixation des mercuriales officielles.

Art. 32. — Les Chambres de Commerce peuvent, le cas échéant, par l'intermédiaire du Ministre de tutelle, saisir le Gouvernement des questions intéressant le fonctionnement des services qui leur sont confiés.

Art. 33. — Les Chambres de Commerce peuvent correspondre directement entre elles, de même qu'avec les administrations publiques de leur circonscription, pour toutes les questions d'ordre économique rentrant dans leurs attributions.

Elles peuvent se concerter en vue de présenter aux autorités compétentes, sur les objets rentrant dans leurs attributions, des vœux intéressant à la fois leurs circonscriptions respectives.

Art. 34. — Toutes discussions, toutes délibérations politiques sont interdites aux Chambres. Les délibérations prises en dehors de leurs attributions, ou contraires aux dispositions du présent décret, sont nulles et non avenues.

Titre IV

ADMINISTRATION FINANCIERE DES CHAMBRES DE COMMERCE

Art. 35. — Il est pourvu aux dépenses ordinaires des Chambres de Commerce au moyen d'une quote-part sur le produit des centimes additionnels au droit spécial d'entrée.

La répartition entre les diverses Chambres de Commerce du montant de la quote-part affectée à la représentation des intérêts commerciaux est éventuellement fixée par arrêté du Ministre de tutelle.

Les autres revenus des Chambres de Commerce sont constitués par :

1°/ Le produit de l'exploitation des établissements qu'elles administrent ou dont elles sont actionnaires ou obligatoires, dans les conditions prévues aux articles précédents ;

2°/ Les produits de l'aliénation des biens, meubles et immeubles qu'elles possèdent, aliénation qui ne peut être effectuée que sur autorisation du Ministre de tutelle ;

3°/ Les dons, legs, subventions et fondations dévolus aux Chambres de Commerce par les administrations publiques ou les particuliers et acceptés après autorisation du Ministre de tutelle ;

4°/ Les intérêts des fonds placés.

Art. 36. — Les Chambres peuvent, sous réserve d'y être autorisées dans chaque cas par un décret pris sur le rapport du Ministre de tutelle, contracter et réaliser des emprunts dans les formes prévues par la réglementation en vigueur :

1°/ En vue de subvenir ou de concourir aux dépenses de construction des établissements mentionnés à l'article 30, il est fait face au service des annuités de ces emprunts, ainsi qu'aux dépenses d'exploitation des établissements mentionnés à cet article, au moyen de recettes provenant de la gestion desdits établissements et, s'il y a lieu, de l'imposition additionnelle prévue à l'article 35 ;

2°/ En vue de travaux publics ou de l'établissement de services publics intéressant les ports maritimes, les voies de communication de leur circonscription, ainsi que les divers moyens de transports.

Document XII

Il est fait face dans ce cas au service des annuités au moyen de l'excédent des recettes sur les dépenses d'exploitation, et, s'il y a lieu, au moyen de péage ou de droits établis dans les conditions prévues par les règlements.

Les contrats d'emprunts doivent toujours stipuler la faculté de remboursement par anticipation.

Art. 37. — Les Chambres de Commerce peuvent, sous réserve de l'autorisation du Ministre de tutelle, se concerter entre elles en vue de créer, de subventionner ou d'entretenir des établissements, services ou travaux d'intérêt commun. Elles peuvent être autorisées à contracter à cet effet, dans les formes prévues à l'article 29, des emprunts collectifs dont la charge sera répartie suivant les dispositions déterminées par les actes d'autorisation et dont le service sera assuré par l'excédent des recettes sur les dépenses et, au besoin, par une imposition additionnelle spéciale, ou encore par des péages et des droits établis dans les conditions prévues par les règlements.

Ces questions d'intérêt commun seront débattues dans des conférences, où chaque Chambre sera représentée par une commission spéciale nommée à cet effet. Les décisions qui y seront prises ne seront exécutoires qu'après avoir été ratifiées par toutes les Chambres intéressées et par le Ministre de tutelle.

Art. 38. — Les Chambres de Commerce établissent chaque année en recettes et en dépenses un budget qui ne devient exécutoire qu'après approbation du Ministre de tutelle. Le président en est ordonnateur. Il peut, sous sa responsabilité personnelle, déléguer ses fonctions d'ordonnancement à un membre du bureau.

Indépendamment du budget ordinaire, les Chambres de Commerce établissent des budgets spéciaux pour chacun des établissements dont elles ont la gestion. Elles peuvent consentir aux services qu'elles administrent des avances prélevées sur les ressources disponibles d'autres établissements également gérés par elles.

Ces avances sont décidées et approuvées dans les mêmes formes que le budget.

Les excédents de recettes réalisés sur le budget sont affectés à la constitution d'un fonds de réserve, en vue de faire face à des dépenses urgentes et imprévues. Le montant de ces fonds de réserve ne peut en aucun cas être supérieur à la moitié de la totalité des ressources annuelles dudit budget.

Les fonds de réserve sont déposés à un compte portant intérêt, soit à la Caisse Autonome d'Amortissement, soit à la Caisse d'Epargne, soit dans une Banque agréée par le Ministre de tutelle.

Les Chambres sont également autorisées à consacrer une partie de leurs fonds de réserve, après autorisation du Ministre de tutelle, à l'achat de titres de rentes nominatifs sur l'Etat ou de titres d'emprunts émis en vue du développement économique de la Côte d'Ivoire et garantis par l'Etat.

Aucun prélèvement ne peut être opéré sur le fonds de réserve sans l'autorisation du Ministre de tutelle. La situation de ce fonds est annexé chaque année au budget.

Un compte définitif est établi en fin d'exercice et soumis à l'approbation du Ministre de tutelle; à l'appui de ce compte doit être annexé un bilan détaillé de l'exploitation de chacun des services ou établissements dont les Chambres ont la gestion. Ce document doit, en outre, résumer les opérations auxquelles les Chambres ont procédé et les résultats qu'elles ont obtenus.

Les comptes des Chambres de Commerce sont soumis au contrôle de la Chambre des Comptes.

Art. 39. — Un tableau d'amortissement des emprunts qu'elles ont été autorisées à contracter est joint chaque année par les Chambres au compte définitif.

Titre V

REUNIONS DES CHAMBRES

Art. 40. — Les Chambres de Commerce se réunissent sur la convocation de leur président chaque fois que les circonstances l'exigent et au moins deux fois par an.

Le Ministre de tutelle a entrée aux Chambres de Commerce et doit y être reçu solennellement. Il peut exposer ses vues et recevoir les vœux de l'assemblée.

Il lui est loisible, en outre, de faire suivre les discussions et les travaux des Chambres de Commerce par un délégué ayant voix consultative.

Il doit toujours être préalablement avisé du jour et de l'heure des réunions.

Document XII

Après chaque renouvellement, le président sortant, dans les huit jours qui suivent la notification qui lui a été faite par le Ministre de l'Intérieur des résultats de l'élection, convoque, assisté de son bureau, la nouvelle Chambre et l'invite à procéder à la nomination du bureau auquel les pouvoirs sont transmis sur le champ.

En cas d'empêchement du président sortant, les convocations sont lancées par l'un des vice-présidents ou, à défaut de ces derniers, par un délégué du Ministre de tutelle.

Art. 41. — Les Chambres nomment parmi leurs membres un président, un ou plusieurs vice-présidents, un trésorier et un ou plusieurs secrétaires.

Les nominations sont faites à la majorité absolue des suffrages exprimés, le nombre des membres présents devant, en outre, atteindre au moins les deux tiers du nombre de membres en exercice. Lorsque les deux premiers tours de scrutin n'ont pas donné de résultats pour la nomination d'un membre du bureau, l'élection a lieu au troisième tour de scrutin à la majorité relative et, à égalité des suffrages, le plus âgé est déclaré élu.

Le bureau est renouvelé tous les deux ans · les membres en sont rééligibles.

Le président, ou son suppléant légal, représente la Chambre dans tous les cas de la vie civile.

En cas de décès ou de démission d'un membre du bureau, il est procédé à l'élection de son remplaçant à la session suivante.

En cas d'absence simultanée du président et des vice-présidents, le membre ayant été élu par le plus grand nombre de voix est chargé d'assurer l'intérim de la présidence, à moins d'une délibération contraire de la Chambre qui, en cas, peut désigner expressément un intérimaire.

Art. 42. — La Chambre ne peut délibérer que si le nombre de membres présents dépasse la moitié de celui des membres qu'elle doit normalement comprendre.

Les délibérations sont prises à la majorité des votants ; en cas de partage, la voix du président est prépondérante.

Art. 43. — Les Chambres établissent un règlement intérieur qui est soumis à l'approbation du Ministre de tutelle.

Art. 44. — Les Chambres tiennent enregistrement de leurs délibérations.

Les procès-verbaux des réunions transmis au Ministre de tutelle qui reçoit également un compte-rendu annuel des travaux de la Chambre.

Les Chambres peuvent publier les comptes-rendus de leurs séances et faire paraître un bulletin contenant d'une manière générale tous les renseignements susceptibles d'intéresser l'économie du territoire.

Art. 45. — Des arrêtés préciseront, en cas de besoin, les règles d'application du présent décret.

Art. 46. — Le Ministre des Finances, des Affaires Economiques et du Plan et le Ministre de l'Intérieur sont chargrés, chacun en ce qui le concerne, de l'exécution du présent décret qui sera publié au *Journal Officiel* de la République de Côte d'Ivoire.

ANNEXE

TABLEAU

des établissements commerciaux ou à caractère commercial, conférant à leur chef ou à leur représentant le droit électoral, répartis par catégories.

PREMIERE CATEGORIE

Importateurs-exportateurs effectuant d'une manière permanente l'importation et l'exportation, et possédant des succursales.

Importateurs et (ou) exportateurs des trois premières catégories de la première partie du Tableau B des Patentes.

Entreprises de transports maritimes
Entreprises de transports ferroviaires
Entreprises de transports aériens
Entreprises de transports routiers ayant un parc de véhicules d'une capacité égale ou supérieure à 300 tonnes de charge utile
Entreprises d'acconage
Etablissements de crédit
Compagnies d'assurances
Etablissements de crédit foncier ou immobilier
Hôtels ayant une capacité d'hébergement d'au moins 60 chambres
Entreprises commerciales ou à caractère commercial présentant l'une des caractéristiques suivantes :
— dont le montant des investissements commerciaux ou à caractère commercial dans le territoire, est égal ou supérieur à 80 millions de francs, ou :

— dont le nombre d'employés permanents est égal ou supérieur à 100 dans une catégorie professionnelle supérieure à la deuxième catégorie de la réglementation en vigueur, ou :
— dont le chiffre d'affaires annuel est égal ou supérieur à 500 millions de francs, ou :
— dont le nombre de succursales dans l'intérieur est égal ou supérieur à 10.

DEUXIEME CATEGORIE

Importateurs et (ou) exportateurs de la quatrième catégorie de la première partie du Tableau B des Patentes.

Succursales, agences des établissements classés en première catégorie du présent tableau sous réserve qu'elles emploient en permanence plusieurs agents de catégorie égale ou supérieure à la 7ème catégorie de la réglementation en vigueur.

Agences en douane, agences de transit, de consignation, de représentation, de courtage.

Entreprises de transports routiers ayant un parc de véhicules d'une capacité égale ou supérieure à 80 tonnes de charge utile et inférieure à 300 tonnes.

Etablissements ayant pour objet l'achat ou la vente d'immeubles.

Commerçants au détail de la première classe du Tableau A des Patentes.

Acheteurs de produits propriétaires d'au moins un établissement fixe.

Hôtels ayant une capacité d'hébergement d'au moins 20 chambres.

Restaurants de la deuxième classe du Tableau A des Patentes.

Autres entreprises commerciales ou à caractère commercial présentant l'une des caractéristiques suivantes :

— dont le montant des investissements commerciaux ou à caractère commercial dans le territoire est égal ou supérieur à 20 millions de francs et inférieur à 80 millions.

— dont le nombre d'employés permanents est égal ou supérieur à 20 et inférieur à 100 dans une catégorie professionnelle supérieure à la deuxième catégorie de la réglementation en vigueur.

— dont le chiffre d'affaires annuel est égal ou supérieur à 50 millions de francs et inférieur à 500 millions.

TROISIEME CATEGORIE

Toutes les autres entreprises commerciales ou à caractère commercial, autres que celles des première ou deuxième catégorie du présent tableau, figurant au tableau A et B de la contribution des patentes.

DÉCRET N° 63-248 du 17 mai 1963

(J.O. RCI N° 40 du 8/8/63)

portant création de la Chambre de Commerce de la République de Côte d'Ivoire

Article premier. — Il est créé une Chambre de Commerce de la Côte d'Ivoire dont le siège est à Abidjan. Sa circonscription comprend tout le territoire de la République.

Art. 2. — La Chambre de Commerce de la Côte d'Ivoire se compose de 30 membres répartis comme suit entre les trois catégories définies par le décret n° 63-246 du 17 Mai 1963.

Première catégorie : 10 membres
Deuxième catégorie : 10 membres
Troisième catégorie : 10 membres.

Art. 3. — Le Ministre des Finances, des Affaires Economiques et du Plan est chargé de l'exécution du présent décret qui sera publié au *Journal Officiel* de la République de Côte d'Ivoire.

Document XIII

LES TEXTES CONSTITUTIFS DES ASSEMBLÉES CONSULAIRES

LA LOI PROMULGUÉE

Loi N° 60.340 du 28 octobre 1960, portant institution des assemblées représentatives des intérêts économiques en Côte d'Ivoire.

C'est cette Loi qui est exécutable comme Loi de l'Etat. Elle a permis la création :

- *de la Chambre de Commerce*
- *de la Chambre d'Agriculture*
- *et de la chambre d'Industrie*

Avec un amendement à l'article premier (N° 90.584 du 25 Juillet 1990) elle a engagé la création des Chambres des Métiers.

C'est au vu de cette Loi que l'ensemble des décrets portant dissolution de la Chambre de Commerce et dissolution de la Chambre d'Industrie, ainsi que création de la Chambre de Commerce et d'Industrie de la Côte d'Ivoire, a pu être présenté au conseil des Ministres du mercredi 8 Janvier 1992

L'ASSEMBLÉE NATIONALE A ADOPTÉ, LA LOI N° 60.340 DU 28 OCTOBRE 1960, PORTANT INSTITUTION DES ASSEMBLÉES REPRÉSENTATIVES DES INTÉRETS ÉCONOMIQUES EN COTE D'IVOIRE
LE CHEF DE L'ETAT, PREMIER MINISTRE, MINISTRE DE L'INTERIEUR
PROMULGUENT LA LOI DONT LA TENEUR SUIT :

ARTICLE PREMIER.
La représentation des intérêts économiques en Côte d'Ivoire est assurée par une ou plusieurs Chambres de Commerce une ou plusieurs Chambres d'Agriculture, une ou plusieurs chambres d'Industrie. Ces Chambres constituent des établissements publics jouissant de la personnalité civile et de l'autonomie financière.

ARTICLE 2.
Les règles générales concernant les élections, les attributions l'administration financière, l'organisation et le fonctionnement des Chambres, sont fixées par décret.

Ces règles assuront la représentation effective, dans les divers organismes de gestion de chaque Assemblée Consulaire, de toutes catégories professionnelles intéressées.

ARTICLE 3.
Les Chambres bénéficient des ressources qui sont définies par la réglementation prévue à l'Art. 2 ci-dessus.

ARTICLE 4.
Les Chambres sont instituées par décret pris en Conseil des Ministres, après consultation du Conseil Municipal de la commune désignée pour être le siège de la future Chambre. Le décret qui les institue détermine le ressort des chambres, le nombre de leurs membres ainsi que leur répartition entre les catégories définies par la réglementation générale prévue à l'Art. 2.

ARTICLE 5
Toutes dispositions contraires à la présente loi sont abrogées. Les assemblées consulaires en exercice continueront à fonctionner jusqu'à la mise en place des nouvelles Chambres.

ARTICLE 6
La présente Loi sera publiée au Journal Officiel de la République de Côte d'Ivoire et exécutée comme Loi de l'Etat.

SALLER
Ministre des Finances,
des Affaires Economiques et du Plan

FÉLIX HOUPHOUET BOIGNY
Chef de l'Etat, Premier Ministre
Ministre de l'Intérieur

Source : *Chambre de commerce*, Abidjan, Edition Eloise, pp. 65-74.

Document XIII

LES TEXTES CONSTITUTIFS

Les Décrets du 8 Janvier 1992

Ce premier conseil des Ministres de Janvier 1992, s'est tenu le mercredi 8 Janvier sous la présidence du Chef de l'Etat, Son Excellence Monsieur Félix Houphouët Boigny.

Il a été l'occasion pour le Gouvernement de présenter ses voeux d'excellente santé au Président de la République afin qu'il continue de préserver plus que jamais la Côte d'Ivoire

C'est donc sous ces meilleurs auspices que suite aux délibérations du conseil, le Président de la République a signé plusieurs décrets, dont en particulier :

- Un décret (N° 92-18) portant dissolution de la chambre de commerce et de la Chambre d'Industrie, et fixant les modalités transitoires pour la mise en place d'un nouvel Etablissement Public.
- Le deuxième décret (N° 92-19) portait création de la chambre de Commerce et d'Industrie de la République de Côte d'Ivoire.
- Le N° 92-20, en troisième décret, a porté sur le régime électoral de la Chambre de Commerce et d'Industrie de Côte d'Ivoire.
- Le quatrième et dernier décret de cette série, le N° 92-21, quant à lui, a fixé les attributions, l'organisation et le fonctionnement de la Chambre de Commerce et d'Industrie.

"Le fond, la forme, l'esprit et le texte de ces décrets tenaient compte en particulier du "développement de l'économie ivoirienne qui se caractérise aujourd'hui, trente ans après l'indépendance par une diversification soutenue des activités, notamment industrielle et un renforcement des relations entre les secteurs du commerce et de l'Industrie"..."cette double évolution est conforme à la logique d'une économie de compétition ouverte sur l'extérieur et appelle une adaptation de la représentation des intérêts commerciaux et industriels dans le sens :

- *d'un renforcement, du rôle des Chambres, conforme à l'option libérale et au souci de promouvoir le secteur privé*
- *d'une meilleure coordination des activités commerciales et industrielles;*

Il apparaît nécessaire aujourd'hui de regrouper la Chambre de Commerce et la Chambre d'Industrie en une Chambre unique afin de créer les conditions les plus favorables à la défense et à l'épanouissement des intérêts économiques des agents du développement nationale"... "Toutefois, la nouvelle structure préconisée ne doit pas être conçue comme une fusion pure et simple des deux organismes consulaires existants, mais bien comme la création d'un nouvel outil de représentation des intérêts industriels et commerciaux répondant mieux à l'évolution constatée et aux besoins nouveaux de la politique économique d'une part, et des opérateurs économiques d'autre part.

Ainsi, tout en restant l'interlocuteur privilegié du Gouvernement pour les problèmes relatifs aux secteurs industriel et commercial, la chambre de Commerce et d'Industrie devra, beaucoup plus que par le passé, prendre le relais de l'Etat là où elle apparaît mieux placée pour le faire. Cette nouvelle structure devra appuyer ou relayer des actions de l'Etat particulièrement en ce qui concerne le développement de l'entreprise nationale, les investissements privés étrangers et ivoiriens, apporter une contribution plus significative à la formation et à l'installation des commerçants ivoiriens, etc...

L'organisme consulaire pourra créer, avec ou sans l'aide de l'Etat, et gérer certains équipements collectifs directement liés aux activités industrielles et commerciales.

Plus globalement, la Chambre de commerce et d'Industrie aura un rôle très actif à jouer dans l'amélioration de l'environnement dans lequel évoluent les entreprises."

Par ailleurs il a été insisté dans cette présentation sur *"la régionalisation des structures consulaires pour assurer la politique de développement régional et rapprocher les entreprises dispersées sur le territoire des services pratiquement tous concentrés à Abidjan."*

En un dernier volet de la communication au Conseil, le problème des financements consulaires a été précisé. *"En effet il est souhaité, qu'indépendamment du système des centimes additionnels, la CCI devra développer ses ressources propres pour assurer le financement de ses activités. Mais, et ce sont là les orientations les plus marquantes, il est prévu que lorsque certaines des activités consulaires viendront directement se substituer ou renforcer les actions de l'Etat, des conventions spécifiques de financement pourront être établies dans le cadre de contrats-programmes."*

Il paraît intéressant de présenter les extraits majeurs de ces Décrets qui viennent d'engager la Chambre de Commerce et d'Industrie de Côte d'Ivoire dans son immense partenariat du développement national.

— 12 —

Document XIII

DECRET N° 92-18

DÉCRET N° 92-18 du 08/01/1992 portant dissolution de la Chambre de Commerce et de la chambre d'Industrie et fixant les modalités transitoires pour la mise en place d'un nouvel etablissement public.

Le président de la Republique,
Sur rapport du Ministre de l'Industrie et du commerce, du Ministre de l'Intérieur,
Le conseil des Ministres entendu,
DECRETE

ARTICLE PREMIER.
La Chambre de commerce et la chambre d'Industrie de Côte d'Ivoire sont dissoutes à compter de la date d'entrée en vigueur du présent décret.

ARTICLE : 2 (partiel)
2-1 : en ,attendant la création d'un nouvel établissement public chargé de la représentation des intérêts économiques en Côte d'Ivoire, l'administration de chacune des chambres dissoutes est assurée, séparément, par une délégation de trois membres pour chaque Chambre.

ARTICLE 3 : (partiel)
3-1 : La liquidation de chacune des chambres dissoutes sera assurée, séparément, par un comité composé :

- d'un représentant du Ministre de l'Industrie et du commerce, Président,
- d'un représentant du Ministre délégué auprès du Premier Ministre, chargé de l'Economie, des Finances et du Plan,
- du trésorier du Bureau de la Chambre dissoute,
- d'un cabinet d'audit désigné par le Ministre chargé de l'Economie et des Finances.

3-3 : La mission du comité de liquidation prendra fin à la date de l'installation du nouvel établissement public.

ARTICLE 4 : (partiel)
4-1 : Les opérations préparatoires à l'installation du nouvel établissement sont confiées à un comité de préparation composé :

- d'un représentant du Ministre de l'Industrie et du Commerce, président,
- d'un représentant du Ministre de l'Intérieur,
- d'un représentant du Ministre de la Justice, Garde des Sceaux, du Secrétaire Général de chacune des chambres dissoutes;

4-3 : Le comité de préparation est chargé de la mise en application et du suivi des modalités de désignation des membres du nouvel établissement public tendant à faciliter son installation.

ARTICLE 5 : (partiel)
5-1 : A la proclamation des résultats définitifs du scrutin et de leurs insertions au Journal Officiel de la République de Côte d'Ivoire, les membres élus sont convoqués à l'Assemblée générale constitutive du nouvel établissement public.

DECRET N° 92-19

Le Décret N°92-19, celui de la création est donc l'assise de la Chambre de Commerce et d'Industrie. Nous le présentons en son intégralité , y compris l'annexe qui défini les critères du classement des opérateurs économiques dans la catégorie de leur branche d'activité.

DÉCRET N°92-19 du 08/01/1992 portant création de la Chambre de Commerce et d'Industrie de la République de Côte d'Ivoire.
Le Président de la République, sur rapport du Ministre de l'Industrie et du Commerce , du Ministre de l'Intérieur

Vu la loi n°60-340 du 28 octobre 1960 portant institution des assemblées représentatives des intérêts économiques en Côte d'Ivoire ;

Vu le décret n° 92-18 du 8/01/1992 portant dissolution de la chambre de commerce et de la chambre d'industrie et fixant les modalités transitoires pour la mise en place d'un nouvel établissement publique,

Vu la loi n°91-755 du 14 novembre 1991 portant nomination des membres du gouvernement;

Vu le décret n° 91-806 du 11 décembre 1991 portant attribution des membres du gouvernement;

Le conseil des Ministres entendu,
DECRETE

ARTICLE 1er
Il est créé une chambre de commerce et d'Industrie de la côte d'ivoire , établissement publique jouissant de la personnalité civile et de l'autonomie financière dont le siège est à Abidjan . Sa circonscription comprend tout le territoire de la République. Elle représentée au niveau régionale par une délégation située au chef-lieu de région.

ARTICLE 2
La chambre de commerce et d'industrie est placée sous la tutelle du Ministre de l'industrie et du commerce.

ARTICLE 3
La chambre de commerce et d'industrie de la cote d'ivoire se compose de quatre vingt dix (90) membres élus répartis entre les trois branches d'activités définies conformément à l'annexe au présent décret . Ses attributions et son organisation seront fixées par décret en conseil des Ministres.

ARTICLE 4
Des élections doivent être organisées pour élire les membres de la chambre de commerce et d'industrie suivant les modalités fixées par décret.

ARTICLE 5
DISPOSITIONS TRANSITOIRES :
Pour le premier scrutin, la réparation nationale des 90 membres de la Chambre de Commerce et d'Industrie, sur la base des dix (10) régions administratives est la suivante :

Pour les neuf (9) régions de l'intérieur : 27 membres à raison de 3 membres par catégorie, pour la région d'Abidjan : 63 membres par catégorie.

ARTICLE 6
Le Ministre de l'industrie et du commerce, le Ministre de l'Industrie de l'Intérieur sont chargés chacun en ce qui le concerne, de l'exécution du présent décret qui sera publié au Journal Officiel de la République de Côte d'Ivoire.

— 13 —

Document XIII

LES TEXTES CONSTITUTIFS

ANNEXE AU DECRET N°92-19

Les Etablissements à caractère commercial ou industriel, constituant le corps électoral appelé à élire les membres de la Chambre de Commerce et d'Industrie de Côte d'Ivoire, sont classés en trois branches d'activité et dans chaque branche en trois catégorie selon les critères suivants.

PREMIERE BRANCHE D'ACTIVITE :
Importations, Exportations
Commerce de distribution

Première catégorie :
- dont le montant des investissements commerciaux dans le territoire est supérieur à 800 millions de F CFA, ou :
- dont le nombre d'employés permanents est supérieur à 100, ou :
- dont le chiffre d'affaires annuel est supérieur à 3 milliards de F CFA.

Deuxième catégorie :
- dont le montant des investissement commerciaux dans le territoire est compris entre 100 millions et 800 millions, ou :
- dont le nombre d'employés permanent est compris entre 50 et 100, ou
- dont le chiffre d'affaires annuel est compris entre 500 millions et 3 milliard de F CFA.

Troisième catégorie :
- dont le montant des investissements commerciaux dans le territoire est inférieur à 100 million, ou :
- dont le nombre d'employés est inférieur à 50, ou :
- dont le chiffre d'affaires annuel est supérieur à 500 millions.

DEUXIEME BRANCHE D'ACTIVITE :
Entreprises industrielles

Première catégorie :
- dont les investissements dans le territoire sont supérieurs à 1 milliard de F CFA, ou :
- dont le nombre d'employés et d'ouvriers est supérieur à 500, ou :
- dont le chiffre d'affaires annuel est supérieur à 2 milliards de F CFA.

Deuxième catégorie :
- dont les investissements dans le territoire sont compris entre 1OO millions et 1 milliard, ou :
- dont le nombre d'employés et d'ouvriers est compris entre 50 et 500, ou :
- dont le chiffre d'affaires annuel est compris entre 500 millions et 2 milliards de F CFA.

Troisième catégorie :
- dont les investissements dans le territoire sont inférieurs à 100 millions, ou :
- dont le nombre d'employés et d'ouvrier est inférieur à 50, ou :
- dont le chiffre d'affaires annuel est inférieur à 500 millions de F CFA.s

TROISIEME BRANCHE D'ACTIVITE :
Entreprises de services,
Etablissements Financiers,
Entreprises d'Assurances

Première catégorie :
- dont les investissements dans le territoire sont supérieurs à 800 millions de F CFA, ou :
- dont le nombre d'employés est supérieur à 300, ou :
- dont le chiffre d'affaires annuel est supérieur à 1 milliard de F CFA.

Deuxième catégorie :
- dont les investissements dans le territoire sont compris entre 50 millions et 800 millions, ou :
- dont le nombre d'employés est compris entre 50 et 300, ou :
- dont le chiffre d'affaires annuel est compris entre 1OO millions et 1 milliard de F CFA.

Troisième catégorie :
- dont les investissements dans le territoire sont inférieurs à 5OO millions, ou :
- dont le nombre d'employés est inférieur à 50, ou :
- dont le chiffre d'affaires annuel est inférieur à 100 millions.

DECRET N° 92-20

LE DÉCRET N° 92-20 portant régime électoral de la Chambre de commerce et d'Industrie de côte d'Ivoire, défini donc les dispositions du système électoral consulaire.

TITRE I

En un **TITRE 1ER**, dit de dispositions générales, il est en particulier défini dans l'Article 2 le principe du mandat.

ARTICLE 2.
Les membres de la chambre de commerce et d'Industrie sont élus pour 6 ans et sont rééligibles sans limitation. La Chambre est renouvelée par moitié tous les 3 ans.

TITRE II

Le **TITRE II** précise les caractéristiques du Collège Electoral, il est évidemment très intéressant de le présenter en entier de façon que tous les opérateurs économiques qui évoluent sur notre territoire national puissent se situer dans leur appelation de ressortisant de la CCI.

ARTICLE 4.
Le collège électoral appelé à élire les membres de al Chambre de Commerce et d'Industrie comprend les personnes de l'un ou l'autre sexe, chefs ou représentants des établissements à caractère commercial ou industriel appartenant aux activités et catégories définies par le ministère de tutelle et annexé au présent décret.

Sont électeurs :
1°/ les propriétaires, lorsqu'ils gèrent personnellement leurs affaires ;
2°/ les associés en nom collectif et les commandites en commandite simple ou par action, lorsqu'ils gèrent personnellement leurs établissements ;
3°/ les représentants des sociétés anonymes ou à responsabilité limitée des sociétés nationales, des éta-

Document : XIII

blissements et entreprises publics à caractère commercial ou industriel, au titre de leur siège social ou de leur établissement principal ;

4°/ les représentants des sociétés anonymes ou à responsabilité limitée, en commandite simple ou en nom collectif, des sociétés nationales et des établissements et entreprises publics à caractère commercial ou industriel, au titre de leurs établissements secondaires.

Les sociétés visées au 2°, 3° e t 4° ci-dessus ont droit à un seul représentant par établissement.

Les représentants des sociétés, établissements et entreprises publics devront avoir dans les entreprises, soit des fonctions d'administrateurs ou de gérants, soit des fonctions impliquant des pouvoirs permanents suffisants pour engager leurs sociétés ou leurs établissements à l'égard des tiers.

Lorsque les établissements sont la propriété de sociétés, celles-ci doivent avoir leur siège social en Côte d'Ivoire, dans un Etat de la Zone franc, ou dans tut autre Etat lié à la côte d'Ivoire par des accords économiques et financiers.

Les établissements conférant le droit électoral à leur chef ou représentant doivent, en outre, être inscrits au registre du commerce, depuis le premier janvier de l'année précédant celle au cours de laquelle ont lieu les élections, et payer la patente depuis cette date, sauf les cas d'exemptions permanentes ou temporaires prévus par la réglementation en vigueur.

Les chefs ou représentants desdits établissements doivent pour être inscrits sur les listes électorales :

- être âgés de 21 ans au moins, être citoyens de la République de Côte d'Ivoire, ou sous réserve de réciprocité, d'un l'Etat de la Zone franc ou de tout autre Etat lié à la côte d'Ivoire par des accords économiques et financiers ;
- jouir de leurs droits civils et civiques ;
- n'avoir subi aucune condamnation criminelle ou correctionnelle de nature à entacher leur honorabilité et leur crédibilité ;
- être établis dans l'exercice de leur fonction en côte d'Ivoire depuis le 1er juillet de l'année qui précède celle au cours de laquelle ont lieu les élections ;
- avoir satisfait aux obligations fiscales et parafiscales en ce qui concerne le paiement des taxes et droits afférents à l'exercice de leur profession.

ARTICLE 5.

Le corps électoral est réparti en trois catégories correspondant aux trois grandes divisions des intérêts représentés. le classement des établissements commerciaux et industriels est fixé conformément à l'annexe du décret portant création de la Chambre de commerce et d'Industrie.

Aucun électeur ne peut être inscrit dans plus d'une catégorie, même s'il représente des intérêts différents. Dans ce dernier cas, il choisit parmi celles où il a la possibilité d'être inscrit, la catégorie où il désire voter, en le précisant au moment de l'établissement de la liste électorale.

Il est attribué à chaque catégorie un certain nombre de sièges dans l'assemblée élue.

La répartition des sièges entre les catégories est fixée par le tableau annexé au présent décret. Cette répartition peut être modifiée par arrêté lors de chaque renouvellement de la Chambre.

TITRE III

Le TITRE III de ce DÉCRET N° 92-20 détaille toutes les dispositions de l'établissement des listes électorales.

Toutefois il s'agit des principes généraux applicables aux élections d'une chambre déjà créée, donc en renouvellement de liste. Ce sera le Titre VII que nous présentons plus loin, qui précisera les dispositions particulières de cette première consultation nationale consulaire en vue de la désignation des Membres de l'Assemblée de notre nouvelle chambre de Commerce et d'Industrie.

TITRE IV

Dans le **TITRE IV** du Décret : conditions d'éligibilité, nous retiendrons particulièrement l'Article 10 qui, en son apparente brièveté fixe précisément les qualités exigées pour qu'un ressortissant électeur puisse se porter candidat.

ARTICLE 10.

Sont éligibles dans la catégorie où ils sont électeurs, tous les membres du corps électoral de l'un ou l'autre sexe :

- âgés de 25 au moins ;
- résidant en permanence en côte d'Ivoire ;
- ayant exercé leur activité commerciale, (industrielle ou de service) depuis trois ans au moins en côte d'Ivoire.

TITRE V

TITRE V, des articles 12 à 17 inclus, donne toutes instinctions sur l'ensemble du déroulement des opérations électorales depuis la convocation du collège électoral, l'exécution du scrutin, jusqu'à la proclamation des résultats. C'est le régime très classique du vote consulaire.

TITRE VI

TITRE VI qui bien entendu complète le précédent porte dans ses articles 18 - 19 - et 20 le dispositif de règlement lors d'un Contentieux Electoral.

Ce DÉCRET général N° 92-20 portera donc, comme nous l'avons indiqué au Titre III, sur les dispositions Transitoires en un Titre VII. Ce sont donc les précisions de ce Titre qui permettrant la tenue de ce premier scrutin national en vue de l'installation de l'Assemblée de la chambre de commerce et d'Industrie. Nous le présentons en son entier.

TITRE VII

Dispositions transitoires

ARTICLE 21

Les opérations électorales pour la désignation des membres de la pre-

Document XIII

LES TEXTES CONSTITUTIFS

mière Assemblée de la Chambre de commerce et d'Industrie sont régie conformément aux règles fixées au titre précédent sous réserve des dispositions ci-après.

ARTICLE 22.
Ces opérations sont assurées par le comité de préparation prévu à l'article 4 du décret portant dissolution de la Chambre de Commerce et de la Chambre d'Industrie et fixant les modalités transitoires pour la mise en place d'un nouvel établissement public.

ARTICLE 23.
Le comité :
- informe les éventuels électeurs du déroulement des opérations électorales par toutes voies qu'il juge utiles notamment par affichage dans les Préfectures, Sous-Préfectures et mairies, annonces par voie de presse, radio et télévision.
- reçoit les demandes d'inscription.
- établit les états provisoires qu'il adresse à la commission de Contrôle prévue à l'article 7.
- assure la publication des lites définitivement arrêtées par la commission de Contrôle.

ARTICLE 24.
1. A l'occasion du premier scrutin,. les sièges seront répartis comme suit :
- 643 sièges pour la région d'Abidjan, soit :
  - 21 sièges par branche d'activité
  - 7 sièges par catégorie
  - 27 sièges pour les autres Régions, soit :
  - 9 sièges par branches d'activité
  - 3 sièges par catégorie.

ARTICLE 25.
Dans les vingt quatre heures de la réception des procès-verbaux des bureaux de vote, la commission de contrôle constate le résultat général de l'élection, elle le notifie immédiatement au Ministre de l'Intérieur qui le transmet au Journal Officiel de la République de Côte d'Ivoire pour insertion, avec toutes les mentions utiles et au Ministre de tutelle.

ARTICLE 26
Des arrêtés conjoints du Ministre de l'Industrie et du commerce, du Ministre de l'Intérieur, préciseront en cas de besoin les règles d'application du présent décret.

ARTICLE 27
Le Ministre de l'Industrie et du Commerce, le Ministre de l'Intérieur, le Garde des Sceaux, Ministre de la Justice, sont chargés, chacun en ce qui le concerne, de l'exécution du présent décret qui sera publié au Journal Officiel de la République de Côte d'Ivoire.

DECRET N° 92-21

Ce décret fixe les attributions, l'organisation et le fonctionnement de la Chambre de Commerce et d'Industrie.

La présentation de ce décret reprend ainsi en ses trois grand titres l'objet même de notre CCI :
- *Les attributions en son TITRE I;*
- *L'organisation et fonctionnement en TITRE II; et*
- *Les dépositions finales pour le TITRE III.*

Nous nous devons de rappeler le 35 articles de ces titres car, pour vous tous consulaires, ils constituent la vie quotidienne de notre CCI, installée maintenant depuis le 2 août 1992

DECRET N° 92-21 du 08/01/1992
Fixant les attributions, l'organisation et le fonctionnement de la Chambre de Commerce et d'Industrie.

LE PRESIDENT DE LA REPUBLIQUE,

Sur rapport du Ministre de l'Industrie et du Commerce, du Ministre de l'Intérieur,

Vu la loi n° 60_-40 du 28 octobre 1960 portant institution des assemblées représentatives des intérêts économiques en Côte d'Ivoire,

Vu le décret n° 92-19 du 8/01/1992 dissolution de la Chambre de Commerce et d'Industrie et fixant les modalités transitoires pour la mise en place d'un nouvel établissement public,

Vu Le décret n° 92-20 du 8/01/1992 portant création de la Chambre de Commerce et d'Industrie,

Vu le décret n° 92-20 du 8/01/1992 portant régime électoral de la Chambre de Commerce et d'Industrie,

Vu le décret n° 91-755 du 14 novembre 1991 portant nomination des membres du Gouvernement,

Vu le décret n° 91-806 du 11 décembre 1991 portant attribution des membres du gouvernement,

Le conseil des Ministre entendu,

ARTICLE 1ER
Les attributions, l'organisation et le fonctionnement de la Chambre de Commerce et d'Industrie sont fixés conformément aux dispositions du présent décret.

TITRE I
Attributions

ARTICLE 2.
La Chambre de Commerce et d'Industrie a pour attribution :

1°/ de donner à l'Administration les avis et renseignements qui lui sont demandés sur les questions intéressant la vie économique et plus particulièrement le commerce et l'industrie ;

2°/ de présenter ses vues sur les moyens de favoriser le développement économique du pays, et notamment son développement économique du pays, et notamment sont développement commercial et industriel ;

3°/ d'assurer, sous réserve des autorisations prévues aux articles 11 et 12, l'exécution des travaux et l'administration des services nécessaires aux intérêts dont elle a la charge ;

Document : XIII

4°/ de concourir à la construction, à la programmation, à la réalisation et à la gestion d'équipements publics d'intérêt général ;

5°/ de contribuer à tous les niveaux, à la formation des hommes aux métiers du commerce, de l'industrie et des services pour une meilleure adéquation de l'emploi aux besoins de l'économie ;

6°/ d'aider à la promotion et au développement des entreprises en apportant à leur promoteurs toutes formes d'assistance utile ;

7°/ de réaliser le suivi statistique et des attributions auprès de ses ressortissants, et de participer à la promotion de certaines manifestations telles que les foires et expositions, ou d'initier des actions d'intérêt collectif ;

8°/ de déléguer un ou plusieurs membres aux divers conseils, assemblées, organismes ou manifestations, dans lequel elle doit être représentée ;

9°/ de créer en son sein, si elle le juge utile, après accord et sous le contrôle des pouvoirs publics, des Chambres Arbitrales et d'en assurer le fonctionnement.

ARTICLE 3

L'avis de la Chambre doit être demandé :

1°/ sur les règlements aux usages commerciaux et industriels ainsi que sur toute reforme de la législation commerciale, industrielle, douanière et économique ;

2°/ sur la création de nouvelles assemblées consulaires, de bourses de commerce, e magasins généraux, de charges d'agents de change et de courtiers maritimes, de tribunaux de commerce, de salles des ventes publiques de marchandises neuves aux enchères et en gros, ainsi que sur la reforme de la règlementation applicable à ces organismes et sur leur suppression ;

L'avis de la Chambre peut être demandé :

1°/ sur la règlementation fiscale et douanière, et notamment sur les droits et taxes acquittés par le commerce et l'industrie ou perçu par son intermédiaire ;

2°/ sur les taxes destinées à rémunérer les services concédés par la puissance publique ou exécutés en règle ;

3°/ su le régime du travail applicable au commerce et à l'industrie ;

4°/ sur l'organisation de la formation professionnelle ;

5°/ sur toutes les questions importantes intéressant l'économie de la République de Côte d'Ivoire.

En cas d'urgence, il peut être fixé un délai maximum de quinze jours pour répondre à la demande d'avis qui lui est adressée.

Passé ce délai, son silence sera considéré comme un avis favorable.

ARTICLE 4.

La Chambre de Commerce et d'Industrie peut en outre, de sa propre initiative, émettre des voeux qu'elle soumet au Gouvernement, sur toutes les questions d'ordre économique de son ressort par l'intermédiaire du Ministre de tutelle.

ARTICLE 5.

Dans le cadre de ses attributions, la Chambre peut par décret pris sur rapport conjoint du Ministre de tutelle et des Ministre technique concernés, être autorisée à :

1°/ acquérir ou construire des immeubles ;

2°/ initier des travaux dans l'intérêt du secteur industriel et commercial, et en assurer le suivi ;

3°/ créer, acquérir, gérer des établissements et équipements à usage commercial et industriel tels que ports et aéroports gares routières, magasins généraux, docks et entrepôts, salles de ventes publiques, service de peseurs jurés ;

4°/ recevoir ou acquérir et gérer des établissement et équipements analogues crées par le secteur privé, si tel est le voeux de leurs fondateurs ou propriétaires ;

5°/ fonder, acquérir et gérer des établissements d'enseignement professionnel ;

6°/ assurer la gestion d'ouvrages d'utilité publique acquérir, recevoir et gérer des établissements crées par le Gouvernement ou les collectivités locales dans les conditions prévue par la législation en vigueur ;

7°/ assurer des prestations d'intérêt public qui lui sont confiées par le Gouvernement et d'une façon générale, des contrats de programme passés avec le Gouvernement.

ARTICLE 6.

La chambre de Commerce et d'Industrie peut , avec le concours de négociants ou courtiers, procéder,, si elle le juge utile, à la constatation du cours local des marchandises ou des produits.

Elle participe, par une délégation de ses membres à la fixation des mercuriales officielles.

ARTICLE 7.

La Chambre de Commerce et d'Industrie peut, le cas échéant, par l'intermédiaire du Ministre de tutelle, saisir le Gouvernement des questions intéressant le fonctionnement des services qui lui sont confiés.

ARTICLE 8

La Chambre de Commerce et d'Industrie peut correspondre directement avec les administration publiques pour toutes questions d'ordre économique entrant dans ses attributions.

Elle peut se concerter avec les autres chambres consulaires sur les problèmes d'intérêt commun en vue de présenter aux autorités compétentes, tous voeux, suggestions ou proposition sur des problèmes communs à leurs domaines respectifs.

17 —

Document XIII

LES TEXTES CONSTITUTIFS

TITRE II
Organisation et fonctionnement

SECTION I
Organisation

ARTICLE 9.
La Chambre de commerce et d'Industrie comprend un bureau élu par l'Assemblée Générale, en son sein suivant les modalités définis au règlement intérieur, responsable devant elle.

ARTICLE 10.
Les 90 membres élus constituent l'Assemblée Générale.

ARTICLE 11.
Lors de la première Assemblée Générale constitutive de la Chambre, celle-ci est présidée par le doyen d'âge assisté des deux plus jeunes membres qui constituent le bureau provisoire. Celui-ci est chargé d'établir la liste des membres de la chambre qui resteront en fonction 3 ou 6 ans.

Ce bureau soumet à l'agrément de l'Assemblée Générale le projet de règlement intérieur comprenant notamment les modalités de constitution du bureau définitif.

ARTICLE 12.
La Chambre élit parmi ses membres un ou plusieurs Vice-présidents, un Trésorier et un Trésorier-Adjoint, et un ou plusieurs Secrétaires qui constituent ensemble le bureau. La composition du bureau est fixée par le règlement intérieur.

Les élections sont faites à la majorité absolue des suffrages exprimés, le nombre des membres présents devant, en outre, atteindre au moins les deux tiers du nombre de membres en exercice ; lorsque les deux premiers tours de scrutin n'ont pas donné de résultats pour la nomination d'un membre du bureau, l'élection à lieu au troisième tour du scrutin à la majorité relative et, à égalité des suffrages, le plus âgé est déclaré élu.

Le Président ou des Vice Présidents désignés par lui, représente la Chambre dans tous les cas de la vie civile. En cas de décès ou de démission d'un membre du bureau, il est procédé à l'élection de son remplaçant sur le champ.

En cas d'absence simultanée du Président et des Vice _Présidents, le membre du bureau qui a été élu par le grand nombre de voix est chargé d'assurer l'intérim de la présidence, à moins d'une délibération contraire de la Chambre qui, en ce cas, peut désigner un intérimaire, avec l'accord du Ministre de tutelle.

ARTICLE 13.
La Chambre de Commerce et d'Industrie se réunit sur convocation de son Président chaque fois que les circonstances l'exigent et au moins deux fois par an.

Le Ministre de tutelle a son entrée à la Chambre de Commerce et d'Industrie. Il y expose ses vues et reçoit les voeux de l'Assemblée.

Il lui est loisible, en outre, de faire suivre les discussions et les travaux de la chambre par des délégués ayant voix consulative.

Il doit toujours être préalablement avisé du jour et de l'heure des réunions.

Après renouvellement, le Président sortant, dans les huit jours qui suivent la notification qui lui a été faite par le Ministre de l'intérieur des résultats de l'élection, convoque , assisté de son bureau, la nouvelle Chambre et l'invite à procéder çà l'anomination, pour six ans, d'un nouveau Président auquel les pouvoir sont transmis sur le champ.

En cas d'empêchement du Président sortant, les convocations sont lancées par un des vice-présidents ou à défaut de ces derniers, par un délégué du Ministre de tutelle.

ARTICLE 14
Au cours des assemblées et réunions de la Chambre de commerce et d'Industrie, les discussions et les délibérations à caractère politique sont interdites. Toutes décisions prises en dehors des attributions de la chambre ou contraires aux dispositions du présent décret, sont nulles et non avenues.

ARTICLE 15
La Chambre est représentée dans chaque région par une délégation dont le siège est au chef-lieu de région.

Le statuts des délégués consulaires ainsi que le rôle, les modalités et les moyens de fonctionnement des délégations sont définis par le règlement intérieur de la Chambre.

SECTION II :
Fonctionnement Administratif

ARTICLE 16
La chambre peut constituer en son sein des commissions pur débattre des problèmes techniques, administratifs, économiques ou fiscaux, qui se posent à ses membres et préparer les positions et décisions prises en Assemblée Générale.

ARTICLE 17
Le président a pour mission de représenter et d'animer la Chambre de commerce et d'Industrie ; il en est l'exécutif. Il préside les Assemblées Générales. Il est ordonnateur des recettes et des dépenses de la Chambre.

ARTICLE 18.
Les vice-présidents, les Secrétaires et les Trésoriers ont pur mission d'assister le président dans l'administration de la Chambre et dans la conduite des travaux.

Ils peuvent se voir attribuer par le Président des fonctions spécifiques.

ARTICLE 19.
Les Trésoriers sont chargés de surveiller la tenue des comptes et la régularité des opérations financières. Ils exercent la fonction de "payeur" de toute somme préalablement ordonnancée.

Document : XIII

ARTICLE 20.
La Chambre ne peut délibérer que si le nombre des membres présents dépasse la moitié de celui des membres qu'elle doit normalement comprendre.

Les délibérations sont prises à la majorité des votants ; en cas de partage, la voix du président est prépondérante.

ARTICLE 21.
La chambre établit un règlement intérieur qui est soumis à l'approbation du Ministre de tutelle.

ARTICLE 22.
La Chambre tient l'enregistrement de ses délibérations. Les procès-verbaux des réunions sont transmis au Ministre de tutelle qui reçoit également un compte rendu annuel des travaux de la Chambre.

La chambre peut publier les comptes-rendus de ses séances et faire paraître des bulletins contenant d'une manière générale, tous les renseignements susceptibles d'intéresser l'économie.

SECTION III
Ressources et Dépenses

ARTICLE 23.
Il est pourvu aux dépenses ordinaires de la Chambre de Commerce et d'Industrie au moyen d'une quote-part sur le produit des centimes additionnels au droit fiscal d'entrée et de toutes autres ressources qui pourraient lui être attribuées par les Pouvoirs Publics.

Les autres revenus de la chambre de commerce et d'Industrie sont constitués par :

1°/ les cotisations de ses membres ;

2°/ le produit de l'exploitation des établissements qu'elle administre ou dont elle est actionnaire ou obligataire, dans les conditions prévues à l'Article 7 ;

3°/ les produits de l'aliénation des biens, meubles et immeubles qu'elle possède, aliénation qui ne peut être effectuée que sur autorisation du Ministre de tutelle ;

4°/ les dons, legs, subventions et fondations dévolus à la chambre de Commerce et d'Industrie par les Administrations Publiques ou par les particuliers et acceptés après autorisations du Ministre de tutelle ;

5°/ les intérêts des fonds placés ;

6°/ toutes les ressources à caractère annuel qui pourraient être instituées, ainsi que les contributions exceptionnelles de ses ressortissants ;

7°/ les produits du droit unique à l'inscription au fichier de la Chambre de Commerce et d'Industrie lors de l'immatriculation des entreprises.

ARTICLE 24.
La Chambre peut, sous réserve d'y être autorisée dans chaque cas par un décret pris sur rapport du Ministre de tutelle, contracter et réaliser des emprunts dans les formes prévues par la règlementation en vigueur :

1°/ en vue de subvenir ou de concourir aux dépenses de construction des établissements mentionnés à l'Article 7 ; il est fait face au service des annuités de ces emprunts, ainsi qu'aux moyens exploitation des établissements mentionnés à cet article, au moyen des recettes provenant de la gestion desdits établissements et, s'il y a lieu, des ressources additionnelles prévues à l'Article 12 ;

2°/ en vue de travaux d'intérêt public ou de l'établissement de services publics intéressant des infrastructures dont la gestion pourra lui être confiée par l'Etat.

Il est fait face dans ce cas au service des annuités au moyen de l'excédent des recettes sur les dépenses d'exploitation, et, s'il y a lieu au moyen de droits établis dans les conditions prévues par les règlements.

Les décrets d'autorisation des emprunts détermineront les modalités de recette et de remboursement de ces emprunts.

ARTICLE 25.
La Chambre de commerce et d'Industrie peut, sous réserve de l'autorisation du Ministre de tutelle, se concerter avec les autres chambres consulaires ou les Organismes Publics ou Para-publics en vue de créer, de subventionner ou d'entretenir des établissements, services, ou travaux d'intérêt commun.

Elle peut être autorisée à contracter à cet effet, dans les formes prévues à l'Article 13, des emprunts collectifs dont la charge sera répartie suivant les dispositions déterminées par les actes répartie suivant les dispositions déterminées par les actes d'autorisation et dont le service sera assuré par l'excédent des recettes sur les dépenses et, au besoin, par une imposition additionnelle spéciale, ou encore, par des péages et des droits établis dans les conditions prévues par les règlements.

Ces questions d'intérêt et commun seront débattues dans des conférences où chaque chambre ou Organisme sera représenté par une commission spéciale nommée à cet effet ; les décisions qui y seront prises ne seront exécutoires qu'après avoir été ratifiées par toutes les parties intéressées et par le Ministre de tutelle et le ou les autres Ministres intéressés.

ARTICLE 26.
La chambre de commerce et d'Industrie établit chaque année un programme d'actions traduit en recettes et en dépenses par un projet de budget qui ne devient exécutoire qu'après approbation du ministre de tutelle.

ARTICLE 27.
Le président de la Chambre de commerce et d'Industrie est ordonnateur du budget. Il peut, sous sa responsabilité personnelle déléguer ses fonctions d'ordonnancement à un membre du bureau.

Document XIII

LES TEXTES CONSTITUTIFS

Le budget de la Chambre comprend : outre le budget ordinaire, des budgets spéciaux établis pour chacun des établissements dont elle à la gestion. Avec l'accord du ministre de tutelle elle peut consentir aux services qu'elle administre, des avances prélevées sur les ressources disponibles d'autres établissements également gérés par elle.

ARTICLE 28.
Les excédents de recettes réalisés sur le budget sont affectés à la constitution d'un fonds de réserve, en vue de faire face à des dépenses urgents et imprévues.

Les fonds de réserve sont déposés à un compte portant l'intérêt, soit à la Caisse Autonome d'amortissement, soit à la caisse d'Epargne, soit, avec l'agrément du Ministre de tutelle, dans toute autre banque;

Après autorisation du Ministre de tutelle, la chambre peut également consacrer une partie de ses fonds de réserve, à l'achat de titre de rentes nominatifs sur l'Etat, ou de titre d'emprunts émis en vue du développement économique de la Côte d'ivoire et garantis par l'Etat.

Aucun prélèvement ne peut être opéré sur le fonds de réserve sans l'autorisation du Ministre d e tutelle. La situation de ce fonds est annexé chaque année au budget.

ARTICLE 29.
Un compte définitif, auquel est joint le bilan des amortissements des emprunts que la Chambre a été autorisée à contracter, est établi en fin d'exercice et soumis à l'approbation du Ministre de tutelle. A l'appui de ce compte doit être annexé un bilan detaillé de l'exploitation de chacun des services ou établissements dont la Chambre à la gestion. Ce document doit, en outre, présenter les opérations auxquelles la Chambre a procédé et les résultats qu'elle a obtenus.

ARTICLE 30.
Les comptes de la Chambre de Commerce et d'Industrie sont soumis au contrôle de la Chambre des comptes.

TITRE III :
Dispositions finales

ARTICLE 31.
Toutes les fonctions de membre de la Chambre de Commerce et d'Industrie sont gratuites. Elle ne peuvent donner lieu à aucune rétribution directe ou indirecte.

Toutefois les membres en mission pourront être remboursés de leurs frais dans les conditions qui seront précisées au règlement intérieur de la Chambre de commerce et d'industrie;

ARTICLE 32.
Nul ne peut être simultanément membre de la Chambre de commerce et d'Industrie et membre de toute autre Chambre Consulaire.

ARTICLE 33.
La Chambre de commerce et d'Industrie peut être dissoute par décret pris en conseil des Ministres sur rapport du Ministre de tutelle.

ARTICLE 34.
Des arrêtés du Ministre de l'Industrie et du commerce préciseront en cas de besoin les règles d'application du présent décret.

ARTICLE 35.
Le Ministre de l'Industrie et du commerce, le Ministre de l'Intérieur, le Ministre de la Justice, Garde des Sceaux, sont chargés, chacun en ce qui le concerne, de l'exécution du présent décret qui sera publié au Journal Officiel de la République de côte d'ivoire./.

Fait à Abidjan,
le 08 janvier 1992

FÉLIX HOUPHOUET BOIGNY

Source : Chambre de commerce et d'industrie de Côte d'Ivoire, *Année consulaire*, 1992-1993 (hors-série), Abidjan, CCI-CI, 1993, pp. 11-20

TABLE DES TABLEAUX

TABLE DES MATIÈRES

DEUXIÈME PARTIE

STABILITÉ ET DYNAMISME DE LA CHAMBRE DE COMMERCE 1923 – 1939

TROISIÈME PARTIE

UNE CHAMBRE DE COMMERCE AFFAIBLIE MAIS TOUJOURS DYNAMIQUE (1939 – 1960)

QUATRIÈME PARTIE

UNE MARCHE DIFFICILE, UNE DISSOLUTION INÉVITABLE ET UNE ÈRE NOUVELLE (1960-2008)

Le Sénégal
aux éditions L'Harmattan

Dernières parutions

L'ESTHÉTIQUE SOCIALE DES PULAAR
Socioanalyse d'un groupe ethnolinguistique
Sy Harouna
L'esthétique sociale pulaar est une mise en ordre éthique de la vie sociale. Elle est l'inventaire systématique de ce qu'il y a de beau et de laid dans le social relativement à ses valeurs, à ses normes, à ses règles et à ses codes qui commandent des postures, des relations, des rapports et des qualités appropriés. L'analyse des contradictions de la société pulaar du Fuuta Tooro a révélé des logiques et des stratégies fondées sur des rapports de castes et sur les représentations sociales que ces rapports produisent.
(31.00 euros, 304 p.)
ISBN : 978-2-343-11189-6, ISBN EBOOK : 978-2-14-002810-6

LE BAYNUNK GUNAAMOLO, UNE LANGUE DU SUD DU SÉNÉGAL
Analyse phonologique, morphologique et syntaxique
Diop Sokhna Bao - Préface de Denis Creissels
Le Sénégal est un pays multilingue avec des langues majoritaires et des langues minoritaires, de par le nombre de leurs locuteurs, mais également de par la quantité de travaux dont chacune dispose. Les langues majoritaires ont fait l'objet de nombreuses recherches, à la différences des langues minoritaires. Ce constat est à l'origine du choix porté sur la description de la variante gunaamolo du baynunk (parlé au sud du Sénégal, plus précisément à Niamone, dans la région de Ziguinchor) qui est une langue en danger très peu décrite. L'utilité et l'intérêt de ce travail résident dans la sauvegarde et la connaissance de cette langue et sa communauté. Elle peut servir aussi de référence à des recherches futures.
(Coll. Études africaines, 38.50 euros, 392 p.)
ISBN : 978-2-343-09614-8, ISBN EBOOK : 978-2-14-002913-4

DE L'HÉRITAGE ARABO-ISLAMIQUE SAINT-LOUISIEN
Une illustration par les œuvres d'Abbas Sall et d'Abdoulaye Fall Magatte
Fall Cheikh Tidiane - Préface de Samba Dieng et Postface de Mouhamed Habib Kébé
Cet ouvrage porte sur la réhabilitation du legs culturel arabo-islamique ouest-africain en général et saint-louisien en particulier. Revaloriser un pan du patrimoine culturel par l'entremise de l'imagination poétique locale de deux intellectuels demeure l'objectif principal de cette étude. Une partie descriptive constituée de la traduction d'une cinquantaine de poèmes suivie d'un volet analytique constitue la méthodologie de ce travail de recherche. La moisson tirée de ce travail préliminaire apporte quelques éclairages sur l'intérêt de la traduction de manuscrits arabes, notamment ceux produits par d'éminents ulémas du Sénégal, tels les deux poètes faisant l'objet de cette étude.
(Harmattan Sénégal, 35.00 euros, 340 p.)
ISBN : 978-2-343-11306-7, ISBN EBOOK : 978-2-14-003014-7

L'AGRICULTURE DU SÉNÉGAL SOUS LA COLONISATION
Diop Ismaïla
L'introduction de l'arachide au Sénégal au début du XXe siècle révolutionne le paysage agricole. La France décide alors de faire du Sénégal une colonie arachidière. Le Sénégal devient la troisième puissance arachidière du monde après les États-Unis et l'Inde. Cette monoculture extensive aboutit à un déficit vivrier chronique, une dégradation des sols, une dépendance vis-à-vis des importations de riz en provenance d'Asie. Pour y remédier, le rapport de la mission Roland Portères de 1952 recommande des mesures d'aménagement du territoire, de restauration des sols, de promotion de l'agriculture intégrée sérère.
(Harmattan Sénégal, 23.50 euros, 218 p.)
ISBN : 978-2-343-11129-2, ISBN EBOOK : 978-978-2-14-002836-6

CASAMANCE
À quand la paix ?
Bassène René Capain - Préface du père Nazaire Diatta
Malgré leur volonté et leur engagement affichés d'aller vers la fin du conflit armé en Casamance, la position des parties en guerre n'a jamais réellement évolué. L'État du Sénégal se dit prêt à négocier sur tous les points, sauf sur ceux relatifs à l'intégrité territoriale et l'unité nationale, alors que, de son côté, le MFDC soutient une position contraire en déclarant être disposé à ne négocier que sur la question se rapportant à l'indépendance totale de la Casamance. Cette situation montre que le conflit armé est encore loin de finir en Casamance.
(28.50 euros, 276 p.)
ISBN : 978-2-343-10426-3, ISBN EBOOK : 978-2-14-002593-8

PARCOURS D'UN JOURNALISTE AUTODIDACTE
Ndiaye Pape Ngagne - Préface de Mamoudou Ibra Kane
Pape Ngagne Ndiaye, par son style, est devenu un rendez-vous incontournable de l'espace audiovisuel sénégalais. L'émission « Faram Faccce » qu'il anime présentement sur TFM est très courue des hommes et femmes politiques pressés de se soumettre au feu roulant et nourri des questions du redoutable interviewer, unique dans son genre. Ce livre n'est pas seulement une autobiographie, mais aussi une réflexion thématique et une sélection rigoureuse de certains numéros de la célèbre émission qui se veut « un décryptage des questions majeures de l'actualité nationale ».
(37.00 euros, 360 p.) ISBN : 978-2-343-09916-3, ISBN EBOOK : 978-978-2-14-002822-9

DES FRANCENABE AUX MODOU-MODOU
L'émigration sénégalaise contemporaine
Fall Papa Demba - Préface du Professeur Abdoulaye Bara Diop
Principalement centré sur la France et ses anciennes colonies d'Afrique, le champ migratoire sénégalais s'est, de manière originale, progressivement étendu à des destinations naguère méconnues ou peu fréquentées (comme les États-Unis, l'Italie, l'Espagne, l'Afrique du Sud ou le Brésil). Peu à peu, les migrants sont devenus des acteurs incontournables du développement. La prise en compte de ces populations, et de leurs mouvements, devient donc nécessaire aux programmes et politiques de développement durable.
(Harmattan Sénégal, 40.00 euros, 559 p., Illustré en noir et blanc)
ISBN : 978-2-343-10796-7, ISBN EBOOK : 978-2-14-002539-6

« DOYEN » AMADY ALY DIENG, LE TRANSMETTEUR INTÉGRAL (1932-2015)
Économie biographique ou sémio-Histoire
Ngaïdé Abdarahmane
Amady Ali Dieng nous a quittés il y a un an. Pour lui rendre hommage et s'en rappeler les enseignements, l'auteur de cet ouvrage a décidé de compiler ses nombreux écrits ou interventions. Les quatorze textes qui composent cette anthologie sont représentatifs et significatifs de la personnalité, du style et des préoccupations d'Amady Ali Dieng. On y retrouve son style, son humour et son esprit critique.
(Harmattan Sénégal, 23.50 euros, 228 p., Illustré en noir et blanc)
ISBN : 978-2-343-10855-1, ISBN EBOOK : 978-2-14-002561-7

41 RULES TO BE HAPPY
Kane Babaly
Seeing that happiness is the goal towards which all men strive for, the author wrote this book to help the reader in treasuring the joyous of life and realizing his desires in entirety, to be fulfilled, to claw his way to the top and to assure him it will turn out well in the end. Moreover, this book intends to give the keys us to get the secret for reaching we want in this life. 41 rules to be happy is a little self help book which has 41 rules that are meant to allow every reader to live life in full potential.
(Harmattan Sénégal, 14.50 euros, 138 p.)
ISBN : 978-2-343-10904-6, ISBN EBOOK : 978-2-14-002583-9

SÉNÉGAL
Les limites du Plan Sénégal Émergent
Mansour Samb El Hadji
Cet ouvrage présente une analyse profonde des politiques publiques en décortiquant le Plan Sénégal Émergent (PSE) qui jusque-là n'a fait l'objet d'aucune analyse critique sérieuse. Le Sénégal est face à un défi, le défi de son émergence, un défi qu'il compte relever avec tous ses fils. Ce défi qui mobilise aujourd'hui tout le monde doit nous pousser à proposer de nouveaux chemins et à animer un débat nécessaire et incontournable dans tout processus d'émergence.
(Harmattan Sénégal, 27.00 euros, 276 p.)
ISBN : 978-2-343-09721-3, ISBN EBOOK : 978-2-14-002372-9

SÉNÉGAL
Dynamiques paysannes et souveraineté alimentaire
Le procès de production, la tenue foncère et la naissance d'un mouvement paysan
Diop Amadou Makhouredia - Préface d'Yves Guillermou ; Postface de Fodé Niang
Le présent ouvrage contribue à la compréhension des stratégies développées par la petite paysannerie et les dynamiques qui animent les exploitations agricoles familiales permettant la production de biens nécessaires à l'alimentation et l'entretien des familles. La capacité des paysans à prendre en main leurs propres préoccupations a été mise en évidence par l'émergence d'organisations, de groupements, d'associations et d'unions dans tout l'espace rural sénégalais.
(Harmattan Sénégal, 26.00 euros, 256 p.)
ISBN : 978-2-343-10852-0, ISBN EBOOK : 978-2-14-002457-3

HISTOIRE ET SOCIOLOGIE DES RELIGIONS AU SÉNÉGAL
Tamba Moustapha
Le Sénégal reste une exception dans le domaine religieux : 90 % de musulmans, 5 % de chrétiens et 5 % d'adeptes de l'animisme. C'est aussi le pays où les musulmans et les catholiques partagent le même cimetière, où les conjoints partagent des religions différentes, où les écoles privées catholiques comptent 60 à 70 % d'élèves de confession musulmane, etc. Ce phénomène n'est pas dû au hasard. L'histoire et la sociologie des religions permettent de l'expliquer amplement. Cet ouvrage souligne cette exception sénégalaise pour montrer qu'au moment où notre monde est en proie au fanatisme, à l'intolérance et au terrorisme religieux, le Sénégal propose un autre « modèle ».
(Coll. Études africaines, série Economie, 41.00 euros, 426 p.)
ISBN : 978-2-343-10424-9, ISBN EBOOK : 978-2-14-002506-8

FIGURES DU POLITIQUE ET DE L'INTELLECTUEL AU SÉNÉGAL
L.S. Senghor - M. Dia - A. Ly - CH. A. Diop A. Diouf & F. Mitterrand - J.R. De Benoist - A. Seck - TH. Fall - A. M. Samb - A.M. Samb JR - TH. Monod - H. Bocoum - G. R. Thilmans
Samb Djibril
Cet ouvrage réunit des personnalités politiques et/ou intellectuelles très diverses : Léopold Sédar Senghor, l'Immortel Noir ; Mamadou Dia, le brillant économiste ; François Mitterrand et Abdou Diouf, deux experts politiques, ou encore Théodore Monod, le savant probe. Ces figures sont autant de coryphées auxquels l'auteur a voulu rendre hommage, afin de rappeler que la terre africaine du Sénégal ne manque pas de princes de l'esprit ni de nourriture intellectuelle.
(26.00 euros, 266 p.)
ISBN : 978-2-343-10731-8, ISBN EBOOK : 978-2-14-002513-6

TÉLÉVISIONS AU SÉNÉGAL
Entre désert de contenu et sécheresse intellectuelle
Djimbira Cheikh Mouhamadou
« Il faut lire ce livre en considérant qu'il a été sciemment écrit dans l'intention de nuire à la société spectaculaire. Il n'a jamais rien d'outrancier. » Cette pensée de Guy Debord nous permet de comprendre à bien des égards, l'ouvrage de Cheikh Mouhamadou Djimbira qui est un plaidoyer pour la création de programmes audiovisuels de qualité.
(11.50 euros, 80 p.)
ISBN : 978-978-2-343-10790-5, ISBN EBOOK : 978-978-2-14-002528-0

UN SCOUT SÉNÉGALAIS
L'aventure citoyenne (deuxième édition)
Ndene Pascal - Préface de Jacques Moreillon
Lorsque nous parlons de l'adolescence, nous évoquons l'autonomie, la responsabilisation, la citoyenneté, le jeu, les relations avec les parents et avec les pairs. Toutes ces questions sont abordées dans ce livre qui montre avec humour le parcours éducatif d'un adolescent dans le scoutisme. Ce livre s'adresse à tous les jeunes, garçons et filles, aux parents et éducateurs de tout milieu social et culturel, ainsi qu'à tous les scouts et guides du monde.
(14.00 euros, 124 p.)
ISBN : 978-2-343-10965-7, ISBN EBOOK : 978-2-14-002526-6

LA PENSÉE DE CHEIKH AHMADOU BAMBA FACE AUX DÉFIS AFRICAINS
Sow Cheikh Mar
Cheikh Ahmadou Bamba Mbacké a su déterminer une nouvelle vision aux yeux de ses contemporains en formulant d'une façon très claire des idées novatrices capables de faire bouger le peuple. Cette conception de la société dans sa globalité a permis «à chaque individu de devenir un centre d'initiative, de création et de responsabilité à tous les niveaux : celui de l'économie, de la politique, de la culture ; une conception qui ne soit ni individualiste, ni totalitaire mais fondée sur les communautés de base».
(Harmattan Sénégal, 24.00 euros, 238 p.)
ISBN : 978-2-343-10021-0, ISBN EBOOK : 978-2-14-002284-5

LE MODERNISME EN ISLAM
Introduction à la pensée de Sayyid Amir Ali
Diagne Mbengue Ramatoulaye
« Les thèmes abordés par le Professeur Ramatoulaye Diagne dans sa lecture de la pensée d'Amir Ali ont tous un lien indéfectible avec le pluralisme et la paix. (...) Dans la lecture de son ouvrage, on arrive à comprendre que le modernisme d'Amir Ali est une sorte de renouveau dans la pensée islamique. C'est un mouvement d'intellection qui intègre, dans une cohérence architecturale, l'usage de la raison, l'esprit du soufisme pratique ghazalien et la finalité de la prière qui concilie l'ascèse de l'âme à la transformation positive des sociétés. » Abdoul Aziz Kebe, Ancien Chef du Département d'Arabe UCAD-DAKAR.
(Harmattan Sénégal, 15.00 euros, 144 p.)
ISBN : 978-2-343-09977-4, ISBN EBOOK : 978-2-14-002211-1

MA RENCONTRE AVEC ALLAH
De l'obscurité à la lumière
Mbengue Adama Ousmane
Cet ouvrage traite surtout de la question essentielle du Mahdi qui vient pour apporter les solutions idoines en s'appuyant sur la Sharia mouhammadiya et la Tariqah ahmadiya afin d'offrir à tout individu le meilleur profil dans la société idéale qu'il compte établir.
(Harmattan Sénégal, 14.50 euros, 134 p.)
ISBN : 978-2-343-10299-3, ISBN EBOOK : 978-2-14-002277-7

L'HARMATTAN ITALIA
Via Degli Artisti 15; 10124 Torino
harmattan.italia@gmail.com

L'HARMATTAN HONGRIE
Könyvesbolt ; Kossuth L. u. 14-16
1053 Budapest

L'HARMATTAN KINSHASA
185, avenue Nyangwe
Commune de Lingwala
Kinshasa, R.D. Congo
(00243) 998697603 ou (00243) 999229662

L'HARMATTAN CONGO
67, av. E. P. Lumumba
Bât. – Congo Pharmacie (Bib. Nat.)
BP2874 Brazzaville
harmattan.congo@yahoo.fr

L'HARMATTAN GUINÉE
Almamya Rue KA 028, en face
du restaurant Le Cèdre
OKB agency BP 3470 Conakry
(00224) 657 20 85 08 / 664 28 91 96
harmattanguinee@yahoo.fr

L'HARMATTAN MALI
Rue 73, Porte 536, Niamakoro,
Cité Unicef, Bamako
Tél. 00 (223) 20205724 / +(223) 76378082
poudiougopaul@yahoo.fr
pp.harmattan@gmail.com

L'HARMATTAN CAMEROUN
BP 11486
Face à la SNI, immeuble Don Bosco
Yaoundé
(00237) 99 76 61 66
harmattancam@yahoo.fr

L'HARMATTAN CÔTE D'IVOIRE
Résidence Karl / cité des arts
Abidjan-Cocody 03 BP 1588 Abidjan 03
(00225) 05 77 87 31
etien_nda@yahoo.fr

L'HARMATTAN BURKINA
Penou Achille Some
Ouagadougou
(+226) 70 26 88 27

L'HARMATTAN SÉNÉGAL
10 VDN en face Mermoz, après le pont de Fann
BP 45034 Dakar Fann
33 825 98 58 / 33 860 9858
senharmattan@gmail.com / senlibraire@gmail.com
www.harmattansenegal.com

L'HARMATTAN BÉNIN
ISOR-BENIN
01 BP 359 COTONOU-RP
Quartier Gbèdjromèdé,
Rue Agbélenco, Lot 1247 I
Tél : 00 229 21 32 53 79
christian_dablaka123@yahoo.fr